中央编译局文库编辑委员会

主　　任：贾高建

副 主 任：俞可平　魏海生　王学东　陈和平　杨金海

委　　员：贾高建　俞可平　魏海生　王学东　陈和平
　　　　　杨金海　柴方国　何增科　季正聚　郗卫东
　　　　　张文成　曹荣湘　卿学民　刘明清　薛晓源

中央编译出版社文库编辑中心编辑小组

刘明清　薛晓源　谭　洁　董　巍　贾宇琰
冯　章　苗永姝　邓　彤　侯天保　盛菊艳
李媛媛　王忠波　薛迎春　董　妍

马克思主义研究资料

第7卷

主　编　杨金海
副主编　冯　雷（常务）　薛晓源

《1863—1865年经济学手稿》及1867年后经济学手稿研究
恩格斯编辑《资本论》工作研究

本卷主编　郑　锦

《马克思主义研究资料》顾问委员会

贾高建　俞可平　宋书声　殷叙彝　詹汝琮　张钟朴

李洙泗　冯文光　赵家祥　梁树发　郭建宁

《马克思主义研究资料》编辑委员会

主　编：杨金海

副主编：冯　雷（常务）　薛晓源

编　委（按姓名拼音排序）

陈喜贵　冯　章　黄晓武　江　洋　李百玲　李义天

李媛媛　林进平　刘仁胜　刘　英　刘元琪　吕增奎

马　瑞　苗永姝　盛菊艳　史清竹　武锡申　姚　颖

苑　洁　郑　锦　郑天喆　周艳辉

参加本卷编辑出版工作的有

侯天保　冯　章　薛晓源　盛菊艳

总　序

呈献给读者的这套《马克思主义研究资料》丛书，旨在服务于我国正在实施的马克思主义理论研究和建设工程，积极吸收和借鉴国外马克思主义研究成果，对改革开放以来中央编译局编译的有关国外学者研究马克思主义的成果，以及少量相关的国内学者的研究成果整理出版，为我国马克思主义研究提供基础性的参考资料。本丛书计划出版37卷，三年内陆续完成编辑和出版工作。

编译国外学者关于马克思主义的研究成果，并对相关问题展开深入探讨，是马克思主义经典著作编译研究的基础性工作。中央编译局作为马克思主义经典著作编译研究的专门机构，历来十分重视这项工作。20世纪50年代以来，特别是改革开放以来，中央编译局的同志们编译了大量国外学者关于马克思主义的研究文献，也发表了不少自己的相关研究成果。这些成果曾经在中央编译局编辑的《马列著作编译资料》、《马列主义研究资料》、《马克思主义与现实》等刊物公开发表，或在内部刊物《马克思恩格斯研究》、《列宁研究》等刊载。这些成果对于推进马克思主义经典著作的编译和研究工作发挥了重要作用，时至今日，一些学者仍然把它们当做研究马克思主义的珍贵资料。

然而，随着近年来中央实施马克思主义理论研究和建设工程的深入推进以及马克思主义学科建设的快速发展，这些研究资料的留存情况已经远远不能适应形势发展的需要了。《马列著作编译资料》和《马列主义研究资料》早已停止出版，很多人难以找到原有资料；《马克思恩格斯研究》等内部刊物刊载的文章没有公开面世，也难以为人们广泛使用；而新编译的文献资料又很零散。因而，希望中央编译局提供马克思主义研究资料的呼声越来越高。

为了继承前辈的事业，适应学界的需要，尽可能全面系统地收集整理中央编译局近几十年来编译的国外学者关于马克思主义的研究成果以及相关的国内学者的研究成果，中央编译局专门成立了《马克思主义研究资料》丛书课题组，并对该项工作提供了基金资助。课题组不仅在局内组织力量进行工作，而且争取到社会力量的支持。经过课题组同仁两年多努力，已经形成一批编辑成果，还将继续补充、完善并陆续推出。这套《马克思主义研究资料》丛书就是这些成果的集中体现。

本丛书力求体现如下四个特点，这也是丛书编辑工作所力求遵循的四条原则：第一，保证文献性。本丛书主要收集改革开放以来中央编译局刊物发表的有关马克思主义理论编译和研究方面的成果，这些刊物包括公开出版的《马列著作编译资料》、《马列主义研究资料》、《马克思主义与现实》、《当代世界与社会主义》、《经济社会体制比较》、《国外理论动态》等，也包括内部刊物《马克思恩格斯研究》、《列宁研究》、《斯大林研究》、《马克思恩格斯列宁斯大林研究》等；少量收集其他杂志发表的中央编译局学者编译或撰写的有关文章；个别收集与中央编译局长期合作的其他学者的相关文章；对所收商榷性文章涉及的其他学者的成果，也作为附文收入，以示对相关学者的尊重，也便于读者在阅读正文时参考。收集整理这些学术成果的目的主要是为学界研究马克思主义提供参考资料，同时帮助人们了解马克思主义研究的历史进程和思想脉络。因此，本丛书所收文献力求保持其历史原貌，包括其中的人名、地名、术语、引文等，都不作改动，以便读者进行文献考证之用，只对个别错漏文字等进行校正，对于文中可能产生歧义的地方，以"本丛书编者注"的方式加以说明。其中读者特别应当留意的是译名、术语的不统一问题，例如关于《马克思恩格斯全集》历史考证版，就有多种表达方式：原文版、国际版和 MEGA 版，其中，往往又以"老"、"新"、"MEGA^1"、"MEGA^2"、"MEGA1"、"MEGA2"等来区分历史考证版第 1 版和第 2 版。第二，突出编译性。本丛书所收文献中，以国外学者的成果为主，包括国外学者关于马克思主义经典作家的著作、思想、生平事业，乃至书信往来、工作生活等方面的研究文献，凡比较有资料价值的，均在收集之列。如上所述，国内学者的相关考证性成果，包括经典著作翻译、版本、传播、重要术语考据等文献，凡具有资料价值的，也一并收入，但这部分内容所占比例较小。第三，力求系统性。上述几十年来形成的这些编译研究资料繁茂芜杂，十分零散，使用起来很不方便，编辑整理就更为困难。为把这些宝贵文献整理面世，使之更好地发挥作用，编辑人员下了很大功夫。在收集整理中，我们力图分门别类，尽可能将同类资料按照一定逻辑顺序编排，使之呈现一定的系统性，以便读者全面掌握有关资料。第四，力争权威性。本丛书力争选编国内外在相关研究领域具有一定权威性的专家学者的具有代表性和影响力的文献。为保证文献的权威性和准确性，我们对文献的引文进行了校订，特别是对有关马克思主义经典著作的引文进行了原版原文核对，并对注释尽可能地作了规范化处理，以便读者更准确地了解引文及其出处。

基于上述考虑，本丛书的编排体系大体分四个部分。第一部分是经典著作研究，包括关于《共产党宣言》、《资本论》等手稿、创作、版本、传播诸方面的研究文献；第二部分是基本理论研究，包括哲学、政治经济学、科学社会主义以及政治学、法学等方面的研究文献；第三部分是版本和传播、编译以及生平事业研究；第四部分是国外马克思主义研究。每一部分包括若干卷。每一卷都有本卷编辑说明，对本卷编辑的思路、内容和有关技术问题作简要交代。各卷内容按照逻辑顺序进行编排，在此基础上再按照时间顺序编排。各卷内容一般要作分类，并加分类标题，以便读者阅读研究。

需要说明的是，由于本丛书是整理编辑已有的文献，而且主要限于整理编辑中央编译局学者编译和研究的部分成果，这就决定了本丛书不可避免地存在一些缺憾。一是这些文献中有的观点不一定正确。选编这些文献并不意味着编者赞同其中的观点，我们的目的仅仅在于为人们研究马克思主义提供参考资料，其中正确的思想成果可以作为我们研究借鉴的思想资源，而错误的观点可以作为我们研究批评的对象。例如，对有关马恩对立论的观点，我们是不赞成的，但为了让研究者了解、研究和批评这种观点，也收入了相关文章。所以，谨请读者在使用这些文献时注意辨别是非。二是这些文献存在质量参差不齐的情况。由于这些文章的作者、译者水平不同，写作时间、背景、针对的问题、产生的影响以及发表的刊物等不同，其质量也就有一定差别。例如，有的概念和译文在今天看来不一定科学、准确，有的文献曾经很有价值而在今天看来最多只有学术史的价值。在选编过程中，我们尽量收入那些分量较重、影响较大的文献，但为了比较全面地反映学术史的原貌并提供尽可能详细的研究参考资料，也收入了一些篇幅较短、影响不大但有一定资料或史料价值的文献。另外，有少量比较重要的文献，由于作者或译者不同意收入，也不得不忍痛割爱。三是这些文献的系统性、规范性不太强。尽管我们努力按照上述编辑原则工作，对这些文献进行了分类整理，力求全面系统地提供给读者相关方面的文献资料，但由于这些资料十分繁杂，彼此之间的关联性不强，有的方面资料较多，有的较少，且发表的刊物、时间等不同，体例也很不统一，整理起来难度极大，加之各位编者的研究角度不同，水平各异，所以，每一卷书的结构、篇章、内容、观点等都不尽相同，其规范程度也不尽一致。对本丛书存在的以上不足或缺憾，谨请读者鉴谅；对其中可能存在的疏漏和错误之处，谨请读者批评指正。

本丛书在编写和出版过程中，得到了各个方面的大力支持。中央编译局对此项工作高度重视，始终给予鼎力支持。国家出版基金将本丛书列入2013年度资助项目。中央编译出版社为本丛书申报国家出版基金项目并最终立项，以及为丛书出版做了大量工作。本丛书所收文献的译者、作者和出版者，凡已联系上的，均给予我们大力支持，同意使用这些文献；对尚未联系上的，我们将尽力联系，也请相关同仁主动联系我们。丛书顾问委员会的专家对丛书的编写工作给予热情指导，编委会成员和课题组同仁为丛书的编写付出了辛勤劳动。在此一并致以衷心的谢意！

《马克思主义研究资料》
编辑委员会
2013年12月10日

编辑说明

马克思在创作《资本论》的过程中，写下了多部手稿。本丛书第5卷和第6卷已分别收录了《1857—1858年经济学手稿》、《1861—1863年经济学手稿》的有关研究文章。本卷收录了《1863—1865年经济学手稿》及1867年后经济学手稿的研究文献。同时，鉴于恩格斯对《资本论》第2、3卷所做的编辑工作对于理解马克思《资本论》的思想和结构具有特殊意义，我们将关于恩格斯对《资本论》这两卷所做的编辑工作的研究资料收入本卷。

为了保持文献性，本丛书的注释基本保持原貌，不作改动；但对原注释有错误或有遗漏的，我们尽可能查阅了有关文献，作了必要的规范和完善；对有些查找不到的，保留原来的内容和格式。

目 录

《1863—1865年经济学手稿》研究 ·················· 1
  关于《资本论》第3卷的初稿
    ——《马克思恩格斯全集》历史考证版第2部分
    第4卷第2册前言 ································· 3
  《马克思恩格斯全集》历史考证版第2部分第4卷第2分册
    ——评《资本论》第3册第1稿的发表
    〔日〕大谷祯之介 ································· 17
  1863—1867年期间马克思创作《资本论》的分期问题
    〔苏〕Л. 米兹凯维奇、М. 捷尔诺夫斯基、А. 切普连科、
    W. 维戈茨基 ····································· 75
  马克思1866—1867年写作政治经济学著作的纪事
    〔苏〕Л. Р. 米兹凯维奇 ··························· 109
  马克思1866年和1867年写作《资本论》第2册和第3册的一些情况
    〔苏〕拉·米兹凯维奇、维·维戈茨基 ··············· 118
  马克思写作《资本论》第二卷和第三卷的若干情况
    〔苏〕伊佐拉·格·卡兹明纳 ······················· 137
  关于《资本论》第1卷的最后手稿（1863—1864年）
    〔日〕八柳良次朗 ································· 149

马克思的手稿《第六章　直接生产过程的结果》在《资本论》
　　结构中的地位
　　　〔苏〕伊·安东诺娃 ………………………………… 164
《资本论》第3卷初稿的形成过程
　　　〔关于写作过程〕 …………………………………… 173
关于《资本论》第三册主要手稿写作顺序的新老观点综述
　　　卢晓萍 ………………………………………………… 193
1863—1865年马克思最终使用"劳动力"概念
　　　〔苏〕В. В. 维戈茨基 ……………………………… 201
马克思把《工厂视察员报告》看作是"研究资本主义生产
　　方式的最重要、最有意义的文件"
　　　——《工厂视察员报告》及其在《资本论》第三册手稿中的反映
　　　〔德〕罗泽玛丽·米勒 ………………………………… 203
《资本论》第3卷原始手稿中信用理论的体系意义
　　　〔德〕米夏埃尔·亨利希 …………………………… 235
恩格斯编辑马克思1864—1865年《资本论》第3册手稿的
　　基础材料（一）
　　　〔德〕尤尔根·荣尼克尔、卡尔-埃里希·福尔格拉夫 …… 243
恩格斯编辑马克思1864—1865年《资本论》第3册手稿的
　　基础材料（二）
　　　〔德〕尤尔根·荣尼克尔、卡尔-埃里希·福尔格拉夫 …… 264
评《马克思恩格斯全集》历史考证版第2部分第4卷第2册
　　　〔德〕迪特哈德·贝伦斯 ……………………………… 286
关于《资本论》第3卷马克思的原稿出版的几点思考
　　　〔日〕大谷祯之介 …………………………………… 316

理解和改变社会现实的重要理论基础
　　——当前关于卡·马克思《资本论》第3卷的辩论
　　〔德〕艾克·科普夫 ………………………………… 334

1867 年后经济学手稿研究 ……………………………… 353

马克思《资本论》第二卷史略
　　〔苏〕A. Ю. 切普连柯 ……………………………… 355
关于卡·马克思《资本论》第二卷的手稿
　　〔苏〕C. M. 格里哥里扬 …………………………… 393
马克思《资本论》第二卷第Ⅱ手稿发表 ……………… 399
《资本论》第2卷第Ⅷ稿若干情况简介
　　刘　焱 ……………………………………………… 409

恩格斯编辑《资本论》工作研究 ………………………… 417

恩格斯对《资本论》的贡献
　　刘　英 ……………………………………………… 419
恩格斯和《资本论》第1卷
　　张钟朴 ……………………………………………… 436
恩格斯是《前进报》发表的一篇关于《资本论》第3卷
　　的报道的作者吗？
　　〔德〕佩尔·柯斯林 ………………………………… 464
恩格斯编辑整理《资本论》第二卷所做的工作
　　〔苏〕Ю. T. 哈里托诺夫 …………………………… 471
恩格斯编辑整理《资本论》第三卷所做的工作
　　〔苏〕伊·格·卡兹明纳 …………………………… 487

3

恩格斯编辑《资本论》第二卷、第三卷的情况
　　〔德〕罗尔夫·黑克尔 ………………………………………… 512
给恩格斯编辑出版《资本论》第3卷造成麻烦的两页马克思手稿
　　——《马克思恩格斯全集》历史考证版编辑工作探讨
　　〔德〕卡尔-埃里希·福尔格拉夫 ……………………………… 521
对一部未完成的著作的探讨
　　——论《资本论》第3卷第5章中一般运动规律、货币
　　资本积累和信用制度三者之间的关系
　　〔德〕约阿希姆·比朔夫等 …………………………………… 531
马克思说的是自己的话吗？（一）
　　——关于恩格斯编辑出版的《资本论》第3卷的基本手稿
　　〔德〕卡尔-埃里希·福尔格拉夫、尤尔根·荣克尼克尔 ……… 549
马克思说的是自己的话吗？（二）
　　——关于恩格斯编辑出版的《资本论》第3卷的基本手稿
　　〔德〕卡尔-埃里希·福尔格拉夫、尤尔根·荣克尼克尔 ……… 564
马克思说的是自己的话吗？（三）
　　——关于恩格斯编辑出版《资本论》第3卷的基本手稿
　　〔德〕卡尔-埃里希·福尔格拉夫、尤尔根·荣克尼克尔 ……… 587
马克思说的是自己的话吗？（四）
　　——关于恩格斯编辑出版的《资本论》第3卷的基本手稿
　　〔德〕卡尔-埃里希·福尔格拉夫、尤尔根·荣克尼克尔 ……… 604
评卡尔-埃里希·福尔格拉夫和尤尔根·容尼克尔的
　　文章《马克思说的是自己的话吗？》
　　〔俄〕维·维戈茨基 …………………………………………… 623

对《资本论》第3卷1894年恩格斯版本和马克思的原始
　　手稿文字进行比较的意义
　　〔德〕沃尔夫冈·扬 ………………………………… 629
烽烟又起
　　——《资本论》第3卷马克思手稿的发表再度引发争论
　　卢晓萍 ……………………………………………… 642
评恩格斯对《资本论》第3卷马克思的手稿所作的修改
　　〔德〕尤尔根·容尼克尔 …………………………… 650
作者马克思与编者恩格斯：关于《资本论》第3卷的不同观点
　　〔德〕雷金娜·罗特 ………………………………… 662

《1863—1865年经济学手稿》研究

关于《资本论》第3卷的初稿
——《马克思恩格斯全集》历史考证版
第2部分第4卷第2册前言[*]

本卷收入了马克思《资本论》第3卷的初稿,标题是《总过程的各种形态》。它写于1864年夏天和1865年12月期间,属于1863—1865年手稿的最后组成部分。到目前为止,该初稿还没有以现在这种形式发表过。恩格斯把这一初稿称作第3卷的"主要手稿"[①]。1863—1864年手稿还包括标题为"属于第3册"[②] 的一组短篇手稿,用于修改第1章《成本价格和利润》的若干备忘录,一篇附有剩余价值率和利润率关系的数学运算的手稿以及其他材料[③],这部手稿是恩格斯整理编辑并于1894年出版的《资本论》第3卷正文的基础。

看来,马克思是在1864—1865年期间确定第3卷的材料和内在逻辑的。与已经准备好了的第1卷付排稿不同,第3卷遗留下来的只

---

[*] 本文选自《马克思恩格斯研究》1995年总第20期。

原题注:《马克思恩格斯全集》历史考证版(MEGA)第2部分第4卷第2册全文发表了马克思在1864—1865年期间写的《资本论》第3卷的初稿。本文是MEGA版该卷编者写的序言。《马克思恩格斯研究》1994年第17期第227—245页曾发表了本文的草稿。本文是修改后的定稿,发表在《马克思恩格斯研究》1995年第20期第43—55页。——编者注

① 《马克思恩格斯全集》第1版第25卷第8页。
② 《马克思恩格斯全集》历史考证版第2部分第4卷第3册。
③ 《马克思恩格斯全集》历史考证版第2部分第15卷。

是草稿形式。马克思在写第 1 章时就已考虑到还要进行更深入的研究。随着写作的深入，他愈加感到，这个初稿不可能成为誊清稿，不可能是最后的付排稿。经济理论的一些重要要素还在研究中，一些概念及其在整体中的位置还处于未定状态，还有空白点。如果马克思能进一步加工的话，他定会对一些问题的分析加以补充和发挥，会把一些思路加以概括或删减，增加历史方面的例证和插入理论史方面的材料，来扩充其他内容。通过这一过程，该书的章节划分将会更加详细、更加分明。

在上个世纪 70 年代，马克思研究了俄国的土地所有制形式，以及美国和其他国家的工业、农业和金融关系。显然，马克思在撰写第 3 卷的相应章节时势必会吸收这些方面的研究成果。另外，他还对西欧国家的经济状况感兴趣。1878 年 11 月马克思还认为，第 2 卷可能于 1879 年底付印。① 但是，他最后又表示，"在英国目前的工业危机还没有达到顶峰之前"，他决不出版第 2 卷。"这一次的现象是十分特殊的，在很多方面都和以往的现象不同……因此，必须注视事件的目前进程，直到它们完全成熟，然后才能把它们'消费'到'生产上'，我的意思是'**理论上**'。"② 他认为，"恰恰是在目前某些经济现象进入了新的发展阶段，因而需要重新加以研究"③。

1857—1865 年期间完成的《资本论》第 3 卷的各种不同的手稿反映出，马克思的研究过程耗费了大量精力，这个过程决不是直线式的。单从马克思加的不同的标题来看，如像《第 3 篇。资本是结果实的东

---

① 《马克思恩格斯全集》第 1 版第 34 卷第 332 页。
② 《马克思恩格斯全集》第 1 版第 34 卷第 345 页。
③ 《马克思恩格斯全集》第 1 版第 34 卷第 424 页。

西。利息。利润（生产费用等）》①、《第3章。资本和利润》②和《总过程的各种形态》，就已经表明，马克思分析资本的最初计划所发生的变动。

在《政治经济学批判大纲》，即1857—1858年经济学手稿中，马克思还认为，价值转化为生产价格的问题并不是重点，它不涉及资本的本质。在那里他认为，剩余价值的平均化过程，剩余价值在各个资本家或特殊的资本家集团之间的分配，是在一般利润率和价格等同的基础上进行的。③ 由此可见，马克思对竞争作为资本主义生产和再生产过程的调节机制的作用已经有了某些认识。他确认，资本的内在规律，资本的趋势，在竞争中才得以实现；虽然竞争不能创立这种生产方式的规律，但却是这种规律的执行者。④ 就这一点而言，竞争起着推动经济进步的作用。马克思把它视为"资产阶级经济的重要推动力"⑤。此外，马克思把竞争作了概念上的区分（两个认识层次）。商品的价值由它所包含的劳动决定这一规律，似乎被竞争推翻了。必要劳动时间是由资本的运动决定的，它只有通过竞争才能确立。"这是竞争的基本规律。需求、供给、价格（生产费用）是进一步的形式规定；价格作为市场价格，或一般价格。"⑥ 当然，马克思在这个手稿中还没有讨论怎样形成平均利润率的问题。但是，他解释说："进一步的研究，属于竞争篇的范围。"⑦

---

① 《马克思恩格斯全集》第1版第46卷下册第263页。
② 《马克思恩格斯全集》第1版第48卷第252页。
③ 《马克思恩格斯全集》第1版第46卷下册第344页。
④ 《马克思恩格斯全集》第1版第46卷下册第47、271页。
⑤ 《马克思恩格斯全集》第1版第46卷下册第47页。
⑥ 《马克思恩格斯全集》第1版第46卷下册第166页。
⑦ 《马克思恩格斯全集》第1版第46卷上册第427页。

这显然涉及第二个论述层次。

在《剩余价值理论》中，马克思阐述了他的关于平均利润和生产价格以及剩余价值的各种形式的观点：利润、地租和利息。在论述过程中，他一方面碰到了价值和价值的各转化形式之间的关系，另一方面碰到了纯粹形态的剩余价值和它的各特殊形式之间的关系。这些关系都必须从它们的基础出发进行论述：通过证明"看不见的中间环节"，即证明各种"中介过程"或"转化"①。在这里主要的是涉及竞争的两种基本形式：在一个生产部门范围内争取最有利的销售商品的竞争和在各生产部门之间争取最好的资本投入领域的竞争。它们引起价值向市场价值的转化和向生产价格的转化，引起剩余价值向利润的转化和向平均利润的转化。马克思把这些形式理解为调节资本主义生产全过程的直接实践的形式，而在资本家、土地所有者和雇佣工人的意识中，它们就是以这种形式出现的。同样，马克思把工资，即劳动力商品的价值的转化形式，理解为劳动的"调节价格"②。

论述的逻辑是这样得出来的：对价值和剩余价值的说明，只要把在资本主义竞争中的实现抽象掉，就是不完全的。同样可以说，对平均利润的分析如果停留在产业资本上，那就是说，忽视了利润分割为产业利润和商业利润以及分割为利息和企业主收入，没有考虑到剩余价值在农业中的各种特殊形式，即级差地租和绝对地租，就是不完全的。而所有这些形式都属于资本的本质。在这一点上，马克思已经认识到了资产阶级政治经济学家的错误理解，他们把剩余价值本身与它的特殊形式同等看待，或者将它们混淆起来，不能把价值和价格明确地区分开。因此，他们的体系必然会出现一系列错误。根据马克思的观点，不能直接用经

---

① 《马克思恩格斯全集》第1版第26卷第3册第534—539页。
② 《马克思恩格斯全集》第1版第48卷第28页。

验利润来表现剩余价值的抽象规律，因为否则就无法认清资本主义生产方式的内在的必然联系。①

马克思逐步放弃了他最初一贯将"资本一般"和资本的"现实的"运动（竞争和信用）分离开的立场。紧接在《政治经济学批判大纲》之后和写作《剩余价值理论》以前不久，他在标题为"最后的笔记本"中还认为，剩余价值和利润之间的区别不能用一种转化，而必须用两种转化来表现。在第一种转化中，即剩余价值由预付资本来计量时，利润表现为以资本为根据和由资本确立的形式。一旦考察一般利润率的形成，这种形式上的区别就变成物质上的区别。这时，利润就归结为它的平均量，除了涉及形式，也涉及实体即利润的绝对量，马克思把这种转化称为第二种转化，它是实践的结果，称作由资本本身的性质造成的第一种转化的必然结果。② 马克思打算把这个"十分一般的情况"纳入"资本一般"的论述之中。对平均利润率的详细考察则是以各生产部门中的不同利润率为前提的，它应在关于竞争的那一章中进行论述。在《剩余价值理论》中，马克思实际上放弃了这种想法。他认识到了，那种分离的界限是适用于研究过程的东西，他并且考虑到，把经济关系中最重要的形式区别纳入对资本关系的论述之中，1862年12月的计划草案就证明了这一点。这些计划草案是《资本论》第1卷和第3卷的结构计划，而马克思在写作这两卷书的过程中又对它们作了修改。

马克思在第3卷初稿中把平均利润率的形成看作是竞争的主要"表现"。"产业资本家没有实现全部的剩余价值，而是把一部分剩余价值让渡给其他资本家，如商业资本家等去实现，这一点甚至是规律。利润

---

① 《马克思恩格斯全集》第1版第48卷第290页。
② 《马克思恩格斯全集》第1版第48卷第289页。

在各阶级间的分配与这个规律有关。"① 第一章后来的一个草稿,即手稿"Ⅲ",修改了这方面的论述。在这里,马克思把"调节**一般利润率**和由它决定的所谓**生产价格**的规律"说成是"政治经济学迄今没有理解的关于资本主义竞争的基本规律"②。就这种意义来说,资本的一般概念所包含的只是关于进行调节的原理和论述,而竞争则只有"在论述其他题目需要时才会讲到"③。这就是说,《资本论》不包含对竞争的现实运动的考察。④

如果我们把第3卷手稿同1862年12月制订的计划草案加以对比,就会发现,这时已着手论述进一步的理论问题了。正文中关于论述方法的一些说明也表明了这一点。而马克思之所以有意识地不去研究资本主义生产方式的一些现象,是因为这些现象处在他的《资本论》写作计划之外。这里指的是,市场价格的运动、信贷业、各种证券,以及对土地所有制和雇佣劳动、对危机和世界市场中的资本运动以及国家经济职能的详细研究。正像马克思在第3卷初稿中所提及的那样,资本主义生产方式的这些具体形态要留待《资本论》的一个可能的续篇去考察。⑤他的著作论述的是资本的一般性质。因为,在这里"总是假定,各种现实关系是同它们的概念相符合的,或者说,所描述的各种现实关系只是表现他们自身的一般类型的"⑥。

在初稿的开始部分,马克思论述了剩余价值(剩余价值率)和利

---

① 《马克思恩格斯全集》历史考证版第2部分第4卷第2册第56页。
② 《马克思恩格斯全集》第1版第25卷第45页。
③ 《马克思恩格斯全集》第1版第32卷第526页。
④ 《马克思恩格斯全集》历史考证版第2部分第4卷第2册第853页。
⑤ 《马克思恩格斯全集》第1版第25卷第127页。
⑥ 《马克思恩格斯全集》第1版第25卷第160页。

润（利润率）之间的关系。成本价格的客观规定和从资本家立场出发的主观规定是不同的，也就是说，资本主义的成本价格和现实的成本价格是不同的。然而，成本价格不总是被规定为说明资本竞争中所出现的现象的必要的出发范围。在第1章中，马克思还分析了剩余价值率和利润率之间的关系所可能发生的变化，但没有分析到底。他一再试图用图示的形式概括这些变化的重要特征①，即试图认识剩余价值率和利润率之间关系的规律。最后，他注明（这种情况也适用于手稿的其他地方）："在最后编辑这一过程时，只提取有用的部分。对研究本身来说，当然有必要叙述所有这些细节，但是对读者来说绝没有必要。"② 马克思考虑到，除此之外，必须阐明资本的周转对利润率的影响，关于这点，一个标题③和第2册草稿中的论述都有所体现④。然而他没有填补这个空白。"（3）不变资本使用上的节约"和"（4）原料价格的变动"这两节也同样只是草稿的形式，它们中的图表材料主要来自工厂视察员的报告。

第1册《资本的生产过程》完成之后，马克思没有去撰写第2册《资本的流通过程》，而是撰写第3册，确切地说，是撰写第3册的第2章，论述的是平均利润率和生产价格。此后，他撰写了第3册的第1章和第3章。显然，在他看来，1861—1863年手稿中对剩余价值转化为利润的问题的研究是相当充分的。

第1册第6章《直接生产过程的结果》是紧接在第3册第2章之前撰写的，在这一章中，马克思区分了资本论述中的两个"循环"。一个

---

① 《马克思恩格斯全集》历史考证版第2部分第4卷第2册第22页。
② 《马克思恩格斯全集》历史考证版第2部分第4卷第2册第83页。
③ 《马克思恩格斯全集》历史考证版第2部分第4卷第2册208页。
④ 《马克思恩格斯全集》第1版第49卷第389、393—394页。

循环是指包含流通在内的资本主义商品生产，涉及的是从前提和结果来看的资本主义所生产的商品。而另一个循环则论述作为整体的资本。它应包括价值转化为生产价格的学说，这里，应当像重视剩余价值及其特殊形式那样重视平均利润。第1册和第3册的过渡应归因于马克思毫无矛盾地说明了本质和直接的表现形式之间的联系，不仅揭示了运动规律本身，而且同样证明了这一规律的实现机制。他认为，整个理论的内在联系就建立在此基础上。如果说他起初是想弄清楚和科学地批判地研究二律背反，那么最后面临的任务则是进行系统的论述。

值得注意的是，1861—1863年手稿中就有类似的过程。在该手稿中，在《资本的生产过程》① 这部分中论述了关于剩余价值的理论之后，紧接着写了《第3章。资本和利润》②，它显然是在1861年末至1862年初撰写的。因此，马克思是在《剩余价值理论》这部分手稿之前撰写这一章的，而不是像迄今人们认为的那样③是在它之后才写的。

关于第3章的研究对象——平均利润率趋向下降的规律，马克思在《政治经济学批判大纲》中说："这从每一方面来说都是现代政治经济学的最重要的规律，是理解最困难的关系的最本质的规律。从历史的观点来看，这是最重要的规律。这一规律虽然十分简单，可是直到现在还没有人能理解，更没有被自觉地表述出来。"④ 在《大纲》中，马克思在批判地分析斯密和李嘉图等人的论点时作出了关于规律本身的最初论断。他列举了起反作用的诸因素，而他是后来在《1861—1863年经济学手稿》中才进一步对这些因素进行分析的。在第3册的初稿中，他把

---

① 《马克思恩格斯全集》第1版第47卷。
② 《马克思恩格斯全集》第1版第48卷第251—348页。
③ 《马克思恩格斯全集》历史考证版第2部分第3卷资料卷第2394页。
④ 《马克思恩格斯全集》第1版第46卷下册第267页。

这些突出出来，并超出《大纲》和1861—1863年手稿中所论述的内容，展开阐述了规律的内在矛盾。

马克思在考察利润分割为它的各个特殊的、独立的部分之前，有意识地先说明了这个规律。"这个说明同利润分割为归各类人所有的各个部分这一点无关，这一事实一开始就证明，这个规律，就其一般性来说，同这种分割无关，同这种分割所产生的各种利润范畴的相互关系无关。"① 马克思想强调的是，利润就本质来说，是雇佣劳动所创造的剩余价值同社会总资产的关系，而它在各资本家集团之间的分配则是第二位的过程。它是这样一个规律，这个规律揭示的是由各产业资本组成的总资本的价值增殖程度的发展趋势。

在第一个写作阶段，马克思研究了产业资本的关系及其物的形式：利润、平均利润和生产价格以及利润率趋向下降的规律。这时，马克思所研究的问题同计划草案还是一致的。在第二个写作阶段，即完成了第2册和作过了《价值、价格和利润》的讲演之后，马克思所研究的问题就只是在一定条件下才与计划草案相符了。地租已不再被看作价值和生产价格之间区别的"例解"，而是被说成是农业中剩余价值生产的特殊形式。马克思没有像原来计划的那样，在论述资本主义竞争的基本规律之后马上论述利息，也没有把利息和商业利润放在同一章中论述，而是把它们分开，因为它们在平均利润率的形成过程中起着质上不同的作用，马克思互换了它们在著作中的位置。马克思在《收入及其源泉》②中的初步思考是以商人资本和生息资本一章的起草为基础的。《剩余价值理论》中论及收入及其源泉的这个结尾部分，包含这样一个命题：商人资本和高利贷资本——更为古老的和独立的资本形式——在产业资本

---

① 《马克思恩格斯全集》第1版第25卷第238页。
② 《马克思恩格斯全集》第1版第26卷第3册第499—600页。

的产生过程中先被"摧毁"并从属于产业资本。它们将"转化为它自己的派生的或特殊的职能",转化为"它自己生活过程的形式"。① 所以,同商人资本表现为产业资本的一种职能一样,资本主义的信用制度也表现为产业资本的产物;在《大纲》中,马克思还没有对资本主义再生产过程中的商人资本和生息资本的职能和作用方式进行研究。马克思在《大纲》中先研究了这两种形式在资本主义生产方式的形成过程中所起的作用。在1861—1863年手稿中的《收入及其源泉》写完之后,马克思才首先考察商人资本的主要规定并开始考察生息资本。② 马克思还没有充分弄清楚是否把生息资本纳入经济学著作的问题,这还需要进一步研究。他在1861—1863年手稿中称商人资本是一种在流通中独立出来的资本形式,它以其特殊的职能促成流通过程。马克思考察了商业利润的源泉和获利的机制,纯商业雇佣劳动的非生产性和在商人资本周转中所起的特殊作用。这一切还是为了自己弄清问题,也很少划分章节。最后,马克思没有把所有思考的内容都写进第3册的初稿,但已经更清楚地把握了概念,论述也有了结构的轮廓。这里主要是指,马克思区分了在产业资本循环过程中作为职能规定的货币资本和商品资本,并区分了作为商人资本的两个亚种的商品经营资本和货币经营资本。

对于撰写第5章来说,马克思原来在1861—1863年手稿中只写了一般性的论述,现在必须将它们具体化。根据马克思的计划,关于生息资本的内容属于论述资本主义生产方式的经济规律的部分。他早在50年代初就已经对信用制度、它在资本主义中的职能和信用制度与经济危机的相互关系有了一定的概念。《1850—1853年伦敦笔记》就证明了这一点,尤其是《伦敦笔记》第Ⅰ—Ⅶ笔记本和与此有关的手稿《金银

---

① 《马克思恩格斯全集》第1版第48卷第254—486页。
② 《马克思恩格斯全集》第1版第48卷第399页。

条块。完成的货币体系》和《反思》证明了这一点。① 现在，马克思在写完了对生息资本理论的一些主要方面的论述之后，又补充了一些新的事实和材料，这就是初稿中以《混乱》为标题的那个部分。这部分手稿的特点是，研究和分析了当时出版物上（特别是下院关于银行制度的报告）和《伦敦笔记》中所收集的事实和材料，特别把事实同资产阶级经济学家和商人的言论进行了对比。鉴于英国发达的银行制度和信用制度以及就货币理论开展的激烈争论，研究工作面临着大量问题。

马克思首先写了生息资本的性质和职能，然后又写了信用的基本形式，即银行信用和商业信用，并阐述了其主要特征。此外，他分析了信用货币，特别是票据和银行券的发行，分析了信用货币兑换黄金的可能性和汇率，以及虚拟资本和股份公司。马克思在大多数情况下是分散地论述这些特殊形式的特征的，因为它们直接来自研究过程，这些论述往往缺乏相互联系，几乎没有系统。马克思说过，在对生息资本进行最后论述时将会把各种各样的、涉及多学科的材料压缩到论证理论所必需的篇幅。显然，到那时这里有些观点将不会再保留，因为它们不涉及资本的核心结构。它们将被收入对信贷问题的专门论述之中，这些专门论述按原来的设想应放在关于竞争的论述之后。② 马克思认为这一章应保持其特殊的地位。"由于第二卷的大部分理论性太强，因此，我要用论信贷的一章去揭露现代的投机活动和商业道德。"③

马克思在第6章中关于超额利润转化为地租的观点，是分许多步骤才逐步形成的。在40年代，马克思还追随李嘉图关于级差地租的构想，到了50年代，他通过阅读系统论述地租问题的著作家的著作并通过吸

---

① 《马克思恩格斯全集》历史考证版第4部分第7卷、第8卷。
② 《马克思恩格斯全集》第1版第30卷第636—637页。
③ 《马克思恩格斯全集》第1版第32卷第191页。

收农业化学和地质学等学科的成果，奠定了经验的和理论史的基础，在此之后，他最终在《剩余价值理论》中发展了自己的地租理论，把绝对地租和级差地租统一起来。马克思通过分析洛贝尔图斯和李嘉图的观点，创立了绝对地租理论，他们两人都没有区分价值和生产价格，所以没有解释清楚绝对地租的存在。李嘉图由于生硬地贯彻自己的价值理论，所以他根本否定绝对地租的存在。相反，马克思注意到，即使农业方面的生产也是在价值规律的基础上实现的，并且与平均利润和生产价格的理论相联系而证明了自己的观点。

马克思在第3册的这个手稿中，在一篇《导论》之后，转而写作《（C）绝对地租》。因此，他首先研究的是土地所有者直接和间接参与剩余价值分配的形式。

早在1862年马克思就强调指出，对级差地租理论的论述不会出现任何困难。他认为，问题是充分利用内容广泛的材料，把它同绝对地租区分开来并加以系统论述。现在，他首先论述了在利用可垄断的自然力的场合，非农业的超额利润是如何形成的。论述的第一个抽象阶段，是通过考察从一般的级差地租向农业部门的级差地租的过渡形成的。在第二个阶段，马克思继续对农业部门特有的级差地租进行考察。在这里，他引用了各种变化和组合的可能性，这些可能性可以通过参与级差地租形成的各因素的不同结合而产生，如级差地租Ⅰ同级差地租Ⅱ相结合，生产价格的发展或追加投资具有的不同的生产率。这也许是第6章的篇幅一再扩大的一个原因。马克思在完成这一章的写作之后告诉恩格斯说："关于这本'可诅咒'的书，它的情况是：12月底已经**完成**。单是讨论地租的倒数第2章，按现在的结构看，就几乎构成一本书。"①

从这一章末尾所附的一个计划中可以看出，马克思本想改变最初为

---

① 《马克思恩格斯全集》第1版第31卷第180—181页。

付印而选定的结构并把材料更明确地划分章节。很有可能在《（d）超额利润转化为地租》这一题目下增加一项总结性的概述，并增加对于纳入总再生产过程是很重要的关于级差地租对利润率的影响的重要之点。另外，马克思标出了正文中还必须用历史资料和理论史材料证明的地方。

第7章是对资本主义生产总过程的一个概括性的考察，这个考察可能是以1861—1863年手稿中完成的《收入及其源泉》为依据的。这一章的结构是逐渐形成的，是与马克思对资本概念的观点的发展相一致的。在为1861—1863年手稿写的计划中，他还想把工资和利润作为生产形式和分配形式来考察①，而为第3册写的计划则拟订了这一章的几乎所有应论述的重要之点，只有关于"竞争的假象"这一点是执笔前加上的。

在第3册的初稿中，马克思不时地指出"被颠倒的形式"。他说："我们越是进一步追踪资本的实现过程，资本关系就越显得神秘，其内在结构的秘密就越少被揭示。"② 因为生产价格以"商品价值的……没有概念的形式"③ 出现。利润和地租已经掩盖了剩余价值的源泉，在生息资本上，资本甚至表现为利息的神秘的自我创造的源泉；利息表现为资本的绝对外表化：表现为"生产关系的最高度的颠倒和物化"④。马克思还把受事物的假象束缚的思想称作**拜物教**，把掩盖资本实现条件的那种资本表现称作神秘化。由于资本主义生产关系的实践再生产出物化现象，产生出假象形式，使本质神秘化，所以马克思认为，消除

---

① 《马克思恩格斯全集》第1版第46卷下册第418页。
② 《马克思恩格斯全集》历史考证版第2部分第4卷第2册第64页。
③ 《马克思恩格斯全集》第1版第25卷第221页。
④ 《马克思恩格斯全集》第1版第25卷第442页。

物化是科学的永恒的课题。他按这一想法，在结尾的一章中分析了三位一体的公式，叙述了关于资本主义竞争的假象和生产与分配的关系的观点。

原来计划要写的《阶级》一章，马克思在写了若干段落之后便中断了。

（原载《马克思恩格斯全集》历史考证版第2部分第4卷第2册）

（佐海娴 译）

《马克思恩格斯全集》历史考证版第 2 部分第 4 卷第 2 分册

——评《资本论》第 3 册第 1 稿的发表*

〔日〕大谷祯之介

前　言

1993 年出版了《马克思恩格斯全集》历史考证（MEGA）版①第 2 部第 4 卷第 2 分册，该分册收进了期待已久的《资本论》第 3 卷第 1 稿。在该分册中，以作为附属资料收进的《引言》与《形成和流传》为中心，介绍了这一分册的内容，并对它们作了若干论述。笔者在 1994 年 11 月召开的经济理论学会第 42 次大会上，以《〈资本论〉第 3 卷出版百周年——从恩格斯版到 MEGA 版》为题作了报告，本稿可以认为是对这一报告的进一步的发挥。

起初，我对这部《资本论》第 3 卷的 MEGA 版的意义及其内容，同第 3 卷的现行版即 1894 年出版的恩格斯版，进行了初步的对照，之后，在这一基础上，对《引言》与《形成和流传》作了简单的说明。

---

* 本文选自《马克思恩格斯列宁斯大林研究》1999 年第 4 辑。
① 以下简称 MEGA 版。——编者注

另外，在本文的最后部分中，作为资料，介绍了本人所译的介绍性和评论性的《引言》与《形成和流传》，请参照。

恩格斯版的历史意义

自1894年出版恩格斯版的《资本论》第3卷以来，已过百年。恩格斯在马克思的遗稿中发现了第2卷和第3卷的手稿，并首先编辑和出版了第2卷，在这之后，便着手编辑第3卷，共用9年多的时间才得以出版第3卷。异常困难的是，恩格斯需要完成对只具有手稿雏形的原稿的整理，这项工作需反复翻阅恩格斯本人的许多封书信。恩格斯克服了种种困难，终于在1894年出版了《资本论》第3卷，之后恩格斯于翌年逝世。

马克思本人生前未能编辑和出版《资本论》第2卷和第3卷。完成他的主要理论著作部分的是恩格斯，尽管在这方面存在某些缺陷和不足，但其功绩仍是不朽的。《资本论》第1卷通过对《资本的生产过程》的分析，阐明了资本主义生产方式的最本质的关系及其物化，指出它"是一部相当完整的著作"①，在此之后，指出预计相继出版第2卷《资本的流通过程》和第3卷《总过程的各种形态》，而这全部三卷构成资本的一般分析和资本主义生产的一般研究，它们是"一个艺术的整体"②。

李嘉图等古典经济学家已经知道平均利润和造成平均利润的价格（生产价格）的存在，并潜在地说明过它们同商品价值之间的关系，而这一点应当引起我们的注意。其次，他们已经分别论述过利润、利

---

① 《马克思恩格斯全集》第1版第23卷第35、36页。
② 《马克思恩格斯全集》第1版第31卷第135页。

息和地租，不仅如此，他们已把这些还原成剩余劳动。马克思在《资本论》第 1 卷中已经把价值从生产价格中独立出来，指明**在商品生产关系下，在劳动产品**中，必然**物化的抽象人类劳动**这一本质及其形态（价值理论），这就为阐明生产价格打下了稳固基础。从而马克思彻底地阐明了剩余价值理论，即以这一价值理论为基础，作为资本的价值增殖结果的剩余价值，**在资本主义生产关系下，在资本家**的商品中，阐明了必然**物化**成雇佣工人的剩余劳动的这一本质。可见，古典经济学既不能从价值中展开生产价格，也不能展开剩余价值所采取的种种形态。《资本论》第 1 卷虽有可能展开这两者，但是它却未能对此加以展开。也就是说，第 1 卷虽然阐明了生产价格和剩余价值的各种具体形态这一潜在的本质，即阐明了价值和剩余价值，但是并未完成从这一本质中展开现象形态和说明现象形态本身这一课题。对资本的科学的认识在于，在资本主义生产方式下，从必然的各种经济形态（各种范畴）中找出这里的现象的本质，并基于对这一本质的认识，说明这些形态就是这一本质借以表现的各种形态。《资本论》第 1 卷尽管构成了"一个整体"，而所谓这个"整体"，就本质来看，完成了它的叙述，但是就资本的认识本身来说，还尚未全部了结。"对资本的一般分析"以及"对资本主义生产的一般研究"，显然在第 1 卷中把所阐述的价值和剩余价值作为基础，有可能初步展开它们的各种必然表现形式。尽管对《资本论》的研究尚存在种种问题，但是我们有充足理由把马克思的整体三卷《资本论》（我们将第 4 卷《剩余价值理论》抛开不谈）称之为"一个艺术的整体"。

怎样理解这个"艺术的整体"呢？关于已经出版的第 1 卷同第 2 卷和恩格斯着手编辑的第 3 卷之间的关系问题，恩格斯在为第 2 卷写的序言中论述了以下四点：

第一，关于不变资本同可变资本的区别的问题。

关于这个区别，他指出："这个区别提供了一把解决经济学上最复杂的问题的钥匙，关于这一点，这第2卷又是一个最令人信服的证明，以后我们会知道，第3卷更是这样。"①

第二，关于价值同生产价格的关系问题。

恩格斯指出："实际上，等额的资本，不论它们使用多少活劳动，总会在相同时间内生产平均的相等的利润。因此，这就和价值规律发生了矛盾。……马克思在《批判》手稿中，已经解决了这个矛盾；按照《资本论》的计划，这个问题要在第3卷来解决。……如果他们（指经济学家们。——本文作者注）能够证明，相等的平均利润率怎样能够并且必须不仅不违反价值规律，而且反而要以价值规律为基础来形成，那末，我们就愿意同他们继续谈下去。"②

第三，关于剩余价值同它的转化形式的关系问题。

恩格斯指出："马克思的剩余价值，却是生产资料所有者不付等价物就占有的价值额的**一般形式**。这个价值额，按照马克思首先发现的一些十分独特的规律，分割为利润和地租这样一些特殊的**转化**形式。这些规律将要在第3卷中加以阐述。在那里将第一次说明，从理解一般剩余价值到理解剩余价值转化为利润和地租，从而理解剩余价值在资本家阶级内部进行分配的规律，需要经过多少中间环节。"③

第四，关于社会的再生产过程中的叙述的展开问题。

恩格斯指出："这个第2卷的卓越的研究，以及这种研究在至今几乎没有人进入的领域内所取得的崭新成果，仅仅是第3卷的内容的引言，而第3卷，将阐明马克思对资本主义基础上的社会再生产过程的研

---

① 《马克思恩格斯全集》第1版第24卷第22页。
② 《马克思恩格斯全集》第1版第24卷第24—25页。
③ 《马克思恩格斯全集》第1版第24卷第15页，黑体为本文作者所用。

究的最终结论。"①

这里清楚地说明，急于编辑和出版《资本论》第3卷的恩格斯在这一卷中发现了何等重要的意义。这其中包括这样一个论点——第1点和第4点是第1卷和第2卷研究所取得的成果，并成为第3卷研究的前提和基础，与此同时，在第3卷中更加具体化了，而第2点和第3点是把第1卷中所论述的本质作为表现形式所展开的。关于第1卷和第3卷之间的关系问题，后者起着决定性的重要作用。

马克思在第3卷第1稿的开头的一段话中，对这个第3卷的命题作了如下的论述：

"我们已经看到，生产过程作为整体来考察是生产过程和流通过程的统一。这一点在把流通过程作为再生产过程来考察时（第2册第4章），我们已经详细地论证过了。至于这一卷的内容，它不能是对于这个'统一'的一般的考察。相反地，这一卷要揭示和说明资本的过程——作为总体考察时——所产生的各种具体形式。|对资本在它们的现实运动中相互对立的具体形态来说，无论是直接生产过程中的资本形态，还是流通过程中的资本形态，只是表现为特殊的要素。因此，我们在本卷中将要阐明的资本的各种形态，同资本在社会表面上，在生产当事人自身的日常意识中，最后，在各种资本的互相作用中，在竞争中，是一步一步地接近了。|"②

也就是说，第3卷的课题是追寻资本总过程中所采取的资本的各种形态，即追寻所采取的各种具体的形态，是论述这里所出现的各种具体形态。换句话说，课题在于展开第1卷——它通过对第2卷的研究而得

---

① 《马克思恩格斯全集》第1版第24卷第25页。
② 《马克思恩格斯全集》历史考证版第2部第4卷第2分册第7页；第1版第25卷第29—30页。

到补充——中所阐述过的资本本质所采取的各种形态。我们从这里看到，第3卷对古典经济学进行了明显的批判，这一点十分重要，而关于这一问题，恩格斯在第2和第3点中所论述的观点是非常明确的。

《资本论》彻底地论述了包括对这些问题进行透彻说明的"总过程的各种形态"。因此，作为"资本一般的分析"，它是"一个艺术的整体"。

由于恩格斯在晚年的艰苦奋斗，人类特别是工人阶级终于有可能看到《资本论》第2卷和第3卷。假如恩格斯未能出版第2卷和第3卷，那么到今天为止，经济学家们未必能以它的理论去分析或展开对各种问题的讨论，进而未必能在理论上对资本主义生产进行适当的分析。资本的循环和周转，固定资本和流动资本，社会总资本的再生产和流通，平均利润率和生产价格，商业资本和货币经营资本，生息资本和信用制度等问题，土地、地租和三位一体公式，等等等等，以及围绕上述理论所展开的研究和争论，可以说，都是以恩格斯的第2卷和第3卷的论述为前提的。我们知道，恩格斯逝世后，围绕资本主义生产在理论上的分析和争论是历历在目的，假如恩格斯未能出版《资本论》第2卷和第3卷，那么情况就完全会是另一种样子，在许多场合，就有可能不会产生这些争论和分析。

有人说恩格斯编辑的《资本论》第2卷和第3卷存在一些缺陷。其实，在马克思的手稿中就程度不同地存在这些缺陷。这是毫无办法之事。第2卷和第3卷的编辑和出版是恩格斯的不朽的业绩，换句话说，《资本论》第2卷和第3卷发行的历史意义，恰恰在于克服了这些缺陷和不足。在恩格斯版的《资本论》出版发行百周年之际，我们通过对恩格斯所编辑的第2卷和第3卷，特别是对第3卷的马克思的"资本的一般分析"，通过对本质的分析到表现形式的分析的展开，应当充分肯定恩格斯的编辑和出版工作的意义。

MEGA 版出版和发行的意义

通过以上的考察，我们虽然清楚地了解了第3卷的一些情况，不过我们仍然要强调指出，尽管自恩格斯出版《资本论》第3卷到百年后的1993年，在MEGA版中公开发表了马克思的《资本论》第3卷第1稿，但是恩格斯出版第3卷仍然是一个具有伟大意义的事件。

我们已经知道，恩格斯版同马克思手稿有着我们可以想象的不同程度的差别；其次，不可想象的是恩格斯所作的修改；再次，还应指出恩格斯在他所注明的"弗里德里希·恩格斯编"这些字样中所反映的事情。手稿本身的内容和手稿同恩格斯版的不同的具体内容，都曾以各种方式多次介绍给了读者。不过到目前为止，一般说来，要确认两者的不同以及关于马克思手稿同恩格斯版的界限，是很困难的。现在，由于《马克思恩格斯全集》历史考证版的出版，人们可以清清楚楚地看到马克思手稿的内容，同时可以了解到有关恩格斯编辑工作的细节。

首先，就恩格斯版同手稿的关系问题介绍如下。

第一，手稿中的绝大部分尽管都带有原封不动地反映研究过程的、具有笔记性质的东西，作为整体，尽管手稿是一份未完成的手稿，而且尽管恩格斯在他的序言中曾实事求是地记述了这一点，但是读者一般说来通过恩格斯版，依然会认为马克思《资本论》第3卷是一份成熟的手稿。

第二，恩格斯版在援引第1卷和第2卷时，指的是手稿完成后出版的第1卷（如德文第1册第4版）和由恩格斯编辑并出版的第2卷，所以马克思《资本论》第3卷从外表上看，无论是在理论上还是在实际上，都仿佛是以上述这两卷的版本为前提。事实上，有关第2卷值得格外注意的是，马克思在开始写作第3卷手稿时，还未集中时间写作第2

卷的手稿，后来中断了第 3 卷的写作，才开始写作第 2 卷第 1 稿。总之，从外观上看，《资本论》现行版三卷好像是从第 1 卷起到第 3 卷止依次叙述并加以完成的著作。

第三，尽管恩格斯在他的序言中详细论述过他编辑时前前后后所经历的困难，但结果给人的印象却是，似乎他的版本同马克思的手稿并无大的区别。其中最大的原因是，恩格斯在他的序言中，就马克思的手稿同他的版本的正文之间的关系，说明了他对内容的整理经过。但实际上，他显然对内容都作了整理，但未作任何说明，特别是第 5 章更是如此。

第四，恩格斯的整理具有种种不同的性质，但我认为都是必需的和适当的。特别是他对第 5 章①的整理尤为辛苦。第 5 章有来自手稿中作为第 3 卷正文而有意识撰写的部分，也有为收集资料编入笔记本中的部分，编辑这一章实为不易之事。恩格斯用了六年时间才完成编辑工作，需要如此长时间的原因，是来自编辑第 5 章的困难。这一章"不但没有现成的草稿，甚至没有可以提供轮廓，以便加以充实的纲要，只不过是开了一个头，不少地方只是一堆未经整理的笔记、评述和摘录的资料"。"没有别的办法，我只好当机立断，尽可能限于整理现有材料，只作一些必不可少的补充。"② 这其中恩格斯一方面要辨认正文部分和笔记资料部分之间的区别，一方面理解篇章的构成。特别是我们看到，在正文中恩格斯版把第 26 章放在第 25 章和直接其后的第 27 章之间。另一方面，恩格斯为了有效地利用摘录笔记本，不断努力从这部分中进行归纳整理，例如组成《第 33 章 信用制度下的流通手段》的部分。

---

① 指《马克思恩格斯全集》第 1 版第 25 卷第 5 篇《利润分为利息和企业主收入。生息资本》。

② 《马克思恩格斯全集》第 1 版第 25 卷第 9 页。

即便我们考虑到这一点，在手稿公开发表之前，也应把恩格斯版看成是根据马克思的第 3 卷手稿而形成的恩格斯的独立著作。现在出版了 MEGA 版①，于是第 3 卷就有了恩格斯版和 MEGA 版这样两个版本。不过，今后这两个版本，即历史考证版和恩格斯版这个普及版，都会有各自的地位，应该平等相待地加以利用。今后，作为第 3 卷的版本，虽然最好应当使用 MEGA 版，但是 MEGA 版收录的是手稿，由于不易读，在根据 MEGA 版出版新的普及本之前，也应当利用恩格斯版。只是在这种场合，由于比较容易理解恩格斯版的性质和界限，所以应当加以利用。总之，恩格斯版远未寿终正寝，还应当把它当成历史文献去加以参照。说到日本，MEGA 版的日文版虽然先行一步，但是也正在考虑编辑出版同 MEGA 版关系密切的独特的普及版②。

关于第 3 卷的 MEGA 版

1993 年出版 MEGA 版第 2 部分第 4 卷第 2 分册，收入这一分册的是马克思第 3 卷手稿的第 1 稿，它占全部手稿的绝大部分。我们在本文中称为第 3 卷 MEGA 版的就是指 MEGA 的这一分册。

除这一手稿之外，第 3 卷还有三个残存的部分手稿，它们写于第 1 卷出版（1867 年）到第 2 卷出版（1872 年）之间，它们就是第 3 卷开头部分的三个片断。恩格斯把"主要手稿"称为手稿"Ⅰ"，之后的三个片断便被编为第"Ⅱ"、"Ⅲ"和"Ⅳ"稿。在这里，为了和这些片

---

① 指历史考证版第 2 部分第 4 卷第 2 分册。但这一分册并未包括第 3 卷的所有手稿，只包括恩格斯称为"主要手稿"的"第 1 稿"。但由于这一分册发表了"主要手稿"，为简便起见，可称之为第 3 卷的 MEGA 版。

② 第 3 卷的 MEGA 版的日文翻译，笔者正在进行，预定将由大月书店出版。

断手稿加以区别,这份手稿也被称为"第I稿"或"主要手稿"。

关于出版年份的标示。记载在历史考证版这一分册上的出版年份(1992年)事实上比实际出版年早了一年,这是因为当时有以下事情发生。

当时"现实的社会主义"正在解体过程中,柏林和莫斯科两个马克思列宁主义研究院是否仍继续存在还不明朗,阿姆斯特丹国际社会史研究所因得到特里尔市的卡尔·马克思故居(弗里德里希－艾伯特基金会)的帮助,正竭力再次组成历史考证版的出版主体。在两个马克思列宁主义研究院的编辑和研究人员深感危机来临并且危机急剧发展时,由完全对等的四方组成的"国际马克思恩格斯基金会"诞生了。此后,这个基金会便成了MEGA版的出版和发行主体。后来,两个马克思列宁主义研究院分别解体了,目前,根据1994年2月2日签约改组的马克思恩格斯基金会理事会由以下四方组成:国际社会史研究所1名,卡尔·马克思故居1名,柏林—勃兰登堡科学院1名,MEGA版编辑部莫斯科研究单位的共同代表1名(由俄罗斯社会与民族问题独立研究所和现代史文献研究收藏中心这两个机构交替选出)。对马恩基金会来说,最为困难的问题是确保编辑和出版的财源问题。该基金会力促历史考证版的编辑本身脱离政治,使它学术化和国际化,使它的多卷本的"历史考证版的全集"努力得到欧洲各学术研究单位的资助。在这一过程中最为重要的是修订MEGA编辑工作指针——"编辑准则"。1992年3月为修订工作而召开了国际会议,之后,经过该基金会编委会的讨论,于1993年初公布了"编辑准则"。这一期间,MEGA采用了德国科学院会议制定的计划,接受了该会议给予的财政资助,作为资助的条件,在资助下出版的MEGA版各卷均按照新的"编辑准则"进行编辑。不过,作为出版单位的"狄茨出版社"推迟发行的第1部分第20卷和收载第3卷第1稿的第2部分第4卷第2分册是以原有的"编辑准则"编辑的，因此，由于同德国科学院会议的关系，这两部著作的编辑需要修改，它们原定在1992年出版，而它们的实际出版是在1993年，但在第2部分第4卷第2分册的封面上记载的出版年份是1992年。

MEGA第2部分第4卷第2分册的构成。第2部分第4卷第2分册同MEGA版的其他各卷一样，是由"正文卷"和"资料卷"这两部分组成的。放在引言之后的正文部分再现了被认为是马克思的第3卷最后写成的正文。资料部分包括记述手稿形成过程的"形成和流传"以及"异文索引"、"订正索引"和"注解"。此外还有"文献索引"、"人名索引"和"主题索引"。

关于"题解"。这一分册是按照旧"编辑准则"编辑的，虽然处在新"编辑准则"的出台初期，但其正文部分和大部分附属资料都已经编好。作为马恩基金会指导下的学术化和国际化的努力的一环，在这一分册中，除主体部分外，那些与新准则不相一致的部分都作了修改。

附在正文前的题解，除了记述目录和编辑方针等事项之外，重要的是编者写的"引言"。在此之前，在MEGA版的各卷中，都写有"序言"，其中详细地记述编者对收录在这些卷中的马克思或恩格斯的著作的解说。这些解说既包括以前"马克思列宁主义"的意识形态式的解说，也包括"编辑准则"改订中的问题所在。根据新准则的讨论，现在把"序言"改成了"引言"，在"引言"中应当客观地记述所收录的作品，同时避开其中所包含的政治背景、政治的或社会的意识。关于这个第2部分第4卷第2分册问题，编辑负责人曼弗雷德·缪勒曾起草过一个草稿。在1991年初完成的这一草稿于同年2月在柏林召开的"《资本论》第2卷原手稿准备在历史考证版第2部分中出版专家讨论会"上曾研究过。在这次会议上，根据讨论意见，认为需要对最终稿进行种种加工。在出版时把"序言"都改成了"引言"。"序言"之所以改成"引言"，是因为按新的"编辑准则"，在附属资料之前，都规定要有

"引言",这是一种调和的产物。就内容来说,这虽然可以认为是学术问题,但却是按照新的"编辑准则"写成的。

这里的"引言"德文为"Einfüthrung",是指导入、引入、入门和资料说明等内容,但是作为放在历史考证版正文之前的释文,在本稿中我把它译成"引言"。根据新的"编辑准则","引言"作为附属资料的一部分,应当包括以下内容:

(1) 该卷的构成,该卷同其他各卷之间的联系以及该卷内的篇章构成;

(2) 采纳资料的根据;

(3) 资料的整理,对与这些资料所特有的性质相适应的正文所进行的批判分析;

(4) 作为对正文考证的结果所执行的编辑决定,例如执笔人的确定,写作时间的推定,正文的再现,正文的修订,异文的记述以及其他编辑上的特有产物。

关于正文。在正文中与恩格斯版本不同的手稿被再现出来,差异到处可见。特别引人注目的是对第5章(恩格斯版为第5篇)中的《信用。虚拟资本》这部分所作的编辑处理。这一章在恩格斯版中属于第25章至第35章部分,这部分正文,大体说来,安排为以下几部分。

(1) 继《(5)信用。虚拟资本》这一标题之后,是现在收入恩格斯版的第25章的前四分之一部分①(历史考证版第413—417页)。这里指出:"对我们的目的来说,我们不需要更详细地考察各种特殊的信用机构(手稿中为'信用工具'。——本文作者注)和银行本身(手稿中无'本身'二字。——本文作者注)的各种特殊形式。"②

---

① 《马克思恩格斯全集》第1版第25卷第450—455页。
② 《马克思恩格斯全集》第1版第25卷第454—455页。

（2）接着编者安排了题为《增补》的一组材料，它来自摘录笔记本部分。这部分在恩格斯版中处在第25章上半部分之后的地方（恩格斯在这一部分中加进了引自正文的其他几个段落）和第26章中。

（3）编者标题为《信用在资本主义生产中的作用》的部分，在恩格斯版中为第27章。

（4）在恩格斯版第28章开头第1段之后，是马克思手稿中序号为"I"的这一部分正文，这部分在恩格斯版中成了第28章。

（5）恩格斯版第29章是马克思手稿中序号为"II"的这一部分正文。

（6）最后，马克思手稿中序号为"III"的这一部分正文的前半部分，在恩格斯版中为第30、31章。

（7）标以"III"的这一部分正文被以《混乱》为题的数页资料所中断，以《混乱》为题的部分插入这里。

（8）在《混乱》部分之后，编者加了标题为《（III）续第561页》的部分，这是上述第（6）点中的（III）的后续部分。这就是恩格斯版中的第32章。

（9）在这之后，编者加进了标题为《混乱。续第583页》的材料。恩格斯把这一部分改成第34、35章。

由此可见，在《（5）信用。虚拟资本》这一部分中，第3卷手稿的正文和为写作正文所利用的资料部分是交替地编在一起的。现在我们抛开起配角作用的资料部分，这一部分的正文可以清楚地看到以下五部分：一，第（1）项是恩格斯用来编成他的第25章的前四分之一部分；二，第（3）项恩格斯版中是第27章《信用在资本主义生产中的作用》；三，第（4）项手稿"I"相当于恩格斯版第28章；四，第（5）项手稿"II"相当于恩格斯版第29章；五，第（6）、（8）项相当于恩格斯版第30—32章。

顺便指出，编者的这种取舍，是笔者目前考证第3卷第5章时所看到的一种折中方案，它与笔者对《（5）信用。虚拟资本》构成的理解几乎是一致的。笔者也主张这个"（5）"正文部分分成上述五点。

关于叙述写作过程的《形成和流传》。那么，在附属资料中除了介绍手稿本身的各点外，还谈到马克思撰写手稿的准备工作、撰写和加工过程。

当然，这里记述的首先是与正文部分相应的"引言"，其次是内容上的相互补充。通过对整体的论述，在考证推定有关执笔顺序等问题的同时，会涉及《资本论》全部形成史过程中的第3卷的研究对象问题，关于这一点也需要一定的判断力。关于前者，主要问题是事实材料是否可靠，关于后者，问题在于就马克思政治经济学的整体研究来说在理论上需要加深，当然也有一个正确与否的问题，所以有讨论的余地。例如，就后者举例来说，MFGA版编者需要判断第3卷第1稿实际达到整体构想所形成的过程，夸张地说，就是所谓"计划问题"。总而言之，如果说到"引言"，首先碰到的就是多方面对最初的序言草稿进行加工的问题。其次，在《形成和流传》这一部分中所进行的考证判断，如下面所述，既难理解，又易误读。

尽管如此，这里译出的两份附属资料可作研究《资本论》第3卷MEGA版的重要线索。MEGA版是怎样编辑出这两份资料的，我们不得而知，但是它们为收录在第3卷中的手稿本身提供了耐人寻味的信息。它推定并考证出了手稿各部分的执笔日期和执笔顺序。关于《形成和流传》中的编者考证，使人产生一些兴趣。

第一，编者推定，在这里马克思首先撰写的是第3卷第1稿的第2章，之后才撰写第1章。这个推定始于1981年由维戈茨基、米兹凯维奇、捷尔诺夫斯基和切普连科四人的共同论文《1863—1867年期间马克思创作〈资本论〉的分期问题》①。可见，MEGA 版的编者确信这一推定，而且也确实有据可考。虽然如此，但乍一看到这份考证，似乎使人感到意外的杂乱无章。在这里，MEGA 版编者列举了每个出处的根据。在这里，MEGA 版编者果断地抛弃了其他种种可能性，得出了上述的那种推定。

事实上，编者虽然有不少根据，但是对他们来说，最大的根据就是第 2 章的页码具有独立性。在这一章中最初无号码，但从第 4 页起从"a"到"l"都编了号码，之后我们又看到每页上都编有号码，从 151 到 202。我想如果在这一部分中采用了这种编码，那么便可以推定以前写的部分中应是有编码的，而且有一个共同编码。在第 2 章之前，理所当然地应是第 1 章。我也可以认为马克思在写完第 2 章之后才写第 1 章的，但这并非直接意味着全部第 1 章都是写在第 2 章之后的。在撰写第 1 章的途中，突然暂时搁笔而转写第 2 章，之后把这个部分重新编号，我想也有此种可能性。我索性这样认为，如果看看手稿第 1 章部分，那么我想它们不是简单地依次撰写的，而是在不同的时期写的两个部分。

其次，编者确认支撑他们的推定的是，写作第 1 章和第 3 章时所使用的纸张是和第 2 章不同的，即用了两类纸张，与第 3 卷第 1 稿之前所写的第 1 卷第 6 章（《直接生产过程的结果》）所使用的纸张是相同的纸种，但我认为，支撑这种推定的证据不足。

总而言之，关于第 1 章和第 3 章的写作顺序，不但要了解在此之前确定的整个实际情节，还应充分考虑 MEGA 版编者没有涉及的一些情况，而不应把这个推定停留在仅仅使人感兴趣的假定上。

第二，据 MEGA 版编者推定，马克思在撰写第 3 卷第 1—3 章时，从它们内部的执笔顺序来看，似乎没有写完第 3 卷第 1 稿，曾一度中断

---

① 《马列主义研究资料》，1984 年第 4 辑（总第 34 辑），第 4—33 页。

第3卷的写作,在此期间写作了第2卷第1稿,之后再回来写作第3卷第1稿,即继续写作第4章以后的各章。

1981年上述四位作者的共同论文也指出,为了写作第2卷第1稿,马克思曾中断过第3卷的写作。笔者认为,四位作者关于中断第3卷的地方的推断是错误的,并就产生中断地方的上限和下限进行了独立的推定。包括这四位作者在内的MEGA版编辑们接受了我的意见,在MEGA版第2部分第4卷第1分册(该分册收进了《直接生产过程的结果》、《资本论》第2卷第1稿和《价值、价格和利润》)的附属资料中,全部采纳了笔者的推定①。

第三,马克思在刚刚撰写第4章时,想在第4章中考察商业资本和生息资本,但在写作的过程中,在这一章中,仅仅只对商业资本作了论证,接着在第5章中才论证了生息资本。根据这一点,笔者曾对这个过程和所发生的变化作了考证。《形成和流传》一文中的考证与笔者的考证是一致的。

不过,MEGA版编者对这一点的记述,包含着使人难以理解的奇怪误解。

MEGA版编者写道:"对商人资本的考察和对生息资本的考察,同计划草案中的第8项所计划的不同,不是放在同一章中进行论述的,而是分别考察的,即分别在第3卷第4章和第5章中考察的。马克思在写第2章时解释说:'|这种资本——指生息资本——和商业资本一般一样,需要单独地进行论述,这在下一项目中便可看到。|'② 另外,马克

---

① 大谷祯之介:《再论〈资本论〉第2卷和第3卷的写作日期之间的联系》,载《经济志林》(东京),1989年第57卷第3辑;MEGA版编者也采纳了笔者的推定。见后面所附《形成和流传》。

② 《马克思恩格斯全集》历史考证版第2部分第4卷第2分册第228页。

思在第 2 分册第 1 稿中也记述说,第 3 册第 4 章将论述生息资本。① 这个第 4 章标题的文字的变更,同样反映了马克思的思考的进展。[第 4 章最初的标题是《商品经营资本和货币经营资本。利润分为利息和产业利润(企业收益)。生息资本》;第二次用墨水改的标题是《商品资本和货币资本转化为商品经营资本和货币经营资本或商人资本。利润分为利息和产业利润(企业收益)。生息资本》;第三次用铅笔改的标题是《商品资本和货币资本转化为商品经营资本和货币经营资本即商人资本》。]起初,这一章只准备论述生息资本。后来,正如用墨水写的标题的变更所证明的那样,马克思曾打算在这一章中论述商人资本和生息资本。这两个资本形态的先后顺序也改变了,这是引人注目的。在论述商人资本将近结束时,马克思又决定单设独立一章论述资本的另一形态。于是他说,'关于这一点,我们在下一章论述生息资本时再谈'。最后的标题的更改是用铅笔写的,说不定是马克思后来又通读了一遍手稿时改的。"

根据这里的记述,我们首先应当指出的是,在第 2 章的记述中所说的"这种资本",并不是指"生息资本",而是指作为货币经营资本的银行资本。在这之后,恐怕与误解有关而毫无道理继续误读。因此,第一,第 1 章开始作为生息资本去构想,第二,在开始撰写第 4 章之前,虽然论述了生息资本和商业资本,但是,第三,着手写作第 4 章时,同在这一章中先论述商业资本,之后再论述生息资本一样,交换了两者的位置,第四,在书写第 4 章时,生息资本是在第 5 章中独立地论述的。但是,正如明确看到这里所引证的"第 341 页的异文"一样,马克思从未设想要在商业资本之前论述生息资本。事实是,马克思无论在写作第 2 卷第 1 稿时,还是在着手写作第 4 章时,都打算依照顺序论述商业资

---

① 《马克思恩格斯全集》第 1 版第 49 卷第 507 页。

本和生息资本，但是在具体执笔第 4 章的过程中，只是论述了商业资本，而生息资本却是在其后的第 5 章中加以论述的，这样便发生了变化。在《引言》和《形成和流传》中虽然我们感受到了对它们整体的论述，但是这些误解使人感到 MEGA 版这一卷的编者似乎对货币经营资本、生息资本和信用制度缺乏基本理解。

第四，第 5 章《（5）信用。虚拟资本》中所包含的材料辑录部分（指《混乱》和《混乱。续第 583 页》这两部分），不是按它现在在手稿中的顺序写成的，而是独立地写的，与正文同时写的。根据这一点，我们应当注意的是，虽然对这两种考察都出之有据，但是这种推定不能说明这个部分中所提供的不同页码的理由，即便理解了《（5）信用。虚拟资本》的整个关系。

其次，在这种考证中我们不可不注意马克思所使用纸张的方法。就是说，在通常的情况下，纸的上半部分写正文，下半部分写脚注，即便在不写字的地方也为此而空着，但是马克思在写作与正文不一样的资料时，却是自上而下地使用纸张的。继《（5）信用。虚拟资本》之后，有《"增补"》、《混乱》、《混乱。续第 583 页》，这些部分的写作所使用的就是后一种方法，表明这些部分属于材料辑录即摘录笔记。笔者以前也指出过这种纸张的使用方法，指出过应把恩格斯版第 25—27 章中《"增补"》部分看成是《杂录》[①]。不过，这只不过是一种推测。笔者认为，恩格斯之所以在《（5）信用。虚拟资本》的编辑中没有注意到这种纸张使用方法，是因为他使用的是以口述笔记的方式作成的誊清稿，于是忽略了这种不同。

[①] 大谷祯之介：《关于〈信用和虚拟资本〉的手稿》第 I 篇和第 II 篇；分别载《经济志林》（东京），1983 年第 51 卷第 3 辑，第 30—49 页，1990 年第 57 卷第 4 辑，第 135—139 页。

第五，我还要谈一谈在"1862年12月计划"中所见到的《（10）资本主义生产总过程中货币的回流运动》①这一项后来究竟怎么样了的问题。《形成和流传》写道，关于这一问题，马克思"虽然没有为这份第3卷手稿写出这样一章，但是基本的东西都被收进第4章中了"。

这样说的根据是，马克思在写第3卷第1稿第1章后，在执笔第4章之前的第2卷第1稿中，就第3卷第4章及以下各章，明确制定了以下计划：

第4章　商业资本和生息资本

第5章　地租

第6章　各种收入及其源泉

第7章　资本主义生产总过程中的货币回流运动

〔结束语　资本和雇佣劳动〕

不过，马克思于1865年7月31日给恩格斯的信中说："再写三章就可以结束理论部分。"② 这三章可能指的是：

第4章　商业资本和生息资本

第5章　地租

第6章　各种收入及其源泉

但是也可能指的是：

第5章　生息资本

第6章　地租

第7章　各种收入及其源泉

这三章不知究竟是上述哪一方案，而且在这里《资本主义生产总过程中的货币回流运动》不见了。马克思在7月31日写的这封信，或者是在

---

① 《马克思恩格斯全集》第1版第26卷第1册第447页。

② 《马克思恩格斯全集》第1版第31卷第135页。

着手写作第 4 章之前，或者是在着手写作第 5 章之前，无论如何，把"回流运动"这独立的一章放弃了，而这一构想是在第 2 卷第 1 稿完稿之后，在第 4 章之前或第 5 章之前发生的。也就是说，如果是前者，就是在第 4 章之前，如果是后者，就在写作第 5 章之前，然而是他在起草第 4 章过程中决定为生息资本写单独的一章之后发生的。无论如何，几乎在执笔第 4 章的同时，打消了写作有关"回流运动"这一章的念头。这恐怕就是 MEGA 版编者提出"基本的东西已经收在第 4 章中了"的根据。

可见，尽管对"回流运动"是在什么时候消失的这一问题的推定，其理由十分充足，但是这果真是因为"基本的东西已经收在第 4 章中了"吗？这一问题依然还没有解决。恐怕可以这样说，这种判断一方面想到了《1861—1863 年手稿》中的《插论。资本主义再生产中的货币回流运动》，另一方面又认为"回流运动"的"基本东西"是在第 3 卷第 4 章中论述的。但是我们不妨提出这样一个疑问，它是否被收到第 7 章中了呢？

关于 MEGA 版的附属资料《引言》与《形成和流传》

这里译出的是有关 1993 年出版的收在 MEGA 版第 2 部分第 4 卷第 2 分册中的《资本论》第 3 卷第 1 稿的该分册的《引言》与《形成和流传》。

缪勒原来起草的《序言》成了这里译出的《引言》的基础。在这里，有相当部分是重新写的，也有变换位置的，叙述的内容本身也发生了变化。这很有趣，值得加以比较和探讨。

《形成和流传》是按照 MEGA 版的原有方案翻译的。原有方案同最后的文字大体上是一致的，不过有部分的改变和增补。现把这两篇资料附在下面，便于读者研究和比较。

《引言》

第2部分第4卷第2分册的标题是《总过程的各种形态》,它收进了马克思《资本论》第3卷的一个手稿。这一手稿写于1864年夏—1865年12月,它是《1863—1865年手稿》的组成部分。这一手稿是以原有形态发表在本卷中的。恩格斯把这个手稿称为第3卷的主要手稿。①除了这份"主要手稿"之外,还有一组比较小的手稿,是为了改进第1章《成本价格和利润》所作的修改(指的是《资本论》第3卷第II—V稿),将在MEGA版第2部分第4卷第3分册发表,还有一份涉及剩余价值率同利润率关系的从数字上进行计算的手稿,以及一些其他材料。这部主要手稿成了由恩格斯改编的于1894年出版的《资本论》第3卷即《马克思恩格斯全集》第25卷的基础。

看来马克思是在1864—1865年期间确定第3卷的内容及其内在逻辑的。但是第3卷同如期付排的第1卷不同,推敲得不够,只是一个草稿。早在撰写第1章时,一旦产生疑念,马克思便立即对它们一一进行研究。可是越到后来,马克思便越强烈感到他写的东西不是誊清稿,不是出版前的最后的工作。对经济理论中的各个重要要素都还在研究中,若干概念以及应把这些概念组成为一个整体之事,尚处于暂时未定的状态,此外还有种种空白。如果马克思能对它们进行加工的话,那他就要对它们加以补充、推进、归纳和删消,通过历史例证和学说史上的争论去加深其内容。但是要完成这一过程,恐怕就得另立篇章结构,进行更加详尽的和整体的研究。

马克思在70年代研究了俄国的土地所有制形态、美国和其他国家

---

① 《马克思恩格斯全集》第1版第25卷第5页。

的产业关系、农业关系和金融关系。显而易见,应当把对这些研究所取得的种种成果吸收进正在写作的第3卷的各章中去。马克思的兴趣还在扩展,还把研究投向西欧各国的经济状况。关于第2卷的付印问题,马克思在1878年11月还曾考虑,也许1879年底有可能实现①。结果是,他说:"在英国目前的工业危机还没有到达顶峰之前,我决不出版第2卷。这一次的现象是十分特殊的,在很多方面都和以往的现象不同。……因此,必须注视事件的目前进程,直到它们完全成熟,然后才能把它们'消费'到'生产上',我的意思是'**理论上**'。"② 他看到目前某些经济现象进入了新的发展阶段。

1857—1865年期间形成的《资本论》第3卷的各个不同的手稿,经过千辛万苦,反映出不是一帆风顺的研究过程。马克思加的一些标题,如《政治经济学批判大纲》中写的《第三篇　资本作为结果实的东西。利息。利润(生产费用等等)》③、《1861—1863年经济学手稿》中写的《第3篇　资本和利润》④ 以及本手稿中写的《总过程的各种形态》等这些各个不同的标题,都表明马克思在分析资本时对最初计划所作的改变。

在《政治经济学批判大纲》中,马克思的出发点是,认为价值转化为生产价格(但这是非本质的)同资本的本质本身无关。剩余价值的均等化过程,即剩余价值在各个资本家之间乃至资本家各特殊集团之间的分配,是在一般利润率和价格等同的基础上进行的。⑤ 也就是说,

---

① 《马克思恩格斯全集》第1版第34卷第332—333页。
② 《马克思恩格斯全集》第1版第34卷第345页。
③ 《马克思恩格斯全集》第2版第31卷第144页。
④ 《马克思恩格斯全集》第1版第48卷第251页。
⑤ 《马克思恩格斯全集》第2版第31卷第226页。

对作为资本主义生产过程和再生产过程的调节机制的竞争意义上,马克思已经有了某种认识。他确认资本的内在规律和资本趋向,在竞争中才得以实现。竞争尽管没有确立生产方式的规律,竞争却是规律的执行者。① 就这一点而言,竞争是作为经济进步的推动力来发挥作用的。马克思认为竞争是"资产阶级经济的重要推动力"②。此时,在概念的认识上,他把竞争分成两个层次。商品的价值由它所包含的劳动决定这一规律似乎被竞争推翻了。必要劳动时间由资本的运动所决定,这只有通过竞争才能确立。"这是竞争的基本规律。需求、供给、价格(生产费用)是进一步的形式规定;价格作为市场价格,或一般价格。"③ 马克思在这份手稿中没有论述平均利润是怎样形成的。他解释说,"进一步研究,属于竞争篇的范围"④。显然这与第二个叙述层次有关。

马克思在《剩余价值理论》中,论述了自己有关平均利润和生产价格以及有关利润、地租、利息这些剩余价值形态的见解。此时他所研究的是价值同价值的转化形式之间的关系以及纯粹形式的剩余价值同它的各特殊形式之间的关系。但是他说,这些关系的论述必须从它们的基础出发,通过"看不见的中间环节"、"中介"或"转化"的证明来展开。⑤ 其中最为重要的是竞争的两个基本形态:一个是围绕商品的最有利的出卖所进行的一个生产部门内的竞争,另一个是采取最优投资领域所进行的各生产部门之间的竞争。这些竞争引起价值向市场价值转化和向生产价格转化,引起剩余价值向利润转化和向平均利润转化。马克思

---

① 《马克思恩格斯全集》第 2 版第 30 卷第 551 页和第 31 卷第 152 页。
② 《马克思恩格斯全集》第 2 版第 30 卷第 551 页。
③ 《马克思恩格斯全集》第 2 版第 31 卷第 49 页。
④ 《马克思恩格斯全集》第 2 版第 30 卷第 422 页。
⑤ 《马克思恩格斯全集》第 1 版第 26 卷第 3 册第 534—539 页。

把这些形态看作是调节资本主义生产总过程中的东西，看作是资本家、土地所有者、雇佣工人的意识中的东西表现出来的，是直接的实践形式。同样，马克思把劳动力商品的价值转化形态即工资理解为劳动的**"调节价格"**①。

叙述的逻辑是这样得出来的：价值和剩余价值的说明，只要把资本主义竞争中的实现抽象掉，可以说就是不完全的。对平均利润的分析如果停留在产业资本上，从而无视利润分割为产业利润和商业利润，无视分割为利息和企业利润，没有考虑剩余价值在农业上的各种独特形态即级差地租和绝对地租，同样可以说是不完全的。上述的各种形态都构成了资本的本质的一部分。就这种意义来说，马克思证明了资产阶级经济学家们的错误，他们把剩余价值本身与剩余价值的特殊形态混同起来并看成是同一的东西，没有明确地把价值同价格相互区别开来。因此，他们的体系都不可避免地存在着一系列的谬误。根据马克思的见解，不能用经验利润直接表示剩余价值的抽象规律，这是因为否则就不可能认识资本主义生产方式的必然联系。②

马克思起初虽然彻底地将"资本一般"同资本的"现实的"运动（竞争和信用）分开来，但是他逐步地放弃了这一立场。马克思在《政治经济学批判大纲》之后和在写作《剩余价值理论》之前，即在标题为《最后的笔记本》中，还没有用一个转化来区别剩余价值和利润，而认为应该用两个转化来表示。他是这样写的：在第一种转化中，即剩余价值用预付资本来计量时，利润表现为以资本为基础所出现的形态。一旦考察一般利润率的形成，剩余价值和利润的这种形式上的区别便发展成物质上的区别。他指出，在这里，利润被还原成它们的平均量，除

---

① 《马克思恩格斯全集》第1版第48卷第28页。
② 《马克思恩格斯全集》第1版第48卷第290页。

了涉及利润的形式外,还涉及利润的实体即绝对量。马克思把这种转化看成是第二种转化,它是实践的结果,它是由资本本身的本性中产生的第一转化的必然结果。① 马克思打算把这个"十分一般的情况"纳入对"资本一般"的论述中。以不同部门的不同利润为前提对平均利润率的细节所进行的考察,则应放在有关竞争的那一章中进行。在《剩余价值理论》中,马克思实际上已经放弃了这种想法。他认识到了分离的各种界限是用于研究过程的东西,如1862年12月的计划草案所证明的那样,他想到了要把经济关系中最重要的种种形式上的区别纳入对资本关系的论述之中。这就是马克思为《资本论》第1卷和第3卷制定的计划,但是他在写作这两卷的过程中,对它们的构成又作了种种改变。

马克思在第3卷手稿中把平均利润率的形成当作是竞争的"主要表现"。马克思说,"产业资本家没有实现全部的剩余价值,而是把一部分剩余价值让渡给其他资本家,如商业资本家等去实现,这一点甚至是规律。利润在各阶级间的分配与这个规律有关"②。第1章后来的手稿即第3卷的手稿《Ⅲ》在这方面作了修正。在这里,马克思把"调节一般利润率和由它决定的所谓生产价格的规律"称为"政治经济学迄今没有理解的关于资本主义竞争的基本规律"③。就这种意义来说,资本的一般概念所包含的只是有关调节的原理和论述,而竞争只有"在论述其他题目需要时才会讲到"④。可见,《资本论》不包含对竞争的现实运动的叙述。

---

① 《马克思恩格斯全集》第1版第48卷第289页。
② 《马克思恩格斯全集》历史考证版第2部分第4卷第2分册第56页。
③ 《马克思恩格斯全集》第1版第25卷第45页。
④ 《马克思恩格斯全集》第1版第32卷第526页。

我们只要将第 3 卷手稿同 1862 年 12 月制定的计划草案①加以对比，就会知道，在这里已论述计划草案中所没有的理论问题。我们在正文中看到的有关叙述方法的一些说明也表明了这一点。不过马克思还是有意识地不去研究资本主义生产方式的一些现象，因为这些现象处于《资本论》的写作计划之外。这里指的是：市场价格的运动、信用制度的各种工具，还有对土地所有制、雇佣劳动、危机、世界市场中的资本运动以及国家经济职能等的细目研究，正如马克思在第 3 卷手稿中所说的，资本主义生产方式的这些较为具体的各种形态，将留待《资本论》的一个可能的续篇中去研究。② 他的著作所涉及的是资本的一般本性。马克思说，在这里"总是假定，各种现实关系是同它们的概念相符合的，或者说，所描述的各种现实关系只是表现它们自身的一般类型的"③。

在本手稿的开头，马克思对剩余价值（乃至剩余价值率）和利润（乃至利润率）之间的关系，进行了详细论述。他指出了成本价格的客观规定和从资本家的立场出发的主观规定之间的区别，即严格地说，指出了资本家的成本价格和现实的成本价格之间的区别。但是成本价格并非总是被规定为说明资本竞争中出现的各种现象的必要的出发范畴。马克思在第 1 章中还提出了剩余价值率和利润率可能发生的种种变形，但没有分析到底。马克思反反复复地多次以图解方式集中说明引起这些变形的重要因素④，试图弄清剩余价值率同利润率的关系的规律。他注明，"在最后编辑这一过程时，只提取有用的部分。对研究本身来说，

---

① 《马克思恩格斯全集》第 1 版第 26 卷第 1 册第 447 页。
② 《马克思恩格斯全集》第 1 版第 25 卷第 127 页。
③ 《马克思恩格斯全集》第 1 版第 25 卷第 160 页。
④ 《马克思恩格斯全集》历史考证版第 2 部分第 4 卷第 2 分册第 22 页。

当然有必要叙述所有这些细节,但是对读者来说绝没有必要"①。此外,马克思还认为应当说明资本周转对利润率的影响,关于这一问题,在本分册[见第208页]中和在第2册的手稿中②都有提示。但是马克思没有把这些欠缺部分补上。《(3)不变资本使用上的节约》和《(4)原料价格的变动》这两节也只是草稿的形式,在它们的例证中所使用的资料主要是来自工厂视察员的报告。

马克思在出版第1卷《资本的生产过程》之后,没有着手第2卷《资本的流通过程》的写作,而是着手写作第3卷,如果更详细地说,是着手写作有关平均利润和生产价格的第2章。在此之后,他写了第3卷的第1章和第3章。显然,他认为在《1861—1863年手稿》中对剩余价值转化为利润问题的研究是相当充分的。

马克思在第3卷第2章之前写的第1卷第6章《直接生产过程的结果》③中区分了资本论述中的两个"循环"。一个循环既包括流通,也包括资本主义商品生产,是从前提和结果来看的资本主义所生产的商品。与此相对的另一个循环论述的是作为整体的资本。在这里,应当包括关于价值转化为生产价格的学说,在这里应当像重视剩余价值和剩余价值的特殊形态那样重视平均利润。从第1卷向第3卷过渡,是由于马克思显然说明了本质同直接的表现形式之间的联系并无矛盾,不仅揭示了运动规律本身,而且同样证明了这一规律的实现机制。在马克思看来,理论整体的内在一贯性是建立在这一基础上的。对马克思来说,起初他是清楚地揭示问题的二律背反,并加以科学地批判地研究,而最后则是进行系统的论述。

---

① 《马克思恩格斯全集》历史考证版第2部分第3卷第5分册第83页。
② 《马克思恩格斯全集》第1版第49卷第389、393—394页。
③ 《马克思恩格斯全集》第1版第49卷第4—127页。

值得注意的是，在《1861—1863年手稿》中就有同样的过程。在该手稿中，马克思在这部著作的《资本的生产过程》部分中详细论述了剩余价值理论，接着是《第3章 资本和利润》，它是1861年底—1862年初这段时期写的。从这一点看，马克思写作这个《第3章》，与从前的主张不同，不是在《剩余价值理论》之后，而是在它之前。

马克思在《政治经济学批判大纲》中，关于作为第3章研究对象的平均利润率趋向下降的规律写道："这从每一方面来说都是现代政治经济学的最重要的规律，是理解最困难的关系的最本质的规律。从历史的观点来看，这是最重要的规律。这一规律虽然十分简单，可是直到现在还没有人能理解，更没有被自觉地表述出来。"① 马克思在《政治经济学批判大纲》中对斯密、李嘉图等人的论点进行了批判分析，并在批判中开始得出有关规律本身的最初论断。他列举了起相反作用的各种因素，之后在《1861—1863年手稿》中进一步对这些因素进行了分析。现在他在第3卷的这部手稿中超出《大纲》和《1861—1863年手稿》中的论述，清楚地阐述了规律的内在矛盾。

马克思在考察利润分割为它的各个特殊的独立的部分之前，有意识地先论述了平均利润率趋向下降的规律。"在说明利润分割为互相独立的不同范畴以前，我们有意识地先说明这个规律。这个说明同利润分割为归各类人所有的各个部分这一点无关，这一事实一开始就证明，这个规律，就其一般性来说，同这种分割无关，同这种分割所产生的各种利润范畴的相互关系无关。"② 马克思明确指出，利润从本质上看，是由雇佣劳动创造出来的剩余价值同社会总资本的关系，而利润在各个资本家集团之间的分配是第二位的过程。平均利润率趋于下降的规律是表现

---

① 《马克思恩格斯全集》第2版第31卷第148页。
② 《马克思恩格斯全集》第1版第25卷第238页。

由各个产业资本构成的总资本价值增殖程度的发展趋势的规律。

马克思在第一写作阶段上研究的是产业资本的各种关系及其物的形态、利润、平均利润和生产价格,以及利润率趋于下降的规律。我们看到,这时马克思研究的问题同计划草稿还是一致的。在第二写作阶段,即写完第 2 卷和《价值、价格和利润》这篇讲演稿之后,马克思研究的问题就只是在一定的条件下才同计划草稿相符合了。地租已经不是作为区别价值和生产价格的"例证"来考察,而是作为农业中的生产剩余价值的独特形态来论述。同以前的计划不同,马克思在论证资本主义竞争的基本规律后,没有紧接着就论证利息,也不是把利息和商业利润放在同一章中论述,而是把它们分开,因为它们在平均利润的形成过程中各自扮演不同质的两个角色,马克思互换了它们二者在他的著作中的位置。

马克思在《收入及其源泉》中的思考是以写作有关商人资本和生息资本的一章为基础的。在《剩余价值理论》中论及收入及其源泉的最后部分中,包含着这样一个命题:商人资本和高利贷资本——古老而独立的资本形态——在产业资本的生成过程中先被"打破"并从属于产业资本。这两种资本转化成"产业资本自身派生的或特殊的职能",转化成产业资本"自己生活过程的形式"。① 也就是说,同商人资本表现为产业资本的一种职能一样,资本主义的信用制度也表现为产业资本的产物。其次,我们在《政治经济学批判大纲》中没有见到关于资本主义再生产过程中商人资本和生息资本的职能和作用方式的研究。马克思在这里主要研究的是这两种形态在资本主义生产方式的生成过程中所扮演的角色。马克思在《1861—1863 年手稿》中写完《收入及其源泉》之后,才在《商业资本。货币经营资本》这一标题下,首先研究商人

---

① 《马克思恩格斯全集》第 1 版第 48 卷第 254—486 页。

资本的主要规定,以及随之研究生息资本。马克思对于在政治经济学著作中,生息资本应处于什么位置这一点还不十分明确,所以需要对它进行进一步的研究。马克思在《1861—1863年手稿》中称商人资本是在流通中独立出来的资本形式,它以其特殊职能促成流通过程。马克思研究了商业利润的源泉及获利的机制,还研究了纯粹商业雇佣劳动的非生产性质和在商人资本周转中所起的独特作用。这一切还是为了自己弄清问题,几乎可以说没有形成篇章结构。最后马克思没有把所思考的内容都吸收到第3卷的初稿中,但是概念已被清晰地掌握了,叙述的结构也在形成中。这主要是指,在这里马克思区分了作为产业资本循环过程中的职能规定的货币资本和商品资本,并且区分了作为商人资本的两个亚种即商品经营资本和货币经营资本。

对于写作第5章来说,马克思原来在《1861—1863年手稿》中只写了一般性的论述,现在必须将它们进一步具体化。在他的构想中,关于生息资本的种种记述,应该放在对资本主义生产方式的经济规律的叙述中。关于信用制度和信用制度在资本主义中所承担的职能问题,关于信用制度和经济危机的相互关系问题,马克思早在50年代初就已形成一定概念,证明这一点的是《伦敦笔记(1850—1853年)》,特别是其中的第Ⅰ—Ⅶ册笔记,此外还有与这些笔记有关的手稿《金银条块。完成的货币体系》和《反思》①。现在,马克思在论述生息资本理论的各个主要的侧面之后,补充了新的事实和材料,这就是以《混乱》为标题的部分。这部分手稿包括摘自时事刊物的材料,特别是英国下院关于银行制度的各个报告;还有《伦敦笔记(1850—1853年)》中摘录的事实材料,它们具有研究和分析的性质,具有把这些事实同资产阶级经济学家和商人的陈述进行对比的性质。这一研究面临的领域是非常广阔

---

① 《马克思恩格斯全集》第1版第44卷第154—163页。

的，包括许多问题，如发达的银行制度、信用制度以及货币理论的争论。

马克思在论述生息资本的性质和职能之后，进一步提出了成为信用基本形态的银行信用和商业信用，并阐述了它们的主要特征。除此之外，马克思还分析了信用货币，特别是票据和银行券的发行，分析了信用货币兑换黄金的可能性和汇率以及虚拟资本和股份公司。主要的是这些特殊形态的特殊性质大体上说都是从直接的研究过程中得出的，仍旧在各个地方加以论述，而且往往是缺少相互联系和几乎没有形成体系。马克思说过，在对生息资本进行最后的叙述时，当然需要把广泛范围内的各种各样的材料大大地加以压缩，使之适应理论所必需的篇幅。显然，到那时有不少观点将不会保留，因为它们与资本的核心结构无关。这些论点将被放在有关竞争的论述专册之后，收在有关信用的论述专册之中去论述①。马克思认为这一章具有特殊的地位。他在1868年11月14日给恩格斯的信中说："由于第2卷的大部分理论性太强，因此，我要用论信贷的一章去揭露现代的投机活动和商业道德。"②

马克思在第6章中所展开的超额利润转化为地租的见解，是经过若干阶段而完成的。马克思在40年代，在级差地租问题上还追随李嘉图的构想，到了50年代，他读了地租理论先驱者们的著作，加上吸取了农业化学和地质学等学科领域的诸多成果，奠定了经验和学说史的基础，之后，在《剩余价值理论》中，最终发展了他的地租理论，把绝对地租和级差地租统一起来。马克思在把李嘉图和洛贝尔图斯加以对比之后，创造了绝对地租理论，由于这二人不能区分价值和生产价格，他们也就不能说明这种地租的存在。李嘉图由于彻底地贯彻自己的价值理

---

① 《马克思恩格斯全集》第1版第30卷第637—638页。
② 《马克思恩格斯全集》第1版第32卷第191页。

论,所以他否认绝对地租的存在。与此相反,马克思认为农业生产也是在价值规律的基础上进行的,他通过与平均利润和生产价格理论相联系而论证了自己的见解。

马克思在这个第3卷论述地租的手稿中,在《导论》之后,转而写作《（C）绝对地租》。因此他首先研究了土地所有者直接地参与剩余价值分配的形态。

马克思早在1862年就强调说,他对级差地租理论的叙述没有任何困难。他说,问题只是在于充分地利用内容广泛的材料,使级差地租同绝对地租区分开,并加以体系化。现在,他首先论证了利用可垄断的自然力时所产生的非农业的超额利润是如何形成的。叙述的第一个抽象阶段,是通过从一般的级差地租向农业的级差地租过渡来形成的。在叙述的第二个抽象阶段,他继续研究了农业所特有的各种级差地租。这时,马克思列举了多种变形和多种结合的可能性,而这些变形和可能性都是从同级差地租的形成有关要素的种种结合中产生的,例如级差地租Ⅰ和级差地租Ⅱ的结合,生产价格的发展或追加投资具有的不同的生产率。这个问题使第6章的篇幅不断扩大,这一章完成后,马克思于1866年2月13日给恩格斯写信说:"关于这本'可诅咒的'书,它的情况是:12月底已经完成。单是讨论地租的倒数第2章,按现在的结构看,就几乎构成一本书。"①

在这一章接近完稿时所制定的一个计划②表明,如果马克思写完付印用的原稿,就要修正最初决定的计划,把材料更进一步地明确划分章节。在这种情况下,马克思将正确地追加在《（8）超额利润转化为地租》这一标题下所包含的要点,追加对纳入总再生产过程来说

---

① 《马克思恩格斯全集》第1版第31卷第180—181页。
② 《马克思恩格斯全集》第1版第25卷第818—819页。

很重要的一点,即关于级差地租对利润率的影响这个项目。此外,马克思标出了在本文中有几个地方需要用历史资料和学说史资料去加以证实。

第7章是对资本主义生产总过程进行总括性的考察,而这一考察是对《1861—1863年手稿》中的《收入及其源泉》的论述仔细加工而成的。这一章的结构是逐渐形成的,是与马克思关于资本概念的见解的产生和发展相一致的。其次,马克思在为《1861—1863年手稿》写的计划中,还想把工资和利润作为生产形态和分配形态来考察①,但是为第3卷所制定的计划则拟订了第7章的几乎所有应论述的重点,直到最后一项《竞争的假象》是写作这一章之前加上的。

马克思在第3卷的手稿中还谈到各式各样的"被颠倒的形式"。他说,我们越是追踪资本的实现过程,资本关系就越显得神秘,其内在结构的秘密就越少被揭示。因为生产价格是作为"商品价值的……没有概念的形式"出现的。②利润和地租掩盖了剩余价值的源泉;在生息资本上,资本是作为利息的神秘的和自我创造的源泉出现的;利息表现为资本的绝对外表化,表现为"生产关系的最高度的颠倒和物化"③。在这时,马克思把受事物的假象束缚的思想称为拜物主义,把掩盖实现资本条件的那种资本表现称为神秘化。由于资本主义生产关系的实践再生产出物化现象,产生出假象形态,将本质神秘化,所以马克思从这一点出发,把摆脱神秘化作为科学的恒久课题。马克思按照这一想法,在结尾的一章中批判地分析了三位一体的公式,论述了关于资本主义竞争的假象以及生产和分配之间的关系的观点。

---

① 《马克思恩格斯全集》第2版第31卷第304页。
② 《马克思恩格斯全集》第1版第25卷第221页。
③ 《马克思恩格斯全集》第1版第25卷第442页。

原计划要写的《阶级》这一章，马克思在写了若干段落之后便中断了。

《形成和流传》

第 3 册的这部手稿是《资本论》第 3 稿的一个组成部分。这部手稿完整地被保存了下来。马克思在写完《政治经济学批判》（1861—1863 年手稿）之后，他想到今后必须做的事情是为了出版需将该手稿誊清和进行最后的推敲，即为这部著作进行"最后润色"①。显然，马克思想先将三个理论部分（"资本的生产过程"、"资本的流通过程"和"总过程的各种形态"）写出来，然后再全部加以出版。

在同汉堡出版商奥托·迈斯纳签订的出版合同中，约定马克思最迟于 1865 年 5 月前交付全部手稿。在这一前提下，迈斯纳最迟在 10 月前出版并寄给作者全部著作。最后，迈斯纳于 1865 年 3 月 21 日致信马克思，送去根据要求作了修改的合同。根据这一新的合同，全部著作三册将作为两卷同时出版，就是说，第 1 册和第 2 册作为第 1 卷，第 3 册作为第 2 卷出版。② 在这一合同中还有一处变动，就是有关这两卷的总篇幅问题，即由 50 印张增至 60 印张。

这些决定对马克思在 1864 年夏—1865 年 12 月期间自己弄清问题产生了许多影响，而之所以会作出这些决定，是由于存在一些重要原因，例如，国际工人协会的创建需要尽快地出版《资本论》，需要在工业发达的资本主义各国的工人运动中尽快传播并取得效果。同样，对资本主义的基本轮廓和各个重要细节所作的分析，也应在总体上加以论述。马

---

① 《马克思恩格斯全集》第 1 版第 30 卷第 346 页。
② 《马克思恩格斯全集》第 1 版第 31 卷第 499、535、536 页。

克思说:"我不能下决心在一个完整的东西还没有摆在我面前时,就送出任何一部分。不论我的著作有什么缺点,它们却有一个长处,即它们是一个艺术的整体;但是要达到这一点,只有用我的方法,在它们没有完整地摆在我面前时,不拿去付印。"① 马克思在另一封信中说:迈斯纳"规定我要以60个印张为最大限度,因此我绝对有必要把整个东西放在面前,以便知道,要压缩和删节多少才能在……指定的数量范围内均衡地和匀称地阐述各个部分"②。在这一过程中特别重要的是,要对全部手稿进行最后的结构划分,即制定章和节的篇章结构。

关于第3册,存在着若干可以用于写作的前提条件。在《1861—1863年手稿》中有一个第3章《资本和利润》,它在理论上论述了剩余价值转化为利润以及利润转化为平均利润。③ 在《剩余价值理论》中通过对资产阶级政治经济学的批判和考察,从中得出了有关平均利润和生产价格的种种认识,以及有关剩余价值的各种转化形态,即产业利润和商业利润、利息、绝对地租和级差地租的种种认识。这些认识最后以《收入及其源泉》这种概括性的论述而告结束。④ 我们还看到题为《商业资本。货币经营资本》这样一篇论述。马克思通过对这些问题的分析,得出了对资本主义生产总过程的论述。马克思在写作这部第3册初稿的过程中,将《1861—1863年手稿》中不少段落转用在这份手稿上。最值得一提的是,有关第1章中价值和利润的基本论述,第3章中平均利润率趋于下降的规律的基本论述,以及第4、5章的最初几项中有关商人资本和生息资本的基本论述。

---

① 《马克思恩格斯全集》第1版第31卷第135页。
② 《马克思恩格斯全集》第1版第31卷第138页。
③ 《马克思恩格斯全集》第1版第48卷第354—356页。
④ 《马克思恩格斯全集》第1版第26卷第3册第499—600页。

1862年12月制定的作为第3册的构想基础而起作用的是题为第3篇《资本和利润》的计划草稿。①

马克思在写作他的《资本论》第2稿（1861—1863年手稿）时，有时称为"篇"，有时称为"章"的部分，现在则改称为"册"，同时把"计划草稿"中的各项改变为章。

现在我们把上述"计划草稿"的各项同第3册初稿中的篇章划分对比如下：

计划草稿	第3册的篇章构成
"（1）剩余价值转化为利润。不同于剩余价值率的利润率。	"第1章　剩余价值转化为利润。
（2）利润转化为平均利润一般利润率的形成。价值转化为生产价格。	第2章　利润转化为平均利润。
（3）亚·斯密和李嘉图关于利润和生产价格的理论。	
（4）地租（价值和生产价格的区别的例解）。	
（5）所谓李嘉图地租规律的历史。	
（6）利润率下降的规律。亚·斯密、李嘉图、凯里。	第3章　资本主义生产进展中利润率趋向下降的规律。
（7）利润理论。	
（8）利润分为产业利润和利息。商业资本。货币资本。	第4章　商品资本和货币资本转化为商品经营资本和货币经营资本。

---

① 《马克思恩格斯全集》第1版第26卷第1册第447页。

(9) 收入及其源泉。这里也包括生产过程和分配过程之间的关系问题。

(10) 资本主义生产总过程中货币的回流运动。

(11) 庸俗政治经济学。

(12) 结论。《资本和雇佣劳动》。"

第 5 章 利润分为利息和企业利润。(产业利润和商业利润)。生息资本。

第 6 章 超额利润转化为地租。

第 7 章 各种收入及其源泉。"

马克思在写作第 3 册初稿时，对"计划草稿"① 进行了某些重大改变。第一，同马克思早期的设想不同，他现在下决心给《资本论》增加一部关于资产阶级经济学说史的专著，即增加一个第 4 册，因此，他不再在各章中对历史和文献进行论述。关于这些论述，马克思在第 3 册的手稿中曾多次提及过。在这份手稿中，它们大都被称为"以后的历史章节"，或者被称为将要撰写的第 4 册的部分。因此，在实现计划草稿时，该计划中的第 3、5、7、11 项不见了。这种方式在 1863—1864 年写的第 1 册草稿中已被采纳。同这一计划相反，第 1 册初稿也不包含有关学说史的插论部分。马克思在第 1 册初稿的最后一章即第 6 章中写的一个说明中明确表示，他考虑到了要写理论史这样一册。马克思指出，一切传统混乱观念都是与总产品和纯产品之间的区别相关的，其中一部分"来源于重农学派（见第Ⅳ册）"②。1865 年 7 月 31 日马克思在给恩

---

① 《马克思恩格斯全集》第 1 版第 26 卷第 1 册第 447 页。
② 《马克思恩格斯全集》第 1 版第 49 卷第 112 页。

格斯的信中最后说："……然后还得写第4册，即历史文献部分；对我来说这是最容易的一部分，因为所有的问题都在前三册中解决了，最后这一册大半是以历史的形式重述一遍。"① 马克思在这部第3册手稿的第6章中，也对这个计划写的理论史专册作了明确的说明。

第二，马克思修改了第3册本身的结构。例如，与当初考虑的不同，在关于利润和平均利润率的各章之后，作为"例证"的有关地租的一章被取消了，取而代之的是有关平均利润率趋于下降的一章。正如马克思在《1861—1863年手稿》中确认的那样，这个问题是揭示由产业资本所组成的总资本价值增殖程度的发展趋势的规律。对这一问题而言，马克思认为，社会剩余价值在各个资本家集团之间的分配是第二位的过程。因此他说，作为叙述方法，这种分配要在这一规律之后方可论述。② 马克思进一步强调指出，这一规律，就其一般性来说，同利润分割为各个部分无关。③ 马克思的这种考虑，通过第3册的三个基本章（前三章）的写作，才得以最终实现，在这三章之后，马克思从总体上对利润和地租的各种形式进行了论述。

绝对地租早在《1861—1863年手稿》中，一方面是作为从价值转化为生产价格的学说中引出的东西加以展开的，同时，绝对地租又是检验这一学说的正确性的试金石。另一方面，根据已经获得的认识水平，马克思决心把绝对地租同这一学说一同加以论述。马克思在1862年8月2日给恩格斯的信中说："我还是打算把地租理论放在这一卷作为增补，即作为对前面提出的原理的'说明'。"④ 这里所说的"原理"，是

---

① 《马克思恩格斯全集》第1版第31卷第135页。
② 《马克思恩格斯全集》第1版第48卷第292—293页。
③ 《马克思恩格斯全集》第1版第25卷第238页。
④ 《马克思恩格斯全集》第1版第30卷第265页。

有关资本主义竞争的基本原理在平均利润和生产价格上形成的概念。而在第3册的手稿中,绝对地租已不再作为"例证"来加以考虑了,而是作为有关资本主义土地所有权的本质的东西来说明。特别是,在对资本主义生产总过程的叙述中,进一步考察级差地租,这就意味着现在这两种地租形式在整部书中占有相对独立的重要位置。马克思在写作第6章本身时,在《导论》之后,首先论述绝对地租,之后才论述级差地租。虽然如此,但是正如他一开始就知道的那样①,在最后的叙述中——即在付印稿中——,把土地的资本主义经营作为物来表现的级差地租,应当先加以论述。此外,马克思的手稿中遗留下来的有关这一章的详细计划,也证明了马克思的上述认识。② 这样,按照"计划草稿"的设想,还应当写最后一章《资本和雇佣劳动》,在其中研究资本主义的各种关系。结果,马克思不得不更广泛地概括这一章的内容。在他的主要著作《资本论》中,这一章揭示的是三个阶级,即资本家、土地所有者和雇佣工人这三个阶级在经济上的各种关系。

在这个论述生产和分配的辩证统一的总体的第7章中,根据叙述方法,要对这些关系进行综合,揭示经济关系在资产阶级社会表面上表现出来的物的外观。不过,关于阶级的论述是不完整的。显然,马克思本想在这一章中论述资本主义生产方式在阶级斗争中的"瓦解",因为阶级斗争导致资产阶级社会的灭亡。③

关于对商人资本的考察和对生息资本的考察,同计划草稿中的第8项所计划的不同,不是放在同一章中进行论述的,而是分别考察的,即分别在第3册的第4章和第5章中考察的。马克思在写第2章时解释

---

① 《马克思恩格斯全集》历史考证版第2部分第4卷第2分册第690页。
② 《马克思恩格斯全集》第1版第25卷第818—819页。
③ 《马克思恩格斯全集》第1版第32卷第75页。

说,"这种资本——指生息资本——和商业资本一般一样,需要单独地进行论述,这在下一项目中便可看到。"① 另外,马克思在第 2 册第 1 稿中也记述说,第 3 册第 4 章将论述生息资本。② 这个第 4 章标题的文字的变更,同样反映了马克思的思考进展[第 4 章最初的标题是《商品经营资本和货币经营资本。利润分为利息和产业利润(企业收益)。生息资本》;第二次用墨水改的标题是《商品资本和货币资本转化为商品经营资本和货币经营资本或商人资本。利润分为利息和产业利润(企业收益)。生息资本》;第三次用铅笔改的标题是《商品资本和货币资本转化为商品经营资本和货币经营资本即商人资本》]。起初,这一章只准备论述生息资本。后来,正如用墨水写的标题的变更所证明的那样,马克思曾打算在同一章中论述商人资本和生息资本。这两种资本形态的先后顺序也改变了,这是引人注目的。在论述商人资本将近结束时,马克思又决定单设独立的一章论述资本的另一形态。于是他说,"关于这一点,我们在下一篇论述生息资本时再谈。"③ 最后的标题的更改是用铅笔写的,说不定是马克思后来又通读了一遍手稿时改的。

关于货币流通,马克思早在第 2 册第 1 稿中就作了若干规定,而这些规定是表现单纯的货币流通的各种规定。马克思在那个手稿中曾注明,在考察商人资本以及剩余价值分裂成种种范畴之后,在最后的一章中,确切地说,在《(10)……货币的回流运动》中,要进一步阐述这些规定。④ 根据马克思在《1861—1863 年手稿》中的证明,这些规定应揭示隐藏在货币流通背后的过程,即再生产过程的总周期,包括相互交

---

① 《马克思恩格斯全集》历史考证版第 2 部分第 4 卷第 2 分册第 228 页。
② 《马克思恩格斯全集》第 1 版第 49 卷第 507 页。
③ 《马克思恩格斯全集》第 1 版第 25 卷第 357 页。
④ 《马克思恩格斯全集》第 1 版第 49 卷第 438 页。

织在一起的生产、消费、分配、流通和再生产等因素。① 马克思在《1861—1863 年手稿》中写的《插论。**资本主义再生产中的货币回流运动**》中，根据深入分析，描述了这种轮廓②，而显然这一轮廓就是这一章的研究对象。马克思在第 3 册手稿中虽然没有写这样一章，但是基本的内容已收在第 4 章中了。

第 3 册手稿的最后两章是以特有的方式完成的。马克思在没有结束第 6 章的写作时，就写了第 7 章，因此，他没有给第 7 章编页码。第 6 章的若干页被收入了第 7 章。马克思在第 7 章的开头，在标题《第 7 章 各种收入及其源泉》之后，写有这样的话："1. 三位一体的公式。（那些内容应放到这里。）"③ 在属于第 6 章的手稿第 445 页上④，关于三位一体的公式的插论是用六角括号括上的。（恩格斯在他编的 1894 年的版本中，把这个插论再现在下册第 349 页中，并冠以"Ⅲ"这一序号⑤。）但是，在手稿第 446 页上，还没有论述这个题目。很可能马克思把从第 446 页开始的那个印张抽掉了，并把它用于第 7 章了！在第 7 章的第 1 印张之后，马克思补进了一张纸，在它的正反两面写的编号是：第 470 和第 471 页。第 471 页的正文内容直接接下一印张的正文内容。但是，恩格斯后来为第 7 章编页码时，没有把这两页编进马克思想放的那个地方，而是把它们作为"Ⅰ"和"Ⅱ"排在第 7 章的开头⑥。恩格斯编的"Ⅲ"这一部分就是第 445 页上的插论。恩格斯在他编号为第 531 和

---

① 《马克思恩格斯全集》第 1 版第 48 卷第 180 页。
② 《马克思恩格斯全集》第 1 版第 48 卷第 173—234、237—250 页。
③ 《马克思恩格斯全集》历史考证版第 2 部分第 4 卷第 2 分册第 834 页。
④ 《马克思恩格斯全集》历史考证版第 2 部分第 4 卷第 2 分册第 720—722 页。
⑤ 《马克思恩格斯全集》第 1 版第 25 卷第 925—940 页。
⑥ 《马克思恩格斯全集》第 1 版第 25 卷第 919—923 页。

532页的这两页之间，在他的1894年版本的下册第358页上写了一条注解："｛这里，手稿缺了对开纸一页。｝"① 后来，这两页（即上述第470和471页）被编号为531a和531b。

《资本论》第3册的写作经过了数月的中断期，就是说，是分成两个阶段写成的。马克思在这一中断时期，即1865年上半年这一时期，写了第2册的"第1稿"和讲演稿《价值、价格和利润》。马克思写作第3册手稿是从写作第2章正文开始的。我们这样说的理由，或许是因为：在《1861—1863年手稿》第17笔记本中还没有广泛地研究利润转化为平均利润问题。马克思那时还打算在专门论述竞争理论时再探讨这个问题②。在第2章的两个印张上，只有用铅笔写的从"（a）"到"（I）"的拉丁文字母的标志。而在写完第1章之后和写作第3章之前，这些标志被用钢笔写的连续编号所取代。

现在我们能说明中断的理由是，我们在第1章的叙述中见到了一处空白。我们在这个地方看到这样一个标题：《（b）流通时间的变动，缩短或延长（同样同它相联系的交通工具）对利润率的影响》③。马克思始终意识到这里论述的空白，他写道，"流通时间在多大的程度上影响利润率，我们在这里不打算进行详细研究。［因为对它进行正式论述的第2册还没有写］"④。马克思在第Ⅱ册的初稿中，阐述了剩余价值率的一个详细规定，即作为剩余价值的年率的这一规定。马克思把这一规定解释成叙述年利润率的基础。马克思在研究资本周转时还写道，为了正确地考察利润，还必须严密地研究固定资本对剩余价值率和剩余价值量

---

① 《马克思恩格斯全集》第1版第25卷第930页。
② 《马克思恩格斯全集》第1版第48卷第208页。
③ 《马克思恩格斯全集》历史考证版第2部分第4卷第2分册第208页。
④ 《马克思恩格斯全集》历史考证版第2部分第4卷第2分册第225页。

的形成及其影响,并进而写道,"这里顺便为第三册第 1 章考察一下利润率"①。结果,叙述的逻辑终于迫使马克思去补足上述的理论空白,而正是由于这个原因才使他中断了第 3 册的写作,转而先写作第 2 册。在第 3 册手稿的第 182 页上还写有一条备忘录,说的是市场概念的最一般的特点必须在有关资本的流通过程的篇章中展开阐述②。马克思这里所说的必须展开阐述,是表明第 3 册的一部分——非常可能是前三章——是在第 2 册的写作之前写的。

第 4 章和以后的各章确实是在第 3 册的第二写作阶段中完成的。首先我们要证明,在第 243 页和第 256 页上发现了两处提及第 2 册第 1 章中的《(3)流通费用》一节的地方③。我们所说的这些,同第 2 册第 1 稿写作后才开始制定的这一册计划是一致的④。在第 2 册第 1 稿手稿本身中,流通费用是作为第 4 节写的⑤。此外,第 3 册第 4 章的标题在文字上的变动也说明了上述写作过程。马克思没有在同一章中一并论述商人资本和生息资本,而是决心分别在两个独立的章中论述。马克思从写作第 2 册所得出的种种认识,说不定成为这种变更的根据。马克思在前三章论述的是生产剩余价值的资本之间展开竞争的种种基本规律性,在书写手稿的前三章之后,他所面对的是这样一个问题——应当严密地把特殊的派生的资本形态同生产资本的形态区分开,两者之间的过渡分别采取了怎样的形态,而这要以分析资本的流通过程为前提。马克思此时更加认识到,商人资本和生息资本是两种不同质的独立的资本形态,对

---

① 《马克思恩格斯全集》第 1 版第 49 卷第 389 页。
② 《马克思恩格斯全集》历史考证版第 2 部分第 4 卷第 2 分册第 225 页。
③ 《马克思恩格斯全集》第 1 版第 25 卷第 298、321 页。
④ 《马克思恩格斯全集》第 1 版第 49 卷第 251 页。
⑤ 《马克思恩格斯全集》第 1 版第 49 卷第 346 页。

这两种形态的叙述要求分别地进行。

这种写作过程，也可以从马克思所使用的纸张中得到证明。在最早写作第3册第2章后，马克思接着写了第1章和第3章，而他所使用的纸种是两种，即第2种纸和第4种纸，这同他写作第一册的最后一章即第6章所使用的纸种是同类的。另一方面，马克思写作第4、5章时所使用的纸种则同马克思写作第2册第1稿所使用的纸种是同类的。

手稿的执笔日期。马克思在写完《资本论》第1卷后，着手撰写第3卷，而首先从第2章开始，但是我们没有掌握推定这一日期的线索。在此之后，他完成了第1章的写作，完成的时间是在1864年10月，或者说不定是在11月上旬完稿的，我们这样说的根据是，马克思在第135页中说："现在，1864年10月，处于新的危机中。"① 在这一页之后，论述的问题是棉花危机对工人状况的影响。在这个地方马克思确认，为帮助失业工人而征收的税金的相当大部分没有分给工人们，进行服务劳动的无产阶级只是得到一点糊口的工资，而另一方面，资产阶级却从中得到高额利润。11月14日马克思写信感谢恩格斯寄来的信。信中向他提供了11月8日刊登在《曼彻斯特卫报》上的有关资料。马克思写道："我已经搜集了一些有关这种卑鄙行径的材料，不过费了很大力气，是从工厂报告的零碎材料中搜集到的。"②

显然，第3章是在第2册第1稿执笔之前写的，第4章是在第2册第1稿之后写的。马克思在1865年7—12月之间写的是第5、6、7章。马克思在7月31日给恩格斯的信中说："再写三章就可以结束理论部分（前三册）。"③ 我们从8月19日马克思给恩格斯的信中所说的一句话，

---

① 《马克思恩格斯全集》历史考证版第2部分第4卷第2分册第204页。
② 《马克思恩格斯全集》第1版第31卷第22页。
③ 《马克思恩格斯全集》第1版第31卷第135页。

即"1857年和1858年国会关于银行事务等等的报告,不久以前我不得不再翻一翻"①,就可明白,这个问题的分析属于第 5 章的组成部分。最后,应注意在第 5 章的最后一页上写了"现在(1865年10月)"这样几个词,此外还有一段引自 1865 年 10 月 11 日英格兰银行报告中的话。马克思写作第 6 章始于 12 月中旬。关于此事,我们也可以从下列事实得到证明:马克思在第 3 册初稿的第 415—416 页上引用了 12 月 14 日《晨报》上刊登的约翰·布莱特 12 月 13 日在伯明翰演说的一段话。马克思写作的这一册,完稿于 1865 年 12 月。我们从 1866 年 2 月 13 日马克思给恩格斯的信中所说的"12 月底已经**完成**"②便可得知。

第 6 章第 452 页是终稿的最后一页,这是有案可查的。马克思把"现在同 10 年前相比"改成"1866 年同 1864 年相比",可见,如果这样,那么说不定他在 1866 年 1 月还在忙于第 6 章的最后部分的写作,因为像已经证明的那样,第 7 章同第 6 章的一部分是同时完成的。更有可能的是,上述第 452 页上的那个说明是从发表时间的角度写的。至少,像马克思给恩格斯的信中所说的那样,第 1 卷"正好于 1 月 1 日开始誊写和润色"③,此外,从下面几封信中也可知道马克思在 1 月份集中时间在从事这项誊清工作:一封是 1866 年马克思给路德维希·库格曼的信④,另一封是 1866 年 1 月 24 日马克思给齐格弗里特·迈耶尔的信⑤。

马克思的补充研究。按马克思的计划,他的主要著作的初稿应在

---

① 《马克思恩格斯全集》第 1 版第 31 卷第 150 页。
② 《马克思恩格斯全集》第 1 版第 31 卷第 180 页。
③ 《马克思恩格斯全集》第 1 版第 31 卷第 181 页。
④ 《马克思恩格斯全集》第 1 版第 31 卷第 497 页。
⑤ 《马克思恩格斯全集》第 1 版第 31 卷第 501 页。

1865年9月1日前"彻底"完成①,也就是说,到那时要完成第3卷的最后部分。由于马克思是国际工人协会总委员会的委员,承担了种种义务,由于疾病,这些原因曾多次使写作中断,而对第1卷,特别是对第1卷第5、6章的种种研究,需要有充足的时间才能完成,结果马克思的写作被拖延下来了。正像后来马克思所说的那样:第3册初稿同《剩余价值理论》一样,"处于一切研究工作最初阶段所具有的那种初稿形式"②。这主要表现在:像1867年版的《资本论》那样,全书没有详细划分章节,论述中存在不足和空白,在有些地方,学说史的材料和经验的材料需要作最后的加工整理。但是,手稿的理论内容和内在结构,在主要点上,均已确定下来了;马克思重新进行的研究则对手稿的性质产生了决定性的影响。

  首先我们认为,马克思在第3册第1章的范围内,想到了"不变资本使用上的节约"和"不变资本对价格变动的影响"的论述③,对这些论述增加了若干实例。上述考虑,早在《1861—1863年手稿》的最后写作阶段,就已成熟了④。最后,这些地方结合丰富多彩的事实和材料进行了论述。马克思引用的这些材料很多来自1856—1864年发表的《工厂视察员的报告》,特别是来自《就面包房工人的申诉……向内务大臣的报告》(伦敦1862年)以及《枢密院卫生视察员第6号报告》(伦敦1864年)。这些文件所展示的,对马克思来说,都是有关英国工

---

  ① 《马克思恩格斯全集》第1版第31卷第119页。
  ② 《马克思恩格斯全集》第1版第34卷第285页。
  ③ 《马克思恩格斯全集》历史考证版第2部分第4卷第2分册第46、114—115页。
  ④ 《马克思恩格斯全集》历史考证版第2部分第4卷第2分册第178、167—169页。

人的劳动条件和生活条件的事实，而它们作为批判资本主义的"例证"，都具有异常的重要性。保尔·拉法格说过，马克思购买了政府公开发表的大量材料，"大量的铅笔记号表示他从头至尾地通读过。他认为这些报告是研究资本主义生产方式的最重要最有意义的文件；而且，他非常敬重作这些报告的人"即工厂视察员。① 如果是这样的话，那么马克思买到这些《报告》应当是在1863—1864年间。马克思在1864年10月写作第3册第1章时显然手头已经有了这些材料。马克思在这一年的10月下半月，主要忙于起草国际工人协会的成立宣言和章程，参与国际工人协会的讲演和讨论，而在11月上半月，由于受到痈的折磨，未能走出家门去大不列颠图书馆。结果是，手稿中的所有引语，宁可说都是取自他所收藏的这些《报告》②。马克思虽然利用了工厂视察员的很有说服力的各种材料，但是却没有对有关各节作最后的加工和系统化。

关于第5章，最引人注目的是，马克思把他在《伦敦笔记（1850—1853年）》中所获得的认识和材料作了整理加工。正像这一章的一些注释所详细地记载的那样，关于信用几乎是从各个侧面进行说明的，同时还说明了信用在资本主义生产方式的机制中所起的作用。除此之外，这一章还在352a—352j页上有一个以《混乱》为标题的部分，其中含有批判性的评论和大量的各种材料。正如恩格斯所说的，这一大堆东西，"都是议会关于1848年和1857年危机的报告的摘录。在这些摘录中，汇集了23个企业主和经济学著作家的证词，特别是关于货币和资本、金的流出、过度投机等等的证词，并且有些地方加了简短而诙谐的评

---

① 保·拉法格：《忆马克思》，见《摩尔和将军》，人民出版社1982年版，第102页。

② 《马克思恩格斯全集》第1版第31卷第21—22页。

注。……马克思打算批判地讽刺地评论这里暴露出来的关于货币市场上什么是货币,什么是资本这个问题上的'混乱'"①。在手稿第360—392页中继续对这个问题进行了研究,它们是从英国议会关于危机的四份篇幅庞大的报告中所得出的东西,这四份报告是:1.《商业危机秘密委员会第1号报告》(1848年6月8日刊印);2.《上院商业危机原因秘密调查委员会报告》(1848年7月28日刊印;1857年重印);3.《银行法特别委员会的报告》(1857年7月30日刊印);4.《银行法特别委员会的报告》(1858年7月1日刊印)。除这些材料外,还包含从其他资料中收集的统计资料和各种理论见解。马克思研究了借贷资本利息率在工业周期中的运动,研究了银行券和货币金属(金和银)的流通,研究了英国的金银的输出和输入以及汇率。马克思有意识地将这些细节问题进行归纳,使之初步体系化。不过这一部分也同样具有《混乱》所具有的性质,这两者实际上都是资料的汇集。关于这一点可以通过以下的情况证实:第352a—352j各项和第360—392页的大部分内容,每一页自上而下,完全是马克思所援引的引文、统计材料和评注。它们同手稿的其他部分每页的情况相反,手稿的那些部分每一页都是一分为二,上一半写的是正文,下一半写的是脚注。全书写完后,马克思致信恩格斯说:"1857年和1858年国会关于银行事务等等的报告,不久以前我不得不再翻一翻,这些报告荒谬的程度,你真是一点也想象不到。"②收集这些资料,的确是由一个研究过程造成的结果,这个研究过程虽然中断了叙述的进程,但是,由于它同系统内容的写作结合在一起,也可以说对系统论述作了补充。

对生息资本的分析,本来应只包括少数几个重要方面,即属于叙述

---

① 《马克思恩格斯全集》第1版第25卷第9—10页。

② 《马克思恩格斯全集》第1版第31卷第150页。

剩余价值理论范围内的用来说明资本核心结构的特征所必需的那些方面。马克思正是集中在这个意义上阐明在生息资本、利润分为利息和企业利润作为生息资本的运动形式的信用。所以"分析信用制度和它为自己所创造的工具（信用货币等等）"①，并不包括在马克思的计划范围之内，马克思说，他不详细研究信用的各种现象。②这个写作阶段达到顶点和那个概述部分，后来恩格斯给加上了《信用在资本主义生产中的作用》这样的标题。对马克思来说，这是"我们关于信用制度所作的一般评述"③。在下一个写作阶段，马克思继续研究信用的各种基本问题。通过这些研究，第一，用经验材料充实了已经写出的那些段落。这可能是促进研究的唯一原因。

第二，这些研究必然伴随着主题的扩展。马克思在论述流通手段和生息资本之间的区别后，转而研究了信用的各个特殊问题。马克思论述了货币资本乃至银行资本的性质和组成部分，论述了虚拟资本，还论述了货币资本的积累和现实的积累之间的联系。因此，马克思把注意力投向生息资本在工业周期中行使职能的问题。或者可以这样说，马克思这时更关心的是，把临时闲置的游资用于扩大再生产，即用于资本的积累过程问题。马克思探讨了英国银行立法的基本作用，但是如此具体地研究问题，显然已超出《资本论》的研究范围。值得注意的是，这一章的第（Ⅰ）、（Ⅱ）、（Ⅲ）项中的论述④，是以经验的记述和学说史的见解为基础的，也就是说，对这些事实的收集和分析是在写作这些项目前

---

① 《马克思恩格斯全集》第1版第25卷第450页。
② 《马克思恩格斯全集》第1版第25卷第401页。
③ 《马克思恩格斯全集》第1版第25卷第492页。
④ 《马克思恩格斯全集》历史考证版第2部分第4卷第2分册第506—561、584—597页。

就已经进行了。关于这一点，我们不仅从理论的阐述中得到了证明，而且，某些特定的引文本身也确证了第5章的这种写作过程。例如，十分清楚，在手稿第328页上①，马克思曾引用托马斯·查默斯和詹姆斯·威尔逊等人的观点，而马克思想到的显然是他在手稿第352a—352j页上摘录的这些人的见解。在手稿第330页上有利物浦银行行长的一段证言，而马克思指的是他在手稿第370页上引用的一段话。最后，那一大堆资料汇集插进第5章中，实际上它们只是被插进手稿中而已。起初，在《混乱》这一标题下的那些页，马克思只编了从"a"到"j"的记号，接着加上了352这样的数字。在这一阶段，资料汇集的另一部分也被马克思编了从360起直到392止的页码。

同第5章不同，对地租的研究是在写作第6章之前进行的，不仅在时间上分开了，而且其成果还采取了独立的形式，它们是在1865—1866年完成的，主要是在1865年11—12月之间完成的，其成果就是共370页的一本摘录笔记。其中大约有24页，援引了上述关于危机的议会报告（不过，马克思在第5章中连一处都没有援引这些摘录）。笔记本的主要部分都与地租有关。关于研究地租理论问题，1866年2月13日马克思在给恩格斯的信中说："我白天去博物馆，夜间写作。德国的新农业化学，特别是李比希和申拜因，对这件事情比所有经济学家加起来还更重要；另一方面，自我上次对这点进行研究以后，法国人已提供了大量的材料，——这一切都必须下功夫仔细研究。两年以前，我结束了对地租所作的理论探讨。正好在这一期间，许多新东西出现了，并且完全证实了我的理论。"② 实际上，约占全部摘录的三分之一是从尤斯图斯·冯·李比希的各种著作中摘录的。其次，马克思还摘录了下列作

---

① 《马克思恩格斯全集》第1版第25卷第499页。
② 《马克思恩格斯全集》第1版第31卷第181页。

者的著作：伊波利特－菲利贝尔·帕西、帕特里克·爱德华·达夫、詹姆斯·芬利·韦尔·约翰斯顿、I.穆尼哀和莱昂斯·拉维涅。马克思还用铅笔在李比希、约翰斯顿和达夫的摘录下面划了线，这说明马克思曾重新看过这些摘录。但马克思在第6章的脚注中所列举的那些地方，其中大部分却没有明示其出处，而往往只写了他所援引的作者的名字，有时只写了脚注的编号。只有少数脚注进行了详细叙述，但它们都是不必查阅文献的脚注，或者是在马克思的藏书中能查到出处的脚注。如果列举的话，有莫里斯·律比匈的著作，此外还有马克思从威廉·沃尔弗的遗产中得到的一些书，如像泰·蒙森和威·基瑟尔巴赫的书①。这些材料在加工方面存在缺陷，说明马克思是在很短时间内极紧张地写这一章的。如果马克思能对第6章进行修改的话，那他一定会把关于绝对地租的论述和关于级差地租的论述互相调换位置，并且还要把章节划得更细。②并且会对脚注进行加工，把有关地租的系统论述同上述摘录笔记中的资料以及收集在若干本"补充笔记"中的资料结合起来。包含在《属于第3册》这一手稿中而流传下来的"级差地租"手稿③，其中就包含学说史方面的和经验的补充资料，这也说明了我们的上述看法。

对手稿的进一步加工。恩格斯在这份手稿上用红铅笔写了罗马数字"I"，在第3册的其他手稿上，恩格斯写了"II"、"III"和"IV"的编号。我们知道，这是恩格斯代替马克思编的号。马克思对第2册的各个手稿也是这样编号的，而且在直接准备付印时的各种资料上也编了号④。

---

① 《马克思恩格斯全集》第1版第31卷第28—29页。
② 《马克思恩格斯全集》第1版第25卷第818—819页。
③ 将发表在《马克思恩格斯全集》历史考证版第2部分第4卷第3分册。
④ 《马克思恩格斯全集》第1版第25卷第4—8页。

除此之外，第 3 册的初稿有后来加工的各种痕迹，例如，正文和脚注是用红铅笔划上线加以区别的，脚注放在正文的下部，也是用红铅笔标明的。打算调整顺序的地方，划上了红铅笔线，有时用连接线标明。最后，有用红铅笔或铅笔作的一些修改，特别是在正文中用红铅笔打上了括号的地方，都没有收进 1894 年的版本中。另外，还有一件事需要说一说，马克思准备后来作修改用的关于对成本价格的论述（见《资本论》第 3 卷第 II—IV 稿），有用红笔标明已处理过的记号。在手稿第 283 页左侧，恩格斯用红铅笔写有"（4）调整"字样，在这页的右侧，恩格斯用铅笔写有"注在下一页"的字样。在若干页上，有恩格斯用铅笔写的字、标记和随手进行的计算。在手稿第 511 页上，恩格斯改写了一段正文。

可见，恩格斯对手稿的加工和为手稿付排所做的准备工作是非常辛苦的。有些地方也不排除是马克思亲自作的标记，因为马克思在 1868 年 4 月通读过一遍这部手稿[①]。此外，也不排除这部手稿有的地方带有《资本论》早期的一些手稿（《政治经济学批判大纲》和《1861—1863 年手稿》）所特有的那些记号。在本版中，这部手稿中所有加进的东西和标记，都反映在异文对照表和订正表中，或者在正文中再现出来。

见证人的描述。原手稿收藏在阿姆斯特丹国际社会史研究所，"马克思恩格斯遗稿"，整理番号，[新目录] A80；[旧目录] A54。

书写材料：各种未经剪裁的纸，大部分折成 4 页，叠在一起，但没有装订。

使用的纸种

1—116 页　　　　　　　　第 1 种纸

117—150 页　　　　　　　第 2 种纸

[①] 《马克思恩格斯全集》第 1 版第 32 卷第 65—67、70—75 页。

151—202 页	第 3 种纸
202a2—242 页	第 4 种纸
243—417 页	第 5 种纸
417a1—429 页	第 6 种纸
430—445 页	第 7 种纸
446—449 页	第 8 种纸
450—457 页	第 7 种纸
458—461 页	第 9 种纸
462—469 页	第 7 种纸
470—528 页	第 10 种纸
529—531 页	第 9 种纸
[531a]—[531b] 页	第 11 种纸
532—539 页	第 7 种纸
540—543 页	第 12 种纸
544—551 页	第 7 种纸
552—575 页	第 13 种纸
表纸	第 14 种纸
表纸	第 15 种纸

第一种纸：白色，现在变成淡灰色，无横格，无水印。全纸的尺寸为 404×317mm，折后为 202×317mm。

第二种纸：深蓝色，有光泽，较厚，有横格。格为 8.8mm，间隔线为蓝色。线的内侧格外清楚，外侧不甚明显。有水印，可看到英文字母和 1863 字样以及大不列颠的简单图徽。此外，间隔为 26mm，有垂直线。全纸的尺寸为 411×326mm，折后为 250×326mm。

第三种纸：深蓝色，有光泽，较厚，有横格。格为 8.8mm，间隔线为蓝色。迎着亮看有水印，可看到英文字母和 1864 字样以及大不列颠的简单图徽。此外，间隔为约 26mm，有垂直线。全纸的尺寸为 404—407×321—324mm，折后为 202—204×321—324mm。

第四种纸：深蓝色，有光泽，同第二种和第三种纸比较，相对薄些，无横格。迎着亮看有水印，可看到英文字母和 1864 字样。此外，间隔为 25.5mm，有垂直线。全纸的尺寸为 404×322mm，折后为 202×322mm。

第五种纸：淡灰色，带点蓝。比较有光泽，纸薄（也比第一种纸薄），无横格，不透明。全纸的尺寸为 433×344mm，折后为 214—217×339—344mm。

第六种纸：深蓝色，有光泽，相当厚，无横格。迎着亮看有水印，可看到英文字母和 1864 字样以及大不列颠的简单图徽。此外，间隔为 27.5mm，有垂直线。全纸的尺寸为 404×322—323mm，折后为 202×322—323mm。

第七种纸：白色，有光泽，有横格。格为 8.7mm，间隔线为淡蓝色。迎着亮看有水印，可看到英文字母和 1862 字样以及纹章。此外，间隔为 25mm，有垂直线。全纸的尺寸为 396—399×328—329mm，折后为 198—199×328—329mm。

第八种纸：白色，有横格。格为 8.75mn，间隔线为灰色。迎着亮看有水印，可看到英文字母和 1862 字样以及大不列颠的简单图徽。此外，间隔为 26mm，有垂直线。全纸的尺寸为 400×330mm，折后为 200×330mn。

第九种纸：白色，较厚，有横格。格为 8.7mm，间隔线为灰色。迎着亮看有水印，可看到英文字母和 1863 字样以及大不列颠的简单图徽。此外，间隔为 26mm，有垂直线。全纸的尺寸为 400×328—329，折后为 200×328—329mm。

第十种纸：白色，有光泽，较厚，无横格。迎着亮看有水印，可看到约27.6mm的间隔，有垂直线。全纸的尺寸为408×326mm，折后为203—204×324—326mm。

第十一种纸：（从前是）白色，同第十种纸相比光泽差些，有横格。格为9mm，间隔线为灰色。迎着亮看有水印，可看到约26mm的间隔，有垂直线。全纸的尺寸为400×328mm，折后为200×328mm。

第十二种纸：白色，有光泽，较厚，有横格。格为9mm，间隔线为淡蓝色。迎着亮看有水印，可看到26.5mm的间隔，有垂直线。全纸的尺寸为396×328mm，折后为198×328mm。

第十三种纸：黄色（以前是白色），较厚，有光泽，无横格。迎着亮看有水印，可看到约26mm间隔，有垂直线。全纸的尺寸为409×326mm，折后为204×326mm。

第十四种纸：白色（变黄），有光泽，较厚，无横格。迎着亮看有水印，可看到英文字母和大不列颠的简单图徽。此外，间隔线为26mm，有垂直线。作为表纸使用的整张纸原本为449×334mm。表纸和里面的纸有折痕和破损，裁得不齐。表题纸的右下方和下半部分被折过。纸张的最宽处为209mm，最长为329mm。

第十五种纸：深蓝色，无横格。迎着亮看有水印，可看到大约26mm间隔，有垂直线。表纸有明显的折痕和损伤。最大宽幅为200mm，长度为334mm。

状态：整个纸张一般说来保存完好。纸张变黄。例如，第528—531页纸张同第458—461页纸张相比，显得格外黄。各章的标题页，其边缘都被折损，部分折坏。在第417b页上，由于纸张被折，正文受损。表纸也都严重损坏。

作者：马克思。

书写用具：用的是黑墨水，所有的修改是用铅笔写的。马克思和恩格斯通读原稿时，用红铅笔写，在某些场合用铅笔写。

书法：在手稿中，笔迹非常潦草（德文字体，外语有拉丁文字体），很难读。许多句子用的是略记法和缩写法（在字中，大部分元音被省略，复数的字母被省略）。定冠词和关系代名词的 der、die、das，无论是什么格和性，大部分都被略记为 d。所有代名词，无论是什么格和性，总是略记为 s。前置词 für、mit、von、vom，总是都写成 f.、m.、和 v.。重子音 mn、nn，按照当时的书法，都被写成 $\overline{m}$ 和 $\overline{n}$。马克思有时在相关语上往往使用数学记号。记号"×"（乘算记号）表示"乘"或者表示"回数"；等号"="表示"相等"；记号">"表示"多于"或"大于"；记号"<"表示"小于"和"少于"；加号"+"表示"加"；减号"−"表示"减"；记号±表示"或多或少"。在写作过程中，马克思经常改动，许多字和句子被抹掉。马克思往往在行文中加上各种句子，有时写在栏外。马克思把后来手稿中的许多增加的文字，通过相应的提示，收进正文的某一特定地方。

马克思使用全新的纸张开始写作第 7 章的各个部分。结果是，有若干页，例如第 405 页以及第 6 章的最后两页是空白页，没有字，而其中最后一页没有编页码号。另外，第 118、139、140、150、265、266 页上什么都没写。

马克思在各个页的上半部书写正文，下半部空出来用于写脚注，书写前将整张纸一折为二。在大多数场合他都是这样区分开的。有时他将下半部空出，但上面写得满满的，不越线。当马克思感到脚注没有必要占一半篇幅时，他就把正文扩展到三分之二或五分之四篇幅，让脚注占三分之一或五分之一的篇幅。例如，马克思稿本的第 179—182 页，开始时把整张纸在当中一折为二，后来改为三比一。

在第 9—30 页上，马克思只使用了它们的下半部，写了正文的脚注"（d）"。在若干场合（例如第 133—136 页、第 155—157 页、第 163—170 页），马克思的写作越过了中间折线。还有若干张纸（例如第137—154页),他没有折中线,同样,他后来增加的第352a—352j页也没有折中线。在第152页上,对"[增补]中等构成的商品的生产价格"这些内容,没有标明应插入何处。在第100—154页上,总的说来,马克思没有写满(见本册第152页第20行到第196页第36行和第38—41行)。

马克思在正文部分中的某些脚注上作了记号,在下半部分总是只写数字,所引用的著作只写一个大写字母或著者的名字。马克思在准备写脚注的地方总是留有空白。在为写脚注留有空白地方不够用的场合,马克思就在下页的上半部继续把脚注写完。特别是新增加脚注,或在脚注上又加了脚注时,也是这样(见本分册第470和472页)。

在第283页,马克思贴了一张新闻剪报。

有一部分页码编号被别人用铅笔描过。在页码编号前写的 NM 字母,在表纸上写有 NI 或 NO 字母。在所有的纸张上都盖有 IISG(国际社会史研究所)的印章。

关于页码的编写:在马克思的手稿中,在每一页外侧的上部,均用钢笔编号,号码为1—528页。马克思当时很可能事先没有正确无误地统一编号,所以出现若干错误,例如,第63页之后为第66页,第86页之后为第89页,第137页之后为第139页,第140页之后为第150页,第385页之后为390页,第478页之后为480页等等。在第340页的反面,马克思没有编号,别人在这页上写了"[340a]"记号。在第315页之后的那一页上,马克思仍编号为315(在编辑后的正文中写有513[a])。

在第2章的各印张左角用铅笔写有从(a)到(I)的标记。(a) = 155页,(b) = 159页,(c) = 163页,(d) = 167页,(e) = 171页,(f) = 175页,(g) = 179页,(h) = 183页,同样(h) = 187页,(i) = 191页,(k) = 195页,(I) = 199页。

马克思变更了若干页码的编号，例如，在第283页后，紧接着的各页被编号为283a、253b、283e。后来，他又把283b改为284，把283c改为285。他把479页改为480页，又把480页改为481页。他把第389页改为第393页，后继的页码编号依次改变。上述所有这些改变，现在都已经被确认，在异文目录上都有明确记载。

后来马克思在手稿中又插进若干印张，例如，马克思最初在一个印张的第1页上曾编有202a的编号，在紧接着的一页上别人用铅笔写上［202b］的编号，这个印张接下去的两页上没有写任何文字，也没有编页码。第325a、325b、352a—352j、417a和417b等页都是后来插进来的。第325a—325b和352a—352b页的纸，是由一个印张裁成的。还有一些纸不是完整的印张，只有正面写字或只有反面写字的有以下各页：417a—417b、470—471、472—473、495—496、497—498、522—523、524、525、531a—531b页。

马克思自己没有为第7章编页码。恩格斯为每两页编一个页码（页码号写在第二页上）。第528页是用铅笔编的页码，往后的各页直到第574页为止都是用钢笔编的页码，但第［534］页和第［538］页没有编页码。这两页和所有其他各页是由别人编的页码。由马克思从第6章中转过来的第470—471页，后来由别人编成第［531a］和第［531b］页。

（原载日本《经济志林》，1994—1995年第62卷）

（刘焱 译）

1863—1867年期间马克思创作《资本论》的分期问题

〔苏〕Л. 米兹凯维奇、M. 捷尔诺夫斯基、
A. 切普连科、W. 维戈茨基

在《资本论》历时四十年的形成史中，1863—1867年期间占有特殊地位，因为正是在这个时期，经过多年的研究之后，马克思主要著作的最终的四卷结构定了下来。其中前三卷是理论部分，第四卷是经济理论史。马克思用巨大的努力进行创作，以便他的设想得以实现。

只要研究一下《资本论》理论部分的形成过程，就可以认识到它是一个"艺术的整体"①，同时可以看出马克思如何逐步发展了他的理论。这种认识不仅对政治经济学史有意义，而且对于进一步编好《马克

---

* 本文选自《马列主义研究资料》1984年第4辑。

原题注：近年来，随着马克思经济学手稿的陆续发表，国外关于1863—1867年期间马克思经济学的研究和创作进程一直进行着热烈的讨论。这些讨论对于我们更好地认识马克思在这一时期制定经济理论的背景、理论成就和分期等问题，对于我们更好地理解《马克思恩格斯全集》第49和50卷中新发表的经济学手稿，都是很有意义的。本文原载1982年出版的《马克思恩格斯年鉴》第五卷，作者都是苏共马列主义研究院的科研人员。文中谈到了近年来讨论中的不同观点，引用大量材料详细考察了这一时期马克思的手稿，发表了作者们对所讨论问题的最新见解。现全文译出供参考。——译者注

① 《马克思恩格斯〈资本论〉书信集》，人民出版社1976年版，第196页。

思恩格斯全集》(国际版)也有意义。

在马克思创作《资本论》的这个时期所写的手稿中,包括下列一些手稿:**第一**,《第六章。直接生产过程的结果》,马克思所标明的页码从第441到495页,另外还有属于《资本论》第一册的一些单页,其中有手稿的封皮,它的第一页上写着《第一册。资本的生产过程》,还有第24—25页、96—107页、259—260页和263—264页,这些是马克思后来收到《第六章》中去的,还有第379—380页以及含有脚注的一些页;① **第二**,第二册的《第Ⅰ稿》,马克思标明共149页,还有写着第二册计划的单页;② **第三**,第三册的手稿,马克思亲自标明的页码从第1到527页,又由别人标明从第528到575页,另外还有第二册的《第Ⅲ稿》(12页)和《第Ⅳ稿》(58页),后面将要说明,这些手稿也是《资本论》第一卷出版以前写的。

当然,确定上述这些手稿的写作日期是非常困难的,本文将详细研究这个问题。跟《资本论》的第一稿和第二稿(即1857—1858年手稿和1861—1863年手稿)不同,在1863年至1867年期间遗留下来的手稿和片断中,作者都没有注明写作日期,而在前面两个手稿上,马克思自己都注明了写作日期。以前所有研究这个问题的人几乎都一致同意下列看法(当然存在着一些细节上的差别,这可以撇开不谈):马克思在1863至1865年期间依次撰写了《资本论》第一、二、三册的手稿,并且紧接着在1866—1867年回过头来最终完成了第一册,这也就是1867年出版的《资本论》第一卷。

直到近几年,这样的认识受到了挑战。不久以前,在苏联《经济问题》(1980年第2期)杂志上发表了 И. 鲍尔迪列夫的一篇文章,力图

---

① 已发表在《马克思恩格斯全集》第1版第49卷第3—145页。
② 已发表在《马克思恩格斯全集》第1版第49卷第251—525页。

重新说明马克思在1863至1867年期间的创作过程。文章的作者得出了如下认识：（1）在马克思写完1861—1863年手稿之后，由于他生病和其他外部原因，工作停顿了一段时间，直到1864年8月为止。（2）大约从1864年8月起到1865年底止，马克思写作第三册的手稿。（3）从1865年底起，或最晚从1866年1月1日起，马克思才在这一年开始写第一册，这一册大体上在1866年秋天写完《第六章》时结束。（4）从1866年10月到12月止，马克思写第二册的《第Ⅰ稿》。（5）1867年初，马克思写第一册的第一章《商品和货币》。（6）1866年11月10日以后，马克思把第一卷的一部分手稿送往汉堡，但不包括第一章。除了这篇文章之外，在民主德国马列主义研究院的《学报》（1980年第6期）上也发表了J.康拉德和E.克拉帕斯提克的文章，论述马克思写作《资本论》第一卷的工作，这两位作者在一些问题上持有和鲍尔迪列夫相同的看法。

当我们考虑这些作者的意见，更深入地研究马克思写作《资本论》的工作进程的时候，我们不能同意他们所提出的工作分期。为了检验我们的看法，我们来考察一下马克思和恩格斯之间的通信，仔细研究一下上述马克思的手稿（其中特别要仔细分析至今尚未发表的第二册和第三册的手稿），以及《资本论》第一卷的第一版。我们认为，这可以使我们得出关于马克思在这个时期工作进程的详细概念。

1863至1867年期间马克思和恩格斯之间的通信

马克思在1862年12月28日致库格曼的信中写道："第二部分终于已经脱稿，只剩下誊清和付排前的最后润色了……它是第一册的续篇，将以《资本论》为标题单独出版，而《政治经济学批判》这个名称只作为副标题。"① 马克思说的"第二部分"，是指《政治经济学批判》第一分册的续篇。

大家知道，马克思原来作为这部著作第二分册的手稿，很快就超过了原来设想的范围，结果变成了《资本论》的第二稿，即1861—1863年手稿。在写作这个手稿的最后阶段上，马克思决定改变他的经济学著作的结构，并且重新进行改写。他首先想到的是他的三个理论部分《资本的生产过程》、《资本的流通过程》以及《资本和利润》。根据这种理由，马克思在1863年初重新进行经济学研究，这种研究一直继续到7月中旬。当然，马克思还没有把他的手稿精确化，而是进一步摘录经济学文献。5月25日，马克思写信给恩格斯，谈到他在英国博物馆工作的情况说："我所做的是……阅读与我所加工的那部分政治经济学有关的文献，并且作了摘要。"② 在7月6日致恩格斯的信中，马克思引了他所归纳的《经济表》，这个表"将作为**概括**"③ 插在《资本论》某一章当中。

单是采用"概括"这种说法就足以表明，马克思研究的这个新阶段结束了。事实上，致恩格斯的下一封信，即1863年8月15日的信中写道："我的工作（整理手稿，准备付印），一方面进行得很好。我觉得这些东西在最后审订中，除了一些不可避免的 G—W 和 W—G 以外，已经变得相当**通俗**了。另一方面，虽然我整天整天地写，但是进展得并不像我久经磨炼的耐心所希望的那样快。无论如何，这比起第一部来要容易懂百分之百。"④

---

① 《马克思恩格斯〈资本论〉书信集》，第170页。
② 《马克思恩格斯〈资本论〉书信集》，第178页。
③ 《马克思恩格斯〈资本论〉书信集》，第182页。
④ 《马克思恩格斯〈资本论〉书信集》，第185页。

从这封信中可以看出，马克思写作《资本论》的工作在1863年8月（也许是7月底）进入了一个**新阶段**，这时，用他自己的话说，他想"把政治经济学**誊清**付印（并作最后润色）"①。让我们暂时把马克思**具体**开始写作的问题放在一边。

遗留下来的马克思和恩格斯之间在这个时期的通信表明，主要因为马克思生病所中断了的工作，在1864和1865年又在进行中了，1864年11月和12月的信件以及1865年4月的信件证明，马克思这时在研究未来《资本论》第三卷的问题。②燕妮·马克思1864年11月底致恩格斯的信清楚地表明，马克思写作《资本论》有多么大的工作量："您想象不到，他誊写那本书的工作事实上进展得有多么顺利。准备好付印的稿子已经有一大堆了。"③

我们可以回想一下，在这个时期，马克思在国际工人运动中的领导工作大大增加了。1864年底和1865年上半年，写作《资本论》的工作和国际工人协会中的工作确实要求马克思花费全部的时间。这可以从一封信中得到证明。马克思写道："因为工作实在太忙了，一方面要完成我的书，另一方面国际协会简直占去了我的全部时间。"④

能说明马克思在这期间的工作情况的一个重要依据，是马克思1865年7月31日致恩格斯的信："至于说到我的工作，我愿意把全部

---

① 《马克思恩格斯〈资本论〉书信集》，第178页。

② 1864年11月9日恩格斯致马克思的信，以及1864年11月18日、12月10日和1865年4月11日马克思致恩格斯的信，分别见《马克思恩格斯全集》第31卷第20—21、25—27、107—108页。

③ 《马克思恩格斯全集》第1版第31卷第585页。

④ 《马克思恩格斯全集》第1版第31卷第112页。

真情告诉你。再写三章就可以结束理论部分（前三册）。"① 至于这里说的究竟是哪三章，我们将在后面试图给予回答。马克思在 1865 年 8 月 19 日致恩格斯的信中谈到了"1857 年和 1858 年国会关于银行事务等等的报告"，从这封信中可以得出结论，马克思这个时期大概是在写关于货币资本和利息的那一部分。

很可能至少直到 1865 年底，马克思都在写第三册的手稿以及整个《资本论》的理论部分，这可以由马克思 1866 年 2 月 13 日致恩格斯的信得到证明："关于这本'可诅咒的'书，它的情况是：12 月底已经完成。单是讨论地租的倒数第二章，按现在的结构看，就几乎构成一本书。"②

由于预感到《资本论》前三册的正文即将写完，马克思在 1865 年 11 月已经开始考虑最后加工手稿（首先是第一册）以便付印的问题，并且考虑从新的角度去获取事实材料。③ 证明这件事的是，马克思在 1865 年底把所有三册《资本论》都写完了，他在 1866 年 1 月中旬给约翰·菲力浦·贝克尔写了一封信，其中写道："我必须誊写一千二百页手稿。"④ 马克思所说的《资本论》三册手稿的总页数几乎同这一著作的实际篇幅相一致：第一册是 495 页，第二册第 I 稿是 149 页，第三册是 575 页；总共 1219 页。

---

① 《马克思恩格斯全集》第 1 版第 31 卷第 135 页。
② 《马克思恩格斯全集》第 1 版第 31 卷第 180—181 页。从这封信的上下文和这一时期的别的信件可以看出，马克思这时说的"书"，是指《资本论》的整个理论部分。
③ 《马克思恩格斯全集》第 1 版第 31 卷第 162 页。
④ 《马克思恩格斯全集》第 1 版第 31 卷第 494 页。

最终准备手稿付印的工作，在1866年1月开始时进行得很顺利①，然后停顿了一个长时期。先是生病，后来在马尔吉特疗养，大约占去了两个半月的时间不能工作。② 在1866年6月9日致恩格斯的信中，马克思还抱怨说，他从马尔吉特回来以后，工作"由于纯粹身体的情况一直进展得不好"③。结果《资本论》第一卷正文的最后付印稿一直拖到1866年底才完成。

当然，还没有完全弄清楚的是，马克思在这个时期的最后，特别是1867年1月至3月，究竟干什么工作。他在1866年12月17日致恩格斯的信中，请求后者"**尽快弄一本詹·爱·撒·罗杰斯的《农业史》**"，他"专门为此在一章中留出了空位"④——这指的是《资本论》第一卷最后一章即第六章的最后部分。⑤ 同时，燕妮·马克思1866年12月24日致恩格斯的信⑥也使人毫不怀疑，这个时期正在誊清这最后一部分。并且，因为马克思在1866年11月10日已经预告说，手稿的第一部分将在"下星期"寄给汉堡的奥·迈斯纳⑦，所以看来值得指出的是，马克思在第二年2月又在重新告知，"著作即将完成"⑧，并且直到1867年4月1日才给恩格斯写信说："我下决心，只要不能告诉你书已经完

---

① 马克思在1866年2月13日致恩格斯的信中说："我正好于1月1日开始誊写和润色，工作进展得非常迅速。"（《马克思恩格斯全集》第1版第31卷第181页）

② 《马克思恩格斯全集》第1版第31卷第517页。

③ 《马克思恩格斯全集》第1版第31卷第225页。

④ 《马克思恩格斯全集》第1版第31卷第271页。

⑤ 指的是《资本论》德文第1版第六章，参看《马克思恩格斯全集》第1版第31卷第738、477、790、871页。

⑥ 《马克思恩格斯全集》第1版第31卷第595页。

⑦ 《马克思恩格斯全集》第1版第31卷第265页。

⑧ 《马克思恩格斯全集》第1版第31卷第279页。

成,就不写信给你。现在已经写好了……下星期我必须亲自带手稿到汉堡去。"① 1867年4月17日马克思在致约翰·菲力浦·贝克尔的信中进一步告知《资本论》第一卷的内容说:"第一卷包括**第一册**:《**资本的生产过程**》。"②

对马克思写作《资本论》的"外史"的考察,就像1863年至1867年期间的这些通信所表明的,仍然未能直接回答以下两个根本问题:(1)马克思在1863年和1864年是否写了第一册的手稿?(2)第二册的"第Ⅰ稿"是什么时候写的?我们认为,只有将这个时期的所有手稿加以比较分析,才能弄清这些手稿的写作顺序和年代。

《第六章》——《资本论》第一册手稿的最后一章

研究上述的手稿几乎可以得出结论:马克思在开始制定《资本论》的理论部分之前,先制定了三册的计划。《第六章》正文中包含的参看第二、三、四册的提示③,以及参看"这个第一册"其他章的提示④,都表明马克思在写这一章的时候已经设想《资本论》的结构为四册,关于这种想法,他在1866年10月致库格曼的信中已经谈到了。⑤

关于第一册和第三册的计划,马克思是在1863年1月制定的、包含在1861—1863年手稿第ⅩⅧ笔记本中的那个草稿的基础上提出的。⑥

---

① 《马克思恩格斯全集》第1版第31卷第283页。
② 《马克思恩格斯全集》第1版第31卷第542页。
③ 《马克思恩格斯全集》第1版第49卷第3、32、107、110、112页。
④ 《马克思恩格斯全集》第1版第49卷第26页。
⑤ 《马克思恩格斯全集》第1版第31卷第535—536页。
⑥ 《马克思恩格斯全集》第1版第26卷第1册第446—447页。

第二册的计划写在一个单页上,和第二册的"第Ⅰ稿"保存在一起。①只有这个计划留传到了我们手中。

我们认为,第一册和第三册可能有的那些计划很可能和以前的草案是一致的。马克思只把所有的历史插论部分放在一边,因为这些内容应当收在《资本论》第四册中。此外,论述地租的那一章,由于它在《资本论》第三册中所起作用的改变,被"移到了"另外的地方。为了明显起见,我们把1861—1863年手稿中包含的《资本论》第一部分和第三部分的计划草稿,同《资本论》第一册和第三册的计划加以对比。我们认为,在我们所研究的这个时期内马克思就是按照这个可能的计划写作的。

《资本论》第一部分的计划
(简述)
(1) 导言。商品,货币
(2) 货币转化为资本
(3) 绝对剩余价值
(4) 相对剩余价值
(5) 绝对剩余价值和相对剩余价值的结合
(6) 剩余价值再转化为资本
(7) 生产过程的结果
(8) 剩余价值理论
(9) 关于生产劳动和非生产劳动的理论

《资本论》第一册可能的计划

导言。商品和货币
第一章　货币转化为资本
第二章　绝对剩余价值的生产
第三章　相对剩余价值的生产
第四章　绝对剩余价值和相对剩余价值的进一步研究
第五章　资本的积累过程
第六章　直接生产过程的结果

---

① 《马克思恩格斯全集》第1版第49卷第251页。

应当看到的是，马克思写作第一册时不是从导言开始的，而是从第一章开始的，以后我们将谈到这个问题。

显然，第二册的计划是马克思在开始写这一册以前写在一个单页上的：

第一章　资本流通

第二章　资本周转

第三章

在这个计划中，前两章分 3 节。第三章在写作第二册"第 I 稿"的时候标题为"流通和再生产"，同时，马克思制定了这一章的结构。

第三册的计划如果和《资本论》第三部分相应的计划草稿加以对比，显然像下面这样：

《资本论》第三部分的计划（简述）	《资本论》第三册可能的计划
（1）剩余价值转化为利润	第一章　剩余价值转化为利润
（2）利润转化为平均利润	第二章　利润转化为平均利润
（3）亚·斯密和李嘉图关于利润和生产价格的理论	
（4）地租	第五章　超额利润转化为地租
（5）所谓李嘉图地租规律的历史	
（6）利润率下降的规律	第三章　在资本主义生产的进步中一般利润率趋向下降的规律

（7）利润理论	第四章 商品资本和货币资本转化为商品经营资本或转化为商人资本。利润分为利息和货币资本产业利润。生息资本
（8）利润分为产业利润和利息。商业资本。	
（9）收入及其源泉	第六章 收入（收入及其源泉）
（10）资本主义生产总过程中货币的回流运动	第七章 资本主义生产总过程中货币的回流运动
（11）庸俗政治经济学	
（12）结论。资本和雇佣劳动	结论。资本和雇佣劳动

在提出第一册和第三册的可能的计划的各章标题时，为了不致发生主观任意性，我们重新考察了《资本论》第一卷第一版的各章标题和第三册手稿的各章标题，虽然还可能存在着介于这些计划之间的一些中间性计划，其中相应的标题也可能是另一个样子，对于达到我们这篇文章所提出的目标来说，只有章的编号和题目才是重要的。我们在下面将会看到，这些计划是通过所有三册手稿内部的相互影响才得到实现的。

当我们分析第一册遗留下来的手稿部分时就会发现，马克思在写作某些篇的时候，他的写作方法逐步在改变。从前几本手稿中留下来了第24—25、96—107和259—260页，这些手稿是作为誊清稿写成的，这可以由每一章中脚注的连续编号和手稿页中没有任何空页看出来。① 在这个手稿遗留下来的其他各页上，包括《第六章》在内，注释就没有连续编号了。在许多页上留下了空白，这是为了进一步加工手稿用的。如果我们认为第一册是这个时期写的，那么很可能，由于马克思生病和他到大陆旅行引起的从1863年11月至1864年2月期间工作的中断，使马克思改变了他的写作方法。还必须加以补充的是，《第六章》手稿页上印的造纸公司名称和出厂日期的水印，恰好是"1864年"，而第24—25、96—99页上的水印则是"1863年"。

必须着重指出的是，马克思写作第一册的手稿不是从论商品和货币的导言开始的，而是从论货币转化为资本的那一章开始的。证明这一点的是，书中引证的是马克思的《政治经济学批判》第一分册，而不是第一册的导言的正文。② 《第六章》中出现的参看第一册其他章的提示③，完全符合上面列举的第一册计划。在《第六章》中还有参看第二册和第三册的提示④，这些地方也符合上面列举的这些册的计划，但是这既不能得出关于写作顺序的结论，也不能说明马克思写这些手稿究竟是在什么时候。

为了表明马克思在第一册产生的不同阶段上所使用的写作方法，下面我们把《第六章》的第24—25页同1861—1863年手稿的相应地方，以及同《资本论》第一卷德文第一版的相应地方加以对比。

---

① 没有回答如下问题：马克思什么时候写这第一册的手稿。我们认为，写作这个手稿前几本时的这些特点，同上面引证的马克思1863年8月5日致恩格斯的信中所说的"最后审订"手稿相一致。我们先这样认为，然后我们再加以证明。

② 《马克思恩格斯全集》第1版第49卷第4、8页。

③ 《马克思恩格斯全集》第1版第49卷第26、40、49、83、84页。

④ 《马克思恩格斯全集》第1版第49卷第32、107、110页。

1861—1863年手稿的正文：

"劳动能力这种特殊商品的本性是：它实际的使用价值只有在它被消费以后才实际上从一个人手中转到另一个人手中，即从卖者手中转到买者手中。劳动能力的实际使用就是劳动。但是，在实现劳动之前，劳动能力是作为能力，只作为可能性出售的，只是作为力出售的，只有在它让渡给买者之后这种力才真正表现出来。因此，由于在这里使用价值在形式上的让渡与它实际的转让在时间上是彼此分开的，所以，买者的货币在这个交换中多半是作为**支付手段**。给劳动能力的报酬是按日、按周等等支付的，但并不是在买它的时候支付，而是在它实际消费一天、一星期等等之后才支付的。在所有资本关系发达的国家，只有在劳动能力本身发挥作用之后，才付给工人劳动能力的报酬。在这方面可以说，工人到处都是按日或按周地借贷给资本家（但这与工人出卖给资本家的商品的特殊本性有关），让资本家去使用他所出售的商品，而只有在这种商品消费之后才得到它的交换价值或价格。｜在危机时期甚至在一些破产的情况下可以看出，工人的信贷并不是空话，因为他们没有得到报酬。｜但是，这种情况最初丝毫不会改变交换过程。价格按照契约确定，也就是说，劳动能力的价值以货币来估价，虽然它以后才得到实现，才得到支付。因此价格的确定也与劳动能力的价值有关，而与劳动能力因它的消费、它的实际耗费而给它的购买者产生的产品价值无关，也与本身并不是商品的劳动的价值无关。"①

《第六章》的正文：

"劳动能力这种特殊商品的特性，使出卖的商品只是在买者与卖者缔结契约时才真正作为使用价值转入买者〔手稿中是：卖者〕手中。和任何其他交换价值一样，这种商品的交换价值在它进入流通以前就已

---

① 《马克思恩格斯全集》第1版第47卷第52—53页。

经确定，因为它是作为能力、作为力被出卖的，并且需要一定的劳动时间来生产这种能力、这种力。所以，这种商品的交换价值在它出卖以前就存在，但它的使用价值则只在于以后的力的表现中。因此，力的让渡和力的实际表现，即力作为使用价值的存在，在时间上是互相分开的。这种情况正像有人把一座房屋的使用权卖给我一个月一样。在这里，这个使用价值只是当我在这座房屋里住了一个月以后才提供给我。同样，它的使用价值只是当我利用了劳动能力，让它实际为我工作以后才提供给我。但是对于这种使用价值来说，通过出售而在形式上让渡商品和在实际上向买者转让商品的使用价值，在时间上是互相分开的，买者的货币正像我们所看到的那样只是作为**支付手段**起作用。劳动能力是按日、周等**出售**的，但劳动能力只是在一日、一周等时间内消费以后才**付给报酬**。在具有发达的资本关系的一切国家里，劳动能力都是在它执行职能以后才**付给报酬**的。因此，到处都是工人把对自己商品的使用**预付**给资本家，在工人得到这种商品的交换价值的支付以前，他就让买者消费这种商品，就把它**贷出**。在危机时期，甚至在各个破产事件中都表明，劳动者给予资本家的、由出卖的这种使用价值的特性产生出来的这种经常的信贷，并不是什么臆想。

但是，无论货币是作为购买手段还是作为支付手段发挥作用，商品交换本身的性质都不因此而发生变化。劳动能力的价格在购买时已由契约确定，虽然它要在以后才能得到实现。这种支付形式同样不能改变下述情况：这种价格规定涉及的是**劳动能力的价值**，它既不涉及**产品的价值**，也不涉及本身根本不是商品的**劳动的价值**。"①

《资本论》第一卷德文第一版的正文：

"劳动力这种特殊商品的特性，使劳动力的**使用价值**在买者和卖者

---

① 《马克思恩格斯全集》第1版第49卷第127—129页。

缔结契约时还没有在实际上**转到**买者手中。和其他任何商品的价值一样，它的价值在它进入流通**以前**就已确定，因为在劳动力的生产上已经耗费了一定量的社会劳动，但**它的使用价值**只是在以后的力的表现中才实现。因此，力的让渡和力的实际表现即力作为使用价值的存在，在时间上是互相分开的。但是，对于这类先通过出售而在形式上让渡使用价值、后在实际上向买者转让使用价值的商品来说，买者的货币通常执行**支付手段**的职能。在资本主义生产方式占统治地位的一切国家里，给劳动力**支付**报酬，是在它按购买契约所规定的时间发挥作用以后，例如在每周的周末。因此，到处都是工人把劳动力的使用价值**预付**给资本家；工人在得到买者支付他的劳动力价格以前，就让买者消费他的劳动力，因此，到处都是工人给资本家以**信贷**。这种信贷不是什么臆想，这不仅为贷方碰到资本家破产时**失掉**工资所证明，而且也为一系列远为经常的影响所证明。但是，无论货币执行购买手段还是支付手段的职能，商品交换本身的性质并不因此发生变化。劳动力的价格已由契约确定下来，虽然它同房屋的出租价格一样，要在以后才实现。劳动力已经卖出，虽然报酬要在以后才得到。但是，为了在纯粹的形式上理解这种关系，我们暂且假定，劳动力所有者每次出卖劳动力时就立即得到了契约所规定的价格。"①

在我们看来，把这三处正文加以比较，可以看出马克思写作《资本论》第一册的工作经历了**两个**基本上不同的阶段。1861—1863年手稿的写成，在一定程度上表明马克思已经创作出了《资本论》第一册的新稿，而后来的论述则反映了马克思努力修改这个新稿的情况，使论述完善起来。这最后的论述用新的事实材料加以丰富了。它证明了对研究

---

① 《资本论》第1卷德文第1版第137—139页（参看《马克思恩格斯全集》第1版第23卷第197—199页）。

的对象有了更深的理解。例如，后者表明马克思在这个阶段使名词术语精确化了；如他用"劳动力"取代了"劳动能力"的术语。

考察一下遗留下来的《资本论》第一册的各页就可以看出，马克思是从货币转化为资本这一章开始写作的，最后到《第六章》结束。

遗留下来的第一册手稿的一些页上带有脚注注码，这些注码有助于相当详细地确定写作日期。这些页证明，马克思后来又对这个手稿进行了加工。

《资本论》第二册的"第Ⅰ稿"

毫无疑问，这个手稿是在第一册《第六章》之后写的。这个结论是由两处参看这个第六章的提示得出来的，因此这《第六章》必然先于"第Ⅰ稿"。第一个提示是："**第二**，应当重复讲一下在第一册第六章中已经说过的内容。在简单商品流通的情况下问题仅仅在于：形式规定性的差别表现在它作为商品和货币等等的存在上。但作为资本的承担者的**商品量**，必须全都完成这个形态变化，才能转化为**货币资本**。售出的商品的**数量**在这里是十分重要的。单个商品只是作为全部商品量的不可分离的一部分执行职能，而资本现在首先存在于这个商品量中。"①

上面引用的这段引文是《第六章》第一节"作为资本产物的商品"的概述。

"第Ⅰ稿"中提到参看《第六章》的第二个地方是："最后，在第Ⅰ册第Ⅵ章中已经指出，自然要素，土地等等，不构成资本的任何一部分，——就它们的价值而言，——但是作为生产资料却包括在资本中，这些要素构成在一定程度内不以实际资本的任何增加为转移的扩大再生

---

① 《马克思恩格斯全集》第1版第49卷第257页。

产的持久基础。"①

这里马克思以概括的形式叙述的是《第六章》中"资本主义生产是剩余价值的生产"一节的内容。

恩格斯在《资本论》第二卷的序言中说,"第Ⅰ稿"马克思写于1865或1867年②。我们认为,第二个日期应当排除,理由如下:

第一,"第Ⅰ稿"中指出参看《政治经济学批判》第一分册③,由此可见,这个时期既没有写关于商品和货币的那一章,也没有写关于这个问题的导言。当然,从1866年10月13日马克思致库格曼的信中可以看出,当时至少在马克思的计划中(或者已经有了手稿本身)有第一册第一章《商品和货币》④,这代替了以前设想的导言。第二册"第Ⅰ稿"中包含的所有参看第一册各章的提示⑤,都符合《资本论》第一册的可能的计划。这意味着,"第Ⅰ稿"的写作是在马克思决心写作《商品和货币》章之前,而这一章的写作后来导致了第一册手稿中各章编号的改变。

第二,马克思在1866年底或1867年初决定,《资本论》第一卷中只包括第一册,而不是像以前所设想的那样,包括第一册和第二册⑥。我们同意鲍尔迪列夫的下列意见,就是与这个决定相联系的是另外一个决定,即从第一册中把《第六章》这个向第二册过渡的章剔除出来,

---

① 《马克思恩格斯全集》第1版第49卷第498页。
② 《马克思恩格斯全集》第1版第24卷第7页。
③ 《马克思恩格斯全集》第1版第49卷第345页。
④ 《马克思恩格斯全集》第1版第31卷第536页。
⑤ 《马克思恩格斯全集》第1版第49卷第367、451、464、483—484、498、499页。
⑥ 《马克思恩格斯〈资本论〉书信集》,第209页。

只把《第六章》的概要保留在前一章的末尾，也就是现在的《资本论》第一卷最后一章的末尾。在这种情况下，上述"第Ⅰ稿"中提出参看《第六章》的提示，也说明马克思的这个手稿是在1866年以前写的①。

但是，还需要弄清楚的问题是，这个手稿具体地说究竟是什么时候写的。为此，我们分析了"第Ⅰ稿"中包含的参看《资本论》第三册的那些提示。② 所有的提示毫无例外地符合上述《资本论》第三册的可能的计划，但是不符合第三册手稿的后半部的实际结构。区别在于：

第一，马克思在"第Ⅰ稿"中反复指出参看第三册的第七章③，这一章应谈"货币的回流运动"。可是在写作第三册手稿的最后阶段上，马克思决定把这一章取消④。第二，在"第Ⅰ稿"中有一处参看第三卷第六章的提示⑤，这一章就是《各种收入及其源泉》。可是后来，这一章在第三册的手稿中变成了第七章。第三，所有参看第三册第四章的提示都表明，当时这一章还符合上述《资本论》第三册的可能的计划，

---

① 很可能是恩格斯写上了"1867"的日期，因为马克思1867年8月24日给他的信中写道："我现在正在写第二册（流通过程），在这一册的结尾部分，和许多年前一样，有一点我必须再向你请教一下！"对《资本论》第二卷后来各次手稿的分析可以得出结论，马克思在1867年夏天和秋天写的是第二卷的别的手稿，即"第Ⅳ稿"。

② 见《马克思恩格斯全集》第1版第49卷第268、304、321、389、420、438、459、507、525页。

③ 见《马克思恩格斯全集》第1版第49卷第268、420、438页。在"第Ⅰ稿"的末尾指出，第三卷第七节考察《再生产过程的破坏》（同上书，第525页）。例如，在1861—1863年手稿第ⅩⅧ笔记本第1072—1074页上，马克思谈到了"再生产过程的破坏"。

④ 《马克思恩格斯〈资本论〉书信集》，第264—269页。

⑤ 《马克思恩格斯全集》第1版第49卷第459页。

可是马克思在写作第三册手稿的过程中，把第四章分成独立的两章，即第四章和第五章。在"第Ⅰ稿"的第141页上马克思指出，属于第三册第四章考察的问题，还有"生息资本"。在手稿的这一页上，马克思写道："……这个问题应该在第Ⅳ章，即关于生息资本的那一章，更详细地加以考察。"①

从以上所有这些情况可以明确地得出结论：《资本论》第二册"第Ⅰ稿"是马克思在第一卷《第六章》之后和第三卷第四章分为第四章和第五章以前写的。只有仔细地研究了《资本论》第三卷的手稿之后，我们才能最后弄清第二卷"第Ⅰ稿"和第一册、第三册的手稿的写作日期。

《资本论》第三册的手稿

我们认为，仔细研究这个手稿，可以得出关于它产生的顺序和时间的某些重要结论，而且，这将有助于最终弄清第一册和第二册手稿究竟是什么时候产生的问题。

首先可以肯定的是，马克思写作这个手稿的时候是从第二章开始的，即从论述利润转化为平均利润的问题开始的，因为他起初把第二章的手稿页上用铅笔标上了拉丁字母"a"到"l"的标记。在我们看来，这就证明马克思后来才给第二章加了页码，至少是在写完第一章**之后**加了页码，否则第二章的页码必然会从"1"开始。

在这方面重要的是应当指出，在1861—1863年手稿中所包含的未来《资本论》第三册的整个材料中，至少关于利润转化为平均利润一节已经制定出来了，因为马克思在写作这一节为当时（1862年12月第

---

① 《马克思恩格斯全集》第1版第49卷第507页。

XVI笔记本）还曾打算继续详细考察这个问题，直到考察关于竞争的专门学说。① 到了1863年1月，马克思才在第XVIII笔记本的第1109页上制定了未来第三册第二章的详细计划②。因此很明显，马克思在开始写作第三册的时候，是从他当时还没有制定的这一章开始的。

在第三册手稿第二章的第164页上有一段说明，对我们考察的这个问题颇有启发："我们在第二册中曾记得，在这里流通时间中包含着生产时间，资本存在的每个阶段，从货币转化为资本的各物质要素起到利润再转化为货币（因而也是到剩余价值实现）止，构成资本总流通或资本周转的一个阶段。流通时间在怎样的范围内影响利润率，我们在这里不打算详细考察这个问题｛因为第二册还没有写，这个问题是属于那一册的｝。"③ 这又一次证实，第二册"第Ⅰ稿"是马克思写完第三册第二章**以后**才写的。

我们认为，上述马克思的那段话证明，制定经济理论时的内在逻辑使他感到，必须在这时写作《资本论》第二册。关于剩余价值转化为平均利润和利润率趋向下降的规律的分析，要求先研究资本周转问题，因为它影响利润率。④

手稿第三章中包含的提示，还不能最终确定手稿产生的时间。但是，如果仔细研究第四章的正文，则可以把写作"第Ⅰ稿"的时间范

---

① 马克思在手稿第XVI笔记本第989页上写道："一般说来，在资本的不同生产部门中利润率不同，而不是相同的情况下，所谈的只能是**平均利润率**。对这一点的更详尽的考察属于论竞争的那一章。但是在这里仍然应该说明一些最重要的一般要素。"（《马克思恩格斯全集》第1版第48卷第281页）

② 《马克思恩格斯全集》第1版第26卷第1册第447—448页。

③ 苏共马列主义研究院档案馆档案。

④ 马克思在"第Ⅰ稿"的第76—82页上论述了这个问题，见《马克思恩格斯全集》第1版第49卷第387—400页。

围进一步缩小。在第三册手稿的第243和256页上，马克思指出参阅论述流通费用的"第Ⅰ稿"第一章第三节。由此可见，马克思在这里指的是第二册的计划，因为在"第Ⅰ稿"中流通费用是在第四节中论述的。① 在我们看来，这意味着马克思写作第三册的工作最早是从第256页中断的。

"第Ⅰ稿"中关于参阅第三册第四章的提示，使得弄清马克思开始写作第二册的时间更进一步精确了。在第二册手稿的第38页上，马克思写道，论述金银如何执行货币资本的职能问题属于第三册第四章的内容，不过他表示怀疑，这个问题是否要在《资本论》中叙述。② 可是这个问题出现在第三册手稿第四章的第275—278页上。③ 这就是说，马克思得出结论，把第三册手稿的写作暂停下来，转而写作第二册。这件事是在第三册手稿的第275至278页之前发生的。换句话说，马克思是在写作第三册手稿的第256和275页之间的时期内，撰写"第Ⅰ稿"的。

看来，马克思是在写完第三册第二章之后才转向第一章，然后又转向第三章。这些章的写作显然从1864年的9月继续到12月。在第一章的第135页上马克思记下："现在64年10月，新的危机。"④

第四章的材料还不能详细确定它的写作日期。至于第五章，马克思的书信表明，他是在1865年8月写的。在这一章的前一页第404页上，马克思写了"现在（1865年10月）"，并且引用了10月11日的材料。⑤

---

① 见《马克思恩格斯全集》第1版第49卷第251—346页。
② 见《马克思恩格斯全集》第1版第49卷第321页。
③ 《马克思恩格斯全集》第1版第25卷第352—360页。
④ 苏共马列主义研究院档案馆档案。
⑤ 苏共马列主义研究院档案馆档案。

在论地租的一章,即第三册第六章,表明了写于 1865 年 10 月和 12 月①。

尚未解决的问题是,第三册的最后一章即第七章《各种收入及其源泉》究竟是什么时候写的。此外,这一章手稿的页码马克思是否没有写。

马克思在写第三册的过程中逐步得出结论,认为第一卷必须从论述"商品和货币"的一章开始。在第三册第二章手稿第 155 页上,还有一个参阅计划中的第一册的导言的提示②。第三册第一和第三章中包含的参阅第一册的那些章,也符合上述引证的计划。

在第三册手稿的以后各页上,参阅第一册的地方已经改为新的改变了的计划,其中已包含了第一章《商品和货币》。在第四章的最后第 277 页上马克思写道:"在考察货币,考察它的运动和形式规定怎样从简单商品流通中发展起来时,我们已经看到(第一册第一章)。"③ 不过,马克思这里所说的第一章,当时还没有写。这可以从一个地方看出来,马克思在第三册手稿第 250 页上指出参看第一册手稿第一章中引自托马斯·柯贝特的引文。④ 后来,当马克思改变了他的计划时,这段引文不可避免地收入了《资本论》第一卷第一版第二章中。

马克思在第三册手稿的第 271 页上指出参看《直接生产过程的结

---

① 《马克思恩格斯全集》第 1 版第 25 卷第 709、712 页。
② 恩格斯整理第三卷时,改为"第一卷开头"(见《马克思恩格斯全集》第 1 版第 25 卷第 159 页)。
③ 恩格斯在整理第三卷时,把括号内的文字改为"第 1 卷第 3 章"(见《马克思恩格斯全集》第 1 版第 25 卷第 358 页)。
④ 这段引文见《马克思恩格斯全集》第 1 版第 23 卷第 172 页。当时很可能有一个第一章的手稿,这段引文在第一章上。

果》一章，并把它编号为第七章。① 在第 415 页上有参看第五章的提示，这个第五章包括有关于工资的一节。最后，在第 454 页上马克思提示参看关于资本积累一章，马克思把这一章标号为第六章。第三册七章包含的参看第一册第三章的提示，专指《劳动过程和价值增殖过程》部分，这也都符合第一册改变了的计划，其中都包含了作为第一章的关于商品和货币的那一章。

在我们看来，马克思决定把《商品和货币》这一章收入《资本论》第一册，是直接同他在第一国际的活动联系在一起的。1865 年 6 月 20 日和 27 日，马克思参加了第一国际委员会关于工资本质的辩论。他作的题为《工资、价格和利润》的报告，以及他在这个时期同恩格斯之间的通信都表明，工人运动的实际需要比以前任何时候都更迫切要求公开发表马克思的政治经济学著作。显然，马克思到这时也已经认识到，论述政治经济学原理应当从基础开始，因此，他的《政治经济学批判》第一分册的内容应当"加以概括而编成专论商品和货币的一章"。② 在马克思 1866 年 10 月 13 日致库格曼的信中同时也得出结论说："我所以认为需要这样做，不仅是为了叙述的完整，而且是因为即使很有头脑的人对这个题目也了解得不完全正确。显然，最早的叙述，特别是关于**商品的分析**，是不够清楚的。"③

此外，在我们看来，作出这样的决定还有方法论上的原因，即第一册必须从头开始。在整个理论大厦的结构和内部逻辑制定出来之后，现在必须再回到体系的起点上去，因为在辩证的整体中，终点证明了起点

---

① 恩格斯在整理第三卷时，把这里改为第 1 卷（见《马克思恩格斯全集》第 1 版第 25 卷第 344 页）。

② 《马克思恩格斯〈资本论〉书信集》，第 205 页。

③ 《马克思恩格斯〈资本论〉书信集》，第 205 页。

并从质上扬弃了起点。在这里，当叙述方法占主导地位的时候，也类似《政治经济学批判大纲》，在那里实际的起点——研究商品——是作为**研究的结果**得出来的。

《资本论》第二册的"第Ⅲ稿"和"第Ⅳ"稿

研究《资本论》第二册的各个手稿表明，马克思在《资本论》第一卷出版之前，除写了"第Ⅰ稿"之外，还写了另外两个手稿，把它们编号为"第Ⅲ稿"和"第Ⅳ稿"。

在《资本论》第二卷的序言中，恩格斯除了说明"第Ⅰ稿"之外，又谈了"第Ⅲ稿"和"第Ⅳ稿"，然后才谈到"第Ⅱ稿"。① 这样的顺序所反映的是创作第二卷上述这些手稿的实际顺序。为什么手稿的编号同它们写作的时间顺序不一致呢？这是很容易说明的：当1877年马克思察看属于《资本论》第二册的材料时，他先把两个全册的草稿编号，然后从编号为Ⅲ的手稿起，以后的所有手稿都是论述资本流通的个别问题的。

在上述的序言中，恩格斯详细说明了"第Ⅲ稿"的特点，他着重指出，这个手稿"一部分是引文和马克思札记本的提示的汇编（多半和第二卷第一篇有关），一部分是经过修订的个别论点，特别是对亚·斯密关于固定资本和流动资本以及关于利润源泉的见解的批判；此外，还有属于第三卷范围的关于剩余价值率和利润率的关系的论述"。②

不过当我们分析"第Ⅲ稿"时可以弄清楚的是，这个手稿显然是由不同的一些部分组成的，它们分属于不同的理论部分。虽然马克思在

---

① 《马克思恩格斯全集》第1版第24卷第7页。
② 《马克思恩格斯全集》第1版第24卷第7页。

第二封页上亲自注明："属于第二册",但实际上这只是就这个手稿的前十二页说的(这些是引文和马克思札记本的提示),在某种程度上,这种说法还可适用于包含着对斯密的固定资本和流动资本概念进行批判的那一部分。

同时,这个手稿当中还有其他的手稿,这些手稿从"利润率的一般规律"这一节开始,并且像"第Ⅲ稿"的札记部分那样,也有十二页。我们认为,"第Ⅲ稿"的全部材料,除了最前面的第一部分以外,事实上都属于论述利润和利润率问题的第三册,因为这些材料,包括对斯密的批判,同第三册有关,是用第二册得出的认识来说明第三册的某些问题的。

如果以这样的认识为前提,那就能解决某些由"第Ⅲ稿"的补充部分的不同性质引起的疑问。因为第一部分是第二加工阶段的札记,而第二部分是马克思自己的见解的论述。同样也弄清了这样的问题:为什么两个部分分别论述《资本论》的两册的问题。

可见,马克思显然在写"第Ⅳ稿"以前的写作阶段上已经认识到,第二册手稿中对斯密的批判用在第二章或第三章,为此目的,他把"第Ⅲ稿"中的一部分不是直接属于这里的材料,转到了下一册。当然,这个问题在进一步研究时需要比较分析上述两个手稿的正文,并且需要同《资本论》第三册的手稿相比较。

上述这一切对于确定"第Ⅲ稿"的写作日期有重大意义,不过并没有使这件工作容易多少,因为现在第三册中论述的问题范围和规模已经完全不一样了。

把以前的札记和1861—1863年经济学手稿的内容进行单纯加工的那十二页手稿,马克思用一天的时间就能写完,而无需打断他为《资本论》第一卷付排或为写作《资本论》第三册所进行的工作。只是应当明确一点"第Ⅲ稿"**不是**在写作第二册正文的过程中产生的,无论如何，它是在"第Ⅰ稿"以后产生的。

研究"第Ⅲ稿"表明，在这个手稿中只有一段引文和"第Ⅰ稿"中的引文一致①。如果"第Ⅲ稿"是在"第Ⅰ稿"**以前**写的，那么这种一致的地方应该还有很多。显然，"第Ⅲ稿"也**不是**在写作"第Ⅰ稿"的写作期间内写成的，否则这两个草稿引证的作者和引文必然在很大程度上是一致的。此外，大家知道，马克思的摘录也不是在论述问题的时候才完成的，而是在这以前完成的。因此我们认为，写作"第Ⅲ稿"的目的，是为了以后进一步加工"第Ⅰ稿"付排用的。

"第Ⅳ稿"的写作反映了"第Ⅲ稿"的写作有什么用处。能够说明马克思把"第Ⅲ稿"用于写作"第Ⅳ稿"的事实是，"第Ⅲ稿"中包含的同资本周转有关的引文和马克思笔记本的札记，都用在了"第Ⅳ稿"中。这种看法还由下述事实得到证明："第Ⅳ稿"中包含的威兰德、贝利、莱勒、纽曼和查默斯等人著作的引文，在"第Ⅲ稿"中用一根斜线分开，通常，当马克思在他的手稿中要进一步利用自己的材料时，他总是这样做。除此之外，"第Ⅳ稿"中只有一段引文，即李嘉图和萨伊关于运输费用的本质问题的争论，不是从"第Ⅲ稿"中取来的，而是直接从"第Ⅰ稿"中取来的。②

同时我们可以断定，"第Ⅳ稿"是在"第Ⅰ稿"和"第Ⅲ稿"材料的基础上写成的。因此，对于"第Ⅳ稿"究竟产生于何时这个问题的回答，也可以确定写作"第Ⅲ稿"的上限。

在上面谈到为什么恩格斯能够把"第Ⅰ稿"写作日期确定为1867年时，我们没有进一步提到马克思1867年8月24日致恩格斯的信。在这封信中，马克思说，他当时"正在写第二册（流通过程）……的结

---

① 《马克思恩格斯全集》第1版第49卷第314页。
② 《马克思恩格斯全集》第1版第49卷第352页。

尾部分"，他并且请恩格斯纯粹从实际方面向他说明，工厂主们在必须以**实物的形式**补偿固定资本以前，怎样处理那些为补偿固定资本而流回的货币。① 在前面，我们没有必要引用这封信，因为当时已经指出，"第Ⅰ稿"是在1867年以前写成的。现在，这封信有了特别重要的意义。首先，这是马克思在往来书信中第一次提到第二册。

此外，在此后不久，马克思还有致恩格斯和库格曼的两封信，其中谈到了《资本论》第二册和跟写作第二册以及出版第二册有关的问题。② 毫无疑问，马克思在1867年下半年进行了第二册的写作。但是，马克思在8月底说他的写作已接近完成，但他的写作是什么时候开始的呢？这里又是谈的哪一个手稿呢？

显然，马克思谈的是"第Ⅳ稿"，因为"第Ⅰ稿"已经写完了，而"第Ⅱ稿"又是在这以后很久才开始写。③ 为了回答前半部分问题，我们就必须研究"第Ⅳ稿"的正文。

在这个手稿的第一页上就有一处引用了《资本论》第一卷。我们大家知道，马克思第一次把他关于第一卷不包括第二册的决定写信告诉约翰·菲力蒲·贝克尔，是在1867年4月中。④ 显然，马克思作出这个决定的时期比这还早一些，但无论如何不会迟于4月初，因为当时他正把《资本论》第一卷的手稿送到汉堡的麦斯纳手里。

阅读这个手稿的以后各页，可以使我们把写作这个手稿的时间界限

---

① 《马克思恩格斯〈资本论〉书信集》，第22—226页。
② 《马克思恩格斯全集》第1版第31卷第361、562页。
③ 在《马克思恩格斯全集》第1版第50卷中发表"第Ⅱ稿"的时候已经断定，这个"第Ⅱ稿"非常可能是1868年底到1870年中写成的。同时，这里也不是谈的"第Ⅲ稿"，因为这个手稿无需独立的研究工作。
④ 《马克思恩格斯〈资本论〉书信集》，第209页。

弄得更精确些。例如，在第2页上就引用了第一卷的第188页及以下各页。然而，由于《资本论》第一卷在1867年9月才出版，而马克思在致恩格斯的信中说在8月已经写到第二册的最后部分，也就是说，这时第一章的开头已经写完了，所以我们可以得出结论：当马克思写作第二册的手稿时，他手中已经有了第一卷的校样，并且他是根据校样来引证第一卷的。

这样，我们可以相当准确地断定开始写作"第Ⅳ稿"的时间。被引证的《资本论》第一卷第188页及以下各页在校样的第12印张上。从马克思1867年6月3日致恩格斯的信中可以知道，他这时已经接到了校样的第10和11印张①。而在6月10日致库格曼的信中，马克思已经报告说，他已经把第14印张送回出版者了②。可见，在6月3日和10日之间，马克思手中正好拥有第12印张校样。因此，开始写作"第Ⅳ稿"的日期不会早于1867年6月上旬。

上面所说的这些是同下列事实一致的：马克思在1867年5月初两次谈到必须在秋季以前把第二卷准备好付排③，应当进一步完成"理论部分的续篇和结尾"④，即第二册和第三册。然而，当时马克思从4月中旬到5月中旬为了出版第一卷的事情，正在汉堡和汉诺威停留，很显然他那时还不可能开始写作第二册。

就在没有写完的第二章的一开头，在"第Ⅳ稿"的第51页上，马克思引用了《资本论》第一卷的第553页。事实上，只要确定了写作第二册手稿这些页的时间，就有可能断定这个手稿写完的日期，因为这个

---

① 《马克思恩格斯〈资本论〉书信集》，第212页。
② 《马克思恩格斯全集》第1版第31卷第552页。
③ 《马克思恩格斯〈资本论〉书信集》，第212、211页。
④ 《马克思恩格斯〈资本论〉书信集》，第210页。

手稿总共包括 58 页。

第 553 页属于《资本论》第一卷的第 35 印张，我们不很清楚马克思究竟是什么时候收到这一印张的。不过恩格斯在 1867 年 8 月 11 日致马克思的信中写道，他已经"粗略地读到第 32 印张"①。三天以后，马克思在信中写道："我今天收到第 48 印张。"② 如果考虑到，马克思在读完校样后立即寄给恩格斯，而恩格斯也尽可能快地加以研读，以便毫不拖延地提出自己的意见并把必要的意见告知马克思，那么我们就可以认为，在 8 月份书籍的印刷是相当快的。因为从马克思把校样送给恩格斯起的这几天之内，马克思又收到了这么多的新校样。一方面，我们可以由此得出结论，第 35 印张不迟于 1867 年 8 月上旬就送到马克思手中了。这个事实和上述马克思 8 月 14 日的信表明，"第 IV 稿"完成的时间可以断定为 1867 年 8 月上旬和下旬之间的时期，也就是说，《资本论》第一卷还没有出版。这样，我们可以把全部"第 IV 稿"的写作时间确定为 1867 年的 6 月到 8 月。至于"第 III 稿"，根据以上的叙述，我们可以断定它写于 1865 年年中到 1867 年 4 月，即马克思带着《资本论》第一卷的稿子去汉堡的时候。

遗留下来的属于第二册的，还有一个手稿，这个手稿马克思未曾编号，恩格斯在《资本论》第二卷的序言中也没有提过。事实表明，这是马克思誊清的"第 IV 稿"第一章的开头部分。

在这个手稿的正文中，没有任何的提示（连间接的提示也没有）可以使人确定它的写作日期。但是这个手稿的正文附有一张纸，它显然是封页，在这上面马克思用墨水笔注明："15 日或 16 日？杜西的生日？"并且用铅笔写上："车尔尼雪夫斯基 1864 年被判处在矿井服苦役。

---

① 《马克思恩格斯全集》第 1 版第 31 卷第 326 页。
② 《马克思恩格斯全集》第 1 版第 31 卷第 327 页。

弗列罗夫斯基。"

杜西是马克思的小女儿爱琳娜，生于1855年1月16日。显然，前一个注是在这个日期以前写上的，不过不知是哪一年。第二个注同1870年7月5日马克思致恩格斯的信中的一段话相一致："我从洛帕廷那里了解到，车尔尼雪夫斯基1864年被判处在西伯利亚矿井服苦役8年。"① 马克思只是在这之前不多几天才同洛帕廷认识，并且同他进行了详谈②。由此可见，这个注不会早于1870年7月。

单有这些事实还不能确定手稿的写作日期。写"第IV稿"第一章的开头部分不是很费事的，总共只有四页，显然只需要一天就能写成。上述的那些注至少是在半年的时间内写成的。写这些注的期间是马克思创作"第II稿"的期间。由此可以得出结论：当马克思写作"第II稿"的时候，这个手稿已经在他的手边。

不过，也有另一种可能，就是这个手稿所附的这张纸，同手稿没有关系，只是偶然地放在一起了。为了最终弄清这个问题，必须察看存在于阿姆斯特丹国际社会史研究所里的原稿。

到目前为止，我们只能稍有几分把握地说，"第IV稿"第一章完成的时间不会早于1867年8月，即马克思中断"第IV稿"写作的时间，也不会迟于1868年底，即马克思开始写"第II稿"的时候。这个第一章的誊抄件的内容同"第IV稿"的内容非常相似，而且几乎逐字重复"第IV稿"。然而这个誊抄件除了某些引文和某些提法以外，同"第II稿"却没有任何共同之处。

我们认为，把这一部分的写作日期定为**1868年底**比较合乎逻辑。这也由下述意见得到证明：首先很难理解的是，如果马克思力求在

---

① 《马克思恩格斯全集》第1版第32卷第507页。
② 《马克思恩格斯全集》第1版第32卷第505页。

1867年秋季完成他的第二册,开始最后加工这个手稿,而他怎么会只把草稿写了一半就中断呢?显然,从1867年秋季开始,在研究《资本论》第二册的问题的过程中有一段较长的中断时期,而马克思只是到了第二年年底才重新开始这项工作,为的是把第二册的定稿写出来。于是他决定誊清"第Ⅳ稿",可是不久他改变了主意,并且以他特有的科学的彻底性开始写一个全新的手稿。这样就产生了"第Ⅱ稿"。

在我们看来,还有一种情况有助于作出这样的假定。在写有"第Ⅰ稿"计划的那张纸的背面有马克思写的许多意见①。当我们研究第二册以后的手稿时就可以看到,这些意见中注的那些页码,其中谈论的第二册第一章的各种问题,都是包含在"第Ⅳ稿"中的。这表明,马克思在写完"第Ⅳ稿"以后,显然打算开始写一个第二册的新手稿,因此,他用后来的稿子中的材料补充"第Ⅰ稿"。把"第Ⅰ稿"加以分析就可以看出,马克思在计划的反面着重指出的这些地方,在手稿中不是根本没有制定,就是一带而过。

但是,马克思后来改变了想法:"第Ⅱ稿"正文中写的不是载有计划的那张纸上提到的那些问题了,只有储备的形成和流通时间同商品的物理性质相联系的问题除外,不过这些也是从另外的角度加以考察的。我们由此可以得出结论:马克思关于"第Ⅰ稿"计划的那些意见,是在他决定开始加工"第Ⅳ稿"去付印以前不久写的。因为马克思不想继续进行这一工作,并且重新起草一个第二册的全新的手稿,所以他理所当然地没有把这些意见用在"第Ⅱ稿"中。

---

① 《马克思恩格斯全集》第1版第49卷第251页。

结 论

根据以上的分析，关于马克思在1863至1867年期间写作《资本论》的顺序，可以得出如下结论：

第一，我们可以断定，马克思在1863年7月底开始写《资本论》第一册，而且是从货币转化为资本的一章开始的。我们得出这样的结果，是因为我们相信，马克思写完第一册的"第六章"以后才转入第三册，特别是第二册。关于"第六章"所说的情况，也适用于整个第一册。这一工作大体上继续进行到1864年夏季。

第二，1864年夏季快结束的时候，马克思开始写《资本论》第三册，而且是从第二章开始的，即从利润转化为平均利润的问题开始的。当时马克思还没有决定把第三册第四章分成两章即第四章和第五章，他就中断了第三册的写作，而开始写第二册，即第二册"第Ⅰ稿"。我们已经看到，这也是由马克思的经济理论结构的内部逻辑所决定的。因此，我们可以断定，"第Ⅰ稿"是马克思在1865年上半年完成的。① 第三册至少到1865年底才完成。

第三，当马克思在1865年7月31日告诉恩格斯说，"再写三章就

---

① 马克思并不认为"第Ⅰ稿"是完成稿。手稿上非常干净，几乎没有作什么修改，脚注中的引文通常只写了著者的名字，而没有写著作名称和页码。这些都表明马克思把这个手稿只看作第二册的临时草稿，对文体没有润色和修饰，也没有附上准确的科学资料。而且马克思给正文作了一些脚注，表明他在写这个手稿时已经想到将来付印时要作彻底的修改（见《马克思恩格斯全集》第1版第49卷第259、338页上的脚注）。

可以结束理论部分"时①，他指的是《资本论》第三册的完成。如果当时还是按照早先的计划写第三册的话，那么马克思在这里指的显然是论述地租的一章（第Ⅴ章）、论述各种收入及其源泉的一章（第Ⅵ章）和关于货币回流问题的一章（第Ⅶ章）。至于所谈的论资本和雇佣劳动的最后一篇，显然当时马克思曾打算把这一篇放在论述各种收入及其源泉的一章中作为最后一点。

第四，马克思在写作第三册的后半部分手稿时（即1865年下半年）认识到，必须把论述"商品和货币"的部分收入第一册作为第一章。很可能这一决定的作出同马克思在国际工人协会中的活动有关，同他准备关于"工资、价格和利润"的报告有关。这个决定也有某些方法论上的理由。

第五，除了"第Ⅰ稿"之外，属于本文所讨论的这一时期的，还有第二册的几个手稿。"第Ⅲ稿"不是独立的理论著作，而是写满了资产阶级经济学著作的引文，这些材料是供写作第二册的新草稿时用的。这个手稿写于1865年中至1867年4月期间。按时间的先后顺序来说，接着写成的是"第Ⅳ稿"，我们可以认定它写于1867年6月至8月。这个手稿第一章开头部分的誊抄稿，马克思没有作为独立的手稿来编号，这个誊抄稿显然完成于这个时期到1868年底之间；也就是说，这可能是在创作《资本论》第二卷的最初部分。

上面所得出的这些结果，并没有免除继续加强《资本论》创作史研究的必要性，包括研究1863—1867年这段时期。现在仍然没有弄清楚的问题是，马克思究竟什么时候最后决定《资本论》第一卷中只收入第一册。我们只知道这个决定是在1866年10月13日和1867年4月17日之间作出的。

---

① 《马克思恩格斯全集》第1版第31卷第135页。

其次，我们不知道马克思究竟在什么时候写成《资本论》第一卷第一章"商品和货币"的。我们只能断定这最早是在1865年下半年写的。

最后，必须更精确地判断"第Ⅲ稿"的内容和写作日期，也要更精确地断定"第Ⅳ稿"第一章未完成的誊清稿的写作日期。

我们希望在继续编辑整理国际版第二部分的以后各卷的过程中，能够使至今尚未弄清的许多问题得到解决。

（京祚 译）

马克思 1866—1867 年写作政治经济学著作的纪事*

〔苏〕Л. P. 米兹凯维奇①

原文版第二部分第四卷
第三册准备工作的某些问题

1863—1865 年,马克思完成了新的经济学手稿,这是全部《资本论》的第二个草稿。这个手稿第一次分别包含《资本论》三卷理论著作的手稿。这个手稿(其中保存下来的部分)构成原文版(MЭΓА)第二部分第四卷第一分册和第二分册的内容。在这个手稿的基础上马克思决定准备把书送去付印。我们想谈谈《资本论》创作史上这个时期即 1866—1868 年的情况;在这个时期,马克思写完正文,完成手稿并校对了《资本论》第一卷。但是,他在这几年的工作不只是局限于搞《资本论》第一卷。他还为另外两卷理论著作做了大量而紧张的工作。

为在 1863—1865 年经济学手稿的基础上完成第一卷的最后定稿,马克思需要用一年多一点的时间,而实际所花的时间则更少。正像他所说的那样,1866 年 1 月 1 日他开始手稿的誊写工作,实际上已开始新稿

---

* 本文选自《马列主义研究资料》1988 年第 4 辑。
① 作者是苏共中央马列主义研究院科研人员。——译者注

本的工作。① 工作非常紧张。1866年1月15日马克思写道："至于我的著作，现在我每天用12个小时去誊清。我想在3月间就把第一卷的手稿带到汉堡去。"② 可是，1月底他病得很厉害。然而，就在2月10日，他告诉恩格斯说，"白天哪怕只有短暂的时间"，他也躺着继续干。在这封信里，在某种程度上流露出"誊清"后面要说的话："真正理论部分我无法推进。脑力太差，对此不能胜任。因此我对《工作日》一节作了历史的扩展，这超出了我原来的计划。"③ 我们注意到，工作日一节在第一卷第1版里有5个印张。如果我们对照一下第一卷和1861—1863年手稿中关于工作日的一节（因为中间性的稿本——1863—1865年的手稿没有找到），那么就会发现，这一节是靠增加历史资料来扩展的：马克思引用了19世纪中叶英国官方关于工作日长短的统计资料，叙述了立法规定工作日的历史，指出工人阶级为缩短工作日而进行的斗争。马克思自己认为这部分新增加的材料是对恩格斯《英国工人阶级状况》一书"到1865年止的"（简略的）补充。在我们看来，这份新写的补充摘自工厂视察员的报告和英国官方公布的其他一些材料，而且这份补充的开头是马克思自己在脚注里介绍读者阅读恩格斯的书。④ 顺便指出一点，马克思在给恩格斯的信中谈到关于对他的书"到1865年止的"补充，就在这本书中（在脚注里）他援引了童工调查委员会的报告，这些报告是在恩格斯的书出版之后，过了18至20年才发表的。在我们看来，这是一个少有的例证，有助于判断马克思从事《资本论》校订工作的性质：除了改正印刷错误外，马克思还作了必要的修改。在

---

① 见《马克思恩格斯全集》第1版第31卷第177、592页。
② 《马克思恩格斯全集》第1版第31卷第498页。
③ 《马克思恩格斯全集》第1版第31卷第177页。
④ 《马克思恩格斯全集》第1版第23卷第268页。

看校样的同时无疑地注上日期为1867年，而在手稿里注的日期却是1865年。正文中所援引的1866年1月13日和20日及2月4日的报纸上的材料使我们确信，这一部分的写作时间正是1866年1月底至2月初。马克思当时并没有想到，书要拖延到1867年才出版。

马克思虽然患病，而且忙于国际工人协会总委员会的工作，但第一册最后定稿的工作进行得非常迅速而紧张。显然，马克思并没有提出要重新誊写全部手稿的任务。我想，马克思当时部分地使用了他在1863—1864年写的第一册手稿。正因为这样，第二册和第三册手稿才全部保存至今，而第一册里保存下来的，只有未收入这册书最后正文的第六章和一些分散的单页。正是这种工作方法才使马克思能如此迅速地写出新的手稿。

2月13日，马克思已经写到关于机器一节①，就是说，用一个半月时间誊写，润色，扩展了几章的内容，约为25个印张（但我们看到，马克思自己对手稿的篇幅估计不足，甚至过分低估）。但是，在2月，马克思不得不停止写作，直到6月底。在这4个多月中，马克思只能断断续续地写作自己的手稿。② 直到1866年7月7日他告诉恩格斯说："最近两星期我又**全力地工作**……我希望在8月底完成第一卷，把它单独出版。"③ 根据他在这封信中提到的关于英语的某些技术术语的译法问题来判断，他还在继续从事机器一节的写作。7月底，马克思满意地指出，"工作进行得很好"④。

马克思在紧张从事手稿写作的同时，还注意再版的书籍，特别是阅

---

① 《马克思恩格斯全集》第1版第31卷第181页。
② 《马克思恩格斯全集》第1版第31卷第220、225、519页。
③ 《马克思恩格斯全集》第1版第31卷第233页。
④ 《马克思恩格斯全集》第1版第31卷第240页。

读了1866年夏天英国政府发表的关于无产阶级状况的蓝皮书。他也定期出席国际工人协会总委员会召开的会议。但是写书的工作还继续进行。他在10月13日给库格曼的信中谈到准备《资本论》的新计划。① 我们认为,这封信有许多重要问题,使我们能更准确地了解这一时期《资本论》的创作经过：1.马克思这时想把两册书编入第一卷（我们记得,按照同出版商迈斯纳的协议,两册书的篇幅最多为60个印张）,因此,他打算写成两册书。众所周知,两册书的初稿,他都有1863—1865年的手稿。2.为了修改原来的计划,马克思写了第一册的第一章《商品和货币》。在我们看来,总委员会上关于价值、价格和利润的争论是修改计划的直接动因,说明马克思的许多志同道合者和朋友都没有研究过《政治经济学批判》,不了解这一著作得出的对工人阶级的斗争来说具有直接的实际意义的逻辑结论是什么。

最后,在1866年11月的后半月,马克思终于把第一卷手稿的第一部分寄给汉堡的出版商迈斯纳。② 我们试图确定,马克思寄到汉堡去的究竟是什么,是手稿的哪一部分。无论是在书信中,还是在其他文件

---

① 《马克思恩格斯全集》第1版第31卷第536页。
② 《马克思恩格斯全集》第1版第31卷第265、268页。虽然没有任何文件可以证实,给迈斯纳的《资本论》第一卷手稿是马克思夫人誊写的（这就是说,送去付排的不是原稿）,根据一些间接材料可以断定情况果然如此。十分明显,寄给迈斯纳的不是马克思的手稿,而是副本。1867年5月,当书已经送去付排以后,马克思写道,手稿并没有还给他本人校对,因此,他只好离开汉诺威回家,以便用留在家里的手稿进行校对。马克思在印张的第一行和最后一行做了记号（见苏共中央马列主义研究院中央党务档案,全宗I,目录I,编号2031）,这清楚地说明,留在家里的手稿和发排的手稿完全相同,而且正文改动得很少。从1858年底马克思写的信中可以看出,《政治经济学批判》的手稿,其实也同马克思的其他许多著作一样,是燕妮·马克思誊写的,所以,应该断定,《资本论》第一卷的稿子也是她誊写的。

里，都没有留下一点迹象可以判断寄去的手稿篇幅多少，从而也好判断剩下的那部分手稿可能有的篇幅。根据一些间接材料可以断定，马克思给迈斯纳寄去五章，同时还打算誊写第一册的两章和第二册的全部。

《资本论》第一卷第一版的前五章里没有一条超出1866年的引文。马克思认为有必要把1866年末—1867年初出现的有意思的材料附入第一版的《注释的增补》里。① 他在这里对工作日一节做了补充，介绍了1867年3月罢工的材料，而且在第二次这样的补充里，十分准确地判定，他做补充的日期是1867年4月6日。这再一次证明，寄给迈斯纳的那部分手稿不可能做过重大的修改。因此，马克思认为，一找到能说明某种论点的合适材料，马上就分别记下来，以后就能把它介绍给读者。马克思引用1867年3月发表的工厂视察员报告的补充材料，对机器一节和工资一章也做了补充。在对机器一节的补充里，有英国1867年8月12和17日通过的工厂法的材料，也就是说这个补充实际上是在全部正文校对工作结束时做的。

第一版前五章的正文中有少量1867年的引文，在我们看来，这也说明校对的工作性质：把1867年的日期写进脚注，脚注里引用1867年初的资料。② 只有在机器一节末尾正文里有一处引用了1867年2月5日国王演说和1867年下院提出的决议案的材料。③ 后来，马克思在准备写《资本论》第一卷德文第二版时，许多地方都注明他写作第一版正文的时间——1866年。④

---

① 见《马克思恩格斯全集》原文版第2部分第5卷第620—625页。
② 见《马克思恩格斯全集》原文版第2部分第5卷第343、356、408页。
③ 《马克思恩格斯全集》原文版第2部分第5卷第404—405页。看来我们可以断定，马克思在汉堡迈斯纳那里就已补充这个材料。
④ 参看《马克思恩格斯全集》原文版第2部分第5卷第369、379页。

第一版第六章论述资本的积累过程，其中有许多具体资料，这可以更确切地断定这一章的写作时间。1866年2月17日，马克思请恩格斯给他设法弄一本罗杰斯的书，并在一章中留出空位来援引这本书。1867年1月19日，马克思收到罗杰斯的书。在第六章里就有此书的引文。① 在这一章的正文里，字里行间可以清楚地看出，这一章是在手稿第一部分寄往汉堡以后，也就是在1866年12月—1867年4月初写的。这一章正文里的引文说明，1867年3月底，马克思还没有完成第六章的校订工作。② 按原来计划，预定写6章（序言除外，现在成为第一章），如果按这一计划，那他还要写完这一章，誊写现在成为第七章的那一章，并且要校订第二册。然而，时间紧迫。出版商迈斯纳在收到马克思的一部分手稿后，并没有急于开始付排，而是要求交全部手稿。

马克思面临这样的抉择：要么扩展第一册的手稿，要么赶快着手准备第二册送交付印。我们以后会证明，虽然他也在准备第二册方面采取了某些步骤，但他还是选择了前者。马克思打算把刚出版的两本蓝皮书详细地写进最后的一章即第六章。③ 关于原始积累一节，马克思只是誊写了一遍，没有补充新的事实。他仅用1866年的材料增加了两条脚注④，即在第二版中加进1866年4月《艺术协会》杂志和1866年6月2日《经济学家》杂志的材料。

---

① 《马克思恩格斯全集》第1版第31卷第271、276页；原文版第2部分第5卷第543、548、581页。

② 《马克思恩格斯全集》原文版第2部分第5卷第484、525、540页。

③ 《马克思恩格斯全集》原文版第2部分第5卷第517、555、564—565、571页。

④ 见《马克思恩格斯全集》原文版第2部分第5卷第581、603页。

现在很难说，马克思何时决定只把第一册编入第一卷。在原文版第二部分第五卷中只说明"最迟在1867年初"决定。但是，无论如何很清楚，1866年，马克思整整一年都在考虑近期内必须修改第二册的手稿。

1867年4—5月在汉堡的时候，马克思同出版商迈斯纳达成协议，第二卷要接着第一卷出版。他答应迈斯纳第二卷手稿在1868年秋天完成，而第三卷手稿冬天完成。① 我们看到，拟定了宏伟的计划。历尽艰辛写成的书终于出版所带来的喜悦心情、丰富的知识、第二册和第三册手稿的完成，使马克思能够在短期内做了特别多的事情。在1867年夏天三个月内，他校订了《资本论》第一卷的50个印张，写出了价值形式的附录，并且非常紧张地从事第二册和第三册的写作工作。这时，他打算把这两册都收入第二卷。②

他在这一时期完成的第二册和第三册发表在原文版第二部分第四卷第三册里。作为1863—1865年手稿已有材料的补充，马克思用这两册的手稿（它们构成原文版第二部分第四卷第一册和第二部分第四卷第二册的内容）编成两本专辑《属于第2册》和《属于第3册》，并把已有的材料收进去，或者重新阐述某些以前阐述得不够的问题。1867年夏天，动手写第二册的新稿本，但是这份手稿没有完成。手稿本身的性质、写法特点以及第一卷各页的引文使我们确信，这份手稿写于1867年夏天。③

后来，大概在1877年3月，马克思把专辑《属于第2册》编为手

---

① 《马克思恩格斯全集》第1版第31卷第300、545页。
② 《马克思恩格斯全集》第1版第31卷第318页。
③ 关于这一点的详细情况，见А. Ю. 切普连柯：《〈资本论〉第二册的创作经过》，载《〈资本论〉创作史文集》，莫斯科1983年版，第208—211页。

稿Ⅲ。① 这本专辑里收集的材料具有不同的性质。②

总标题为《第二册。资本的流通过程》的引自自己札记本的引文专辑，如上所述，是在完成手稿Ⅰ以后编成的，是马克思系统地参阅稿本Ⅶ中1859—1863年写的札记，参阅1851—1853年的一些伦敦笔记以后编成的，正像他过去参阅大纲、引文笔记等等一样。这本专辑里用红铅笔做的记号表明，在以后的手稿的写作工作中充分广泛地使用了这个专辑。大部分引文都使用在手稿Ⅳ里。而这就是说，这本专辑是马克思在1867年夏天之前写的，很可能在1866年就写好了。

就在这本专辑里有亚·斯密《国富论》一书的摘录，并加上评注，而在专辑《属于第2册》中有5—12页，在《属于第3册》里有1—／页。我认为，关于发表这类手稿性质的问题应当成为专门讨论的对象。马克思作的评注的性质表明，他不是第一次阅读斯密的书，其实我们都知道他的巴黎笔记、伦敦笔记中的札记和稿本了。在这种场合，马克思从完全明确的角度来阅读和摘录材料。起初甚至可以造成这样的印象，这不仅仅是摘录，而且是对一位资产阶级政治经济学古典学派的观点的分析批判，正像在大纲的货币一章里详细分析批判了达里蒙的观点那样。但是，这还需要进一步加以研究。

马克思从篇幅巨大的手稿中抽出26个印张（或52页——28—579页）放进《属于第2册》这本专辑，前27页（或14个印张）收入专辑《属于第3册》。在这里，也出现手稿发表的性质问题，尤其是手稿

---

① 苏共中央马列主义研究院中央党务档案，全宗Ⅰ，目录Ⅰ，编号2940，第7—22页。

② 关于这点，见L.米兹凯维奇、W.维戈茨基：《1866年和1867年马克思〈资本论〉第二册和第三册创作问题》，载《马克思恩格斯年鉴》，柏林1985年版，第201—202页。

有时完全机械地按页数而不是按内容来划分。这份手稿的前12页考察了剩余价值率和利润率在各种因素改变的情况下不同的运动情况。从13页开始,马克思研究了利润率的一般规律,说明利润率同剩余价值率的相互关系,各种因素对利润率的影响,而从30页开始另起一章,标题为《生产价格、利润、利润率和资本周转》,随后研究了固定资本和流动资本的一些问题。(其实,只有最后一节才谈到第二册的问题。)

根据这份手稿的写作特点,第一卷德文第1版某些书页上及第二册手稿(手稿I)中的引文可以推测,这个手稿写于1867年夏秋之际。1868年春天马克思给恩格斯的信就证明,在这段时间里马克思把这最后两个手稿通读了一遍。[①] 在4月30日的信中,马克思运用"利润率的阐述方法",部分地援引自己的手稿(我们谈到的最后的那个手稿)。值得注意的是,在这份手稿里他使用别的字母来说明经济学概念(比如说,剩余价值率的符号为 Γ,虽然在信的其他地方使用我们所熟悉的符号 m)。

要在收进《属于第3册》专辑第三册第一章开头的草稿上注明日期还比较困难。现在唯一还能说的是,完全可以推测,它们大概是在同一时间写的,因为稿纸上有1866年的水印。

所以,原文版第二部分第四卷第三册的准备工作的一些问题非常复杂,因为它收入了第一次发表的而且实际上大部分第一次研究过的手稿。

(原载《马克思恩格斯研究论文集》
东柏林1987年版第23期,第144—150页)

(韩英 译 鲍世明 校)

[①] 《马克思恩格斯全集》第1版第32卷第65—67、69—76页。

马克思1866年和1867年写作《资本论》第2册和第3册的一些情况[*]

〔苏〕拉·米兹凯维奇、维·维戈茨基

《马克思恩格斯全集》原文版第2部分第4卷包含了马克思在1863—1867年这一时期写下的经济学手稿,为编辑这一卷进行准备工作时,有必要确定这些手稿的组成部分和它们的形成日期以及马克思在这几年中写作《资本论》的经过。

通过研究,重新确定了马克思在写作《资本论》理论部分(《资本论》的前3册)的第3草稿即1863—1865年手稿时各个写作阶段的复杂的次序,同时还得以明确断定,在1867年9月《资本论》第1卷(这一卷的内容是第1册)出版之前马克思就着手研究第2册中的问题了。这一研究的结果主要是第2册的两个手稿,即《第III稿》和《第IV稿》。[①]

通过对马克思和恩格斯遗著,首先是对保存在阿姆斯特丹国际社会史研究所中的经济学手稿原件的进一步研究,使我们能够对马克思在1866年和1867年写作《资本论》的情况作一系列重要补充和准确说

---

[*] 本文选自《马克思恩格斯研究》1992年总第8期。

[①] 参看拉·米斯基维奇、米·捷尔诺夫斯基、亚·切普伦科和维·维戈茨基:《关于马克思1863—1867年写作〈资本论〉的分期问题》,参看《马克思恩格斯年鉴》,柏林版第5卷,第204—322页。

明，主要是对第 2 册的《第 III 稿》和《第 IV 稿》的组成部分作准确的说明。

在这一时期的开头阶段，马克思写作《资本论》理论部分的工作就已经达到成熟的程度，所以他认为可以开始誊清手稿，为正文的出版作最后的准备。此外，从一开始他就打算同时付印所有四册书，其中有三册书根据马克思的说法已经誊清好副本。1866 年 1 月中旬，马克思告知约翰·菲力浦·贝克尔：他"必须誊写 1200 页手稿"①。在这里，他指的是第 1 册中的 495 页，第 2 册中的 149 页和第 3 册中的 575 页，所以，总共 1219 页。

马克思认为同时出版他的著作的所有部分，包括"历史文献"部分在内，这非常重要。1865 年 7 月 31 日他写道："但是我不能下决心在一个完整的东西还没有摆在我面前时，就送出任何一部分。不论我的著作有什么缺点，它们却有一个长处，即它们是一个艺术的整体；但是要达到这一点，只有用我的方法，在它们没有完整地摆在我面前时，不拿去付印。"② 几天后，马克思说出了为什么一定要准备好手稿的全文再同时出版的另一个原因。他告诉恩格斯："规定我要以 60 个印张为最大限度，因此我绝对有必要把整个东西放在面前，以便知道，要压缩和删节多少才能在给我指定的数量范围内均衡地和匀称地阐述各个部分。不管怎样，你可以相信，我将尽一切努力，以便尽可能快地完成。"③

1866 年 10 月 13 日，马克思在给路德维希·库格曼的一封信中详细说明了他的计划："下月我将给迈斯纳寄去第一批稿子，以后再寄下面的，最后一批我将自己带到汉堡去……我的情况……迫使我只好先出版

---

① 《马克思恩格斯全集》第 1 版第 31 卷第 494 页。
② 《马克思恩格斯全集》第 1 版第 31 卷第 135 页。
③ 《马克思恩格斯全集》第 1 版第 31 卷第 138 页。

第 1 卷，而不是像我起初设想的那样两卷一起出版。而且现在看来总共可能有三卷。

全部著作分为以下几部分：

第 1 册　资本的生产过程。

第 2 册　资本的流通过程。

第 3 册　总过程的各种形式。

第 4 册　理论史。

第 1 卷包括头两册。

我想把第 3 册编作第 2 卷，第 4 册编作第 3 卷。"①

直至 1867 年夏天，马克思还深信，他的著作不久会完成。他在 1867 年 4 月 30 日写道："我希望全部著作能够在明年这个时候出版。"② 在这里，马克思指的是《资本论》的所有四册书。它们应分三卷出版：第 1 册应构成第 1 卷，第 2 册和第 3 册构成第 2 卷，第 4 册构成第 3 卷。③ 马克思于 1867 年 5 月 5 日，即他生日的那天收到了出版商奥托·迈斯纳寄来的第 1 卷的第 1 印张校样。两天后，马克思写信给恩格斯说，迈斯纳要求"第 2 卷最迟在秋末前完成。因此，必须尽快开始工作……今年冬天应该完成第 3 卷，以便明年春天能够摆脱这整部作品"④。

在 1867 年 10 月 11 日给库格曼的信中，第一次出现了《资本论》第 2 卷可能推迟完成的想法。⑤

---

① 《马克思恩格斯全集》第 1 版第 31 卷第 535—536 页。

② 《马克思恩格斯全集》第 1 版第 31 卷第 544 页。

③ 《马克思恩格斯全集》第 1 版第 23 卷第 12—13 页。

④ 《马克思恩格斯全集》第 1 版第 31 卷第 300 页。

⑤ 《马克思恩格斯全集》第 1 版第 31 卷第 562—563 页。

在《资本论》第1卷出版之前马克思不仅紧张地忙于第1册，而且也积极着手写作第2册和第3册了，前面所提到的书信中的内容便是证明。

马克思在1866年和1867年写作第1册的主要情况已经为人所知。① 第一，他在誊清第1册手稿时作了大量的修改和补充，该手稿1863—1864年产生于《资本论》第3草稿。此外，他从第1册的正文中抽出了结尾的第6章《直接生产过程的结果》。② 第二，马克思重新写了第1册的第1章《商品和货币》，补充了附录《价值形式》。第三，马克思撰写了第1卷《序言》，它注明的写作日期是1867年7月25日。

马克思很有可能是在这一时期添加了两个封皮，他把这两个封皮称作《属于第2册》和《属于第3册》，上面收集了马克思后来写作《资本论》第2册和第3册所必需的材料。这两个封皮上的笔法和封皮所用的纸张都完全相同，这表明，马克思在同一时间内制作了这两个封皮。我们来看一看其中收集的材料：

标有《属于第2册》的封皮本来是一张对开印张，现在它分成了两张单页。在第1张的第1页上，除了提到的标题外，还有马克思用铅笔注的"Ⅲ"字，这可能是他1877年写的，写在《资本论》第2册新的写作阶段开始之前。③ 这一标注表明，收集在这一封皮中的所有材料

---

① 参看伊·博尔德列夫：《关于马克思〈资本论〉第1卷最后修改稿的创作史》，莫斯科1984年版。

② 参看伊·安东诺娃：《第六章〈直接生产过程的结果〉在〈资本论〉结构中的位置》，原载原民主德国统一社会党中央马列主义研究院出版的《马克思恩格斯研究论丛》，1982年第11期，第63—72页。

③ 在一个摘录笔记中有《资本论》第2册的另外一些草稿。笔记本的这一部分被马克思注明"始于1877年3月底。首先只是对我的旧笔记本的提示"。

在某种意义上被马克思看作是一个统一的整体，即被看作是《资本论》第 2 册的《第Ⅲ稿》。

同样，马克思在 1877 年给完成于 1865 年的第 2 册手稿的第一个完整的草稿标上了数字"Ⅰ"（《第Ⅰ稿》），给 1868 年至 1870 年期间写的第二个完整的草稿标上了数字"Ⅱ"（《第Ⅱ稿》），给《属于第 2 册》的材料标上了数字"Ⅲ"（《第Ⅲ稿》），最后，给第 2 册手稿中写于 1867 年夏天的那部分草稿标上了数字"Ⅳ"（《第Ⅳ稿》）。

1877 年到 1879 年（甚至到 1880 年）这个时期写的第 2 册的其他草稿后来被恩格斯称为第 Ⅴ—Ⅷ 稿。①

对《第Ⅳ稿》原件的考察证明，这一手稿的正文前面有一个该手稿开头部分的四页异文，这四页异文与正文写于同一时间，也就是说写于 1867 年夏天。在阿姆斯特丹国际社会史研究所中，这一异文同第 2 册的《第Ⅴ稿》联在一起。②而在原莫斯科马列主义研究院则相反，这一异文构成正文的开头部分，而正文的真正的开头部分却用作后来的一个异文。③

恩格斯在《资本论》第 2 卷《序言》中提到《第Ⅲ稿》的特点时写道，第Ⅲ稿"一部分是引文和马克思札记本的提示的汇编（多半和第 2 卷第 1 篇有关）。一部分是经过修订的个别论点，特别是对亚·斯密关于固定资本和流动资本以及关于利润源泉的见解的批判；此外，还有属于第 3 卷范围的关于剩余价值率和利润率的关系的论述"。④

---

① 《马克思恩格斯全集》第 1 版第 24 卷第 7—8 页。

② 参看阿姆斯特丹国际社会史研究所藏：《马克思恩格斯遗著》，—A47/A66，A43/A65。

③ 参看原苏共中央马列主义研究院，—f.1，OP.1，b.2212，b.2345。

④ 《马克思恩格斯全集》第 1 版第 24 卷第 7 页。

在阿姆斯特丹国际社会史研究所的档案馆中,《第Ⅲ稿》的材料分为三个部分。① 除了封皮的第一张以外,这一稿的第一部分还有由马克思编了号的 12 页(3 个印张)。这 12 页中的内容是分专题收集的涉及《资本论》第 2 册中的文题的摘录。马克思在完成《第Ⅰ稿》后,即 1865 年年中以后才作了这些摘录,1867 年夏天,马克思在写《第Ⅳ稿》时曾大量地利用了它们,并在 1868—1870 年的几年里把它们用于《第Ⅱ稿》的写作。因此,毫无疑问,整部《第Ⅲ稿》(当然也包括这 12 页)也应该属于 1866—1867 年这一时期写的作品。

至此,我们仅有把握地分析了《第Ⅲ稿》的第一部分,即上述的 12 页。现在,我们同样可以详细地论述《第Ⅲ稿》的第二部分和第三部分的特点。

《第Ⅲ稿》第二部分批判性地分析了亚当·斯密的观点。正文写在 8 页纸上(2 个印张),马克思用 5—12 的数字给它们编了号。(前面有 4 页,是一个印张,其中的两页马克思编号为 1 和 2 并评论性地摘录了斯密的观点,而后两页却没有写任何东西,也没有编号。)这四页被马克思算作他为《属于第 3 册》收集的材料,除此以外,马克思又给这四页附上了一个印张,这一印张的第 1 页和第 4 页上有他关于地租和利息的笔记。

最后是《第Ⅲ稿》第三部分。这一部分论述了利润率规律,最末尾是这一手稿封皮的第 2 张。这部分有 52 页(13 个印张),马克思给这些页编的页码是 28—79,最后一页即第 79 页,是空白页。(马克思仍然把该手稿的前 27 页算作《属于第 3 册》的材料,27 页是 7 个印张,第 7 张的最后一页空白,没有编号。)

---

① 参看阿姆斯特丹国际社会史研究所藏:《马克思恩格斯遗著》,—A50,A52,A51/A64。

因此，马克思在汇编《属于第 2 册》和《属于第 3 册》的材料时，把他写有对斯密观点的评论性的摘录和对利润率规律的阐述的两个手稿分成这样两个资料集。

让我们更深入一些研究马克思关于利润率规律的笔记：严格地说，属于《资本论》第 2 册的材料并不是从第 28 页开始，而是从第 30 页才开始，因为在这一页上有《成本价格、利润、利润率和资本的周转》这样的标题（结尾部分和《资本的周转》是马克思后来补充进去的）。从这一标题开始是一个新的主题，这一主题直接与第 2 册有联系，它标志着第 3 册向第 2 册的过渡。马克思可能不想把包括第 28—31 页的那一印张裁开（因为用于第 3 册的材料不仅第 28 页和第 29 页上有，它还占了第 30 页的上半页），因此他把这一印张全部算进《属于第 2 册》这部分中了。前几页本来就是写第 3 册的资料，这很可能促使恩格斯（像他在《资本论》第 2 卷《序言》中所说明的那样）把《第Ⅲ稿》的这部分内容全部算作《资本论》第 3 册的材料了。

现在，我们再研究一下马克思收集在《属于第 3 册》中的那些手稿。这些手稿现在放在国际社会史研究所的马克思恩格斯遗著的不同位置，所以很难准确地确定这些手稿的组成部分。也许《属于第 3 册》的材料最初是由以下几个部分组成的：

1. 注有《属于第 3 册》的封皮。正如上面所说，这一封皮完全同《属于第 2 册》的封皮一样，但它仍保持着印张的形式。在阿姆斯特丹国际社会史研究所里，同一文献编号下还保存了一张单页，上面有"有关马尔萨斯的附注"[①]，这些附注中的部分内容属于第 3 册中要论述的

[①] 参看阿姆斯特丹国际社会史研究所藏:《马克思恩格斯遗著》，—A58/A57，A70。

问题。但是，这个附注中的部分内容已由马克思运用于《资本论》第 1 卷①，因此，这个附注写于 1867 年 9 月之前。仅这样一个事实就使我们有理由认为，既然"有关马尔萨斯的附注"是《属于第 3 册》的一个组成部分，《属于第 3 册》的全部材料应算作是在 1866—1867 年这个时期完成的。

2. 《级差地租》那一印张上的文献汇编。②

3. 评论性摘录斯密观点的开头部分，这些摘录写在一个印张的两面③（我们已经说过，马克思把它后面的部分附在了《属于第 2 册》的材料中）。这里还有写着地租和利息笔记的那一印张。

4. 马克思研究那些调节剩余价值率和利润率之间关系的规律的手稿，这一手稿写在两个印张和一张单页上。④

5. 有关利润率规律的手稿的前 27 页⑤（我们看到，这一手稿的后面部分被马克思纳入《属于第 2 册》的材料中）。然而，在国际社会史研究所的马克思恩格斯遗著中，《属于第 3 册》的材料中只有这一手稿的前 8 页。恩格斯把第 9—27 页从这一汇编中抽出，并给它们写上了标题《第Ⅳ稿的残篇》。最有可能的是，恩格斯把第 3 册第Ⅲ稿的前面部分（27 页）或整个第Ⅲ稿（总共 78 页）理解成第 3 册的《第Ⅳ稿》，因为他把第Ⅲ稿的内容仅仅同《资本论》第 3 册要论述的问题联系起来。

马克思和恩格斯之间的通信在某种程度上回答了刚才提到的笔记的

---

① 《马克思恩格斯全集》第 1 版第 23 卷第 676—678 页。
② 参看阿姆斯特丹国际社会史研究所藏：《马克思恩格斯遗著》，—A58/
③ 参看阿姆斯特丹国际社会史研究所藏：《马克思恩格斯遗著》，A58/B105。
④ 参看阿姆斯特丹国际社会史研究所藏：《马克思恩格斯遗著》，A58/A71。
⑤ 参看阿姆斯特丹国际社会史研究所藏：《马克思恩格斯遗著》，A58/A76。

形成日期问题。马克思在1868年4月22日写道："我又开始工作了，而且情况良好……现在我想简要地跟你谈谈在通读我的论利润率手稿时**我想起的**一个'细节'。这就轻而易举地解决了一个最困难的问题。这就是：当货币或黄金的价值下降时，**利润率**就上升，而当货币的价值上升时，它就下降，为什么会这样？"① 紧接在后面的一段文字几乎逐字逐句地重复了马克思在他的论利润率手稿的第19页和第20页上的论述②，因此，这几页很可能在《资本论》第1卷出版之前就已经写了。马克思在1868年5月7日致恩格斯的信中提到了第1卷第1版的第186页，他写道："这就是说，我希望能把第2卷引用的例子同第1卷的例子衔接起来。第186页引用的你们工厂的资料，用来说明剩余价值率是足够了，但要用来说明**利润率**。"③ 马克思请求恩格斯提供一些具体的事实。很有可能，他也是在审阅这一手稿时才想到采用有关例子的，因为他对第20页和第21页上的例子作了详细的分析。手稿中对《资本论》第1卷的一个提示可能是指马克思在1867年6月3—10日收到的第12个校样印张。④

此外，《属于第3册》的材料还包括：

6. 一张单页，单页的一面上有附本A的概要。⑤

---

① 《马克思恩格斯全集》第1版第32卷第65页。

② 《马克思恩格斯全集》第1版第32卷第65—68页。

③ 《马克思恩格斯全集》第1版第32卷第81页。（也请参看《马克思恩格斯全集》第23卷第245—248页。）

④ 参看拉·米斯基维奇、米·捷尔诺夫斯基、亚·切普连科和维·维戈茨基：《关于马克思1863—1867年写作〈资本论〉的分期问题》，载《马克思恩格斯年鉴》，柏林版第5卷，第313页。

⑤ 参看阿姆斯特丹国际社会史研究所藏：《马克思恩格斯遗著》，—A58/B105。

7. 一份40页的手稿，论述资本流通对利润率的影响。①

8. 一份两个印张的《资本论》第3册第1章开头部分的草稿。它被恩格斯称作《第Ⅱ稿》。② 恩格斯把第3册的主要二手稿（1864—1865年）标为《第Ⅰ稿》，它构成《资本论》第3卷的基础。

9. 一份3个印张的《资本论》第3册第1章开头部分的第2卷草稿，它被恩格斯称作《第Ⅲ稿》。③

10. 一份1个印张的《资本论》第3册第1章开头部分的第3草稿，上面有恩格斯标的"未使用"④字样。

我们想指出的是，第3册第1章的这3个草稿使用的是同一种纸，它们产于1866年。

11. 第3册手稿封皮的第1张纸（第2张缺）是蓝色的。在第1页上写着标题《第3册，总过程的各种形式》；第2页上写着第1章的标题。后来，这一封皮被抽出《属于第3册》的材料，被放到装有第3册主要手稿（《第Ⅰ稿》）的文件夹中。⑤ 这里不排除，其中保存有已经提到的第1章的若干草稿。

12. 第3册手稿中的一张单页，其正文与手稿的最后二章第Ⅶ章《各种收入及其源泉》有关。这张单页值得特别注意。它上面编的页码（第470和471页）表明，它是马克思在写前一章即第3册第Ⅶ章论述地租的过程中写，因为马克思在写这一章时，也同时写下一章，从中可以解释作者没有给第Ⅶ章编上页码的原因。（据推测，这一章后

---

① 参看阿姆斯特丹国际社会史研究所藏：《马克思恩格斯遗著》，—A59/A78。
② 参看阿姆斯特丹国际社会史研究所藏：《马克思恩格斯遗著》，—A56/A74。
③ 参看阿姆斯特丹国际社会史研究所藏：《马克思恩格斯遗著》，—A57/A74。
④ 参看阿姆斯特丹国际社会史研究所藏：《马克思恩格斯遗著》，—A57/A74。
⑤ 参看阿姆斯特丹国际社会史研究所藏：《马克思恩格斯遗著》，—A54/A80。

来在誊写手稿时,由别人编上了页码。)马克思写完第 470 页和第 471 页后,把这一单张从第 Ⅵ 章的正文中抽出了(紧接在它后面的一张上有相同的页码),并把它放到第 Ⅶ 章的开头,即第 528 页和 531 页之间,**是它们的直接继续**。后来,由于疏忽,这一张被放到《属于第 3 册》的材料中了,恩格斯拿到它时①,正值他极其紧张地忙于《资本论》第 3 卷的结尾一章,为出版作准备。恩格斯把这一张纸上的内容解释为两个单独的残篇,并在第 470 页上标上数字"Ⅰ",在第 471 页上标上数字"Ⅱ",把这两个残篇放到第 Ⅶ 篇的开头(像马克思在出版《资本论》第 1 卷第 2 版时所做的那样,恩格斯在出版第 3 卷时把章改为篇)。② 第 3 卷中紧接它们后面的、由恩格斯标上了数字"Ⅲ"③的残篇是马克思写在第 Ⅵ 章第 455 页上的,根据马克思对第 528 页的提示,这一残篇构成第 Ⅶ 章的开头,即**这一章的真正的开头**。

通过对收集在《属于第 3 册》中的材料进行研究,使我们能够意外地重新确定《资本论》第 3 册第 Ⅶ 章开头部分的真正顺序。在马克思的手稿中,这一章由以下几个部分组成(页码是《马克思恩格斯全集》第 25 卷即《资本论》第 3 卷的页码):第一,第 923 页,从数字 Ⅲ 到恩格斯在第 930 页上的说明"这里,手稿缺了对开纸一页"。缺少的这张对开纸就是马克思在上面编了号的 470 页和 471 页。第二,第 919 页,从数字 Ⅰ 到恩格斯在第 923 页上的说明"手稿至此中断"。现在我们知道了,这片段的**直接续篇**是 923 页开始的那一篇。

马克思在他的研究中可能是按下面顺序进行的:

---

① 《马克思恩格斯全集》第 1 版第 38 卷第 506、508—509 页;第 39 卷第 32、50、176、71 页。

② 《马克思恩格斯全集》第 1 版第 25 卷第 919—923 页。

③ 《马克思恩格斯全集》第 1 版第 25 卷第 923—924 页。

一，首先，**他对庸俗经济学的特征作了一般的描述**："庸俗经济学所做的事情，实际上不过是对于局限在资产阶级生产关系中的生产当事人的观念，教条式地加以解释、系统化和辩护。"① 这一描述符合资产阶级政治经济学这一流派的本质，即庸俗经济学家们只研究资本主义经济学的**表现形式**。"因此，毫不奇怪，"马克思写道，"庸俗经济学对于各种经济关系的异化的表现形式——在这种形式下，各种经济关系乍一看来都是荒谬的，完全矛盾的……——感到很自在，而且各种经济关系的内部联系越是隐蔽，这些关系对庸俗经济学来说就越显得是不言自明的（虽然对普通人来说，这些关系是很熟悉的）。"②

因此，庸俗经济学家们不去完成科学的基本任务，即揭示隐藏在现象后面的社会过程的本质。相反，在他们看来，本质和现象是同一的。就这一点马克思指出："如果事物的表现形式和事物的本质会直接合而为一，一切科学就都成为多余的了。"③ 所以，庸俗经济学不是一门科学，相反，它的出发点是三位一体的公式："土地—地租，资本—利息，劳动—工资或劳动价格。"④ 这是把经济过程的物质实体和社会形式视为同一的典型表现。⑤

二，紧接着，马克思一般性地阐述了**资本主义生产过程的特征**，资本主义生产过程是"一般社会生产过程的一个历史规定的形式"⑥。在这里，马克思扼要重述了他早期在论述政治经济学特别是在制定他经济

---

① 《马克思恩格斯全集》第 1 版第 25 卷第 923 页。
② 《马克思恩格斯全集》第 1 版第 25 卷第 923 页。
③ 《马克思恩格斯全集》第 1 版第 25 卷第 923 页。
④ 《马克思恩格斯全集》第 1 版第 25 卷第 923 页。
⑤ 《马克思恩格斯全集》第 1 版第 25 卷第 924 页。
⑥ 《马克思恩格斯全集》第 1 版第 25 卷第 924—925 页。

学研究的方法论时获得的研究成果。彻底区分经济学范畴的物质内容和社会形式使人们能够把**任何一种**生产过程（其中也包括资本主义的生产过程以及它以前的所有生产过程）设想为"既是人类生活的物质生存条件的生产过程，又是一个在历史上经济上独特的生产关系中进行的过程，是生产和再生产着这些生产关系本身，因而生产和再生产着这个过程的承担者、他们的物质生存条件和他们的互相关系即他们的一定的社会经济形式的过程"①。

资本主义生产过程的结果是"一定量的剩余劳动"，它是资本（或"作为资本的承担者"的资本家）"从直接生产者即工人身上"②榨取的这种剩余劳动是资本家"未付等价于物而得到的，并且按它的本质来说，总是强制劳动，尽管它看起来非常像是自由协商同意的结果……体现为剩余价值，而这个剩余价值存在于剩余产品中"③。

三，对马克思来说，**剩余劳动**的范畴其实是最广义的政治经济学范围内的最重要的概括："一般剩余劳动，作为超过一定的需要量的劳动，必须始终存在。"④ 他强调指出："它在资本主义制度下，像在奴隶制度等等下一样，具有对抗的形式，并且是以社会上的一部分人完全游手好闲作为补充。"⑤ 接着，**马克思详细地评论了共产主义社会中的剩余劳动**：首先，他指出剩余劳动在共产主义中的**必要性**："为了对偶然事故提供保险，为了保证必要的、同需要的发展以及人口的增长相适应的累进的扩大再生产（从资本主义观点来说叫作积累），就需要一定量的剩

---

① 《马克思恩格斯全集》第 1 版第 25 卷第 925 页。
② 《马克思恩格斯全集》第 1 版第 25 卷第 925 页。
③ 《马克思恩格斯全集》第 1 版第 25 卷第 925 页。
④ 《马克思恩格斯全集》第 1 版第 25 卷第 925 页。
⑤ 《马克思恩格斯全集》第 1 版第 25 卷第 925 页。

余劳动。"① 这里不能不提一下，马克思1875年在他详细分析扩大了的社会主义再生产时将这一表述具体化了。②

其次，马克思强调指出，早在资本主义社会，就已经为共产主义的剩余劳动创造了物质手段。同时，他还阐述了共产主义社会剩余劳动的特点，他认为，"社会上的一部分人靠牺牲另一部分人来强制和垄断社会发展（包括这种发展的物质方面和精神方面的利益）的现象将会消灭"，共产主义的社会关系能够使这种剩余劳动"同一般物质劳动所占用的时间的较显著的缩短结合在一起"③。马克思强调指出，实现这一目标的**决定性前提**是"劳动生产力的发展"。此外，他又指出："社会的现实财富和社会再生产过程不断扩大的可能性，并不是取决于剩余劳动时间的长短，而是取决于剩余劳动的生产率和这种剩余劳动借以完成的优劣程度不等的生产条件。"④

最后，马克思在这里阐述了他的自由和必然性的学说，即它们的经济前提的学说。马克思写道："自由王国只是在由必需和外在目的规定要做的劳动终止的地方才开始；因而按照事物的本性来说，它存在于真正物质生产领域的彼岸。"⑤ 共产主义社会也改变这一领域，而且给它以自由。马克思指出："这个领域内的自由只能是：社会化的人，联合起来的生产者，将合理地调节他们和自然之间的物质变换，把它置于他们的共同控制之下，而不让它作为盲目的力量来统治自己；靠消耗最小的力量，在最无愧于和最适合于他们的人类本性的条件下来进行这种物

---

① 《马克思恩格斯全集》第1版第25卷第925页。
② 《马克思恩格斯全集》第1版第19卷第18—24页。
③ 《马克思恩格斯全集》第1版第25卷第926页。
④ 《马克思恩格斯全集》第1版第25卷第926页。
⑤ 《马克思恩格斯全集》第1版第25卷第926页。

质变换。但是不管怎样，这个领域始终是一个必然王国。在这个必然王国的彼岸，作为目的本身的人类能力的发展，真正的自由王国，就开始了。但是，这个自由王国只有建立在必然王国的基础上才能繁荣起来。工作日的缩短是根本条件。"①

四，马克思指出，资本主义中剩余劳动的结果是获取剩余价值，剩余产品。这时，他考察了**剩余价值的分配**。分配的第一个基本范畴是平均利润，"这个平均利润又分为企业主收入和利息……但资本对于剩余价值或剩余产品的这种占有和分配，受到了土地所有权方面的限制……土地所有者也要在地租的形式上……再从资本家那里吸取这个剩余价值或剩余产品的一部分"②。

马克思接着写道："最后，工人作为他个人的劳动力的所有者和出售者，在工资的名义下得到一部分产品。这部分产品体现着他的劳动中被我们叫作必要劳动的那个部分，也就是维持和再生产这个劳动力所必需的劳动部分，而不管这种维持和再生产的条件是较贫乏的还是较富裕的，是较有利的还是较不利的。"③

关于剩余价值在资本主义生产表面上的分配的客观结果，马克思是这样阐述的："因此，资本家的资本，土地所有者的土地，工人的劳动力或者不如说他的劳动本身（因为他实际出售的只是外部表现出来的劳动力……在资本主义生产方式的基础上，劳动力的价格必然会对他表现为劳动的价格），对资本家、土地所有者和工人来说，表现为他们各自特有的收入（利润、地租和工资）的三个不同的源泉。"④

----

① 《马克思恩格斯全集》第1版第25卷第926—927页。
② 《马克思恩格斯全集》第1版第25卷第927页。
③ 《马克思恩格斯全集》第1版第25卷第928页。
④ 《马克思恩格斯全集》第1版第25卷第928—929页。

因此，三位一体公式的客观基础是这样一个实际存在着的事实，即"在那些生产当事人看来，资本、土地所有权和劳动，是三个不同的、独立的源泉，每年生产的价值——从而这个价值借以存在的产品——的三个不同的组成部分，就是从这些源泉本身产生出来的；因此，不仅这个价值作为收入分归社会生产过程的各个特殊因素时所采取的不同形式，是从这些源泉产生出来的，而且这个价值本身，从而这些收入形式的实体，也是从这些源泉产生出来的"①。

五、从这里开始，马克思转而开始**详细分析庸俗政治经济学的三位一体公式**，指出"这个经济上的三位一体"②是根本站不住脚的。在批判中，马克思提出了三个要点：

"第一，每年可供支配的财富的各种所谓源泉，属于完全不同的领域，彼此之间毫无共同之处。它们相互之间的关系，就像公证人的手续费、甜菜和音乐之间的关系一样。"③ 接着，马克思写道："在资本旁边，在一个生产要素的这个属于一定生产方式、属于社会生产过程一定历史形态的形式旁边，在一个与一定社会形式融合在一起、并且表现在这个社会形式上的生产要素旁边，直接地一方面排上土地，另一方面排上劳动，即排上现实劳动过程的两个要素，而这二者在这种物质形式上，是一切生产方式共同具有的，是每一个生产过程的物质要素，而与生产过程的社会形式无关。"④

我们看到，彻底区分经济过程的物质内容和社会形式，是马克思对庸俗经济学家进行批判的这第一个观点的方法上的基础。

---

① 《马克思恩格斯全集》第 1 版第 25 卷第 929—930 页。
② 《马克思恩格斯全集》第 1 版第 25 卷第 920 页。
③ 《马克思恩格斯全集》第 1 版第 25 卷第 920 页。
④ 《马克思恩格斯全集》第 1 版第 25 卷第 922 页。

马克思继续阐述道:"第二,在资本—利息,土地—地租,劳动—工资这个公式中,资本、土地和劳动,分别表现为利息(代替利润)、地租和工资的源泉,而利息、地租和工资则是它们各自的产物,它们的果实。前者是根据,后者是归结;前者是原因,后者是结果;而且每一个源泉都把它的产物当作是从它分离出来的、生产出来的东西。"①

与此相联系,马克思分析了资本与利息之间的关系:"虽然资本—利息这个公式是资本的最无概念的公式,但终究是资本的一个公式。"②

紧接着,马克思又研究土地与地租之间的关系:"在生产一种使用价值、一种物质产品例如小麦时,土地是起着生产因素的作用的。但它和**小麦价值**的生产无关。就小麦上体现着价值来说,小麦只是被看作一定量的物化社会劳动,和这种劳动借以体现的特殊物质或这种物质的特殊使用价值完全无关。"③

马克思强调指出,上面的论述并不意味着使用价值与价值之间没有任何内在联系。相反,"价值体现在使用价值中,而使用价值又是创造价值的一个条件;但是,如果一方面摆上一个使用价值,即土地,另一方面摆上一个价值,而且是一个特殊的价值部分,由此形成一种对立,那就是愚蠢的做法"④。

正如马克思所阐述的那样,涉及资本主义农业生产方面的情况,必须从两方面来考察使用价值与价值之间的关系:

"1. 在其他条件相同时,小麦的贵贱取决于土地的生产率……在这里,价值体现为多少产品,取决于土地的生产率;但这个价值却是已定

---

① 《马克思恩格斯全集》第1版第25卷第922页。
② 《马克思恩格斯全集》第1版第25卷第922页。
③ 《马克思恩格斯全集》第1版第25卷第922页。
④ 《马克思恩格斯全集》第1版第25卷第923页。

的，同这种分配无关。"① "2.……级差地租是和土地的相对肥力结合在一起的，也就是说，是和土地本身产生的各种属性结合在一起的。但是第一，就它以不同等级的土地的产品所具有的不同的个别价值为基础来说，这不过就是我们刚刚说过的那个规定；第二，就它以起调节作用的、不同于这些个别价值的一般市场价值为基础来说，这是一个通过竞争来实现的社会规律，既和土地无关，也和土地肥力的不同程度无关。"②

劳动与工资的关系也同样是不合理的："就劳动形成价值，并体现为商品的价值来说，它和这个价值在不同范畴之间的分配无关。就劳动具有雇佣劳动的特殊的社会性质来说，它不形成价值。"③

马克思在他分析的那个阶段得出了一段的结论，这个结论是，在三位一体公式中，各种收入（资本也包括在其中）的源泉表现在它们的物质实体中，但是收入本身是以价值的、社会的形式表现出来的。④

最后，马克思转向他批判庸俗经济学的第三个观点，同时也概括了他的批判结果："第三，因此，在这个意义上，资本—利息（利润），土地—地租，劳动—工资这个公式，显示出了一种整齐的对称的不相称的东西。事实上……雇佣劳动不是表现为劳动的社会规定的形式，而是一切劳动按它的性质来说都表现为雇佣劳动。"⑤ "现在，资本表现为劳动资料的自然形式，从而表现为纯粹物的、由劳动资料在一般劳动过程中的职能所产生的性质。因此，资本和生产出来的生产资料就变成了一

---

① 《马克思恩格斯全集》第 1 版第 25 卷第 922—923 页。
② 《马克思恩格斯全集》第 1 版第 25 卷第 930 页。
③ 《马克思恩格斯全集》第 1 版第 25 卷第 930 页。
④ 《马克思恩格斯全集》第 1 版第 25 卷第 931—932 页。
⑤ 《马克思恩格斯全集》第 1 版第 25 卷第 931 页。

个同义词。同样，土地和被私有权垄断的土地也变成了一个同义词。因此，天然就是资本的劳动资料本身也就成了利润的源泉，土地本身则成了地租的源泉。"①

马克思在第Ⅶ篇后面的论述中指出：三位一体公式归根到底是掩盖资本主义生产关系的表现。②

重新确定《资本论》第 3 册第Ⅶ章开头部分的真正结构，对理解马克思在批判庸俗经济学时所运用的方法论具有重要的意义。

（原载柏林《马克思恩格斯年鉴》，第 8 卷，第 198—210 页）

（裘挹红 译　佐海娴 校）

---

① 《马克思恩格斯全集》第 1 版第 25 卷第 932 页。
② 《马克思恩格斯全集》第 1 版第 25 卷第 934—940 页。

马克思写作《资本论》第二卷和第三卷的若干情况

〔苏〕伊佐拉·格·卡兹明纳

众所周知,平均利润和生产价格的理论是政治经济学中最复杂的理论问题之一。马克思以前的经济学家就曾试图根据价值规律解释价格和价值的不一致以及利润率不以单个企业创造的剩余价值量为转移而趋于一致的性质。资产阶级政治经济学至今还把这个问题搞得玄乎其玄。马克思在政治经济学史上第一次从价值中引出生产价格,从而根据价值规律说明那些随着简单商品经济过渡到资本主义商品经济而在价格形成上发生的根本变化。

在理论出发点(即社会必要劳动时间决定商品价值)和资本主义经济的具体过程之间,必须有某些中间理论环节,这些环节表现资本主义经济的实现过程。

分析各个中间环节,这对于理解资本主义生产和流通规律具有重大意义。揭示各个理论环节的内在联系,即从各种一般规律达到比较发展的各种具体关系,也就揭示了资本主义规律借以发生作用的机制。

马克思详尽地分析了剩余价值转化为利润,继而转化为平均利润的过程以及商品价值转化为生产价格的过程,从而指明,整个资本主义生产的直接调节者是生产价格和生产价格规律,而生产价格是通过按预付资本计算的平均利润而概括出来的。马克思着重指出,平均利润是借助

---

* 本文选自《马列著作编译资料》1981年第16辑。

于竞争而实现的一般规律。"整个资本主义生产就是建立在"不同利润率平均化的"基础上"。①

马克思关于平均利润和生产价格的理论对于经济科学的意义是怎样评价也未必过高的。这一理论是分析剩余价值的其他更具体的形式如利息率、企业主利润、商业利润以及地租的基础和起点。这一理论科学地论证了剩余价值理论并使之完成。最后,对平均利润和生产价格的分析为运用这一理论具体解释当前的经济过程创造了必要的前提。

为了理解剩余价值向利润和平均利润的转化及其意义,有必要考察一下可使我们逐步认识经济发展总过程的各个中间阶段。马克思和恩格斯反复指出,这条道路是十分复杂的。因此,循序渐进地分析每一中间环节,这对于理解资本主义生产规律和流通规律特别重要。② 要进而分析各种转化形式,就要先分析流通过程,特别是资本周转。

马克思认为,分析资本周转及其作用,对于揭示资本运动的规律性具有异常重大的意义。③ 资本周转理论甚至对于制定社会主义政治经济

---

① 《马克思恩格斯全集》第 1 版第 25 卷第 492 页。

② 马克思反复强调,为了理解不同类别的资本家中间剩余价值的分配情况,首先要说明剩余价值和利润的关系,然后说明利润平均化为一般利润率的过程。但是,"如果想不经过任何中介过程就直接根据价值规律去理解"这一分配,"那么,这就是一个比用代数方法或许能求出的化圆为方问题更困难得多的问题"。(《马克思恩格斯全集》第 1 版第 26 卷第 3 册第 90 页)

③ 马克思在 1857—1858 年手稿中写道:"流通表现为资本的本质过程。在商品转化为货币以前,生产过程不可能重新开始。过程的**经常连续性**,即价值毫无阻碍地和顺畅地由一种形式转变为另一种形式,或者说,由过程的一个阶段转变为另一个阶段,对于以资本为基础的生产来说,同以往一切生产形式下的情形相比,是在完全不同的程度上表现为基本条件。""因此,虽然流通并不造成**价值规定**本身的任何要素,因为这种要素完全由劳动决定,但流通的速度却决定生产过程重复的速度,决定创造价值的速度。"(《马克思恩格斯全集》第 1 版第 46 卷下册第 28、32 页)

学，对于分析社会主义再生产中基本基金和流动基金的作用，以及这两者在提高生产率和生产效率方面的作用，都具有极其现实的方法论意义。

本文的任务是考察马克思在平均利润和生产价格理论形成的各个阶段上关于资本周转作用的观点的发展过程。为了完成这一任务，就要研究1857—1858年手稿（《资本论》最初的草稿），1861—1863年手稿（《资本论》第二稿），1863—1865年手稿（《资本论》第三稿）以及还未发表的1865—1875年手稿。

对于资本周转问题的最初探讨，见于1857—1858年手稿，即《政治经济学批判大纲》一书。这部著作就已经包含了后来的平均利润和生产价格理论的极为重要的因素。马克思在这里第一次详细研究了资本周转对剩余价值的影响。

他指出，对剩余价值转化为利润产生影响的资本周转，为确定剩余价值提供了新的因素，这特别表现在这一点上：剩余价值率和剩余价值量取决于同一可变资本在一年中反复周转的次数。在《大纲》中，马克思还没有把剩余价值率当作剩余价值年率来下定义。但是马克思在该手稿中第一次使用的总剩余价值这一概念本来已包含了资本周转的影响。马克思强调，剩余价值不单纯取决于资本在生产过程中占有的剩余劳动；而且取决于一次周转所创造的剩余价值同一定时期内周转次数的乘积。他以一项算数式为例说明了资本周转对剩余价值的影响，并得出下列公式：总剩余价值 S'，等于剩余价值 S 乘以资本周转次数 nU，即 $S' = S \times nU$。这表明，资本在一定时期内生产的剩余价值不仅仅取决于一个生产过程中所产生的剩余价值，而是取决于资本再生产的次数。马克思写道：这是一个新的要素，"这是在计算与剩余价值不同的利润时产生的要素"①。这表明，在确定利润时，既要考虑流通时间，也要考虑生产时间。这样，流通时间就成为决定价值创造的一个要素。

资本在一定次数周转中产生的剩余价值，取得利润形式。"因此，剩余价值的量是用资本的价值量来计量的，因而**利润率**是由剩余价值同资本价值的比例决定的。"②

不过，在1857—1858年手稿中，只是说明了利润这一剩余价值转化形式的极为一般的特征。为了从利润的一般特征上升到平均利润和生产价格规律的形成和作用方式机制，马克思首先不得不从理论上证实，资产阶级政治经济学的古典学家们没有能力把平均利润率规律和价值规律协调起来。

马克思在1861—1863年期间从事了一系列新的考察，完成了包含有200个印张的庞大手稿。在这一手稿中，他对整个资产阶级政治经济学重新进行了批判性的检验。他对李嘉图和资产阶级政治经济学其他代表人物的观点进行了历史的批判分析，在这一过程中阐述了平均利润率的一般规律，这一规律表明，利润总量是由预付资本量决定的。马克思揭示了作为剩余价值转化形式的平均利润的内容，并证实了生产价格规律和价值规律的一致性。马克思在1861—1863年手稿中研究平均利润和生产价格的形成时撇开了流通领域的影响。这种抽象在一定的考察阶段上是容许的，甚至是必要的，因为平均利润的形成过程十分复杂，要求暂时排除一系列其他情况。但是马克思始终没有忘记把这一事实当作

---

① 《马克思恩格斯全集》第1版第46卷下册第146页。
② 《马克思恩格斯全集》第1版第46卷下册第264页。

前提。①

利润率并不单纯是按预付资本计算的剩余价值，而是表示一定流通阶段中实现的剩余价值量。马克思在谈到利润率这一概念时指出，资本周转影响资本在**一定期间**实现的剩余价值量，从而影响利润率。"这里有两个因素：第一，（同实现的剩余价值相比的）预付的量的差别；第二，在这些预付连同剩余价值流回以前，生产这些预付所必需的**时间的长度**的差别。"② 不过在这里马克思没有详细论述这一点。

马克思打算在以后论述他的理论时再进一步分析资本周转问题，探讨这种周转的作用和它对利润率的影响。1861—1863 年手稿第十八本中所拟订的第三部分第二章的计划（《资本和利润》）就说明了这一点，该计划表明，在考察平均利润时，除了资本的有机构成外，"同样，在这里还必须考察从流通过程产生的固定资本和流动资本的差别，考察它们如何使一定时期内不同领域中的资本的价值增殖发生变化"③。

从 1863 年 7 月至 1865 年马克思写了一组新的手稿。这个时期撰写的《资本论》三卷手稿，反映了关于资本主义社会经济发展的经济理

---

① 马克思大约在同一时期所作的以下论述，重申了这个命题。马克思在 1862 年 8 月 2 日给恩格斯的信中，在谈到李嘉图的地租理论时写道："除了从资本的**直接生产过程**产生的不变资本和可变资本的区别，还有从资本的**流通过程**产生的**固定资本**和**流动资本**的区别。但是如果再把这一点考虑进去，这个公式就太复杂了。"（《马克思恩格斯全集》第 1 版第 30 卷第 269 页）在 1861—1863 年手稿中，马克思还说道："如果我们还注意到由流通过程产生的资本有机构成的差别，计算和平均起来会复杂得多。"（《马克思恩格斯全集》第 1 版第 26 卷第 2 册第 444 页）在尚未发表的 1867—1875 年手稿中，马克思在确定生产价格时也考虑了上述经济因素。
② 《马克思恩格斯全集》第 1 版第 26 卷第 3 册第 430 页。
③ 《马克思恩格斯全集》第 1 版第 26 卷第 1 册第 448 页。

论这一统一完整思想的结构。

1974年首次发表了这批手稿中的《资本论》第二卷第一稿的俄译本，标题是：《第二册。资本流通过程》①。这一手稿的发表有助于更好地理解资本周转在平均利润和生产价格理论的发展中所具有的地位和作用，并使人们可以探索到这一研究阶段上出现的新的理论因素。该手稿的内容是早在1857—1858年手稿中就着手进行的关于资本流通过程的科学研究的直接继续和重大发展。进一步详细研究资本流通领域中的经济过程，使马克思有可能大大深化对资本周转的分析，这就使得从这一理论中得出的各种结论大大精确化。此类结论如下：

第一，马克思在该手稿中第一次采用剩余价值率的新规定。他写道："**在考察资本周转时得出了剩余价值的一个新规定**，这一点本来在考察不同的流通时间、生产时间以及整个流通过程和再生产过程时，就已经包含在内了。"②

马克思解释说，剩余价值率的新的、更详细的规定，也就是它本身作为剩余价值年率的规定，这也就是说，这一剩余价值是在一年中，在生产过程连续不断的情况下和在可变资本的快慢不同的周转中，按照相同的剩余价值率生产出来的。

剩余价值年率（M′）是一年中生产的剩余价值量同预付的可变资

---

① 按照恩格斯的说法，马克思留下《资本论》第二卷全卷的"两种稿本，个别部分有六种稿本"。[《恩格斯致弗里德里希·阿道夫·左尔格（1884年12月31日）》，《马克思恩格斯全集》第1版第36卷第264页] 马克思在1867年8月到1870年7月从事《资本论》第二卷第二稿（"手稿Ⅱ"）的写作。恩格斯在付排《资本论》第二卷的准备工作中使用了第二稿中大约三分之一的内容。至于第一稿，他写道："这个手稿也没有什么可以利用的。"（恩格斯《〈资本论〉第二卷序言》，《马克思恩格斯全集》第1版第24卷第7页）

② 《马克思恩格斯全集》俄文第2版第49卷第345页。

本之比，它等于实际剩余价值率（m′）乘以可变资本的周转次数（n）。剩余价值年率已经不再是劳动力剥削程度的确实表现。劳动和资本的真实关系已变得模糊不清。从表面上看，剩余价值量不仅取决于劳动力剥削程度，而且取决于资本的流通速度。由于实际剩余价值率和利润率被结合在一起，剩余价值年率就使得实际使用的可变资本和预付的可变资本之间的差别变得模糊不清。这完全是一个新的概念。

其次，马克思提出了一个重要规律，这是他在这一手稿中首次作出表述的。同量可变资本在剥削程度相同的情况下可以有不同的剩余价值年率。这是因为：在剩余价值率相同的情况下，由于一年中同一剥削过程反复的次数不同，同量可变资本所推动的劳动量便各不相同。在这个地方，马克思为进一步研究这个问题作了重要的方法论评述。他指出，剩余价值年率这一范畴只是年利润率的基础。①

第三，马克思在手稿中阐述了固定资本和流动资本的学说。他在揭示固定资本流通的特点时，首先考察了固定资本周转对剩余价值形成的影响，用他的话来说，这一点对于正确考察利润问题是十分重要的。②马克思通过对固定资本流通的特殊性进行的分析，就有可能阐述确定利润率规律性的各个原理。③他指出，固定资本进入流通，就给资本周转带来了新的规定。此外，由于固定资本使全部资本的流通时间发生变化，所以在其他条件不变的情况下，也会使利润率发生变化。马克思写道："……利润率下降，下降的程度等于全部资本周转时间随固定资本相对量和流通而发生变化的程度。"④

---

① 《马克思恩格斯全集》俄文第 2 版第 49 卷第 346 页。
② 《马克思恩格斯全集》俄文第 2 版第 49 卷第 370 页。
③ 《马克思恩格斯全集》俄文第 2 版第 49 卷第 365 页。
④ 《马克思恩格斯全集》俄文第 2 版第 49 卷第 365 页。

最后，固定资本流通的特殊性对于利润平均化为一般利润率的过程产生重大影响。这一结论是从投入不同生产领域的资本在周转上存在巨大差别这一事实中得出来的，因为每一领域中的不变资本分为固定资本和流动资本的比例极不相同，并且固定资本本身的周转也各不相同。

马克思在1864年着手进行的对资本周转的考察的这个第二阶段十分重要。因为，第一，他除了前面提到的在该手稿中第一次作出阐述的结论以外，还在考察资本周转对剩余价值的影响时不断作出大量附带说明，指出进一步研究平均利润问题的道路和方向。第二，对手稿的分析可以使我们明了，把资本运动作为生产和流通的统一过程来考察，其前提是怎样创造出来的。

在《资本论》第三册中，马克思曾打算用专门一章来论述资本周转问题。恩格斯在《资本论》第三卷序言中写道："第四章只有一个标题。但是，因为这一章研究的问题即周转对利润率的影响极为重要，所以由我亲自执笔写成。"① 可见《资本论》第三卷第四章关于资本周转对利润率的影响的论述是出自恩格斯的手笔。

除了《资本论》第三册的主要手稿外，马克思围绕这一问题还撰写了一些新手稿。《资本论》第一卷发表后所撰写的《利润率》这一手稿，对于我们这个论题具有特殊重要意义。② 该手稿共有78大印张，主要考察了资本流通速度对利润率的影响。在这里马克思继续进行他在第二册初稿第二章（《资本周转》）中所开始的研究。其中所阐述的固定资本和流动资本周转的规律性，是确定利润率变化规律的出发因素。在《利润率》这一手稿中马克思论述了资本周转的变化对利润率的影响；

---

① 恩格斯《〈资本论〉第三卷序言》，《马克思恩格斯全集》第1版第25卷第8页。

② 手稿的原文还指出应参阅《资本论》第一卷第一版各处。

他在确定生产价格量时曾考虑到资本周转的影响和资本有机构成的不同,提出了生产价格的相应公式。

在计算平均利润率时,马克思把按生产费用计算的利润率和按全部预付资本计算的利润率区别开来。生产费用(K)和预付资本(C)的差别首先在于:生产费用只包含一年之中所耗费的资本,也就是说只包含用于某种产品生产的这样一笔资本支出,这笔支出只包括发挥职能的固定资本在一年内的折旧部分。其次,按预付资本计算利润率时资本周转时间有重要意义。因为同一流动资本在一年内可以预付多次。因此,在流动资本于一年内周转多次的情况下,生产费用同预付资本便大有出入。由此就产生了按生产费用计算的利润率和按预付资本计算的利润率之间的差别。这种差别取决于流动资本同固定资本的比例以及固定资本的周转时间。同流动资本相比,所使用的固定资本越多,预付资本在一年中的周转就越慢(在其他条件不变的情况下);而要使预付资本价值在一年内完成一次周转,流动资本的周转就必须越是快。

如果我们用字母 K 表示生产费用,C 表示预付资本,M 表示一年中生产的全部剩余价值,则按生产费用计算的利润率是 $P' = \dfrac{M}{K}$;而年利润率,即按预付资本计算的利润率是 $P'' = \dfrac{M}{C}$。这种计算法并不是随便想出来的。它是从实际的资本运动本身得出来的。所以,每个资本主义企业从生产费用和预付资本量出发,不仅可以计算利润率,而且可以计算商品的生产价格。马克思把按预付资本计算的利润率称为年利润率,并指出这一利润率对于总资本运动的重要意义。

马克思在计算周转对利润率的影响时发现了下述规律性。在资本有机构成和剩余价值率已定的情况下,一笔年平均周转次数同社会资本周转次数相等的资本的年利润率,是由按生产费用计算的利润率决定的。

已知$\dfrac{M}{K}$的比率，则按预付资本计算的年利润率同按生产费用计算的利润率发生的偏离，即借$\dfrac{M}{C}$同$\dfrac{M}{K}$发生的偏离，是周转次数影响的结果。由此可见，生产费用可以等于、大于或小于预付资本。

资本的周转速度如果不同于社会资本的年周转速度，那情况也就有所不同。"这样的资本的年利润率，不是由同该资本生产的商品价值相一致的、按费用价格计算的利润率来决定，相反，资本加到费用价格上去的利润率是由既定的一般年利润率决定的。"① 按生产费用计算的利润率，会按照资本的周转速度，即按照其周转速度同平均周转速度相比加快或变慢的程度而增加或减少一定的百分率。②

要根据按生产费用计算的利润率来计算年利润率，通常在确定资本年周转时总是假定 K = C（生产费用等于预付资本），不考虑周转时间和一年中周转次数的变化。如果 $P'' = \dfrac{M}{C}$，$P' = \dfrac{M}{K}$，则 $P'' = \dfrac{P' \cdot K}{C}$。

为了更好地比较按生产费用计算的利润率和按预付资本计算的利润率，马克思在考察各种不同情况时使用了同一些数字，只有一处是例外。他考察了资本周转产生影响的几种可能的情形，撇开了资本有机构成提高的情况。

马克思发现了一系列函数关系并在此基础上得出了生产价格的一般公式。

1. 如果生产费用价值一年周转一次，则 K = C，就是说两者的差别

---

① 原稿存苏共中央马列研究院中央党务档案馆。
② 如果平均社会资本每年周转的次数多于、少于一次或有时周转一次，那么，这对于所阐述的规律性没有什么影响。

等于零，因而 $P'' = \dfrac{P' \cdot K}{C}$，因为 $P'' = P'$。

2. 如果生产费用价值一年中的周转少于一次，则 $K < C$，且 $C - K = d$，其中的 d 是年生产费用同预付资本的差额，即 $K \pm d = C$。因而 $P'' = \dfrac{P' \cdot K}{K \pm d}$，且 $\dfrac{P''}{P'} = \dfrac{K}{K + d}$，因为 $K + d > K$，故 $P' > P''$ 或 $P'' < P'$。

3. 如果生产费用价值在一年中的周转次数多于一次，则 $K > C$ 或 $K - d = C$，即 $K = C \pm d$。因而 $P'' = \dfrac{P' \cdot K}{K - d}$，$\dfrac{P''}{P'} = \dfrac{K}{K - d}$ 且 $P'' > P'$。

马克思依据这种函数关系得出了生产价格（Z）的一般公式：$Z = K(I + P') \pm d \cdot P'$。

如果 $C = K$，则 $d = 0$，且 $Z = K(I + P')$，生产价格就等于商品价值；如果 $C > K$，则 $d > 0$，且 $Z = K(I + P') + d \cdot P'$，生产价格就高于商品价值；如果 $C < K$，则 $d < 0$，且 $Z = K(I + P') - d \cdot P'$，生产价格就低于商品价值。

马克思在该手稿中考察的另外一个重要因素，牵涉到资本的有机构成问题。由于资本的有机构成不同，按生产费用计算的利润率也各不相同，按生产费用计算的利润率取决于价值形成过程中发挥作用的资本的有机构成，也就是取决于实际耗费的资本的有机构成。由于在劳动过程中全部预付资本都发挥作用，但预付资本中只有一年内用掉的部分才参与价值形成过程，所以，固定资本中究竟有多大部分进入价值形成过程，这要取决于它的磨损程度，取决于整个固定资本的相对价值量；因此，在其他条件不变的情况下，按生产费用计算的利润率也会发生变化。

马克思阐述了下述命题："可见，如果周转次数相同，但按费用价格计算的利润率由于资本有机构成不同而各不相同，那么，当代表社会资本的资本所得较大时，利润率较小的资本的产品价值就会加上 $m_1 - $

m_2，即加上的数量＝两笔资本的产量的差额。"① 根据这一命题，就概括出了生产价格公式（这一公式已把资本有机构成的平均化考虑在内）：

$$Z = K(I+P') + (m_1 - m_2)$$

鉴于资本有机构成不同，马克思又提出适用于不同资本的商品生产价格的一般公式：

$$Z = K(I+P') = I \pm d'K$$

在这里 $d' = P'' - P'$，或者 $Z = K(I+P') \pm (P''' - P') \cdot K$

最后，马克思把两种因素即资本周转和资本有机构成都考虑在内，又得出生产价格的下述一般公式：

$$Z = K(I+P') \pm d P' \pm dK$$

如果全部社会资本每年周转一次，并形成平均有机构成，那么商品价值就等于 $K(I+P')$，并与商品生产价格一致。

可见，马克思关于平均利润和生产价格的理论，是合乎逻辑地建立起来的、有科学根据的学说，这一理论形成的各个阶段完整地反映了马克思主义经济科学的整个发展过程。对马克思的文献遗产进行合乎逻辑的分析，将有助于我们确定这样一些中间环节，正是通过这些环节，才从价值和剩余价值这些基本范畴过渡到生产价格和平均利润，即过渡到前者出现在竞争领域时所采取的那些形式。

（原载《我们党赢得了一个胜利》，柏林经济出版社1978年版）

（柴野译　王锡君校）

---

① 原稿存苏共中央马列研究院中央党务档案馆。

关于《资本论》第 1 卷的最后手稿（1863—1864 年）*

〔日〕八柳良次朗①

从 1857 年 10 月到 1867 年 9 月（《资本论》第 1 卷出版）这 10 年间，是马克思研究政治经济学精力最旺盛的时期。在这个期间，马克思总共写了各具特色的三大部手稿，这就是《经济学手稿（1857—1858 年）》（即《政治经济学批判大纲》）、《经济学手稿（1861—1863 年）》（下面简称手稿《政治经济学批判》）以及 1863—1865 年手稿。

1863 年夏天，马克思在即将结束手稿《政治经济学批判》的写作时，希望同时出版《资本论》全部 3 卷，于是着手 3 卷的写作，但是期待用于出版的手稿，由于某些地方要重新改写，《资本论》的出版暂时推迟了。鉴于这一变化，整个《资本论》3 卷便具有各自独立的形式，现行版《资本论》第 1 卷和第 3 卷都是直接以这些手稿为基础出版的。

大部分作为誊清稿所写的第 1 卷《资本的生产过程》，原稿可惜（从第 1 章到第 5 章）不见了，其内容不得而知。目前虽然《第 6 章 直接生产过程的结果》和手稿若干片段被保存下来，但是其中大部分没有吸收到《资本论》中。根据这种看法，这些手稿片段虽然同《资本论》正文相比不具有同等的价值，不过从另一角度出发，我们认为是很宝贵的，因为它们弥补了资料上的空白，马克思写成的各类手稿，除这

---

* 本文选自《马克思恩格斯研究》1992 年总第 9 期。
① 作者八柳良次朗是日本静冈大学副教授。——编者注

一部分外，都较好地被保存下来了，如果说到散失，有早期的政治经济学笔记13册中的两册、《经济学哲学手稿》中的《第2手稿》、《资本论》第1卷第1版的原稿，而现在问题主要是指第1卷的手稿；为了印刷，把第1卷原稿交给了他人，最后始终没有退回，除这一部分外，散失就整个来看是不可思议的。同别的散失不同，第1卷手稿的数量是异常多的。诚然，这种散失是非常奇怪的。即使不谈这一点，对第1版原稿的使用情况进行推理，也是很勉强的。从前虽然暗示有可能发现这批手稿，但是到目前为止的严峻事实说明，第1卷的手稿已不复存在了。由于是第1卷的这样一种手稿，所以论述的人是为数不多的，关于这一点，只有透过同现有的资料具有的某种关系才能隐约发现，下面我就这一范围谈一谈第1卷手稿，而且首先从同第1卷手稿的存在本身有关的重大问题谈起。

围绕第1卷手稿的写作

进入本世纪80年代以来，相继发表了两篇研究论文，对1863—1865年手稿的写作时期和写作顺序提出了根本疑问，它们对现有资料进行了彻底的改正，给予了特有的解释，对迄今为止的年代考察试图进行大胆的重新编组，其显著特征就是作了如下特殊的推理——在上述期间内，实际上没有写过第1卷手稿，这种推论否定了《资本论》第1卷手稿原本写过，也没有散失，或原本写过，但散失了这种看法。

（一）马克思和恩格斯之间的书信来往

这是一个考证问题。近年来断定没有写过第1卷手稿的研究，一篇是J.康拉德的《卡尔·马克思的主要著作的手稿是在哪一阶段形成的？》，这篇论文发表在柏林出版的《马克思恩格斯研究论丛》1980年第6辑上，以书信为根据。一篇是N.巴尔德列夫的《1863—1867年卡尔·马克思〈资本论〉创作》，这篇论文发表在苏联出版的《经济问题》1980年第2期上，推论的重要基础仍然是书信，只不过补充了上述的推论，区别了错综复杂的情况，问题只有一个，就是对来往书信的理解是否正确。直率地说，这一时期的书信无非给人一种强烈印象，似乎由于长期生病使事情中断，使人明显感到不可能进行写作。例如，下述书信写道："14个月来，我几乎一直在长痈，经常有生命的危险。"① 根据这封信，巴尔德列夫自然判断说，"因病几乎中断一年"。如不相信，马克思还写过这样一封信："我的肝肿了，随之带来种种'附属品'，你只要想到这些，就会马上明白，我为什么很久没有写信。最近三个月来，我因为这个该死的东西，吃的苦头比以前任何时候都厉害。"② 马克思主要在这一年的5、6月共写手稿11本，超过900页③。我们决不要责备最近的否定研究。不过，如果考虑到这些从前没有想到的情况，根据书信往来，可以认为由于生病突然使写作中断了。

---

① 《马克思恩格斯全集》第1版第31卷第435页。
② 《马克思恩格斯全集》第1版第30卷第346页。
③ 《补充笔记本》共8本，786页。每本分别标有A、B、C、D、E、F、G、H字母（见刊登在《马克思恩格斯研究论丛》1979年第5辑上的A.施尼克曼的《马克思的〈补充笔记本〉》一文）。手稿《政治经济学批到》的第XXI笔记本（45页）、第XXII笔记本（61页）、第XXIII笔记本（66）页，加上前8本，共11本，总页数为958页，从时期上看，《补充笔记本》A、H以及第XXIII笔记本中各有一部分，看起来不像是5—6月写的。

认为不可能写作的书信的确很多。不过，不这样认为的书信也并非完全没有，正如发表在《经济问题》1981年第8期上的维戈茨基等三人合写的论文《关于1863—1867年马克思〈资本论〉写作时期的划分》一文所指出的。1866年1月13日马克思致贝克尔的信就是其中之一，信中说："我必须誊写1200页手稿。"① 全部3卷手稿的总页数为1219页，从页数来看，在这个时候的确可以充分设想存在着整个3卷手稿，正如维戈茨基等人的论文所指出的，巴尔德列夫没有提到这封信，康拉德虽然援引了这封信，但是却没有提到这"1200页"。而且，还有一封信，就是1863年8月15日马克思给恩格斯的信，信中写道："我的工作（整理手稿，准备付印），一方面进行得很好。"② 关于对这封信的解释，目前讨论的，是指手稿《政治经济学批判》的断续创作呢，还是指第1卷手稿的创作？维戈茨基等三人的论文一开始就针对手稿《政治经济学批判》说，"马克思的工作到1863年7月就已经停止了"，提出了时期上的不一致，排除了巴尔德列夫的看法。后来，巴尔德列夫在《经济科学》1982年第5期上发表论文《苏联马克思学的新成果》，以确凿的论据指出，手稿《政治经济学批判》的搁笔时期不是1863年7月，它被进一步延长了。③ 我认为，这一事实虽然还应进一步探讨，但应肯定地加以接受。不过，搁笔时期的延长往往成了在时期上对追加写作手稿《政治经济学批判》的论证，而问题在于，究竟怎样把追加写作同对上述书信的解释结合起来，实际上我们必须说，第1卷

---

① 《马克思恩格斯全集》第1版第31卷第494页。
② 《马克思恩格斯全集》第1版第30卷第364页。
③ 《马克思恩格斯全集》第1版第48卷第557页和注363。

手稿的写作决不是同时完成的，这种追加写作很难认为是在这个时间完成的。

以上是有关书信的情况，正如我们所看到的，致贝克尔的信可以说是证明第1卷手稿的写作的最有力的一封信。

（二）第1卷手稿的残存部分

《第6章　直接生产过程的结果》已经公布很久了，作为失去主体的第1卷手稿的最后一章，就资料来说是十分贵重的。这一章有两部分，一是有关对第1卷的独特论述，二是向第2卷的过渡部分。按照上面的推断，《第6章》变成了第1版手稿的最后一章。

第1版原稿中包括《第6章》这种见解，是到目前为止的通常的一种理解，就是说，在界限上使第1版手稿发生了从"劳动能力"向"劳动力"的转换，同这种理解相反，认为应或多或少地对一般说法进行反省，这是因为存在一个困难，就是很难说明把插入稿（即散页部分）插入到《第6章》中这样一点，插入稿[①]在第1版原稿中的位置，相当于《资本论》德文第1版第1卷第3章的第4节《工作日》部分。如果这样，那么，首先，在插入稿中排列的脚注（从第127到第146）和第3章这个地方的脚注（第40前后）[②]之间，便产生了严重的不一致；其次，批判种种资本概念的插入稿不能说明《4　工作日》的接近开头

[①] 《马克思恩格斯全集》第1版第49卷第127—145页。

[②] 参看《资本论》，德国1867年第1版第1卷，第202页。（本注是译者加的）

的部分；最后，设想的《6 直接生产过程》这个标题便悬在空中了。因此，不应把这个插入稿看成是第1版的原稿，而应看成是属于第1卷的手稿。如果我们继续推论下去，那么就不会把认为原来第1卷手稿第2章中的《5 剩余价值率和量》看成是早于它的一节。

除此之外，这种无论如何也难于成为初版原稿的手稿片断，还存在着若干。① 下面我们假定有这些手稿片断存在。

第1卷最终手稿和《资本论》（第1版）

手稿《政治经济学批判》大约自1863年7月以来断断续续写成的，第1卷《资本的生产过程》就是在这个时候撰写的。其次，该《政治经济学批判》中的从货币转化为资本直到最后的10册笔记本大多在这个时候得到了充分利用，马克思以各笔记本中的论题为中心，或者从前后笔记本中补充有关的素材，或者根据指示和概述进一步展开论题，以此完成各章节的每一基本的理论构成，使整个理论叙述更加完善。因

---

① 关于手稿片断，下面两篇文章都详细地谈到了。一篇是内田弘：《〈直接生产过程的结果〉的〈回答〉》，载《马克思 注释Ⅴ》，现代理论社1973年版；一篇是E.科普夫：《问题评论：卡尔·马克思的〈资本论〉第1卷的第3稿是否存在?》，载《马克思恩格斯研究论丛》，1982年第11辑。

此，特征之一就是脚注整齐完备①。

马克思一直孜孜不倦地在追求理论的完整性。第1卷手稿恐怕同誊写稿一样，马克思在写作第1版的手稿时，再一次不分轻重巨细进行了润色和修正。我们可以推测出，字句的增删、理论叙述的推敲和扩大、事实资料的引进等等，这种修订和增补可以说涉及全体。实际上，第1版第3章的《4　工作日》、第4章的《4　机器人和工业》以及第6章的《1C　资本主义积累的一般规律》，其中大部分均一挥而就。因此，《资本论》立即成为论证当代、分析资本主义的最卓越的书，而这样

---

① 有些人试图根据1863—1865年手稿，特别是根据《第6章　直接生产过程的结果》，将第1卷手稿的各章节的结构复原出来，其中包括服部文男的《关于马克思工资理论的形成过程——工资理论和资本积累的关系》（载东北大学《研究年报　经济学》，1961年第23卷第2号）、佐腾金三朗的《关于〈资本论〉第3卷原稿（二）》（载《思想》，岩波书店1971年6月号版）、内田弘的《〈直接生产过程的结果〉的〈回答〉》（载《马克思　注释V》，现代理论社1973年版）、P. 米西凯维奇的《关于马克思手稿〈第6章　直接生产过程的结果〉》（载《学术情报通报》，1973年第23号）等。根据以上文章，复原的章节结构大致如下：

第1章　货币转化为资本

第2章　绝对剩余价值的生产

　　第1节　劳动过程和价值增殖过程

　　第2节　不变资本和可变资本

　　第3节　剩余价值率

第3章　相对剩余价值的生产

第4章　绝对剩余价值和相对剩余价值的结合

第5章　资本的积累过程

　　第1节　剩余价值再转化为资本

　　第2节　原始积累

第6章　直接生产过程的结果

说，并非言过其实。

如果我们把上述的一般特征除外，那么就几乎谈不上从第1卷的手稿向第1版原稿进展的情况。我们当然可以发现若干个两者之间的接触点。但是，这些接触点只是表现在同写作《资本论》（第1版）的过程有关的方面，因此，我们在下面就这一点谈谈第1卷手稿。

（一）《工作日》的历史部分的扩展

从1866年1月1日起马克思开始誊写，在大约40天内，抄完最前面的两章（占整个第1版的四分之一）。从这一时期的末期起，马克思的病情进一步恶化了，但即使在这种情况下，还是对《工作日》的历史部分作了扩展。

在第1版原稿第1章《货币转化为资本》（在第1版中，成为第2章）中，对部分第1卷手稿进行了修订，据推测，除此之外的大部分都几乎沿用了手稿。用于叙述的部分有同工资理论有关的记述，以及同劳动力价值本身的变动及其价格变动有关的记述，现存手稿片断（第24—25页）中的同劳动力价值这一层次的价值有关的谈到工会的部分（第25页）全部被删掉，其中极少一部分被用到第1版第5章中。其次，把从第24页起的脚注第53的一部分转用到这一章的注1中。

第1版原稿的第2章《绝对剩余价值的生产》不同于第1卷手稿的第2章《绝对剩余价值〔的生产〕》——手稿《政治经济学批判》，它虽然包括《劳动过程和价值增殖过程》和《不变资本和可变资本》两节，是根据这两节写的，但是在《工作日》一节中没有历史部分，所以进行了扩展。①

---

① 《马克思恩格斯全集》第1版第31卷第177页。

扩大部分主要是根据《童工调查委员会第 1 号报告》（1863 年）所提供的资本家对剩余劳动的渴望的现代例证，并且是以这一点（参看《资本论》第 8 章第 3 节）为起点的（关于这一点，从上述的发行年代来看，并无疑问。得到《第 1 号报告》大概是在当年的 8 月，不过是怎样立即就得到了这份报告的呢？在第 1 卷手稿片断的第 259 页上，已经利用了这份报告）。其次，马克思还利用了《童工调查委员会第 4 号报告》（1865 年），阐明了为防止不变资本的闲置，让工人大众参加 24 小时生产过程的换班制度的从属形式（参看《资本论》第 8 章第 4 节）。

接着，论述了始于 14 世纪中叶的工作日，而这一点自然被包括在《工作日》的历史扩展的部分中；其次，这一点虽然使人产生疑问，但是论述"至 17 世纪末关于延长工作日的强制性法律"的部分（参看第 8 章第 5 节），在这个时候并没有重写，就素材来看，它是由手稿《政治经济学批判》构成的。而记述自 1349 年公布劳工法以来有关同样性质的立法材料（参看第 III 本笔记第 124 页）以及其他本笔记（第 XX 和第 XXIII 本）中有关这方面的素材，在写作第 1 卷手稿时，已经被吸收到《工作日》中了，其中第 XXIII 本笔记中的补充被认为是已定的"应在正常工作日中引用"①的地方。尽管如此，也还存在这样一种看法，认为它不是在第 1 卷的手稿中，而是在第 1 版的原稿中就已经实现了，不过这种看法还有待进一步探讨。所谓《工作日》历史扩展中的这个"历史"，是以恩格斯著作《英国工人阶级状况》（1845 年）为轴心的，是指从这里开始向现代上升（或者相反），而非年代久远的事。

我们认为，当马克思论述历史地扩展有关《工作日》的部分时，时时想到的是《争取正常工作日的斗争，1833—1864 年英国的工厂立法》（第 8 章第 6 节）的主要部分，关于这一点应看到如下的来龙去

---

① 《马克思恩格斯全集》原文版第 2 部分第 3 卷第 6 册第 2342 页。

脉：在写作手稿《政治经济学批判》时，可以说马克思还没有从历史的角度关心工作日，当时马克思尚未对1844—1854年（到4月30日止）这11年的《工厂视察员的报告》进行加工，而这些报告对分析1844年以来制定10小时工作日的工厂立法及其实际运用来说是极为重要的。马克思最早阅读并摘录这一系列《报告》是在写作第3卷的手稿时，就时期来看是在1864年秋天。这部分是在这个第3卷手稿中的、但没有收进现行版《资本论》第3卷的部分（从第77页到第94页的约占四分之三的部分）。据推测，是以不同于当时的利用目的的方式再现在第1版的原稿中，而这一部分的确在"最初的计划"中是没有的。

（二）第1章《商品、货币》的写作和写作以前

在《工作日》从历史上加以扩展之后，第1版原稿的写作速度便相当地放慢了。在这里，我们简单地看一看从1866年2月起到12月止是怎样进行的，关于各章的写作时间虽还没有推定出来，但如果暂定地看一看所推定的时间，那么第3章是在2—9月，第4章是在9—10月，第1章《商品、货币》是在10—11月，最后一章是在11月写作的。

同前两章相比，第1版原稿第3章《相对剩余价值的生产》的写作时间确实要长得多。拖长的原因是，从2月下旬到6月中旬必须一心一意地治病。从6月下旬起，才开始像平时那样写作了。这样持续了一个月。如果这一个月的写作速度同1月1日以来的写作速度一样，那么第3章就应当完成了。但是进入7月时，由于收到了《童工调查委员会第5号报告》和另一份文件，顺利的写作速度又放慢了，马克思阅读了并在第3章的末尾处充分地利用了这份《报告》，这同这一章的最后的写作时间几乎是一致的；对《报告》的吸收未必很迅速。

接着写作第1版原稿第4章，而写作日期在某种程度上可根据1866

年10月3日马克思致恩格斯的信①确定，因为信中提到了居维叶的《论地球表面的灾变》一书，《资本论》第14章第562页上的脚注5就提到了这部书。当然，书信日期和原稿执笔日期之间的关系会是各种各样的。不过在这里，如果确认先于第1章《商品、货币》的写作，那理由就是充分的。

接下来是第1章《商品、货币》。关于这一章的写作日期是目前争论的热点。例如，巴尔德列夫推论说，这一章的写作日期是在1867年年初。如果按照这一推测，那么根本原因就是，应把《第6章》归于第1版原稿，但这种推测的基本前提本身是欠妥当的。另一方面，只要不能明确写作经过是在1867年年初，这种推测的结果本身就没有失去这种可能性。维戈茨基等三人的共同论文研究了这一推算，把它当成了今后的一个课题，表示要进一步研究。现在关于第1章的写作时期除了1867年年初这一说法外，还有杉原四郎的另一种意见，据他推测，"应离11月把第一部分原稿发往迈斯纳的日期不远"②。马克思在1866年11月10日致恩格斯的信中说，"手稿的第一部分终将在下星期就要寄给迈斯纳了"③ 就是一个证明。

（三）第1版原稿的完成和第1卷手稿中的积累理论

如果上述的第4章到第1章的顺序和第1章的写作时期是正确的，

---

① 《马克思恩格斯全集》第1版第31卷第260页。

② 杉原四郎：《从1866年1月到1867年9月——〈资本论〉第1卷第1版形成史片段》（收在经济学史学会编：《〈资本论〉的成立》，岩波书店1967年版，第321页）。

③ 《马克思恩格斯全集》第1版第31卷第265页。

那么第1版第6章《资本的积累过程》至迟是写于1866年11下旬。不过，说到第1版原稿的完成，这可以由马克思1867年4月2日致恩格斯的信来证明："我下决心，只要不能够告诉你书已经完成，就不写信给你，现在已经写好了。"① 在写这封信之前，作了些什么呢？由于积累理论太不成熟，是否把书的"完成"推迟了呢？实际上马克思在写这封信前一个多月，即1867年2月21日，还给恩格斯写过另一封信："著作即将完成，如果不是近来受到各方面的打扰，本来今天就可以完工。"根据这封谈到著作已接近完成的信《资本论》的写作本来可以结束了。但是，马克思却感到这一章缺乏对现状的精彩批判。要延长到此为止的作业，把它包括在第6章中。这就是一方面的财富的积累，另一方面的贫困的积累。但是，这是怎样表现的呢？马克思在《枢密院卫生视察员的报告》中发现了有关的详细材料，对《报告》的真正利用是在第1版第6章《(1) C 资本主义积累的一般规律》中，马克思成段成段地利用了"调查英国工人阶级中营养最差的那部分贫困状况"的《第6号报告》、调查"农业工人的居住条件"的《第7号报告》和调查"城市中较贫穷的阶级的居住条件"的《第8号报告》，活生生地描绘了工人的悲惨生活状况。后来，恩格斯特别是就有关"C"项后半部分同第1版第4章急切地写信给马克思谈了他的感想。②

我认为，这些大体上就是自上述2月21日马克思写给恩格斯的那封信以来有关《资本论》的写作情况。不过，在此之前的大约两个月之前，马克思曾写过一封信，其中谈到了第6章的写作情况，这就是1866年12月17日写给恩格斯的信。马克思在这封信中说，希望恩格斯给他弄一本罗杰斯的《农业史》（1866年），他说他"专门为此在一章

---

① 《马克思恩格斯全集》第1版第31卷第283页。
② 《马克思恩格斯全集》第1版第31卷第329—330页。

中留出了空位"①，从这封信中我们可以推断，马克思在这个时候大体上完成了《所谓原始积累》部分，从而第1版原稿的写作，即根据第1卷手稿的写作，暂且告一段落，不过这并没有消除这样的疑问：在仅仅只够用来誊写的一个月中，第1卷手稿的积累理论是最后地接近了尾声吗？困难的是，应当由这里展开的理论问题是否达到了这种程度呢？

在手稿《政治经济学批判》和《资本论》第1版之间存在着距离，而其中最大的差别就是积累理论，即使最粗略地看，在手稿《政治经济学批判》中，在理论的叙述部分，有相当的部分承袭了《大纲》的叙述，积累理论的研究是和第2卷的再生产理论的研究同时进行的，有关原始积累的文献既不是仅仅为了这一目的进行摘录的，也不是作为追述进行选材的，对威克菲尔德的著作的摘录也决不是为了这一目的。这两者的对比今后虽然会更加明晰，但是根据《马克思恩格斯全集》俄文第2版第48卷独特编辑的尝试，这种不同也是十分明显的。马克思在写作第1卷手稿时，在多大的程度上完成了积累理论呢？现在只能通过间接的方法去推论这一问题了。

据 E. 科普夫的《卡尔·马克思的〈资本论〉第1卷的第3稿是否存在？》一文称，"马克思那里的1页手稿，在《马克思恩格斯文库》中，平均为1.5印刷页"。由此可以推算出，如把正文和脚注合在一起，估计《文库》同第1版是相同的，或者说，稍稍多于《文库》，总之，第1卷手稿的1页大体相当于第1版的1.5页。根据这一计算，如把第1卷手稿有关积累理论的180页（从第260到第440页）换算成第1版的页数，就为270页。因此，第1版第6章为100页（该章第1部分C除外）。这种计算尽管会有出入，但是从插进《第6章》的稿子（从第263到第264页）和谈及工资总量和工资的国民差异的手稿片断（从第

---

① 《马克思恩格斯全集》第1版第31卷第271页。

259页到第260页，脚注第41和第42）来看，第1卷手稿积累理论的开始部分靠近第264页以后这一点大概不会错。由此可见，马克思是否在论述积累理论的地方停止了原稿的写作，而转入如我们恰好在第3卷手稿中所看到的有关题目的摘录呢？我认为，手稿片断（从第379到第380页）中的《（b）由国民差异所造成的生产资料的集中的差异》没有被誊写，不过，上述情况已经只能是猜想了。这里已经指出，可以说存在着各式各样的可能性，如果现存的手稿片断和插入稿被置于积累理论一章之前这一点是正确的，那么第1卷手稿中的积累理论无论如何都必然会超过第1版的数量。当然，内容是全然不知的。

如果从这一情况出发，那么上面提到1月17日的信就不仅是个估计了，说不定反映了以第1卷为基础的第6章写作的终止，至少说明了不久在年内完成了。

说明第1版原稿完成的信有三封，其说明的时间完全不同，特别是前两封，都不无道理，要说明它们是相当困难的。从哪方面来看，都不好确定。特别是问题在于，到此为止没有涉及的中间时期即1867年年初就是这一时期，这一点现在只能推论了。

首先，值得注意的是1867年1月19日马克思致恩格斯的信，信中写道："罗杰斯的著作收到了，谢谢。书中有很多材料。关于曼彻斯特的罢工问题，或者至少是同纺织工人的冲突问题，希望你把事态的发展精确地告诉我，因为我还可以在书〔《资本论》第1卷〕中采用它。"①罗杰斯的书再现在第1版第6章（注第198）中，10天后恩格斯就上述问题的回信再现在第1版第4章（注第207）中。大概马克思此时正想了解1866年初以来的新形势，追加对最新事件的记述，对整体进行反复推敲。例如，正如巴尔德列夫所指出的，论述提出制定八小时工作日

---

① 《马克思恩格斯全集》第1版第31卷第276页。

的"巴尔的摩全国工人代表大会（1866年8月）和第一国际日内瓦国际工人代表大会（1866年9月）的决议的段落，是后来插进去的"，1866年在设菲尔德发起的围绕就业契约所进行的裁判的记述①、1867年1月26日《泰晤士报》的记述②以及1866年12月和1867年1月的《泰晤士报》③等等都明显记有日期，就写作经过的关系来看是不自然的，这些资料恐怕是后来追补的，马克思在写作第6章时一定想到了这些大量实际资料要吸收到这一章中，在这一章终了时，马克思才告诉恩格斯说第1卷"已经完成"。在这之后才在卷末加上《第1卷注释补遗》，从而完成了第1版原稿。

以上围绕第1卷手稿是否存在问题，概括地论述了《资本论》第1版的写作过程。第1卷手稿是否存在，并不仅仅是一个正确考证年代的问题，如果不存在第1卷手稿的写作，那么它的重要结论自然是以《资本论》第1卷的手稿《政治经济学批判》为直接基础进行写作的。J. 康拉德就是明确地这样主张的。整个看来，本文批判了这种主张，但是遗留问题不一定没有，我只不过提出了彻底进行探讨的一些材料。

（译自日本《经济》杂志，1983年9月号第233期）
（刘焱 译）

---

① 《资本论》德文第1版第417页。
② 《资本论》德文第1版第485页。
③ 《资本论》德文第1版第586页。

马克思的手稿《第六章 直接生产过程的结果》在《资本论》结构中的地位[*]

〔苏〕伊·安东诺娃[①]

现已弄清,马克思的手稿《第六章 直接生产过程的结果》写于1864年,按照他的计划,这一章是《资本论》第一卷的结束和向第二卷的过渡。按照我们的猜想,马克思没有把《第六章》收入第一卷中去,而是只写成了一个简短的概要放在第一卷第一版中。而在第一卷德文第二版和以后的版本中,马克思把这一概要也删掉了。

这个手稿第一次以俄文和德文原文在1933年发表在《马克思恩格斯文库》中,后来又收入《马克思恩格斯全集》第49卷。在第49卷俄文版的前言中写道,这一手稿"有巨大的历史理论意义"。这个手稿中的论述虽然在《资本论》的其他手稿中也是有的,但在这里却是从另外的角度论述的。这个手稿揭示了经济生活的新的方面。[②]

我这篇文章就是想说明这些新的方面的特点,考察《第六章》主要思想的形成和发展,确定它在《资本论》结构中的地位,并且寻求马克思为什么没有把这一章发表出来的答案。

---

[*] 本文选自《马列主义研究资料》1986年第1—2辑合刊。

[①] 本文作者是苏联马列主义研究院马恩室科研人员,她的这篇文章对马克思的手稿《第六章·直接生产过程的结果》提出了新的见解。马克思这篇手稿的中译文见《马克思恩格斯全集》第1版第49卷。——译者注

[②] 《马克思恩格斯全集》第49卷俄文版第Ⅵ页。

早在1857—1858年手稿即《大纲》中马克思已经想到，在研究资本主义生产方式之前要设置《**关于生产一般**》的一章，来考察没有历史性的生产。① 在这个手稿中，马克思虽然没有写关于劳动过程的这样一章，并且所有这类问题都是在他当时的主题范围内考察的，但是他留下了关于想象中的这一章的结构的某种草案。马克思特别指出："关于生产的一章在客观上以作为结果的产品而结束。"② 在这个研究阶段上，马克思先是暂时认定作为前提的资本价值部分同生产过程的结果绝对同一。

但是，价值的这种不变的再生产是毫无目的的，甚至是同资本的概念相矛盾的，因为资本的目的是剩余价值。因此，马克思分析资本的下一步，就是考察作为生产过程的结果的剩余价值。马克思指出，资本价值的增殖是同资本对雇佣劳动的关系相联系的，这种关系发生在生产过程之前。当资本第一次出现时，它的前提条件好像是从外部由流通中来的，表现为资本形成的前提，"这些外在的前提条件现在成了资本本身运动的要素"③。生产过程采取再生产过程的形式。当资本主义生产由它本身加以说明之后，马克思得出了上面这样的结论。他着重指出，占有规律的转变，当所有权表现为对他人劳动的占有时，作为生产过程的结果，就是"**资本家和工人的关系本身**的再生产和新生产。这种社会关系、生产关系，实际上是这个过程的比其物质结果更为重要的结果"④。

当马克思把资本主义生产过程在逻辑上叙述到它的结果以后，他开始分析资本主义生产的历史前提，这个前提是他在研究过程中作为已知

---

① 《马克思恩格斯全集》第1版第46卷上册第281页。
② 《马克思恩格斯全集》第1版第46卷上册第282页。
③ 《马克思恩格斯全集》第1版第46卷上册第446页。
④ 《马克思恩格斯全集》第1版第46卷上册第455页。

前提设定的。这个问题涉及的是所谓原始积累，其任务是说明劳动能力同生产资料相分离。"这种分离一旦成为前提，生产过程就只能新生产，再生产这种分离，而且是在更大规模上再生产这种分离。"①

马克思在作为《大纲》的提要写的《我自己的笔记本的提要》中重复说："生产过程和价值增殖过程的主要结果：资本和劳动之间，资本家和工人之间的关系本身再生产和新生产。"② 在这里，马克思也强调指出了"**每一个表现为前提的要素，同时也是生产的结果。生产本身的条件的再生产**"③。

资本主义生产过程的历史前提必须放在叙述它的结果之前来叙述，这是由于逻辑和历史的一致决定的。这种必要性显然导致如下结果，就是无论在《第三章提纲草稿》④ 中还是在 1863 年 1 月写的《资本论》第一部分或第一篇的计划⑤中，关于原始积累的问题都处在倒数第二点上。在 1859 年或 1861 年写的第三章提纲草稿中，最后一项是"雇佣劳动和资本"，其中讨论的问题包括：资本的文明作用，工人靠工资再生产（即资本和雇佣劳动之间的社会关系的再生产），以及过渡到非对抗性的社会形态，等等。在上述各计划草稿中，都有从生产过程向流通过程的过渡这一点。在第三章提纲草稿中是："简单商品流通中占有规律的表现。这一规律的转化。"⑥

还应当补充的一点是，1857—1858 年手稿中得出的一个结果，是

---

① 《马克思恩格斯全集》第 1 版第 46 卷上册第 459 页。
② 《马克思恩格斯全集》第 1 版第 46 卷下册第 527 页。
③ 《马克思恩格斯全集》第 1 版第 46 卷下册第 534 页。
④ 《马克思恩格斯全集》第 1 版第 46 卷下册第 544 页。
⑤ 《马克思恩格斯全集》第 1 版第 26 卷第 1 册第 446 页。
⑥ 《马克思恩格斯全集》第 1 版第 46 卷下册第 545 页。

发现"表现资产阶级财富的第一个范畴是商品的范畴"①。

在1861—1863年手稿中，马克思继续研究直接生产过程的结果。必须指出的是，在1864年以前，即直到马克思写出这个《第六章》的手稿以前，直接生产过程的结果问题并不是马克思注意的中心。因此，对这个问题各要素的研究在整个手稿中是分散的，只有在同论述剩余价值的主要问题直接相联系的场合才谈到。

马克思在这个时期制定经济理论所达到的理论水平，反映在对直接生产过程的结果的叙述上。马克思不仅把商品确定为研究的起点和终点，而且分析了这两点中间的各中间环节。另一方面，马克思打算把资本和劳动之间的关系放到"资本和雇佣劳动"那一篇中去研究。

马克思强调剩余价值是生产过程的特殊结果。因为剩余价值的创造是在生产过程中完成的，所以，马克思打算在第一卷的结尾来谈的占有和占有规律的转化，只有在实际生产过程的基础上才能阐明。

马克思在1863年1月写的《资本论》第一卷计划中，第一次详细列出了他的叙述计划，并且第一次把生产过程的结果一章作为第7点列出来，还在括号中写道："占有规律的表现中的变革可以在第6点或第7点中考察。"②

如果说马克思以前曾打算把第一卷的最后一章标题为"资本和雇佣劳动之间的关系的叙述"，那么现在则改为：生产过程的结果。以前的以更广泛的社会分析为前提的一般形式，现在移到了第三卷的末尾。在《资本论》第三部分或第三篇的计划中，最后一项就是，"结论。资本和雇佣劳动"③。

---

① 《马克思恩格斯全集》第1版第46卷下册第411页。
② 《马克思恩格斯全集》第1版第26卷第1册第446页。
③ 《马克思恩格斯全集》第1版第26卷第1册第447页。

在1861—1863年手稿中，马克思着重分析的是生产过程的总体，即生产过程和流通过程的统一。而且，也研究了它的结果。而在这里，在研究生产过程的结果时，马克思分析的特点是前提和结果的互相关系的方法。他写道："生产过程借以运动的一切生产关系既是它的条件，同样也是它的产物。"①

马克思对前提和结果的辩证法不是从历史的观点来分析的，也不是作为理论的抽象和具体来分析的，而更多地是作为本质和现象的关系来分析的。如果生产过程的结果即工资、利润和地租，总是作为生产过程的前提再生产出来，那就会造成一种表面现象，好像资本主义生产关系是永恒的，这就很难看清表面形式后面的本质，马克思通过分析把这些问题说明白了。这已经是1861—1863年手稿中《收入及其源泉》的对象，因而是《资本论》第三卷相应篇章的对象。

马克思通过这种方式不仅研究了直接生产过程的结果，而且也研究了整个生产过程的结果。这就完全揭穿了雇佣劳动和资本的关系。

在这个阶段上，马克思还没有放弃把直接生产过程的结果作为专门一章来论述的想法，以致在1864年写成了《第六章。直接生产过程的结果》这一手稿。在这个手稿中讨论的问题是：作为资本产物的商品，剩余价值的生产，最后，整个关系的生产和再生产，它使"这个直接生产过程具有特殊资本主义特征"②。

由于这种方式，《资本论》第一卷的最后一章并不是某种偶然的东西，相反，马克思在这里所涉及的题目（生产过程的前提与结果的相互关系，不论是从历史上还是从逻辑上来看）是马克思写作《资本论》整个过程中形成的。如果说在以前，所有这些问题不是在相互联系中来

---

① 《马克思恩格斯全集》第1版第26卷第3册第564页。
② 《马克思恩格斯全集》第1版第49卷第3页。

考察的，那么现在，它们表现为有机的统一体，对它们的研究是为了一个目的：表明在这种概念中直接生产过程的结果是如何反映的。和1863年的计划相比，这一章的标题更具体化了，现在不再是论述生产本身的结果，而是论述直接生产过程的结果。

第六章叙述方式的特征，是前提和结果的辩证法的进一步发展。前面已经说过，这种叙述方式也许应当表现历史和逻辑分析方式的结合。如果说马克思在1861—1863年手稿的开头曾指出，产品在什么情况下作为商品产生出来的问题，"超出了对商品本身分析的范围"①，那么，现在这个问题成了第六章的主要论题之一。

马克思指出，商品的概念既包含前提也包含结果，因此，在这个概念中潜在地包含着资产阶级社会的所有矛盾。商品的这种特殊作用使得人们可以断言，商品在资本主义制度下带有必然的和一般的性质。但是我们不应忽视商品的历史性质，不应忽视使商品成为资产阶级社会的必要前提的那些条件。马克思指出，这些条件就是商业发展到一定程度，分工和出卖劳动能力。然后，资本发展的历史前提变成资本运动的结果。

如果我们不把商品作为前提和作为结果这两种作用的特点解释清楚，那么，断言商品既是前提又是结果，就仍然是单纯的同义反复。如果说商品在开始时是孤立地加以考察的，是表现为一定量的劳动时间的物化，那么现在，在生产过程的结果中，我们看到"再现着预付资本的价值加上剩余价值……的商品量，并且每一单个商品都是资本的价值和资本所生产的剩余价值的承担者"②。

单个商品现在资本主义生产的范围内发挥职能，并且只能在这个范

---

① 《马克思恩格斯全集》第1版第47卷第37页。
② 《马克思恩格斯全集》第1版第49卷第10页。

围内。所以物化在商品中的劳动只是在思想上作为平均量来计算。这同样适用于确定单个商品的价格。这意味着，商品作为直接生产过程的结果，表现为"已经自行增殖的资本的转化形式"①。

正如商品是交换价值和使用价值的统一一样，资本主义生产过程表现为劳动过程和价值增殖过程的统一，而且劳动过程是价值增殖过程的基础。在分析剩余价值的生产时，马克思重新回到以前所发展的前提和结果的相互关系的方法上来。

马克思指出，他的分析所触及的材料在前五章中都已解释过了。这最后一章的独特性，在于指出资本主义生产过程同它的现实基础（因而也是前提）相比，即同劳动过程相比，其特点何在。马克思再一次叙述了剩余价值产生的必要前提。他特别指出，劳动力的买卖不仅是生产过程的前提，而且是它的结果。

前提和结果的辩证法也是《资本论》第三部分（即后来的第三卷）的对象。

如果我们分析第六章的内容就可以看清，马克思在叙述直接生产过程的结果时遇到了困难，分析的题目和方法超出了直接生产过程的范围。当马克思开始分析"总产品和纯产品"时，他在括号内指出，"这一点列入第三册第三章也许更好些"②。劳动能力的买卖本身是属于流通过程的行为，"但是就整个资本主义生产过程来看，劳动能力的买卖不仅是资本主义生产过程的要素和前提，而且是它的经常结果"③。所有这一切导致产生如下的想法：如果不考察整个生产过程，就连直接生产过程的叙述在理论上也是不完全的。

---

① 《马克思恩格斯全集》第 1 版第 49 卷第 10 页。
② 《马克思恩格斯全集》第 1 版第 49 卷第 110 页。
③ 《马克思恩格斯全集》第 1 版第 49 卷第 77 页。

但是迄今为止，关于马克思放弃把第六章收入《资本论》第一卷的原因，人们至少有三种猜测。第一种猜测也是最为流行的假设，就是认为马克思当时决定《资本论》第一卷不再同时包括论述生产过程的第一册和论述流通过程的第二册，而是决定只包括第一册。这样，自然就把过渡性的一章拿掉了。例如，鲍尔迪列夫就持这种看法。他也认为，论述商品和货币问题的第一章从某些方面来说排除了详细概括的必要性，而这种概括就是第六章的内容。[①] K. 康拉德则持另一种见解，他认为《资本论》第一卷所以没有包括这个第六章，是因为"把《政治经济学批判》第一分册（1859年）的内容加到《资本论》第一卷中作为第一章之后，第一卷的篇幅已经很大了，第一卷的出版不容再往后拖延，最后，第六章在一定程度上又'只是'前五章详细论述过的问题的概括"[②]。

然而，说马克思只是由于外部原因（由于页数增加）就把这一整章拿掉（而这一章又是属于第一卷的有机结构的），这种说法是值得怀疑的。需要指出的是，马克思直至收到第一卷的校样以前还相信，这一卷的篇幅太小。我们都知道，马克思曾认为他的著作的结构有巨大意义。所以，把这个第六章收入第一卷中也应当是叙述的完整性所要求的。

如果说第一卷的出版不容再往后拖延，因而必然要用一个简短的概括来代替第六章，如果真是这样，那么马克思在出《资本论》第一卷第二版的时候应该有足够的时间把这一章补上。然而马克思没有这样

[①] 参看 N. 鲍尔迪列夫：《1863—1867年马克思对〈资本论〉的创作》（中译文见《〈资本论〉创作史研究》，福建人民出版社1983年版，第160—178页）。

[②] K. 康拉德：《马克思主要著作的手稿包括哪些阶段？》，载《马克思恩格斯研究论丛》，1980年柏林第6期。

做，相反地连简短的概括也删掉了。

说第六章只是第一卷的简单概括，也是值得怀疑的。本文前面已经反驳了这种看法。

W. 施瓦尔茨则持第三种意见。他认为，马克思所说的"结果"，不是指已经进行过的分析的概括，而是生产过程的客观结果。当施瓦尔茨跟踪研究以前的手稿结构的主要思想和第一卷结构的主要思想时，他断言，从原则上说第六章中几乎所有的论述在《资本论》的结构中都已有稳定的位置，它们发表在《结果》中则是一种新创造，所以马克思把它们删掉了。他认为，由于论题的选择，结果把这些论述从第一卷的构成中删掉了。但是，如果像施瓦尔茨正确地指出的那样，这个问题涉及的是生产过程的客观结果，那么这样的论题范围就不是偶然的和主观的东西。这样，它们就不可能是任意设置的最终一章。施瓦尔茨的这种看法的弱点在于，他只是注意到第六章所讨论的论题，而没有接触到这一章的特点，而这一章的特点恰恰在于前提和结果的相互关系，抽象和具体的相互关系，以及逻辑和历史的相互关系。正是由于上述原因，才使施瓦尔茨作出第六章在《资本论》的结构中是不必要的结论。

上述各种猜测都有讨论的余地，我认为必须这样来猜测：如果说没有把最后一章收到《资本论》第一卷中去，其外部原因是由于没有把第一册和第二册同时发表在第一卷中，那么显然，由于要在全书最后论述资本主义主要生产关系的结果，这才促使马克思作出把这一章删掉的决定。

（原载《马克思恩格斯研究论丛》，柏林 1982 年版第 11 期）

（朴金中译）

《资本论》第3卷初稿的形成过程

〔关于写作过程〕*

第3册的初稿是《资本论》第3稿〔即1863—1865年手稿〕的一部分。这部初稿被完整地保留了下来。马克思在结束了《政治经济学批判（1861—1863年）》手稿的写作之后认为，现在关键是要誊清，为付印作最后润色，对著作进行"最后审订"①。显然，马克思想先把三册理论部分全部写完，再完整地发表，这三册理论部分就是：资本的生产过程；资本的流通过程；总过程的各种形态。

在与出版商奥托·迈斯纳签订的合同中，起初规定，马克思应最晚于1865年5月交出全部手稿。在这一前提下，迈斯纳最晚应在10月把整部著作出版并寄给作者。② 最后，迈斯纳于1865年3月21日给马克思寄去了"根据要求作了若干修改的合同"。同时，他写道："我完全删去了交出手稿的时间，我只想请您竭尽全力，不至于使开印的时间太

---

* 本文选自《马克思恩格斯研究》1995年总第20期。
  原题注：本文是《马克思恩格斯全集》历史考证版（MEGA）第2部分第4卷第2册的编者为该册所发表的"《资本论》第3卷初稿"所写的题注，原标题为"手稿的形成和流传"。现在这个标题是我们加的，译文中放在方括号〔〕中的文字是译者补加的。——编者注
① 参看《马克思恩格斯全集》第1版第30卷第346、364页。
② 参看《德国工人运动史论丛》，1967年第5期，第843页。

晚。因为，否则我们就不能在1866年以前使著作问世。"当时决定的是，三册书应收在两卷中同时出版：第1卷收入第1册和第2册，第2卷收入第3册。① 合同的另一处修改，显然涉及这两卷的总篇幅，它从50印张增加到了60印张。

这些决定对马克思在1864年夏天至1865年12月期间自己弄清问题产生了许多影响。所以会作出上述这些决定，是因为存在如下的一些重要原因。例如，国际工人协会的成立使人们感到，有必要尽快出版《资本论》并有效地在工业发达的资本主义国家的工人运动中进行传播。同样，对资本主义的基本特征和重要细节所作的分析与批判，也应在整体上加以叙述，看来这也是上述决定的一个原因。马克思说："我不能下决心在一个完整的东西还没有摆在我面前时，就送出任何一部分。不论我的著作有什么缺点，只有用我的方法，在它们没有**完整地**摆在我面前时，不拿去付印。"② 马克思考虑到他同迈斯纳签订的合同，60印张为最大限度，所以他认为把整个东西放在面前"绝对必要……以便知道，要压缩和删节多少才能在……指定的数量范围内均衡地和匀称地阐述各个部分"③。在这方面重要的是，要完成适用于各册的最后划分，即章节的划分。

就第3册来说，存在着若干有利于写作的重要先决条件。在1861—1863年经济学手稿中，有一个第3章《资本和利润》，其中有一个理论部分，论述了剩余价值向利润的转化，以及利润向平均利润的转化。④在上述手稿的《剩余价值理论》部分中，有通过批判地考察资产阶级

---

① 参看《马克思恩格斯全集》第1版第31卷第499、535—536页。
② 《马克思恩格斯全集》第1版第31卷第135页。
③ 《马克思恩格斯全集》第1版第31卷第138页。
④ 参看《马克思恩格斯全集》第1版第48卷第252—348页。

政治经济学而获得关于平均利润和生产价格的认识,以及关于剩余价值的各种转化形式——产业利润和商业利润、利息、绝对地租和级差地租——的认识。它是以一篇概括性的论述《收入及其源泉》而结束的。① 有对《商业资本。货币资本》的研究。② 马克思主要通过对这些问题的分析,得出了对资本主义生产总过程的论述。马克思在起草这个第3册初稿的过程中,也把1861—1863年手稿中的不少段落吸收到了这个初稿中。这主要是指:第1章中关于剩余价值和利润的基本论述,第3章中关于平均利润率趋向下降的规律的基本论述,第4章和第5章的前几点中关于商人资本和生息资本的基本论述。

1862年12月制订的第3篇《资本和利润》的计划草稿③是第3册结构的基础。马克思把在写作《资本论》第2稿即1861—1863年经济学手稿时标为"篇"或者有时称为"章"的部分,现在称为"册"〔而把计划草稿中的各点变为章〕④。我们把上述的计划草稿和第3册初稿中的篇章划分对比如下。

计划草稿

"(1)剩余价值转化为利润。不同于剩余价值率的利润率。

(2)利润转化为平均利润。一般利润率的形成。价值转化为生产价格。

(3)亚·斯密和李嘉图关于利润和生产价格的理论。

---

① 参看《马克思恩格斯全集》第1版第26卷第3册第499—600页。
② 参看《马克思恩格斯全集》第1版第48卷第354—456页。
③ 《马克思恩格斯全集》第1版第26卷第1册第447页。
④ 后来,恩格斯在编辑整理《资本论》第3卷时,又把"册"改为"卷",把"章"改为"篇",恩格斯在每篇下又分设了若干"章"(参看《马克思恩格斯全集》第1版第25卷)。

(4) 地租（价值和生产价格的区别的例解）。

(5) 所谓李嘉图地租规律的历史。

(6) 利润率下降的规律。亚·斯密、李嘉图、凯里。

(7) 利润理论。

(8) 利润分为产业利润和利息。商业资本。货币资本。

(9) 收入及其源泉。这里也包括生产过程和分配过程之间的关系问题。

(10) 资本主义生产总过程中货币的回流运动。

(11) 庸俗政治经济学。

(12) 总结。资本和雇佣劳动。"

第3册初稿

"第1章：剩余价值转化为利润。

第2章：利润转化为平均利润。

第3章：利润率在资本主义生产进程中有下降的趋势。

第4章：商品资本和货币资本转化为商品经营资本和货币经营资本。

第5章：利润分为利息和企业主收入。（产业利润和商业利润。）生息资本。

第6章：超额利润转化为地租。

第7章：各种收入及其源泉。"

马克思在写作第3册初稿时，对上述计划草稿作了若干处重要的修改。**首先**，他在原则上决定给《资本论》增加一部论述资产阶级政治经济学史的专著，在这种情况下，他放弃了原来计划的在每一章中进行的历史文献的论述，第3册初稿中也有许多这种情况。它们在这个初稿中通常被称为属于"以后的历史章节"的或者被称为还要撰写的第4册的部分。因此，马克思在完成计划草稿时没有考察第3、5、7和11

这几点。1863—1864年写的《资本论》第1册的草稿就已经有这种情况了，它也与计划不同，不再包括理论史部分了。在第1册草稿的最后一章即第6章中的一个说明清楚地证实，马克思考虑到了要写理论史的专册，他指出，传统上混乱的概念都是与总产品和纯产品之间的区别相联系，其中一部分来源于"**重农学派**"①。马克思在1865年7月31日给恩格斯的信中最后表示："然后还得写第4册，即历史文献部分；对我来说这是最容易的一部分，因为所有的问题都在前3册中解决了，最后这一册大半是以历史的形式重述一遍。"② 现在，这个第3册初稿的第6章中也有对计划写的这一理论史专册的明确提示。③

其次，马克思修改了第3册本身的结构。马克思没有像最初计划的那样，在关于利润和平均利润的章节之后，写关于地租的一章来作为"例解"，而是写了关于平均利润率趋向下降的一章。马克思在1861—1863年手稿中就已经确认，这个问题涉及的是：揭示由产业资本构成的总资本价值增殖程度的发展趋势的规律。与此相反，马克思认为，社会剩余价值在各资本家集团之间的分配是第二位的过程；所以，在论述方法上，应在这一规律之后再论述。④ 马克思这时还强调，这个规律，就其一般性来说，是同利润分割为各个部分无关的。⑤ 随着第3册三个基本章〔即前3章〕的撰写，马克思的这一想法才最终得到实现，在这三章之后，马克思从总体上论述了利润的各种形式和地租的各种形式。

---

① 《马克思恩格斯全集》第1版第49卷第112页。
② 《马克思恩格斯全集》第1版第31卷第135页。
③ 参看《马克思恩格斯全集》历史考证版第2部分第4卷第2册第724页。
④ 参看《马克思恩格斯全集》第1版第48卷第292—293页。
⑤ 参看《马克思恩格斯全集》第1版第25卷第238页。

绝对地租一方面早在1861—1863年手稿中就已从价值转化为生产价格的理论中推导出来，它同时也是检验这一理论的正确性的试金石。另一方面，马克思已经达到的认识水平，使他决定把地租理论连贯地加以阐述。他在给恩格斯的一封信中这样写道："我还是打算把地租理论放在这一卷作为增补，即作为对前面提出的原理的'说明'。"① 这个"原理"指的就是关于资本主义竞争的基本原理在平均利润和生产价格上所形成的概念。在第3册初稿中，绝对地租已经不再作为"说明"来考虑了，而是对它进行了更为广泛的考察，用来说明土地所有制在资本主义中的本质内容。马克思论述资本主义生产的总过程时还特别考察了级差地租，也就是说，两种地租形式现在已经在整部书中占有重要的、相对独立的位置。马克思在撰写第6章时，在写完"导论"之后，先写的是绝对地租，然后才写的级差地租。他一开始就认识到②，绝对地租是反映资本主义土地经营本质的，在最后一稿即付印稿中应首先加以论述。此外，马克思手稿中遗留下来的一份有关这一章的详细计划也证明了马克思的上述认识。③ 这样一来，按照计划草稿的设想，还应该写最后一章《资本和雇佣劳动》，以便考察资本的各种关系。但是最后，马克思不得不更广泛地概括这一章的内容。在他的《资本论》中，这一章揭示的是资本家、土地所有者和雇佣工人这三个阶级的经济关系。

在这个把生产和分配的辩证统一作为总体来论述的第7章中，这些关系在论述的方法上得到了综合，揭示了资产阶级社会表面上的阶级关系所表现出的客观现象。但是，在第3册初稿中关于阶级的论述仍然是

---

① 《马克思恩格斯全集》第1版第30卷第285页。
② 参看《马克思恩格斯全集》历史考证版第2部分第4卷第2册第690页。
③ 参看《马克思恩格斯全集》历史考证版第2部分第4卷第2册第816—817页。

不完整的。显然，马克思本想在这一章中论述资本主义生产方式在阶级斗争中的"瓦解"，因为阶级斗争导致资产阶级社会的灭亡，但没有写完。①

马克思没有像计划草稿的第 8 点所拟定的那样，把商人资本和生息资本联在一起加以考察，而是把它们分开，分别在第 3 册初稿的第 4 章和第 5 章中考察的。马克思在写第 2 章时作了如下说明："然而，人们将在下一篇里看到，这种资本（指生息资本。——译者注）必须像商业资本那样单独进行论述。"② 同样，马克思在第 2 册的"手稿 I"中也提到，第 4 章将要论述生息资本。③ 这一章标题的改动同样反映了马克思考虑计划的过程。④ 起初，标题中仅包含生息资本，后来马克思考虑，把商人资本和生息资本放在同一章里论述。这从用墨水作了修改的标题可以得到证明。还值得注意的是，两种资本形式的顺序改变了。但是，当论述商人资本接近尾声时，马克思决定，在独立的一章中讨论资本的另一种形式。他在初稿的第 277 页上这样写道："关于这一点，我们在下一章论述生息资本时再谈。"⑤ 最后的标题是用铅笔改的，所以，可能是马克思后来审读时才改的。

马克思在第 2 册的"手稿 I"中已经对货币流通作出了若干规定，也就是说明货币单纯流通的那些规定。他在那个手稿中也注明，在第 3 册的最后一章中（显然是指在计划草稿的"（10）……货币的回流运动"中），将阐述进一步的规定，"在考察过商人资本等等以及剩余价

---

① 参看《马克思恩格斯全集》第 1 版第 32 卷第 75 页。
② 《马克思恩格斯全集》历史考证版第 2 部分第 4 卷第 2 册第 228 页。
③ 参看《马克思恩格斯全集》第 1 版第 49 卷第 507 页。
④ 参看《马克思恩格斯全集》历史考证版第 2 部分第 4 卷第 2 册第 1029 页。
⑤ 参看《马克思恩格斯全集》第 1 版第 25 卷第 357 页。

值所分割成的各特殊范畴之后,才进行考察"①。根据马克思在1861—1863年手稿中的说明,这些进一步的规定应揭示隐藏在货币流通背后的过程,即"再生产过程的总周期,后者包含有互相交错的生产、消费、分配、流通和再生产等因素"②,这样,马克思在1861—1863年手稿中根据在《插入部分。资本主义再生产中的货币回流运动》中的深入分析,已经对这一章的内容有了一个轮廓。③ 马克思在第3册的初稿中没有写这一章,但是,基本的内容已经收入第4章中了。

第3册初稿的最后两章是马克思以特殊的方式完成的。他在第6章还没有写完时就开始撰写第7章了。因此,他也没有给第7章编页码。第6章的若干页被收入第7章。第7章一开始,即在标题《第7章 各种收入及其源泉》之后,马克思写道:"(1)三位一体的公式。(参看本册第445、446页)(那些内容应放在此)。"④ 在属于第6章的手稿第445页上,在方括号里有一个关于三位一体的公式的插入部分。(在付印稿上,恩格斯把它放在了第Ⅲ点后半部的第349页及后一页上。)但是,在初稿第446页上没有对这一题目作的说明。很可能是马克思把以第446页开始的那个印张抽掉了,并把它用于第7章了。紧接在第7章第1印张之后,马克思补进了一张纸,他给这张纸的正反两页编的页码是第470页和471页。⑤ 第471页上的正文内容直接过渡到下一印张的内容。后来给第7章编页码的恩格斯,没有把这两页编在马克思打算放

---

① 《马克思恩格斯全集》第1版第49卷第438页。
② 《马克思恩格斯全集》第1版第48卷第180页。
③ 参看《马克思恩格斯全集》第1版第48卷第175—234、237—250页。
④ 《马克思恩格斯全集》历史考证版第2部分第4卷第2册第834页。
⑤ 参看《马克思恩格斯全集》历史考证版第2部分第4卷第2册第840—845页;另参看《马克思恩格斯全集》第1版第25卷第919—923页。

的那个位置上，而是把它们作为第Ⅰ和Ⅱ点排在了第7章的开始。恩格斯把手稿第445页的插入部分作为第Ⅲ点了。恩格斯在由他编号为第531和532的这两页之间，在付印本中第2部分第358页上注明："〔这里缺少手稿中的一个对开页。〕"这两页后来的编号为531a和531b。

《资本论》第3册是分两个阶段形成的，这两个阶段之间中断了几个月。在中断的这几个月期间，即1865年上半年，马克思起草了第2册的"手稿Ⅰ"，并起草了在国际工人协会所作的《价值、价格和利润》的报告。马克思写第3册初稿时是从第2章开始的。这可能是由于，马克思在1861—1863年手稿的第ⅩⅥ笔记本中还没有广泛地研究利润向平均利润的转化。那时，马克思还打算在专门论述竞争学说时才探讨这个问题。① 起初，第2章的两个印张上只有用铅笔标明的拉丁字"a)"到"l)"。后来，即在写完第1章之后，并在撰写第3章之前，这些编号才被用钢笔写的连续编号所代替。

第1章中一处论述的空白也表明了上面所说的写作的中断，这个空白涉及的是资本周转对利润率的影响。关于这个问题，只有标题"〔6〕流通时间的变更，缩短或延长（还有与此相联系的交通工具）对利润率的影响"② 马克思始终知道这里论述中的空白，他写道："我们不打算在这里详细研究流通时间对利润率产生多大影响的问题。〔因为，第2册还没有写，其中显然将讨论这一点。〕"③ 马克思在第2册手稿中阐述了剩余价值率的详细规定，即年剩余价值率的规律。马克思把它理解为阐述年利润率的基础。马克思研究资本周转时还写道："为了正确地

---

① 参看《马克思恩格斯全集》第1版第48卷第281页。
② 《马克思恩格斯全集》历史考证版第2部分第4卷第2册第208页。
③ 《马克思恩格斯全集》历史考证版第2部分第4卷第2册第225页。

考察利润问题"①，"（虽然这个问题只属于本章下一节……的范围）"②，要详细考察固定资本对剩余价值率和剩余价值量的影响。论述的逻辑终于迫使马克思去填补上述的理论空白，所以他中断了第3册的写作，开始起草第2册。不过，这样他就忽视了对第3册第1章作相应的补充。在第3册初稿的第182页上还有一个说明："［市场概念的最一般特点必须在关于资本的流通过程的篇中加以阐述。］"③ "必须……阐述"这个说法指的是，第3册的某一部分（很有能是前三章）要在第2册起草之前写。

第4章及后面各章无疑是在第3册初稿的第二个写作阶段才完成的。证明这一点的，首先是第243页和256页上提到的第2册第1章的"（3）流通费用"这一节。④ 它们同第2册"手稿I"完成后所草拟的这一册的计划是一致的。⑤ 在手稿I中，流通费用还是在第4节中论述的。⑥ 除此之外，这第4章标题在文字上的改动也说明了上述的写作过程。马克思这时决定，商人资本和生息资本不再放在同一章中论述，而是分别在两个独立的章中论述。这一变更可能是根据撰写第2册时获得的认识而作出的。第3册初稿的前三章论述的是生产剩余价值的资本之间的竞争斗争的规律性，在这三章之后，马克思直接面临的问题是，应如何准确地将论述特殊的、派生的资本形式同论述生产资本的形态变化区别开，如何形成两者之间的过渡。这要以分析资本的流通过程为前

---

① 《马克思恩格斯全集》第1版第49卷第394页。
② 《马克思恩格斯全集》第1版第49卷389页。
③ 《马克思恩格斯全集》历史考证版第2部分第4卷第2册第255页。
④ 参看《马克思恩格斯全集》第1版第25卷第298、321页。
⑤ 参看《马克思恩格斯全集》第1版第49卷第251页。
⑥ 参看《马克思恩格斯全集》第1版第49卷第346页。

提。必须先说明资本的那种独立的可能性，即资本的形式运动，才能最后在第3册中论述资本的现实运动。在这时马克思更加认识到，商人资本和生息资本是两个质上不同的、独立的资本形式，这就要求分别对它们进行论述。

马克思在写作时所使用的纸张种类也使我们肯定了上面所说的两个阶段的写作过程。马克思在先写完第3册第2章之后用于撰写第3册第1章和第3章的两种纸张，是与撰写第1册最后一章即第6章的用纸相同的。而他撰写第3册第4章和第5章的用纸，则很明显是与他撰写第2册手稿I的纸张相同的。

关于手稿的写作日期

马克思在完成第1册之后接着开始撰写的是第3册，先写的是第2章。没有任何线索能证明它的具体写作日期。在此之后，马克思于1864年10月，也可能于11月初，完成了第1章的写作。因为，初稿的第135页上写着："（现在是1864年10月新的危机）。"① 几页之后的内容，涉及棉花危机对工人状况产生的影响。马克思断定，失业工人没有得到用于帮助他们的绝大部分税金，从事服务性工作的无产阶级得到的仅是不足以糊口的工资，而资产阶级却从中获取高额利润。11月14日，马克思感谢恩格斯向他提供了11月8日《曼彻斯特卫报》上发表的有关材料。他写道："你寄来的《卫报》上的材料对我很重要。我已经搜集了一些有关这种卑鄙行径的材料，不过费了很大力气，是从工厂报告的零碎材料中搜集到的。"② 根据上述这些情况，马克思可能是在

---

① 《马克思恩格斯全集》历史考证版第2部分第4卷第2册第204页。
② 《马克思恩格斯全集》第1版第31卷第22页。

1864年夏天开始撰写第3册的，很可能是在马克思于7月23日至8月10日在兰兹格特休假之后开始撰写的。

　　显然，第3章是在第2册的"手稿Ⅰ"写作之前完成的，而第4章是在第2册的"手稿Ⅰ"之后撰写。马克思于1865年7月至12月期间撰写了第5、6、7章。他在7月31日给恩格斯的一封信中这样写道："再写三章就可以结束理论部分（前三册）。"① 从他8月19日给恩格斯的信中可以看出，马克思不得不再翻一翻"1857年和1858年国会关于银行事务等等的报告"②，而有关这个问题的分析是第5章的组成部分。这一章的最后一页上写着："现在（1865年10月）。"此外，还有从1865年10月11日英格兰银行的报告中摘录的一段话。马克思于12月中旬开始撰写第6章。可以证明这一点的是，马克思从12月14日《晨星报》上摘录了约翰·布莱特于12月13日在伯明翰演说的一段话，这段摘录写在第3册初稿的第415页和416页上。③ 马克思于1865年12月完成了这一册。1866年2月13日，马克思写信告诉他的朋友说："12月底已经**完成**。"④

　　在初稿的第6章中第452页上有一个说明，它表明这一章较晚时间才完成。马克思在那里把"今天与10年前相比"改为"1866年同1846年相比"⑤，这就是说，马克思可能于1866年1月还在写这一章，随着这一章的完成，他就结束了第3册初稿的写作。因为事实证明，第7章是与第6章的一部分同时完成的。但是更有可能的是，上述第452页上

---

　　① 《马克思恩格斯全集》第1版第31卷第135页。
　　② 《马克思恩格斯全集》第1版第31卷第150页。
　　③ 《马克思恩格斯全集》第1版第25卷第711—712页。
　　④ 《马克思恩格斯全集》第1版第31卷第180页。
　　⑤ 参看《马克思恩格斯全集》历史考证版第2部分第4卷第2册第1115页。

的那个说明是从发表时间的角度写的。至少,马克思对恩格斯说,他"正好于1月1日开始"①誊清第1卷;从其他几封信中至少可以看出,马克思1月份正紧张地忙于这项誊清工作。②

马克思进行的补充研究

马克思打算在1865年9月1日以前"彻底"完成《资本论》的初稿,也就是说,到那时为止完成第3册,即最后一册。但是下面一些原因致使马克思完成这一册的时间推迟了③:马克思作为国际工人协会总委员会的委员承担了许多义务;由于疾病使写作发生了中断,为了丰富和完善第1卷,尤其是第1卷第5章和第6章,他又进行了花费大量时间的研究。正如马克思后来所说的那样,第3册初稿同《剩余价值理论》一样"处于一切研究工作最初阶段所具有的那种初稿形式"④。这主要表现在以下几个方面:像《资本论》第1卷1867年版一样,全书几乎没有详细划分章节,论述中存在空白和不足,在一些地方,理论史的和经验的材料没有作最后的加工。然而,马克思重新进行的研究对已经基本上有了理论内容和内在结构的手稿性质产生了决定性的影响。

在第1章范围内,马克思首先想到了关于"不变资本使用上的节约……"和"不变资本价格变动的影响"的论述⑤,还想到了关于"资本的游离

---

① 《马克思恩格斯全集》第1版第31卷第181页。
② 参看《马克思恩格斯全集》第1版第31卷第497、501页。
③ 《马克思恩格斯全集》第1版第31卷第499页。
④ 《马克思恩格斯全集》第1版第34卷第285页。
⑤ 《马克思恩格斯全集》历史考证版第2部分第4卷第2册第46页;参看第114—115页。

和束缚、增值和贬值"的论述①，无疑增加了若干个例子。这一思想早在1861—1863年手稿的最后写作阶段就已经成熟。②最后结合分析各种事实和材料进行了论述。这些材料主要来源于1856—1864年发表的《工厂视察员报告》、《就面包房工人的申诉向女王陛下内务大臣的报告》（伦敦1862年版）和《枢密院卫生视察员1863年度第六号报告》（伦敦1864年版）。这些材料表明，对马克思来说，用关于英国无产阶级的劳动及生活条件的事实作为批判资本主义的"例证"，具有越来越重要的意义。保尔·拉法格说，马克思买到了政府公开发表的材料并从头至尾读过，这从马克思作的大量的铅笔记号可以看出。马克思"认为这些报告是研究资本主义生产方式的最重要最有意义的文件，而且，他非常敬重做这些报告的人"③。也许，马克思恰恰是在1863—1864年间买到《工厂视察员报告》的。当他1864年10月撰写第3册第1章时显然手头已经有了这些报告。马克思在10月的下半月主要忙于起草国际工人协会的成立宣言和临时章程，忙于作报告和讨论，而他在11月上半月正在受痛痛的折磨，所以不能离开家去不列颠图书馆。因此，搜集和分析这些材料不可能是在图书馆中进行的，更确切地说，所有用于手稿的引文肯定是直接摘自马克思自己藏书中的《工厂视察员报告》。④马克思利用了具有说服力的工厂视察员的材料，但没有对那些段落作最后的加工并使之条理化。

---

① 参看《马克思恩格斯全集》历史考证版第2部分第4卷第2册第178、167—169页。

② 参看《马克思恩格斯全集》第1版第48卷第40—44页。

③ 保尔·拉法格：《忆马克思》，载《摩尔和将军》，人民出版社1982年版，第102页。

④ 参看《马克思恩格斯全集》第1版第31卷第22页。

就第5章而言，首先值得指出的是，马克思在很大程度上把他在《1850—1853年伦敦笔记》中搜集的材料和认识作了整理加工。这一章的一些"注释"表明，这种情况几乎涉及信用理论的各个方面和信用在资本主义生产方式的机制中所起的作用。除此之外，这一章还在352a—352j页上汇集了以《混乱》为标题的一大堆作了批判性评论的材料。正如恩格斯注明的那样，这些材料是"议会关于1848年和1857年危机的报告的摘录。在这些摘录中，汇集了23个企业主和经济学家的证词，特别是关于货币和资本、金的流出、过度投机等等的证词，并且有些地方加了简短而诙谐的评注"。"所有当时流行的关于货币和资本的关系的见解，都在这里用……关于货币市场上什么是货币，什么是资本这个问题上的'混乱'表达出来了。① 在手稿的第360—392页上继续进行着这个问题的研究，它们的大部分内容是分析英国议会关于危机的四个篇幅庞大的报告：《商业危机秘密委员会第1号报告》（1848年6月8日出版），《上院商业危机原因秘密调查委员会的报告》（1848年7月28日出版，1857年再版），《银行法特别委员会的报告》（1858年7月30日出版）以及《银行法特别委员会的报告》（1858年7月1日出版）。此外，这方面的研究还包括从其他资料中摘录的统计材料和理论见解。马克思研究了借贷资本和利息率在工业周期中的运动，研究了银行券和货币金属——金和银——的流通，研究了不列颠对这些金属的进出口以及汇率。就这一点而言，马克思在这里对一些细节问题作了某种初步的系统化整理。但是，这一部分与《混乱》具有同样的性质，二者实际上都是一种资料的汇集。下面的情况也证明了这一点：第352a—352j的各页和第360—392页中的大部分内容从上到下完全是引文、统计材料和马克思写的评注。与手稿的其他部分每页的情况相反，

---

① 《马克思恩格斯全集》第1版第25卷第9—10页。

这一部分手稿则是上半页写的是正文，下半页写的是脚注。全书写完后，马克思立刻给恩格斯写信说："1857年和1858年国会关于银行事务等等的报告，不久以前我不得不再翻一翻，这些报告荒谬的程度，你真是一点也想象不到。"① 这些资料汇集是由一个研究过程造成的结果，这个研究过程虽然使论述的进程中断了，但是，由于同系统内容的写作结合在一起，也可以说是对论述作了补充。

对生息资本的分析本来只应包括少数几个重要的方面，即在结构上应属于论述剩余价值理论的范围、用来说明资本的核心结构所必需的那些方面。马克思正是集中在这个意义上阐明生息资本、利润分为利息和企业主收入、作为生息资本运动形式的信用的。在马克思的计划中并不打算详细"分析信用制度和它为自己所创造的工具（信用货币等等）"②，不详细研究信用的各种现象③。这个写作阶段在恩格斯后来给加上"信用在资本主义生产中的作用"这一标题的那个概述部分中达到了顶点。马克思认为，这是"到现在为止，我们关于信用制度所作的一般评述"④。在下一个写作阶段，马克思继续深入地研究信用的基本问题。通过这些研究，第一，是用经验的材料充实了已经写完的那些段落⑤，这可能是最初进行研究的唯一原因。

第二，这些研究也使题目扩大了，马克思在论述了流通手段和生息资本之间的区别之后，转而研究信用的各个特殊问题，对它们进行了深入的考察。马克思论述了货币资本和银行资本的性质和组成部分，虚拟

---

① 《马克思恩格斯全集》第1版第31卷第150页。
② 《马克思恩格斯全集》第1版第25卷第450页。
③ 参看《马克思恩格斯全集》第1版第25卷第401页。
④ 《马克思恩格斯全集》第1版第25卷第492页。
⑤ 参看《马克思恩格斯全集》历史考证版第2部分第4卷第2册第476—500页。

资本以及货币资本的积累和现实的积累之间的联系。因此，他的注意力放在了生息资本如何在工业周期中起作用的问题上。也就是说，现在马克思对工业和商人首先在危机时期所需要的商业信用和银行信用不太感兴趣了，相反，他更感兴趣的是信贷资本，是这种资本如何使暂时闲置的资金动用起来用于扩大再生产，即用于资本的积累过程。马克思详细研究了英国银行立法的基本作用，如此具体地研究这个问题显然超出了《资本论》的范围。值得指出的是，在这一章的第（Ⅰ）、（Ⅱ）、（Ⅲ）点中论述的内容①是以那些经验的和理论史的见解为基础的，由此可见，搜集和分析这些事实材料就是在撰写这几点之前进行的了。不仅是理论阐述表明了这一点，某些引文本身也证明了第5章的这种写作过程。马克思在手稿第328页②上，引用了托马斯·查默斯、詹姆斯·威尔逊等人的观点；而马克思在这里想到的显然是他在手稿第352a—352j页上摘录的上述这些人的见解。手稿第330页③上有利物浦一个银行行长的一段陈述，而马克思肯定指的是他在手稿第370页④上引用的一段话。最后，是那一大堆资料汇集插进了第5章中，它们实际上只是插进手稿中而已。而且，最初只标有"a"到"j"这些字母并写有《混乱》的那些页，又各加上了352这样的数字。在这个阶段，资料汇集的另一部分也被编上了360至392的页码。

与第5章不同，关于地租的研究不仅在时间上分开了，这种研究是在撰写第6章之前进行的，而且，研究的成果也具有一种独立的形式，

---

① 参看《马克思恩格斯全集》历史考证版第2部分第4卷第2册，第506—561、584—597页。
② 《马克思恩格斯全集》第1版第25卷第499页。
③ 《马克思恩格斯全集》历史考证版第2部分第4卷第2册第510页。
④ 《马克思恩格斯全集》历史考证版第2部分第4卷第2册第617页。

它们是写在一本370页厚的摘录笔记本中的摘录,该笔记本完成于1865—1866年,主要是在1865年11月至12月期间完成的。其中,约有24页是从所引用的议会关于危机的报告中摘录的。(当然,这些摘录中没有任何内容被收入第5章。)地租占该笔记本的主要篇幅。1866年2月13日,马克思把关于这个理论问题的写作情况告诉了他的朋友恩格斯:"我白天去博物馆,夜间写作。德国的新农业化学,特别是李比希和申拜因,对这件事情比所有经济学家加起来还更重要,另一方面,自我上次对这点进行研究以后,法国人已提供了大量的材料,——这一切都必须下功夫仔细研究。两年以前,我结束了对地租所作的理论探讨。正好在这一期间,许多新东西出现了,并且完全证实了我的理论。"① 事实上,在全部摘录中有三分之一的内容是摘自尤斯图斯·李比希的著作的。其次,马克思还摘录了下列作者的著作:伊波利特·菲利贝尔·帕西;帕特里克·爱德华·达夫;詹姆斯·芬利·韦尔·约翰斯顿;L.穆尼哀和莱昂斯·拉维涅。马克思用铅笔在李比希、约翰斯顿和达夫的摘录中勾画的标记也证明,马克思又浏览了一遍这个笔记本。但是,在第6章中,有关的内容在脚注中大多只是提了一下。多数情况下只是记下了要引用的作者的姓名,有时,马克思仅仅写上脚注的数字。只有少数一些脚注进行了详细叙述,即那些不必查阅文献的脚注,或者那些在马克思的藏书中能找到出处的脚注。例如,莫里斯·律比匈的著作以及马克思从威廉·沃尔弗的遗产中得到的一些书,像泰奥多尔·蒙森和威廉·基塞耳巴赫的著作。② 这种材料加工方面存在的缺陷可以解释为,马克思是在很短的时间内在极为紧张的情况下撰写这一章的,而且马克思知道,在付印时还要进行加工。如果马克思能修改第

---

① 《马克思恩格斯全集》第1版第31卷第181页。
② 参看《马克思恩格斯全集》第1版第31卷第28—29页。

6章的话，他一定会把有关绝对地租和级差地租的那些节互换位置，而且还会作更细的章节划分。①他尤其会大量修改脚注，把关于地租的系统论述同收集在上述那本摘录笔记本中以及收集在一些"补充笔记本"中的资料结合起来。包含在"属于第3册"这一手稿中流传下来的、后来形成的《级差地租》这一手稿，其中就包含有理论史方面的和经验的补充资料②，这也说明了我们的上述看法。

关于手稿进一步加工的情况

手稿上有恩格斯用红笔标的罗马数字"Ⅰ"，这同流传下来的第3册其他手稿一样③也由恩格斯作了"Ⅱ"、"Ⅲ"和"Ⅳ"的编号。恩格斯这样做是遵循了马克思的意图，马克思对第2册的各部手稿也是这样编号的，而且在直接准备付印时的各种资料上也编了号。④

此外，第3册初稿有后来加工的痕迹。例如，正文和脚注之间有用红笔画的横线隔开，另外，脚注无论是在正文中还是在一页的下方，都同样用红笔标出了。打算调整顺序的地方用红线或红叉标明了，有时还用连接线标明了。最后，有用红笔或铅笔作的个别修改，特别是用红笔括上的各段正文，它们没有被收入1894年的付印本中。另外，马克思打算后来修改用的关于成本价格的那些论述，有红笔标明已处理过的记号。初稿第283页左边有恩格斯用红笔写的"（4）调整"，右边也是恩

---

① 参看《马克思恩格斯全集》历史考证版第2部分第4卷第2册第816—817页。
② 参看《马克思恩格斯全集》历史考证版第2部分第4卷第3册。
③ 《马克思恩格斯全集》历史考证版第2部分第4卷第3册。
④ 《马克思恩格斯全集》第1版第24卷第7页。

格斯用铅笔写的"注在下一页"的字样。在一些页上,有更加明显地可以看出是由恩格斯用铅笔写的标记和顺便进行的演算。在初稿第511页上,恩格斯重新写了一段正文。①

可见,有些插入部分或者标出的记号,很可能出自恩格斯的手笔,而且是在准备付印期间进行的。但是,也不排除有些是出自马克思之手,因为马克思于1868年4月曾通读了这部手稿。② 此外,也不能排除这部手稿有的地方带有《资本论》早期手稿所特有的记号。在本版中,这部手稿中所有插进的东西和标记,都将在异文对照表和校勘表中反映出来,或者在正文中再现出来。

(原载《马克思恩格斯全集》历史考证版
第2部分第4卷第2册第913—925页)
(佐海娴 译)

---

① 参看《马克思恩格斯全集》历史考证版第2部分第4卷第2册第1150页。
② 参看《马克思恩格斯全集》第1版第32卷第70—75页。

关于《资本论》第三册主要手稿写作顺序的新老观点综述[*]

卢晓萍

马克思《资本论》第3册[①]的主要手稿完成于19世纪60年代中期,这部手稿大致写于1864年夏至1865年底,在经恩格斯整理编辑出版的《资本论》第3卷问世以来的一百多年里,研究《资本论》手稿的学者们从不同的角度对该手稿各章的写作顺序作过种种推测,其中心问题主要有两方面:(一)马克思是从哪一章开始写第3册的?(二)在写第3册的过程中,马克思是在何处中断转而写作第2册第Ⅰ稿的?一种传统的观点认为,马克思是从第2章开始撰写这部手稿,并且在写作第4章的过程中插写了第2册。另一种观点认为,马克思从第2章[②]开始写第3册,在完成了前三章之后插写了第2册第Ⅰ稿。1992年,《资本论》第3册的手稿在《马克思恩格斯全集》历史考证版[③]中发表,为这一方面的研究提供了直观的材料,新的见解随之产生,这一新见解

---

[*] 本文选自《当代经济研究》1998年第11期。作者卢晓萍为中央编译局研究员。

[①] 马克思去世后,《资本论》第3册由恩格斯编辑整理,作为《资本论》第3卷出版,见《马克思恩格斯全集》第1版第25卷。

[②] 这里提到的第3册1、2、3、4章在恩格斯编辑的《资本论》第3卷中分别为第1、2、3、4篇。

[③] 参看《马克思恩格斯全集》1992年历史考证版第2部分第4卷第2册。

即第三种观点是：马克思从第 1 章开始写作，写完第 2 章之后插写第 2 册，然后继续第 3 册第 3—7 章的写作。本文综述前两种观点并介绍第三种即最新观点及其论据如下：

持传统观点的主要是 80 年代苏共马列主义研究院的科研人员，如拉·米兹凯维奇、M. 捷尔诺夫斯基、A. 切普连科、维·戈茨基等。他们提出：马克思写第 3 册是从第 2 章开始的，其理论根据是：在马克思的 1861—1863 年经济学手稿中所包含的未来《资本论》第 3 册的材料中，关于利润转化为平均利润的一节已经制定出来了，在 1861 年 12 月写的第 XVI 笔记本中曾提出打算继续详细考察这个问题，马克思在这里写道："一般来说，在资本的不同生产部门中利润率不同，而不是相同的情况下，所谈的只能是平均利润率。对这一点的更详尽的考察属于论竞争的那一章。但是在这里仍然应该说明一些最重要的一般要素。"① 1863 年 1 月，马克思在第 XVII 笔记本上制定了未来《资本论》第 3 册第 2 章的详细计划，打算在这一章中论述"一般利润率的形成"②。因此，他在写第 3 册时先写他当时尚未详细论述过的第 2 章《利润转化为平均利润》。认为从第 2 章开始写的另一个根据是这一章手稿标页码的特点。在第 2 章手稿页上，马克思起初用铅笔依次标上拉丁字母"a"到"l"，后来才用墨水标上了接续第 1 章的顺序数字页码，从这一点可推测，在写第 2 章时，第 1 章还不存在。至于说马克思在第 3 册第 4 章的写作过程中间中断而插写第 2 册，这几位研究者的论据有以下两个方面：第一，第 3 册手稿中马克思的提示。在手稿第 234 和 256 页上③，

---

① 《马克思恩格斯全集》第 1 版第 48 卷第 281 页。
② 参看《马克思恩格斯全集》第 1 版第 26 卷第 1 册第 447—448 页。
③ 《马克思恩格斯全集》历史考证版第 2 部分第 4 卷第 2 册第 342、361 页。参看《马克思恩格斯全集》第 1 版第 25 卷第 298 页第 6 行和第 321 页第 10 行。

马克思提示参阅论述流通费用的第2册第1章第3节,这个提示符合第2册的计划,而在成文的第2册第Ⅰ稿中,流通费用是在第4节中论述的。由于这几位研究者认为第2册的计划产生于第2册第Ⅰ稿之前①,他们推论:马克思作这个提示时第1稿还没有,从而确认第2册的写作不会早于第256页。因为这一页属于第3册第4章,所以又可说,第3册中为写第2册而中断的地方最早在第4章第256页。第二,第2册第Ⅰ稿中马克思的提示,第2册有九处涉及参看《资本论》第3册的提示,所有的提示都只符合第3册的写作计划而不完全符合第3册手稿的实际结构。例如,马克思提示参看第3册第7章关于"货币的回流运动"②,而马克思实际写作时取消了这一章。又例,提示参看第3册第6章③《各种收入及其源泉》。但实际写作时这一章成了第7章。这两个例子都说明在写第2册第Ⅰ稿时还没有写第3册这后几章。但是,另一些提示又符合第3册前几章的实际情况,它们证明在写第2册时第4章的一部分已经存在。例如关于商品资本向货币资本转化的提示。④ 在第2册手稿的第38页上,马克思在提到有关金银如何执行货币资本职能的问题属于第3册第4章时,还表示怀疑是否要在《资本论》中阐述这

---

① 参看《马克思恩格斯全集》第1版第49卷第251、346页。参看拉·米兹凯维奇等:《1863—1867年期间马克思创作〈资本论〉的分期问题》,载《马列主义研究资料》,总第34辑,第4—33页。在这个问题上,德国学者曼·缪勒和日本学者大谷祯之介等人的观点相反,他们认为第2册的计划拟定于第2册第Ⅰ稿成文之后。

② 参看《马克思恩格斯全集》第1版第49卷第268、420、438页。

③ 参看《马克思恩格斯全集》第1版第49卷第459页。

④ 参看《马克思恩格斯全集》第1版第49卷第304、321页。

个问题①，可是在第 4 章的第 275—278 页②上就考察了这个问题，可见，至少从第 4 章第 275 页开始是在第 2 册之后写的。苏联研究者以这两个方面为依据得出结论：马克思为插写第 2 册而中断第 3 册写作的具体地方是在第 4 章第 256 和 275 页之间。根据这个传统的认识，第 3 册的写作顺序如下：第 2 章→第 1 章→第 3 章→第 4 章（未完）→第 2 册→（继续）第 4 章及以后几章。

第二种观点以德国的参加《马克思恩格斯全集》历史考证版《资本论》手稿卷编辑出版工作人员为主要代表，他们是曼·缪勒、尤尔根·容尼克尔、巴·利茨等人。他们对第 3 卷起始章的判定与苏联学者相同，认为马克思是从第 2 章开始写的，他们指出马克思之所以没有先写第 1 章《剩余价值转化为利润》，是因为在马克思看来，"1861—1863 年手稿中对剩余价值转化为利润问题的研究是相当充分的"③。他们提出的其他论据同苏联学者的基本上一致。这里不再赘述。

但是，在第 3 册手稿于何处中断插写第 2 册第 I 稿这个问题上，他们的看法是有差别的。他们从四个方面进行分析，得出的结论是：第 3 册手稿由于插写了第 2 册而被分隔成两个阶段，第一阶段依次完成了第 2、1 和 3 章，第二阶段完成了第 4—7 章，也就是说，第 2 册第 I 稿写于第 3 章之后第 4 章之前。这四个方面是：第一，第 3 册第 1 章中有一处论述空白，这里只有标题"〔6〕流通时间的变更，缩短或延长（还有与此相联系的交通手段）对利润率的影响"④。这里涉及资本周转对

---

① 参看《马克思恩格斯全集》第 1 版第 49 卷第 321 页。
② 参看《马克思恩格斯全集》第 1 版第 25 卷第 352—360 页；参看《马克思恩格斯全集》历史考证版第 2 部分第 4 卷第 2 册第 387—394 页。
③ 《马克思恩格斯全集》历史考证版第 2 部分第 4 卷第 2 册引言第 14 页。
④ 《马克思恩格斯全集》历史考证版第 2 部分第 4 卷第 2 册第 208 页。

利润影响的问题。在这之前,马克思已经在第2章第164页上说明:"我们不打算在这里详细研究流通时间对利润率产生多大影响的问题。〔因为,第2册还没有写,其中显然将讨论这一点。〕"① 据此,缪勒等人断言,马克思必然将为了论述的逻辑而中断第3册的写作,先完成第2册,以弥补这个理论空白。第二,第3册中的说明和提示。在第2章第182页上,马克思作了一个说明:"〔市场概念的最一般特点必须在关于资本的流通过程中的篇中加以阐述。〕"② 这个"最一般特点"正是在第2册第Ⅰ稿中得到了论述。第4章开头的第243页和第256页上关于参看第2册计划中的第1章第3节"(3)流通费用"的提示,也证明第2册已于第4章之前成文,因为这一提示"同第2册第Ⅰ稿完成后所草拟的这一册的计划的是一致的"③。由此可见,在马克思提到这个计划时,第2册第Ⅰ稿想必已经存在了。他们的结论是:第2册第Ⅰ稿产生于第3册第2章第184页之后,第4章第243页之前。第三,第3册第4章标题的改动。马克思对这一章标题作了两次修改,第一次用墨水,第二次用铅笔。修改情况如下:《商品经营资本和货币经营资本。利润分为利息和产业利润(企业主收入)。生息资本》,改为《商品资本和货币资本转化为商品经营资本和货币经营资本,或转化为商人资本。利润分为利息和产业利润(企业主收入)。生息资本》,又改为《商品资本和货币资本转化为商品经营资本和货币经营资本,或转化为

---

① 《马克思恩格斯全集》历史考证版第2部分第4卷第2册第225页。
② 《马克思恩格斯全集》历史考证版第2部分第4卷第2册第225页。
③ 《马克思恩格斯全集》历史考证版第2部分第4卷第2册第919页。《马克思恩格斯全集》第1版第49卷第251页。苏联学者认为,第2册的计划先于第Ⅰ稿产生,所以他们从这两处提示得出的结论不同于本文所提及的传统观点的结论。

商人资本》。① 缪勒等人认为，这一改变可能是根据撰写第 2 册时获得的认识而作出的。马克思在第 3 册前三章论述了生产剩余价值的资本之间竞争斗争的规律性之后，直接面临这样的问题：应如何准确地将论述特殊的、派生的资本形式同论述生产资本的形态变化区别开，如何形成两者之间的过渡。这要以分析资本的流通过程为前提。这时马克思更加认识到，商人资本和生息资本是两个质上不同的、独立的资本形式，应分别进行阐述。所以，在写完第 2 册回到第 3 册着手写第 4 章时，改变了这一章的标题。第四，手稿所用纸张的种类。

第 3 册手稿页码	所属章次	纸张种类
1—116	第 1 章	1
117—150	第 1 章	2
151—202	151—154 第一章 155—202 第二章	3
202a—242	202a—202b 第 3 章 203—242 第 3 章	4
243—417	243—283 第 4 章 286—404 第 5 章 406—417 第 6 章	5

第 2 册第 I 稿用的纸与第 3 册第 4、5 章的相同。这就为确认第 I 稿写于第 3 章之后第 4 章之前提供了另一个证据。按照第二种观点，第 3 册的写作顺序是：第 2 章→第 1 章→第 3 章→第 2 册→第 4 章及以后

---

① 参看《马克思恩格斯全集》历史考证版第 2 部分第 4 卷第 2 册第 341、1029 页。

几章。本文要谈的第三种观点，即最新的观点，是在《马克思恩格斯全集》1992年历史考证版第2部分第4卷发表了《资本论》第2册和第3册的初稿之后，德国研究者米夏埃尔·亨利希在比较并分析研究这两部手稿的基础上得出的独到的见解①，他认为，马克思是从第1章开始写第3册的。和前两种观点的代表者一样，亨利希也从第2章标页码的特点和手稿所用纸张种类进行推论，只是得出的结论不一致。

亨利希分析说：马克思最初写第1章时一直写到标题《流通时间的变化……对利润率的影响》，然后让这一页标题下的部分空着，开始写第2章，由于他不知道尚未写的这一节会有多长，所以暂时没有编页码，而在他完成第2章之后，才打算放弃补充已然搁置的第1章那个标题下的空白，接续第1章的页码，补编了第2章的页码，并利用空白的页面写了对第1章和第2章的补充。他认为，第3册手稿使用纸张种类的情况是这样的：手稿第1—116页用的是一种纸，第117—150页是另一种纸，第151—202页是第三种纸。② 第1—154页是第一章，第2章从第155页开始，由此推断第2章写于第1章之后，是合乎情理的。

亨利希推论，第2册第Ⅰ稿是在第3册第2章之后第3章之前完稿的。根据之一：在第3册的第1和2章里，马克思都面对流通时间利润率的影响问题。为了弄清这些问题而中断第3册的写作，着手写第2册第Ⅰ稿，详细考察资本的流通过程，这是合乎逻辑的。反之，如果他在第2章之后写的是没有涉及此类问题的第3章，倒是令人费解了。

根据之二：在第2册第3章和第3册第3章中各有一段关于危机理

---

① 见米夏埃尔·亨利希：《关于1861—1863年经济学手稿第2册第3册前三章的写作顺序》，载《马克思恩格斯研究论丛》（柏林），1994年新辑，第214—217页。

② 参看《马克思恩格斯全集》历史考证版第2部分第4卷第2册第925页。

论的论述。①

上述这两段都涉及生产和消费的非同一性。这个问题马克思在1861—1863年手稿中就探讨过,当时是从作为生产者的工人的角度谈的。亨利希分析研究得出的结果是:第2册中的相关论述是对1861—1863年手稿中这一思想的概括。而在第3册第3章中,马克思把资本家也当作生产者,他在这里对生产和消费这对矛盾的论述比在1861—1863年手稿中明显进了一步,它不仅指出生产和消费这两个环节相互分离,而且第一次把它们作为剥削的条件和实现剥削的条件之间的矛盾加以说明。

第2册中仅仅提到了工人的消费力,而第3册进一步区分了受到限制的工人阶级的消费力和受积累条件制约的资本家的消费力。从第2册第3章到第3册第3章,体现了马克思对生产和消费分离问题进行思考的发展过程。反之,如果像前两种观点所认为的第2册成文于第3章之后,那样给人的印象是,马克思在写第2册时"又忘记了已经确定了的,仅仅是在几个星期以前获得的成果(指第3章中的论述。——笔者注),而重新回到对1861—1863年手稿的思考状态"②。所以,米夏埃尔·亨利希对《资本论》第2册第Ⅰ稿和第3册原稿作了比较并分析研究后得出第3册的写作顺序如下:第1章→第2章→第2册→第3章……第7章。

---

① 参看《马克思恩格斯全集》第1版第49卷第515—516页和第25卷第272—273页。

② 《马克思恩格斯研究论丛》(柏林),1994年新辑,第217页。

1863—1865年马克思最终使用"劳动力"概念[*]

〔苏〕B.B. 维戈茨基

作者详细考察了马克思写作《资本论》的最后手稿的阶段,注意研究马克思政治经济学的最重要概念,如"劳动力"这一概念的形成过程。维戈茨基把这一概念的确定同马克思在第一国际总委员会的报告[①]联系在一起。报告反驳了第一国际委员韦斯顿的发言,后者站在庸俗政治经济学的立场上,断言普遍提高工资不能给工人带来什么好处,因而工人阶级争取提高工资的斗争是徒劳无益的。马克思首先考察了韦斯顿的论据,并指出它与实际情况是矛盾的。[②]

马克思注意的中心是考察"劳动价值"。他指出,工人和资本家之间交易的对象不是劳动,而是劳动力。他在报告中使用了专门术语,"laboring power",相应的德文术语是"Arbeitskraft"("劳动力"),而在先前的经济学手稿中使用的术语主要是"Arbeitsvermögen"或"Arbeitsfähigkeit"("劳动能力")。马克思在1857—1858年手稿中解决价值理论和剩余价值理论的关键问题,在价值的基础上说明资本主义剥削的机制,都是同"劳动能力"这一术语的应用分不开的。(第165页)

---

[*] 本文选自《马列主义研究资料》1985年第3辑。
① 指马克思的《工资、价格和利润》一文。——摘者注
② 在这个意义上,报告的结构同1857年手稿的结构很相似,手稿中实际上驳倒了达里蒙的理论,后来又转而分析货币理论。——摘者注

"可以断定，正是这里所考察的报告标志着'劳动能力'向'劳动力'的最后转变。"（第 165 页）作者用图表加强自己的结论，在表里对比了经济学手稿和《资本论》中按时间先后使用"劳动能力"和"劳动力"的情况。图表清楚地表明了一个术语代替另一个术语的情况。

　　"为什么马克思要改用另一个术语？大概因为'劳动力'这一术语把'劳动能力'所表达的工人和资本家之间交易的潜在性质同工人所出卖的商品的能动的、活动的性质综合在一起了。"（第 165—166 页）维戈茨基指出，"也许马克思的报告中援引的托·霍布斯关于工人向资本家出卖自己的'体力的使用权'（the use of his power）的说法，在某种程度上对马克思产生了影响。"（第 165—166 页）不管怎样，马克思在总委员会上演讲以后，最终决定采用"劳动力"这一术语，但是在《资本论》里同时也使用了"劳动能力"这一术语。

　　马克思在这里提到的报告中研究了劳动力价值的特殊性质，这种性质是由自然的和历史或社会的因素来说明的。第一种因素形成劳动力价值的最低界限。劳动力价值的社会界限是由每个国家的传统生活水平决定的，而这种实际水平又是通过资本家阶级和工人阶级之间经常的斗争确定的。

（原载《马克思的〈资本论〉史文集》，莫斯科 1983 年版，第 136—171 页；译自苏联《社会科学文摘［科学共产主义问题类］》，1984 年第 4 期，第 15—17 页）

（文瑞　译）

马克思把《工厂视察员报告》看作是"研究资本主义生产方式的最重要、最有意义的文件"

——《工厂视察员报告》及其在《资本论》第三册手稿中的反映[*]

〔德〕罗泽玛丽·米勒

马克思在1863—1865年期间致力于他的主要著作《资本论》第3稿的写作。这一科学工作同他在国际工人协会的政治实践活动有着极其紧密的联系。由于这两个方面的紧密联系,马克思产生了如下基本想法:不是简单地对资产阶级经济学家的理论体系进行分析并按计划进行批判,而应该同时分析英国资本主义的作用机制,并通过实例来描述无产阶级的劳动条件和生活条件。他作为一名科学家和革命家,以工人阶级的利益和需要为准则,因而他极其生动地把一般的理论结论同社会实践的例证结合起来,使工人阶级的解放斗争的科学论据具有更高的说服力。为此,马克思越来越多地利用英国这个当时最发达的资本主义工业国的政府的官方统计材料,特别是50、60年代的材料。

从30年代中期以来就不断出现关于英国主要工业部门纺织业的、具有代表意义的调查统计材料,即《工厂视察员向女王陛下内务大臣所作的报告……根据女王命令呈交议会两院》(以下简称《报告》)。

马克思把工厂视察员的这些报告看作是"研究资本主义生产方式的

---

[*] 本文选自《马克思恩格斯研究》1992年总第10期。

最重要,最有意义的文件"①,并把这些报告以及其他许多蓝皮书公布于众。②

《报告》日益成为他进行社会现实调查的一个重要资料来源,这些《报告》有助于说明资本主义的经济运动规律。马克思在谈到《资本论》第 1 卷付印前的加工工作时,曾表明了蓝皮书对他的科学工作的价值。③ 在 20 多年来深入而广泛地利用这些《报告》之后,马克思在《资本论》德文第 1 版的序言中高度评价了这些《报告》的无与伦比的高度表现力和工厂视察员的突出作用:"德国和西欧大陆其他国家的社会统计,与英国相比是很贫乏的。〔……〕如果我国各邦政府和议会像英国那样,定期指派委员会去调查经济状况,如果这些委员会像英国那样,有全权去揭发真相,如果为此能够找到像英国工厂视察员、编写《公共卫生》报告的英国医生、调查女工童工受剥削的情况以及居住和营养条件等等的英国调查委员那样内行、公正、坚决的人们,那么,我国的情况就会使我们大吃一惊。"④

---

① 保尔·拉法格:《忆马克思》,载《摩尔与将军》,人民出版社 1982 年版,第 102 页。

② 对于把《法兰西内战》寄给议员的建议恩格斯曾指出,这是浪费钱。议员们甚至连送到他们手上的蓝皮书也不阅读。相反他们常常把蓝皮书当作练习射击的靶子。《1871 年 6 月 13 日总委员会会议记录》,载《第一国际总委员会会议记录》,中国人民大学出版社 1988 年版,第 200 页。蓝皮书因其封面为蓝色而得名,是呈交议会的官方文件和内容丰富的资料。蓝皮书的内容包括各个国家研究机构的报告、特别委员会的报告直至关于国内外政治事件的议会或国家的官方文件。克劳斯·迪特·诺伊曼做了详细的叙述:《英国议会的官方文件是卡尔·马克思在克里木战争期间政论文章的资料来源》,载《马克思恩格斯研究报告》,莱比锡 1987 年版,第 152 页及以下各页。

③ 参看《马克思恩格斯全集》第 1 版第 31 卷第 177 页。

④ 《马克思恩格斯全集》第 1 版第 23 卷第 11 页。

尽管恩格斯在第 1 卷出版后写的书评里也把这些《报告》看作是"最可靠的来源"① 是"……有关几乎所有工业部门的工人状况……的丰富资料,这些资料所涉及的时间差不多有 40 年之久,而且即使在英国也很少有人知道……"② 但是,这些《报告》的特殊内容及其作者即工厂视察员迄今为止在文献中很少受到人们的注意。现有的论述主要集中于英国工厂立法的发展。③ 关于马克思从这些报告中采纳了什么,至今仍缺少研究,但是,由于在《资本论》第 1 卷和第 3 卷中多方面利用了这些资料,因此必须对这些报告以及《报告》的作者即工厂视察员做某些说明。还需要进一步确定马克思是从什么时候起大量利用这些资料的,还需要确定马克思是怎样利用这些资料的以及马克思在自己的藏书中是否拥有这些资料。

《工厂视察员……报告》及其作者

《报告》始于 1833 年工厂立法,马克思评价工厂立法是"社会对其生产过程自发形式的第一次有意识、有计划的反作用"④。在《工作日》⑤ 这一节中,根据《报告》的丰富材料,马克思详细分析了 1802—1864 年间的工厂立法,由此阐明了于 1833 年导致第一个有效的工厂法的那些政治、经济的条件和前提。这个法律把 9—13 岁之间的儿童和未

---

① 《马克思恩格斯全集》第 1 版第 16 卷第 239 页。
② 《马克思恩格斯全集》第 1 版第 16 卷第 412 页。
③ 例如:《英国工厂法》,本诺·卡佩勒斯出版德译文柏林 1990 年版。——卢约·布伦塔诺:《英国科学发展史》第 3 卷上册,耶拿 1928 年版。——尤尔根·库津斯基:《1640 年至今的英国工人状况史》,柏林 1949 年版。
④ 《马克思恩格斯全集》第 1 版第 23 卷第 527 页。
⑤ 《马克思恩格斯全集》第 1 版第 23 卷第 258—335 页。

成年工人的工作时间限制在每周48小时。① 这个法律首先在英国的主要工业部门，棉纺织工业、毛纺织业、亚麻纺织业和丝织业生效。

从这时起，工厂立法就同国家任命的工厂视察员的工作和他们的报告紧密地联系在一起了。如果说马克思断定"1833年到1864年的英国工厂立法史，比任何东西都更能说明资本精神的特征"②，那么，视察员的报告就为这段历史提供了证据。视察员的报告以对工厂法的遵守情况、商业和工业的发展情况为内容。各视察员的半年报告都特别调查和突出了根据内务大臣的指示确定的某个方面。

报告的内容和结构大体是统一的。首先说明视察员为了进行调查所访问的地方，然后是按照预先确定的要点进行的陈述和用以说明问题的分类统计资料。报告附件包含详细的资料，大多是统计表。

从1844年工厂法（有关工厂劳动的法律的修改条例）以来，报告包括了对那些由于机器缺少防护设施而引起的或由工人"自己"造成的工伤事故的统计。工伤事故按照男女成人、未成年人和儿童的受伤、死亡事故来分类。

分析了发生事故的典型例子，得出了关于如何更有效地应用法律的结论。为受伤工人同工厂主进行诉讼需要详细的理由。

对工厂法是否得到遵守的监督也包括对童工受教育的制度的监督。谈到了从所谓的由部分罚款构成的"处罚基金"中拿出一部分用于某些学校和购置基本的教育用具。

为研究贸易状况（state of trade）而编写了详细的统计材料，其中包括关于纺织业原料的进口和制成品的出口，价格的上涨和下跌的资料，包括关于质量、本国原料及其在生产过程中的运用的说明。

---

① 《马克思恩格斯全集》第1版第2卷第458页及以下各页和第16卷第261页。

② 《马克思恩格斯全集》第1版第23卷第309页。

工业的发展受到了很大的重视。统计了新建立的工厂，全时开工的或限时开工的工厂和停工的工厂的数量；并按照使用能源的方式和利用率做了区分。

不仅记载和描述了采用新工艺技术的情况，而且还通过对新工艺技术采用者的调查和询问说明这些新工艺技术在生产过程中取得的效果。

调查的重点是从事纺织业的工人的就业率、工资和生活费用。

这些资料在报告内通常以统计表形式出现，并且还有分析和说明。通过比较先前各个报告中每一个重点的统计材料得出发展趋势的结论。

最后报告管区内新任命的"医官"（有执照的外科医生）。

每个报告的附录按照预先确定的重点分成若干部分。附件1包括当时的管辖分区内由工厂主和工人引起的违法事件的详细情况，实行的处罚、调查费用和诉讼费用及审理这些案件的治安法官的姓名。

所有工厂视察员的联合报告（joint report）概括了各个报告的问题和发展趋势。各个统计资料汇编成总的统计资料。根据视察员工作章程部分地放弃了"联合报告"，只是编成总的统计资料①，尤其是从60年代以来是如此。

视察员的调查涉及每个生产领域，包括生产力发展最为迅猛的社会领域。各视察员在撰写同一时期的《报告》时采取统一的步调。他们的报告以典型调查为基础，反映了各种社会现象所处的阶段，各种社会现象之间的联系，以及这些社会现象的发展。

统计资料的完成要求对具体的社会现象和事件具有渊博的知识，受调查的具体事件和现象的规模，多样性和差异性要求有专门的人员能够完成必要的统计工作，这些专门的人员就是工厂视察员。

---

① 例如《工厂视察员向女王陛下内务大臣所作的报告，截至1864年4月30日为止的半年》，伦敦1864年版，第3页及以下各页。

工厂视察员的报告也是资本主义发展时期统计工作逐渐取得独立地位的标志。统计的独立地位直接促进了统计的发展和统计资料的说服力的提高。资产阶级社会的调查统计工作的意义客观上首先是同大工业的生产力的迅猛发展以及由此引起的全部发展即越来越多的不同方面的发展一起增长。统计的这种发展，在一种显然是新的形式上的具体表现，就是工厂视察员《报告》。

随着1833年工厂法的生效，1834年产生了"工厂视察员的姓名统计和他们所提出的报告的复本"①，并且从1835年起出现了英国博物馆的目录卡所标明的那些《报告》。

报告的时间被确定为5月1日至10月31日和11月1日至翌年4月30日。到1842年为止，报告的时间可能是一个季度一次。

由于被调查的问题的范围，也出于政治的社会的责任感和考虑，视察员报告的撰写日期晚了3个月。每个报告的开头都清楚地注明了日期。莱昂纳德·霍纳的《……报告。截至1855年10月31日为止的半年》标明的日期是1856年2月1日。②罗伯特·贝克为了能对工人阶级持续不断的罢工斗争及其对本区工业的影响作出全面的概括，在7月才编写好截至1862年4月30日为止的报告。③亚历山大·雷德格雷夫说，为了"能写出1863年棉纺织加工区的概况"④，他的报告推迟到1864年2月1日才写，比通常晚了许多。

报告的发表日期大概是在报告撰写后的两个月。报告由英国文书局

---

① 阿道夫·海德：《关于英国社会历史的两本书》，莱比锡1881年版，第672页。
② 《工厂视察员……报告，截至1855年10月31日为止的半年》，伦敦1956年版，第3页。
③ 《马克思恩格斯全集》第1版第23卷第466页。
④ 《……报告，截至1863年10月31日为止的半年》，伦敦1864年版，第10页（此段和下面的译文均译自《报告》。——作者注）。

出版，装订成8开本的册子。像所有官方文件一样，它被装上了蓝色的封皮，以后就被称作蓝皮书。

《报告》是写给内务大臣的，并呈交议会两院。

工厂视察员的设置和他们的半年一次的报告反映了英国寡头政治在经济上和政治上有必要深入了解英国主导工业部门中的社会经济过程，以便应付可能出现的问题并作好准备适应发展着的趋势。因此，《报告》符合统治阶级的直接需要，这就是控制整个社会过程，以便通过国家权力在实现受社会生活的物质基础制约的经济能力方面起到重要的作用。①

建立工厂视察制度（inspection of factories）就是为了实现这个要求。自1833年以来工厂视察制度不断发展，建立了自己的机构，所在地是设在伦敦行政专区的白宫。②

---

① 参看贡特·维林：《〈资本论〉》第3卷对于探讨马克思计划写的〈国家〉册的内容有什么启示？》，载《马克思恩格斯研究论丛》，柏林1988年版第25辑，第274页及下页。

② 到1859年为止，为英格兰、苏格兰、爱尔兰和威尔士的用蒸汽或水作为动力进行生产的纺织企业任命了四位视察员。1859年和1861年视察员莱昂纳德·霍纳和约翰·金凯德爵士辞职。由于他们的职位没有人接替，因此在1862—1878年期间只有两名视察员在工作。副视察员的人数增加了，而且设置了第二副视察员和助手视察员。在1878年罗伯特·贝克辞职后，亚历山大·雷德格雷夫被任命为总视察员，由他集中管理视察。这时英国被分为5个地区，分别由5个高级视察员主管。这些地区共包括38个管区，其中在9个管区内设置副视察员协助视察员工作。随着工厂立法逐渐扩大到所有经济部门，开始了来自国家方面的日益增强的集权努力，而这种集权努力清楚地体现了统治阶级反过来要对资本主义生产基础起调节作用的意志。这些趋势产生自经济发展的客观要求，即通过对是否实施保护劳动力再生产的措施进行监督来保证资本的有利的价值增殖条件。这一点还表现在工厂视察机构自1878年工厂法后完全转归内务大臣掌管。今天工厂视察机构"女王陛下的工厂视察团"并入了劳工部。

根据1833年《联合王国儿童劳动调整法案》王室有权任命1名工厂视察员。①

视察员由内务大臣推选并由议会批准。他们从内务部领取薪金。

随着1833年工厂法的每项规定的生效，工厂视察员可能是在1834年开始他们的工作的。"为了监督法律的执行"②而设置的工厂视察员的任务（这里要更进一步探讨）不仅仅是撰写《报告》。到1844年，视察员在他们的管区内行使司法权并能够发布要求遵守工厂立法的命令。他们可以向内务大臣要求派监督员来协助工作，然而这些监督员无权进入车间，因此几乎不能起什么作用。根据卡尔彼列斯所说，到1844年为止在职的监督员在8—15人之间。③法律规定赋予视察员广阔的活动余地和相对于立法者的一定程度上的独立，因而常常遭到工厂主的攻击。由此后来产生了像换班制度这样的方法，这种换班制度使视察员几乎不可能对是否遵守法律实行监督。

1844年工厂法对视察员的任务、权利和义务部分地做了重新规定。

从这时起，视察员直接受内务部之命解释和应用已公布的法律，碰到棘手的事情，直接受内务大臣之命。④从那时起，一般的法令由内务大臣发布，或者在取得内务大臣的同意的情况下由4名工厂视察员共同发布。审判权转交给治安法官，而大部分治安法官就是工厂主本人。

视察员对法律在他们管区的企业和机构内是否得到遵守负有责任。

---

① 参看本诺·卡佩勒斯为他出版的《英国工厂立法》的德译文本所写的《序言》第XIX页。

② 《马克思恩格斯全集》第1版第23卷第268页。

③ 参看本诺·卡佩勒斯为他出版的《英国工厂立法》的德译文本所写的《序言》第XIX页。

④ 例如《……报告，截至1855年10月31日为止的半年》，伦敦1856年版，第3—10页。

他们考察自己管区内的各个企业①，以便监督副视察员的工作并亲自进行调查。例如莱昂纳德·霍纳和他的6个副视察员在曼彻斯特管区内从1851年1月1日至4月30日考察了1645家工厂，从1855年5月至8月考察了1907家工厂。

根据报告确定的重点，他们对工厂主和工人是否遵守法律规定实行监督。其中包括规定的劳动时间，工人的休息时间，劳动保护和卫生规定。受到监督的还有童工的年龄，是否出示了有关的年龄证明，童工是否定期上学以及所有工人的名字是否登记造册。

视察员有权对工厂内的犯法行为追究责任并给工厂主下达命令，如果工厂主在法定的期限内不采取措施改变状况，那么这些犯法事件根据视察员的指令由副视察员转交给地方长官即治安法官去处理。

例如，如父母不把他们的从事劳动的子女送去上学，就要被提出起诉；工头和工厂主雇用没有登记姓名的成人或者没有提出医生证明或上学证明的儿童，工厂主严重违反劳动保护，都要被提出起诉。

在不接受罚款的情况下，工厂视察员可以提出采取抵押的办法。或者由工伤事故的受害者要求赔偿。虽然法律要求受害者的起诉，但是受害者在起诉时首先需要有视察员的指控以及视察员要求法院审理此案的建议。莱昂纳德·霍纳在1855年10月的报告中注意到了这种诉讼方式

---

① 根据受调查的工业部门的主要所在地划分出若干工厂区。根据这些地区的大小和工业的集中程度决定划为多少小区和对其负责的副视察员的人数。例如，1855年莱昂纳德·霍纳和5个副视察员负责曼彻斯特周围英格兰中部的工业区，在这个工业区中，纺织业高度集中在由法律规定的部门中。任命托马斯·琼斯·豪威耳和2名副视察员负责爱尔兰和英格兰西北部地区，约翰·金凯德和3名副视察员负责苏格兰，亚历山大·雷德格雷夫手下极可能有3名副视察员，负责英格兰中部和东南部地区以及威尔士。

的困难。由此导致的结果是视察员们宁可劝阻诉讼案的发生。他要求做出有利于工人的更明确的法律规定。① 初审法庭没有做出判决或者没有受理的案件在内务大臣同意的情况下由视察员移交普通高等法院（英国高等法院）审理。

由治安法官判决的罚款在扣除诉讼费后转入由视察员经管的工厂处罚基金。视察员按照内务大臣的意见把这些钱用于童工的教育。对1833年以来就已经做出的每天要参加2小时初等教育的规定是否得到遵守进行监督，这是他们的责任。他们还要检查教室的卫生状况。但是最重要的是要对教学质量做出评价，视察员在必要时有权解雇并重新雇用教师。

视察员在他们的管区内任命"医官"，而在1844年以前，视察员在"医官"的任用方面只有推荐权，工厂主对此则有选择权。"医官"负责一个或几个工厂。工厂主根据到工厂的路途长短和他们工作的性质和数量给予他们报酬。他们证明童工开始工厂劳动的年龄，并确定童工的健康状况。他们调查和证实频繁发生的工伤事故的牺牲者。他们必须同副视察员合作把事故的性质和状况告知视察员。

副视察员是视察员的主要助手。他们也由内务大臣任命，但无须议会批准。他们的名字也列在内务部领薪人员的花名册上。

根据1844年的工厂法，他们的职责范围显著扩大了，他们的代理视察员这一新称呼证明了这一点。从这时起，他们在调查工厂内犯法行为的权限方面与视察员处于同等地位。但是，视察员对他们仍有权发号施令。他们每周提出的直接来自社会实践的报告，是视察员报告的蓝本。

---

① 《……报告，截至1855年10月31日为止的半年》，伦敦1856年版，第13、115页。

候选人可以申请副视察员的公职。下列各点是自1855年以来进行甄别测试的标准。这些标准是根据内务大臣的指示由国家文职候选人考核委员会（civil service commissioners）制订的。

1. 检查笔迹和正字法
2. 包括整数和小数在内的算术
3. 拉丁语或当代的一种外语
4. 英国历史
5. 地理学
6. 做一个官方文件的概述或摘要
7. 政治经济学原理
8. 英语作文

候选人必须出色地完成所有试题。他们的年龄限制在25—40岁之间。他们必须在求职书中附上关于健康状况、道德品质、无可指责的生活方式及正常的独立的经济条件的证明。①

这些在当时来说很高的要求表明，英国的寡头政治衡量副视察员的工作的标准是以能撰写有表现力的工厂报告为前提条件的。

这同时清楚地表明工厂视察员的工作水平要高得多，此外，视察员的工作还要有多年活动所积累的经验。

从视察员的报告可以看出他们完成任务的质量，以层层建立起来的报告制度在很大的程度上使各个成员难于采取偏私态度。② 他们的报告展示了视察员的人道主义立场，也展示了在贯彻工厂法以及对工厂主的利润贪欲方面的乐观前景。但是，尽管如此，人们仍然可以从报告中看

---

① 《……报告，截至1855年10月31日为止的半年》，伦敦1856年版，第13、115页。

② 参看《马克思恩格斯全集》第1版第16卷第261页。

出不同的立场并从中推断出各个成员的社会态度。例如，他们对事故统计资料的解释表明了他们对由于机器缺少防护设施而造成的事故的不同态度。所以罗伯特·贝克①面对那些"不仅给蒙难者带来极大的痛苦，而且常常夺走他们未来生活的手段"的不幸事故感到了"不快"。约翰·金凯德先生②认为重要的是"让工人得到身体和生命安全法所宣布的充分的保护"。雄心勃勃的亚历山大·雷德格雷夫③则尽可能不做评价。

莱昂纳德·霍纳也许是视察员中最杰出的人物。霍纳，后来的地质学家、教师和工厂视察员，早在青年时期就已注意到工人的处境。他出生于1785年，父亲是苏格兰一家亚麻厂的工厂主，他首先通过在父亲的工厂里的劳动认识到了工人的处境。

1806年，21岁的霍纳迁居伦敦，1861年在那里去世。从1808年以来，他在那里是——显然在他的学业结束后——地质学会的成员，在该

---

① 关于视察员的传记材料很少，有些取自他们的报告。罗伯特·贝克（1803—1880），1834—1858年期间在罗伯特·约翰·桑德斯及他的后任亚历山大·雷德格雷夫的管区内任副视察员。1828—1832年间贝克在里子当实习医生。可能出于职业的原因才成为工厂调查委员会成员。该委员会的调查结果是1833年工厂立法的基础。1858—1878年他任视察员。他接管了托马斯·琼斯·豪威耳（1793—1858）自1833年以来负责的管区。——罗伯特·贝克在下面报告中表达了这一观点：《……报告，截至1861年4月30日为止的半年》，伦敦1861年版，第30页。

② 约翰·金凯德爵士（1786—1862），1849年接任詹姆斯·斯图亚特的职位，1856年辞职。詹姆斯·斯图利亚特（1775—1849），是1833年工厂调查委员会成员，可能是同年被任命为视察员。——约翰·金凯德爵士在下面报告中表达了这一观点：《……报告，截至1856年10月31日为止的半年》，伦敦1857年版，第31页。

③ 亚历山大·雷德格雷夫（1818—1894），至1878年为止任视察员，以后任总视察员，英国唯一的高级视察员。一开始任副视察员，1852年作为视察员接管1835年被任命为视察员的罗伯特·约翰·桑德斯的管区。

学会他任秘书（1810），副会长（1825）和会长（1846年和1860年，不再担任工厂视察员的工作之后）的职务。他还曾在英国和比利时从事教育事业。他也是爱丁堡艺术学校和伦敦大学的创办人之一。①

1833年莱昂纳德·霍纳开始在国家任命的工厂童工劳动调查委员会工作。在该委员会的报告为1833年工厂法奠定了基础之后，霍纳在1833年被任命为工厂视察员。从1836年以来，他一直在曼彻斯特管区工作，直到1859年退职。由于按法律忠实履行他的职责，霍纳多次遭到攻击，例如，他由于在他的管区各工厂中坚持劳动保护规定而遭到了攻击。他甚至不顾一部分工业资产阶级的反抗，满怀激情地维护劳动保护规定的贯彻。霍纳像他的同事在他们的管区内所做的一样，按照内务大臣的指示颁布了与此有关的通告，但是从1854年中期以来霍纳遭到了这样的攻击：在贯彻执行法律的指示时做得太严格，而且不公平。他在1855年10月的报告中与联合组成"曼彻斯特修改工厂法协会"的工厂主们针锋相对并同他们怀疑他作为视察员在监督法律方面的能力的企图进行了斗争。可能是在曼彻斯特协会的压力下，1859年他辞职了。

霍纳依据法律说明了他的工作方式的理由，"这种工作方式——虽然侵犯了自由经济——的理由是强有力的道德必然性。因此法律应当被谨慎使用，不要松懈以致变成宽容并由此违背立法内容本身"②。作为长期工作的准则，他强调说："每项法律规定的精神实质是对工人阶级的人道主义责任感，这就是在工人阶级身心受到侵害而不能保护自己时

---

① 根据哈尔·德雷珀撰写的词条"莱昂纳德·霍纳"，载《马克思恩格斯术语汇编》，纽约1985年版，第3卷。

② 《……报告，截至1855年10月31日为止的半年》，伦敦1856年版，第4—5页。

为它办事。"① 从莱昂纳德·霍纳的这一基本态度可以看出，他的行为动机是想代表被剥削的雇佣工人，改善他们的劳动条件、生活条件和学校教育，固然他是在现有的可能性范围内实现这一目的，但是与他的同事相比，他的行动更有力一些。这说明，他的有利于工人阶级的卓越的社会使命感是有理由的。

他的报告反映了他是"一个在精通专业知识和热爱真理方面都是出类拔萃的人"②。马克思在《资本论》第1卷中对霍纳作为工厂视察员的工作做了如下评价：他"……其实是工厂检查官。他对英国工人阶级有不朽的贡献。他终生不仅同激怒的工厂主作斗争，而且同大臣作斗争，对于这些大臣来说，计算工厂主在下院的'票数'比计算'人手'在工厂内的劳动小时不知要重要多少倍"③。

马克思对《报告》的兴趣不断提高

这些报告"不断地提供关于资本家对剩余劳动贪欲的官方统计材料"④，而这些材料有助于马克思研究社会现实。因此，这些统计材料对马克思来说始终是分析工人阶级社会经济状况的历史，并在其著作中把资本主义政治经济学的发展机制同社会现实的具体现象科学地结合起来的不可缺少的基础。

从50年代初起，马克思的经济学研究就同政论工作（特别是为

---

① 《……报告，截至1855年10月31日为止的半年》，伦敦1856年版，第16页。
② 《马克思恩格斯全集》第1版第47卷第219页。
③ 《马克思恩格斯全集》第1版第23卷第252页。
④ 《马克思恩格斯全集》第1版第23卷第268页。

《纽约论坛报》撰稿),紧密相联,在他的经济学研究过程中,有关英国发展的通讯越来越多地利用了这些统计材料。这些通讯是在认真细致的研究的基础上写出来的,其特点是阐述了国家的政治状况和经济状况。① 后来,马克思在《资本论》中利用了其中的几篇文章。

从1852年10月开始马克思就把《报告》写进他的通讯报道,他利用的《报告》是从《经济学家》或《晨报》转引的。② 可能是恩格斯促使马克思利用这些《报告》的,因为恩格斯在1852年9月使马克思注意到了发表在某家日报上的莱昂纳德·霍纳有关棉纺织业的有趣的统计材料。③

例如,为了评价1853年危机开始时英国的经济状况,马克思在《政局展望。——商业繁荣。——饿死事件》一文中根据《经济学家》利用了霍纳于1852年10月写的报告。霍纳在谈到棉纺织加工工业应用现代技术时所引用的工程师詹姆斯·奈斯密斯的一封信,引起了马克思的注意,因此,后来他又提到了这封信。马克思在他的著作《政治经济学批判》(1861—1863年手稿)中摘要引用了这封信④,在《资本论》第3卷第1篇中几乎全文引用了这封信⑤。

从1855年4月工厂视察员报告开始,马克思才把《报告》作为第

---

① 《马克思恩格斯全集》第1版第22卷第397页。

② 参看《马克思恩格斯全集》第1版第8卷第416—432、609—615、559—568页。

③ 参看《马克思恩格斯全集》第1版第28卷第136页。恩格斯早在他1845年出版的著作《英国工人阶级状况》中就把《工厂视察员……的报告,截至1843年12月31日为止的半年》当作最现实的资料来源加以利用。

④ 《马克思恩格斯全集》第1版第47卷第383—384、504页。

⑤ 《马克思恩格斯全集》第1版第25卷第113—115页。

一手材料写进他的新闻报道。① 在以后几年中，——就目前知道的情况而言——马克思在他的文章中利用了1856年10月、1857年、1858年和1860年4月的《报告》。马克思在这些《报告》发表后立即分析了报告中关于英国工业的发展和无产阶级的状况的最重要的论述。

马克思评价了这些《报告》的"有趣的统计材料"②，认为这些《报告》的丰富材料使得有可能对1833年以来工厂制度发展的各个时期中的生产力的发展进行比较。他还强调，这是"剖视联合王国社会组织的珍贵材料"③。

当马克思在1859年2月作出"极端重要的工业通报的简评"④ 时，这些《报告》显然已经不仅仅只是在他的新闻报道中才有稳固的地位。这些报告成了马克思分析社会经济的原始材料，马克思在进一步制定他的经济学理论的过程中扩大了对这些材料的利用范围。⑤

正像马克思1860年1月告诉恩格斯的那样⑥，他在同年年底、1860年初为他的主要的经济学著作做准备工作时就开始更广泛地利用工厂视察员的报告。这是马克思在浏览1855年10月至1859年10月期间的9个《报告》后第一次发表的意见。

实际动因大概是1859年年底莱昂纳德·霍纳辞去工厂视察员的工作。马克思阅读了霍纳1859年10月的最后一篇"充满了辛辣的讽刺"

---

① 《马克思恩格斯全集》第1版第11卷第426—428页。
② 《马克思恩格斯全集》第1版第12卷第200页。
③ 《马克思恩格斯全集》第1版第12卷第197页。
④ 《马克思恩格斯全集》第1版第13卷第221页。
⑤ 在写作《政治经济学批判大纲》（1857—1858年手稿）时马克思只有一次引证《报告》。
⑥ 《马克思恩格斯全集》第1版第30卷第7页。

的简短报告，这是他1月份在英国博物馆能读到的最新的报告。为了把霍纳的辞职与"曼彻斯特的厂主们"联系起来，他必须了解霍纳同设在曼彻斯特的"争取修改工厂法全国协会"进行斗争的过程。从马克思在信中提到的那些报告，特别是直到那时为止马克思尚未写进他的新闻报道的1855年10月的报告，可以看到霍纳进行斗争的这一过程。

马克思系统地分析了报告的内容。他接着告诉恩格斯，在英国的经济发展及工人和童工的健康状况方面，他把报告同《英国工人阶级状况》作了比较。

马克思从上面提到的《报告》和恩格斯的著作中作了较短的摘要。这是我们仅知的马克思对工厂视察员报告的摘录，它们包含在1859—1863年间写的第Ⅶ笔记本的第2部分中。

这一摘录的少数引文被直接采用于《资本论》第1卷中，而大部分都用于写作《政治经济学批判》（1861—1863年手稿）。摘录对于《资本论》第3卷就没什么意义了。

第Ⅶ笔记本中的摘录首先构成了马克思写作1861—1863年手稿时所利用的《报告》的基本内容。例如，他把手稿中以"剩余时间"为标题的第163—165页归入笔记本Ⅲ（增补）和ⅩⅨ。[①] 在写作手稿期间，马克思已不再只对照摘录本，而是重新对照《报告》本身，并且利用这些《报告》直到获得最新的报告。除了1861年4月那份之外，他通读了1855年10月至1861年10月的12份时间上连贯的《报告》，他在把摘自亚历山大·雷德格雷夫的报告的摘录归入笔记本Ⅲ时，改正了摘录笔记本中的错误页码，即把第82页改正为第81页，这件事说明马克思越来越多地使用了原始材料。[②]

---

① 《马克思恩格斯全集》第1版第47卷第237—243、512—513页。
② 《马克思恩格斯全集》第1版第47卷第242页。

《资本论》第2稿证实这些《报告》是马克思的科学著作的资料来源。马克思在进一步写作他的主要著作时，广泛地利用了几乎30个年度的《报告》。因为马克思写作《资本论》时不满足于"用第二手的材料；他总要找到原始材料核对，不管这样做有多麻烦；即令是为了证实一个不重要的事实，他也要特意到英国博物馆去查阅书籍"①。

大约从1864年中起，马克思尽可能不再通过摘录笔记本这条道路来利用《报告》。因为除了1859—1863年写的笔记本Ⅶ的摘录部分之外，再也没有出现过《报告》的其他摘录，所以可以认为，马克思利用了他的藏书中所拥有的数量可观的全部的《报告》。——有几点可以说明这个问题。

保尔·拉法格曾说，议员们常常把工厂视察员的报告"按重量"卖给伦敦一条著名的大街"朗爱克"上的一个"废纸商"，马克思有时去找他，顺便在那里买一些廉价的工厂视察员报告。②马克思由此结识了书商菲力浦·斯蒂芬·金，这在不久前发现的信件中得到证实。③

拉法格谈到了马克思如何利用他所拥有的《报告》原本的工作方法，但没有具体说明时间。他说，马克思"为了写作《资本论》中约

---

① 保尔·拉法格：《忆马克思》，载《摩尔与将军》，人民出版社1982年版，第101页。

② 参看保尔·拉法格：《忆马克思》，载《摩尔与将军》，人民出版社1982年版，第103页。

③ 参看罗西·鲁迪希：《新发现的卡尔·马克思和劳拉·拉法格的书信》，载《马克思恩格斯年鉴》，柏林1985年版，第284—287、288—297页。作者根据新发现的给菲力浦·斯蒂芬·金的信指出，马克思从1867年8月起从这位书商那里购买了大量的蓝皮书和其他出版物。坐落在伦敦内城西部韦斯明斯特地区靠近国王大街的书店出售政府的出版物、法律草案、统计资料、蓝皮书和其他政府文件。国王大街的旁边就是朗爱克街。

占 20 页篇幅的关于英国劳工（保护）法的部分，翻遍了包含调查委员会报告和工厂视察员报告在内的全部蓝皮书藏书。他所做的大量铅笔记号表明，他从头至尾地阅读了这些藏书"①。

显然，拉法格在这里指的是《资本论》第 1 卷中对工厂法的评价，马克思在此引用了少量的蓝皮书，其中只有一份 1865 年 10 月的《报告》。② 这是在《资本论》第 1 卷 1866 年出版前进行最后加工时所利用的最具现实意义的原始材料。马克思在写作对工厂法的评价时没有直接利用《报告》，而是在脚注 314 中指出：关于这一点在工厂视察员的报告中有"大量的例证"。这些例证涉及扩大工厂法适用范围的要求以及资本家对平等竞争条件的要求。

关于这一点，马克思于 1866 年 1 月在《工作日》③ 一节中详细地引用了《报告》，而且肯定还在其中的许多段落下面划了线，所以它们比较早地得到了利用。

马克思在 1866 年 2 月 10 日写给恩格斯的信中谈到了要大量地引用工厂视察员的报告。相对于原来的意图来说，他在准备第 1 卷付印时对《工作日》一节作了"历史的扩展"。因此他强调指出，除了《童工调查委员会报告》和《卫生委员会报告》之外，《报告》是唯一可用的材

---

① 保尔·拉法格：《忆马克思》，载《摩尔与将军》，人民出版社 1982 年版，第 102 页。

② 参看《马克思恩格斯全集》第 1 版第 23 卷第 521—523、528、530、537 页。《童工调查委员会，第 2 号报告》，伦敦 1864 年版；《第 3 号报告》，伦敦 1864 年版；《第 5 号报告》，伦敦 1866 年版。《矿山特别委员会的报告，附证词，1866 年 8 月 23 日》，伦敦 1866 年版。《工厂视察员……报告，截至 1865 年 10 月 31 日为止的半年》，伦敦 1866 年版。——脚注 314，同上，第 538 页。

③《马克思恩格斯全集》第 1 版第 23 卷第 258—335 页。

料，其他东西都是"纯粹的废物，不能应用到科学上来……"① 马克思在脚注48中表达了相近的意思，《工作日》一节的"历史的扩展"显然就是从这儿开始的。在以下的脚注中，马克思就《报告》的性质、价值以及它们的作者即工厂视察员们的不同评价发表了重要的意见。为此打下基础的不仅是在这个工作阶段内对报告的集中的全面的研究。

《资本论》第3稿（1863—1865）中1863年这一篇的手稿没有流传下来，最大的可能性是，这篇手稿的基础是1861—1863年手稿和笔记本Ⅶ（1859—1863）的摘录部分所包含的《报告》的摘录。

后来在1866年1月所作的历史增补，往往是没有从英文翻译过来的报告摘录或者对这些资料来源的提示。马克思把这些增补写在大量的脚注中，为此他可以利用那些想必同往常一样只写了一半的页码的空白处。马克思考虑到了17个年度的24个《报告》，利用了超出1861—1863年手稿范围之外的其他的报告。

1866年新用上的《报告》极有可能是马克思的藏书的一部分。因为马克思身受痈的剧烈折磨，是躺着利用这些《报告》并把它们补充进手稿的。"'坐'自然谈不上"，他对他的朋友说。接着马克思又说，一旦情况允许，他将去英国博物馆，到那儿查阅波兰事件的有关文献，这也同样说明马克思在自己的藏书中有这些《报告》。②

恩格斯于1866年2月19日请求把他在马克思那里借的但又忘了拿的《报告》寄给他，马克思于2月20日回信说将寄给他《报告》，这些也说明马克思拥有这些报告。③

关于马克思拥有这些报告的结论也为寻找马克思和恩格斯遗产的下

---

① 《马克思恩格斯全集》第1版第31卷第177页。
② 《马克思恩格斯全集》第1版第31卷第177页。
③ 《马克思恩格斯全集》第1版第31卷第183、185页。

落提供了帮助。1981年英格·维尔罕编的《马克思恩格斯藏书中下落不明的图书目录》中就有许多极有可能是属于马克思藏书的自1849年以来的《报告》。①马克思在为准备第1卷付排稿而加工《工作日》一节时只是利用了这里提到的18份报告。

值得注意的是，在马克思的女儿爱琳娜为第1卷英译本而编的引文笔记本中没有《报告》的摘录。显然，之所以没有，是因为恩格斯把马克思藏书中的一部分蓝皮书——其中肯定也有工厂视察员报告——在马克思去世后寄给了赛姆·穆尔，供他翻译时用，其余的自己保存了。②当时参加该书翻译包括翻译《工作日》一节的爱德华·艾威林肯定也使用了这些材料。

因为恩格斯负责英文版的全部编辑工作，所以这些《报告》最后应该在他手上。它们就从这儿进入德国社会民主党图书馆的藏书中，在那儿被编入分类目录。不清楚的是，赛姆·穆尔在他起程到非洲去之前是否把那些蓝皮书还给了恩格斯。

在书信以及保尔·拉法格的回忆录中提到《报告》以及它们的下落的地方很肯定地证实了马克思拥有过这些《报告》。《工作日》一节大量利用这些《报告》这一点说明马克思高度重视这些材料，说明在马克思制定经济学理论时这些材料具有科学的应用性。

---

① 参看《马克思恩格斯研究论丛》，柏林1981年版第8辑，第107页。这里指的是《工厂视察员报告（后来为工厂总视察员报告）》1849年下半年，1855年下半年，1856年，1857年，1858年上半年，1859年下半年，1860—1870年，1876年下半年，1877—1881年，1885年。

② 《马克思恩格斯全集》第1版第36卷第105页。

马克思在《资本论》第 3 册手稿中如何采用《报告》

1864 年下半年，马克思在《资本论》第 3 册手稿中对《报告》作了确实广泛并日益扩大的分析，这在《资本论》创作史上是第一次。最后，这种分析由此扩展到了第 1 卷。

此时，《报告》已有 30 多年的历史，它作为社会经济统计材料提供了极好的资料来源，从中可以得出关于生产力的发展以及这一发展在社会中的反映的结论。《报告》使描述不变资本使用上的节约成为可能，例如马克思作这样的描述首先是在第 3 册第 1 章的"3）不变资本使用上的节约"和"4）原料价格的波动"两节中。①

1864 年秋天，马克思在撰写上述第 3）和第 4）节时极有可能在他的藏书中已经有了大量的《报告》。这里所利用的工厂视察员报告基本上与 1866 年《工作日》一节的付排稿所包含的报告一致。所使用的 31 个《报告》中有 15 个包含在前面提到过的《马克思恩格斯藏书中下落不明的图书目录》中，我们当然不能要求这份自录完美无缺。另外，这两节是在与 1866 年 1 月相似的健康条件下写成的，这可以从马克思 1864 年 11 月与恩格斯的通信中看出。

手稿行文流畅，分成许多小的部分，也是说明马克思拥有《报告》的重要标志。值得注意的是 81 页手稿中有大约 200 处《报告》的原文引文，另外，还有一个《报告》的德语综述。马克思还间或地

---

① 马克思写作第 1 章的这个部分时所用的标题是"（3）不变资本使用上的节约"并指出下面将研究"（4）（关于原料价格的波动）"。参看《马克思恩格斯全集》第 1 版第 25 卷第 92 页，马克思在后来的写作过程中没有再提到 4）的编号，为了清楚起见这儿保留了原来的编号。

在资料或引文后加上注。在引用时他经常采用原始资料中不同的书写方式,首先是复合词的不同书写方式。① 在引用较长的段落时他有时也沿用英语的习惯——在每段开头时用开引号,不过只是到了引文结束时才用闭引号。手稿中只有很少一些增补、删除以及语句的中断,在这些地方马克思先是根据资料作近似地叙述或改写,然后再决定采用确切的原文。

这些看起来无关紧要的说明马克思写作方法的例子,手稿页码第113—117页的双重编码,脚注编号的重合和随后直接写入手稿的资料的出处,都表明了马克思是根据《报告》的原本工作的。

马克思在不间断的行文中把大量的引文直接并入他的理论思考。在脚注中出现的——除了少数解释性的引文之外——仅仅是文献的出处。而另一些资料来源在脚注中只简单地提一下,注明所摘引的作者的名字;没有他们的论述。显然,马克思在当时的健康条件下首先是根据他藏书中有的资料即他所拥有的报告进行工作的,这一点也为第6章的产生提供了证明。②

马克思的写作使人们认识到他对工厂视察员报告的高度重视。他的研究的基础是利用从1845年4月到1864年4月的24个年度的31份《报告》。马克思摘引的特别多的是1855年10月、1856年和1863年的报告。(1845年10月、1846年4月、1851年10月、1855年4月、1857年10月、1858年4月的报告没有利用)。

马克思根据当时的题目按历史年代顺序或用比较的方法从报告中选

---

① 例如 machine maker（机器制造商）一词,常用的书写方式还有 machinemaker 和 machine-maker。

② 参看阿图尔·施尼克曼:《1865年马克思对地租的研究》,载《马克思恩格斯研究论丛》,柏林1987年版第23辑,第120页。

出有关段落,通过分析或综合把它们融合进自己的研究中。它们作为摘录被用在马克思没有能够亲自加工的第1章的这个手稿中,不仅数量多,而且一部分内容十分丰富。

大家知道,恩格斯编辑了第3册,他在编辑这两节时只能沿用主要的手稿,但他认为"必须作很多的变动和补充"①。这些变动和补充表现为根据《报告》对引文作一些新的选择和安排。恩格斯把大量的来自报告的资料删减了大约三分之一。尤其是在第3节中,他把大量的引文浓缩在一起,突出了工厂视察员叙述中的重点并加以系统化。

上述被删掉的部分中有的是马克思为了自己弄清问题而编造的有关亚麻纺织的词汇及其德译文,删掉这些部分从马克思来说是必然的。②马克思在举例说明亚麻加工业使用那些提高原料利用率的新机器时,写了一些人们不认识的词汇。

还有一件事不属于本文讨论的范围③,不过值得一提,因为到目前为止手稿还没有发表,那就是马克思还对更有效地利用粮食制作面包的新方法作了大量阐述,就是现在大家熟悉的格莱汉姆面包(去麸)和粗面粉面包(不去麸)。那时候面包是穷人也就是广大工人的主要食品。

这个例子同样表明了与《资本论》第1卷的紧密联系,在这一卷中,马克思在考察绝对剩余价值的《工作日》一节中描述了用明矾以

---

① 《马克思恩格斯全集》第1版第25卷第7页。
② 《马克思恩格斯全集》原文版第2部分第4卷第2册(手稿第106页)。根据对德语词的选择可以断定,显然马克思用的是一本技术词典而不是别的。
③ 马克思在这里所依据的是在面包作坊实行视察制度之后作为蓝皮书发表的《就面包工人的申诉向女王陛下内务大臣的报告》,伦敦1862年版。

及类似的东西对面包掺假的行为。①

　　从这一节可以特别清楚看到第 3 册广泛而又全面地利用《报告》对第 1 卷所产生的影响。这里要提到的另一个例子是第 4 章的第 191 个脚注②，从这个注可以特别清楚地了解马克思的工作方法。马克思的注释是这样开头的："在第 3 册第 1 章里，我将叙述……"接着是摘自《报告》的一段引文的德译文，并附有与第 3 册第 1 章完全相同的马克思的叙述和评论。③ 因为马克思在该段引文的德译文中对第 3 册作了很详细的提示，所以这条脚注很可能只是在 1866 年为付印第 1 卷而进行加工时才增补进去的。

　　这里只能用很少的例子来提示一下，马克思在写作第 3 册第 1 章时是如何全面地利用《报告》的。《马克思恩格斯全集》原文版第 2 部分第 4 卷第 2 册完全发表所有来自工厂视察员报告的引文和摘要，将加深对马克思利用《报告》进行写作的方式的了解，将突出这些《报告》的意义。

　　现在随着这部手稿的编辑出版，人们就可以研究（也包括第 3 节和第 4 节）从基本思想经过马克思的手稿直至恩格斯加工过的、《资本论》第 3 卷中大家熟悉的第 5—7 章的产生过程。

　　第 1 章第 3 节和第 4 节中研究不变资本的节约的基本思想来自《资本论》第 2 稿，即 1861—1863 年手稿。马克思在写完第 3 卷的第一个基本章《第 3 章。资本和利润》并在 1863 年 1 月的计划草稿中作了详细的说明之后④，他在紧接着撰写的第 V 册（续），第 XIX—XXII 册笔

---

① 《资本论》第 1 卷德文第 1 版，经济科学出版社 1987 年版，第 277—280、198 页。
② 《资本论》第 1 卷德文第 1 版，经济科学出版社 1987 年版，第 410 页。
③ 《马克思恩格斯全集》原文版第 2 部分第 4 卷第 2 册（手稿 78 页）。
④ 参看《马克思恩格斯全集》第 1 版第 26 卷第 1 册第 446—448 页。

记本中多次提到了还要撰写的《资本和利润》篇①。这些笔记本包含了关于不变资本的基本思想,马克思在计划第3节和第4节的草稿时在这些地方划了边线并注有"利润"字样。有一些地方在叙述时做了处理完毕的记号,其中一部分马克思逐字逐句地在手稿中采用了。

构成第3节的基础和结构的首先是这样一些叙述,在这些叙述中,马克思从关于利润的思考中得出了不变资本的便宜化即节约的各个方面。② 他以劳动的社会性和生产的积聚为基础,由此出发大致确定了第3节的结构,但也涉及了与第4节有关的一些方面:

"(1)许多人所必需的、共同利用的'主体'劳动条件……的节约;

(2)由生产工具的集中所造成的节约,即传动机构上的节约;

(3)……能源的节约。

不变资本便宜化的其他方式建立在发明的基础上……

另一类节约是由于轻视'不值分文的'的人身材料而造成的……这种情况以后要举些例子。"③

尽管这时候马克思完全了解《报告》的表现力,并由于从事新闻报道写作而准备在以后写作第3册手稿时再采用这些《手稿》,但是,他在第3节中已经具体地提到了一些例子。

关于第4节的详细想法马克思显然是在写作该节时才阐明的。促使写作第4节的原因可能是笔记本XX《积累》一节中有关棉纺织业的发展取决于1815—1863年期间繁荣和危机所引起的市场波动的一段引文。这里也看得出有关工人社会状况的某些方面。④

---

① 《马克思恩格斯全集》第1版第47卷第516—517页。

② 参看《马克思恩格斯全集》第1版第48卷第42—43页。已处理完毕的记号涉及41—42页。

③ 《马克思恩格斯全集》第1版第48卷第42—43页。

④ 参看《马克思恩格斯全集》第1版第48卷第40—41页。

在撰写第3节和第4节时马克思研究了不变资本节约的各个方面。他明确地把通过节约使用不变资本实现利润和通过直接影响无产阶级的劳动条件和生活条件（在这里应该进一步探讨这种影响）实现利润之间的联系作为节约不变资本的一个方面来叙述。马克思在他的分析中首先可以根据他已写好的第2章和第1章的开头部分进一步阐述生产价格和平均利润。把生产价格、平均利润与生产力的发展进行比较，就有可能去研究被剥削的雇佣工人的劳动条件和生活条件了，正如马克思根据《报告》详细阐述的那样。

在第3节《不变资本使用上的节约》中马克思摘录了11个年度的14个《报告》。

他把"另一类节约"放在他研究的开头部分，并把它列为资本主义再生产过程中的一个很重要的方面。他用"几个例子"来证明他的理论思考，"从最后一点，也就是从生产条件的节约说起，因为生产条件同时又是工人的生存条件和生活条件"①。

马克思的出发点是这样一个重要的论点（认识）："资本主义生产方式……把浪费工人的生命和健康，压低工人的生存条件本身，看作不变资本使用上的节约，从而看作提高利润率的手段。"②

马克思首先是以煤矿采掘业为对象通过比较的方法来研究这个论点的。煤矿采掘业是英国的一个重要工业部门，生产率提高很快。在这里，真正有效的、在井下进行的视察只是从1850年才开始，马克思依据的就是1861年出版的矿山视察员报告。为了进行分析，马克思摘录了第一次研究矿山童工问题的1842年《童工调查委员会》第11号报告

---

① 《马克思恩格斯全集》第1版第25卷第103页。
② 《马克思恩格斯全集》第1版第25卷第102页。

作为对比材料。①

马克思根据这个报告指出，由于异常节约不变资本而获得的利润率的提高对矿工的劳动条件和生活条件具有特别明显的影响。同时他探讨了工人之间的竞争问题，这种竞争使资本更容易获得最大限度的利润。

马克思强调说，真正人道的劳动条件"在这个人类进行社会改造之前的时期"还不可能。②

马克思接着又以"真正的工厂"为例证明了他的论点，根据工厂视察员报告反映的"产业大军伤亡人数的战报"证明他的论点在"真正的工厂"中也是正确的。③

他深入地研究了在劳动保护领域中为获得利润而尽量节约不变资本对工人的生命和健康的影响，对作为生存条件的一部分的劳动条件的影响。他详细地说明了工人在生产过程中由于安全设备不完备而遭到的危害。

马克思在论述时让工厂视察员代表自己说话——他只是在工厂视察员的陈述中加上一些简短的起承接作用的评语。他得出结论说，工厂视察员的陈述是：有必要把资本置于监督之下的最好证明，也是资本有草菅人命的倾向的最好证明。④

---

① 这个报告构成了1842年8月10日的关于矿山和煤矿的法案的基础，这个法案于1861年经过修正，生效至1872年。对于这个法案的监督显然与纺织工业中的情况不同，没有定期发表的报告。休·西摩尔·特里门希尔负责对这个法案的监督，他后来于60年代初调查面包业的情况。——（另参看库尔特·阿尔伯特·格拉赫：《女工保护的意义。英国工厂法发展研究》，耶拿1913年版，第50页以及以下各页。）

② 参看《马克思恩格斯全集》第1版第25卷第105页。

③ 参看《马克思恩格斯全集》第1版第25卷第105页。

④ 参看《马克思恩格斯全集》第1版第25卷第105页。

他描述了工厂主们在实施工厂法的过程中反对英国寡头政治的斗争,这一斗争在1854—1855年尤为激烈,1856年达成了妥协即由资本支配立法。①

马克思系统地研究了1855—1863年的工厂视察员报告,尤其是1855年10月、1856年和1863年的报告。1855年10月的《报告》为马克思的分析提供了线索。同时它还提供了自1844年的法律以来有关劳动保护的工厂立法的丰富资料,马克思在这里第一次简短地描述了该立法的历史概况。

在后来的马克思不再编号为4)的叙述中,马克思分析了18个年度的27份《报告》。

马克思首先研究了作为流动资本的组成部分的原料(包括辅助材料)的价格波动及其对利润的作用。其中包括关于原料和产品的价值和价格之间关系的论述,关于应用提高生产率的新机器的论述,《报告》在这方面提供了丰富的资料。此外,马克思在说到新机器的使用时几乎全部地摘录了前面已提及的莱昂纳德·霍纳的报告中奈斯密斯工程师的信。②

接下来的重点是"资本的增值和贬值、游离和束缚",马克思首先展开了与自由竞争的资本主义中影响利润的各种因素及其对生产力的作用密切相关的理论论述。例如,在这里从起先作为例证的统计材料中得出了若干结论。③ 马克思根据1846年以来纺织业的发展并在特别考虑到

---

① 参看《马克思恩格斯全集》第1版第25卷第105页。
② 参看《马克思恩格斯全集》第1版第25卷第113—115页。
③ 在《原料和货物价格的波动》标题下收集的例子包括对1848年和1850年、1853—1855年和1863年的棉花和棉纱价格上涨和下跌的叙述。这样马克思就既了解了危机的影响,又了解了繁荣和重新出现的危机。《马克思恩格斯全集》第1版第25卷第139—140页。

1861—1864年棉荒的基础上深化并以实际例子说明了他的论述。摘自《报告》的例证使人们能更清楚地认识到马克思曾经详细论述过的棉荒对从事纺织业的工人的影响。

他把"另一类节约"① 作为"棉荒和劣质原料对工资的影响等。在无价值体上的实验"一节的重点来叙述。马克思指出并证明，危机过程必然会给工人的劳动条件和生活状况带来沉重的负担，资本为了在危机情况下实现利润有意要造成工人阶级的日益严重的贫困化。马克思强调说，这一趋势"以及资本主义生产的精神实质在1861年以来的棉荒中可以得到很好的研究"②。

马克思采用按年代顺序的方法，根据《报告》描述了1861年至1864年的棉荒期间工人生活状况的恶化。这些关于大批工人失业、短时劳动、工资下跌和价格的上涨的摘录具有极强的表现力，以至于马克思无须再加评注。不过，需要根据1864年4月最新的《报告》对当时受赞扬的国家就业计划进行评价，这本来也是马克思在国际工人协会中进行现实的政治活动所要求的。马克思极有可能是在1864年9、10月间写下第1章的这个部分的——在时间上与撰写成立宣言相近。

关于第3节的写作时间手稿本身只提供了一个直接的提示：1864年10月。③ "1865年"几个字是恩格斯在进行加工工作时为了说明事实情况加上的。④ 尽管马克思没有能够参加10月18日以前的国际工人协会的一些会议，但是，从他的健康状况仍然可以得出这样的结论：他虽

---

① 《马克思恩格斯全集》第1版第48卷第43页。
② 《马克思恩格斯全集》原文版第2部分第4卷第2册（手稿78页）。
③ 《马克思恩格斯全集》原文版第2部分第4卷第2册（手稿135页）。
④ 《马克思恩格斯全集》第1版第25卷第107页。

然处境很坏,但他在家里写作该节草稿时利用了《报告》。①

第4节极有可能是马克思于1864年11月14日写完的,他"费了很大力气,是从工厂报告的零碎材料中搜集到的"② 例证。11月9日恩格斯给马克思寄去了一份前一天的《曼彻斯特卫报》。③ 他请马克思注意一下报上刊登的《救济委员会》的报告。马克思把恩格斯对"救济贫困的工厂工人的法令"的评价的大意写进了自己的手稿中。马克思并没有采纳与"国家工厂"的比较,恩格斯在编第3卷时把它增补了进去。④

马克思在11月14日之后还曾想弄到关于棉荒对工人的影响的更多的材料,但并没有把任何新的材料补充进已经写完的第4节。⑤

国际工人协会也是促使马克思对劳动条件和生活条件进行深入细致的大量研究并在第3册第1章中对这些条件进行多方面的阐述的动力。正如恩格斯在第3卷的序言中所强调的,马克思在进行他的主要著作的写作时为国际工人协会的创立和扩大做了大量的工作。⑥

马克思作为一个科学家和革命家,分析和阐释了缩短工时、失业、工伤事故、工人的健康状况以及由1861—1863年的棉花危机引起的工人的日益恶化的生活状况等严重的社会问题的原因。他指出,资本主义中不变资本的节约会损害工人的劳动条件和生活条件,其目的仅仅是为了保证获得最大利润。马克思还从资本主义再生产过程的这个方面出

---

① 参看《马克思恩格斯全集》第1版第31卷第12—15页。
② 参看《马克思恩格斯全集》第1版第31卷第22页。
③ 参看《马克思恩格斯全集》第1版第31卷第21页。
④ 参看《马克思恩格斯全集》第1版第25卷第152页。
⑤ 参看《马克思恩格斯全集》第1版第31卷第27、39—40页。
⑥ 参看《马克思恩格斯全集》第1版第25卷第7页。

发，论证了他在成立宣言中所做的估计，即工人阶级和剥削阶级相对立的状况在不断发展着，资本主义的发展并没有削弱社会对抗，而是加剧了社会对抗。

这样他就比同时代的其他人更深刻地探究了上述社会问题的原因，对它们进行了科学的分析和叙述。同时他也创造出了一个有利的先决条件，使他能够对工人运动中长期以来存在的争论，即在国际工人协会中也曾进行过的关于把工作日和罢工局限为政治斗争中的策略手段的争论表示明确的态度。

为了建立与社会实践的科学联系和充实理论，对马克思来说，这些《报告》是研究不变资本的节约的最合适的原始资料。《报告》在探讨当时的生产关系发展状况、生产率和占统治地位的剥削形式方面具有一种表现力。这些《报告》在那个时代完全有资格说，它们与到那时为止所有的任何社会分析相比，在认识上更丰富了，更具科学性了。

对这些《报告》的利用包含在第1章中，当列宁谈到《资本论》第3卷时，他强调说："马克思把经济学推进了一大步，这表现在他是根据普遍的经济现象、根据社会经济的全部总和来分析问题……"①

（原载柏林《马克思恩格斯研究论丛》，第28辑）

（刘咏梅、蔡长缨译　冯文光校）

---

① 《列宁全集》中文第2版第26卷第68页。

《资本论》第 3 卷原始手稿中信用理论的体系意义*

〔德〕米夏埃尔·亨利希

《资本论》第 3 卷第 5 篇是政治经济学批判的最不完整、最残缺不全的部分之一。特别是关于信用制度的论述留下了许多问题。撇开所有内容上的问题不谈,关于信用的叙述在体系中的地位就不明确。例如,马克思在许多地方都表明,信用不属于《资本论》的对象,但是,关于信用的叙述却占了第 3 卷总篇幅的几乎五分之一。而在叙述本身中,一般概念的阐述与具体的实际历史情况(例如,英国银行立法)的研究交织在一起,使人弄不清范畴的阐述是什么时候终止的,历史的描述是什么时候开始的。关于信用的叙述,恩格斯在序言中写道:"没有现成的草稿,甚至没有可以提供轮廓,以便加以充实的纲要,只不过是开了一个头,不少地方只是一堆未经整理的笔记、评述和摘录的资料。"①从这个序言还可以推断,恩格斯正是在第 5 篇的这个论述信用制度的部分对马克思的手稿作了极重要的修改,而不是按手稿的原样安排正文。除去做了许多文字挪动以外,他还拆散了一个主要由摘录组成的整章,即《混乱》,并且将这一章分散置于正文中。所以,关于马克思的信用理论的讨论还因下述情况而受阻,即人们不清楚,恩格斯发表的文本与马克思的原稿究竟有多大出入。现在,马克思的原始手稿在《马克思

---

* 本文选自《马克思恩格斯列宁斯大林研究》1999 年第 1 辑。
① 《马克思恩格斯全集》第 1 版第 25 卷第 9 页。

恩格斯全集》历史考证版第 2 部分第 4 卷第 2 册发表了，马克思的信用理论的关键性的基本文稿第一次可供人们使用了。我们将初步研读马克思手稿中涉及信用的部分所取得的成果奉献如下。

1. 《政治经济学批判》最初的计划草稿中的信用

马克思 1857—1858 年的《大纲》和 1861—1863 年的《政治经济学批判》所依据的结构原则还是：将"资本一般"与竞争和信用严格区分开来。马克思打算在《资本一般》篇中叙述"把作为资本的价值同单纯作为价值或货币的价值区别开来的那些规定"①。他还补充道："我们研究的既不是资本的某一**特殊**形式，也不是与其他各单个资本相区别的某一**单个资本**。"② 因此，一切在资本的实际运动（竞争和信用）中出现的东西，不事先考察单个资本的运动就不应叙述。在内容上，"资本一般"的叙述应该从剩余价值的生产过程开始，经过资本的循环和周转，直到剩余价值和利润转化为生息资本。但是，在 1861—1863 年手稿中，马克思就已经不得不在"资本一般"的叙述中既研究"特殊"资本（在关于社会总资本的再生产的叙述中），也研究单个资本（一般利润率的平均化运动）。

然后，在 1863—1865 年经济学手稿中，这个在此之前如此重要的"资本一般"概念无论在行文中还是作为划分篇章结构的要点都没有出现。在这部手稿中，原先规定在竞争篇阐述的论题，在以前准备论述"资本一般"的范围内得到阐述。现在，关于生息资本（"资本一般"的最后规定）的一章，也同关于信用以及货币量、银行政策、汇兑率等

---

① 《马克思恩格斯全集》第 2 版第 30 卷第 269 页。
② 《马克思恩格斯全集》第 2 版第 30 卷第 270 页。

变化的具体问题的叙述联系在一起了。这些变化表明，把"资本一般"与竞争和信用分开的原则已经被放弃，但仍然出现马克思关于竞争和信用不属于"这里"的说明。因此，科学讨论中出现了争论：马克思是否实际上放弃了把资本一般与竞争和信用分开的原则。

2. 马克思关于1863—1865年手稿中信用的地位的明确说明

在《资本论》第3卷的许多地方①，信用都被排除在对"资本的一般性质"②或"把资本主义生产方式……在它的……理想的平均形式中"③的叙述之外，尽管在关于生息资本的一篇里为信用提供了相当广阔的空间。上面提到的说明（指竞争和信用不属于"这里"的说明。——译者注）在这一篇之前和之后都出现过。因此，马克思的基本态度并没有根据他对信用理论的叙述而改变。

现在可以根据马克思的明确表述，研究他打算把信用理论的哪些部分纳入对资本主义生产方式的一般叙述中，哪些部分不纳入。

在将《资本论》第3卷恩格斯的版本同马克思的原始手稿进行比较时可以发现，恩格斯把几个这样的说明强化了。例如，在关于资本的游离和束缚、贬值和增值这个下属篇④里，马克思的原稿中在提到竞争和信用时说："但资本主义生产的这些比较具体的形式，1. 只有在理解了资本的一般性质以后，才能得到说明；2. 这样的说明不在本书计划

---

① 《马克思恩格斯全集》第1版第25卷第127、135、401、450、939页。
② 《马克思恩格斯全集》第1版第25卷第127页。
③ 《马克思恩格斯全集》第1版第25卷第939页。
④ 《马克思恩格斯全集》第1版第25卷第126—141页。

之内，而属于本书一个可能的续篇的内容。"① 恩格斯在这个说明中补充了"全面的"一词："但资本主义生产的这些比较具体的形式，只有……才能得到全面的说明；……"② 恩格斯在另一个地方也作了类似的改动。马克思的说明是："分析信用制度和它为自己所创造的工具（信用货币等等），不在我们的计划之内。"③ 恩格斯补充了"详细"二字，变成："详细分析信用制度……"④

恩格斯通过加上"全面的"和"详细"这样的限定词，把马克思严格确定的界限相对化了。促使他这样做的动因可能是，对信用的广泛论述明显地与上述那些说明相违背。不过，恩格斯通过加上这两个限定词，把事情归结为一个量的问题：全面的、深入的叙述相对于不那么全面的叙述。当然，这里涉及的不是单纯量的问题，而是体系问题：信用应该在政治经济学批判的范畴结构的什么地方加以论述，并且出于哪些实际的原因？正如人们根据恩格斯的序言可以猜测到的那样，他根本没有提到过这个叙述体系的问题。毋宁说，他认为决定性问题在于，把马克思遗留下来的材料按照分散于各处论述的专题加以安排，并且可能使它反映最新成就。

恩格斯不大注意叙述逻辑问题，这一点也可通过以下的文字改动加以证明。在马克思那里，在正文中用括号作补充："（信用的一种表现形式：我们知道，在货币作为支付手段而不是作为购买手段执行职能时，商品被让渡了，但它的价值要到以后才实现。如果支付要在商品卖出以后才进行，那么，这次卖就不是表现为买的结果，而是买通过卖而

---

① 《马克思恩格斯全集》历史考证版第 2 部分第 4 卷第 2 册第 178 页。
② 《马克思恩格斯全集》第 1 版第 25 卷第 127 页。
③ 《马克思恩格斯全集》历史考证版第 2 部分第 4 卷第 2 册第 469 页。
④ 《马克思恩格斯全集》第 1 版第 25 卷第 450 页。

实现。或者说，卖成了买的手段。）（第二，债权证书（票据等等）成了债权人的支付手段。）（第三，债权证书的相互抵消代替了货币。）"①

恩格斯把"信用的一种表现形式"改成"信用的一个特殊形式"。②"表现形式"合乎范畴的概念联系（从作为支付手段的货币的职能到信用和信用货币），而恩格斯似乎更多想到的是将信用的各种经验存在形式体系化。

如果我们现在考察一下马克思对把信用排除在资本的一般性质的叙述之外的理由所作的那些说明，就会看到，他总是把这件事与工业周期和世界市场上的运动联系在一起。马克思所列论据看来也是迫不得已，因为，不研究工业周期和资本的世界市场运动，也就不可能论述与它们相关联的信用现象，而这些现象是以上述研究为前提的。因此，信用的叙述可谓是消极规定的，显然，马克思关于周期中借贷资本的运动的考察，关于汇兑率等等的考察，大部分在叙述的这个地方并没有处于体系上的地位的意义。但是另一方面，马克思想在"为说明资本主义生产方式的特征所必要的"③范围内论述信用。这样，在这里必须只论述生息资本（或者说已经展开的范畴）和信用之间的范畴联系。按照这个从马克思的明确的说明得出的论点，对于在资本的一般性质范围内关于信用所应作的叙述来说，是具有体系意义的，而不单纯是量的意义。

---

① 《马克思恩格斯全集》历史考证版第 2 部分第 4 卷第 2 册第 441 页。
② 《马克思恩格斯全集》第 1 版第 25 卷第 414 页。
③ 《马克思恩格斯全集》历史考证版第 2 部分第 4 卷第 2 册第 469 页；中文第 1 版第 25 卷第 450 页。

3. 关于在马克思的手稿中对信用叙述的结构

信用的体系性叙述只限于同生息资本的范畴联系，关于信用在周期中和世界市场上的作用的考察被排除在外，这种论点现在必须借助马克思的原文本身加以检验。

首先，第5章（相当于恩格斯版本中的第5篇）的结构划分引人注目。马克思把这一章划分为六点。在关于信用的一点大大扩展了之后，他还是坚持这种划分。前四点中只有第4点带有标题，即《剩余价值和资本关系本身在生息资本形式上的外表化》①。这四点相当于恩格斯版本中第5篇的前四章②。第5点冠以《信用。虚拟资本》的标题③，恩格斯将其中的材料（经过很大的调整、挪动和修改）组成第25—35章。而第6点（《资本主义以前的状态》）又相当于第5篇的最后一章。

在马克思那里，篇章结构的划分还使体系地位的意义更为明确，它表明信用应是生息资本叙述的最后的（系统的）一点。恩格斯则将这第5点分编成了总共11章。这样，不仅仅从量的规模，而且从对材料的篇章结构划分上，都造成一种印象：对生息资本的叙述不过是对信用论述的导论。这种情况也深深贯穿于语言使用上，凡是提及第5篇，往往被说成"信用篇"，尽管"信用"在该篇的标题中根本没有出现，马克思手稿的第5点的开头部分④相当于恩格斯版本中的第25章。在这

---

① 《马克思恩格斯全集》历史考证版第2部分第4卷第2册第461页。
② 《马克思恩格斯全集》第1版第25卷第21—24章。
③ 《马克思恩格斯全集》历史考证版第2部分第4卷第2册第469页。
④ 《马克思恩格斯全集》历史考证版第2部分第4卷第2册第469—475页；第1版第25卷第450—467页。

里，恩格斯基本上将脚注中的引文纳入了正文。接在第 5 点开头部分后面的是一系列部分地属评论性的摘录①，恩格斯将其中的一部分用于第 26 章（《货币资本的积累，它对利息率的影响》）。在下一个手稿页上，马克思一开始就总结他此前对信用制度的一般的思考（"到现在为止，我们关于信用制度所作的一般评述，可归结为以下……"）②。恩格斯将这一段编为第 27 章，标题为《信用在资本主义生产中的作用》。在这一篇将近结束的地方写道："我们将要和生息资本本身相联系来考察信用，考察信用对这种资本的影响和信用在这里所采取的形式；同时，我们还要提出一些专门属于经济学方面的意见。"③

不过，马克思没有立即着手这项研究，而是开始分析图克等人提出的资本和流通相互间的区别（在恩格斯版本中是第 28 章，在马克思那里标着数字（Ⅰ））。在这之后，马克思才转而研究银行资本（标着数字Ⅱ），阐述了"虚拟资本"概念并且得出结论："随着生息资本和信用制度的发展，一切资本好像都会增加一倍，有时甚至增加两倍，因为有各种方式使同一资本，甚至同一债权在不同的人手里以不同的形式出现。"④

恩格斯将这个又是以许多摘录来结束的部分编成第 29 章（《银行资本的组成部分》）。

---

① 《马克思恩格斯全集》历史考证版第 2 部分第 4 卷第 2 册第 476—500 页；第 1 版第 25 卷第 468—491 页。

② 《马克思恩格斯全集》历史考证版第 2 部分第 4 卷第 2 册第 501 页；第 1 版第 25 卷第 492 页。

③ 《马克思恩格斯全集》历史考证版第 2 部分第 4 卷第 2 册第 505 页；第 1 版第 25 卷第 498 页。

④ 《马克思恩格斯全集》历史考证版第 2 部分第 4 卷第 2 册第 526 页；第 1 版第 25 卷第 533 页。

接下去是标号为Ⅲ的材料，它研究虚拟资本的各种问题，论述信用在周期中的运动，它也是一再被摘录文字所打断。

以上对马克思叙述的简短概括已经清楚地表明，属于体系的部分主要集中在被恩格斯编入第25、27和29章中的那些段落，并且，这里涉及的实际上是信用的一些基本范畴规定。相反，对工业周期中的信用、汇兑率、银行政策的考察，将在研究过程中进行。同时，通阅马克思遗留下来的材料，证明了上面提出的论点，即叙述中属于体系的对象，仅仅是生息资本和信用之间的范畴联系，而不是信用与周期或者世界市场的关系。

（原载柏林《马克思恩格斯研究论丛》，1991年新辑）

（卢晓萍 译）

恩格斯编辑马克思 1864—1865 年《资本论》第 3 册手稿的基础材料(一)*

〔德〕尤尔根·荣尼克尔①、卡尔-埃里希·福尔格拉夫

人们在阐述马克思的经济理论时,只是在主要涉及恩格斯对《资本论》第 3 册材料的编辑出版活动的情况下,才提到恩格斯 1894 年序言中有关编辑问题的部分。援引有关的信件,仅属例外。因此,几乎没有人了解马克思《资本论》第 3 册的原稿。迄今为止,要验证恩格斯的序言中关于编辑问题的提示,只有根据这一点才有可能,即把 1894 年的付印文本同荷兰阿姆斯特丹国际社会史研究所档案中马克思的手稿进行一番艰苦的对比。② 马克思《资本论》第 3 册主要手稿的发表③,为将最初的文本同付印文本进行对比提供了条件。这样也就能够在客观的

---

* 本文选自《马克思恩格斯列宁斯大林研究》1998 年第 3 辑。

① 又译"尤尔根·容尼克尔"或"尤尔根·荣克尼克尔"。——本丛书编者注

② 撇开笔者不论,只有日本的同事对与手稿对比不发怵。不过,由于受欧洲居留的限制,他们工作的范围当然首先是他们各自感兴趣的领域。这里还应该特别指出大谷祯之介的著作:《关于〈信用和虚拟资本〉的手稿(〈资本论〉第 3 卷第 25 章)》Ⅰ—Ⅱ,载《经济志林》(日文版)第 51 卷,1983 年第 2、3 期,1984 年第 4 期。

③ 《马克思恩格斯全集》历史考证版第 2 部分第 4 卷第 2 分册柏林狄茨出版社 1993 年版。

基础上对恩格斯的编辑功绩进行评判。

与本文并行的是一篇题为《马克思说的是自己的话吗？——关于恩格斯编辑出版的〈资本论〉第 3 卷的基本手稿》的研究文章，它发表于《MEGA 研究》1994 年第 2 辑。① 在这篇文章里，我们根据将马克思的原稿同 1894 年的付印文本所进行的对比，对恩格斯的最明显的加工步骤作了列举、说明和评论。对恩格斯遗留下来的编辑材料的详细介绍，即目前正在柏林—勃兰登堡科学院 MEGA 工作组内为《马克思恩格斯全集》历史考证版第 2 部分第 14 卷进行的准备工作，这里就略而不谈了。恩格斯的编辑材料如下。

编辑的基础材料和编辑手稿

实际上，恩格斯在编辑时所利用的材料，可以分为**编辑的基础材料**和由他自己完成的**编辑手稿**。

属于有据可查的性质相近的**编辑的基础材料**有：

1. 当然，首先是马克思的文本本身。1864—1865 年第 3 册的主要手稿；一个装入标有"属第 3 册"字样的纸夹内的综合的小手稿②；第 1 章《成本价值和利润》的两个修改稿的开头部分③；一个写于 1875 年

---

① 参看本刊 1996 年第 1 辑，1997 年第 1 辑，1998 年第 2 辑和本辑。
② 这部分手稿预定作为《马克思恩格斯全集》历史考证版第 2 部分第 4 卷第 3 分册的内容，正在准备之中。
③ 这部分手稿预定作为《马克思恩格斯全集》历史考证版第 2 部分第 4 卷第 3 分册的内容，正在准备之中。

5月的132页的手稿《剩余价值率和利润率的数学演算》①；被恩格斯看作是第3册的第一批编纂稿的1861—1863年手稿中的一些主要段落。②

2. 马克思为第3册的各种不同的问题草拟的一些零星的稿件、提纲和资料汇编（例如，俄国和美国的一些研究，这些研究除了其他方面，对地租问题是有兴趣的）。恩格斯在同马克思的往来书信中，可以有目的地追寻这些资料存在的线索，并且在摘录笔记中寻找它们。③

3. 马克思就第3册的结构和内容重点致恩格斯的信件，特别是19世纪60年代后期的有关信件。恩格斯1883年清理了马克思的信件④，并在整理遗著时加以使用。这些信件有助于《资本论》的构建。因此，恩格斯等人由这些信件得出结论：马克思直到1869—1870年还在从事第3册的工作，此后就没有再搞了。⑤

4. 赛米尔·穆尔的手稿《剩余价值率和利润率。马克思手稿摘要》⑥。

我们把第三者研究利润率问题的材料，列为"次一级"的编辑的

---

① 收入《马克思恩格斯全集》历史考证版第2部分第14卷。

② "手稿的主要部分，已经包含在1860—1862年的旧稿里了。"见恩格斯1885年3月8日给劳拉·拉法格的信，载《马克思恩格斯全集》第1版第36卷第285页。另见恩格斯1884年12月31日给弗里德里希·阿道夫·左尔格的信，载《马克思恩格斯全集》第1版第36卷第264页。

③ 《马克思恩格斯全集》第1版第25卷第840—842页。

④ 《马克思恩格斯全集》第1版第36卷第27、31—32页。

⑤ 见恩格斯1883年5月22日给劳拉·拉法格的信，载《马克思恩格斯全集》第1版第36卷第31页。恩格斯在1884年6月对贝克尔说明，他把所有的信件锁在一个大箱子里，因为他没有时间进行分类整理（见恩格斯1884年6月20日给贝克尔的信，载《马克思恩格斯全集》第1版第36卷第165页）。这就使信件的使用具有相对性。

⑥ 参看荷兰阿姆斯特丹国际社会史研究所藏：《马克思恩格斯遗产》，档案A68/Q14；《马克思恩格斯全集》历史考证版第2部分第14卷。

基础材料，这些材料是恩格斯在进行付印文本的工作时得到的，材料产生的起因完全是他在发表《资本论》第2卷手稿的序言中提出解决平均利润之谜的要求。① 恩格斯从未考虑这一大堆"解决的尝试"，而是完全相反，他在1885年就已经不再考虑严肃的和可以接受的反应，因为，他当时想在短短几个月之内完成第3卷的编辑工作。② 这种要求是他在一些前言中同马克思的反对者经常进行的"小的接触"之一，在这里是为了"引起洛贝尔图斯派交火"③。恩格斯除了收集与他所引起的问题有关的材料，即"我在《资本论》第3卷序言中必须回过头来涉及的问题"④ 的材料，没有其他的选择。后来，1894—1895年，在第3卷的序言和增补《价值规律和利润率》中，这些材料得到示范性的加工整理。虽然恩格斯试图不现实地避开直到那时的讨论，但这也许只在极少的情况下才能够做到。例如，恩格斯在1892年2月4日给康·施米特的一封信的回信中写道："您那篇批判沃尔弗的文章已收到，十分感谢。看了您的文章以后，我只好也读一遍沃尔弗那篇劣作；我本来已把它放在一边，准备到非看不可的时候再看。……您把问题的实质阐述得极其正确和清楚，您做得很对，把所有的次要东西放在一边；……第3卷的序言发表后，尤·沃尔弗先生将对有些东西感到高兴。"⑤ 恩格斯对这些著作的阅读，也可能以这种或那种方式影响1894年付印文本的一些具体段落。

---

① 《马克思恩格斯全集》第1版第24卷第25页。
② 《马克思恩格斯全集》第1版第36卷第165页。
③ 《马克思恩格斯全集》第1版第36卷第138页。
④ 《马克思恩格斯全集》第1版第37卷第94页。
⑤ 《马克思恩格斯全集》第1版第38卷第268、270页。

属于寄送恩格斯的著作有：康·施米特：《在马克思的价值规律基础上的平均利润率》1889 年斯图加特版，该著作是由作者于 1889 年 9 月底寄给恩格斯的①，按照恩格斯的看法，"是马克思逝世后经济思想上的最大成就"②；阿基尔·洛里亚对上书的评论，由 1890 年《国民经济和统计年鉴》杂志新辑第 20 卷第 272—274 页抽印成单行本，1890 年春从意大利寄给恩格斯③；乔治·斯蒂贝林：《平均利润率问题。对一种批判所作的批判，并附一份补充》[1893 年] 纽约版；同一作者：《价值规律和利润率》，[1890 年] 纽约版；尤·沃尔弗：《马克思的平均利润率之谜》，载于 1891 年在耶拿出版的《国民经济和统计年鉴》

---

① 见施米特 1889 年 9 月 26 日给恩格斯的信，俄罗斯现代史文献收藏研究中心，第 1 全宗，第 5 目录，第 4960 卷宗。原件存放：俄罗斯现代史文献收藏研究中心，第 1 全宗，第 1 目录，第 6534 卷宗，带有恩格斯的边注。关于这一点，见恩格斯 1889 年 10 月 17 日给施米特的信，载《马克思恩格斯全集》第 1 版第 37 卷第 282 页；恩格斯 1891 年 9 月 28 日给卡尔·考茨基的信，载于同上第 38 卷第 153 页。

② 《马克思恩格斯全集》第 1 版第 38 卷第 153 页。

③ 见恩格斯 1890 年 4 月 12 日给施米特的信，载《马克思恩格斯全集》第 1 版第 37 卷第 381 页。原件存放：联邦档案馆中德意志民主共和国政党和群众组织的捐赠档案，目录 Ma573。

第3辑第2卷①，由作者寄给恩格斯②，施米特对上文的评论：《再论平均利润率之谜》[1891年] 耶拿版，根据《国民经济和统计年鉴》第3辑第2卷第772—777页复印③；彼·法尔曼：《马克思价值理论的批判》[1892年] 耶拿版，根据《国民经济和统计年鉴》第3辑第3卷第

---

① 原件存放：俄罗斯现代史文献收藏研究中心，第1全宗，第1目录，第5052卷宗。见恩格斯1891年11月1日给施米特的信，载《马克思恩格斯全集》第1版第38卷第203页；施米特1891年10月25日给恩格斯的信，俄罗斯现代史文献收藏研究中心，第1全宗，第5目录，第5262卷宗。

② 见恩格斯1891年9月28日给考茨基的信，载《马克思恩格斯全集》第1版第38卷第153页。关于沃尔弗的文章，一封匿名的告发信被转给恩格斯："苏黎世，1891年9月20日。尊敬的先生：在康拉德主办的《国民经济和统计年鉴》最近一期上，布隆的犹太人沃尔弗（这里的综合技术学校教授）狂妄地指责您，说您不正确地理解了马克思的价值论，因而想把第3卷隐匿起来。您不想给他一个耳光吗？一个敬仰您的人。"恩格斯1891年9月28日给考茨基的信，载同上第153页。感情冲动的施米特可能就是这封挑拨信的原作者。他在一封信中向恩格斯写道：他是在上面提到的1891年9月20日接到沃尔弗的文章的。此外，"他以耸人听闻的喜剧手法反对所谓恩格斯的误解，说什么'除此之外，据说恩格斯还给施米特的文章以某种启发'，以此来为马克思辩护！"（施米特1891年10月25日给恩格斯的信，俄罗斯现代史文献收藏研究中心，第1全宗，第5目录，第5262卷宗。）沃尔弗曾在教授委员会上对某一个苏黎世的私人讲师施米特展开了全力的反击。

③ 原文存放：俄罗斯现代史文献收藏研究中心，第1全宗，第1目录，第5053卷宗。关于这一点，见恩格斯1892年2月4日给施米特的信，载《马克思恩格斯全集》第1版第38卷第268页；施米特1891年10月25日和12月12日给恩格斯的信，俄罗斯现代史文献收藏研究中心，第1全宗，第5目录，第5262和5283卷宗。

793—808 页复印，1892 年 10 月由施米特寄给恩格斯①。恩格斯也完全肯定地占有施米特的文章《价值规律和利润率》，载于 1889 年《新时代》杂志第 7 年卷第 433—442 页；《平均利润率和马克思的价值规律》，载于 1893 年《新时代》杂志第 11 年卷第 1 卷第 3 期第 68—75 页和第 4 期第 112—124 页。②

最后，我们也把恩格斯同第三者特别是同施米特和考茨基的往来书信中围绕第 3 册的问题所作的多次讨论③，列为编辑的基础材料。考茨基一再敦促恩格斯最后完成第 3 卷的工作，甚至部分地带有冷嘲热讽的口吻："希望你今年冬天能够安静下来，搞完第 3 卷，不然的话，最后

---

① 施米特 1892 年 10 月 17 日给恩格斯的信，俄罗斯现代史文献收藏研究中心，第 1 全宗，第 5 目录，第 5430 卷宗。

② 《马克思恩格斯全集》第 1 版第 38 卷第 484、538 页。

③ 例如，见考茨基 1891 年 9 月 26 日给恩格斯的信中关于沃尔弗和施米特上述著作的内容，载《弗里德里希·恩格斯和卡尔·考茨基通信集》，由贝内迪克特·考茨基编辑出版，《马克思主义早年时期》丛书，1955 年由卡尔·考茨基书信补充的维也纳第 2 版，第 306—307 页。见考茨基 1891 年 12 月 7 日给恩格斯的信，载《弗里德里希·恩格斯和卡尔·考茨基通信集》，第 319—320 页："一时间，那些想在第 3 卷出版以前迅速解决平均利润率问题的人数增多起来。他们差不多全是来自苏黎世：康·施米特会施加这种影响吗？仅仅在不久以前，某个苏黎世的美国人法尔曼又把一篇关于这个问题的文章寄给我；当我拒绝了他时，他竟亲自到斯图加特来，并且在我答应他把他的理论转呈给你之前，一直赖着不走。当然，我并没有把这一长篇手稿寄给你。问题的要点是作如下的断言：只有那些在其生产中所投入的资本按 $C:V$ 的一定平均比例使用时所制造出来的商品，才按它们的价值出售。其他按其 $C:V$ 的比例高于或低于平均水平时所制造出来的商品，则按高于或低于它们的价值出售。我已经注意到，这个人虽然没有在价值理论基础上解决问题，但他似乎指明了这种价格变动是怎样发生的。不过，他确信已经预料到马克思的解答，并想让你来证实他自己的想法。"

革命来得比第 3 卷还要早；在资本主义生产方式的规律还没有完全阐明以前，我们就废除了资本主义生产方式。"① 恩格斯同样了解斯蒂贝林和考茨基之间围绕一篇关于价值规律和利润率的 20 行字的文章所进行的公开争论，美国人斯蒂贝林曾把这篇文章寄给考茨基供在《新时代》杂志上发表，但据说没有达到目的。斯蒂贝林估计还是以沉默来抵制他的思想，并在上面提到的他的 1890 年著作的前言中对考茨基展开了相应的反击，此外还在 1890 年 1 月 13 日的《社会主义者报》（纽约）上表明了态度。考茨基在《新时代》杂志上曾对此表示愤慨。② 恩格斯还知悉施米特和爱北斐特社会民主党人、律师兰代之间在《新时代》杂

---

① 考茨基 1892 年 9 月 19 日给恩格斯的信，载《弗里德里希·恩格斯和卡尔·考茨基通信集》，维也纳 1955 年版，第 367 页。

② 见卡尔·考茨基《声明》，载《新时代》杂志，1891 年第 9 年卷第 1 卷，第 152—154 页。该文草稿存荷兰阿姆斯特丹国际社会史研究所藏：《考茨基遗稿》，档案 A23。人们能否听从考茨基的说法，还成问题。当施米特 1889 年春把他的文稿《平均利润率和马克思的价值规律》寄给考茨基供《新时代》杂志发表时，"他害怕"读这篇文章，尽管他认为这个问题是一个"棘手的题目"（见考茨基 1889 年 4 月 17 日给恩格斯的信，载《弗里德里希·恩格斯和卡尔·考茨基通信集》，第 239 页）。正像他 1892 年 11 月 26 日给恩格斯的一封信的后面几段所表明的，他后来对利润率问题的"解谜发烧友"也不再作特别的解释，"康·施米特解利润率之谜的最新尝试引起了一系列的反驳以及其他的解决办法，我对这些统统以退稿处理，因为它们毫无用处，只有一篇例外。爱北斐特的律师兰代曾把一篇关于这个问题的著作投寄来，这篇著作虽然不是对这个问题的最后解决，但我认为它包含了通向最后解决的正确途径。我以前曾一度走上与兰代相同的道路，但我没有像他那样深入，因为我一开始把问题弄得过于复杂化了，我急切地期待你对这篇文章的意见"。（《弗里德里希·恩格斯和卡尔·考茨基通信集》，第 371 页）

志上关于平均利润率问题的论战。①

关于编辑手稿

迄今为止，恩格斯的加工手稿既没有发表过，也没有在任何一个地方被评论过，即使在《马克思恩格斯全集》历史考证版第2部分第4卷第2分册中也没有；在那里的文稿史部分中，在"关于手稿的进一步加工"的中间标题下，本来是直接出现了这样的机会的。在考茨基的第3卷的大众版（1929年）中以及由莫斯科马克思恩格斯列宁研究院1933年出版的德文版中，也都没有对它们的提示。

加工手稿（第2册除了原稿的抄件外没有加工手稿）的显著的数量，肯定同第3册的具有片断性质的编写情况有关，也许还同恩格斯赋予第3册的价值有关："这个包含着最后的并且是极其出色的研究成果的第3卷，一定会使整个经济学发生彻底的变革，并将引起巨大的反响。"② 从政治上来说，这一点对于恩格斯意味着："只是由于这一点，我们的理论才具有不可摧毁的基础，我们才能在各条战线上胜利地发动起来。只要书一出来，党内的庸人习气也会再次受到久久不会忘记的打

---

① 见胡果·兰代：《剩余价值和利润》，载《新时代》杂志，1893年第11年卷第1期，第588—594、620—625页；《价值和价格——康拉德·施米特对胡果·兰代先生的一个回答》，载《新时代》杂志，1893年第12年卷第2期，第132—138、150—185页。胡·兰代1893年5月25日致《新时代》杂志编辑部，以《札记. 利润率》为题复印，载《新时代》杂志，1893年第11年卷第2期，第309—310页。也见考茨基1893年2月16日给恩格斯的信，载《弗里德里希·恩格斯和卡尔·考茨基通信集》，第379—380页；见恩格斯1893年3月20日的复信，载《马克思恩格斯全集》第1版第39卷第56页。

② 《马克思恩格斯全集》第1版第36卷第288页。

击。须知,那时又将首先辩论一般的经济问题。"①

首先,可以一般地确定,加工手稿反映了在编辑第3册过程中的各种不同的活动,因而具有不同的特性和规模。从多方面制定的方案来看,这些加工手稿足以用来编辑从原稿的抄件直至一些零星的只有几行字概括的札记,在同一张纸上,常常写有在时间上相互分离的工作阶段上关于完全不同的题目的札记。这在一个延续近十年而又多次长时间中断的工作过程中,是并不奇怪的。由于没有一个手稿是注明日期的,所以按年代进行整理很困难。

编辑手稿可以细分如下:

一切其他基础材料的起点,是恩格斯对1864—1865年主要手稿的字迹辨认。正像在整理第2册的材料时已经做过的那样②,恩格斯白天向他的秘书奥·艾森加尔滕口授手稿,晚上进行检查和校订③,以便首先至少搞出一个"初定稿"。对于恩格斯来说,辨认手稿具有独特的、不依赖于它的进一步加工的意义。他多次对第三者强调:这样,在他去世以后,其他人也能对材料进行编辑。④ 恩格斯在1885年7月24日给

---

① 《马克思恩格斯全集》第1版第36卷第293页。

② 《马克思恩格斯全集》第1版第36卷第166—167页。

③ 见恩格斯1885年3月28日给劳拉·拉法格的信,1885年4月23日给尼古拉·弗兰策维奇·丹尼尔逊和维拉·伊万诺夫娜·查苏利奇的信,1885年5月19日给保尔·拉法格的信,1885年6月16日给海尔曼·施留特尔的信,1885年6月22—24日给奥古斯特·倍倍尔的信,1885年7月4日给劳拉·拉法格的信,载《马克思恩格斯全集》第1版第36卷第285、299、300、314、331、336、338页。

④ "现在活着的人中只有我才能辨认这种字迹、这些缩写的字以及整个缩写的句子。"恩格斯1884年2月5日给彼得·拉甫洛维奇·拉甫罗夫的信,载于《马克思恩格斯全集》第1版第36卷第102页。并见恩格斯1884年6月20日给贝克尔的信,1885年4月23日给丹尼尔逊的信,1885年6月15日给贝克尔的信,载于《马克思恩格斯全集》第1版第36卷第165、299、325页。

倍倍尔的一封信中写道:"不过现在我已经放心了,因为手稿已经誊写清楚,假如在这段时间我的歌子唱完了的话,那在最坏的情况下也可以照现在这个样子付印。在这项工作没有完成的时候,我没有片刻安宁过。"①根据恩格斯自己的陈述,他是从1885年2月24日开始辨认手稿的。②在这些辨认的手稿中,只有前20页留传下来。③这说明,恩格斯后来在直接编辑的过程中,把它们作为正文底稿"消费"了。留传下来的这些页表明,恩格斯在辨认手稿的过程中已经迈开了编辑的步伐,使辨认的手稿在上述意义上成为潜在的第三者所感兴趣的东西,这也包括各种不同的提示,例如"(页边上对手稿Ⅰ、Ⅱ等等的标示在抄件中应该删除)"④。

随着被辨认的文字数量的增加,恩格斯也弄清了编辑加工的量:"接着就该是很困难的定稿工作了,这要做大量的工作。"⑤这里,他一再地特别提到3个错综复杂的部分:"关于剩余价值率转化为利润率的那一章、关于银行资本的那一章以及(在某种程度上)关于地租的那一章,还需要花不少功夫。"⑥主要手稿的整理、"誊写这一项工作"以及同遗留下来的其他材料进行对照⑦,都是在对手稿的辨认之后进行

---

① 恩格斯1885年7月24日给倍倍尔的信,《马克思恩格斯全集》第1版第36卷第344页。限定性的说法是:"已经尽可能地"口授了。

② 《马克思恩格斯全集》第1版第36卷第284页。

③ 参看[卡尔·马克思:《成本价格和利润》,由弗里德里希·恩格斯辨认和汇集]荷兰阿姆斯特丹国际社会史研究所藏:《马克思恩格斯遗产》,档案A65a/H81/82。

④ 这个标示在《马克思恩格斯全集》第1版第25卷第35页影印的辨认稿第1页上。不过,在这个复制件上,恩格斯的加工标示像以前在《马克思恩格斯全集》俄文版第25卷第1分册第37页上所作的那样,令人不解地被消除掉了。

⑤ 《马克思恩格斯全集》第1版第36卷第336页。

⑥ 《马克思恩格斯全集》第1版第36卷第555页。

⑦ 《马克思恩格斯全集》第1版第36卷第319页。

的，当然只是从 1888 年 10 月①，即结束对手稿的辨认 3 年多才开始的。恩格斯把自己当时处理过的文字详细地重新组织起来，是不会感到轻松的。这里产生了两组加工手稿：一组是一些章的概要；另一组是对实际问题和编辑问题以及材料汇集和材料重组所作的札记、部分正文的草稿、结构划分的尝试和内容目录以及最后插入部分的文字。

随着加工手稿在《马克思恩格斯全集》历史考证版第 2 部分第 14 卷中首次发表，恩格斯在编辑加工《资本论》第 3 册材料过程中的活动的基本方面被揭示出来。它们为说明恩格斯在进行手稿加工和文字挪动时的意图以及精确列举编辑时所遇到的困难提供了可能性。恩格斯曾试图填补马克思手稿中的空白吗？他在字里行间做了手脚吗？如果回答是肯定的，那么，他这里是公正地贯彻马克思的意图还是追求他自己的目标？弄清这些和其他一些问题，就能促进对恩格斯编辑工作的贡献和局限性的理解。这里有澄清问题的必要，因为现在（即使是出于政治上的考虑）又像以前已经发生过的那样，响起了反对马克思和恩格斯之间存在分歧的声音，尽管这一点后来有可靠的材料为依据。②

另一方面，编辑手稿的表现力也是有局限性的。恩格斯插入大量文

---

① 《马克思恩格斯全集》第 1 版第 37 卷第 112 页。

② 见温弗里德·施瓦茨：《马克思 1864—1865 年〈资本论〉第 3 卷原文——记马克思恩格斯研究小组 1994 年 6 月 11—12 日法兰克福（美因河畔）会议》，载《马克思主义创新杂志》，1994 年第 5 年卷第 20 期，第 212 页："试问……公开辩论马克思和恩格斯之间的分歧是合时宜的吗？它把两位科学家的名字割裂开来，极力把它们从普通人的意识中驱逐出去并使之直截了当地忘掉。"反对这种出于政治动机抵制科学对待的障碍的文章，见米夏埃尔·海因利希具有建设性的论战：《关于马克思和恩格斯的不合时宜的辩论》，载《马克思主义创新杂志》，1995 年第 6 年卷第 21 期，第 231—234 页。关于以前的论证，见我们在《MEGA 研究》1994 年第 2 辑中的文章《马克思说的是自己的话吗？》。奥尔曼在这一辑（即《马克思恩格斯研究论丛》，1995 年新辑）中发表的论文也表明，要涉及马克思恩格斯的分歧是多么困难。

字部分，不可避免地渗透于付印稿样中。对于它们（用"F.E."的符号标明是出自恩格斯之手）来说，也像对许多文字挪动、压缩和术语改动一样，没有任何基础材料。大多数编辑手稿是在加工第Ⅰ篇和第Ⅴ篇时产生的。

结构划分的尝试

恩格斯曾努力使发表的马克思手稿具有可读性并容易理解。当然，他对原来存在的简略的结构划分和所拟标题作了改动。马克思只划分为7章，每章节数不多，有的还没有标题。因此，恩格斯在加工时还必须从根本上作更详细的划分。恩格斯是这样划分的：7章都变成了篇，一些为数不多的下属的点变成52章，章下还要再次细分。不过，他在序言中没有对这种巨大的改动作出说明。因此，对使用者来说，直至《马克思恩格斯全集》历史考证版第2部分第4卷第2分册出版以前，都没有了解原件上材料划分的线索。虽然手稿的片断性质和详细的结构划分明显地不合拍，但是在大多数情况下，由恩格斯所作的章的划分，包括章的标题，自然被当作出自马克思之手的东西而为人们所接受。[①]

3篇加工手稿反映了恩格斯对该卷结构划分的思考。留传下来的首先是一篇题为《第3册》的7行札记。这篇札记提纲挈领地再现了7章的内容[②]。值得注意的是，恩格斯在拟写这篇札记时，依据的不是马克

---

① 例如，瓦格纳就谈到由马克思概括的纲要《信用在资本主义生产中的作用》，并援引了第27章，见瓦伦丁·瓦格纳：《信用理论史——一种理论批判的论述》，维也纳1937年版，第490页。

② 参看荷兰阿姆斯特丹国际社会史研究所藏：《马克思恩格斯遗产》，档案H99/A71C。

思在手稿中选择的章的标题，而是马克思1868年4月30日的信。马克思在这封信里向恩格斯"非常概括地"说明了"利润率的阐述方法"以及整个第3册的结构。① 下列证据说明了札记同这封信的关系：首先是恩格斯的概念选择。他以"利润率一般"概括第1章，这个术语在马克思手稿中没有出现，但也许在信中出现过。第3章被记在"利润率下降趋势"名下，同信中的情况相类似，而马克思在手稿中明确地谈到规律。② 在第5章中，恩格斯用更现代的术语"企业主收入"代替马克思的"企业收入"，他把这一概念的修正一直贯穿到付印文本中。恩格斯用"利润的分割和企业主收入。生息资本。信用"说明这一章的内容。在马克思的手稿中，标题里则缺少对信用的指陈。对于标题来说，信用在信中是存在的。③ 这一简短的内容目录，也许是1885年由于有待

---

① 《马克思恩格斯全集》第1版第32卷第70页。
② 《马克思恩格斯全集》历史考证版第2部分第4卷第2分册第285页。
③ 当然，在付印文本中，恩格斯在为第Ⅴ篇拟定标题时是以手稿为依据的，没有对信用的指陈（见《马克思恩格斯全集》第1版第25卷第377页）。日本学者三宅把它看作是编辑错误，因而它忽略了马克思的计划的变更［见三宅义夫：《马克思1861—1863年经济学手稿和它在〈马克思恩格斯全集〉历史考证版第2部分第3卷中出版的问题》，载《历史漩涡中的马克思恩格斯研究——马克思恩格斯研究论丛》（柏林），1993年新辑，第193页］。根据上述内容目录可以证明，恩格斯曾频繁地利用马克思关于《资本论》的书信。通过援引马克思在其中谈到"论信贷的一章"的1868年11月14日给恩格斯的信，三宅的论证还可以得到支持（《马克思恩格斯全集》第1版第32卷第191页）。恩格斯自己在一些书信中也总是把第Ⅴ篇称为"信用篇"（见恩格斯1885年5月19日给保尔·拉法格的信，1885年11月13日给丹尼尔逊的信，载《马克思恩格斯全集》第1版第36卷第314、375页），在其他书信中则称为"银行和信用"篇（见恩格斯1893年3月20日给考茨基的信，1893年2月24日给丹尼尔逊的信，1893年3月14日给劳拉·拉法格的信，载《马克思恩格斯全集》第1版第39卷第57、37、50页）。

辨认的字迹而翻阅手稿时产生的，也可能是当恩格斯看到遗稿并为第 2 册和第 3 册分类整理手稿时就已经产生了的。恩格斯在这里很容易把马克思 1868 年 4 月 30 日信中的简介作为指导方针加以利用。

留传下来的还有一篇在编辑工作过程中逐篇依次加以补充的结构划分的提纲①以及内容目录的草稿②。后者令人感兴趣的是，它在一些章的标题上，既同结构划分的提纲有出入，又与付印文本中最终确定的内容目录不一致，尽管仅是微小的差别。它明显地形成付印稿样的前阶。马克思的手稿只有简略的结构划分，恩格斯对结构划分的加工毫无疑问是一个要求很高的任务。同这一事实相比，这 3 篇材料只能在有限的程度上窥探恩格斯思路的发展。只是对第 V 篇来说，通过对重要的编辑材料的分析，才能部分地阐明恩格斯思路的发展。它们对恩格斯在结构划分特别是这一篇的结构划分的加工中所遇到的困难和问题，提供了一个印象。问题恰恰不仅在于外部划分的形成和标题的拟定。著作结构建设问题显得更为困难。在这方面，马克思的手稿里有一系列矛盾的论点和还没有解决的问题，恩格斯对这些问题的解决明显地提出了过高的要求。这里应当指出具有片断性质的第 1 章。即使是 1867 年拟写的、在序言中提到的为这一章的开始所写的两个修改稿的开头部分③就向恩格斯提出了问题。

在将马克思的手稿和所提到的编辑材料统统考虑在内的情况下，现在就能详细了解，恩格斯在哪几点上遵循了马克思的结构划分，又在哪

---

① 参看荷兰阿姆斯特丹国际社会史研究所藏：《马克思恩格斯遗产》，档案 H103/A66a。
② 参看荷兰阿姆斯特丹国际社会史研究所藏：《马克思恩格斯遗产》，档案 H103/A66b。
③ 《马克思恩格斯全集》第 1 版第 25 卷第 8 页。

些地方和怎样进行了修改。就这一点来说，它为对这种工作进行不同的评价提供了可能性。

第 1 篇的编辑手稿

恩格斯自 1889 年初以来在各种不同的书信中向考茨基表明，由考茨基寄来的关于利润率的材料，基本上什么也不想再看了，要等到他着手为第 3 卷写序的时候再说。① 他担心在无休止的争论中耗费掉他的时间，并不得不在第 3 卷的材料发表以前就将马克思的论证全盘托出而又不能援引出处："我暂时不能发表第三卷的内容。"② 他也拒绝了施米特关于提前发表利润率问题的那一章的建议。③ 但是，恩格斯肯定无法回避施米特接着所描写的苏黎世出现的那种氛围："利润率问题一时间完全成了一种时髦。不仅教授先生们出于反对马克思的偏好玩弄这张牌，而且在马克思主义的圈子内——我特别想起了当地的俄罗斯犹太人大学生——也对此进行了许多研究。有个叫法尔曼的人就这个问题发表了长篇演说，要在这一期或下期的《康拉德年鉴》上刊印出来。法尔曼是一个代表人物，他是个加入了美国籍的俄罗斯犹太人，化学家。他断言价值规律只适用于商品整体批发，放弃了由价值规律说明商品零售部分，从而把问题轻而易举地作了处理。我认为，他没有把这个问题推进一步，因为全部商品中包含的劳动量与为这些商品所支付的全部价格中

---

① 《马克思恩格斯全集》第 1 版第 39 卷第 56 页。
② 《马克思恩格斯全集》第 1 版第 37 卷第 181 页。
③ 见施米特 1892 年 7 月 13 日给恩格斯的信，俄罗斯现代史文献收藏研究中心，第 1 全宗，第 1 目录，第 5381 卷宗；恩格斯 1892 年 9 月 12 日给施米特的信，载《马克思恩格斯全集》第 1 版第 38 卷第 454 页。

包含的劳动量必须相等这一原理，并没有被他作为前提指证出来。因此，一切推论都落空了。"①讨论强调了利润率这一章的困难。恩格斯在编辑中不可能玩跳背游戏。当然，对恩格斯来说，现有的材料对于解决上述困难并不那么容易；对第1篇的加工出现了巨大的困难。根据他的书信材料，对第1篇的加工是在1888年10月25日至1889年1月11日这段时间内进行的。②对第1篇的大部分的加工手稿或许也是在这段时间里产生的。它们为恩格斯如何尝试解决这些问题提供了一个印象。一个手稿是仅有几行字概括的简短札记。在札记中，恩格斯记下前3章的材料情况，并简单提示利用1867年写成的手稿片断Ⅱ和Ⅲ来编写前两章《成本价格和利润》与《利润率》。③札记证实恩格斯在序言中的说法：对加工第1篇来说，马克思的主要手稿只有大大压缩才能加以利用。早在誊写马克思的手稿时，恩格斯就首先跳过了前70页，"这大致是用后来的手稿代替的"④。马克思虽然首先在这一部分开始论述"剩余价值转化为利润"的主题，但两页以后就已经变为考察剩余价值率和利润率的关系。后来，马克思在1867年又进行了拟写开头部分的多次尝试。如果恩格斯想忠实地遵循他在加工第2册时所实行的那种总是考虑马克思的最后文稿的编辑原则，那么，他实际上除了从这些遗留下来的片断文稿中加以选择和汇集用来加工第1章外，根本没有其他的选择，其结果以第1章的一部分草稿的形式留传下来，它在某种程度上是

---

① 施米特1892年7月13日给恩格斯的信，俄罗斯现代史文献收藏研究中心，第1全宗，第5目录，第5381卷宗。

② 《马克思恩格斯全集》第1版第37卷第112、127页。

③ 参看荷兰阿姆斯特丹国际社会史研究所藏：《马克思恩格斯遗产》，档案H84/A71b 和 H98/A65b。

④ 《马克思恩格斯全集》第1版第36卷第285页。

由马克思的手稿Ⅱ和Ⅲ汇集起来的原文。这个草稿就是上面已经提到的那个带有恩格斯的插入部分和订正的、由艾森加尔滕誊清的 20 页文稿①。在草稿的页边上，恩格斯总是标上他从中摘选那段文字的手稿的号数和页码。这些标示与上面提到的札记中的标示相一致。手稿的号数则为将恩格斯的加工稿同 1894 年的版本以及马克思的手稿进行对照和彻底研究它们之间的差别提供了可能性。当然，加工手稿没有对此提供说明，即恩格斯根据什么样的标准从手稿Ⅱ和Ⅲ中为第 1 章《成本价格和利润》选取一些文字段落，他为什么不利用另外两个一页半的片断作为这一章的开头部分。他也许把手稿Ⅲ看作是最后编写的文稿并给予它比手稿Ⅱ更优先的地位，也许认为其他两个片断产生于手稿Ⅱ之前并因此不予考虑。这两个片断在《马克思恩格斯全集》历史考证版第 2 部分第 4 卷第 3 分册中的发表，为检验恩格斯的处理方式提供了可能性。②当然，这也包括对马克思的文字的严密性和他的方法论上的思考所进行的研究。最后，恩格斯只能从现有的材料出发。

与第 1 篇有关的编辑材料中，有 9 个材料，因而也是大多数材料，关涉到第 3 章《利润率和剩余价值率的关系》。这一点可以由下述事实来说明，即关于这个问题有许多材料。马克思在他的手稿中详尽地论述了这个题目，他指出："因此，在最后编辑这段历史的时候，只需挑出合理的部分也就行了。"③ 除了主要手稿外，还有一个本文一开始就提到的 1875 年编写的 132 页的手稿，这个手稿被恩格斯冠以《剩余价

---

① 参看荷兰阿姆斯特丹国际社会史研究所藏：《马克思恩格斯遗产》，档案 H81/82/A65a。

② 《马克思恩格斯研究论丛》1995 年新辑上发表的米兹凯维奇和田中的论文。

③ 《马克思恩格斯全集》历史考证版第 2 部分第 4 卷第 2 分册第 83 页。

率和利润率的数学演算》的标题。① 从这两个手稿中,恩格斯完成了从 1/4 页至 4 页的概要和札记,它们为这一章的加工提供一个印象。赛米尔·穆尔的作用也第一次变得明显可察,他遵从恩格斯的愿望于 1875 年通读了马克思的手稿。穆尔没有丝毫敬畏,对马克思的计算和公式作了大量更正,在许多地方加了对马克思并不那么恭维的评语。此外,他还将他的劳动结果汇集成一个 5 页半的摘要②,把它连同一封附信寄给恩格斯,两份文件,也像穆尔在马克思手稿上所留下的全部工作手迹一样,放在《马克思恩格斯全集》历史考证版第 2 部分第 14 卷中刊登出来。这样,也就有可能详细了解,恩格斯在编辑第 3 章时是怎样利用了已经提到的穆尔的摘要、马克思手稿中的相应部分以及他的准备手稿的。这里也许表明,马克思手稿第 1 章中以红铅笔线和符号的形式遗留下来的加工痕迹出自恩格斯之手,是恩格斯在拟写他的准备手稿时做的。随着穆尔的材料在《马克思恩格斯全集》历史考证版第 2 部分第 14 卷中的发表,穆尔对这一章所作的贡献以及他对马克思的数学才能所作的评判,成为众所周知的了。

穆尔对加工第 3 章所起的作用,在人们的思想上曾有所失色。格罗斯曼在他试图由积累规律推导出资本主义的自动崩溃时指明:"但是,穆尔不是国民经济学家;在论述这些问题时,即使是以数学的形式论述,归根结底论述的还是经济问题。因此,著作的这一部分的产生方式使下面一点事先就已经是真实可信的:这里有很多机会造成误解和错误,然后这些错误也会很容易地转移到利润率趋向下降这一章中去。错

---

① 参看荷兰阿姆斯特丹国际社会史研究所藏:《马克思恩格斯遗产》,档案 A77/A77。

② 参看荷兰阿姆斯特丹国际社会史研究所藏:《马克思恩格斯遗产》,档案 Q14/A68。

误的可能性几乎使人确信,当我们考虑这里不过是一字之差时,但它却不幸地完全歪曲了整个叙述的意思:资本主义不可避免地终结,归因于利润率而不是利润量的相对下降。在这里,**恩格斯**或**穆尔**肯定是写错了!"①

属于第 1 篇的编辑材料的,还有一个对马克思划分的下属点"不变资本使用上的节约"、"原料价格的波动"、"资本的游离和束缚、增值和贬值"的题目概览②,以及一个为纠正一篇工厂视察员报告中的一个错误而加以说明的草稿③。题目概览包括一张第 1 章中下属 3—5 点的重点题目并带有相应页码的清单,恩格斯没有概括手稿前 20 页的文字。很明显,他认为这一部分在编辑加工中没有什么问题。恩格斯把主要的注意力放在对第 3 点加以论述的第二部分的整理上,这一整理相对来说较为详细。题目概览明显地是出于这样的目的而制定的,即为这一部分的结构方案准备基础,因为马克思对第 3 点的论述(撇开开头部分不论)在结构上是不充分的。这标志着马克思还处于自己弄清问题的过程之中。有些只是表明,他还要多次回到已经论述过的题目上来并对它们进行补充。因此,有不少对同一个题目的论述却出现在手稿的各个不同的地方。例如,马克思把对属于下属第 3 点的机器改良的叙述,就插在论述对象为原料价格的波动的下属第 4 点中。这种以及类似的情况,也出现在恩格斯所开列的清单中。这里已经表明,文字的挪动是不可避免的。这种挪动后来在付印文本中得以实现。题目概览为恩格斯对第 3 点

---

① 亨利克·格罗斯曼:《资本主义制度的积累规律和崩溃规律》,第 195 页。
② 参看荷兰阿姆斯特丹国际社会史研究所藏:《马克思恩格斯遗产》,档案 H87/A61f。
③ 参看《马克思恩格斯全集》第 1 版第 25 卷第 126 页和荷兰阿姆斯特丹国际社会史研究所藏:《马克思恩格斯遗产》,档案 M39/M22。

最后部分的结构划分所进行的思考提供了一个印象。此外，题目概览还表明，恩格斯这时明显地设想，将原料价格的波动放在"不变资本使用上的节约"内加以论述。页边上所加的编号说明了这一点。他给"废料的再利用"这一点标上"1"，给"原料价格的波动"标上"2"，给"补叙105。论不变资本节约一般"标上"3"。正像付印文本所表明的，恩格斯改变了他原来的想法，将"原料价格的波动"保留在由马克思规定的地方。

在编辑第Ⅱ—Ⅳ篇时，恩格斯正像他自己在序言中表明的那样，是继续按照马克思的手稿进行的。例外的情况是一些关于资本周转的地方，恩格斯使这些地方和由他编写的第4章一致起来。虽然除此之外在这些篇中也进行了文字挪动、扩充和压缩，但是恩格斯显然不必借助于编辑来做这些，至少没有什么这方面的材料留传下来。

（待续）

（原载德国《马克思恩格斯研究论丛》，1995年新辑）

（付敏 译）

恩格斯编辑马克思1864—1865年《资本论》第3册手稿的基础材料(二)*

〔德〕尤尔根·荣尼克尔、卡尔-埃里希·福尔格拉夫

困难的第Ⅴ篇

恩格斯主要就第Ⅴ篇即马克思的第5章的一些问题,向第三者作了说明。他的编辑的基础材料绝大部分也与第Ⅴ篇有关。从马克思写的标题《利润分为利息和企业主收入。(工业利润或商业利润)。生息资本》①来看,这一篇就给恩格斯带来巨大困难,这既是由于对象的复杂性,也是由于材料的状况。材料内容的多样性,为验证编者的问题提供了说明。对这一篇的最初的编辑,拖延了差不多4年的时间,简单说来,经历了1889年11月②、1891年11月③、1892年10—12月④以及1893年2—3月⑤的紧张的工作阶段,接着又是长时间的中断。它们也

---

* 本文选自《马克思恩格斯列宁斯大林研究》1998年第4辑。
① 《马克思恩格斯全集》历史考证版第2部分第4卷第1册。
② 《马克思恩格斯全集》第1版第37卷第295、304页。
③ 《马克思恩格斯全集》第1版第38卷第201、218页。
④ 《马克思恩格斯全集》第1版第38卷第491、554页。
⑤ 《马克思恩格斯全集》第1版第39卷第23、50页。

许可以说明，在解决编辑问题时，为什么出现一些不一致的情况。

关于第5章的材料情况，恩格斯在序言中首先是这样写的："这一篇不但没有现成的草稿，甚至没有可以提供轮廓，以便加以充实的纲要，只不过是开了一个头，不少地方只是一堆未经整理的笔记、评述和摘录的资料。"① 对此必须加以限定性的说明：这里写的也许适用于第5章的下属第5点《信用。虚拟资本》，而不大适用于下属第1—4点。恩格斯自己在另一个地方把下属第1—4点描述为"大体上已经完成"②。即使是对恩格斯标明为5的论银行和信用的这一篇，恩格斯也承认，基本原理叙述得十分清楚。③ 尽管有许多空白和部分地方有片断的性质，但也不能把这些段落归结为文献摘录。④

恩格斯曾试图"把空白补足，对只有提示的片断进行加工"⑤，以此使第Ⅴ篇变得完整。能够根据遗留下来的加工文稿验证这一点吗？首先，有两篇概要：一篇是写了一页以后被中断了的开头部分⑥，一篇是7页半的概要⑦。后者除了表明恩格斯特别感兴趣的对这一章开头部分的内容的展开外，还表明已经为它的顺利阐述作了思考。恩格斯这里已

---

① 《马克思恩格斯全集》第1版第25卷第8—9页。

② 《马克思恩格斯全集》第1版第25卷第9页。

③ 《马克思恩格斯全集》第1版第37卷第236页。

④ 按埃贝勒的说法，信用理论的段落"几乎没有论述比文献摘录更多的东西"。弗里德里希·埃贝勒：《论马克思的理论同资产阶级倾向的分歧》，载《社会——马克思理论论丛》第1辑，法兰克福1974年版，第133页。

⑤ 《马克思恩格斯全集》第1版第25卷第9页。

⑥ 参看阿姆斯特丹国际社会史研究所藏：《马克思恩格斯遗产》，档案H101/A75。

⑦ 参看阿姆斯特丹国际社会史研究所藏：《马克思恩格斯遗产》，档案H88/A80。

经把原文分为后来的第 21—25 章，部分带有根据马克思的手稿确定的标题。在马克思那里原本是连续叙述的文字，被分成许多段落。马克思的术语在许多情况下被改变了，外语的表述被翻译过来。有一些对文字进行压缩的提示。恩格斯还对第 25 章的文字整理作了初步设想。像许多加工手稿所证明的那样，恩格斯对这一章特别注重。他已经意识到其中所包含的为处理信用问题的一些方法论上的考虑对以后叙述的价值，不过这里章的标题《信用和虚拟资本》是成问题的。这个标题在马克思那里代表的是整个下属第 5 点，而在恩格斯那里代表的却仅仅是第 25 章，即原文的很小一部分。标题和内容不再相符，因为在第 25 章中仅略微涉及汇票和银行券。恩格斯明显地把这些问题同马克思手稿中后来关于"资本通过汇票贴现分为不同的营业部门"① 的论述划清界线。将这篇概要的内容同另一个 9 页的概要加以对比，就表明了这一点。一般可以说，几乎不存在那些表明恩格斯改变了他的修残补缺的想法的材料②。因此，也没有为付印文本第 25 章中出现的 3 页插入部分③的准备稿。恩格斯的补充只能在付印文本中找到。

    刚刚提到的 9 页概要④是在下属第 5 点开始的，因而同上一个概要一起移入第 25 章。这是恩格斯经过一个较长的工作间隔回过头来进行的，并掌握了马克思第 5 章的其余文字，只是"6）资本主义以前的状

---

① 《马克思恩格斯全集》历史考证版第 2 部分第 4 卷第 2 册第 476 页及以下几页。

② 指出优先股和普通股的区别和作用（阿姆斯特丹国际社会史研究所藏：《马克思恩格斯遗产》，档案 H91/A71d），属于这种例外情况。在付印文本中，恩格斯对这个问题献上一个较长的脚注，《马克思恩格斯全集》第 1 版第 25 卷第 533 页。

③ 《马克思恩格斯全集》第 1 版第 25 卷第 458—460 页。

④ 参看阿姆斯特丹国际社会史研究所藏：《马克思恩格斯遗产》，档案 H911/A71d。

态"这一下属点除外。恩格斯在这篇概要中所作的处理,同上一篇概要中相类似。它也涉及对编辑加工的考虑。例如,接续第一篇概要,章的划分至第 30 章,对第 25 章继续进行文字整理,为第 26 章划定了范围。恩格斯又作了一些术语上的改动。在这篇概要中,对编辑工作的材料准备所形成的观点,起着较强的作用。单单是复杂的研究对象,越来越经常地为插叙、补评和摘录所打断的马克思的叙述,就已经要求为制订一个逻辑结构而对原文的整理加以思索。在阐述商业信用的地方,存在有对要进行文字挪动的一些提示,这些提示经过修改也在付印文本中实现了,当然只是那里所作的文字挪动的一小部分。恩格斯还试图将《混乱》结尾部分中所包含的材料,特别是关于贵金属的流入和流出、汇率以及英国的贸易平衡的一些段落,分类归并为几章。明显地是通读概要时写在第 31 章和第 32 章页边上关于参阅的批注,证明了这一点。在这里,将《混乱》中的材料划归第 V 篇的几章中的问题,也变得很明显。恩格斯打算将马克思关于金流入和流出的结论①分散归于第 31 章和第 32 章,就是这样。恩格斯想怎样处理《混乱》中文献史的材料,没有任何这方面的提示。这包括议会关于 1848 年和 1857 年危机的报告的摘录,这些摘录包括马克思汇集的企业主和经济学家关于货币、资本、信用、金的流出、过度投机、汇率以及其他题目的证词,部分地加了评注,特别是在最后的部分中又同理论的阐述结合起来。关于导论和第 25—29 章的文字组织的概要以及关于恩格斯对第 V 篇划分为两个部分特别是对第 30—35 章的介绍的概要,可以给予某些启示。恩格斯在概要中虽然介绍了第 30 章的开头,但却没有介绍它的结尾,也没有作进一步的章的划分。人们由此还可以了解恩格斯在对原第 5 章的后半部进行结构划分时所遇到的困难。原因在于马克思手稿的文字构成:典型的

---

① 《马克思恩格斯全集》历史考证版第 2 部分第 4 卷第 2 册第 620—623 页。

是为了自己弄清问题，思路被打断，新问题被提出，继而原来的想法被吸收或不被吸收，最后总是一再地插入文献摘录。概要中的批注表明，恩格斯最初设想，将手稿"Ⅲ"中下属各点的材料①以及《混乱》这一点内马克思的论述分别归到第30—32章中去。后来，当他看到不可能由《混乱》组成一章时，便决定进行更详细的结构划分。

恩格斯的概要，对于发现他的编辑工作的理论观点来说，是饶有兴趣的。作为编者的文件，这些概要一方面反映了马克思的基础材料的暂时性和不完整性，表明编辑工作的诸多困难。在整理和补充文字的多次尝试之后，恩格斯只好听天由命："没有别的办法，我只好当机立断，尽可能限于整理现有的材料，只作一些必不可少的补充。"②另一方面，这些概要也说明了一些文字变动的出发点和起源，阐明了恩格斯对编辑该篇所作的设想的发展。恩格斯在进行编辑时确实利用了这些概要。然而当这些概要不再让人了解在马克思的原件中究竟是正文或是脚注时，这种"不分主次的"文字就能轻而易举地在以后的稿样例如在付印稿样中出现。这也许就是为什么在付印文本中马克思的脚注多次被作为正文提供出来的原因之一。最后，这些概要中对马克思文字的概括，为恩格斯在这些问题上的观察方式提供了说明。

一个更具有综合性的篇幅巨大的加工手稿，是围绕第Ⅴ章中马克思题为《混乱》的那一部分③展开的。恩格斯将这一部分编排为一章的努

---

① 《马克思恩格斯全集》历史考证版第2部分第4卷第2册第529页及以下几页。

② 《马克思恩格斯全集》第1版第25卷第9页。

③ 《马克思恩格斯全集》历史考证版第2部分第4卷第2册第561—583、597—646页。

力，在一篇概要①两个专题汇编②和许多札记中得到说明。在概要中，恩格斯编制了一篇关于《混乱》的内容的详细概览，将所引作者的证词和马克思的论述提纲挈领地记录下来，为了比较容易把握方向，这些材料被连续编码1—70，并附加上他的对马克思手稿抄件的页码。此外，他还分别标明，哪些是一个作者的证词，哪些是马克思的论述，哪些是两者兼而有之。他把这些情况用"A"、"T"和"AT"符号标示出来。这些内容要点同9页概要中的内容要点，部分地是相符合的，但在许多情况下又有所突破。对两者差异的分析，可以推论出在确定马克思的一定论述的重点方面可能发生的变化。

专题汇编不仅证明了恩格斯最初想由《混乱》编排为一章的打算，而且也使对所设想的实现形式进行介绍成为可能。这些专题汇编表明恩格斯非常想要按照他所选择的依据主要内容提出的专题对其中所包含的材料进行加工整理。所选择的专题反过来又使人注意到由恩格斯设定的他想据以组织材料的内容重点。

第一个专题汇编的草稿是建立在上述9页概要的基础上的，在这篇概要中实现了对《混乱》内容的最初阐发，第二个草稿以后来提到的概要为基础，在这篇概要中仅仅概括了《混乱》中的文字。在第一个草稿中，恩格斯选择了下述题目："反对通货原理派！货币量的大小并不影响商品价格"，"英格兰银行通过贴现等等对货币市场的影响力"，"1844年的银行法"，"纸币和黄金，——流通的银行券的量，英格兰银行和地方银行"，"金流出和收支平衡"，"利息率"，"汇率"以及"货

---

① 参看阿姆斯特丹国际社会史研究所藏：《马克思恩格斯遗产》，档案H97/A67。

② 参看阿姆斯特丹国际社会史研究所藏：《马克思恩格斯遗产》，档案H95/A72和H96/A73。

币市场一般"。这些题目通过对《混乱》中的文字加以分类整理而实现，尽管差不多完全是以在概要中加工过的形式实现的。如果材料是一个作者的证词，恩格斯首先记下经过连续编号的页码以及作者的名字，然后在多数情况下提纲挈领地附加上证词的内容，最后标出马克思手稿抄件的页数。

在第二个草稿中，第一个草稿的主要题目在某些点上被修改，同时吸收了其他新的题目，例如"生产过剩和危机"以及"苏格兰银行经济"。在第二个草稿中，反映了恩格斯明确的一直坚持到付印文本的想法，即把《混乱》中所包含的材料尽可能完整地加以整理。不过，恩格斯在第一个草稿的末尾，在"待处理"的栏目下，已经作了相应的札记。与第一个草稿相比，不从概要中补充新材料的题目一个也没有。在一些情况下，出现了在量上很大的扩充。但是，这种处理方法的问题在这里也变得明显了。分类整理材料时的困难，导致一些段落有时被纳入两个至三个不同的题目之下。这些问题也许有助于恩格斯最终放弃他原来的打算，不过"在衔接得上的地方"① 还是利用了那些材料。但是对于改变了的任务来说，这些汇编也还表明是有用的。两份材料，特别是第二个草稿，显露出以各种方式加以利用的踪迹，主要是已处理完毕的记号。这篇后来完成的汇编被广泛地用来编制第33—35章，第33—35章所论述的问题同由《混乱》所形成的专题汇编的内容仍然一致。其中所汇集的材料也按照汇编所选择的顺序部分地被纳入付印文本。在一些情况下，这些汇编形成第33—35章的划分设计、结构建造和标题拟定的基础。

此外，这些草稿也对恩格斯的一些想法提供了说明，这些想法是恩格斯在将《混乱》编制为一章的尝试失败之后又将《混乱》中的材料

---

① 《马克思恩格斯全集》第1版第25卷第10页。

划分到第Ⅴ篇的几章时产生的。对于恩格斯来说，在这种情况下实现马克思的意图，肯定是困难的。可以设想，马克思在进行加工时仅仅是在一般化的形式上考虑这里汇集的大部分材料的，并将其中的一些部分纳入理论史的著作中。恩格斯的处理方法能够由这种可以理解的努力得到说明，即一方面尽可能完整地表现马克思的手稿，另一方面又把它具有可读性地呈现出来。不对一些文字进行部分的重新整理，这是不可能的。一种选择是，将《混乱》中的文字按在马克思那里存在的形式付印出来。撇开恩格斯没有出版一部原文批判版的愿望不论，这样出台的文字也不符合恩格斯的看法，即提供一种"要使全部论据都十分清楚而明确"① 的论述。这方面，恩格斯所瞄准的目标大概从未达到，预期的目的也未能实现。

除了篇幅相对较大的第Ⅴ篇的加工手稿外，还有一些反映对个别段落所进行的工作以及说明编辑工作的一些细节问题的短小的札记。在大多数情况下，这些札记涉及的是马克思手稿中应该加以挪动或为撰写插入部分应该加以利用的一些文字。于是，为此目的一些文字有时被提纲挈领地纳入一些标题之下，如"铁路—1845年危机"、"1845—1847年的货币市场"、"利息率等第325a页上的图表（摩尔的原文）"②。并备有马克思手稿抄件的页码。有些札记仅仅由一些提纲组成，如"纸币—特韦尔斯和奥维尔斯顿。第26章第874页"③，它们是作为保持记忆的东西顺便写在零散的纸条上的。在大多数情况下，这些札记都显示出

---

① 《马克思恩格斯全集》第1版第37卷第236页。

② 参看阿姆斯特丹国际社会史研究所所藏：《马克思恩格斯遗产》，档案H93/A71e。

③ 参看阿姆斯特丹国际社会史研究所所藏：《马克思恩格斯遗产》，档案H97/A71g。

它们对分析主要的付印文字所起的作用。例如，恩格斯在一张纸页上记下1844—1847年利率发展的数字材料①。恩格斯在第25章中的插入部分（在那里找到了开端），揭示了这一札记的意义和目的。② 有些札记对于编辑的准备工作不具有典型性，在付印文本中没有加以考虑。显然，编者的想法和看法在这里发生了变化。

恩格斯的提纲《交易所。〈资本论〉第三卷补充说明》③，在第Ⅴ篇的加工手稿内占有特殊的地位。它迄今为止注明的日期是1895年，并同另一篇增补《价值规律和利润率》一起发表。不过，对文字和背景的分析表明，这个片断虽然是相对独立的，但却由于同第Ⅴ篇的加工相关联，也许由于同第27章和第29章中关于托拉斯、卡特尔和金融信托公司的插入部分相联系而写下的，即是说，产生于1891年11月和1893年3月之间，也许产生于1891年底。④ 这篇提纲增添了人们对恩格斯在进行文字插入和评论时的意图的印象。

---

① 参看阿姆斯特丹国际社会史研究所藏：《马克思恩格斯遗产》，档案H90/A71k。

② 《马克思恩格斯全集》第1版第25卷第459页。

③ 参看阿姆斯特丹国际社会史研究所藏：《马克思恩格斯遗产》，档案H102/A70。

④ 见卡尔-埃里希·福尔格拉夫：《一个只有〈马克思恩格斯全集〉历史考证版才能提出和回答的问题；按现有的方式重新编辑恩格斯的提纲（交易所）能够站得住脚吗？》，载《历史漩涡中的马克思恩格斯研究——马克思恩格斯研究论丛》（汉堡），1993年新辑，第149—164页。

复杂的第Ⅴ篇中的两章,曾在《新时代》杂志上发表。①

对加工手稿作进一步的综合,为人们提供了一个对特有的编辑问题的印象。这主要是指恩格斯在进行加工和再次通览全文时对直接遇到的问题所作的一些札记。经常遇到的问题是马克思手稿中的前后参照,要对它们加以验证;如果文字在排印中发生了变化,也要对它们加以修改。两个仅仅以少数几行字概括的材料,被冠以"预示"以及"参照后面的和前面的"标题;② 它们包含如下形式的札记:"第493页,通过信用体系把全部存款变为现金。指出章数和页码。"③ 付印文本表明,设置了多少这样的标示。

属于这种综合的还有,为未解决的"问题",开列的一个清单,④ 大多是关于恩格斯划分的第Ⅰ—Ⅴ篇中的资料来源。爱琳娜·马克思—艾威林曾帮助恩格斯进行调查,可资证明的是,由《1848年6月8日……商业危机秘密委员会第1号报告》和由托伦斯的著作《论财富的生产》中所作的三页半的摘录⑤。这些摘录是为审核第1、25和26章中

---

① 关于这一点,见恩格斯1894年6月19、26日和7月16日给考茨基的信,载《马克思恩格斯全集》第1版第39卷第248—250、257页。考茨基1894年6月23日和7月7日给恩格斯的信,载《弗里德里希·恩格斯和卡尔·考茨基通信集》,第402、404页。恩格斯1894年7月9日给《新时代》杂志编辑部的信,载《马克思恩格斯全集》第1版第39卷第256页。

② 参看阿姆斯特丹国际社会史研究所藏:《马克思恩格斯遗产》,档案H92(背面)A71a和H89/A1i。

③ 阿姆斯特丹国际社会史研究所藏:《马克思恩格斯遗产》,档案H89/A71i。马克思在他的手稿里被恩格斯所引用的一些段落的末尾(《马克思恩格斯全集》历史考证版第2部分第4卷第2册第435页第8—12行)加了标示:"(见后面)。"

④ 阿姆斯特丹国际社会史研究所藏:《马克思恩格斯遗产》,档案H86/A71f。

⑤ 阿姆斯特丹国际社会史研究所藏:《马克思恩格斯遗产》,档案G2/A76。

的资料来源服务的。它们作为编辑的准备材料,发表于《马克思恩格斯全集》历史考证版第 2 部分第 14 卷的附录中。第二组标示是针对那些为了最终完成正文加工还需要弄清楚的问题的,例如指出要重复通览第 23 和 24 章。此外,这份清单还为了解付印文本中没有解决的资料来源问题提供了一些线索,即是说,它们甚至是恩格斯也没有完全做完的。

恩格斯 1889 年底曾对倍倍尔谈到,还得"翻阅同第 3 卷有关的经济文献,有些地方甚至须全文通读"①。图克和富拉顿的著作,明显地属于此列。②

所有编辑的基础材料和编辑手稿都汇入一个付印稿样。这个誊清稿,肯定也像在第 2 卷那样③,是由艾森加尔滕抄写的。不过,这个稿本没有留传下来。

编者说明

最后,属于留传下来的编辑材料的,是恩格斯对自己在序言中的"编者说明"所作的札记,这一说明显然应同在《资本论》第 2 卷中的说明相类似。恩格斯在第 2 卷中,首先叙述了他对一些篇所作的工作,然后附上对"所有采自第Ⅱ—Ⅷ稿的地方"所进行的"综合"④。显然,他现在也想首先这样做。他认为,对由他大量改写的部分作出特别的说

---

① 《马克思恩格斯全集》第 1 版第 37 卷第 295 页。
② 《马克思恩格斯全集》第 1 版第 37 卷第 236 页。
③ 《马克思恩格斯全集》第 1 版第 36 卷第 206 页。
④ 《马克思恩格斯全集》第 1 版第 24 卷第 27 页。

明，是必要的。两份带有对第 1 篇的材料基础进行说明的简短文件①，一篇带有对第 25—35 章的文字结构进行较为详细叙述的对这几章的加工概要②，证明了这一点。后者也许是在进行第 V 篇的工作时，明显地是在不同的时点上，在结束了对多章的工作之后分别写下的。它应证明是利用马克思的手稿编写第 V 篇的，更何况恩格斯在这里的字里行间严重地作了手脚。对每一章来说，它都概括地指出对马克思手稿的使用情况、文字挪动的方式和范围以及所作的文字插入部分。第 33—35 章的文字结构也得到详细的叙述。在一些情况下，通过对马克思手稿抄本页码的指陈，详细说明哪一部分文字被利用。例如，恩格斯对第 33 章做了如下标示："1）第 743—746 页；2）第 501—802、809、803 页；3）弗·恩（恩格斯姓名的缩写。——译者注）。然后是所有由《混乱》中汇集起来并带有弗·恩的插入部分的文字；查普曼：第 906—912、826—832、913—922 页，接着是杂七杂八的东西！"恩格斯在这部分文字中所作的严重的手脚，虽然不能由此在内容上加以把握，但从它们的量上却可以感觉得到。通过对文字顺序的比较分析来验证恩格斯的说明，就可以一目了然。同样，通过同序言中相应段落的对照也可以确定，恩格斯在怎样的程度上实现了这一准备工作的意图。

序言的第 2 部分是论战，"序言里不会谈什么新的东西，它只是对企图用其他方法解决这个问题的作法进行批判"③。对这些作法的一些

---

① 参看阿姆斯特丹国际社会史研究所藏：《马克思恩格斯遗产》，档案 H84/A71b 和 H98/A65b。
② 参看阿姆斯特丹国际社会史研究所藏：《马克思恩格斯遗产》，档案 H92/A71a。
③ 《马克思恩格斯全集》第 1 版第 39 卷第 283 页。

论证，不必字斟句酌。对"我们许多人在有关经济问题的论战中的软弱无能"表示不满的恩格斯，像过去已经作过的那样，旨在"用两篇序言"把对手"置于死地"①，特别是"给阿基尔·洛里亚一个小小的实际教训"②。

考茨基也许特别为了搞活杂志的销路，非常乐意提前在《新时代》杂志中发表恩格斯的序言。③ 但是，恩格斯拒绝这样做："第 3 卷序言（1）尚未写成，（2）我不能给你。与价格相联系的利润率问题和价格分配问题，只有在书中才能得到恰如其分的解决。"④ 对考茨基的再次询问⑤，恩格斯没有作出反应。当考茨基后来拿到第 3 卷时，他感到大出其丑："当我读了序言时，我觉得自己真犯傻。因为法尔曼的文章当时是寄给我供在《新时代》杂志上发表的。我拒绝了它，因为我在其中只发现了混乱。法尔曼对我的一部分指责是了解的，并在这篇于《康拉德年鉴》中发表的样子存在的文章里考虑到了它。但是，即使在这种形式上，我还是没能发现其中有意义的东西。你在序言中所指出的那一点，我完全给忽略了。"⑥ 恩格斯宽宏大量地指出："法尔曼的文章由于错误地解释马克思学说的其他方面和许多形而上学的，即反辩证法的倾向，的确有些地方相当混乱，这几乎抹杀了他所采用的那种使他比其他

---

① 《马克思恩格斯全集》第 1 版第 38 卷第 312 页。
② 《马克思恩格斯全集》第 1 版第 39 卷第 288 页。
③ 《弗里德里希·恩格斯和卡尔·考茨基通信集》，第 406 页。
④ 《马克思恩格斯全集》第 1 版第 39 卷第 266 页。
⑤ 《弗里德里希·恩格斯和卡尔·考茨基通信集》，第 413 页。
⑥ 考茨基 1894 年 12 月 29 日给恩格斯的信，载《弗里德里希·恩格斯和卡尔·考茨基通信集》，第 418—419 页。考茨基还说："我急切地期待着一个伪装的马克思主义者勒克西斯先生对这种称赞的看法。"

任何人都更接近于问题实质的成功的方法。因此文章未发生丝毫作用。只有全神贯注于文章所阐述的专门问题的人,才能发现文章中有某种东西,对它进一步加以分析就会引向整个问题的解决。"①

用于增补的材料

第3卷出版以后,恩格斯也遭到一些批评,部分地是对序言的反应(恩格斯曾把这篇序言有意识地寄给一定范围内的个人);这些批评首先是关于利润率问题的,但也有对整个第3卷的反应。

属于这方面的材料有,伯恩施坦刊登在《新时代》杂志上的评论②——也是考茨基首先在恩格斯那里征求到这篇评论的③;康拉德·施米特的《〈资本论〉第三卷》,载于1895年2月25日《社会政治中央导报》(柏林)第Ⅳ年卷第22期第255—258页,是施米特本人把这篇文章连同《莱比锡人民报》上对这篇文章的评论一起于1895年3月1日

---

① 《马克思恩格斯全集》第1版第39卷第344—345页。
② 见爱德华·伯恩施坦《〈资本论〉第三卷》,载《新时代》杂志第13年卷(1894—1895年)第1卷第11期,第335—338页;第12期,第364—371页;第13期,第388—398页;第14期,第426—432页;第16期,第485—492页;第17期,第516—524页;第20期,第629—632页;见恩格斯1893年11月3日和12月4日给考茨基的信,载《马克思恩格斯全集》第1版第39卷第161、175页。考茨基1893年11月25日和1894年11月14日给恩格斯的信,载《弗里德里希·恩格斯和卡尔·考茨基通信集》,第395—396、413页。
③ 《弗里德里希·恩格斯和卡尔·考茨基通信集》,第386页。

寄给恩格斯的①;尤利乌斯·普拉特:《解决方案》,载于《瑞士经济和社会政策报》1895年第3年卷第1期（3月号）②;威纳尔·桑巴特的《评卡尔·马克思的经济体系》,载于1894年《社会立法和统计学文库》第7卷第4期,由作者和编辑部寄给恩格斯的一式两份③;斯蒂贝林的《致伦敦的弗里德里希·恩格斯先生的公开信》（私人复印）

---

① 见施米特1895年3月1日和28日给恩格斯的信,俄罗斯现代史文献收藏研究中心,第1全宗,第1目录,第5879和5894卷宗;恩格斯1895年3月12日给施米特的信,载《马克思恩格斯全集》第1版第39卷第407页。

② 恩格斯是从考茨基那里得到这篇评论的。见考茨基1895年3月5日和29日给恩格斯的信,载《弗里德里希·恩格斯和卡尔·考茨基通信集》,第421—422、429页;参看恩格斯1895年3月13日和4月1日给考茨基的信,载《马克思恩格斯全集》第1版第39卷第412、432页。

③ 威纳尔·桑巴特1895年2月14日给恩格斯的信,阿姆斯特丹国际社会史研究所藏:《马克思恩格斯遗产》,档案LVII435。他在所寄论文的附函中说:"如果您认为这篇论文也许值得抽时间一读的话,您将会在其中发现以方法批判的方式理解马克思的价值理论并因此而帮助《资本论》的读者克服一些理解上的困难的尝试。我希望,我的理解符合马克思体系的精神。"此前,《社会立法和统计学文库》的编者亨利希·布劳恩,可能受考茨基的敦促（见考茨基给恩格斯的信,载《弗里德里希·恩格斯和卡尔·考茨基通信集》,第422页）,已经将一个油印本寄给恩格斯（见恩格斯1895年3月11日给桑巴特的信,载《马克思恩格斯全集》第1版第39卷第404页）。正像恩格斯向桑巴特表明的,他已经饶有兴趣地阅读了这份样本。很可能它上边有边注,因此而与桑巴特寄赠的样本不同,恩格斯在给桑巴特的信中特别谈到了具体的文字出处。

（1894年12月22日于纽约）①，是对恩格斯1894年12月3日通过左尔格转送斯蒂贝林的序言②所作的一种反应，阿基尔·洛里亚的《卡尔·马克思的遗著》，载于1895年2月1日《科学、文学和艺术新文选》③。恩格斯还掌握了阿尔图罗·拉布里奥拉的文章《马克思主义的价值理论和平均利润率》和《马克思遗留下的关于价值理论的结论》，载于1895

---

① 附斯蒂贝林1895年1月1日给恩格斯的一封信，阿姆斯特丹国际社会史研究所藏：《马克思恩格斯遗产》，档案LVIII657。斯蒂贝林也把《公开信》寄给考茨基供在《新时代》杂志上发表。《公开信》发表在《新时代》杂志第13年卷（1894—1895年）第1卷第15期，第567—569页，带有考茨基的编后记。考茨基评论的手写原件上有伯恩施坦作的一些订正，现存阿姆斯特丹国际社会史研究所藏：《考茨基遗产》，档案A22。关于这一点，也见考茨基1895年1月18日给恩格斯的信，载《弗里德里希·恩格斯和卡尔·考茨基通信集》，第421页。也见恩格斯1895年1月12日致考茨基的信和1895年1月16日给弗里德里希·阿道夫·左尔格的信，载《马克思恩格斯全集》第1版第39卷358、365页。因为恩格斯没有回答，斯蒂贝林又撰写了一封给恩格斯的公开信并在自己的出版社刊行。恩格斯是否收到或知道这封公开信，就不得而知了。左尔格1895年3月14日使恩格斯注意到它（俄罗斯现代史文献收藏研究中心，第1全宗，第5目录，第5888卷宗）。

② 《马克思恩格斯全集》第1版第39卷第317页。左尔格1894年12月19日和31日给恩格斯的信，载俄罗斯现代史文献收藏研究中心，第1全宗，第5目录，第5827和5835卷宗。

③ 恩格斯也许是从安东尼奥·拉布里奥拉那里得到的。见恩格斯1895年2月26日和4月3日给保尔·拉法格的信，载《马克思恩格斯全集》第1版第39卷第392、434页；考茨基1895年3月5日给恩格斯的信，载《弗里德里希·恩格斯和卡尔·考茨基通信集》，第422页；恩格斯1895年3月13日给考茨基的信，载《马克思恩格斯全集》第1版第39卷第412页。

年2月1日和3月1日《社会评论》杂志①；同样掌握了拉法格、索尔迪、科莱蒂和格拉奇阿迪在1894年7月至11月的同一机关刊物上的文章。恩格斯也了解沃尔弗的反应②和在《瑞士经济和社会政策报》(巴塞尔，后来在伯尔尼和莱比锡)上关于普拉特的文章(见上面)和贝尔托的小册子《关于马克思的五封信》的长期争论的开端③。恩格斯可能也知道伊·阿·古尔维奇(豪尔维奇)在《政治经济学杂志》发表

---

① 恩格斯也许同样是从安东尼奥·拉布里奥拉那里得到的。见恩格斯1895年4月3日给保尔·拉法格的信和1895年6月28日给菲力浦·屠拉梯的信，载《马克思恩格斯全集》第1版第39卷第434、468页。

② 沃尔弗曾为1895年在耶拿出版的苏黎世棉纺业主弗里德里希·贝尔托《给尤利乌斯·沃尔弗博士、苏黎世国民经济学教授先生的关于马克思的五封信》一书写了序言。他在这篇序言中，反对恩格斯为第3卷写的序言，还把马克思的书描写为"三大卷惊人的诡辩"。见考茨基1895年3月29日给恩格斯的信，载《弗里德里希·恩格斯和卡尔·考茨基通信集》，第429页；恩格斯1895年4月1日给考茨基的信，载《马克思恩格斯全集》第1版第39卷第432页。

③ 首先，阿尔都尔·米尔柏格在格奥尔格·阿德勒编《瑞士经济和社会政策报》(巴塞尔)第3年卷第6期2(3月号第2期)第233—236页上对贝尔托的著作进行了评论。施米特以该报第10期2(5月号第2期)第355—363页上一篇题为《怎样批评马克思》的评论作出反应。也见施米特1895年4月10日给恩格斯的信，俄罗斯现代史文献收藏研究中心，第1全宗，第5目录，第5902卷宗。施米特在该报第11期1(6月号第1期)第384—396页上紧接着吕埃弗里(《评〈解决方案〉》)之后同普拉特展开了争论。贝尔托在该报第12期2(6月号第2期)第433—437页上对施米特作出反应(《驳苏黎世的康拉德·施米特博士先生对我的关于马克思的五封信的批评》)，施米特在该报第14期2(7月号第2期)第495—513页上进行了反击:《答贝尔托先生》。贝尔托最后在该报第18期2(9月号第2期)第649—656页上以《对康拉德·施米特博士先生的最后回答》作出了结。

的关于利润率的一篇文章①。对保尔·恩斯特反对贝尔托和沃尔弗的论战②，恩格斯显然就没有什么了解了。

施米特的在其中再次十分详细地阐明了他对价值规律和平均利润率的立场的一些信，特别是1895年3月1日和28日的信③，还有劳拉和斯蒂贝林给恩格斯的信，重又获得了意义。也必须把恩格斯1895年3月11日和12日给桑巴特和施米特的信④列入工作材料之内。通过这些，恩格斯为第3卷附加一篇独立的增补的想法便显露出来。首先，施米特在1895年3月1日和28日的信中对他把价值规律作为一种虚构的立场的论述，对恩格斯的增补论文《价值规律和利润率》是一个推动。⑤但是，恩格斯只写出了第1篇增补论文的草稿⑥，这篇草稿后来由伯恩施坦发表在《新时代》杂志上⑦。关于这篇草稿，有两个关于同洛里亚论

---

① 《弗里德里希·恩格斯和卡尔·考茨基通信集》，第402页。

② 保尔·恩斯特：《马克思和他的反驳者》，载1895年6月8日在柏林出版的《当代——文学、艺术和公共生活周刊》第47卷第23期，第360—364页。

③ 俄罗斯现代史文献收藏研究中心，第1全宗，第5目录，第5879和5894卷宗。另见施米特1895年4月10日给恩格斯的信，俄罗斯现代史文献收藏研究中心，第1全宗，第5目录，第5902卷宗。

④ 《马克思恩格斯全集》第1版第39卷第407—412页。

⑤ 《马克思恩格斯全集》第1版第39卷第440—441页。

⑥ 见弗里德里希·恩格斯：《价值规律和利润率》，阿姆斯特丹国际社会史研究所藏：《马克思恩格斯遗产》，档案A82/H106。恩格斯自己在1895年5月21日给考茨基的信中称这个手稿是未完成稿（见《马克思恩格斯全集》第1版第39卷第461页）。当然，他也没有把它送交《新时代》杂志。它是在遗物中被发现的。

⑦ 《弗·恩格斯的最后著作（〈资本论〉第三卷增补）》，载《新时代》杂志第14年卷（1895—1896年）第1卷第1期和第2期，第6—11和37—44页。参看《马克思恩格斯全集》第1版第25卷第1006—1028页。

战的部分概要留传下来。①

结　论

人们在研究题目中放置在后面的东西，往往在对它加以整理时会反作用于出发点：它可能修改出发的题目，对其重要方面投以新的眼光，总之证实这种研究是有用的。对于我们的情况来说，也是这样。《MEGA 研究》1994 年第 2 辑中关于恩格斯对第 3 卷的编辑所确定的一些东西②，也会出现细微的变化。在这里，以下方面发挥着作用：

恩格斯 1895 年挑衅性地唆使人们去解利润率之谜，马克思的反对者的确也想解利润率之谜，这就传播了一种信念，即解决问题的答案是在马克思手稿那里。不管这种答案的质量如何（它实际上直到今天还继续招致这方面的文章如浪潮般涌来），问题还是提了出来：恩格斯究竟在多大程度上直接步入马克思的堂奥，或者这仅仅使他偶尔地隔窗望上一眼。他的通信、他的加工手稿以及最后他的编辑方案都表明，恩格斯并不了解《资本论》其他各卷的制定情况。

也许有必要进一步强调指出，恩格斯已经有了这样的看法，即"一字不差地用马克思本人的提法"③ 编出一部可靠的马克思的著作。但是，他并不是把它理解为对主要手稿的逼真的复制，而是理解为对留传

---

① 弗里德里希·恩格斯：[《价值规律和利润率》草稿]，阿姆斯特丹国际社会史研究所藏：《马克思恩格斯遗产》，档案 A74/H104/105。

② 参看《MEGA 研究》1994 年第 2 辑发表的前述作者的文章《马克思说的是自己的话吗？》。——译者注

③ 《马克思恩格斯全集》第 1 版第 39 卷第 406 页。

下来的材料按照马克思的精神加以剪辑。"只要那里有什么东西，都将极其认真地加以利用。"① 在这里，某些东西是在正文中还是在脚注中，对恩格斯都不起作用。这样在正常的文字联系中插上一手，就出现了一系列的基本问题，例如马克思和恩格斯不同的思维方式和科学认识的问题。

恩格斯1885年想在短短几个月内出版《资本论》第3卷的打算没有实现，这就能够检验，上面提到的讨论在他后来10年的编辑活动中产生了怎样程度的直接或间接的影响，是否造成文字的调整、细微的变化、论证的加强等等。按照恩格斯书信中的说法，他在讨论升级时已经搞完了利润率篇。尽管如此，我们并不了解付印稿样，也不知道他是否还要进行改动。这种情况无法同对第2卷工作的情况进行切实的比较，在那里，恩格斯虽然也时而经历了《新时代》杂志上关于所谓的"洛贝尔图斯——马克思的理论"的讨论②，但这些讨论在那里所围绕的还是第1卷抽象阶段上的一些方面。现在所围绕的则是《资本论》整体。

但是，整个形势的内部矛盾变得明显起来：当恩格斯还在极其热心地编辑大师的"答案"时，围绕他身边的一些人都对此争执起来，虽然他们表面看来相处很好。考茨基大概也同样地感觉到这一点："但愿第3卷能很快结束使我们头痛的问题。"③ 通读考茨基的书信便可以明白，在这个题目上，他一方面对利润率问题的具体"解答"带有并不稳定的倾向性（这里不能忽视对施米特和兰代的"社会民主党人的"

---

① 《马克思恩格斯全集》第1版第36卷第319页。
② 《马克思恩格斯全集》第1版第36卷第176页。
③ 此处原文脚注说明这句话出自恩格斯1884年7月11日给考茨基的信，经查实属错误。——译者注

解决方案的特别褒奖），另一方面又凭正确的本能而陷入犹豫不决的动摇之中："另一方面，我对通过其他途径解决困难感到无能为力。我只是有这种感觉：除了接受迄今为止的解决方案外，在剩余价值率和利润率之间必然还有许多中间环节。"①

一系列的事例表明，恩格斯并不是不受影响地进行他的编辑工作的。这种影响之一，在他为增补撰写的草稿上变得很明显。施米特坚持价值规律是马克思在第1册中设置的、然后在第3册中回过头来加以论述的一个必要的虚构。它诱使恩格斯把他认为是明显的而大多是次要的考虑移到中心地位上来。他努力证明价值规律在历史上是实际存在的，由此阐明他的"简单商品生产——资本主义商品生产"的对立模式。此外，他还在马克思著述里寻求证明。恩格斯对辛格尔在帝国国会上关于交易所的演说及其在《前进报》上的论述所作的回答，也表明他的编辑工作所受的外来影响。恩格斯在1893年1月24日给倍倍尔的信中所作的与此有关的表述②，与1894年付印文本中的插入部分是一致的。

应该研究，恩格斯在确定第3册的"全部论据"③时，在多大程度上受到党的政治前提的影响，他把马克思的理论看作是对全部本质以及"资本主义生产最终的历史命运"④的揭示，任何坚定不移和始终一贯的革命策略都必须以此为基础⑤。因此，恩格斯对下述情况不能等闲视

---

① 参看《马克思恩格斯全集》第1版第39卷第13—14页。
② 《弗里德里希·恩格斯和卡尔·考茨基通信集》，第307页。
③ 《马克思恩格斯全集》第1版第37卷第236页。
④ 《马克思恩格斯全集》第1版第37卷第231页。
⑤ 《马克思恩格斯全集》第1版第37卷第301页。

之：1891年，在社会民主党爱尔福特代表大会纲领的讨论中，李卜克内西和考茨基之间围绕《资本论》的现实性，包括《资本主义积累的历史趋势》一章的现实性，展开了激烈的争论。① 恩格斯在接到考茨基的报告以后向他证实，马克思关于资本主义积累的历史趋势的那一章，根据盖泽尔的最新著述，似乎已经过时②，但是，他没有把这一章同马克思的整个经济理论联系起来。考茨基在党代会后立即认为："正是现在我又感到大伤脑筋，我们究竟怎样对所有第1卷和第2卷没有论述的问题进行探索。因为我现在正从事我的关于纲领的小册子……我极力设法在这里约束自己，让我还是偶尔地涉及这样一些领域，在这些领域内，我只能靠自己或资产阶级的著作。"③ 一方面，这里明显地暴露出一个政治运动的疑难问题：它要由一个科学的基础来论证，但这个基础却限于某一个别人的思想并将自己交付给这一思想的不稳定性支配。另一方面，人们也清楚地看到在时间上和内容上对恩格斯的急切期待。

（续完）

（原载《马克思恩格斯研究论丛》杂志，1995年新辑）

（付敏译）

---

① 《马克思恩格斯全集》第1版第37卷第314页。
② 《马克思恩格斯全集》第1版第38卷第234页。
③ 《弗里德里希·恩格斯和卡尔·考茨基通信集》，第319页。

评《马克思恩格斯全集》历史考证版第 2 部分第 4 卷第 2 册[*]

〔德〕迪特哈德·贝伦斯

一、关于转型问题和利润率趋向下降规律的辩论始末

《马克思恩格斯全集》历史考证版第 2 部分第 4 卷第 2 册发表了马克思的重要手稿,它就是恩格斯整理编辑成《资本论》第 3 卷的那个手稿。发表这部手稿的重要意义与马克思研究中两个悬而未决并引起激烈争论的问题密切相关,一是《资本论》第 3 卷对于全部著作的意义问题,二是马克思和恩格斯的理论观点之间的关系问题。

所谓"转型问题的辩论"首先是围绕第 3 卷的意义展开的争论,内容涉及认为《资本论》第 1 卷同第 3 卷的基本原理相矛盾的论断。在辩论中,第 3 卷常常被用来批驳劳动价值论,也就是说,被用来承认马克思理论的失败。但这已经表明,从事马克思研究的大多数作者的出发点是,马克思在《资本论》第 3 卷中从量上规定的价值量出发,着重阐述价格理论。

如果撇开信用理论、阶级理论等这些对本文的阐述属于后续的因素不谈,那么可以认为,本文讨论的重点应当是全面描述这次转型辩论,不仅要描述这次辩论的结果,而且要描述它的问题。

1894 年《资本论》第 3 卷出版以后,立即引起了评论和批判,紧

---

[*] 本文选自《马克思恩格斯列宁斯大林研究》1999 年第 1 辑。

接着又引发了一直延续至今的辩论。这场辩论以桑巴特的批判为序幕，许多国民经济学家都投入了对他的批判。柏姆－巴维克写下了最具论战性并且也是最重要的论文。

（一）柏姆－巴维克对马克思的批判

柏姆－巴维克批判马克思的理论是因为他断定马克思的看法中存在矛盾：即商品按照价值交换然而又按照生产价格交换。这就意味着将生产价格的总额等同于价值总额。柏姆－巴维克据此得出结论，说什么马克思也不得不承认资本投资像劳动这一要素一样具有形成价值的职能。他因此认为必须批判劳动价值论。他尤其反对以下论点：价值规律支配着价格运动，劳动时间对价格的提高或下跌起作用。同样地，他批判关于按照价值交换所作的历史解释，认为这种解释没有兼顾物物交换。最后他还批判这样的看法：价值规律至少间接地调节生产价格，因为按价值规律决定的商品总价值决定着总剩余价值，而总剩余价值调节着平均利润的水平和一般利润率。

下面逐条说明这些批评意见。

柏姆－巴维克的批判建立在对马克思的价值的一定理解上，他的论战对象主要也是价值，"'价值规律'的任务究竟是什么？无非就是用来说明在现实生活中观察到的物的交换关系"①。柏姆－巴维克认为，在交换过程中无平等可言；在这方面马克思一直没有解释，他为什么要

---

① 柏姆－巴维克：《马克思体系的终结》，载《国家科学文集。卡尔·克尼斯纪念集》，柏林1896年版，第50页。他认为这是同《资本论》第3卷中的论点相矛盾的。在《资本论》第3卷中，马克思说，商品以高于或低于自己的价值相互进行交换。（同上，第48页）

以等价职能为出发点。① 但是他在此已经提出了被赋予重大意义的价格。在这种已定价的商品的交换中货币也仅是纯粹的中介，即"隐蔽的形式"②。如果价格等同于价值，那么价值即等同于所包含的劳动。所以，柏姆-巴维克在谈到马克思的价值概念时说："商品按照体现在商品中的平均劳动的比例进行交换。"③ 因此，他的论战对象是有关社会总价值的假定以及价值规律支配价格运动的观点。同时马克思提出的"劳动是价格的决定因素"④，这一原理也受到了批判。因为马克思的价值概念——与恩格斯在为第3卷写的"增补"中的观点相仿——被归因于一定量的劳动时间。

这种观点——此处柏姆-巴维克也同意恩格斯和斯密的思想——与

---

① 柏姆-巴维克和克尼斯都想将交换看作直接的物物交换。（参看《马克思体系的终结》，载《国家科学文集。卡尔·克尼斯纪念集》，柏林1896年版，第81—83页。）由于同时要求物应有的品质就是有用性，所以，他面对希法亭的答辩显得束手无策。希法亭说："说这是劳动产品，是因为这种物还没有成为商品。然而一种物只有作为商品才是由反面确定的……而一件商品不可能自己与另外一件商品发生联系，物的相互之间的实际关系只是占有者之间的私人关系的体现。"希法亭：《柏姆-巴维克的马克思批判》，载弗·埃伯勒编：《马克思理论的若干方面。一、论〈资本论〉第3卷的方法论意义》，第136—137页。"柏姆过分强调自然赐予，所以陷入了地租来源于自然而不是来源于社会的重农主义幻想。"（同上，第142页）

② 柏姆-巴维克：《马克思体系的终结》，载弗·埃伯勒编：《马克思理论的若干方面。一、论〈资本论〉第3卷的方法论意义》，第51页。

③ 柏姆-巴维克：《马克思体系的终结》，载F. X. 魏斯编：《文集》，维也纳—莱比锡1926年版第2卷，第328页。由于他将价格等同于价值，所以他将马克思解释为超货币交换的代表。

④ 柏姆-巴维克：《马克思体系的终结》，载弗·埃伯勒编：《马克思理论的若干方面》，第54页。

下列看法相一致：价值在历史上的定位是：它属于相应地计算价值和劳动时间的"简单商品生产"。这种生产应属于原始状态，是远离资本主义的，因为在资本主义下价值转化为生产、价格、"利润率平均化了"。可见，历史差别表现为按价值的交换同按生产价格的交换之间的差别。

由于柏姆-巴维克有意对马克思论据的核心即马克思对剩余价值的解释避而不谈，所以他曲解资本有机构成的结构，也就毫不奇怪了。对他来说，资本始终是货币。他同桑巴特一起将利润解释为在成本价值基础上产生的，将价格理解为生产成本。如果说在马克思那里，价值规律决定生产价格，生产价格决定价格，那么他明显是在提出价值和价格相等这一假定后，才形成平均利润等于剩余价值的观点。与上述论点相反，有人坚持认为：不仅马克思，而且斯密和李嘉图都是以价值与价格的区别为出发点。此外马克思还强调价值与生产价格的区别。

不仅如此，柏姆-巴维克认为，马克思的见解在于假定价值规律决定生产价格，生产价格决定价格，从而决定交换关系。这里的中心论点是将平均利润与剩余价值相等同。马克思的工资规定理论对柏姆-巴维克来说具有同样重要的意义。而且他按照斯密的意思阐释马克思："显然，所支付的工资额是所耗费的劳动量同工资率的乘积。"① 柏姆-巴维克说，这一论点与有关价值的论点不一致，同样，剩余价值的计算与利润率的计算不一致。"完全不同的是利润率。具体地说，资本家计算他占有的剩余价值时不是单纯地以资本的可变部分为依据，而是以他所

---

① 柏姆-巴维克：《马克思体系的终结》，载弗·埃伯勒编：《马克思理论的若干方面》，第68页，价值由所使用的劳动来决定。此外以劳动的价值来计算。参看上书，第71页。与此相反，希法亭反驳说："从工资中得出劳动产品的价值，严重违反了马克思的理论。"鲁·希法亭：《柏姆-巴维克的马克思批判》，载于上书，第148页。

投入的全部资本为依据。"① 但是,如果将成本价值视为计算利润的根据,那么利润就会进入商业领域,这样一来,撇开商业心理学来理解竞争的作用就不可能了。②

最后,柏姆-巴维克原则上同意各种利润率会平均化为一般的利润率,但他又认为这是同有关劳动价值的论据相矛盾的。他认为,或者将劳动时间决定劳动价值视为交换的基础③,或者以平均水平作根据。柏姆-巴维克赞同后面一点。斯密同马克思一样都明白,价值与价格是以成本水平为中心而波动的,成本水平除包含劳动以外还包含平均的资本利润,而资本的这个利润,首先与成本水平有关,因为资本利润是以全部投资计算的。

柏姆-巴维克本人以主观的价值学说,特别是以经济的个人主义为出发点,而经济的个人主义使他经常强调微观经济而忘了宏观经济和微观经济研究方式之间的区别。他对马克思的批判以无法理解的经验主义为出发点,所以是庸俗经济学的,这一点在他指责马克思不懂经验主义

---

① 柏姆-巴维克:《马克思体系的终结》,载弗·埃伯勒编:《马克思理论的若干方面》,第36页。在这里,社会被排除在外,同样利润率被设定为成本价值计算的直接结果。

② 柏姆-巴维克:《马克思体系的终结》,载弗·埃伯勒编:《马克思理论的若干方面》,第126—127页;希法亭证实柏姆-巴维克对马克思生产价格概念的理解是正确的,即"生产价格等于成本价格加上平均利润"。希法亭:《柏姆-巴维克的马克思批判》,载于上书,第172页。

③ "生产价格'归根到底',受下列定理的支配:劳动量是构成商品交换关系基础的唯一因素。"柏姆-巴维克:《马克思体系的终结》,载于上书,第73—74页。交换价值始终被认为是由劳动量决定的,参看上书,第179页。因此,在柏姆-巴维克看来,马克思也是一个意识形态的劳动量理论家。参看上书,第76—77页。

时表现得尤其明显。他对方法论不感兴趣——他自称为折中主义者，所以他的批判目的首先是想揭露马克思的辩证法。而他不花大力气去研究方法论问题，所以他遇到他所批判的理论的叙述形式问题时就无疑会碰壁。马克思在柏姆－巴维克看来只是一个玩弄词藻的人，一种像空中楼阁一样不堪一击的错误理论的鼓吹者。

马克思主义对柏姆－巴维克的反批判，例如，希法亭的批判，表明价值理论并不能用价格理论来理解，当然希法亭首先因恩格斯的预先规定而对交换作了错误解释。这一点尤其明显地表现在，他将价值理解为可计算的客观的量的大小，因而非常接近于柏姆－巴维克的价格理论观点。后来的讨论原则上也没有偏离既定轨道。总之，可以用皮林的话概括说，"大多数抨击均未超出柏姆－巴维克〔……〕所作的抨击"。

（二）关于转型问题的辩论

鲍尔特凯维奇对马克思的批判同时是李嘉图经济学理论的翻版。我们可把后来的辩论看作是逐步引人注目的新李嘉图主义的辩论。马克思主义内部的辩论有时从新李嘉图主义的观点出发，有时对它提出批判。整个辩论分为三个阶段。每一阶段的辩论都伴随有批判的经济学家的反批判和马克思主义者的反批判并受到这些反批判的限制。而在辩论过程中提出的解释模式越来越定形化。

1. 鲍尔特凯维奇的干预

鲍尔特凯维奇在1906—1907年间撰写了一系列文章，阐述了他在马克思的价值—价格的转型问题上的观点。

他的这种基于德米特里耶夫思想的观点可归纳为以下三点：为李嘉图平反，对马克思有关转型问题观点的批判，他自己提出的据说同时既包含着对马克思的假设的评判又能将马克思的假设限于特殊事例的解释模式。

他反对马克思的批判,为李嘉图辩护并试图混淆这两种理论之间的差别,尤其是否定他们两人提出的价格概念之间的差别。他在混淆不同理论的同时,还玩弄各种理论观点之间的差别,他把马克思的观点归结为李嘉图的分配理论,因为李嘉图在谈到地租、利润和工资的分配时曾说:"政治经济学的主要问题是寻找决定这些分配的规律〔……〕"① 然而,马克思是批判这种理论观点的。

鲍尔特凯维奇在对马克思的批判中争辩说,价值计算是价格和收入形成理论的基础,因而是解释利润率的钥匙。他根据自己的观点认为,应当将价值和生产价格区别开来,并试图证明,马克思关于利润率呈下降趋势的理论是站不住脚的。②

鲍尔特凯维奇可以说是发现马克思"错误"地将价值转型为价格的第一人,据说他为这种转型找到了"'正确'的计算方法"③。他在自

---

① 大卫·李嘉图:《政治经济学和从税原理》,法兰克福1972年版,第33页。

② 参看汉·乔·努钦格尔和埃·沃尔夫斯泰特:《〈劳动价值论的价格理论解释〉第二册:序言》,载他们编的《马克思的理论及其批判》,法兰克福—纽约1974年版,第94页。博尔特基耶维奇提出的李嘉图化的解释模式在这里同海因里希的意见是一致的:"马克思试图按任意的价值公式和(剩余价值率的)分配原理确定一般利润率和生产价格。他的这种方法导致了错误的结论,因为他没有将成本价格计算在内,而他也不可能把成本价格计算在内,因为他的价值公式中对再生产结构未作任何说明。"米·海因里希:《价值理论的价值存在?》,载《公告》杂志,1988年第18年卷(总第72期),第18页。

③ 霍·迈克斯纳和曼·图尔班:《序言》,载《奥地利国民经济学学派的马克思批判》,吉森1974年版,第10页;汉·乔·努钦格尔和埃·沃尔夫斯泰特:《〈劳动价值论的价格理论解释〉第二册:序言》,载他们编的《马克思的理论及其批判》,法兰克福—纽约1974年版,第94页。

己的理论模式中分析了三个部类：生产资料，工资物品，奢侈物品；假定进行的是简单再生产，把固定资本和不同周转时间抽象掉。按照鲍尔特凯维奇的"精确表达"，马克思提出的价值—价格相等同是一种特殊情况，从而使马克思得以得出错误的结论。鲍尔特凯维奇的计算结果是：每一个部类的价值产品同对产品的全部有支付能力的需求相等。此外在全社会范围内是不能按价值量计算的，价值计算和价格计算，即价值利润率和价格利润率是不同的，也就是说，价值上呈下降趋势并不一定必然造成价格上也呈下降趋势。根据鲍尔特凯维奇的见解，在他的方程组的基础上，生产价格总量与价值总量相等，并且可以在此基础上推算出生产价格和平均利润率。而与此同时，价值体系对于计算生产价格和平均利润率来说就成为多余的了。

许多赞同马克思观点的作者回答了鲍尔特凯维奇的问题。本文以罗·卢森堡和弗·彼得里为例，他们的回答对辩论的继续进行好像具有最典型的意义。他们标志着将会使后面的辩论发生结构性改变的对立面，这是一种从可量化的价值量出发的马克思主义经济学的对立面，同时标志着尝试从质上确定马克思的方法。

罗·卢森堡在对其他社会民主党理论家提出反批判时没有涉及转型问题。在这方面，她分析的是严格的量的规定性，所以她在利润率平均化的问题上作出的量的解释是没有问题的。而且她也将马克思理解为政治经济学的完成者。格罗斯曼对奥·鲍威尔和罗·卢森堡恰当地批评说，他们考虑的是平衡状态下的价值模式，而没有考虑波动问题。

在这方面，他们还否定了转型问题，而且没有回答平均利润率怎样调节商品流通的问题。罗·卢森堡在此分析的也是量的价值大小。尽管她没有进行李嘉图的分析，但她可能也无法对鲍尔特凯维奇所作的解释提出反驳。

彼得里提出了完全不同的论证。对他来说关键的问题是价值理论的质的方面。他从马克思提出的财富的形式问题出发，根据自己的新康德主义设想和据此设定的文化哲学和人文科学的二元论,把他的工作集中于研究方法论的问题。他从价值理论的角度,把马克思价值理论区分为社会方面与起源方面。在这一点上,他不仅强调价值的质的方面和劳动概念的社会方面,而且首先强调这些范畴本身的社会内容。他说,从马克思的解释看,他没有打算确定由竞争而引起的价格变动,而是只想对竞争结果的社会内容加以分析。

2. 简述直到50年代为止的经济学讨论

德米特里耶夫和鲍尔特凯维奇提出的几种解释模式在20年代、30年代,直到50年代越来越流行。新李嘉图主义作为一个流派已在学院式经济学中安家落户。鲍尔特凯维奇的模式后来由温特尼茨和西顿更加深化了。

马克思的转型问题看来是可以解决的。女凯恩斯主义者乔安·鲁宾逊也按这种习惯提出了自己的论证。

鲁宾逊和格罗斯曼是最先作出答复的人。格罗斯曼在论述价值—价格转型时特别强调,马克思的方法是"逐步接近"经验事实的。不过他仍然停留在对价格理论的解释范围之内。他虽然强调分析的中间环节的重要性,但他自己的解释仍然没有得出结论。

斯威齐的研究是马克思主义理论传统中的一个转折。他将鲍尔特凯维奇提出的解决转型问题的办法,归结为在马克思主义分析中的技术"修补"。马克思主义者,如米克、多布、曼德尔等等,之所以走到了一起,是因为他们有的直接依靠斯威齐,有的在精神实质上和斯威齐有关,有的虽然没有依靠斯威齐而独立提出论证,但观点相近。

米克在转型问题上提出的论据是以批判马克思为出发点的,他认为马克思忽视了这样一点:"'投入'要素的价值也应当作为'产出'的价值转型成价格。"在此他强调指出,如果"我们考虑到价格和价值的相互依赖关系,证明存在从价值严密推导出价格的起码的可能性",那么,我们就能避免马克思所犯的错误。由于两个转型的均等性是绝对必然,所以,也存在平均利润率。转型问题归根结蒂是我们能否设想出一个适用于未知数的方程组的问题。米克原则上接受李嘉图的规定。

多布的意见略有不同。他的论证从本质上看是模式理论的。他写道,马克思主义在操作上优于其他理论,因为其模式中的所有单位都可归因于不变劳动。而这里所说的价格结构,可归因于劳动时间对价值的决定作用。①

3. 新李嘉图主义

新李嘉图主义试图提出在现有的技术条件和工资水平下能决定利润率和相对价格的分析模式。斯拉法分析了经济体系的特征以及生产资料和劳动时间的量。

在这里被当作出发点的分析信条说明,理论应集中研究工资、利润率和相对价格之间的量的比例,这样一来价值和剩余价值这些概念就成为多余的了。斯拉法认为,劳动、土地和资本的量是不能简单进行计算的。价格是衡量它们的共同尺度。但价格又不能先于利润率和独立于利润率来进行计算。由于利润率是以大量的工资物品为取向,所以它取决于劳动和以价格为前提的资本之间的"分配关系"②。这里清楚地反映了李嘉图的观点。

---

①　皮林在他批评多布的文章中指出,马克思并没有想要证明价值规律,而是想解释一定的现象,也就是说"想找出这些现象的表现形式"。哥·皮林:《李嘉图和马克思著作中的价值规律》,载弗·埃伯勒编:《马克思理论的若干方面》,第305页。

②　在这方面考虑了在价格指数为零的情况下资本和劳动的关系。参看米·海因里希:《价值的科学,科学革命和古典传统之间的马克思政治经济学批判》,汉堡1991年版,第219页。因此,每一种以边际生产率为基础的利润理论都受到了批判。

马克思曾经试图指出，在李嘉图的重要原理中，抽象的解释和经验的解释之间没有任何中间环节而互相对立着。① 马克思理论的继承者也是这么认为的。相反，马克思批判，作为争论的出发点一再强调这样一种思想："只有在完全例外的情况下，价值比例与价格比例才会相一致。"② 因此马克思的价值理论不是价格理论。这里同样存在中介的问题。

有人试图按斯拉法的习惯，使马克思的理论进一步定型化。这一阶段的辩论的结果是，有人认为利润率下降趋势的定理应当推翻，有人认为如此杰出的基本定律可以用数学方法加以证明，并且承认利润是一种表现形式。在价值—价格转型问题上，人们主要赞同鲍尔特凯维奇的批判。③ 而且得出以下结论，"在一种生产价格体系中，平均利润率并不因使用廉价技术"④ 而下降。

后来，在以上描述的新李嘉图主义理论的基础上又重新开始了对马克思理论的批判。萨谬尔森的批判文章首先在盎格鲁－撒克逊世界引起

---

① 皮林就这么认为，而且提到了洛克对李嘉图的决定性影响。参看哥·皮林：《李嘉图和马克思著作中的价值规律》，第319—320页。

② 卡·乔·齐思：《政治经济学。资本主义的辩护与批判》，奥普拉登1987年版，第77页。

③ 海因里希写道，已经证明，"在简单再生产过程中马克思提出的两个相等（剩余价值总额同利润总额相等和价值总额同价格总额相等）在一般情况下不会同时发生。相反，这两个相等是在平衡的扩大再生产过程中，即在现有技术条件下积用全部剩余价值的过程中实现的〔……〕，当然这只是一种特殊情况"。米·海因里希：《价值理论的价值何在？论当代关于转型问题和马克思主义价值理论的辩论》，载《公告》杂志，1988年第18年卷（总第72期），第21页。此处仍然没有想到，这种观点明显犯了在解释再生产公式时已经犯的范畴错误。

④ 米·海因里希：《价值的科学》，第220页。当然，是将这一点作为条件介绍的，即当利润率下降，工资率就应提高。伸雄冲盐：《技术改良和利润率》，载努钦格尔和沃尔夫斯泰特编：《马克思的理论及其批判》第2部分，第173—191页。

了激烈的争论。① 萨谬尔森在他的批判文章中反对任何在质的方面进行价值研究，此外否认价格理论同价值有任何联系，因为在他看来，了解剩余价值率对认识生产价格和利润率是多余的。在这里，新李嘉图主义的批判达到了巅峰。斯泰德曼的见解尤其引人注目。

斯泰德曼认为生产资料和劳动时间的物质量是根本，并由此可以推导出劳动价值和生产价格以及平均利润率。② 就这一点而言价值理论对于价格体系的确定是多余的。

此外，他认为，劳动价值理论在组合生产中是不牢靠的，因为在一定情况下它会导致产生负面价值。这种论点是以各个生产过程中的活劳动受到不等同的对待为基础的，然而这种论点很快证明是错误的，因为，正如海因里希所写的，"只有在一个生产过程中耗费的活劳动相等，而两种财物的净产品高于另一生产过程时，才会产生负面价值"③。

斯泰德曼尽管批判马克思，但同时仍坚持剩余产品的概念和剥削的

---

① 保·萨谬尔森：《马克思的价值到竞争"价格"的转换：否定和替代的过程》，载《国家科学院记录汇编》，1970年版第67卷，第423—425页；《对马克思剥削观的理解：马克思的价值和竞争价格之间所谓转换问题概述》，载《经济学文献杂志》1971年第9卷，第399—431页，同时载努钦格尔和沃尔夫斯泰特编：《马克思的理论及其批判》。

② 米·海因里希：《价值的科学》，第221页。产生这种观点是因为他将李嘉图误认作一个纯粹的生产价格理论家并否认他自身的矛盾。海因里希谨慎地纠正了这个评价，他指出，李嘉图规范地运用他的相对劳动量构想，从这方面来看他是一个"不彻底的生产价格理论家"。同上，第49页。

③ 米·海因里希：《价值的科学》，第221页。

概念。在这方面,"分析的马克思主义"① 的代表就是他的追随者。"分析的马克思主义"② 部分地受合理选择观点的约束,试图在方法论的个人主义基础上改写历史唯物主义。③

在这些观点后来的发展中,又出现了各种新的观点和折中路线,但这些观点和路线对本文意义不大,因为它们只是上面叙述的理论传统的变种。

马蒂克对新李嘉图主义提出了高质量的反对意见和直接批判。针对人们对价值理论多余论的指责,马蒂克等人坚持认为,马克思根本没有对生产价格进行量的解释,而是证明,利润、利息、地租都是建立在剩余劳动上的。海因里希认为这种说法不完全。④

————————

① G. A. 科恩:《劳动价值理论和剥削的概念》,载伊·斯泰德曼编:《价值争论》,第202—223页;杰·霍奇森:《没有劳动价值理论的剥削理论》,载《科学和社会》,1980年第44卷第3期,第257—273页;约·勒麦:《马克思经济学论的分析基础》,剑桥1981年版。

② 这个流派虽然同新李嘉图主义关系很密切,但把它叫做"斯密式的马克思主义"也许更贴切,因为这个盎格鲁-撒克逊的唯物主义所依据的原理在斯密的著作中都能找到。

③ 普遍认为其最著名的代表是乔恩·艾尔斯特,见他的《对马克思的理解》,剑桥1985年版。

④ 这种解释并不符合马克思的意图。"马克思正是想通过生产价格和一般利润率的量的规定性,借助于价值量和剩余价值量来说明,平均利润也是以无偿劳动为基础的。"(米·海因里希:《价值的科学》,第222页)——但这样说至少也有些轻率,因为:1. 马蒂克批评对劳动时间和劳动价值理论的说明;2. 他断言,价值规律通过确定整个剩余价值水平的高低来调节生产价格;3. 他强调劳动生产率对价格的作用。(参看马蒂克:《马克思的劳动价值理论和价值—价格问题》,载埃伯勒编:《马克思理论的若干方面》,第356—357页)海因里希反驳说,马克思强调利润仅是剩余价值的近似形式,这一点虽是正确的,但他试图通过价格的量的规定性,借助价值量和剩余价值量来说明这一点。马克思也许被多余论的指责击中了。(参看米·海因里希:《价值理论的价值何在?》,第222页)

新李嘉图主义的马克思批判断言：两个相等，即剩余价值总额与利润总额相等和价值总额与生产价格总额相等，不可能同时出现，或者更确切地说，价格体系的一般利润率与价值利润率的平均数是不相等的，也就是说，利润和剩余价值根本就毫不相干。① 海因里希反对说：如果将基本原理运用于这里，那么，由于利润总量是偏离剩余价值总量的，所以利润仿佛是从无中产生的。

新李嘉图主义也断言，计算生产价格的严密体系，不需要了解价值量，只要知道表现为技术生产结构的生产资料投入和劳动投入的物质的数量体系就足够了。也就是说，价值理论是多余的。海因里希在此承认，利用这种生产价格体系，"即使不了解价值体系，也能计算出生产价格和平均利润率"。马克思的论证实际上是多余的。② 但是我们在作出这种结论之前，应该考虑到，在这种体系中，量总是已经体现为被赋予价值的量。

海因里希本人批判新李嘉图主义否认具体劳动和抽象劳动之间的区别，不考虑价值形式分析和货币。他在此基础上还批评那种以"使用价值物质量之间的比例"为出发点的假设的平衡。这样一来，就像"从量上解决转型问题"的其他方案一样，不可能再想到提出马克思提出的那种问题，即"劳动产品怎么能作为商品相互发生关系"③。

---

① 这个观点是大甫提出的："这场针对李嘉图［他确实将价值与自然价格（natural price。——作者注）相提并论］的争论焦点在于，转型理论将生产价格与价值分成不同的量，特别是在生产价格的基础上否定马克思的价格交换。"定雄大甫：《马克思〈资本论〉第 3 卷的主要手稿以及价值向生产价格的转换》，载《历史上的马克思恩格斯研究。马克思恩格斯研究论丛》，汉堡 1993 年版，第 166 页。
② 米·海因里希：《价值的科学》，第 222 页。
③ 米·海因里希：《价值的科学》，第 223 页。

4. 新李嘉图主义的马克思主义

在作了这番评论以后,我们在这里来回忆一下海因里希自己的观点,似乎很有意义。

海因里希写道:马克思在《资本论》第 1 卷的出发点是:商品按照它们的价值进行交换。需要加以说明的是,一般平均利润率和在有机构成基础上的各种不同利润率之间存在的矛盾。平均价格与市场价格被认为是偏离价值的。马克思试图通过单个商品的价值量来决定一般利润率和生产价格,认为一般利润率是"价值体系和价格体系之间的桥梁"。他认为,"价格体系的一般利润率与价值体系的各部门利润率的(平衡)平均相等"①。因此,一般利润率可以和总价值对总资本的关系相提并论。确定生产价格所必需的成本价格,被规定为用于每个将要生产的商品单位的不变资本和可变资本的总和。

海因里希断言,马克思的转型方法只会导致剩余价值在行业之间再分配。结果是,虽然单个商品的价值能偏离它们的生产价格,但价值总额与价格总额是能够相等的。海因里希说,马克思认为用整组的价值量和剩余价值量是能够进行计算的。② 在这套论据中隐含着一个"站不住脚的假设"。在马克思想通过价值量表现平均利润率与生产价格时,是假设资本家会按价值购买生产资料,因为成本价格是按价值计算的(这是正确的),但他同时又断言,成本可以偏离价值,也就是说,成本价格不能按价值计算,这就使整个转型方法失去了意义。于是,海因里希得出这样的结论:"马克思转型方法的失败几乎是在于不是先后、而是

---

① 米·海因里希:《价值的科学》,第 215 页。
② 米·海因里希:《价值的科学》,第 216 页。

同时决定平均利润率和生产价格。但是,即使这样,也不能直接假设:价格体系的一般利润率与价值体系的平均利润率是一致的。"①

相反,在转型问题上,有些人接受从质的方面证明利润、利息、地租的规定性的论据,因为他们认为利润、利息、地租可以归因于剩余价值,然后再让它还原,因为他们强调平均利润也是建立在无偿劳动基础上的,马克思就曾试图"借助价值量和剩余价值量,通过对生产价格和一般利润率的量的规定"②,来说明这一点。

像新李嘉图主义一样,马克思在决定性的地方也把货币抽象掉了。在《资本论》第3卷中,马克思假定价值量的一定体系是交换的前提,价值与它包含的劳动量相等。也就是说,商品在同货币发生关系时,它们能够只作为价值彼此发生关系。因此,马克思是提出"价值的劳动量理论"的理论家。③ 此外,海因里希在叙述转型问题时,最先将马克思理解为古典政治经济学家。"马克思在量上的转型观点……是在古典经

---

① 米·海因里希:《价值的科学》,第217页。"如果米·海因里希赞同新李嘉图主义的要求,即'不是先后,而是同时决定平均利润率和生产价格'(第216页),并且不再认为价值是价格的基础,那么,他必须容忍马克思一般性地针对经济学提出的指责,即指责经济学不加批判地全盘接受经济学的范畴。而在同时确定的问题上就引入了'价格'这一范畴。而对这个范畴未作任何诠释或论证。"朱陈利(音译。——译者注):《意识形态》,法兰克福1993版,第8页(未发表的手稿)。米克在谈到不可能同时发生转型的问题时对这种新李嘉图主义的观点基本持反对态度。参看罗·米克:《关于转型问题的几点意见》,载弗·埃伯勒编:《马克思理论的若干方面》,第261页。对海因里希需要强调另一点。生产价格通过平均利润的实现调节价值。

② 米·海因里希:《价值的科学》,第222页。

③ 米·海因里希:《价值的科学》,第224页。

济学范围内精确地阐述李嘉图讨论的尝试。"① 但他同李嘉图之间有所区别,海因里希认为,马克思与李嘉图的区别在于:马克思区分了按可以体现一定比例劳动量的价值进行的交换和按可以代表一般利润率的生产价格进行的交换。② 由于马克思是按前货币主义的观点进行论述的,所以他也曾试图"找到将一种量的体系简单地换算成另一种量的体系的方法"③。可见,新李嘉图学派的贡献在于:指出"前货币主义的劳动价值论对于决定非货币的生产价格是无用的"④。

针对李嘉图学派,马克思将会提出以下论据:在货币主义的价值理论范围内,根本不可能提出价值在量上换算成生产价格的问题。⑤ 起决定作用的宁可说是概念的过渡以及与此有关的形式概念问题。因而问题

---

① 米·海因里希:《价值的科学》,第224页。大甫原则上也是这样论述的。参看定雄大甫:《马克思〈资本论〉第3卷的主要手稿以及价值向生产价格的转换》,第166、170页。

② 米·海因里希:《价值的科学》,第224—225页。

③ 定雄大甫:《马克思〈资本论〉第3卷的主要手稿以及价值向生产价格的转换》,第225页。

④ 定雄大甫:《马克思〈资本论〉第3卷的主要手稿以及价值向生产价格的转换》,第225页。

⑤ "因为独立于交换之外的量的价值体系只是一种幻想,因此要将价值与生产价格进行量的比较是根本不可能的。……马克思不仅在他的量的价值—价格的转型上,而且在他的以农产品价值和生产价格之间的量差为前提的绝对地租理论中都存在这种幻想……因此,任何一种变异的价值体系都不可能在量上确定价格体系。"(定雄大甫:《马克思〈资本论〉第3卷的主要手稿以及价值向生产价格的转换》,第227页)应当建立在信用上,而不是建立在对过程进行说明的竞争上。

在于"一种概念的发展关系"①,这种关系容许将转型视为形式分析的要素。

在这里可以肯定的是,海因里希以一种特有的方式摇摆于转型问题的新李嘉图主义的解释和"质"的论证或者说叙述逻辑的论证之间,他一再重复地表现出来的对价值的理解,以及他想将马克思的理论与现代经济学揉在一起的含蓄意图,都表明了这一点。假如作为解释马克思的基础而接受这种学院式的理论(海因里希大多就是这样解释的),那么,就与强调形式分析和叙述逻辑相矛盾了。

同折中主义的新李嘉图主义的马克思主义相比,例如,海因里希的观点就突出了正面性。不过在他的著作中仍可以明显地看出他特有的不彻底性。在解释转型问题时所提出的那些问题已经成为普遍的问题了。

二、论《马克思恩格斯全集》历史考证版第2部分第4卷第2册对理解《资本论》第3卷的意义

看来不单是恩格斯的文章使人们对《资本论》第3卷产生错误的理解,政治派性和专业学术观点对人们产生各种不同理解方式也有重要影响。当然,恩格斯在第2卷《序言》②和第3卷《增补》中就价值理

---

① 定雄大甫:《马克思〈资本论〉第3卷的主要手稿以及价值向生产价格的转换》,第226页。

② 《马克思恩格斯全集》第1版第24卷第21—25页。

论和转型问题所作的说明也是导致错误解释的原因①，而且在以后的理解过程中以讹传讹。

恩格斯在编辑马克思的手稿的过程中改变了章节的划分②，并且增加了新的章节。他不仅对原文作了修辞上的改动、校勘、"提炼"和增删，而且还作了文字调整③、增补和内容上的改动。本文限于篇幅，不应该也不可能就两个文本进行详细比较。对恩格斯所作的修辞上的修改，说明性文字的删除，所有概念上和内容上的修改进行分析和评价应当是一篇篇幅更大的论文的任务。顺便说一句，认为"修辞上的改动"

---

① 《马克思恩格斯全集》第1版第25卷第1005页及以下几页。关于形成过程，特别是第2部分的形成过程，参看卡-埃·福尔格拉夫：《一个只有〈马克思恩格斯全集〉历史考证版能够提出和回答的问题：按原样重新编辑恩格斯编辑的〈交易所〉有根据吗？》，载《历史上的马克思恩格斯研究。马克思恩格斯研究论丛》，汉堡1993年版，第149—150页。70年代以来，已经越来越清楚的是，恩格斯抨击桑巴特的论据，即关于简单商品生产这一在资本主义生产方式以前的阶段的观点，类似于斯密的鹿和海狸相交换的例子，既不符合马克思有关前资本主义阶段的设想（参看《马克思恩格斯全集》第2版第30卷第465页及以下几页），也不符合马克思在转入《资本》章的论述过程中提出的关于简单商品流通是一个阶段的概念。

② 容尼克尔也许认为，恩格斯在改变章节划分时基本没有考虑《资本论》的内部结构（参看容尼克尔：《评恩格斯对〈资本论〉第3卷马克思的手稿所作的修改》，载《马克思恩格斯列宁斯大林研究》，1998年第4期，第96—108页。——编者注）。而海因里希提醒人们注意这样的情况：马克思认为信贷是生息资本的最后一点，而恩格斯将它编成了11章。（参看米·海因里希：《关于〈资本论〉第3卷原著手稿中信贷理论的系统意义》，第142页）

③ 例如《资本论》第3卷第4章《周转对利润率的影响》，安排在这里是不妥当的，马克思在《资本论》第3卷第173页上曾说，在这里讨论周转时间是毫无意义的。

无关紧要，是错误的，但正因为抛出这个问题才至今没有引起足够的重视。删除马克思的说明性文字就属于此例。本文只想提请人们注意那些概念上的修改，例如，"生产条件"的概念代替了"生产关系"的概念，人口的概念代替了工人人数的说法，此外还应当注意内容上的修改，例如，马克思在进行论述时将剩余价值率的提高与不断加剧的剥削联系在一起，删去这一评述就影响了这一概念的社会内涵。

下面只举两个例子，来说明与叙述逻辑有关的内容上的移动：

马克思在谈到信用和竞争时写道，"资本主义生产的这些比较具体的形式**只有在**理解了资本的一般性质以后，才能**得到说明**"①，而恩格斯将这句话改为：这些比较具体的形式只有在理解了资本的一般性质以后才能得到**全面的**说明。海因里希公正地评价道，恩格斯这样做使正文失去了精确性。

马克思在关于股份资本的说明中，将股份资本概括为起反作用的趋势②；而恩格斯只用一个"暂时"就全概括了。这种改动表明，恩格斯在谈到利润率下降时，明显地不重视起反作用的因素。③ 因此，海因里

---

① 《马克思恩格斯全集》历史考证版第 2 部分第 4 卷第 2 册 178 页（黑体是本文作者所用）。

② 容尼克尔：《评恩格斯对〈资本论〉第 3 卷马克思的手稿所作的修改》。（见《马克思恩格斯列宁斯大林研究》，1998 年第 4 辑，第 106—107 页。——编者注）

③ 《马克思恩格斯全集》历史考证版第 2 部分第 4 卷第 2 册第 305 页；中文第 1 版第 25 卷第 263 页，容尼克尔：《评恩格斯对……的修改》。（见《马克思恩格斯列宁斯大林研究》，1998 年第 4 辑，第 107 页。——编者注）

希说恩格斯不太注意逻辑叙述问题,是有根据的。① 诸如此类的改动至少有些是为经济主义解释作准备的。

从这方面来讲,《马克思恩格斯全集》历史考证版第 2 部分第 4 卷第 2 册是检查在马克思和恩格斯理论观点之间的关系上存在的意见分歧的工具,并且还有助于我们更正确地理解转型问题。下面让我们更详细地看看这部手稿。

一打开《资本论》第 3 卷和《马克思恩格斯全集》历史考证版第 2 部分第 4 卷第 2 册,就能看到章节划分上的区别。② 接着再看原文的编排,除开《资本论》第 3 卷第 4 章外,章节顺序方面似乎没有太大的改动。

在每一场合,对论证的开头部分的改动是非常关键的:《剩余价值同利润的关系》在第 3 卷中被改成《成本价格和利润》。如果在这儿从成本价格开始,转而论证利润,那么完全是在个体资本家的眼界内运动。这样建立起来的、并且遭到马克思批判的神秘化对于叙述的结构毫无用处。

还有一种改动更为隐蔽。例如,马克思在手稿中写道:"我们已经

---

① 海因里希:《关于〈资本论〉第 3 卷原著手稿中信用理论的系统意义》,载《马克思恩格斯研究论丛》,汉堡 1991 年版,第 141 页。他在本文中举的例子是,恩格斯将"信用的证明形式"(《马克思恩格斯全集》历史考证版第 2 部分第 4 卷第 2 册第 441 页)改为特殊"形式"(中文第 1 版第 25 卷第 414 页)。海因里希正确地认识到,马克思说的是"信用范畴的基本规定",而恩格斯显然指的是经验内容。

② 第 1 章在《资本论》第 3 卷中成了第一篇,节变成了章,并且增加了第 4 章,第 3 章有改动和增补,而删去了马克思手稿中第 1 节,典型的是,第 7 节《利润(资本家眼中的)》原来是独立的一节,现在没有了。

看到，**生产过程**就整体看，是生产过程与流通过程的统一"①，而在第3卷中这个意思被分割了。首先叙述了直接生产过程，然后再作为补充，叙述流通过程。"把**流通过程**作为社会再生产过程的媒介来考察"，在这时才表明，"资本主义生产过程，就整体来看，是生产过程和流通过程的统一"②。

包含着考察的各个必要步骤的叙述逻辑，使得功能有主次，顺序由简到繁。在这个意义上，《资本论》三卷体现了前后呼应地叙述各个经济过程的方法。

在《资本论》第3卷第1章中，作了简单介绍后便立即开始有关成本价格③的描述，与此相反，在马克思的手稿中，年被定为"计量单位"前提，从而在名义上设定一个"计量单位"，然后作为下一个步骤研究"剩余价值量"④ 以便以剩余价值量为起点，研究利润和利润率。⑤两种文本开头的论证顺序完全不同，这也影响到人们对转型问题的

---

① 《马克思恩格斯全集》历史考证版第2部分第4卷第2册第7页（黑体是本文作者所用）。

② 《马克思恩格斯全集》第1版第25卷第29页（黑体是本文作者所用）。

③ 从《资本论》第3卷虽然也可看出，对成本价格作了批判性研究，但这一点在手稿中更加明显。参看《马克思恩格斯全集》历史考证版第2部分第4卷第2册第233—234页。

④ 《马克思恩格斯全集》历史考证版第2部分第4卷第2册第7—8页。

⑤ "如果人们参照全部预付资本，即预付的不变资本和可变资本总额，来计算一年的（或在一定周转时间内生产的）剩余价值，那么剩余价值便转化为利润。利润率就是年剩余价值与总资本的比例……"或者："在一个给定的流通时期内生产的剩余价值（例如人们假设年为计量单位，也可假设周、天等为计量单位），如果用全部预付资本来衡量的话，就叫利润。"（《马克思恩格斯全集》历史考证版第2部分第4卷第2册第8页）

理解。

关于转型问题的辩论是围绕价值—价格的差别或者第 1 卷和第 3 卷在论证方面的明显区别展开的①，人们试图证明，第 1 卷论述的是价值理论②，第 3 卷论述的是价格理论。

如果我们回过头来看看手稿中的论证，就会看到，那里一开始就论及剩余价值与总资本的关系，同时也确定了剩余价值率和利润率之间的区别。③ 利润率在这里被认为是客观的从而是真实的。如果说在单个资本家看来利润是其成本的增值，那么利润率就有另一种规定，即将它规定为"剩余价值与总资本之比"④。如果对利润率作了另外的超出普通理解的规定，那么，也应对成本价格作另外的规定。⑤ 成本价格看起来像**原始股票**的价格。在这种价格中是二重设定预付资本的，并且还包括

---

① 关于这种关系的形成过程，《马克思恩格斯全集》历史考证版第 2 部分第 4 卷第 2 册的《序言》中解释说，《资本论》第 1 卷到第 3 卷的过渡原本是为了"毫无矛盾地说明本质与表现形式之间的复杂关系"。（同上，第 14 页）在这里强调过渡的作用是正确的，但强调得毫无矛盾是困难的，因为进行这种强调似乎必然涉及叙述问题。在这里必须区分两个问题：要做到毫无矛盾，得出必然的结果，就必然涉及叙述问题，而在进行叙述的时候——不只是叙述的要素——矛盾是不可避免的，而且在确定本质和现象之间的关系时必然存在矛盾，要是它们之间没有矛盾，那么，全部科学就成为多余的了。

② 马克思关于商品按它的价格销售的假定。（参看《马克思恩格斯全集》第 1 版第 23 卷第 567、620 页）

③ 《马克思恩格斯全集》历史考证版第 2 部分第 4 卷第 2 册第 11、51、52 页。

④ 《马克思恩格斯全集》历史考证版第 2 部分第 4 卷第 2 册第 11 页。

⑤ 关于成本价格的流通时间应该到此为止，而马克思也没有对它进行考察，相反恩格斯插入的内容只能引起误解，而且凡是加入逻辑表述的地方都含有对马克思理论观点的批评。（参看中文第 1 版第 25 卷第 190—191 页）

余额①。但是，因为不仅要将"损耗"计算进去，而且要把全部固定资本计算进去，二重设定也就得到了说明。② 利润率在资本家眼里即是成本价格以外的余额。必须揭示它的真正的本质。

因此，在这里，利润率应当是考察的出发点。在此必须注意，在这个叙述阶段上并非剩余价值和利润是有区别的，相反，利润率和剩余价值率才是有区别的。利润率在这里是从价值理论上规定的，在论证它同剩余价值率的关系的顺序中，它将发生不同的变形。最后，根据它是剩余价值同预付总资本的比率来看，利润率是按照全部不变资本计算的，并且其中还包含了能使用的、没有消耗的固定资本。对利润率规定的结论可参看马克思表述为四个规律的剩余价值率的论述。

如果说剩余价值和利润的共同之处是它们都表明是一种余额，那么

---

① 《马克思恩格斯全集》历史考证版第2部分第4卷第2册第53、54页。只要其中算进"损耗"的话，预付资本的价值还包括不变资本和可变资本。但它不同于生产成本。

② 《马克思恩格斯全集》历史考证版第2部分第4卷第2册第57页。而《资本论》第3卷中说：所使用的流动资本全部进入成本价格，而固定资本只是部分进入。(同上，中文第1版第25卷第40页) 这是一种理论上的简化。因为手稿已清楚地表明，固定资本和流动资本的范畴已经涵盖不变资本和可变资本的范畴，流通涵盖了生产。(同上，历史考证版第2部分第4卷第2册第59页) 因此，"流通"是"剩余价值的独立的源泉"。(同上，第60页) 但是实际上流通和生产是随着不断的反思而变化的。(同上，第59—60页) 关于主观成本价格和客观成本价格的公式可算是调和恩格斯文本和马克思手稿的折中公式。(同上，第13页)

利润率表现为不仅是一种掩盖了本来的联系①,隐藏了二重规定②并降低了剥削程度的形式,而且是一种自我外化的神秘形式③。

我们即使不从剩余价值和利润这一本质和现象的关系出发,也不能忽视叙述过程中的一个新的质,因为马克思在这里又回到第 1 卷中的资本形态上去了,不过上升到了一个新的阶段。在"资本和利润的关系中……表现为资本和它自身的关系"④,"因此余额,即从利润率反映自身的余额……因此,余额表现为资本……在一定流通时期内生产的自身价

---

① 在"利润率"中,剩余价值是以预付在生产中的总资本价值来衡量的,在生产过程中预付资本的一部分完全被消费,一部分只是被使用。

② 利润率本身所表明的宁可说是余额同根本不反映内在区别的资本等额部分的均等比率。除此之外,在固定资本和流通资本之间存在这种区别,因为余额是二重计算的:第一,作为简单的量。成本价格以外的余额。在它的这个第一种形式中,全部流动资本进入成本价格,而固定资本只是损耗部分进入成本价格。第二,预付资本的余额。在这次计算中……全部固定资本的价值进入计算。同样,流动资本的价值也进入计算。因此,流动资本两次都是以同样的方式进入这两次计算,而固定资本一次是以不同于流动资本的方式进入计算,另一次是以和流动资本同样的方式进入计算。(《马克思恩格斯全集》历史考证版第 2 部分第 4 卷第 2 册第 63—64 页)

③ 《马克思恩格斯全集》历史考证版第 2 部分第 4 卷第 2 册第 59 页。"表现为利润率"的余额导致利润的规定,并在余额自身中表现为神秘化。这种结构上的联系在《资本论》第 3 卷中被删除了。从括号中马克思的评注可以看出,"剩余价值向利润的转化由于不同于剩余价值率向利润率的转化,所以放在这一章的末尾加以论述,并转而论述以下内容,即价值向生产价格的转化和利润向平均利润的转化"。(同上,第 65 页)与此相反,恩格斯却从产品价值向利润过渡来进行论述。有关详情,参看约·比朔夫和阿·奥托:《剥削·自我神秘化·调节.〈资本论〉第 3 卷》,第 220 页。

④ 《马克思恩格斯全集》历史考证版第 2 部分第 4 卷第 2 册第 64 页。

值以外的剩余部分"①。余额的实现是说明剩余价值理由的必要补充。这是通过竞争在形成一般平均利润率的过程中发生的。竞争表现为特殊的关系结构,这种关系结构作为进一步的发展阶段②保证资本的一般再生产。

在竞争中形成的平均利润不仅决定生产价格,而且保证利润分配的"百分比",从而纠正因资本的有机构成③而得出的不同的利润量。在竞争中形成的市场价格,完全偏离市场价值,是与供给和需求有关的。只有当供给和需求平衡时,市场价格才与市场价值相一致。因此,供给与需求调节市场价格对市场价值的偏离,同样,市场价格调节供给与需求。这样,市场表现为经济的调节器,在商品按它们的价值出售的情况下,价值就成为价格的引力点。只要商品是按资本主义方式生产出来的,就不可能设想它们在价格上会取得平衡,也就是说,它们不能简单

---

① 《马克思恩格斯全集》历史考证版第2部分第4卷第2册第64页。

② 约·比朔夫和阿·奥托等人强调:"马克思将资本的自由竞争视为在下一阶段发展的产物。这种论点有悖于通常的理解。这里所说的竞争是指市场经济最初阶段的竞争,而市场经济在进一步发展过程中,由于资本的集中和国家的干预已经发生变化。"约·比朔夫和阿·奥托:《剥削·自我神秘化·调节。〈资本论〉》第3卷》,汉堡1993年版,第49页。

③ 有机构成是指可变资本与不变资本的比率。以下两个比率在此具有重要意义:一个比率的内容是:各个部门中不同的价值量也取决于不同的不变资本量。另一种"比率是建立在工艺基础上的,在生产力的一定发展阶段上可以视为既定不变的……这归结为一定数量的工人对一定数量的生产资料的关系……"(《马克思恩格斯全集》历史考证版第2部分第4卷第2册第217页)在《资本论》第3卷中,有机构成不是从工艺上而是从技术上定义的。(参看《马克思恩格斯全集》第1版第25卷第162页)用"技术"同样代替"工艺"的说法,另见第173页及历史考证版第2部分第4卷第2册第230页,托马斯·格利希的说明。

地作为商品进行交换,"而只能作为资本的产品,按照它们的量的比例,或者说,如果它们的量相等,那就各自在剩余价值总体中取得同等份额"①。

在这种情况下,市场价值表现为市场价格的中介。但价值作为生产的调节器要在生产价格的层次上最终发挥作用,这指的是,生产价格作为必不可少的错误观念是需要的,为的是返回去揭示成本价格和利润之间的关系。"**生产价格**及包括在生产价格中的**一般利润率**的概念的存在,是建立在如下基础上的:商品不按它们的价值出售。"②

因此,生产价格是竞争的结果,它是由成本价格和平均利润的"百分比"部分组成的。③ 一般利润率是由各种不同的因素造成的④,因而也是竞争的结果,即马克思定义的资本统治下的自由竞争的结果。⑤ 如果利润率被规定为资本主义生产的调控中心⑥,那么竞争就会是另外一种形式。这种竞争说明平均利润,说明"生产价格的升降",也说明构成"市场生产价格"的市场价格的波动。这种竞争不说明价值规定。在竞争中似乎一切都是颠倒的。经济学关系的完成形态,正如它表面上

---

① 《马克思恩格斯全集》历史考证版第 2 部分第 4 卷第 2 册第 250、251 页。在《资本论》第 3 卷中用"剩余价值总量"["Gesamtmasse des Mehrwerts"]代替"剩余价值总体"["Totalität des Mehrwerts"]的概念。(参看《马克思恩格斯全集》第 1 版 25 卷第 194、196 页,黑体是本文作者所用)

② 《马克思恩格斯全集》历史考证版第 2 部分第 4 卷第 2 册第 703 页。

③ 《马克思恩格斯全集》历史考证版第 2 部分第 4 卷第 2 册第 703 页;中文第 1 版第 25 卷第 226 页的三个规定。

④ 《马克思恩格斯全集》历史考证版第 2 部分第 4 卷第 2 册第 253、256、264 页。

⑤ 《马克思恩格斯全集》第 2 版第 30 卷第 555 页。

⑥ 《马克思恩格斯全集》历史考证版第 2 部分第 4 卷第 2 册第 278 页。

表明的那样，在其实际存在方面，因而也在人们的观念中，在这种关系的载体和代理人对这种关系的观念中，是很不相同的，实际上是颠倒的，它同内在本质的、隐蔽着的形态，同它的看不见的基本内容以及与这种内容一致的概念完全相反。① 因而到此可以看出，《资本论》第3卷和《马克思恩格斯全集》历史考证版第2部分第4卷第2册之间是有区别的②，这些区别可以系统地列举如下：第3卷有关利润率趋向下降的那一篇中更多地是按照使客观历史趋向简明化的方式进行论述的，而在手稿中则更多地强调起反作用的趋向。将"工艺"这个概念"改为""技术"的概念显然也是为了简明化，我们也许可以将之归结为急于阐明"社会主义"观点的结果。更为重要的是，哲学的概念性，例如总体概念（Totalitätsbegriff），尤其是在这个概念涉及叙述逻辑的地方，却为了具有经济的和经验历史特征的客观主义而被删除了。

如果我们在这种背景下再回头研究转型问题，那么也许对这个问题会有一个更为正确的理解。如果人们假定，生产价格不确定，价值规定就没有解决，那么人们就得重新研究这个问题。

马克思在作出商品价值向生产价格转化过程的生产价格规定时，他

---

① 《马克思恩格斯全集》历史考证版第2部分第4卷第2册第279页，中文第1版第25卷第232—233页。

② 本文同许多试图否认《资本论》第3卷和《马克思恩格斯全集》历史考证版第2部分第4卷第2册之间的区别的观点相比，坚持认为，手稿是进行批评讨论不可缺少的材料，甚至可以同已编入《资本论》卷次的1857—1858年经济学手稿相比。

的出发点是，根据偶然的价值相等来确定生产价格①，认为生产价格是起调节作用的平均价格②。而且马克思还以价值平衡的观念为出发点，这个规定已经是对经济的表面运动以外的经济学进行理解的要素。经济的表面运动在价格因竞争而下降时不仅将利润的下降趋势隐藏在提高了的利润量后面，而且还掩盖了剩余价值。比朔夫和奥托试图阐明，如果人们从利润生产和利润实现出发，自然就会产生转型的观念。当然这样也就设定了价格理论问题。比朔夫和奥托继续论证说，转型并不是马克思进行叙述的最终目的。"实际上问题在于，市场价格、成本和利润表现出来的真实性是以一般利润的平均化过程为基础的，只有借助价值理

---

① 《马克思恩格斯全集》第1版第25卷第183页。下面的两个要素在起作用：如果我们不像马克思一开始示范的那样，从偶然的相等出发，那么价值理论论证与现实之间的差距就会非常突出，而且还有一种可能，即这种相等可以认为是全社会的，自然是作为平均情况。马克思在他的论证顺序中运用了这两个要素（参看《马克思恩格斯全集》第1版第25卷第178—179页和历史考证版第2部分第4卷第2册第230页）。另见马克思对李嘉图的批判，他指责李嘉图缺乏抽象力（参看第1版第26卷第1册第497页）。比朔夫和奥托认为，这里表现出了双重的困难：一方面，对资本具体形式的叙述只能在已知的和已定义的经济核心结构基础上复述表面运动；另一方面，对于"总过程的具体形态、生产代理人的意识和竞争的形式又必须从一般的方面"进行复述，因而必须同实在的运动，同"现实"区别开。约·比朔夫和阿·奥托：《剥削·自我神秘化·调节。〈资本论〉第3卷》，第39页。

② 《马克思恩格斯全集》第1版第25卷第722、729、936、937、956、972、982页。这里还应当考虑的是，平均价格不可能与价值量相等。《马克思恩格斯全集》第1版第25卷第184页。

论才能揭示一般利润率的内在联系。"①

不管人们是否能立即赞同他们的评价,关于马克思的理论体系的辩论应以《马克思恩格斯全集》历史考证版第 2 部分第 4 卷第 2 册的文本为基础来进行。

(原载德国《马克思恩格斯研究论丛》,1995 年新辑)

(朱毅 译)

---

① 约·比朔夫和阿·奥托:《剥削·自我神秘化·调节。〈资本论〉第 3 卷》,汉堡 1993 年版,第 69 页。对〔马克思〕来说,要从剩余价值率引出利润率,问题不在于价值体系和价格体系在数学上的协调性。在这里起决定作用的是总过程的各种形式,由于这里的关键是无意识的调节(?)和个体行为之间的关系,所以,在考证性阅读第一章及其异文时应注意,在提出这个问题以后,如何对成本价格和利润进行分析,并如何符合所要求的水平。同上,第 221 页注 13。

关于《资本论》第3卷马克思的原稿出版的几点思考[*]

〔日〕大谷祯之介

《马克思恩格斯全集》历史考证版第2部分第4卷第2册于1993年出版了。它以896页的篇幅收载了《资本论》第3卷马克思的手稿[①],恩格斯曾称之为第Ⅰ稿。笔者想强调说明这个版本的特殊意义,摘要介绍编者的评注:《引言》和《手稿的形成和流传》的内容,并对此作几点必要的说明。但是在笔者看来,应当先来评价一下《资本论》第3卷1894年恩格斯版本的历史价值。

恩格斯版本的历史意义

恩格斯在整整一百年前编辑出版了《资本论》第3卷。[②] 他努力将一部未完成的手稿整理成一部系统编写的著作,历经九个年头并给他造

---

[*] 本文选自《马克思恩格斯列宁斯大林研究》1997年第4辑。

[①] 参看马克思的1863—1867年经济学手稿第2部分,载《马克思恩格斯全集》历史考证版第2部分第4卷第2册。第Ⅰ稿在第3卷全部手稿中占575个手稿页,它不仅是写作时间延续最长的一部手稿,而且是包括了《资本论》第3卷全部七章初稿的唯一一部手稿。因此,可以把《马克思恩格斯全集》历史考证版第2部分第4卷第2册中发表的文稿称作《资本论》第3卷的历史考证版。

[②] 《马克思恩格斯全集》第1版第25卷。

成极大的困难。他在自己的书信中曾多次描述过这一点。他编辑出版了马克思本人再也不可能发表的《资本论》第2、3卷，从而充实了马克思主要著作的理论部分，尽管存在许多缺点和不足，但此举仍不失为恩格斯的不朽功绩。

《资本论》第1卷通过分析资本的生产过程阐明了资本主义生产方式中几种最本质的关系及其具体表现。就此而言，我们似乎可以用恩格斯的话来说：这第1卷"是一部相当完整的著作"①。的确，马克思曾认为，理论部分全部三卷是对"资本的一般分析"②，确切地说是"对资本主义生产进行一般研究"③，它们同论述理论史的第4卷一起构成一个"艺术的整体"④。因此，他设想在第1卷的叙述之后直接衔接第2卷《资本的流通过程》和第3卷《总过程的各种形态》。

在马克思之前，李嘉图及其他古典经济学家已经知道了平均利润和包含平均利润的价格的存在，他们也认识到这些价格和商品价值之间应予说明的那些问题。他们不仅仅详细探讨了利润、利息和地租，而且事实上也已经到了有可能把利润、利息和地租归结为剩余价值的地步了。现在，马克思在《资本论》第1卷中脱离生产价格来理解价值，并且像说明价值的形式一样说明了价值的本质，即在商品生产关系下必然对象化为劳动产品的抽象人的劳动。他依据价值理论，把剩余价值的本质描述为：资本价值增殖过程的结果，也就是在资本主义生产关系下必然对象化为属于资本家所有的商品的雇佣工人的超额劳动。通过对价值和剩余价值本质的说明，就既能够阐述由价值而来的生产价格，也能够阐

---

① 《马克思恩格斯全集》第1版第23卷第35—36页。
② 《马克思恩格斯全集》第1版第25卷第262页。
③ 《马克思恩格斯全集》第1版第25卷第160页。
④ 《马克思恩格斯全集》第1版第31卷第135页。

述剩余价值所采取的各种不同的形式。

《资本论》的科学认识就是，把资本主义生产方式表面的各种必然的经济形式（范畴）归结为它们的本质，然后再将它们作为本质的各种表现形式加以阐述。《资本论》第1卷通过论述价值和剩余价值进行了这样的阐述，但论述本身并不详尽。《资本论》的认识并非到第1卷就结束了。在阐述了价值和剩余价值的各种必然的表现形式的情况下，"对资本的一般分析"，或者说"对资本主义生产进行一般研究"才能被看作是完成了。正因为如此，马克思把全部四卷——实质上是三卷——称为一个"艺术的整体"。

由于恩格斯非凡的编辑整理工作（尤其要指出这是他在年事已高的晚年所做的）[①]，尽管马克思已去世，《资本论》第2卷和第3卷的内容仍然为广大的关注者留存下来，并且相当迅速地使大家能够读到它。如果恩格斯没有编辑出版这两卷书，那么，马克思之后的经济学家们是否能够主动地同样去阐述这两卷书中所分析和阐述的问题，并且将它们运用于分析资本主义生产的现实呢？今天，由于《马克思恩格斯全集》历史考证版的出版，人们见到了马克思手稿的绝大部分并有可能对这些手稿进行分析了，这时可能有人认为，从恩格斯出版的《资本论》第2卷和第3卷中挑出不足之处是太容易了。但是，恩格斯出版这两卷书的不朽功绩，不会因为书中存在的缺点和不足而黯然失色。因此，在纪念恩格斯版《资本论》第3卷出版一百周年之际，我们首先应当特别强调指出这个版本的重要性：该版本从对本质的分析到对本质的各种表现形式的分析所作的阐述，使得马克思"对资本的一般分析"有个了结。

---

① 参看大谷祯之介：《关于〈信用和虚拟资本〉的手稿》第1篇，载《经济史林》（法政大学经济评论刊物），东京1983年版第51年卷第2辑，第22—36页。

关于《马克思恩格斯全集》历史考证版

这个版本的意义

现在，在对恩格斯的编辑出版工作作了应有的评价之后，我们可以有充分的理由指出，马克思的《资本论》第3卷的主要手稿原件在《马克思恩格斯全集》历史考证版中的发表是一个重大事件，它的意义不亚于一百年前恩格斯出版《资本论》第3卷。

已经有人指出，恩格斯的版本与马克思的手稿有明显的出入，也就是说，恩格斯对正文动的手术之大，仅凭1894年版本是无法想象的。这样看来，1894年版本扉页上的"弗·恩格斯编"是应该加以认真对待的了。① 原稿的内容及其同恩格斯版本的具体区别，在文献著作中被多次地而且是详细地提到过。但是，一般说来，直接就马克思的手稿来确认它与恩格斯的版本存在哪些正文上的区别及其界限，至今都极其困难。由于有了《马克思恩格斯全集》历史考证版，我们现在就有可能以可靠的正文基础为据，研究这两个文本的特点和区别。

---

① 在日本，佐腾近三郎第一次提到这一点，参看他的：《关于〈资本论〉第3卷的手稿》第Ⅰ—Ⅲ篇，载《Shiso》，东京1971—1972年版，第562、564、580期。

一般说来，关于马克思的手稿与恩格斯版本①的关系可以确定以下几点看法：

1. 尽管原稿绝大部分具有反映研究过程的工作笔记的性质，并且手稿总的说来是未完成的；而且恩格斯在他写的序言中也明确交代过这一点，但是读者通过恩格斯的版本却得出这样一个印象：似乎第3卷实际上是由马克思完成的。

2. 恩格斯在他的版本中凡是提到第1卷，都是指他在《资本论》第3卷第Ⅰ稿写好之后出版的版本，例如指由他本人编辑出版的德文第4版。同样，凡是提到第2卷，都是指由他主持编辑的版本。由此造成一种假象，似乎第3卷中的论述从理论上和实际上讲都是以那两个新的恩格斯版本为前提的。特别重要的是有关第2卷的一点情况，即马克思在着手写第3卷时还没有写第2卷手稿呢。第2卷的第Ⅰ稿是在写作第3卷期间完成的。总之，恩格斯版的第3卷给人一种假象，似乎所有这三卷是从第1卷到第3卷顺序写成的一部完成了的著作。

3. 尽管恩格斯在序言中陈述了他的给他造成很大困难的编辑工作情况，他的版本仍给人这样一种印象，似乎它与马克思的手稿没有根本的区别。其主要原因在于，他通篇，尤其是在第5章中，对内容进行了手术而未予以标明。相反，他在序言中却说明，对每一处内容上的增删

---

① 卡尔-埃里希·福尔格拉夫和尤尔根·容尼克尔的《"马克思说的是自己的话吗？"——关于恩格斯编辑出版的〈资本论〉第3卷的基本手稿》一文非常全面而仔细地论述了恩格斯的处理方法。该文载国际马克思恩格斯基金会刊物《MEGA研究》，1994年第2辑，第3—55页。我本人过去在日本通过对马克思手稿的分析，介绍过手稿的内容以及手稿与恩格斯版本的区别，也发表过几篇关于资料来源研究的成果。参看大谷祯之介：《关于卡尔·马克思的〈资本论〉第3卷第1稿》，载《经济史林》，东京1982年版第50年卷第2辑。

改动他都标明是他加的①。

4. 他作的增删改动——性质各异——中既不恰当也不准确的地方为数不少。尤其是他下功夫最多的第5章可以证明这种情况,在这部分手稿中,纯粹的材料收集一再取代了或多或少行文流畅的正文。从这样的文稿造出一个内容连贯的第5篇,对于恩格斯来说并非易事。编辑整理这一篇的工作使出版拖延了几年。恩格斯"起初……曾试图……把空白补足,对只有提示的片断进行加工,使这一篇至少可以接近于作者原来打算写成的那个样子"。在第三次徒劳无功的尝试之后,他认识到,这样做行不通。他对原则做了如下改变:在某些方面仓促行事,限于尽可能整理现有的材料,只作一些十分勉强的补充②,这样,才得以完成出版工作。此外,恩格斯模糊了正文部分和收集的材料之间的界限,致使篇章结构的划分令人费解。正如下面详细提到的那样,人们可以在第25—27章中看到这种情况。恩格斯没有把后来的第25章的前四分之一和第27章的内容放在一起,而是在这两章之间插入一个第26章。在马克思那里,这一章的正文和后来的第25章其余四分之三的内容都来自一部材料集。这种情况之所以会出现,是因为恩格斯把几段摘录共有的一个小标题看成是一个更大篇幅的标题了,于是他就由这一大篇造出第26章。他还努力把其余的材料组合成几章,例如第33章《信用制度下的流通手段》。但是很难说马克思本人是否会把这种材料收进最终文本中去。

总的看来,以上所述几点表明,在马克思的原稿已摆在我们面前的今天,恩格斯的版本在很大程度上应该说是他利用马克思的稿本编写而成的一部自己的著作。

---

① 《马克思恩格斯全集》第1版第25卷第10页。
② 《马克思恩格斯全集》第1版第25卷第9页。

《马克思恩格斯全集》历史考证版第2部分第4卷第2册的结构

同《马克思恩格斯全集》历史考证版其他卷次一样,这一卷也是由正文和资料这两部分组成。正文部分除了发表的第Ⅰ稿正文外,还有一个编者写的《引言》,一个常规的出版说明,此外还有编辑上的缩略语、标志及符号的索引。资料部分由《手稿的形成和流传》(正文写作经过)、异文对照表和校勘表、注释以及文献索引、人名索引和名目索引组成。

关于《引言》

《马克思恩格斯全集》历史考证版第2部分第4卷第2册主要还是按原来的编辑方针①编辑出版的。当它的新的出版者国际马克思恩格斯基金会(IMES)对修订编辑原则展开讨论时,该卷的正文以及资料的大部分业已完成。但是,遵照国际马克思恩格斯基金会力求使编辑出版工作符合学术规章的愿望,本着修订后的方针,主要对资料部分作了修改。

在正文之前加了一个《引言》(此前出版的《马克思恩格斯全集》历史考证版各卷中都是《前言》),它的草稿早在1991年初就已由该项目的主持人曼弗雷德·缪勒写成,经过在1991年2月于柏林举行的

---

① 《〈马克思恩格斯全集〉历史考证版编辑方针》由原苏共中央马列主义研究院和原民德统一社会党中央马列主义研究院编辑出版(柏林1976年版)。参看国际马克思恩格斯基金会编:《〈马克思恩格斯全集〉历史考证版编辑方针》,阿姆斯特丹—柏林1993年版,第123—156页。

(为《资本论》第 3 卷原始手稿在历史考证版第 2 部分首次发表作准备的）科学研讨会①上的几次讨论，对《引言》草稿又作了大量修改。这个《引言》就内容来讲十分科学，但是，如果它一开始就是依照新的编辑方针起草的话，会是另一个样子。②

关于正文

正文有些地方与恩格斯版本有明显的区别，充分地再现了手稿的状况。有一些印刷错误。

对马克思的第 5 章中《（5）信用。虚拟资本》这一篇所作的编辑处理特别值得注意。该篇正文大体安排如下：

1. 紧接标题的是后来恩格斯版本的第 5 篇第 25 章约四分之一的内容。③

2. 一组被编者称作"［增补］"的材料。④ 它相当于恩格斯版本的第 25 章的其余部分（恩格斯在这一部分加进了引自其他正文部分的几个段落）和整个第 26 章。

3. 一篇由编者标题为"［《信用在资本主义生产中的作用》］"的正

---

① 罗尔夫·赫克尔、尤尔根·容尼克尔：《关于〈资本论〉第 3 卷原稿的科学研讨会》，载《马克思恩格斯研究论丛》，1991 年新辑（汉堡 1991 年版），第 200—205 页。

② 新的编辑方针规定，如有必要，一卷书中可以加引言。引言应报告如下情况：本卷的产生过程，它与其他卷之间的界限，或确切些说，与其他卷的联系以及本卷的分篇情况；文献的收与不收的原因；材料的安排，按照正文的特点对正文作考证性分析；根据正文考证的结果作出的编辑决定（第 30 页）。

③ 《马克思恩格斯全集》历史考证版第 2 部分第 4 卷第 2 册 469—475 页。

④ 《马克思恩格斯全集》历史考证版第 2 部分第 4 卷第 2 册第 476—500 页。

文。① 它相当于恩格斯版本中的第 27 章。

4. 一篇由马克思标以序号"（Ⅰ）"的正文。② 它相当于恩格斯版本中的第 28 章。

5. 一篇由马克思标以序号"（Ⅱ）"的正文。③ 它相当于恩格斯版本中的第 29 章。

6. 一篇由马克思标以序号"（Ⅲ）"的正文。④ 恩格斯由此编成第 30 章和第 31 章。

7. 标以"Ⅲ"的这一篇被一组马克思称之为"混乱"⑤ 的材料截断。

8. 因此，"（Ⅲ）"的续篇被编者标以"［（Ⅲ）续第 561 页］。"⑥ 这一篇相当于恩格斯版本中的第 32 章。

9. 又一组被编者称作"［混乱。续第 583 页］"的材料⑦，恩格斯把它们编为第 34 章和第 35 章。

我们可以看到，正文部分和为写正文而收集的材料互相穿插在一起。撇开材料部分不谈，作为第（5）这一篇的正文可以清楚地看到以下几个部分：

1. 开头的正文，恩格斯利用它编成他的第 25 章的前四分之一。⑧

---

① 《马克思恩格斯全集》历史考证版第 2 部分第 4 卷第 2 册第 501—505 页。
② 《马克思恩格斯全集》历史考证版第 2 部分第 4 卷第 2 册第 506—519 页。
③ 《马克思恩格斯全集》历史考证版第 2 部分第 4 卷第 2 册第 519—529 页。
④ 《马克思恩格斯全集》历史考证版第 2 部分第 4 卷第 2 册第 529—561 页。
⑤ 《马克思恩格斯全集》历史考证版第 2 部分第 4 卷第 2 册第 561—583 页。
⑥ 《马克思恩格斯全集》历史考证版第 2 部分第 4 卷第 2 册第 584—597 页。
⑦ 《马克思恩格斯全集》历史考证版第 2 部分第 4 卷第 2 册第 597—646 页。
⑧ 《马克思恩格斯全集》历史考证版第 2 部分第 4 卷第 2 册第 649—476 页。

2. "［《信用在资本主义生产中的作用》］"。①
3. "（Ⅰ）"。②
4. "（Ⅱ）"。③
5. "（Ⅱ—Ⅰ）"。④

编者这样处理十分符合我对第 5 章结构的理解，关于这一点我曾反复论述过。⑤ 不过，有一点必须指出：在"［混乱。续第 583 页］"这一部分不是所有的页面都是从上到下全写满了的，而是马克思在第 372—380 页⑥（恩格斯后来把它们编成他的第 35 章）上利用每一页的上半页写作正文。因此，应当把这几页看作是正文第六部分⑦。遗憾的是，从《马克思恩格斯全集》历史考证版的文本中看不出这种情况。

---

① 《马克思恩格斯全集》历史考证版第 2 部分第 4 卷第 2 册第 501—505 页。
② 《马克思恩格斯全集》历史考证版第 2 部分第 4 卷第 2 册第 505—519 页。
③ 《马克思恩格斯全集》历史考证版第 2 部分第 4 卷第 2 册第 519—529 页。
④ 《马克思恩格斯全集》历史考证版第 2 部分第 4 卷第 2 册第 529—561、584—597 页。
⑤ 见大谷祯之介：《关于〈信用和虚拟资本〉的手稿》第Ⅱ篇，载《经济史林》，东京 1983 年版第 51 年卷第 3 辑；《〈政治经济学批判〉体系的结构计划和马克思的信用理论》，载《〈资本论〉体系》，东京 1985 年版第 6 卷；《关于〈生息资本〉的手稿》，载《经济史林》，东京 1988 年版第 56 年卷第 3 辑。顺便提一下，在这些文章中，作者认为，这五部分的前两部分从内容上看可以说是第"（5）"篇的引言，而其他部分是主要内容。
⑥ 《马克思恩格斯全集》历史考证版第 2 部分第 4 卷第 2 册第 620—635 页。
⑦ 从理论上讲，《（5）信用，虚拟资本》这一篇是否以论述贵金属结束，绝不是无关紧要的。

关于《手稿的形成和流传》(正文写作经过)

《手稿的形成和流传》[①] 借助表现力强的正文和各种其他原始资料例如书信,再现了马克思写作手稿的多层面的工作过程。

《手稿的形成和流传》中的介绍当然与《引言》中的介绍相一致,两者在内容上是互补的。它们不仅包括纯粹研究原始资料的问题,而且还包括探讨在《资本论》的整个写作过程中第3卷的研究对象每一次都是如何处理的。《手稿的形成和流传》集中介绍的是正文的写作经过,而《引言》则侧重对马克思的经济学研究的理论上的理解。举一例说明前面一点:编者关于第3卷总的结构的形成过程的评价与他们对所谓马克思的结构计划的认识密切相关。至于说《引言》,遗憾的是,在我看来它介绍的内容往往缺乏精确的鉴定。有时还出现误解。甚至在《手稿的形成和流传》中对原始资料研究的评价方面,就像下文所证实的那样,也存在无法理解的、错误的解释。

尽管有以上不足,编者提供的这两篇评注仍是使用第3卷的《马克思恩格斯全集》历史考证版时不可或缺的辅助工具。它们不仅使我们了解这个版本的编辑情况,而且还向我们提供了有关原始手稿正文本身的重要的、有意义的信息。这一点尤其表现在通过一些第一次确认的事实和上下文联系、对手稿的写作日期和手稿各部分在书写时的顺序所作的结论上。现在简单谈谈《手稿的形成和流传》中很有意义的几个问题:

1. 编者推测,马克思是从第2章开始写这部手稿的,在第2章写完

[①]《马克思恩格斯全集》历史考证版第2部分第4卷第2册资料卷第913—929页。

之后才写第1章。① 最初持这种看法的人有维戈茨基、米兹凯维奇、捷尔诺夫斯基和切普连科。② 这种看法肯定可以成立,并且很吸引人。但是,只要仔细推敲一下就可发现,论证还相当粗略。即使编者列举的所有事实都确凿,他们从中得出的结论也不是唯一的。可惜,编者根本没有考虑到其他可以想得到的可能性。这种可能性至少还有以下几个:

在被编者当作证明的事实中,他们认为第2章中标页码的特点是最重要的无可争辩的证据。起初,马克思用拉丁字母"a"到"Ⅰ"每两张而不是每一页上标页码,并且用的是铅笔。后来,他又按数字顺序逐页标码,而且用的是墨水。③ 这种双重编页码的情况似乎以这样解释最为合适:即这一部分不是接着前面已经顺序编定页码的稿页写的,而是在它们之前写的,用字母编的页码是草稿一写完随即就标上的。前面的稿页自然就是第1章的。于是,编者由此得出结论说,第1章成文于第2章之后。但是,就算第2章是在它前面的稿页之前写成的,这同时也并不意味着第1章全部是在第2章之后写的。很可能是这种情况:马克思从第1章开始写,写到某个地方停顿下来,接着先完成了第2章,并且在补写完第1章的遗留部分后,才接着第1章最后一页重新标出第2章的页码。如果仔细研究一下第1章的内容和形式,我们就可以肯定,它的正文不是直接连续写下的,而是由几个,至少是两个可能分别在不

---

① 《马克思恩格斯全集》历史考证版第2部分第4卷第2册资料卷第918页。

② 拉·米兹凯维奇、米·捷尔诺夫斯基、亚·切普连科和维·维戈茨基:《马克思在1863—1867年期间写作〈资本论〉的时期划分》,载《马克思恩格斯年鉴》,柏林1982年版第5辑,第307页。

③ 《马克思恩格斯全集》历史考证版第2部分第4卷第2册资料卷第929页。

同的时期写成的部分组成的。① 此外，编者还引述下面一点作证据，即第1章和第3章使用的纸张同第1卷第6章（《直接生产过程的结果》）使用的纸张种类相同，据推测，这一章直接写于第3卷的第Ⅰ稿之前。② 我认为，这仅仅与编者的解释不相矛盾。但是，我看不出有更多的支持这种解释的证明力。简要地说：作为包含所有提到的事实的"分镜头剧本"，还可能有与编者不同的另一种设想，所以，编者的设想尽管十分有意义，也只能被看作是一种假说。③

2. 编者设想，马克思在写作前三章的某个时刻——很可能是在这三章完成之后——中断了草稿的写作，而去写第2卷第Ⅰ稿的三章。接着，他又继续第3卷的写作。④ 为了写第2卷第Ⅰ稿而出现的这个中断，也同样是由前面提到的几位作者首次确定的。⑤ 然而，他们有关马克思是从哪个确切的段落中断手稿写作的推测，受到了我的批驳。我对于最早或者说最迟可能从何时起中断的相反的意见⑥，后来既得到了《马克思恩格斯全集》历史考证版编者们的认可，也得到了这几位作者的认可，并且被分别写进《马克思恩格斯全集》历史考证第2部第4卷第1

---

① 大谷祯之介：《关于卡尔·马克思的〈资本论〉第3卷第Ⅰ稿》，载《经济史林》，东京1982年版第50年卷第2辑。

② 《马克思恩格斯全集》历史考证版第2部分第4卷第2册第919页。

③ 市原近次：《〈资本论〉第3卷手稿前三章的写作顺序》，载《Shogaku-Ronsan》，东京1992年版第34年卷第1辑。

④ 《马克思恩格斯全集》历史考证版第2部分第4卷第2册第918—919页。

⑤ 拉·米兹凯维奇等：《马克思在1863—1867年期间写作〈资本论〉的时期划分》，载《马克思恩格斯年鉴》，柏林1982年版第5辑，第308页。

⑥ 参看大谷祯之介：《卡尔·马克思〈资本论〉第2卷和第3卷的写作日期》，载《社会史国际评论》，阿姆斯特丹1983年版第28卷第1部分，第95—104页。

册的《手稿的形成和流传》①和第4卷第2册的资料卷中②。

3. 马克思着手写第4章时起初打算在该章中既论述商业资本又论述生息资本。可是后来他又决定写成单独的两章。笔者叙述过这一转变的原因以及转变的时间。③《手稿的形成和流传》中的叙述同本人的想法是一致的。不过，以下说法是一种误解：即"对商人资本和生息资本的研究，不像计划草稿中第8点规定的那样是相互关联的，而是分开的，分别在第3卷第4章和第5章中进行的。马克思在写第2章时说明'｜人们将在下一章里看到，这种资本'——指生息资本——'同商业资本一样总的来说有必要专门论述。｜'④ 在第2卷的'第Ⅰ稿'中也有第4章将论述生息资本的说法。⑤ 该章标题中文字的修改同样反映了马克思构思的思考过程。⑥ 起初第4章应该只包含生息资本的内容。最后马克思考虑用一章论述商人资本和生息资本，用墨水对标题的修改证实了这一点。值得指出的还有，这两种资本形式的顺序改变了。不过，在将近结束对前一种资本形式的论述时，马克思又决定，另一种资本形式也用独立的一章加以论述。例如在第277页上写道：'但是，关于这一点后面再谈，因为我们在下一章才阐述生息资本。'⑦ 最终文稿标题的

---

① 《马克思恩格斯全集》历史考证版第2部分第4卷第1册第560—563页。

② 《马克思恩格斯全集》历史考证版第2部分第4卷第2册资料卷第918—919页，参看大谷祯之介：《再论〈资本论〉第2卷和第3卷的写作日期之间的联系》，载《经济史林》，东京1989年版第57年卷第3辑。

③ 大谷祯之介：《关于卡尔·马克思的〈资本论〉第3卷第Ⅰ稿》，载《经济史林》，东京1982年版第50年卷第2辑，第123—134页。

④ 《马克思恩格斯全集》历史考证版第2部分第4卷第2册第228页。

⑤ 《马克思恩格斯全集》历史考证版第2部分第4卷第1册第360页。

⑥ 《马克思恩格斯全集》历史考证版第2部分第4卷第2册341页第2—4行的标题，并参看本卷资料卷1029页的"341.2—4"。

⑦ 《马克思恩格斯全集》历史考证版第2部分第4卷第2册第391页。

改动是用铅笔做的,可见,很可能是后来审阅时才做的修改①"。对于编者的这一番叙述,首先必须指出,上述引文中马克思所说的"这种资本"与编者的解释相反,不是指生息资本,而是指作为货币经营资本的银行资本。从这个错误的解释中显然得出了上面大段引用的那个关于构思发展过程的错误结论。马克思从未构想要在这一章中,并且还是在论述商业资本之前只论述生息资本②,这一点实际上从异文对照表的341.2—4条一眼就能看出来③。马克思无论是在写第2卷第Ⅰ稿时,还是在开始写第3卷第4章时,都打算在这个第4章中论述商业资本和生息资本,并且按这个先后顺序去论述。只是在该章写作当中才改变了决定。

4. 编者设想,包含在第5章《(5)信用。虚拟资本》中的资料,即"混乱"和"[混乱。续第583页]",并非是按它们现在在手稿中的顺序写成的,而是独立地,与正文同时写的,也许是在正文之前撰写、后来才补进去的④。为此,仅仅列举了两个依据,但是,这种设想不仅说明了引起人们注意的标页码的问题,而且对于理解这一篇的整体结构

---

① 《马克思恩格斯全集》历史考证版第2部分第4卷第2册资料卷第917页。

② 在1862年12月的计划草稿中写道:"(8)利润分为产业利润和利息。商业资本。货币资本。"(《马克思恩格斯全集》第1版第26卷第1册第447页)事实上,这几个范畴在1861—1863年手稿中,是按这个顺序论述的。此外,"货币资本"指的不是生息资本,而是货币经营资本。

③ "商品经营资本和货币经营资本。利润分为利息和产业利润(企业主收入)。生息资本。改为:商品资本和货币资本转化为商品经营资本和货币经营资本,或者说,转化为商人资本。利润分为利息和产业利润(企业主收入)。生息资本。改为:商品资本和货币资本转化为商品经营资本和货币经营资本,或者说,转化为商人资本。"(《马克思恩格斯全集》历史考证版第2部分第4卷第2册资料卷第1029页)

④ 《马克思恩格斯全集》历史考证版第2部分第4卷第2册资料卷第923页。

恐怕也很重要。

　　此外，指出马克思使用纸张的方法，对于原始资料的研究也是很必要的。马克思写正文时习惯于使用一页纸的上半截，下半截留作脚注、补充等等用，而在记录收集的材料时，他整页都写满了。上面提到的"第（5）"中的"［增补］"，"混乱"和"［混乱。续第583页］"（第372—380页除外）就属于这种情况。从表面上看很明显，它们都是收集的材料和摘录①。在说明纸张使用方法的同时，我早就说明过：应当把恩格斯版本的第25章中的一部分，即在《马克思恩格斯全集》历史考证版中被称作"［增补］"的那部分及第26章——它们实际上并不是被当作正文来写的——看作是"札记"。②此外，恩格斯之所以有可能——只是猜测——在编辑这一篇时忽视了马克思在纸张使用方法上的那个区别，恰恰因为他工作时没有再使用马克思的原稿，而用的是早先他向自己的秘书口授的手稿。③

　　5.《手稿的形成和流传》中提到所谓"1862年12月的计划草稿中

---

　　①　《马克思恩格斯全集》历史考证版第2部分第4卷第2册资料卷第922页。

　　②　大谷祯之介：《关于〈信用和虚拟资本〉的手稿》第Ⅰ篇，载《经济史林》，东京1983年版第51年卷第3辑，第56—60页；同上，第Ⅱ篇，载于同上书第30—49页；《关于〈货币资本的积累〉手稿》，载《经济史林》，东京1990年版第57年卷第4辑，第135—139页。

　　③　另一方面，利用口授的手稿很可能使恩格斯犯了另一个后果严重的错误。马克思为《通货论》的两段摘录和哈伯德的三段摘录加了标题《货币资本的积累，它对利息率的影响》（《马克思恩格斯全集》历史考证版第2部分第4卷第2册479—480页）。恩格斯把这个标题看成是一个更大篇幅文字的标题了。他把这一篇编为第26章并加了标题《货币资本的积累，它对利息率的影响》（《马克思恩格斯全集》第1版第25卷第468—469页）。《马克思恩格斯全集》历史考证版的编者没有依照恩格斯的原样处理。

的第10项""（10）资本主义生产总过程中货币的回流运动"① 时说道："马克思在本手稿中没有写这样一章，但是基本内容已经写进第4章了。"② 编者之所以作这种设想可能有下面的理由：在起草《资本论》和第2卷第Ⅰ稿（写于第3卷第Ⅰ稿的第1章之后，第4章之前）时，马克思显然有了下面这个关于第3章以后几章的写作计划：

第4章：商业资本和生息资本。

第5章：地租。

第6章：各种收入及其源泉。

第7章：资本主义生产总过程中的货币回流运动。

[第8章：资本和雇佣劳动。]

相反，马克思在1865年7月31日写给恩格斯的信中却说："再写三章就可以结束理论部分（前三册）。"③ 对这里提到的三章恐怕可以考虑如下两种修改了的方案：

（a）第4章：商业资本和生息资本。第5章：地租。第6章：各种收入及其源泉。或者，

（b）第5章：生息资本。第6章：地租。第7章：各种收入及其源泉。

这意味着，"资本主义生产总过程中的货币回流运动"这一项已经被从计划中取消了。④ 因为，上述马克思的信不是写于第4章之前就是写于第5章之前，由此可以推断，他在结束第2卷第Ⅰ稿的写作和开始着手写第3卷第4章或第5章之间的这段时间里，放弃了为第3卷写关

---

① 《马克思恩格斯全集》第1版第26卷第1册第447页。
② 《马克思恩格斯全集》历史考证版第2部分第4卷第2册资料卷第917页。
③ 《马克思恩格斯全集》第1版第31卷第135页。
④ 参看大谷祯之介：《关于〈信用和虚拟资本〉的手稿》第1篇，载《经济史林》，东京1983年版第51年卷第2辑，第20—22页。

于货币回流运动的独立一章的构想。这一构想的放弃，从第一种方案看，是在开始写第 4 章之前；从后一种方案看，是在开始写第 5 章之前，然而，是他在起草第 4 章的过程中决定为生息资本写单独的一章之后才开始的。不管怎么说，这个构想的取消和第 4 章的起草几乎是同时的。这也许就是编者说"但是基本的内容已经写进第 4 章了"的理由所在。对计划改变的时间的解释是可信服的，但是，计划的改变是否因为基本的内容已经写进第 4 章了，却是可疑的。这种判断之所以产生，大概是因为编者看到了在 1861—1863 年手稿中的《插入部分。资本主义再生产中的货币回流运动》① 这一篇的内容。不过，货币回流运动的基本内容是否在第 3 卷第 4 章中得到了论述，这很难说。我们倒不如可以假定，这些内容全包括在第 7 章中了。

6. 只要研究一下编者所引用的原始资料就可看到，编者认为手稿的第 7 章与第 6 章同时写作的推测是正确的。

（原载《马克思恩格斯研究论丛》，1996 年新辑）

（卢晓萍 译）

---

① 《马克思恩格斯全集》第 1 版第 48 卷第 173—250 页。

理解和改变社会现实的重要理论基础

——当前关于卡·马克思《资本论》第3卷的辩论[*]

〔德〕艾克·科普夫

1989—1991年,社会主义运动虽然在地球上的一些重要地区遭到了失败,但是,卡·马克思和弗·恩格斯毕生的巨著近几年来首先是在西欧和日本日益成为人们讨论、反思、检查,甚至抨击的对象。

产生这一令人注目的现象,一方面由于人们在迈向21世纪的时候,比以往任何时候都更努力地寻找能解决1989年以来资本主义社会遇到的越来越大的社会问题(比如:人口发展、劳动就业、经济增长要考虑生态环境、食物、住房、健康、教育)的答案或方案。

另一方面也由于柏林狄茨出版社自1978年起出版的《马克思恩格斯全集》历史考证版(MEGA^2)(已出42卷)有助于人们在利用这些新的原始资料的基础上从理论上重新探讨马克思和恩格斯的著作的产生和影响史。遗憾的是,1992年以后,至今未出版过一卷,这在国际上对整个计划产生了不利的影响。

在1992年最后出版的两卷中,有一卷是第2部分(即《马克思恩格斯全集》历史考证版的《资本论》及其手稿部分)第4卷第2册,

---

[*] 本文选自《马克思恩格斯列宁斯大林研究》1998年第4辑。

原题注:本文是德国专家艾克·科普夫(今译艾克·考普夫)在中央编译局工作期间(1997—1998)就马克思《资本论》第3卷的辩论情况而撰写的。——编者注

第一次收入了马克思遗留下来的写于 1864—1865 年的《资本论》第 3 册手稿（《资本主义生产的总过程》）。

因此，恩格斯编辑的《资本论》第 3 卷的文本于 1894 年底至 1895 年初出版发行以后开始的辩论现又烽烟再起。第 2 卷（《资本的流通过程》）1885 年出版以后，人们对盼望中的第 3 卷的出版反应颇多，其中有的对恩格斯的编辑工作表示赞赏；一部分人表示，为了方便读者阅读，恩格斯本来不应该那么严格地遵从马克思的手稿。另外一些人认为，恩格斯的编辑工作没有为他死去的朋友——马克思提供帮助。

1992 年以来，在德意志联邦共和国出版的一些著作中有这样的观点：恩格斯在编辑马克思遗留下来的资料时没有做到准确无误。① 对恩格斯的指责大致如下：《马克思恩格斯全集》第 25 卷，即《资本论》第 3 卷共 870 页，除去恩格斯增加的章节以外，只有 520 页是马克思撰写的；马克思原稿的编排顺序也被打乱了；恩格斯把正文部分的插入文字和脚注等都变为正文；他增加历史性的和现实性的材料，从而扩大了原稿的篇幅，他对原稿作了删减和修改；他还作了内容上、概念上和文体风格上的修改。②

这样的批评在科学上是严肃认真的吗？它完全撇开下面的事实不谈，即恩格斯本人于 1894 年在扉页上标明自己是马克思著作的"编

---

① 例如参看尤·容尼克尔：《评恩格斯对马克思的〈资本论〉第 3 卷手稿所作的修改》，载《马克思恩格斯研究论丛》，1991 年新辑，第 130—138 页；参看卡－埃·福尔格拉夫和尤·容尼克尔：《马克思说的是自己的话吗？——关于恩格斯编辑出版的〈资本论〉第 3 卷的基本手稿》，载《马克思恩格斯列宁斯大林研究》，1996 年第 1 辑，第 9—23 页。

② 参看卡－埃·福尔格拉夫和尤·容尼克尔前引文章，见《马克思恩格斯列宁斯大林研究》，1997 年第 1 辑，第 60—61 页。

者",并在序言中说明了他以一定的方式使用这种身份的原因。这与他的能力和他的科学良心是相符的。此外,卡·考茨基和他的儿子贝内迪克特在编辑他们的版本(于1929年出版)时也认为这不是批评恩格斯的理由。

恩格斯大约在1885年年中(在《资本论》第2卷①出版之后)到1894年10月初从事第3卷的编辑工作。这就是说,一个由于实际的生活状况而从未参加科学考试的人,一个在马克思逝世后,即从1883年3月起就已成为国际蓬勃发展的社会主义运动中越来越多的人士和党派的顾问的人,在65岁至74岁(!)期间,仍然带病工作(如眼疾),无论在文字表现形式方面,还是在内容分析的层次方面(如第5篇《利润分为利息和企业主收入。生息资本》),几乎独自完成了这样一部复杂手稿的编辑工作。98年以后(1992年)这份手稿才得以出版,这个事实也在某种意义上证明了当时编辑这部手稿的困难程度。也就是说,数位原苏联和原民主德国的在学术和编辑方面都具有丰富经验的专家(仅就1985—1990年而言,常年有2—5人)投入全部时间,花了几年功夫进行初步辨认,才取得恩格斯大约在1887年就已独立取得的成果,然后才建设性地编辑完成了上面提到的1894年底完成的文本。

今天对恩格斯的编辑工作提出的某些批评,致使人们可以认为,恩格斯对经过辨认的马克思手稿可以不作任何加工,而应该原样发表。这样做也许更好,就像1992年起奉献给许多科学工作者的《马克思恩格斯全集》历史考证版第2部分第4卷第2册那样。严格地讲,即使现在

---

① 甚至由于这一卷的出版发行,也出现了许多批评意见。参看阿克拉·米雅科娃:《〈马克思恩格斯全集〉历史考证版重新开始执行遗嘱了吗?——日本研究〈资本论〉第2册的较新趋势》,载《〈马克思恩格斯全集〉历史考证版研究》,1995年第2期,第42—53页。

也不能做到这样,因为恩格斯也使用了马克思的论述,如马克思从亚当·斯密和19世纪60年代其他国民经济学家论述地租(级差地租)的著作中所作的摘录(它们将在《马克思恩格斯全集》历史考证版第2部分第4卷第3册中发表)和马克思70年代关于剩余价值率和利润率关系的研究文章(它们将在《马克思恩格斯全集》历史考证版第2部分第14卷中发表)。

如果说这就是批评的含义,那么人们有理由提出这样的问题:《马克思恩格斯全集》历史考证版第2部分第4卷第2册自6年前出版以来(除了在马克思恩格斯研究专家中间重又引起辩论以外)客观上产生了哪些实际影响?用这种"纯而又纯的"马克思形式向世界上更多的人介绍其中包含的内容并使他们认识至今依然基本存在的资本主义社会制度的基本关系和运转情况,合适吗?

然而,事实证明,恩格斯1894年编辑的版本首先在欧洲、而后在欧洲以外的地方活跃了人们的精神生活,并且促进了支持者和反对者的长达几十年的讨论和实际行动。恩格斯1894年编辑的版本多次再版就是这方面的一个标志。1904年出版德文第2版。1911—1922年,汉堡的奥托·迈斯纳出版社出版了德文第3—6版。此外还有前面提到的卡尔和贝内迪克特·考茨基父子出版的大众版、尤利安·博尔夏特1931年出版的三卷合订本通俗版、莫斯科马克思恩格斯列宁研究院1932年出版的德文通俗版以及柏林马列主义研究院1964年开始编辑出版的《马克思恩格斯全集》第25卷的几个版本,最后还有被译成世界上许多语言的外文译本。

恩格斯编辑的文本自1895年出版以来向科学界和政治界提供了哪些认识,首先是马克思的认识?

马克思在第一章一开头就对第3卷即第3册的逻辑位置作了概述:"在第1册中,我们研究的是资本主义**生产过程**本身作为直接生产过程考察时呈现的各种现象,而撇开了这个过程以外的各种情况引起的一切次要影响。但是,这个直接的生产过程并没有结束资本的生活过程。在现实世界里,它还要由**流通过程**来补充,而流通过程则是第 2 册研究的对象。在第 2 册中〔……〕资本主义生产过程,就整体来看,是生产过程和流通过程的统一。至于这个第 3 册的内容,它不能是对于这个统一的一般的考察。相反地,这一册要揭示和说明**资本的运动过程作为整体考察**时所产生的各种具体形式。资本在自己的现实运动中就是以这些具体形式互相对立的,对这些具体形式来说,资本在直接生产过程中采取的形态和在流通过程中采取的形态,只是表现为特殊的要素。因此,我们在本册中要阐明的资本的各种形式,同资本在社会表现上,在各种资本的互相作用中,在竞争中,以及在生产当事人自己的通常意识中所表现出来的形式,是一步一步地接近了。"①

汉堡出版商奥托·迈斯纳把恩格斯写的说明改编成一则广告,登载在 1894 年 11 月 14 日和 22 日的莱比锡《德国书业交易所商情报》上,我们可以从中摘引出恩格斯撰写的简短的内容说明:"马克思的主要著作的第 3 册是理论部分的终结。第 1 册论述了资本的生产过程,第 2 册论述了资本的流通过程。因此,作者在分别探讨了资本活动的这两个主要职能及其各自的条件、过程和结果之后,在第 3 册中转而阐述资本主义运动过程的总过程,包括两个要素,即生产和流通这两个阶段。第 1 册阐述了剩余价值的生产过程,第 2 册阐述了剩余价值的实现过程(在市场上出售。——本文作者注),而第 3 册则向我们证实了剩余价值的分配过程。就是说,把剩余价值分为各个小类:产业利润、商业利润、利息、地租以及各种不同的得益者对它们的占有,在那里资本的总运动是显而易见的,并且作为决定性的力量在社会表面起作用。作者在这一

---

① 《马克思恩格斯选集》第 2 版第 2 卷第 394—395 页。

册中详细论证了剩余价值在工业家、商人、银行家、投资者、投机者和土地所有者中间的这种分类和分配规律,从而依次回答了前两卷中未能解决的一系列问题。第3册还深入批判了前两卷没有论及或者只是略带提及的资本主义体系的某些方面。"① 此外,人们从这两段摘录中可以看出,恩格斯的这种更具启发性的说明完全有助于更多的读者理解马克思的著作。这同马克思的想法也是一致的,因为他本来就不是出于理论兴趣,或者说只是为他个人来分析这个棘手的问题的。

要把以前所作的概述介绍得更加详细,也许可以这么说:马克思在第1册中揭示了价值规律和剩余价值规律,揭露了资本主义生产的内部"机制",而没有论及生产过程的次要条件或者中介环节。马克思的论述是以唯物主义历史观的基本认识为基础的,就是说,生产本身以及与此相应的直接生产中的社会关系在所有历史条件下始终对生产过程的各个阶段起决定性作用。对马克思来说,直接的生产(例如在矿山、在工厂车间、在田间)是"实际的起点"或者"实现的起点,因而也是实现的起支配作用的要素"。② 因此,必须一开始就对生产过程进行分析和论述,因为不管是流通、分配还是消费都不涉及资本关系的本质,往往掩盖其本质。

第2册阐述了资本的循环和周转,证明资本是一种不断运动着的价值,并分析了社会总资本的再生产和流通。可见,问题在于资本在这个发展阶段作为"社会再生产过程的中介"③ 所经历的物质变换和形式变换。也就是说,问题不再在于资本主义生产这一孤立过程和单个资本的再生产过程,而主要在于总资本的运动,即互相交错、互为前提和互为

---

① 《德国书业交易所商情报》,1894年11月14日,第7208—7209页。
② 《马克思恩格斯选集》第2版第2卷第12页。
③ 《马克思恩格斯选集》第2版第2卷第395页。

条件的单个资本的运动。① 这样，每个单个资本就只能在一定的以社会总资本的实现为前提的符合价值的物质条件下作为总资本的要素自行实现价值增殖。因此，一个单个的（比如说怀有人文主义思想倾向的）企业主或者一个合作社、一家公司，或者更确切地说，一个工人合作社不可能长期在一个环境根本不同的、在历史上起决定性作用的生产类型下"单独行动"或者"逆水游泳"。马克思在 1868 年 4 月 30 日给恩格斯的信中写道："最后，在第 1 册中我们满足于这样一个假设：如果在价值增殖的过程中 100 英镑变成了 110 英镑，那么，后者就会在市场上发现它自己重新转化成的那些要素（就是说，在第 1 册中条件始终是，流通过程在市场上顺利地实现。——本文作者注）。但是，现在我们就来研究一下这种发现的条件，即各个资本、资本的各个组成部分和收入（=m）互相之间的社会交错现象。"②

这种对资本关系的具体化的分析反映了资本的生活过程，如"可以说它还会从它的内部的有机生命，进入外部的生活关系"③。第 1 册以"联系在一起的一个整体的内在必然性"为出发点，当然还以"这个整体作为各种互不相关的独立要素而存在"为前提。④ 在论述流通过程的时候，对资本关系的研究尚未"完成"，对它的论述也还"不充分"。⑤ 到目前为止，资本在竞争中的相互关系还未予考虑，它们属于马克思所描述的"外部的生活关系"。

---

① 《马克思恩格斯选集》第 2 版第 2 卷第 340 页。
② 《马克思恩格斯全集》第 1 版第 32 卷第 70 页。
③ 《马克思恩格斯全集》第 1 版第 25 卷第 52 页（译文稍有改动。——译者注）。
④ 《马克思恩格斯全集》第 2 版第 30 卷第 395 页。
⑤ 《马克思恩格斯全集》第 1 版第 26 卷第 3 册第 586 页。

现在，第3册则致力于论述资本主义竞争，即论述资本为争取雇佣劳动所创造的剩余价值而进行的分配斗争。论述分为两个主要阶段。

首先，马克思论述**平均利润**和**生产价格**。竞争导致了一般利润率或者平均利润率的形成，因此每个产业资本家按照他所预付的资本与社会总资本的比例可从总剩余价值中得到相应的（几乎是相等的。——本文作者注）一部分，这是他最后通过生产价格来实现的。正如马克思在1868年4月30日给恩格斯的信中所写，人们可以把这种价格视为"平均起来的价格"，它"把社会剩余价值按资本量大小的比例平均分配于资本量之间"①。资本一般以这种平均利润的形式"意识到自己是一种社会权力；每个资本家都按照他在社会总资本中占有的份额而分享这种权力"②。马克思认为，这个理论表明了以前的国民经济学没有认识到的产业资本之间发生争执的本质，即"资本主义竞争的基本规律"③。

马克思在叙述这样得到的利润并将它分为特殊的、独立的部分（产业利润、商业利润、利息、地租）之前，说明了平均利润率趋向下降的规律。"这个说明同利润分割为归各类人所有的各个部分这一点无关，这一事实一开始就证明，这个规律，就其一般性来说，同这种分割无关，同这种分割所产生的各种利润范畴的相互关系无关。"④ 可见，利润按其本质来说，就是雇佣劳动创造的、同社会总资本成正比的剩余价值；相比之下，它在各个资本家集团之间的分配是次要的事情。认识了这个规律，就揭示了产业资本所创造的总资本的价值增殖率的发展趋势。增殖率的下降与资本的日益提高的有机构成互为因果关系，就是

---

① 《马克思恩格斯全集》第1版第32卷第74页。
② 《马克思恩格斯全集》第1版第25卷第218页。
③ 《马克思恩格斯全集》第1版第25卷第45页。
④ 《马克思恩格斯全集》第1版第25卷第238页。

说，随着时间的推移，企业主从他预付的资本量中拿出用于生产资料的部分必然越来越大，而用于购买劳动力的部分则相应地越来越小。这一以资本家占有越来越大的剩余价值量为前提，其结果必然加剧资本家之间的竞争斗争。当然，这种趋势（不要与必然的发展方向相混淆）的作用"只有在一定情况下，并且经过一个长的时期，才会清楚地显示出来"①。

若想更深刻地理解这一发现，就必须彻底区分（《资本论》第 1 册所描述的）"纯粹形态"的剩余价值与马克思后来，即结束前面提到的论述的第二个阶段时描述的它的表现形式。论述了剩余价值的特殊形式，即产业利润、商业利润、利息和地租以后，竞争和资本主义积累（参见《资本论》第 1 卷第 24 章）的历史趋势之间的基本联系和作用，就更为具体地凸显出来了，而以剥削阶级内部的分工和分化为基础的分配斗争的因果联系也就不再神秘。马克思指出，产业资本、商业资本、借贷资本、投入农业的资本和地产都相对独立地进行活动，各自都有一定的产生史和发展史、结构以及独特的特征。就这点而言，它们——地产除外——是社会再生产过程中的一定的、必需的要素。从生产剩余价值的角度来看，只有投入工业和农业的资本才是生产性的，与其相反，商业资本和借贷资本是非生产性的，而地产则是多余的。归根到底，这一切的核心是各个剥削者集团在迄今为止只在利润和平均利润中表现为一般的剩余价值的平均化过程中的地位和实力。

商人资本为工业家服务，因为它的任务是实现所生产的商品。可见，商人资本不直接创造价值或者剩余价值，但是帮助产业资本家增加剩余价值。② 为此，它理应得一份利润，这就是所谓的商业利润或商人

---

① 《马克思恩格斯全集》第 1 版第 25 卷第 266 页。
② 《马克思恩格斯全集》第 1 版第 25 卷第 312 页。

利润。就这点而言,商人资本或商业资本参加了剩余价值到平均利润的平均化过程。商业利润在总剩余价值中表现为几乎相等的一部分。所以,马克思一方面在前面提到的1868年4月30日给恩格斯的信中着重指出,由于有了商人资本,产业资本的"情况就改变了"①。另一方面,他认为,资本主义生产的发展使"全部利润首先归于产业资本家和商业资本家,然后再行分配"②。在利润分割为利息和企业主盈利时,一般利润率或者平均利润率是以"完成形态"出现的,而在最初考察一般利润率或平均利润时,这个利润率还不是在它的完成形态上出现在我们面前,"因为平均化还只表现为投在不同部门的产业资本之间的平均化"③。

　　对**借贷资本**和**利息**的分析是以这一对平均利润的补充规定为基础的。同商人资本一样,生息资本也是以一部分产业资本的、有质的不同的、独立的形式出现的。它把闲置货币暂时集中起来,然后借贷给产业资本家或商业资本家。它将借贷资本作为贷款提供给他们,以参与再生产过程。它将取贷款利息。利息的高低,即利息率则取决于产业资本和商业资本之间的竞争斗争,也就是取决于以执行职能的资本为一方、以借贷资本为另一方的竞争斗争。利息率直接地、不通过任何媒介产生于货币资本的供与求的关系。④ 因此,虽然利息只能是平均利润的一部分,但它似乎完全脱离价值和剩余价值赖以产生以及平均利润率赖以形成的比例而存在。这样,在生息资本形式上的资本就取得了"它的纯粹

---

① 《马克思恩格斯全集》第1版第32卷第74页。
② 《马克思恩格斯全集》第1版第25卷第271页。
③ 《马克思恩格斯全集》第1版第25卷第377页。
④ 《马克思恩格斯全集》第1版第25卷第411—412页。

的拜物教形式：G—G′被看成主体，被看成可出售的物"①。"利润分割的比率和作为根据来实行这种分割的不同的合法权，都以利润是现成的，以利润已经存在为前提。"②

在《**超额利润转化为地租**》一篇中，马克思研究了资本在特殊生产部门的投资情况，即在按资本主义的方式经营的农业中雇佣工人、农业资本家（租地农场主）和土地所有者之间的生产关系。这些概念在关于**级差**地租和**绝对**地租的理论中得到了表述，马克思论证了它们各自的独立存在和历史特征。

这两种地租形式是以土地所有权的垄断亦即资本主义的土地经营垄断为基础的。农业上的剩余价值既不是来源于自然的生产条件，也不是来源于垄断本身（对一块土地的合法权利）。它和工业上的剩余价值一样，也来源于对雇佣工人的剥削。可是，它能在资本的有机构成因受历史的制约而显得较低的情况下，在剩余价值率相同的情况下，获得较大的剩余价值量和较高的利润率。上述垄断地位引起的结果是：这里所占有的剩余价值不进入全社会范围内的平均化过程。可见，农业能获得——超出平均利润的——超额利润，即实实在在的垄断利润。这种利润以前面提到的两种地租形式表现出来。

农业资本家即使在比较不利的自然条件下投入他们的资本也必定能实现平均利润，否则他们就会把他们的资本投入其他生产部门。其结果就会是使全社会的再生产过程失调，需求也得不到满足。在这一前提下，在农业资本家的竞争中就会形成农产品的统一的、与社会生产价格同一的市场价值。

对土地的垄断也在相同的方面产生影响。它阻碍剩余价值的一般分

---

① 《马克思恩格斯全集》第1版第25卷第442页。
② 《马克思恩格斯全集》第1版第25卷第428页。

配，就是说，它作为一种只能局部地克服或者完全不能克服的外力与剩余价值平均化为平均利润的过程相对立。① 土地所有者获得一部分在农业中取得的价值，因此，生产价格实际上就会提高，并且成为垄断价格。由此产生的绝对地租，即纯粹寄生的收入，就会降低社会总资本的平均利润。

马克思把**资本主义竞争**称为"资产阶级经济的重要推动力"②；尽管它不能创立这种生产方式的规律，但它是这些规律的执行者。"资本的内在规律，资本的趋势"只有在竞争中"才能得到实现"。③

恩格斯于1843年在《政治经济学批判大纲》一文中写道："据经济学家所说，商品的生产费用是由以下三个要素组成的：生产原料所必需的土地的地租，资本及其利润，生产和加工所需要的劳动的报酬。"④ 因此，马克思从1844年起也开始研究这些问题，如他在巴黎撰写的手稿就论证了"工资"、"资本的利润"和"地租"这些范畴。⑤ 此后，在《资本论》第3册的《各种收入及其源泉》一篇⑥中，马克思在论述工资是价值，或者更确切地说，是劳动力商品（参看第1册）的价格的转化形式时，在论述平均利润时以及在论述剩余价值的特殊派生形式即产业利润、商人利润、利息和地租时断定，这些分配形式甚至作为原始的、创造价值和剩余价值的各种要素出现在竞争中。然而，马克思接着指出，各种资本的相互作用不能创造而且也不能说明生产的各种规

---

① 《马克思恩格斯全集》第1版第25卷第858页。
② 《马克思恩格斯全集》第2版第30卷第551页。
③ 《马克思恩格斯全集》第1版第46卷下第271页。
④ 《马克思恩格斯全集》第1版第1卷第606—607页。
⑤ 《马克思恩格斯全集》第1版第42卷第49—88页。
⑥ 《马克思恩格斯全集》第1版第25卷第941—963页。

律。隐蔽地起作用的各种规律即支配生产的规律是由于各资本在竞争中相互施加的外在压力而产生的。可见,竞争是实现各种生产规律的一个决定性条件,并且是经济发展的重要推动力。① 马克思在最后考察工资和平均利润、产业利润和商业利润、利息和地租②时指出,这里没有完全涉及社会总资本的分配,它们不是分配形式本身,而是社会和历史共同规定的生产形式。③ 就是说,分配首先包括各社会阶级在资本主义生产的成果方面相互采取的行为,但是最后而且首先还包括与生产条件(例如生产资料)的关系,而生产资料在各种人中的分配是以资本主义的生产为前提的,并且为资本主义生产方式的基本关系奠定基础。分配关系是生产中的社会关系的"反面"④或者"实现形式"。分配关系只不过是从另一个角度来看的生产关系。"构成资产阶级分配的界限的特征(明显的区别。——本文作者注)——也就是特殊的局限性——作为控制生产和支配生产的特定性质加入生产本身。"⑤

资本主义既不是以生产在全社会范围内的有计划按比例的发展为基础,也不是以所生产的总产品以及流通关系和分配关系的相应的结构为基础。由于资本作为"孤立的个体"在生产资料私有制基础上从事生产活动,所以,社会劳动在各生产部门中的分配其实是在事后,即通过各资本的分配斗争实现的。社会剩余价值的平均化过程,正如马克思在

---

① 《马克思恩格斯全集》第 1 版第 25 卷第 964—991 页。
② 《马克思恩格斯全集》第 1 版第 25 卷第 992—999 页。
③ 《马克思恩格斯全集》第 1 版第 25 卷第 993—998 页和第 26 卷第 3 册第 532—533 页。
④ 《马克思恩格斯全集》第 1 版第 25 卷第 993 页并参看第 2 版第 30 卷第 36 页。
⑤ 《马克思恩格斯全集》第 1 版第 26 卷第 3 册第 86 页。

平均利润和生产价格的理论中明确表述的那样，"已经以资本的不断来回交叉游动为前提，或者说，以由竞争决定的、全部社会资本在不同投资领域之间的分配为前提（全部社会资本在其不同的生产领域里的分配。——本文作者注）"①。就这点而言，流通中的分配在生产和竞争之间起着中介作用，建立统一体，即私人资本的社会联系。因此，马克思把平均利润理解为"生产的调节器"②。

在论述**资本主义生产的总过程**（第3卷）时，**资本的生产过程**（第1卷）和**资本的流通过程**（第2卷）"还只是作为一种回忆和作为在同等程度上决定剩余价值的因素"③ 而表现的。马克思后来一方面主要研究价值规律以及剩余价值规律的联系这个一般问题，另一方面主要研究**平均利润**和**生产价格**、**产业利润**和**商业利润**、**利息**和**地租**这些特殊形式。这些特殊形式必须通过许多"转化和中介过程"或者"大量看不见的中间环节"的证明④，从最初的即原来的形式中推导出来，马克思借此彻底研究并充分认识了资本的形式变换。在第3卷中——就叙述而言——资本最终具有了"现实性的形式，或者更确切地说，是资本的现实存在的形式"⑤。

把**竞争**纳入对资本关系的分析就明确表述了实际的流通过程。《资本论》第3册，即第3卷主要论述**资本的现实运动**，即生产过程和流通过程的统一以及它们之间的关系的总和。

值得注意的是，早在1867年，马克思在论述资本积累的历史趋势

---

① 《马克思恩格斯全集》第1版第26卷第3册第231页。
② 《马克思恩格斯全集》第1版第25卷第882页。
③ 《马克思恩格斯全集》第1版第26卷第3册第534页。
④ 《马克思恩格斯全集》第1版第26卷第3册第539页。
⑤ 《马克思恩格斯全集》第1版第26卷第3册第536页。

（不要误以为在任何情况下这是唯一的发展）时，就已很有远见地整理了第3册手稿（1864—1865年）中关于"资本的原始积累"的笔记。①马克思最初作了如下概述："在资本本身基础上、因而也是在资本和雇佣劳动关系基础上的资本积累。它以越来越大的规模再生产出物质财富同劳动的分离和独立。（于是发生。——本文作者注）**资本的积聚**。……资本家作为上述过程，即同时加速这一**社会**生产，从而加速生产力发展的过程的**职能执行者**，就依照他们以社会名义（作为管理人即代理人。——本文作者注）为自己刮取收入以及作为这一社会财富的所有者和社会劳动的指挥者而飞扬跋扈的程度日益成为多余的人。他们的情况也和封建主一样，封建主的要求连同他们的服务，就曾经随着资产阶级社会的产生而成为多余的东西，变成了纯粹是过时的和不适当的特权，从而迅速趋于消灭。"②恩格斯在参阅了第1卷1890年德文第4版第24章中相应的论述③之后，在1894年的第3卷文本中把这段话改编如下："如果没有相反的趋势不断与向心（聚合。——本文作者注）力一起又起离心作用（驱散作用。——本文作者注），这个过程很快就会使资本主义生产崩溃。"④

马克思在1865年的第3册手稿中，没有完成最后一章《阶级》的写作，在这一章中他本来可以重新研究并完成关于资本主义积累过程的历史趋势的思想论述⑤，很有可能重新研究了恩格斯和他在此之前提出的关于社会阶级的形成和本质的思想。在这里，我们也许可以回忆一下

---

① 《马克思恩格斯全集》第1版第23卷第829—832页。
② 《马克思恩格斯全集》第1版第26卷第2册第348—349页。
③ 《马克思恩格斯全集》第1版第23卷第829—832页。
④ 《马克思恩格斯全集》第1版第25卷第275页。
⑤ 《马克思恩格斯全集》第1版第25卷第1000—1001页。

恩格斯在1845年的《英国工人阶级状况》一文中对资产阶级和无产阶级的特征所作的描述①、马克思在1845年的《神圣家族》(《批判性的评注2》一节)中对无产阶级和财富之间的对立以及无产阶级的历史任务所作的论述②、马克思和恩格斯在1845—1846年的《德意志意识形态》中对市民阶级的形成和发展所作的论述③、马克思在1847年的《哲学的贫困》中对工人群众通过工人的联合和政治斗争发展成为一个自在阶级的过程所作的阐述④、马克思和恩格斯在1848年的《共产党宣言》中对无产阶级一直到成为一个政党的各个发展阶段所作的阐述⑤、马克思大约在1850年对法国小农阶级所作的论述⑥、马克思在《资本论》第1卷中关于结合起来的工人的说明⑦或者马克思在巴黎公社被镇压半年以后取得的认识，即工人阶级只要还没有以组织起来、联合起来并获取必要认识的方式发展成为一种有足够力量的集体对抗力，就只能是统治阶级集体权力手中的玩物。⑧《资本论》第3卷未来的版本应该至少在注释中提醒读者注意这些前后联系。如果我们阅读一下列宁对社会自在阶级所下的著名定义（也就是说，这个定义还没有对有关

---

① 《马克思恩格斯全集》第1版第2卷第280、582—583页。
② 《马克思恩格斯全集》第1版第2卷第43—45页。
③ 《马克思恩格斯全集》第1版第3卷第60—61页。
④ 《马克思恩格斯全集》第2版第1卷第192—194页。
⑤ 《马克思恩格斯全集》第2版第1卷第280—284页。
⑥ 《马克思恩格斯全集》第2版第1卷第677—678页。
⑦ 《马克思恩格斯全集》第2版第2卷第216页。
⑧ 《马克思恩格斯全集》第1版第33卷第337页。这与马克思在1867年的《资本论》中类似的认识相符，工人阶级要想获得成功，就必须在生产过程的基础上联合起来、组织起来并经受训练以进行反抗(《马克思恩格斯全集》第2版第2卷第268—269页)。

阶级的发展状况作出任何说明)①,那么我们就会得到这样的印象:这个定义是马克思未完成的《资本论》第3卷最后一章的合乎逻辑的延续。

从逻辑方面来看,关于资本主义积累的历史趋势的引文是理论部分,即《资本论》第1册至第3册的结论性思想(历史部分构成第4册,即《剩余价值理论》)。

恩格斯在马克思逝世以后,并且在编辑了《资本论》第2册(1885年作为第2卷出版)以后,开始编辑第3册手稿;正如他在1885年3月8日给马克思的女儿劳拉的信中所说,他几乎不能理解,马克思有了这么巨大的发现,实行了这么完全和彻底的科学革命,竟会把它们在自己身边搁置二十年之久。② 同年4月4日,恩格斯在给奥·倍倍尔的信中写道:"这对整个旧经济学确实是一场闻所未闻的变革。只是由于这一点,我们的理论才具有不可摧毁的基础,我们才能在各条战线上胜利地发动起来。只要书一出来,党内的庸人习气也会再次受到久久不会忘记的打击。须知,那时又将首先辩论一般的经济问题。"③ 在我看来,甚至连恩格斯的这一具有重大影响的提示长期以来也没有引起人们的研究和重视。

马克思第3册的主要手稿经过卓绝的编辑整理,在《马克思恩格斯全集》历史考证版第2部分第4卷第2册发表以后,还可以在《资本论》第3卷未来的版本中纠正人们依据恩格斯的注释,即"以下三个片断,分散在第6篇的手稿的不同地方",或者"这里,手稿缺了对开

---

① 《列宁全集》第2版第37卷第1—26页。
② 《马克思恩格斯全集》第1版第36卷第285页。
③ 《马克思恩格斯全集》第1版第36卷第293页。

纸一页"①得到的印象：第7篇即《各种收入及其源泉》的开头部分是残缺不全的。事实正如已经证明的那样，手稿一页也不缺；②之所以这样，是因为这一页还包含有对其他问题的记述，所以马克思把它放在了手稿的另外一个地方。在《资本论》第3卷的未来版本中，应该至少在注解中将这一点告诉读者。

恩格斯和马克思很可能从1880年起，就已开始研究复本位制问题，即是否只能用一种金属（例如金），还是能用几种金属（例如金和银）作铸币的问题，因为那时在萨克森议会和科学界里已经掀起有关这个问题的辩论。他们二人在1883年年初以前完成了对阿·泽特贝尔的著作的摘录，此外，马克思还起草了《单本位制或者复本位制》一文。这部分资料可能将收在《马克思恩格斯全集》历史考证版第4部分尚未开始编辑的第28卷中。③在第3卷关于生息资本一篇中可能还要，比如用注释，介绍这部分材料。

可见，我们可以把恩格斯在1894年达到的认识高度与我们在编辑过程中不断得到的更新的认识合理地、理性地统一起来，这在科学史上本来就是很正常的事情。

（章林译）

---

① 《马克思恩格斯全集》第1版第25卷第919、930页。

② 参看拉·米斯凯维奇和维·维戈茨基：《关于马克思在1866年和1867年撰写〈资本论〉第2册和第3册的情况》，载《马克思恩格斯年鉴》第8卷，柏林狄茨出版社1985年版，第202—212页。

③ 参看雅·格朗荣和尤·罗扬：《〈马克思恩格斯全集〉历史考证版经过修改的计划》，见由国际马克思恩格斯基金会出版的《〈马克思恩格斯全集〉历史考证版研究》，1995年第2期，第89页。

1867 年后经济学手稿研究

马克思《资本论》第二卷史略[*]

〔苏〕A. Ю. 切普连柯

在历时几十年的写作《资本论》的过程中,马克思为创作科学的资本流通理论花费了不少心血。资本流通理论后来成了第二册《资本的流通过程》的研究对象,这个第二册后来由恩格斯作为《资本论》第二卷出版(1885年)。

对马克思经济学说的这一部分的历史,过去的研究是不够的。《马克思恩格斯全集》一些补卷(第46—50卷)的出版,第一次发表了《资本论》的某些手稿,其中也包括第二卷的一些手稿,这就使我们有可能研究这个问题。本文着重研究一下60年代资本循环理论的历史。

《资本论》第二卷作为独立篇章来写,是从1865年上半年开始,直到1879年底或1880年结束的。但是,马克思开始研究资本流通问题的时间,比这要早很多。早在1857—1858年手稿和1861—1863年手稿中,已经为后来创作系统的资本流通理论奠定了基础。因此,首先应当

---

[*] 本文选自《马列主义研究资料》1985年第1期。

原题注:本文译自莫斯科1983年出版的《马克思〈资本论〉史概论》一书,对于理解《马克思恩格斯全集》第1版第49、50卷上新发表的《资本论》第二卷的一些手稿有一定参考价值。本文作者是苏联马列主义研究院的科研人员。由于篇幅所限,我们把本文第一节删掉了,其内容主要是介绍《资本论》第二卷八个手稿的写作日期以及它们的相互关系。——编者注

简短地谈一下在《资本论》的这些初稿中所包含的一些出发点。

在1857—1858年手稿中,马克思第一次一般地论述了剩余价值理论。通过艰苦的努力和思考,终于发现了关于资产阶级生产方式的政治经济学的实际起点——商品。这就有可能最终弄清和确定基本的方法论问题,确定未来著作的适当计划,使它的结构和内容能确切地反映研究的对象——资本主义生产方式以及与之相适应的生产和交换关系。因此,经济理论进一步发展的逻辑本身要求马克思研究一系列的中间环节,从科学体系的比较抽象的概念逐步过渡到比较具体的、内容比较丰富的概念。换句话说,要进行出色的叙述,就需要继续深入研究,需要提出一系列新问题,形成一些新范畴。

因此,早在1857—1858年写作手稿的时候,马克思已经一再考虑自己著作的结构。例如,这时提出过五个计划。最新的一个计划写于1858年3月11日致拉萨尔的信中,时间大约是在结束这个手稿前的两个月左右。这个计划就是:"(1)价值,(2)货币,(3)资本一般(资本的生产过程,**资本的流通过程**,两者的统一,或资本和利润、利息)"①。可见,资本的流通过程起着中间环节的作用,从最抽象的范畴,表现资本主义生产方式本质的范畴,过渡到具体的"表面的"范畴,在这些范畴中上述的本质以转化的形式表现出来。更确切些说,这个计划表明,资本流通作为**中介**环节,使"资本的生产过程"即剩余价值的生产过渡到"资本和利润"。

马克思以前的资产阶级古典政治经济学并不是这样提出问题的。用马克思的话来说,亚·斯密"不通过任何中介环节,直接就把剩余价值同更发展的形式即利润混淆起来了"②。李嘉图则不通过中介环节,想

---

① 《马克思恩格斯〈资本论〉书信集》,人民出版社1976年版,第130页。
② 《马克思恩格斯全集》第1版第26卷第1册第69页。

把利润规律直接描写为剩余价值规律。因此，在他们的理论体系中，资本流通只是在特殊的形式上加以考察的，只是同商人资本和银行资本联系在一起考察的，是作为"实业家"和消费者之间的交换来考察的。当然，在他们的著作中也包含着有关资本循环的某些理论要素的论述（主要涉及的是流通费用和流通时间问题），但是，只有马克思才第一个制定了资本循环的概念。这是因为，这个概念本身只有同建立政治经济学范畴的辩证体系相联系才能产生出来，也就是说，只有建立在从抽象上升到具体的基础上才能产生出来。在这样的体系中，资本循环只起中间环节的作用，使抽象范畴（价值、剩余价值）过渡到具体范畴（生产价格、平均利润）。

由此可见，在这个时期的计划中，资本循环的概念（或它的原型）还没有出现，这时才刚刚开始建立《资本论》的理论体系。然而当时马克思已经谈到了某些思想，这些思想以后的发展，使资本循环作为研究资本流通过程的特殊环节分了出来。

马克思在《导言》中已经叙述了作为出发点的方法论原理，按照这个原理，流通应当从两方面来看，它既是"交换的一定要素"，又是从"总体上看的交换"。[①] 同时，马克思着重指出，"交换就其一切要素来说，或者是直接包含在生产之中，或者是由生产决定"[②]。要了解流通，还必须研究在它之后发生的过程，即创造了流通的各个要素的生产过程。马克思在1857—1858年手稿的《资本章》中已经得出了这样的结论。在资产阶级社会中，生产过程和流通过程存在着直接的统一。在统一中考察生产和流通，就可以把资本不看作"简单的关系"，而看作

---

① 《马克思恩格斯全集》第1版第46卷上册第36页。
② 《马克思恩格斯全集》第1版第46卷上册第36页。

一种过程。① 从这种观点来看，商品、货币、生产都表现为资本的存在形式。

作为"交换的一定要素"的流通与作为从"总体上看的交换"的流通之间有何区别呢？区别在于，现在交换不是表现为商品和货币的转瞬即逝的关系，而是表现为在流通运动中保存自己、自己同自己发生关系的交换价值。在这里它"没有失掉它的形式规定，而是在每一个不同的实体中保存了它的自我同一性"②。现在交换价值能够更具体地加以理解了，而不再像简单商品流通中那样，是两个使用价值之间量的关系，相反，它更具体了："表现为商品和货币的统一体的交换价值，就是**资本**，而这种表现过程本身，是资本的流通。"③

马克思这样规定了资本流通过程的内容之后，又规定了它的形式。这种形式就是循环。"资本的循环——作为资本流通的流通——包括两个要素。在这种流通中，生产表现为流通的终点和起点，反过来也一样。流通的独立性现在被贬低为单纯的外观，生产的彼岸性也是如此。"④ 可见，马克思在1857—1858年手稿中已经提出了资本循环的最初规定，这个规定是建立在他所表述的关于资产阶级社会中生产和流通直接统一的论点上的。

马克思在手稿的这一章中，注意到查默斯著作中的"经济周期"的概念，实质上考察了循环的一种形态，即生产资本的循环（当然，尚未使用这样的术语），并且分出了这种形态的各个阶段：创造剩余价值（产品的直接生产过程），产品变为商品（把产品运往市场），流通即商

---

① 《马克思恩格斯全集》第1版第46卷上册第213页。
② 《马克思恩格斯全集》第1版第46卷上册第215页。
③ 《马克思恩格斯全集》第1版第46卷上册第222页。
④ 《马克思恩格斯全集》第1版第46卷下册第5页。

品变为货币，再变为各种生产条件，原有资本的生产和追加资本的生产（生产过程的更新）。① 根据这种情况，马克思明确地区分了资本流通过程中产生的各种费用，一方面是产品运往市场和变为商品的费用，这些费用带有生产性质，另一方面是"本来意义上的流通费用"，这些费用只同计算手续有关，不管这些过程花费了什么劳动，都不追加产品的价值。他把货币这种交换工具也算入这种费用，因为"这种费用不添加价值，而是要占去一部分价值"②。

由此可见，在资本的循环过程中，同时发生资本价值的"形式变换和物质变换"③。通过对这种过程的考察，揭示出资本的生命活动，揭示出资本发挥职能的过程。马克思在总结从理解价值和资本的角度研究资本流通所获得的新内容时写道："如果说在考察简单生产过程时资本仅仅在它同雇佣劳动的关系上才表现为自行增殖的东西，而流通是处于一旁的，那么在资本的再生产过程中流通被包括在资本里面，而且流通的两个要素 W—G—G—W 也被包括在内……资本包括两个循环，而且不再表现为单纯的形式变换或处于这种形式之外的单纯的物质变换，而是二者都包括在价值规定本身之中。"④

制定资本循环问题的下一个阶段，反映在1861—1863年手稿中，特别是反映在这个手稿的第 XV 笔记本中。虽然在这个手稿中这个问题谈得很简练，是笔记式的（马克思显然认为，这些问题在1857—1858年手稿中已经论述得够明确的了），但是在这个手稿中还是提出了一系列新的原理。

---

① 《马克思恩格斯全集》第 1 版第 46 卷下册第 121 页。
② 《马克思恩格斯全集》第 1 版第 46 卷下册第 129 页。
③ 《马克思恩格斯全集》第 1 版第 46 卷下册第 178 页。
④ 《马克思恩格斯全集》第 1 版第 46 卷下册第 260 页。

马克思指出，资本的再生产总过程表现为资本生产过程和流通过程的统一，为了考察这种统一的"纯粹的形式"，马克思先分析"单个过程"或者说"单个生产周期"①（这些术语是资本循环的同义语），同时马克思还指出，有可能不仅考察资本循环的各阶段，而且还考察资本循环的各种**职能形式**。马克思写道："如果我们把过程看作连续过程，从而看作流通过程和生产过程的流动的统一，我们就可以把表现为过渡点或终点的任何一点当作起点。这样，我们**首先**可以从作为单个生产过程起点的货币开始；其次从作为生产过程直接结果的**商品**（产品）开始；最后从这个生产过程本身，从作为过程的 W′ 开始。"②

接着，马克思从这点出发，第一次提出了资本循环的三种形态的公式：公式（a）从购买商品开始，到把新生产出来的商品卖掉即到商品实现结束；公式（b）从出售商品开始，到作为"过程结果"的商品结束；公式（c）过程的两端都是"过程中的 W′"，或者说是 W 的各生产过程（从而再生产过程）。③

虽然马克思在 1861—1863 年手稿中只限于对流通费用讲了几点意见，他显然认为这个问题在 1857—1858 年手稿中已经详细研究过了，但是在他的阐述中还是添加了一系列新的要素。虽然总的说来马克思是在列举上一手稿中的各种流通费用，但他也注意考虑流通过程中发生的这一或那一现象不仅对价值量和价值形式产生怎样的影响，而且还对使用价值产生怎样的影响。马克思着重指出，这些或那些过程"对作为使用价值的商品使用价值的直接关系使这些过程成为直接的**生产过程**"④，

---

① 《马克思恩格斯全集》第 1 版第 48 卷第 126—127 页。
② 《马克思恩格斯全集》第 1 版第 48 卷第 127—128 页。
③ 《马克思恩格斯全集》第 1 版第 48 卷第 128 页。
④ 《马克思恩格斯全集》第 1 版第 48 卷第 390—391 页。

同时他也相反地指出,"挤入流通过程内并与商品使用价值及其各种不同的完成程度绝对无关"① 的各种特殊的资本形式同纯粹流通费用的产生有关。可见,在1861—1863年手稿中对流通费用的研究已经考虑到商品的两个方面,既考虑到价值,也考虑到使用价值,而在1857—1858年手稿中,马克思只是从价值方面进行分析的。把理论体系的起点从价值转到商品,这是1857—1858年手稿的主要科学结论之一,这就有助于更具体地考察《资本论》体系以后的各个范畴。

* * *

《资本论》第二卷的"第Ⅰ稿"②（1865年）,用恩格斯的话来说,"这是现在这样编排的第二卷的最早的一个独立的、但多少带有片断性质的修订稿"③。

这个手稿的特点是材料具有系统性,它的排列具有严格的逻辑顺序,并且资本流通过程的研究不同阶段之间存在过渡点。它的结构（特别是考察资本循环的名为《资本流通》的第一章）在主要点上同恩格斯依据后来的手稿整理出版的《资本论》第二卷的结构是一致的。然而,"第Ⅰ稿"对一系列问题的论述,在性质上明显地不同于恩格斯整理出版的第二卷的正文。因此,这个手稿具有特殊的科学意义。

谈到"第Ⅰ稿"时,首先应当指出的是,马克思在这里**最终地**确定了资本循环在资本流通过程的研究中所占的地位。论述这个问题的是这个手稿中名为《资本流通》的第一章。在《资本论》第二卷的所有各个手稿中,从"第Ⅰ稿"开始就形成的结构,始终没有变化。这是因为,马克思在"第Ⅰ稿"中明确地规定了研究的任务,把它的内容

---

① 《马克思恩格斯全集》第1版第48卷第392页。
② 发表在《马克思恩格斯全集》第1版第49卷第252—353页。
③ 《马克思恩格斯全集》第1版第24卷第7页。

表述为："我们必须研究资本在流通过程本身中所采取的新的**形式规定性**……为了纯粹地理解这些形式,重要的是首先要把一切同形式变换和形式形成无关的要素本身撇开。因此,特别是在这第一章中,我们要撇开许多甚至对流通过程很重要的现实的规定,在本书第三章中再加以考察。"接着又说:"在这第一章中应该阐明的只是新的形式规定性(范畴),即资本在依次通过整个流通过程时,它的新的形式规定性的形成。"① 对资本循环的研究任务所作的这样的规定,后来一直保持在《资本论》以后的所有手稿中。当然,在那里不可能找到如此明确地提出研究任务的词句,这一点和马克思一贯的表现一样,是由于随着研究问题的深入,他在初期阶段研究时所使用的"脚手架"也就消失不见了——这是指自己弄清这一或那一问题所进行的思考、研究这些问题时的理论前提和历史前提等等。所有这些只是保存在"被扬弃"的形式上,只有在分析概念的内在内容时才能够得出来,因为在马克思的成熟的著作中,方法同研究对象不是分开存在的。

在我们看来重要的一点是,马克思在"第Ⅰ稿"中把资本循环作为资本流通过程范围内同资本周转和再生产过程相对独立的要素分出来。但是必须指出,在问题的表述中(流通过程中资本形式的新的规定性)并没有"资本循环"这个术语,虽然在第一章的正文中不只一次地使用了这个术语,并且赋予它完全确定的内容;而这一章的标题本身则是《资本流通》,这证明马克思在这个阶段仍然主要把"资本流通"这一术语当作资本循环的同义词来使用。

马克思是在第一章第一节《资本的形态变化》中开始研究资本在流通过程中所具有的新形式规定性的,这一节所包含的内容相当于《资本论》第二卷第一篇的前四章。这些新的形式规定性是什么呢?

---

① 《马克思恩格斯全集》第 1 版第 49 卷第 252、253 页。

首先，资本主义生产的总产品是商品量，在流通过程中资本就表现为这样的商品量。任何商品所完成的形态变化（价值的实现、个人消费资料和生产出来的消费资料的出售和再转化回来）现在表现为资本的形态变化。但是在这里资本的形态变化同商品的形态变化之间的区别表现出来了。"过去是商品的**转化**，现在表现为资本**重新转化**为它的最初的形式"①，转化为货币形式。确实，资本的第一个规定就是自行增殖的货币。由此得出的资本运动的形式 G—W—G′，被马克思称为循环，马克思并且指出这种循环现在以生产过程为媒介。② 由于同生产过程相联系，这就能够把货币规定为货币资本，把商品规定为商品资本。

另一方面，同生产过程的这种联系又被资本本身的运动形式所掩盖，因为全部资本"作为某种能生产的东西"同原有价值额的增长额发生关系，把这看作"它的结果或成果，看作是它的产物"。③ 全部资本（而不只是可变资本）在这里：第一，表现为自行保存的价值；第二，表现为自行增殖的价值。因此，由于考察资本流通的形式，使马克思能够得出新的资本规定，这些新规定是不能从分析生产过程中得出来的。

马克思说明，资本主义生产当事人的观念的拜物教性质正是建立在货币资本的循环上。这种拜物教是由于：在流通的表面上所表现出来的 G′对 G 的关系中，"资本在生产过程中所具有的内容不同的具体形式无影无踪地消失了，从而在资本的**价值增殖过程**中它们彼此的实际关系也无影无踪地消失了。**价值增殖**本身没有它的中间环节而存在"④，而且，

---

① 《马克思恩格斯全集》第 1 版第 49 卷第 254 页。
② 《马克思恩格斯全集》第 1 版第 49 卷第 254 页。
③ 《马克思恩格斯全集》第 1 版第 49 卷第 254 页。
④ 《马克思恩格斯全集》第 1 版第 49 卷第 256 页。

首先是没有剥削劳动力的剩余价值的生产。因为在资本的货币表现中剩余价值生产的任何痕迹都消失了,马克思把这叫作资本的"没有概念的形式"①。

可见,在这个手稿中,作为生产和流通直接统一的资本的流通或循环,充满了现实的内容。既然把资本流通作为整个的交换来看,也就是作为生产和流通的直接统一来看,那么资本的概念就丰富了,变得较为具体了。但因为资本流通也是劳动和资本之间交换的某种特殊的相对独立的要素,所以它的这个独立性表现为把现实联系抽象掉,产生出关于资本流通的抽象的不真实的观念。这里表现出了资本循环的实际矛盾。

资本流通,如果考察它的总体,那"它可以从三种不同的循环的观点来看"(货币资本、商品资本和生产资本),同时"它就是资本所经过的**形态变化**的循环,这种循环包含着在形式和内容上都与商品形态变化不同的新的规定"②。

接着马克思转入对循环的各个形式进行说明,这时他提出了一些和1861—1863年手稿以及以后的一些手稿不同的形态和顺序。如果考察这些形式:(1) G—W…P… W′—G′; (2) W…P…W′—G′—W…P…Ck; (3) P—Ck—P,那么可以看到,第一和第三形式是货币资本和生产资本的循环的形式,它们在《资本论》第二卷以后的所有手稿中都一直存在(当然,顺序不同),但第二形式,即以商品为起点的循环,在以后的手稿中没有再出现过。另一方面,马克思一开始就没有分出商品资本的循环,虽然他几乎立即指出,应当把它补充上,尽管"在某种

---

① 《马克思恩格斯全集》第 1 版第 49 卷第 256 页。这些论点在《资本论》第二卷以后的手稿中得到了进一步发展,请参看恩格斯编入第二卷正文的"第 V 稿"(同上书第 24 卷第 48—59 页)。

② 《马克思恩格斯全集》第 1 版第 49 卷第 257—258 页。

程度上，它已经包含在形式（2）中，因为 W 虽然在这里表现为资本主义生产过程的先决条件，但它是以前的资本主义生产过程的结果"①。这样，就出现了形式（4）W′—G—W…P…W′。

马克思认为形式（2）和形式（4）的区别只在于，前一场合作为过程起点的各种商品是劳动过程的各种要素，后一场合作为起点的商品是生产过程的结果。只要把资本作为一般概念来看，作为"资本一般"来看，这种区别就不是本质的区别。实际上，如果从社会观点来看，或者更确切些说，从资本概念的内容来看，作为形式（2）这个循环的起点的商品和作为形式（4）的起点的商品资本之间，是没有区别的：发达的资本主义社会中的一切商品都是孕育着剩余价值的资本的产品，而从这个意义来说，都是商品资本。但是，如果从单个的观点来看，从单个资本循环的角度来看，它们两者之间就存在着原则的区别。在单个资本的循环中，作为生产过程各要素的商品是外部前提。它们从外部进入循环，从市场进入循环，而不再生产出来，在这单个资本的生产过程中被吞掉，在它循环的过程中消失。它们在另一单个资本的循环中是商品资本，这另一单个资本使它们不断发生形态变化，并作为自己的商品投入流通。在《资本论》第二卷所有以后的手稿中，恰恰是在研究单个资本的阶段上考察循环的，因此，形式（2）就消失了，剩下的只是商品资本的循环。

马克思在单独分析每一循环形式时是从形式（1）开始的，即从货币资本的循环开始。在这里，他表述了考察货币资本时产生的那些新规定，指出资本形态变化同简单商品形态变化的区别。首先，在货币资本的循环中，交换价值表现为"决定性目的，是运动的目的本身"，而在简单商品流通中，交换价值只是"转瞬即逝的形式"。其次，资本形态

---

① 《马克思恩格斯全集》第 1 版第 49 卷第 259 页。

变化"实际上是表示最初投入流通的价值在量上的**改变**"①。最后，既然生产过程是资本循环的要素，那么除了形式上的形态变化之外，它还包含"抽象意义上特定的物质变换，实际的形态变化"②。这种实际的形态变化就是劳动过程的各特定要素 W 转化为特定的产品，转化为商品资本 W′。可见，在这里"抽象意义上特定"的那个商品使用价值，代表劳动过程的各要素 W。③

马克思在分析货币资本的循环时提出的这些原理反映了交换价值和使用价值规定的进一步发展和具体化。事实上，"交换价值……是决定性目的，是运动的目的本身"这句话意味着什么呢？马克思这样形容交换价值，是为了强调它表现为主体，是资本流通过程的决定要素，而商品、货币、商品生产（生产消费）是从属的、以交换价值为条件的各要素。另一方面，使用价值的作用也改变了，它在经济范畴体系中的地位也改变了。只要循环过程包含着生产，那生产就"**成为经济的形式规定性的要素**"④，而使用价值就不是这个过程在物质上无差别的东西。因为要使生产过程能够实现，就需要具有完全确定的使用价值的商品，即劳动力和生产资料。

可见，资本循环的分析使马克思能够把商品的两个方面的规定（使用价值和交换价值）具体化，从而发展商品的概念。

同样，货币在这里也获得了一系列新的特征，这些特征从研究简单商品流通中是得不出来的。马克思指出，资本流通和简单商品流通的区别，是由货币运动的独特形式造成的。在性质上，这种区别表现在，在

---

① 《马克思恩格斯全集》第 1 版第 49 卷第 260 页。
② 《马克思恩格斯全集》第 1 版第 49 卷第 262 页。
③ 《马克思恩格斯全集》第 1 版第 49 卷第 262—263 页。
④ 《马克思恩格斯全集》第 1 版第 49 卷第 263 页。

货币资本的循环中货币不是作为流通手段执行职能,不是从一些人手中转到另一些人手中,因而不断地离开它的起点,相反,它是作为资本执行职能:"预付货币**流回到预付它们的人手中**,是作为资本的货币流通的本质表现。"① 在数量上,这种区别表现在,"从流通中可以得到比投入流通的货币更多的货币"②。而这一点对于弄清资产阶级政治经济学所没有猜中的"谜"是非常重要的。这个谜就是,作为货币所有者的资本家阶级怎么能够从流通中取得比投入的货币更多的货币。马克思指出,"这只是如下事实的表面的表现:从流通中取得比投入的更多的价值",换句话说,"资本能生产更大的价值,能增大它的价值"。③

但是严格说来,这个问题不属于对资本循环的分析范围,因为它要以研究社会总资本的再生产为前提。上面已经指出,资本的循环属于这样一个分析阶段,这个阶段的研究对象只是资本流通过程的新的形式规定,即形式方面。纯形态的这些新规定只能在考察单个资本时揭示出来。因此,马克思在这里就转而研究这个问题,并且在研究货币资本循环的时候详细阐明这个问题。这件事证明了:一方面在这里的研究跑到前面去了④,另一方面这也再一次证明我们已经说过的意见,即马克思在"第Ⅰ稿"中还在怀疑资本循环问题在他的理论体系中的地位问题。

马克思继续考察流通的各种形式时,详细地论述了资本流通(循环)同简单商品流通的联系。这是研究资本循环问题的崭新要素,是在

---

① 《马克思恩格斯全集》第 1 版第 49 卷第 263—264 页。
② 《马克思恩格斯全集》第 1 版第 49 卷第 264 页。
③ 《马克思恩格斯全集》第 1 版第 49 卷第 264 页。
④ 马克思曾指出,只有在第Ⅲ册第Ⅶ章中才能对这个问题进行较详细的论述(《马克思恩格斯全集》第 1 版第 49 卷第 268 页)。按当时的计划,这属于《资本主义生产总过程中的货币回流运动》部分。

"第Ⅰ稿"中第一次提出来的。马克思指出,资本循环过程也包括简单商品流通 G—W—G,它只在表面上同货币流通 G—W—G,相同。G—W—G 这一形式所反映的事实是,资本家花在工资上的货币回到他手中,因为他表现为必要生活资料的出售者。这里事实上是两个互相补充的形态变化,G—W,资本家购买劳动力,这只是货币资本循环的第一个行为,W—G 行为是它的补充,是另一形态变化的一部分,这另一形态变化是由劳动力完成的：W（A）—G—W。

马克思强调指出,G—W—G 是现实的基础,资本主义生产方式的当事人的拜物教观念都是建立在这上面的,因为"这只是把真正的交易**掩盖起来**的一种**交易**,真正的交易是：表现在生活资料上的某一部分资本同活劳动相交换"①。由此就产生出一种假象,好像资本家"之所以会致富,不是由于他从工人那里有所取,而是由于他对工人有所给,不是由于创造价值的劳动的活动,而是由于他有能力"②。马克思用这个例子得出了一个重要结论,即并非任何货币回流都代表资本流通,虽然另一方面,"回流的经常性"必然表示"隐藏在这种关系后面的买者与卖者之间的特殊关系"。③

考察为资本循环服务的简单商品流通形式 W—G—W,使马克思能够进一步把货币看作商品或物化劳动的转化形式。如果说在此之前马克思这样规定货币时说过,货币是包含在已出售的商品中的过去已花费的劳动的体现,那么现在有可能使这个规定更确切。在简单商品流通中执行职能的货币,按其使命也是流通结束时的那个商品的转化形式。但是流通的两个行为的相对独立性表现在,在第一个行为 W—G 完成的时

---

① 《马克思恩格斯全集》第 1 版第 49 卷第 272 页。
② 《马克思恩格斯全集》第 1 版第 49 卷第 273 页。
③ 《马克思恩格斯全集》第 1 版第 49 卷第 273 页。

候，第二个商品可能还没有生产出来。因此货币可能代表"刚在进行中的劳动，或者也代表或远或近的未来劳动"①，或者说"未来劳动的预先实现的……形式"②。应当指出，在《资本论》第二卷以后的手稿中，马克思抛弃了这些说法（可能是马克思认为，应当在第三卷分析货币资本和信用时再来阐述这些问题）。

在总结对流通过程的第一个形式即货币资本的循环的考察时，马克思说它是资本最直接的流通形式，因为它反映的是产业资本的运动，而它在简化的形式 G—G′ 上是借贷资本的形式，在展开的形式 G—W—G′ 上是商业资本的形式。它的特点表明，为什么在历史上它表现政治经济学（重商主义者）称之为资本的那第一个形式："这其实只是**货币贮藏的合理化的形式**，但是，在这种形式中，下述假象消失了：货币贮藏家所以能贮藏货币，似乎是靠**自己的节欲**，或者，似乎是由于他把**自己的劳动转化为货币**。"③

由此可见，在"第Ⅰ稿"中可以得出马克思一直到后来都在坚持的方法论原则：要解释资本循环的这一或那一形式支配着某一经济学派的头脑，就要看该种形式的特点怎样完整地表现出资本主义生产发展的相应阶段的特点。④

资本循环的以后各种形式（或者像马克思说的"流通过程的各种形式"）在"第Ⅰ稿"中没有如此详细地考察它们不同于货币资本循环的那些特点。如在形式（2）W—P—W′—G′—W 中，资本的整个流通

---

① 《马克思恩格斯全集》第1版第49卷第277页。
② 《马克思恩格斯全集》第1版第49卷第279页。
③ 《马克思恩格斯全集》第1版第49卷第282页。
④ 这决不是说资产阶级政治经济学制定了资本循环的理论概念，但任何经济学派都是不自觉地以某一种循环形式为起点。

过程或资本"形态变化的全部系列"表现为循环过程的一个单独的阶段。而且这里可以明确地看出，资本流通本身把简单商品流通作为必要的要素包含在内，其中货币只表现为"转瞬即逝的要素"，表现为"资本的流通手段"，但不是表现为运动的目的。另一方面，这个简单商品流通的非独立性表现为，"商品的**形式上的**形态变化，在这里只表现为它们**实际上的形态变化**的**形式媒介**"①，这种实际上的形态变化是在生产领域中发生的。因此，在形式（2）中可以更好地看清简单商品流通及其要素（商品和货币）在资本流通中所起的作用。其次，如果说"在 G—W—G′中，过程的**更新**所以包含在形式本身中，只是因为 G′在这里是……资本内在固有的**增加自己价值的冲动**"，因此"只表现为抽象的东西"，那么"由于形式Ⅱ的整个流通周期的结果，作为生产要素的 W，它的使命是要重新进入生产过程，这从物质上来看也是存在着的，而且表现为一种必然性"。因此，在这里流通过程本身在形式上也表现为再生产过程，而商品的简单形态变化表现为"劳动的客观条件与主观条件的再生产"的要素。②

在形式（3）P—Ck—P 中，整个过程也表现为再生产过程。它与前两种形式的不同之处在于，在这里流通是生产（再生产）过程的中断，而在以前的两种形式中情况恰好相反。因此在这里生产依赖于流通的情况表现得最为明显，因为在流通中，生产出来的价值（其中包括剩余价值）必须得到实现，"必须取得独立的价值形式，**货币形式**"③。正是这种情况加强了一种假象，"似乎剩余价值是从流通过程中产生出来的，属于流通领域本身，因为它只有在这个领域中才得到实现，而没有

---

① 《马克思恩格斯全集》第 1 版第 49 卷第 284 页。
② 《马克思恩格斯全集》第 1 版第 49 卷第 285 页。
③ 《马克思恩格斯全集》第 1 版第 49 卷第 286 页。

这种实现，它对它的所有者来说就不存在"①。

至于形式（4）W′—G—W…P…W′，那么马克思指出它实际上与形式（2）相一致。但这里和形式（2）不同，明显地表现出，资本家购买劳动力的那些货币是这个劳动力生产出来的商品 W′的转化形式。结果，在这里"似乎资本家是从他自己的基金中预付给工人这种假象就完全消失了"②。

在"第Ⅰ稿"中对于各个循环形式的研究，到考察它们统一时表现出来的那个一般物为止。在这里，马克思得出了从分析资本流通形式而来的某些一般结论，这些结论对于进一步的叙述具有重大意义。首先，从所有的四种形式得出，再生产过程包括劳动过程的客观要素和劳动力的生产消费在内。另一方面，虽然从考察资本循环中可以看清个人消费的作用，它再生产出"过程的人的前提，即资本家和工人"③。在形式上个人消费不进入资本循环：资本家和工人的个人消费处在资本循环范围之外。这一点非常重要：这可以使得在分析资本循环时把表现在危机中的资本主义再生产的实际矛盾撇开，也就是说，可以考察资本流通的**形式**本身，而不管这个过程进行的**条件**。事实上，资产阶级社会中再生产的周期运动和危机，作为生产和消费之间（供给和有支付能力的需求之间）矛盾的表现形式，只有同个人消费的研究联系起来才能揭示清楚。但是资本流通形式表明，"**商品向货币转化**的完成……与商品是否出售给最终的买者无关；因此，**商品向货币转化**的提前和完成，不取决于——在一定界限内——这些商品的真正的个人消费过程"④。

---

① 《马克思恩格斯全集》第1版第49卷第286页。
② 《马克思恩格斯全集》第1版第49卷第289页。
③ 《马克思恩格斯全集》第1版第49卷第291页。
④ 《马克思恩格斯全集》第1版第49卷第292页。

可见，在分析资本循环时，作为前提先撇开资本主义再生产的实际矛盾，这并不是任意从脑子里想出来的事情，而是有着现实的依据，因为依据批发商业和信用的发展，资本主义条件下再生产的矛盾能得到局部的解决。至于这种矛盾的解决只带有临时的局部的性质，这一点在分析**单个**资本的循环和再生产时是表现不出来的，只有在以后的第二卷第三章，甚至在第三卷中论述信用的篇章中，才能表现出来。

分析资本循环时的另一个前提，就是商品按照价值出售。但是《资本论》第一卷和第二卷全部研究的这个基本前提，在这里得到了某种程度的确切化和具体化：马克思着重指出，在分析的这个阶段上，商品的价值不是由它们生产时的价值决定，而是由它们**再生产**时的价值决定。这意味着，对于"已经处于流通中的商品"来说，再生产过程中发生的价值变动（例如，由于劳动生产力提高而发生的价值变动），"表现为高于或低于它的价值出售，表现为它的价值的提高或降低"①。由此可见，对于研究资本循环来说，重要的不仅要假定商品按价值出售，而且要使**它们的**价值在整个**再生产过程中不变**。在"第Ⅰ稿"中马克思首次得出了这一点，并把它说成是研究资本循环的前提之一。

马克思在先分析各个循环形式的特点的基础上考察资本循环的整个过程，使马克思能够更具体地指出生产过程和流通过程直接统一所表现出来的那些形式。他提出了两点：整个过程的连续性和它的各个阶段的同时性，即资本的所有形态变化同时并行。过程的这两种形式是互相联系和彼此不可分离的。在这些形式的统一中，"第一，资本是它的各不同要素的**实际统一**，虽然它在其中每种要素中形成这些要素在别的形式规定性中的整体，并且所有这些不同的存在形式就是**它的**各存在形式；但是第二，由于其中每个要素向另一要素过渡，资本把这种统一作为**流**

---

① 《马克思恩格斯全集》第 1 版第 49 卷第 294 页。

动的统一来保持"①。

但是，这些要素的统一又以它们相对的独立存在为前提。在这三种要素或资本的三种形式中，有两种（商品资本和货币资本）属于流通领域，并且和《资本论》第一卷中研究过的生产资本（生产过程）不同，它们还没有专门研究过。因此，马克思较为详细地论述了这两种形式。现在，商品资本和货币资本不是像以前那样从它们循环的特性上来考察，而是作为资本流通过程的一些阶段来考察。马克思说明，$W'—G$ 这个行为即商品资本独立成为商品经营资本（商业资本），丝毫也不会改变这个过程本身的内容。只要商品在它的这个规定性中"作为商品执行职能"，那么它"除了转化为货币，从一定的使用价值的存在形式转化为交换价值的独立的和抽象的形式，转化为它的**货币形式**，即**被出售**以外，没有任何别的职能"。②

马克思的这个思想对于理解资本循环问题的本质具有重要意义。商品资本按其执行的职能的内容来说，并不比商品更不同、更复杂。使它成为商品**资本**的东西，是与生产领域相联系，是把价值（和剩余价值）的生产过程同价值的实现过程连在一起的循环形式。一旦商品资本孤立起来，单独存在，不与生产过程相联系，它就失掉资本的任何标志，并表现为在流通领域中完成一系列形态变化的简单商品。

货币资本也是如此，如果考察它所执行的职能的内容，那么它们只是在资本的形式上的形态变化中，"同在商品的形态变化中一样，都是作为购买手段或支付手段执行职能；而当形态变化中断时，它们就作为**货币**执行职能"③。在这当中包含着下述论点的实际内容：资本是它的

---

① 《马克思恩格斯全集》第 1 版第 49 卷第 301 页。
② 《马克思恩格斯全集》第 1 版第 49 卷第 308 页。
③ 《马克思恩格斯全集》第 1 版第 49 卷第 318 页。

所有形式的流动统一。事实上，只要破坏了这种流动统一（例如，在现实中，由于危机而引起资本循环的停顿，或者，在理论上，当孤立地单独考察资本循环过程的每一个阶段时），那么这个运动就会失掉作为资本运动的那种特性。商品资本归结为商品，货币资本归结为货币，生产资本归结为简单的劳动过程。资本分解为它的"简单"前提的总和，研究又回到了出发点。

商品资本和货币资本合在一起形成市场。市场是流通领域的"空间规定"①，它不同于生产领域。生产领域（生产消费）同市场在空间上的不相一致，使处在市场上的商品资本"在离开流通领域本身，并且或是转入个人消费领域，或是转入生产过程领域以前"，必然停留"在生产与消费之间的**中间阶段**上，停留在流通领域本身中"，形成储备。马克思把储备的形成看作任何类型的再生产的条件，他实质上把这归于保管费用。如果说在"第Ⅱ稿"往后的各手稿中，即恩格斯用来编《资本论》第二卷的各手稿中，这些费用已被列为单独一项，那么在"第Ⅰ稿"中，马克思还没有把它们视为特种流通费用，他只是联系商品资本的分析来谈论储备。

在谈到货币资本的那部分手稿本文中，马克思已经指出了他后来考察这个问题时所得出来的所有基本要素。这些要素就是：第一，货币资本表现为准备资本的三种形式，这些准备资本是为了（1）平衡买和卖之间的差额（货币执行支付手段的职能）；（2）作为可变资本不断地支付工资（货币执行购买手段的职能）；最后，（3）准备资本也是临时的游资，剩余价值在实现之后和再转化为生产过程中的资本之前，就是处在这种形式上（货币执行货币资本的职能）。第二，马克思指出，货币资本存在于两种特征形式上，这就是货币材料和有价证券。在以后的手

---

① 《马克思恩格斯全集》第1版第49卷第310页。

稿（从"第Ⅳ稿"起）中，马克思在考察货币资本时没有再谈论后面这种情况，因为这要求事先研究信用，而且，只有当货币资本作为独立于产业资本的货币经营资本来看时，才能解释明白。

按照马克思的意见，在考察货币资本时首先应当注意的基本特点，就是"同一货币在流通过程中的职能，它交替地先是表现为**货币资本**，然后又表现为**货币**，或简单的流通手段"①。这只不过是马克思已经指出过的一种情况的另一种说法而已，这种情况就是，从最初的货币额发生增殖的 G—W…P…W′—G′ 这整个运动来看，货币表现为货币资本，从流通领域中有货币参与其中的商品资本的形态变化 W′—G—W 来看，这些货币只是作为流通手段起作用。

"第Ⅰ稿"第一章关于资本的形态变化这一节的最后，是分析在流通领域中直接完成的资本循环的两个阶段。马克思往后转入了考察流通时间（第2节）。如果说商品资本能够表明流通领域的空间规定性，即市场，那么现在要说明的是，空间要素，即同商品运往市场这个循环过程的"物理条件"相联系的要素，可以"简单归结为**时间**要素。市场的遥远，商品出售地点和商品产地的分离在这里所以重要，只是因为在各阶段中有一个阶段的持续**时间**就是这样花费和确定的"②。

马克思就像在考察商品资本的基础上规定流通的空间特性（市场）一样，来规定流通时间，即流通的时间特性。他说："商品资本为了完成 W′—G—W……所需要的那段时间，我们称为它的**流通时间**。"③ 在研究流通时间时，马克思所关心的基本问题是这种时间对资本价值增殖过程的影响。在这里，马克思依据他在1857—1858年手稿的《资本章》

---

① 《马克思恩格斯全集》第 1 版第 49 卷第 321 页。
② 《马克思恩格斯全集》第 1 版第 49 卷第 323—324 页。
③ 《马克思恩格斯全集》第 1 版第 49 卷第 324 页。

中已经说明的原理，把它们具体化了："**流通时间**对价值的创造和资本价值的自行增殖只起消极作用，而**劳动时间**却起**积极**作用。**流通时间**对于劳动时间起**界限**的作用……只是作为生产过程的中断而起作用。"①流通时间的长短取决于买和卖的时间的长短。马克思指出，在资本主义生产方式下有两种互相对立的趋势在起作用，这两种趋势是由同一些原因引起的。一方面，世界市场的发展，越来越远的地区被卷入世界经济联系，这造成售卖时间的延长；另一方面，同样由于世界市场的发展，商品来源越来越多，这又引起购买时间的缩短。由此，马克思得出一个很重要的结论："在发达的资本主义生产方式的国家中，实现新的投资比有利地使用原有资本更容易。"② 随着资本主义生产关系的发展，生产力和相对过剩人口也是向着这个方向不断发展的。

在分析流通时间的时候，马克思着重指出了这里发生的资本主义关系的拜物教化。由于流通时间决定资本价值增殖的程度（从消极意义上），所以"除劳动时间外，流通时间表现为决定要素"。由此就产生出"**一种假象**，似乎价值创造和剩余价值创造……还从资本作为货币资本或商品资本所固有的神秘的、隐藏的其他属性产生出来，这些属性同资本对劳动剥削的量或同对无酬劳动的占有毫无关系，根本不把**劳动时间**当作自己的尺度"③。可见，流通时间只是作为生产过程的中断影响价值增殖过程。但是另一方面，生产过程本身是流通过程的中断。通过这些论点，马克思的分析转入了第一章的下一节"（3）生产时间"。

马克思写道："由资本的生产时间和它的流通时间之和……来计量

---

① 《马克思恩格斯全集》第 1 版第 49 卷第 328 页。
② 《马克思恩格斯全集》第 1 版第 49 卷第 332 页。
③ 《马克思恩格斯全集》第 1 版第 49 卷第 327 页。

生产周期性的资本整个再生产过程,被称为**资本周转**。"① 因此,生产时间是这样一个范畴,它在考察资本再生产时表现为周转,表现为周期性的过程,由此造成生产时间和劳动时间的量上的区别。只要生产资本的阶段在这里被规定为货币资本阶段和商品资本阶段之间的中断时间,那么生产时间就在**量**上不同于劳动时间:它比劳动时间要长,因为其中包含着劳动过程中的各种中断。这种生产时间"等于劳动时间+非劳动时间"②。与此相关,也产生了这种生产时间和劳动时间之间的质的区别。从价值增殖过程来看,这种生产时间"也像资本的**流通时间**一样,不生产价值或剩余价值"③。这种生产时间的任何缩短,对价值增殖过程所起的作用就像流通时间的缩短一样:它会使价值增加。因此"**和劳动时间**不同的**生产时间**,也像**流通时间**一样,在资本的'玄妙'性质方面,产生出同样的神秘性"④。马克思由此得出结论说,资本主义生产方式的当事人,以及表达他们的观念的理论家们,他们的一些错觉是建立在现实的基础上的。事实上,在资本流通的过程中,资本价值增殖过程中生产职能和流通职能之间的任何区别看起来都已消失。这就给人造成一种印象,好像价值和剩余价值的源泉包含在资本的物质因素本身,包含在资本的本性中,包含在劳动过程中所完成的自然过程中。马克思强调说,这种看法是由于下述情况,即从资本周转来看,无论生产时间还是流通时间,都表现为同样的加在一起的资本周转时间。两者的区别只表现在,生产时间是使产品变成使用价值所必需的,也就是说,

---

① 《马克思恩格斯全集》第 1 版第 49 卷第 333 页。
② 《马克思恩格斯全集》第 1 版第 49 卷第 336 页。
③ 《马克思恩格斯全集》第 1 版第 49 卷第 336 页。
④ 《马克思恩格斯全集》第 1 版第 49 卷第 337 页。

"**生产时间**……是商品使用价值生产中的内在要素"①。在流通过程中，在流通时间内所发生的只是商品价值形式的变化。可见，如果只在流通领域中考察资本，只在资本周转过程中考察资本，那么价值的来源和产生就被掩盖起来了：在生产过程中创造使用价值，在流通过程中发生价值形式的变化，那么价值本身从何而来呢？这个问题依然完全没有说明白。马克思的这些说法证明，他在"第Ⅰ稿"中把流通作为资本流通来研究时，把他关于资产阶级社会中生产关系拜物教化的学说具体化了，而这个学说的一些作为出发点的要素他在《政治经济学批判》第一分册（1859年）中已经谈到了。

在考察"生产时间"这一节（即"第Ⅰ稿"第一章第3节）的最后应当指出，在马克思写作这个手稿的过程中，这个问题在第二卷结构中的位置改变了。在第二册的写作计划中，"生产时间和流通时间"这一节是第一章的第（2）节②，而在写作"第Ⅰ稿"的过程中，马克思把这些内容分成一些独立的节，并且把顺序改变了，先写流通时间，然后再转到生产时间。然而，写作"生产时间"这一节的时候，马克思不但最后想到应当把"生产时间"分成单独的一节，而且他还得出结论，认为必须把这个问题移到第二章"资本周转"中去，他说"这看来是最好的解决办法"。③ 确实，既然生产时间是资本周转时间的组成部分并且要以考察周转为前提，那么这样的解决办法是完全有道理的。然而马克思又指出，在这里，在第一章中，已经能够事先"对下述范围的资本周转作出一般分析，即这种分析还没有以研究固定资本和流动资

---

① 《马克思恩格斯全集》第1版第49卷第337页。
② 《马克思恩格斯全集》第1版第49卷第251页。
③ 《马克思恩格斯全集》第1版第49卷第338页脚注。

本等等之间的差别为前提"①。这样，这个问题的最终解决就留到以后去做了。第一章的最后一节（第4节）考察的是流通费用。在"第Ⅰ稿"中，马克思分出了流通费用的四种形式。第一种费用是由资本纯形式上的形态变化引起的并且是对商品价值进行扣除的那些费用。这些就是他在1857—1858年手稿的《资本章》中称为"生产的非生产费用"或"本来意义的生产费用"的那些费用。在"第Ⅰ稿"中，更详细地说明了与引起这些费用有关的那些要素：计算、达成交易所需的时间、货币的收支。**第二种**费用是保管费用，即马克思所说的，"商品停留在流通领域中，就要花费劳动和商品，以便把商品资本保留、保存在仓库中"。② 在"第Ⅰ稿"中对这些费用的说明也比1857—1858年手稿更完全了。马克思分出了两种情况。第一种情况是商品停留在流通领域中（仓库中）时间的偶然延长，这对卖者来说是纯粹损失。第二种情况是完全正常的现象，因为商品必须保存一定的时间，才能运往市场并得到实现。马克思着重指出，和上述第一种费用不同，保管费用"与商品的使用价值有关，而不只是实现商品交换价值的过程"③。因此，这方面花费的劳动加入商品的价值。这个道理对于保管费用和运输费用来说是共同的。但是在这里和1857—1858年手稿不同，马克思把它们分成两类特殊的费用。也就是说，把运输费用分成单独一种费用，把它和把生产出来的产品按照大小、重量等等进行分类的费用放在一起，被算作**第三种**费用。很明显，这样的划分在以前的手稿中是没有的，马克思进行这样的划分是根据这些费用在性质上对使用价值产生不同的影响：前者指的是使用价值在时间上的保存，后者指的是使用价值在空间上的移动

---

① 《马克思恩格斯全集》第1版第49卷第339页脚注。
② 《马克思恩格斯全集》第1版第49卷349页。
③ 《马克思恩格斯全集》第1版第49卷第350页。

和转移。最后，第四种费用是货币本身，"因为它们是由贵重的实体构成的"①，以前他把这些费用算作"本来意义的"流通费用，也就是算作他以前分为第一种的那些费用。但是，他关于货币所写的论述的性质使我们可以认为，在现在这个阶段上，马克思也是把这些费用看作纯粹流通费用，而位于这一节最后的这一段关于货币的论述，马克思只是作为对上面论述的纯粹流通费用进行的补充。

*　*　*

按照写作的时间顺序来说，下一个手稿是"第Ⅲ稿"。它是一个摘录笔记本，并且是经过第二次加工过的笔记本：许多引文不是从原著中摘来的，而是根据马克思的"补充笔记本"②摘录的。这些东西再一次地证明了，马克思早就知道资产阶级经济学家关于资本流通问题的看法。

总的说来，这个手稿中涉及的作者的范围，就是1857—1858年手稿、1861—1863年手稿和"第Ⅰ稿"中的那个范围。与"补充笔记本"不同的是，在这些摘录中有的地方马克思加了简短的说明，指出在阐述什么问题时他打算利用它们。显然，在"第Ⅲ稿"中，马克思力图把他写作《资本论》第二卷所需要的材料加以分类（在"第Ⅰ稿"中，他只是在每行下面注明，他在考察某个问题时打算提到哪个作家，并且为此留出了空白）。

"第Ⅲ稿"中收集的摘录有助于揭示资本循环的哪些方面呢？

首先，这些摘录清楚地证明了如下看法：资产阶级经济学家不懂得资本在生产领域中的形态变化和它在流通领域中的转化之间的质的区

---

① 《马克思恩格斯全集》第1版第49卷第353页。
② "补充笔记本"是指，马克思在写作1861—1863年手稿的同时，在1863年写的八个摘录笔记本。

别，虽然他们有时也猜到循环的某些阶段所起的职能作用［如，纽曼《政治经济学原理》（1835年安多佛和纽约版）一书的摘录、穆勒《略论政治经济学的某些有待解决的问题》（1844年伦敦版）一书的摘录］，但他们看不到资本不是物，而是特有的社会关系。资产阶级经济学家不能把资本理解为运动，理解为过程。因此，马克思在手稿的第8页上指出："资本是形成过程的并在流通过程中始终自己等于自己的价值"，接着从莱勒《货币和道德》（1852年伦敦版）第78页和贝利《对价值的本质、尺度和原因的批判研究》（1825年伦敦版）第72页中摘录了有关的引文。

许多摘录和参阅"补充笔记本"的地方，属于同流通费用（储备的形成等等）有关的各种问题。这些同资本循环有关的问题也反映在"第Ⅲ稿"的摘录中。

马克思把这个摘录笔记本同第二卷的一些独立手稿一样编成"第Ⅲ稿"，这表明马克思赋予这个笔记本以巨大意义，认为它对写作自己著作的第二部分是很重要的。

＊　　＊　　＊

在"第Ⅳ稿"中，马克思第二次尝试把自己研究资本流通的结果加以论述。恩格斯写道，"第Ⅳ稿是第二卷第一篇和第二篇前几章的已经可以付印的修订稿"，并且还指出，在他编《资本论》第二卷的正文时，"这部分已经在适当的地方采用了"[①]（具体地讲，这是指第二卷第一篇的第五、六章，谈的是流通时间和流通费用问题，这两章恩格斯几乎完全是按照"第Ⅳ稿"第一章有关部分的材料编成的）。第二卷的这个手稿共包括五十八手稿页，前四十九页叙述的是第一章，后九页是第二章的开头部分，后来马克思的写作就中断了。

---

① 《马克思恩格斯全集》第1版第24卷第7页。

从内容来看，"第Ⅳ稿"的第一章和"第Ⅰ稿"的相应的章非常接近。那么，"第Ⅳ稿"作为"第Ⅰ稿"之后的制定资本循环理论的新阶段，它在理论上的新要素是什么呢？

首先应当指出，在"第Ⅳ稿"中马克思最终分成了资本循环的三种形式，而不是像在"第Ⅰ稿"中那样分成四种形式。这就是同资本在流通过程中的三种形态变化相适应的三种循环：货币资本的循环、生产资本的循环和商品资本的循环。从这个手稿起，在所有以后的手稿中马克思都是进行这样的划分。

马克思研究的循环的第一种形式，是货币资本的循环。他着重指出，资本的这种循环实质上在第一卷中已经考察过了。不过在那里分析的是简单商品流通，**没有**使它同生产过程联系起来。因此，在那里这种形式表现为资本的总公式 G—W—G′，并带有它所固有的一切矛盾。而现在，流通领域不是孤立的，而是由生产过程作媒介的，在生产过程中资本增殖出一个剩余价值量。但是这样一来，资本总公式的矛盾并未消失，而是具有了另外的面貌。虽然资本家在生产过程中的行为表明，他实际上知道生产过程对于他的资本增长具有怎样的意义，但是流通加进了自己的"订正"：由于大量商品需要实现，有可能发生不等价的交换，有可能发生风险。所有这一切，加强了资本家头脑中对流通领域在资本增殖过程中的作用所得出的错误理解，并且归根到底使他把剩余价值的创造过程跟剩余价值实现为货币的过程等同起来。在这里，马克思继续并向前发展了资本流通领域中生产关系拜物教化的原理，这个原理总的来说在"第Ⅰ稿"中已经叙述过了。

往下，在分析货币资本和商品资本的阶段，马克思着重指出，同一商品或同一些货币是一个单个资本循环中的商品资本或货币资本，但它们在同这一单个资本的运动交织在一起的另一单个资本的循环中执行另外的职能。由此可知，为什么在"第Ⅳ稿"中马克思最后只分成三种循环形式。原因就在于他现在研究的是单个资本问题。

在对生产资本和商品资本的往后的分析中，马克思扩大了他在"第Ⅰ稿"中所作的说明，更详细地研究了它们的特点。在考察资本形态变化的最后，得出了它们固有的共同点和区别（在分析各个形式时，这些还没有反映出来），而且，是从与"第Ⅰ稿"不太一样的另外的角度得出来的。马克思作为三种形态的共同点指出来的第一点是，价值增殖是整个过程的动机和决定形式。这样，商品资本，货币资本，生产资本——所有这些都是自行增殖的价值的形式。我们认为，马克思在这里研究资本流通的时候，把他在简单商品流通的水平上所分析过的价值形式的概念具体化了，他还告诉我们，在资产阶级社会中，任何经济关系不仅有价值性质，而且也是建立在资本上的关系。所有循环形式共同的第二点是，在所有三种形式中，过程都表现为资本价值依次完成的形态变化的循环。整个过程表现为生产过程和流通过程的流动统一，资本表现为流通的、但在每一时刻又是固定在一定形式上的东西。最后，第三，马克思指出，各单个资本形态变化互相交织在一起，但社会总资本的实际再生产过程用商品形式和货币形式的简单交换是不能解释清楚的，因此，这个问题必须在第二卷的第三章中专门考察。可见，如果说在"第Ⅰ稿"中马克思主要是注意说明资本形态变化及其循环的前提，那么现在他集中说明各种循环形式之间各共同点的内容。

最后，马克思转入下一步研究，把循环的三种形式作为特殊的、彼此排斥的形式来看。在这里他指出，形式（1）是任何资本开始自己的运动的形式，这就使它同形式（2）和（3）区别开来。马克思还指出，形式（1）和（2）的存在要以社会资本在形式（3）中的存在为前提。应当指出，在"第Ⅰ稿"中这些内容是没有的。如此简练而明确地把所有三种形式之间的区别分出来，这是"第Ⅳ稿"首次完成的。

"第Ⅳ稿"的第二节标题为《生产时间和流通时间》，在这一节中，

"第Ⅰ稿"关于这个问题的论述也得到了补充和更确切的说明。在生产时间的范围内马克思分出了一系列单独的成分：生产资料发挥作用的时间，生产过程的中断，生产资料准备进入生产过程、但还未在其中发挥作用的那段时间。实质上，这并未越出"第Ⅰ稿"所作的生产时间规定的范围，但考察的顺序不同了。先是分析生产时间，然后研究流通时间。显然，其所以这样做，是因为从流通时间过渡到流通费用的研究，比从生产时间过渡到流通费用的研究看起来更合逻辑。由于"第Ⅳ稿"中对生产时间和流通时间的分析是在同一节中进行的，马克思更详细地论述了这两者的相互关系，他指出流通时间对于生产时间起消极界限的作用，反过来也一样。

在论述流通费用的第一章第三节，马克思开始时的分类与"第Ⅰ稿"有些不同。在这里，费用被分为四种。第一种是严格地由形式转化引起的费用：买和卖的时间、计算、支付以及作为流通过程的费用的货币本身。这样，和"第Ⅰ稿"不同的是，在这个手稿中货币一开始就列在第一种流通费用中了。第二种是商品储备，即商品存放在仓库中和保存所花的费用。第三种是"空间流通"的费用，即运输费用、包装费用等等。特殊的一种是第四种，马克思最初把商品的分割、分类以及其他类似的手续所用的费用算入这一种。在"第Ⅰ稿"中，这一类流通费用没有被看作特殊的一种费用，而是被归入运输费用中。看来，在进一步写作第二卷的过程中马克思得出结论，认为像现在这样划分是不合理的，因为在以后的论述中他又回到了"第Ⅰ稿"的论述。

在本手稿中说明各种流通费用的时候，马克思依据的是"第Ⅰ稿"中说过的原理，只是在一些地方论述得更详细。然而新的情况在于，他又把上述各种费用归为两类。马克思把第一种费用全部算作第一类费用，这就是形式转化本身所引起的费用，即由资本价值的商品形式和货币形式的交换所引起的费用。所有其他种费用加在一起被归为第二类费用，即不是由价值单纯的形式转化所引起的费用。这样划分的标准是这类费用对价值形成过程的影响。第一类费用是对已经生产出来的商品资本价值的单纯扣除，第二类费用是生产过程在流通范围内的继续所引起的费用，这种过程的生产性质被流通形式掩盖起来，它形成对商品出售价格的追加。

"第Ⅳ稿"中对流通费用问题的论述是完整的和系统的，这使恩格斯后来稍加修改就把它编成了《资本论》第二卷的第六章。

可见，"第Ⅳ稿"反映了研究资本循环问题的较高程度，意味着对这个问题的内容的最后阐述。现在面临的任务是把研究取得的结果加以叙述。这个任务在很大程度上由马克思在第二卷的下一个手稿即"第Ⅱ稿"中解决了。

*　　*　　*

按照时间顺序来说，"第Ⅱ稿"① 是在"第Ⅳ稿"之后写成的。恩格斯在《资本论》第二卷的序言中指出，"第Ⅱ稿""是第二卷的唯一相当完整的修订稿"，并且指出马克思在供最后修订时参考的笔记中说得很清楚："第二个修订稿必须作为基础。"② 恩格斯根据这个手稿以后的修改稿（第Ⅴ—Ⅶ稿）编成了《资本论》第二卷第一篇的大部分正文，而"第Ⅱ稿"本身相应的正文在整个第二卷中被利用的最多。

总的说来，"第Ⅱ稿"第一章就其对资本循环问题的研究水平来说和恩格斯用在《资本论》第二卷第一篇中的那些较晚时期的手稿没有什么差别，不过这个第一章在材料的安排和形式上，在某些原理论述的

---

① 发表在《马克思恩格斯全集》第 1 版第 50 卷第 7—326 页。
② 《马克思恩格斯全集》第 1 版第 24 卷第 7 页。这里所说的"供最后修订时参考的笔记"是指马克思 1877 年 3 月所写的笔记，当时他重读了六十年代写的属于第二卷的材料，然后重新开始了这一卷手稿的写作。

详尽程度上，都有一系列特点。这一章的第一节是《资本的形态变化》（马克思在该手稿的《目录》中写的标题是《流通的三种形态》）。也像在"第Ⅳ稿"中一样，马克思认为首先必须论述从生产过程的研究过渡到资本流通过程的研究。他说明了这种过渡：第一，是回到起点（"一般说来，资本展现在我们面前的第一个形式是货币，货币进行循环 G—W—G′"，而研究资本循环恰恰是从这种货币资本循环的形式开始）；第二，这种返回是在新的基础上进行的，即在《资本论》第一卷中已经对资本主义生产过程所作的分析的基础上进行的。① 这样，这种过渡就带有矛盾的性质，它使资本流通过程的两个简单要素脱落了，这两个要素就是简单商品流通和资本主义生产过程，结果这两个要素的独立性和互不依赖性的外观消失了。"G—W—G′循环使下述情况变得不可思议：在 G—W 行为即购买商品以后和 W—G′行为即重新出卖商品以前实现的资本主义生产过程，始终是看不见的。"② 现在，由于分析生产剩余价值的过程，资本总公式的"谜"仿佛已经解决了。但是这个谜以另外的形式再现出来："资本家实际上知道剩余价值或资本增殖的秘密。这一点可以由他在生产过程中的一切行为，由他疯狂追求剩余劳动得到证明。不过，他虽然不是德奥古利③，却过着双重生活：一种生活是在避开旁人视线的生产领域，在那里他是主人和统治者；另一种生活是在公开的市场上，在那里他以买者和卖者的身份出现，和自己相同的人打交道。这种双重生活在资本家的头脑里产生双重的神经冲动，从

---

① 《马克思恩格斯全集》第 1 版第 50 卷第 7 页。
② 《马克思恩格斯全集》第 1 版第 50 卷第 11 页。
③ 德奥古利兄弟是希腊神话中的双生子英雄，两个人共享一个人的生命，每天有一个人在地府中生活，另一个人在人世间生活，第二天再轮换过来，如此循环不已。——译者注

而产生双重的意识。他处在生产领域中的时候所懂得的东西，他在流通领域中已经不能懂得了。"① 剩余价值是在生产领域中生产出来的，但只有在流通领域中才能实现。只有在实现之后，它才成为整个过程的可感觉的实际结果。由于这种原因，"资本家把剩余价值的创造和它转化为金或银混淆起来"，而"由于市场变化无常，这种变化实际上只是**改变已有的价值的分配**，结果，剩余价值的来源就变得不清楚了，资本家本人最后再也不知道什么是什么了"。②

在《资本论》第二卷的正文（正文的这一节是按照1878年写的"第Ⅶ稿"编成的）中也曾指出了这种过渡，但是已经同分析货币资本的各阶段联系在一起，并且多少是从另外的角度来谈的。那里指出，一方面"资本家和雇佣工人的阶级关系，当他们在 G—A……行为中互相对立时，就已经存在了，就已经作为前提肯定了"。另一方面，"资本关系所以会在生产过程中出现，只是因为这种关系在流通行为中，在买者和卖者互相对立的不同的基本经济条件中，在他们的阶级关系中本来就已经存在"。③ 换句话说，一方面，在流通中阶级关系即资本主义关系已经作为前提肯定，即已经由生产关系决定；另一方面，这种关系所以在生产本身中出现，只是因为它在流通中已经存在。实质上，这只是关于资本总公式［不是表现在简单商品流通中的总公式，而是表现在资本流通（循环）中的总公式］所具有的矛盾的另一种说法，这种说法与"第Ⅳ稿"和"第Ⅱ稿"中的说法不同。这个矛盾的解决在于，把资本主义生产视为由流通所决定的东西，而把流通视为由资本主义生产所决定的东西。也就是说，把它们放在直接的统一中来看，这种统一是

---

① 《马克思恩格斯全集》第1版第50卷第9页。
② 《马克思恩格斯全集》第1版第50卷第9、11页。
③ 《马克思恩格斯全集》第1版第24卷第38、59页。

在资本循环中建立起来的。

这里我们看到的这种差别,基本上是由于叙述的形式造成的。例如,"第Ⅱ稿"中比"第Ⅳ稿"中更明确地着重指出,流通或市场只能"改变已有的价值的分配",把剩余价值的来源弄得模糊不清。① 另一方面,"第Ⅱ稿"和《资本论》第二卷的正文不同的地方是,在这个手稿中一开始就详细地分析了循环的每一个阶段,分析了它们在资本价值运动中的特殊职能。而在《资本论》第二卷第一章的开头,只是简短地谈了货币资本循环的各阶段,确定了研究的任务(了解资本在循环的不同阶段上时而采取时而抛弃的不同形式),确定了研究的前提(商品按价值出售,与循环过程中价值量的变化无关)。② 这样,我们在"第Ⅱ稿"中所看到的那些描写就被取消了。在"第Ⅱ稿"中详细地事先分析了资本循环的各阶段以后,马克思就转而说明在资本运动中产生出来的货币资本、生产资本和商品资本的各个特殊形式。

然后转入详细分析循环的三种形式,这时马克思也像在"第Ⅳ稿"和《资本论》第二卷的正文中一样,主要把注意力集中在下述的基本点上:(1)循环的这一或那一阶段的物质规定性和职能使命,这种阶段同资本价值总运动的联系;(2)商品和货币在与简单商品流通不同的资本循环中的作用;(3)资本主义生产方式更明显地表现在资本循环这一或那一形式中的特点或特性(例如,在分析货币资本流通的形态时,马克思指出:"正由于价值的货币形态是可以摸得着的表现形式,那末流通形式 G—W—P—W′—G′,即起点和终点都是真正的货币,并归结为 G—G′,归结为**赚钱**的流通形式,最明显不过地反映了资本主义生产的动因和起决定作用的精神。生产过程在这里只表现为赚钱的必要

---

① 《马克思恩格斯全集》第1版第50卷第11页。
② 《马克思恩格斯全集》第1版第24卷第32页。

媒介,表现为确实不可避免的不幸。因此,所有资本主义生产方式的国家都周期性地盛行投机的狂热,它们想不经过非常麻烦的生产过程而赚钱"①;(4)货币资本的循环、生产资本的循环、商品资本的循环分别是资产阶级政治经济学的重商学派、古典学派和重农学派的片面理论的实际基础。

在这方面,看来,在"第Ⅱ稿"和《资本论》第二卷的正文之间只能指出二点区别。在第二卷的第一篇中曾多次着重指出,所谈的始终是资本的特有形式——**产业资本**。同时这里还明确地规定了研究对象的历史特征——发达的资产阶级社会,因为只有在这种社会中产业资本才成为资本主义关系的一般形式。在"第Ⅱ稿"中马克思没有使用这个概念,通常是说"过程中的"资本,虽然不言自明的是,他的出发点是把产业资本看作占统治地位的社会关系(特别是当他谈到以前的政治经济学产生片面性的原因,以及这种政治经济学迷恋于资本循环的某一形式,或某一循环形式支配了这一或那一资产阶级经济学流派的原因的时候,他的出发点是如此的)。

在"第Ⅱ稿"和《资本论》第二卷正文之间可以指出的另一个区别,涉及考察三种循环形态的某些总结。

在"第Ⅱ稿"论述三种循环形态的那一节中,马克思集中注意资本价值运动中**生产和流通的辩证法**。资本循环在它的每一个形式中都是生产过程和流通过程的统一。循环开始的形式,表现为循环的前提的形式,也像循环的结果一样是必需的。因此,资本的流通过程同时也是再生产过程,而循环的各特殊形式,也像生产出来的商品一样,是整个过程的产物。再生产过程的连续性造成资本不断通过所有三种形态,同时,正是过程的连续性表明,"这始终只是从不同的角度来确认的**同一**

---

① 《马克思恩格斯全集》第1版第50卷第34—35页。

运动。实际上不是三个形式，而只有**一个形式**"①。资本按顺序通过不同的形式表现出生产和流通的统一的矛盾性：生产过程是流通的中断，而流通过程是生产的中断。"循环的不间断性在这里是通过经常中断来实现的，实际上只是这些中断的不间断性。"② 资本表现为生产和流通的形式统一，表现为三种循环形态的形式统一。它们的实际统一要求运动具有这样一种性质，即流通过程的不间断性通过生产过程的不间断性来实现，以及反过来的情形。这种情况在实践中是存在着的，那就是：资本价值分配在自己的三种不同的阶段上，资本先后通过这些阶段的顺序性同时由资本并存在所有这些阶段上作为补充。这更适用于社会总资本，它表现为生产和流通的**具体**统一。

（在往后的"第Ⅴ稿"中，这个思想更具体化了。马克思着重指出，生产和流通的统一是由**资本价值**决定的，资本价值在资本循环中表现为**主体**：资本"是一种运动……它只能理解为运动，而不能理解为静止物。那些把价值的独立性看作是单纯抽象的人忘记了，产业资本的运动就是这种抽象的实现。在这里，价值经过不同的形式，不同的运动，在其中它保存自己，同时使自己增殖，增大"③。换句话说，资本循环是一种同自己的形式和量统一起来看的价值。这样，马克思就比"第Ⅱ稿"中更确切地指出了资本循环的分析在《资本论》范畴体系中的地位及其意义。）

恩格斯从"第Ⅳ稿"中采用了论流通时间和流通费用的两节，编成了《资本论》第二卷第一篇的最后两章，即第五章和第六章，只有几处是从别的手稿中取来插在里面的。在"第Ⅱ稿"中，这些部分制定得不够精细，在相应的这些节中，收集了许多统计材料，有一些书

---

① 《马克思恩格斯全集》第 1 版第 50 卷第 54 页。
② 《马克思恩格斯全集》第 1 版第 50 卷第 55 页。
③ 《马克思恩格斯全集》第 1 版第 24 卷第 122 页。

籍和期刊的摘录。显然，马克思打算在以后要对这个手稿进行加工。

"第Ⅱ稿"和"第Ⅳ稿"（也就是《资本论》第二卷，因为"第Ⅳ稿"的这部分被吸收进了第二卷）之间最明显的差别，表现在流通费用的考察上。在"第Ⅳ稿"中一开始就把费用分成各个种类，与这个"第Ⅳ稿"不同的是，在"第Ⅱ稿"中马克思开始时先把流通费用作为特殊的范畴来规定："虽然资本在流通期间不改变自己的**价值量**，而只改变自己的价值形式，这种形式变换也会造成劳动和价值的**追加**支出——**流通费用**。"① 接着，他列举了这类费用的一些例子。但是他没有像"第Ⅳ稿"中那样在这一类当中列举这些费用。这类费用中不包括货币。所有这些情况表明，"第Ⅱ稿"中流通费用这个题目不如第二卷以前的一些手稿制定得详尽。不过这种说法不太适用于另一种流通费用，"这种流通费用全部或部分地由**生产过程**产生，即由生产资本在**流通领域中**继续执行的职能产生"②，如马克思在这里称为保存费用。他也像在"第Ⅳ稿"中一样，把下列那些费用都归入这一类：商品的分割、衡量、计量、分类、包装，形成储备、运输费用。但是也像"第Ⅳ稿"中一样，只阐述了储备的形成和运输费用。即使在这里也可以发现一定的差别，确切些说，特别是在这里说明了与形成储备有关的费用，而这在"第Ⅳ稿"中是没有的（因而，在《资本论》第二卷中也是没有的）。如果说在那里，马克思把资本存在于商品资本形式，从而作为商品储备所造成的一切费用，归为非生产费用③，那么，在"第Ⅱ稿"中的态度有些不同。在其中，马克思称为非生产费用的只是同"畸形的

---

① 《马克思恩格斯全集》第1版第50卷第60页。马克思在这里也只是指的一种特殊种类的费用，他称之为"流通的非生产费用"。而在《资本论》第二卷中这类费用被称为"纯粹流通费用"。

② 《马克思恩格斯全集》第1版第50卷第65页。

③ 《马克思恩格斯全集》第1版第24卷第156页。

商品储备,市场商品充斥"有关的流通费用,因为"这里流通的停滞不是构成它的不断运动的环节,这里是**流通的真正停滞**"①,而正常的商品储备的形成并不属于非生产费用,相反,正像马克思表明的,它们增加而不是减少保存中的商品的价值,也就是说,从资本主义商品生产者来说,它们是生产的。当然,在"第Ⅳ稿"中也区分了正常的和畸形的储备②,但是在那里马克思还没有得出与上述区别有关的流通费用的不同性质。在其余的问题上,"第Ⅱ稿"中再现了前一个手稿即"第Ⅳ稿"中的原理,不过不如原来那样详细。因此,看来恩格斯打算使读者了解到马克思最完整的思想,所以他把"第Ⅳ稿"的正文编到了论流通费用的一节中。

从上述这些可以得出结论说,"第Ⅱ稿"是马克思在上世纪六十年代研究资本流通问题的一定总结。其中叙述了(总的说来,是以系统的形式叙述了)《资本论》第二卷以前的一些手稿("第Ⅱ稿"和"第Ⅳ稿")中的基本原理,这种叙述有的比以前更详细、更深刻,而有的又比较简练。我们可以根据以上情况认为,写这个手稿的时候,资本循环问题的研究阶段基本上是完成了(因而在一定程度上也可以说是整个资本流通问题的研究阶段基本上完成了)。同把研究结果叙述出来有关的那些基本问题也已经解决了,在"第Ⅱ稿"中只是使叙述的形式更确切化了。马克思在七十年代写作《资本论》第二卷后来的一些手稿的工作,主要是同社会总资本的再生产和流通问题有关的部分,那是《资本论》第二卷最后一篇即第三篇考察的内容了。

(朴金中译)

---

① 《马克思恩格斯全集》第 1 版第 50 卷第 73 页。
② 《马克思恩格斯全集》第 1 版第 24 卷第 164—165 页。

关于卡·马克思《资本论》第二卷的手稿*

〔苏〕C. M. 格里哥里扬

大家知道,经恩格斯整理出版的《资本论》第二卷,它的材料包括马克思的许多手稿,写于不同时期。恩格斯远没有把所有这些材料都加以利用。在编辑整理《马克思恩格斯全集》补卷第四十九卷的时候,我们遇到了一个问题,就是究竟应该把《资本论》第二卷手稿材料中的哪些材料收到第四十九卷中去。

根据恩格斯在《资本论》第二卷序言中的说明和他写的书信可以知道,马克思留下的第二卷手稿有八个,即"全书有两种稿本,个别部分有六种稿本"①。

恩格斯在《资本论》第二卷的序言中还写明,在准备出版第二卷时,他拥有的马克思的手稿是:

(1) **第Ⅰ稿**,写于1865年,"是现在这样编排的第二卷的最早的一个独立的、但多少带有片断性质的修订稿"②。这个手稿包括三部分(篇)的全部,篇幅为385页。

根据恩格斯的说明,在准备出版《资本论》第二卷时,这个手稿

---

* 本文选自《马列主义研究资料》1982年第2辑。
① 《马克思恩格斯全集》第1版第36卷第264页。
② 《马克思恩格斯全集》第1版第24卷第7页。

"没有什么可以利用的"①。

（2）第Ⅲ稿，写于 1867 年 9 月，一部分是引文和马克思札记本的提示的汇编，一部分是关于《资本论》第三卷问题的材料。这个手稿的篇幅为 17 印刷页，也未被采用，恩格斯说，这个手稿"只好弃置不用"②。

（3）第Ⅳ稿，写于 1868 年 4—5 月。这是第二卷第一部分和第二部分前几章的修订稿。它的篇幅为 140 页；恩格斯部分地利用了这一手稿。

（4）第Ⅱ稿，写于 1868 年 12 月至 1870 年 7 月（注明日期是 1870 年）；包括全卷三个部分的全部，这是第二个手稿，"是第二卷的唯一相当完整的修订稿"③。篇幅为 837 页，恩格斯在编辑整理《资本论》第二卷的正文时大约利用了这个手稿的**三分之一**。

（5）第Ⅴ稿，写于 1877 年 4 月至 9 月；包括现在已被收入第一篇的前四章。手稿没有怎么加工。"材料与其说经过精心挑选，还不如说只是搜集在一起。但是，这份手稿是对第一篇的最重要部分的最后的完整的论述。"④ 这个手稿的篇幅为 193 页，恩格斯利用了这个手稿。

（6）第Ⅵ稿，写于 1877 年 11 月至 1878 年 6 月期间；这是把本卷第一篇整理付印的第一次尝试。篇幅为 62 页。恩格斯利用了这个手稿。

（7）第Ⅶ稿，注明日期为 1878 年 7 月 2 日，是把本卷开头整理付印的最后一次尝试。篇幅为 23 页。恩格斯利用了这个手稿。

（8）第Ⅷ稿，写于 1880—1881 年；这是第Ⅱ稿第三部分的改写稿

---

① 《马克思恩格斯全集》第 1 版第 24 卷第 7 页。
② 《马克思恩格斯全集》第 1 版第 24 卷第 7 页。
③ 《马克思恩格斯全集》第 1 版第 24 卷第 7 页。
④ 《马克思恩格斯全集》第 1 版第 24 卷第 8 页。

(社会资本的再生产和流通)。但"这个手稿也只是对问题的初步考察",其中"逻辑的联系常常中断;有些地方的论述不完整,特别是结尾部分的论述完全是片断的。但是,马克思要说的话,在这里以这种或那种方式都说了"。① 篇幅为234页。恩格斯利用了这个手稿。

由此可见,在上述马克思的材料中,第Ⅰ稿和第Ⅱ稿是**全卷**的第一个和第二个稿子(也就是说,每一个稿子都包括第二卷的所有各部分),其余六个手稿是第二卷**各**个部分的稿子。

但是,上述这些手稿并非马克思关于《资本论》第二卷的全部材料。把苏共中央马列主义研究院中央档案馆中的文件和材料研究以后得知,除了第二卷的两个全卷手稿之外,我们所拥有的《资本论》第二卷各个部分的手稿并不是**六**个,而是**十一**个。除了恩格斯所指出过的手稿之外,档案馆中还有下列各个手稿:

(1) 第1章的手稿,写于1868—1870年期间。篇幅为8页。(案卷号2345)。

(2) 第三部分开头的手稿,写于1870年。篇幅为1页。(案卷号2753)。

(3) 第1章的手稿,写于1877年3月。篇幅为25页。(案卷号2940)。

(4) 第1章的手稿,写于1877年4月。篇幅为5页。(案卷号3812)。

(5) 第1章的手稿,写于1877年10月。篇幅为15页。(案卷号3865)。

《资本论》第二卷的这些手稿,无论是恩格斯在编辑书的正文时利用过的,还是没有利用过的,都具有巨大的科学价值。

---

① 《马克思恩格斯全集》第1版第24卷第9页。

恩格斯在说明这些手稿时指出，它们的内容"几乎只是对资本家阶级内部发生的过程作了极其科学、非常精确的研究"①，"这是异常出色的研究著作，人们从中将会第一次懂得什么是货币，什么是资本，以及其他许多东西"②。

上面已经指出，马克思手稿的相当大的部分在恩格斯编辑整理《资本论》第二卷的正文时都被利用了。这里重要的是要指出，它们被利用的**程度如何**。

根据对现有材料的研究，和把手稿同出版的正文加以比较，得知第Ⅱ稿大约利用了三分之一，第Ⅳ稿利用了大部分，第Ⅴ、Ⅵ、Ⅶ稿几乎利用了全部，第Ⅷ稿利用了四分之三。

按照《资本论》第二卷的各篇来看，上述的各手稿被利用的情况如下：

《资本论》第二卷**第一篇的正文**主要包括第Ⅴ稿（86页）和第Ⅳ稿（34页）；此外，还有第Ⅶ稿的12页，第Ⅵ稿的5页，第Ⅱ稿的4页。

第二篇的正文几乎全是采自第Ⅱ稿（210页）。另外还有将近10页采自第Ⅳ稿。

第三篇的正文有四分之三（155页）采自第Ⅷ稿，四分之一（47页）采自第Ⅱ稿。

可见，属于《资本论》第二卷的手稿还有相当大一部分在恩格斯编辑这一卷的正文时未被利用，直到今天也没有发表。属于这些未发表的手稿有：第Ⅰ稿和第Ⅲ稿的全部，第Ⅱ稿③的约三分之二，第Ⅳ和第

---

① 《马克思恩格斯〈资本论〉书信集》，第420页。
② 《马克思恩格斯〈资本论〉书信集》，第437页。
③ 第Ⅰ稿、第Ⅱ稿已分别发表在《马克思恩格斯全集》第1版第49、50卷。——译者注

Ⅷ稿的一部分。除了马克思编了号的这些手稿外，恩格斯没有利用过并且没有发表过的，还有中央档案馆中的手稿。

在全部没有利用过或局部利用过的手稿中，最使人感兴趣的首先是第Ⅰ稿（1865年）和第Ⅱ稿（1870年）。把这些手稿和《资本论》第二卷的正文加以比较可以得出下列情况：

第一篇（部分）

（1）**在篇幅上**，它们之间的差别不大。第Ⅰ稿包括143页（誊清页），第Ⅱ稿包括155页，而成书包括122页。

（2）**在结构上**，它们之间有差别。第Ⅰ稿的第一部分包括4节，第Ⅱ稿的第一部分包括3节；而成书的相应部分称作"篇"，共有6章。

（3）**在内容上**，它们之间也是有差别的。第Ⅱ稿的正文是第Ⅰ稿正文的彻底修订稿，而成书的正文主要是由重新写的第Ⅳ、Ⅴ、Ⅵ、Ⅶ手稿组成的，不过所考察的问题的范围在颇大程度上是一致的。这些正文的差别还在于，在本节中，对同样问题的论述有的更为详尽。例如，第Ⅱ稿同第Ⅰ稿相比，"流通费用"一节从第10页到65页的论述扩展了。

第二篇（部分）

（1）手稿的第二部分和成书的第二篇名称是一样的，**篇幅**却大不相同：第Ⅰ稿第二部分包括108页，第Ⅱ稿包括400页，而成书第二篇包括200页。

（2）**结构**也大不相同。第Ⅰ稿第二部分有4节，第Ⅱ稿有9节，成书则是11章；而且各节的名称也不同（有一个不大的例外）。

（3）由于它们的篇幅和结构各不相同，结果正文也大不相同。只有题材多少是一致的，不过，第Ⅱ稿第二部分包含有关于第三部分即再生产问题的材料。

第三篇（部分）

（1）手稿的第三部分和成书的第三篇名称不同。它们的篇幅大不相同：第Ⅰ稿第三部分包括 134 页，第Ⅱ稿包括 272 页，成书包括 177 页。

（2）它们这一部分的结构也大不相同：第Ⅰ稿有 6 节，第Ⅱ稿只有 3 节，成书有 4 章。

（3）它们的正文的内容也大不相同，这是可以理解的，因为第Ⅱ稿的第三部分不仅是第Ⅰ稿的彻底修订稿，而且篇幅扩大了一倍多，而成书第三篇的正文有四分之三采自第Ⅷ稿。

由此可见，上述手稿的正文和成书的正文不同，它们包含不少重要的有意义的东西，使这些手稿具有**独立的科学价值**。毫无疑问，出版马克思的这些手稿，将有助于经济理论的发展和促进社会主义、共产主义的建设实践。

（原载《苏联马列主义研究院马恩室学报》，1970 年第 19 期）

（京祚 译）

马克思《资本论》第二卷第 II 手稿发表[*]

马克思《资本论》第二卷的一个重要草稿，即标明《手稿 II》的草稿现在发表在《马克思恩格斯全集》第 50 卷上了。在手稿的扉页上恩格斯曾注明："大约完成于 1870 年。"

关于马克思写作《手稿 II》的时间，缺乏准确的资料，但是，很可能是在 1868 年底到 1870 年的中期这一段时间里写成的。在这一草稿里，马克思第二次打算系统地阐述资本流通的主要理论问题。

我们知道，《资本论》第二卷《手稿 I》是研究资本流通理论和完整地叙述这一理论的第一个草稿。马克思在准备《资本论》第二卷（他最初打算这一卷既包括第一册也包括第二册）的过程中写成，看来马克思写作的时间是在 1865 年上半年。《手稿 I》已首次发表在《马克思恩格斯全集》第 49 卷上。

在《资本论》第一卷第一版出版前，马克思继续研究资本的流通问题，并且从 1865 年下半年到 1867 年 8 月为止，又写了两个手稿。其中《手稿 III》的主要内容是资产阶级经济学家著作的提要，并附有引自载有摘录和某些札记的较早的笔记本上的话。而下一个《手稿 IV》是"第二卷第一篇和第二篇前几章的已经可以付印的修订稿"（《马克思恩格斯全集》第 24 卷第 7 页）。在这期间，还有一个几页的手稿片断，其中马克思已开始《手稿 IV》的修改工作，这个片断没有编号

---

[*] 本文选自《马列主义研究资料》1982 年第 6 辑。

（也和十年—十二年前写的一些其他片断一样）。

在1870年，马克思完成了新发表的这个《手稿Ⅱ》。在这以后，工作长时间中断，主要是马克思的健康状况不好造成的。只是到1877年，他才有可能重新开始《资本论》第二卷的工作，1881年以前他还写了许多篇幅不同的手稿。其中多数是卷首（主要是第一篇）的草稿，而最后一个手稿则是《手稿Ⅱ》第三章的修改稿。

由于恩格斯编辑的《资本论》第二卷正文的第二篇，几乎完全把本手稿的第二章吸收了进去，所以，关于这一手稿的第二章我们就不再介绍了。本手稿第一章和第三章的材料，恩格斯利用得很少。这两章由于很多方面与《资本论》第二卷的最后定稿不同而具有独立的科学价值，所以我们着重介绍一下。

在新发表的这个第Ⅱ手稿里，叙述的水平，一般的结构，对资产阶级经济著作所进行的详尽的批判研究，对待研究对象的态度本身，都是值得注意的。这些方面的内容能够较深刻地说明马克思经济学说的最重要部分之——资本流通理论的形成过程。马克思对其他问题的评论，如关于商品流通史的插论；关于英国、美国、俄国、瑞士、西班牙、葡萄牙、希腊、中国的经济制度和外贸联系的某些特点的说明；关于自然科学方面的札记，也都有很大的价值。

马克思在写作这一手稿的时候，已经解决了科学地研究资本主义生产关系的基本问题。他在着手对资产阶级政治经济学进行批判的时候，克服了李嘉图经济理论中那些最终把李嘉图学派引入绝境、注定了它解体的矛盾。1859年出版了《政治经济学批判》第一分册，1867年出版了《资本论》第一卷。

恩格斯在《资本论》第二卷的序言里，谈到马克思在政治经济学方面取得的最重要科学成就时，特别指出了以下一些主要方面：发现了包含在商品中的劳动的二重性；研究了商品和货币关系，建立了第一个全面的货币理论；研究了货币向资本的转化，发现了特殊商品——劳动力，从而使劳动和资本之间的交换同劳动决定价值的规律得以一致起来；资本分为不变资本和可变资本，从而阐明了剩余价值形成过程的实际进程；研究了剩余价值的两种形式，即绝对剩余价值和相对剩余价值，以及其中每一种形式在资本主义生产的历史发展中所起的不同作用；建立了第一个合理的工资理论，阐明了资本主义积累史的基本特征及其历史趋势（《马克思恩格斯全集》第24卷第22页）。

马克思在这一牢固的基础上，对《资本论》的范畴体系继续成功地进行进一步的研究。

新发表的这个手稿，再现了作为生产和自我增殖的资本价值流通的统一体的资本流通的图景，说明了社会总资本再生产的必要条件。

这些条件同市场，同市场的一切变化有机地联系在一起，市场的这些变化对于资本家本身来说往往是不能预见的，甚至是不可揣测的。资本家从实践中领会到谁给他创造财富，因此把生产领域置于他的精心监督之下，但是在无法操纵的流通领域，他远不是总能预见到自己的命运的。马克思准确而形象地描绘了资本主义经济的这种二重性："资本家实际上了解剩余价值或资本增殖的秘密。这一点可以由他在生产过程中的一切行为，由他疯狂地追求剩余劳动来证明。不过，虽然他不是德奥古利，他过着二重生活：一种生活是在避开旁人眼睛的生产领域，在那里他是主人和统治者，另一种生活是在公开的市场上，在那里他们为买者和卖者发现的时候是在同自己一样的人打交道。这种二重生活在资本家的头脑里造成了二种神经冲动，从而造成了二重意识。他在生产领域所懂得的东西，在流通领域中便不能懂得了。"

资本的生命就是运动，在这个运动中，"过程中的价值"必须既通过生产领域，又通过流通领域，时而采取一种形式，时而采取另一种形式。每一种形式都是不断进行的物质变换即资本循环的链条上的一个环节。

这种一定的职能形式之一便是货币资本。马克思着重指出，资本家不同意货币贮藏者的幻想，通常不表现出"以贮藏货币的形式保存自己货币的宿愿"。只有市场行情不利的情况才能迫使他同意把货币暂时闲置起来。把现有的积累变为社会劳动——变为生产资料——和变为"死劳动的血液"，变为劳动力，以便吸取在生产地消费购买来的商品的过程中所产生的剩余价值，这才是他通常怀有的渴望。这样一来，这些商品便成了生产资本。由于这种资本的消费而产生出新的商品。生产过程消失在产品上，消失在商品资本上，而这种已经吸收了剩余价值的商品资本必须重新转化为货币形式。

马克思和资产阶级经济学家不同，不是简单地记叙经济关系的表现形式，而是研究它们的隐蔽的内容，把货币资本、生产资本和商品资本看作价值运动的必要要素，看作符合资本主义生产方式向来的目的——资本家依靠剥削雇佣劳动来发财致富——的那种转化的阶段和形态。

个人资本在其循环和流通过程中的联结形成社会资本，社会资本的运动是资本主义再生产的实质，其中也包括社会关系再生产的实质而对这一运动所做的理论分析便是再生产理论。

马克思在这一手稿中，还没有说出最终形式的再生产条件和规律性，没有确定资本的各职能形式之间以及各生产领域之间的严格的代数比例。这里还没有《资本论》第二卷中的社会产品的积累和流通的著名图式（《马克思恩格斯全集》第24卷第571—592页）。不过大量的计算已经使人能够判断出他多么接近于弄清经济内部的依赖性和联系。当时还只是偶然地使用社会生产部类的概念——有时使用数字符号，有时使用"范畴"、"类"——极少提到"部类"这个术语本身。但是，马克思始终强调资本主义再生产受生产力和生产关系性质本身的客观制约这一点，说明这种再生产必须保持资本的各种一定形式和资本流动，必须存在一定的货币资源、商品资源和人力资源。再生产——这是以物质价值，以体现着人的劳动的使用价值为媒介的各个个人资本的相互联系。

生产和流通的连续不断是资本的实现和再生产的必要条件。破坏这种条件便会引起危机。马克思强调经济危机的根源是"病态的"资本主义生产，是它所固有的矛盾。这便是各种只触及货币流通领域的处方无法医治这种病症的原因。表面上显露出来的资本主义生产的疾病，是扎根于基本生产资料的私有制上的。

马克思关于流通速度的思想，关于注意一切商品体的易朽性的非常重要的思想，对于一切社会生产形式包括社会主义生产形式都有直接的实践意义。"如果说在货币形式上资本的价值是不朽的，那么在商品形式上这种价值会遭受商品体的一切病害。经过一定的时间以后商品会变坏，随着使用价值的降低，商品也丧失交换价值。一定的时间之后，商品体变为商品尸体，其中美丽的商品灵魂即价值会消失。"由此便产生了缩短资本处于商品形式上的时间的必要性。在提出必须加快商品流通这一问题的时候，实际上是说出了一种合理经营的必要要求，说出了社会生产的高效力的条件。

马克思几次研究再生产的科学理论的创始人弗·魁奈的遗产，着重指出他在理解资本主义经济内部机制方面胜过大批的资产阶级理论家，指出他的"独创性的大胆行为"。马克思写道，魁奈"在他的'经济表'中试图用若干条直线和斜线以一目了然的总图来概括和说明经济的完整运动"。魁奈的功绩在于，他第一个把流通规定为充当再生产或"经济的完整运动"的媒介的要素。在马克思看来，这一功绩如此重大，以致他引用了老米拉波对"经济表"的评价，说这个"经济表"可以作为第八个人类天才的成就与七个著名的"世界奇迹"相并列。

但是对魁奈的赞扬，也像对那些人们把他们的思想看成"全世界历史意义的革命力量"的其他卓越学者们（化学家拉瓦锡，天文学家拉普拉斯，生理学家比沙，生理学家拉马克）的高度评价一样，只要同马克思对资产阶级庸俗经济科学所作的否定评价相对照，就显得特别突出和有分量。在马克思看来，资产阶级庸俗经济科学，例如萨伊，他的观点的特色是荒谬，结论肤浅，把拼凑来的没有很好加工的材料排列一下次序。

对生产和流通之间的依赖性所作的详尽的科学分析，在一切联系和中介过程中考察资本价值的运动，使马克思能够对资产阶级政治经济学方法论上的毛病开展有力而深刻的批判。正是马克思指出了从简单劳动过程来观察资本主义生产过程的错误，揭露了资产阶级经济学家的反历史主义和形而上学的观点。在对政治经济学的范畴、资本主义经济发挥职能的动力和机制的崭新理解中，显示了新的方法——唯物辩证法的优越性。

马克思在研究资本循环的时候，首先研究资本的货币形式，这种形式向生产形式，而后向商品形式的过渡，从而在辩证的统一中考察了资本价值不同的规定性。资本价值在不断运动的过程中实现的自我增殖，在社会经济生活中证实了辩证唯物主义关于发展的原理。同时马克思指出在事物的质的规定性和它的职能之间所存在的密切联系，分析在资本循环中随着职能的变化，物如何转到它的对立面。马克思写道："同一些物在一个资本的循环中作为商品资本发挥职能……随后在另一个资本的循环中作为生产资本发挥职能。'商品资本'，'生产资本'等等规定性随这些物在资本价值的循环中所处的地位（和相应的职能）而变化。"在分析资本的循环和再生产的时候，马克思使用了同一和差别、形式和内容、现象和本质、原因和结果等哲学范畴。

马克思的辩证方法早在《政治经济学批判》第一分册和《资本论》第一卷出版以后便不为人们所理解，并遭到资产阶级和小资产阶级作家的攻击。有的人企图在马克思的方法和黑格尔的唯心主义辩证法之间划等号,企图指责马克思(显然目的在于贬低和破坏威信)"始终忠实于黑格尔逻辑的骨架",宣称辩证法根本不能成立。欧·杜林就是这样干的,他认为马克思方法的缺点在于,甚至在流通的形式上也显露出"黑格尔推理的形式"。马克思对于这种攻击作了极为明确的回答:"我和黑格尔辩证法的关系是很简单的。黑格尔是我的老师,自以为已和这位著名思想家断绝了关系的那些自作聪明的追随者的废话,我认为简直是可笑的。但是我自许以批判的态度对待我的老师,摈弃他的辩证法的神秘性的缺点,在本质上改变它,如此等等。"这种承认是马克思在《资本论》第一卷第二版跋里的著名表态(见《马克思恩格斯全集》第23卷第24页)以前说的。无论在那里还是在这一手稿中,都包含着黑格尔哲学是马克思主义理论来源之一的言简意赅的格言式评价。

包括在本手稿第一章正文里的许多思想对于弄清社会形态次序的历史变迁具有很大的意义。特别是马克思注意到资本主义生产关系侵入其他生产方式结构的灾难性后果,注意到"在为自己消费而生产向商品生产过渡的时候"产生的"最强烈和最危险的经济上的危机",举了相应的例子和说明。关于辩证地揭示不同社会的生产和消费情况,关于资本主义历史使命的说明,关于自然条件对于发展生产的作用等等的说明,也都具有很大的意义。

本手稿第三章《流通过程和再生产过程实现的条件》,对于社会再生产的理论具有无可置疑的意义。

剩余价值的生产是资本生产的决定性动机这一论点,在这里自始至终贯穿在整个论述中。作为再生产过程的资本循环服从于这一动机。它创造出保证最大可能的剩余价值率和剩余价值量的条件。马克思详细分析了资本主义社会的分配和交换问题,不变资本磨损的补偿问题。

马克思一步一步地揭露了所谓"斯密教条"的错误,这种教条认为:第一,如果不是从个别资本家的观点,而是从社会的观点来考察总产品,价位产品中补偿不变资本的部分"会像纯粹主观的幻想一样"消失;第二,产品的价值分解为工资和剩余价值,也就是把总产品的价值归结为新创造的价值。同时马克思令人信服地揭露了资产阶级政治经济学的这种"信念的象征"的根源,揭露了斯密及其模仿者的这种错误的根源。马克思指出,资产阶级经济学家不懂得创造这种或那种特殊形式的物质财富和把早先创造的正在使用中的生产资料(原料、机器等等)的价值转移到最终产品上去的具体劳动和创造产品价值的抽象劳动之间的区别,也就是不懂得使用价值和价值之间的区别。与此同时,马克思阐述了社会资本的再生产过程,社会总产品的一切部分既在价值上(不变资本、可变资本和剩余价值),也在实物形式上(消费品和生产资料)得到补偿的过程。

新发表的手稿中对于为再生产过程和实现过程充当媒介的货币运动的研究,具有很大的价值。马克思在阐明货币运动跟个人资本和社会资本再生产的不同要素的关系时,对资产阶级经济学家的观点进行了令人信服的批判,资产阶级经济学家不能解释现实流通的现象,企图用放弃等价原则、放弃价值规律的办法来摆脱困境。

至于造成劳动力买卖行为不断重复的原因,马克思指出:在 W—G—W 和 G—W—G 这两个公式的形式差别的后面,隐藏着深刻的内容上的差别。如果说货币回到资本家手中,是第二个公式所反映的流通:"技术"的直接结果,那么对于工人来说,这一行为只有当"资本家作为买者重新表现出主动性,又购买劳动力"的时候才有可能重新开始。

由此可见，在和生产的统一中来考察流通过程，才有可能发现工人和资本家之间交换的真正性质（因为单纯从简单商品流通的抽象立场出发这似乎表现为平等的"卖者"和"买者"相对立），交换的真正性质，从而有可能发现简单商品流通本身的真正性质。

马克思指出，要了解社会总资本及其产品的再生产，应当从两个观点——根据产品的价值和它的实物形式——来考察运动，必须同样地既考虑社会产品的价值结构，又考虑社会产品的物质形式。考虑物质形式必然使马克思把"社会总产品"或整个社会生产分为两个部类：Ⅰ——消费品的生产，即进入资本家和工人个人消费的商品的生产；Ⅱ——生产资料的生产，即必定进入生产消费的商品的生产。大家知道，在《资本论》第二卷中对上述部类所标明的数字与这里相反。在现在发表的手稿正文里引用了资本家之间和两个部类的各部门之间相交换的大量数字公式。

马克思在这一手稿里只限于考察简单再生产，但这绝不表示他还没有接近于解决规模扩大的再生产问题。马克思在手稿中所写的《目录》表明，他打算在这里继续进行早在1861—1863年手稿和在《资本论》第二卷第一稿里（《马克思恩格斯全集》第26、47—49卷）就已开始的对扩大再生产的条件和机制的研究，从而对问题进行深入的分析。

新发表的手稿无论是在马克思主义再生产理论的某些要素方面还是在最重要的一般原理方面，都反映出高度的成熟程度，弗·伊·列宁曾特别强调再生产理论具有高度的科学价值。

最后，《资本论》第二卷这一手稿的发表所以具有无可置疑的意义，还因为读者第一次有可能了解到恩格斯在编《资本论》第二卷时在很大程度上直接利用过的那些手稿之一。

把《资本论》第二卷第一篇的正文,特别是第三篇的正文同本手稿的相应章节加以比较就可以看出,恩格斯多么慎重地对待自己已故朋友的理论遗产,他在比较所有遗留下来的《资本论》第二卷草稿的时候做了多么复杂而细致的工作,在最后定稿的时候力求只选择能够最充分地和最好地反映马克思思想的东西。恩格斯作为编者,力求尽可能不改变正文,只是在绝对必须的时候才限于对手稿作少量的文字上的修改。

(原载《马克思恩格斯全集》俄文第 50 卷第 V—XIV 页)

(长清 编译)

《资本论》第 2 卷第 VIII 稿若干情况简介*

刘 焱

《资本论》第 2 卷第Ⅷ稿大约写于1880—1881年之间，不仅是《资本论》第 2 卷的最后手稿，也是整个《资本论》三卷的最后手稿。关于这份第Ⅷ稿，恩格斯在《资本论》第 2 卷《序言》中说："第 3 篇，即社会资本的再生产和流通，在马克思看来，非重写不可。因为第Ⅱ稿在论述再生产时，起初没有考虑到作为再生产媒介的货币流通，后来考虑到这种货币流通就要再论述一次。原来的部分应当去掉，全篇应当改写，以适应作者已经扩大的眼界。这样就产生了第Ⅷ稿，这是一个只有 4 开纸 70 页的笔记本；只要对照一下现在印成的第 3 篇（采自第Ⅱ稿的插入部分除外），就可以知道，马克思善于把多少东西压缩到这个篇幅中去。这个手稿也只是对问题的初步考察；它的首要课题，是确定并且阐述那些对第Ⅱ稿来说是新获得的观点，而对那些没有新东西可说的论点，就不加考虑了。……逻辑的联系常常中断；有些地方的论述不完整，特别是结尾部分的论述完全是片断的。但是，马克思要说的话，在这里以这种或那种方式都说了。"① 因此，由于恩格斯在《序言》中所说的原因，恩格斯对马克思的第Ⅷ稿进行了相当大的修改和补充。当

---

* 本文选自《马克思恩格斯研究》1990 年总第 3 期。
① 《马克思恩格斯全集》第 1 版第 24 卷第 8—9 页。

然，恩格斯的这些改动的绝大部分均属于文体上的修改。不过我们究竟可以说，如果没有恩格斯对这一手稿的润色和改动，马克思的一些没有明确表现出来的丰富思想，就无法像现在这样如此清晰地表达出来。

据考察，第Ⅷ稿共77页，其中第56页和第66页为跳页，第72—75页为空白页，第77页已丢失。该手稿现保存在阿姆斯特丹国际社会史研究所。

我们现在见到的这一手稿原文，是由日本学者以阿姆斯特丹国际社会史研究所收藏的原件为依据经辨认而整理出来的关于扩大再生产部分的手稿，译成中文约3万字。这里兹就手稿的若干情况作一简介。

根据恩格斯在《资本论》第2卷中提供的资料，我们了解到，《资本论》第2卷第3篇（第18章《导言》、第19章《前人对这个问题的阐述》、第20章《简单再生产》和第21章《积累和扩大再生产》）是由第Ⅱ和第Ⅷ稿共同组成的，其中第18和21章分别单纯由第Ⅱ和第Ⅷ稿组成，第19和20章由第Ⅱ和第Ⅷ稿混合组成。这就是说，第21章全体和第19和20章中采自第Ⅷ稿的部分是属于"新获得的观点"。

我们先来看第21章《积累和扩大再生产》。这一章的章节标题，在第Ⅷ稿原只有一处，即在手稿的第57页上①，这个标题是《（5）第Ⅱ部类的积累》。此外，在一些段落之前注有一些数字和符号，其中在现行版第21章开头一段前②写有"（1）"，在第3段前③写有"（2）"，

---

① 《马克思恩格斯全集》第1版第24卷第586页上那条两节之间划有横线的地方。
② 《马克思恩格斯全集》第1版第24卷第551页第1段前。
③ 《马克思恩格斯全集》第1版第24卷第552页第2段前。

在第 1 节第 1 段前①写有"(3)",在第 2 节第 1 段前②写有"(4)",在上述《(5)第Ⅱ部类的积累》这一标题后③写有"(a)",在《Ⅲ.用公式来说明积累》的第 8 段前④写有"(6)"。由此可见,第 21 章的大小标题基本上是由恩格斯加上的。

上面谈到,恩格斯对第Ⅷ稿进行了相当大的修改。但是,正如恩格斯所说的,这些修改基本上属于"马克思自己也会改动的地方,只是在绝对必要而且意思不会引起怀疑的地方,才加进几句解释性的话和承上启下的字句"⑤。属于这些性质的修改,在第Ⅷ稿的后半部分多到不可胜数,而这些地方恩格斯均未作出具体说明。现在就第 21 章列举一二。

马克思在《1. 第Ⅰ部类的积累》中论述货币贮藏时,曾顺便地阐述了资产阶级的著名论题——每个售卖者同时就是购买者。马克思在手稿有关这一问题的最后一段中说:"第Ⅰ部类的工人阶级要不断地出卖劳动力,[第Ⅰ部类的]可变资本要重新恢复,它们的商品资本的一部分转化为货币资本,[第Ⅱ部类的]不变资本的一部分要得到补偿,它们的商品资本的一部分转化为它们的不变资本的实物形式,——这一切都是互为条件的,但是是以一个非常复杂的过程为媒介的,而这个过程实际上包括三个互相交错但又彼此独立进行的流通过程。

(1)在(Ⅰ)的工人方面,A—G(=W—G),他们的劳动力出卖给第Ⅰ部类的资本家。G—W(购买第Ⅱ部类的资本家的商品)。因此,

---

① 《马克思恩格斯全集》第 1 版第 24 卷第 554 页第 1 节前。
② 《马克思恩格斯全集》第 1 版第 24 卷第 566 页第 2 节前。
③ 《马克思恩格斯全集》第 1 版第 24 卷第 568 页第 2 段前。
④ 《马克思恩格斯全集》第 1 版第 24 卷第 573 页倒数第 5 行前。
⑤ 《马克思恩格斯全集》第 1 版第 24 卷第 3 页。

A—G（Ⅰ）…G—W（Ⅱ）。结果：A（劳动力）得到维持，并再次作为商品出现在（Ⅰ）[劳动]市场上。

（2）在（Ⅱ）的资本家方面，W—G（向第Ⅰ部类的工人出卖他们的商品）…G—W[购买第Ⅰ部类的资本家（Ⅵ）的商品]。结果：他们的**不变资本**的一部分重新恢复，成为实物形式。

（3）在第Ⅰ部类的资本家方面，G—A（购买第Ⅰ部类的劳动力）—W—G[把他们的商品的一部分，即由第Ⅰ部类的工人新创造的Ⅰ（v＋m）]中的v部分出卖给第Ⅱ部类的资本家。结果：他们的可变资本价值从（Ⅰ）的商品资本的价值部分中作为可变资本重新恢复。

过程本身的复杂性，呈现出同样多的造成过程失常的原因。"

恩格斯对这一段作了很大改动，特别是把"三个互相交错但又彼此独立进行的流通过程"的具体内容全部删除了。经恩格斯改动的这一段话成为："第Ⅰ部类的工人要不断地提供劳动力，第Ⅰ部类的商品资本有一部分要再转化为可变资本的货币形式，第Ⅱ部类的商品资本有一部分要用不变资本Ⅱc的实物要素来补偿——这一切必要的前提是互为条件的，但是，它们是用一个极为复杂的过程作为媒介的。这个过程，包括三个彼此独立进行但又互相交错在一起的流通过程。过程本身的复杂性，呈现出同样多的造成过程失常的原因。"①

接下去，在《2. 追加的不变资本》中，马克思在论述扩大再生产情况下Ⅰc＋m必须大于Ⅱc时说："不过，第Ⅰ部类的某一生产部门的产品有可能不作为生产资料进入第Ⅱ部类中，而是作为生产资料再次在第Ⅰ部类自身中发挥作用。从价值来看，这一部门的产品同其他所有

---

① 《马克思恩格斯全集》第1版第24卷第559页。

部门的产品一样，都可分解为 c + v + m。那么，在第Ⅰ部类没有为追加不变资本提供材料而以简单再生产为前提的情况下，这个 m 的结果会是怎样的呢？这一点应当在第Ⅰ部类的简单再生产中考察。"

恩格斯对马克思的这几句话作了相当大的改动，甚至可以说，内容都有所不同了。经恩格斯改动后的这几句话是这样的："因此，为了从简单再生产过渡到扩大再生产，第Ⅰ部类的生产要能够少为第Ⅱ部类制造不变资本的要素，而相应地多为第Ⅰ部类制造不变资本的要素。完成这种过渡往往不是没有困难的，但是，由于这第Ⅰ部类的有些产品可以作为生产资料在两个部类起作用这一事实，完成这种过渡就容易些。"①

关于恩格斯对这一处的修改，国外的研究者有两种不同意见。一种意见认为，恩格斯的修改稿说出了马克思想说而未说出的话。另一种意见认为，马克思在这里并未涉及"过渡"问题，这是恩格斯加给马克思的。②

在谈到货币资本对资本主义生产体系的进程和发展产生极大影响时，马克思在手稿中说了如下两段话。一段是："一方面，已经执行职能的资本量｜从而与此相适应的剩余产品转化为潜在货币资本的相对量｜是以下面一点为前提的：已经执行职能的资本规模的扩大，同时要求潜在货币资本规模的现实扩大，从而要求有绝对［增多］的大量潜在货币资本处于蛹化的货币这种［转化的］形态上。"另一段是："另一方面，当每年再生产的潜在货币资本［量］绝对增大时，这种资本的分裂也就会更容易，就是说，这种资本可以更迅速地作为新资本投

---

① 《马克思恩格斯全集》第 1 版第 24 卷第 560 页。
② 见 1981 年日本《经济志林》杂志第 49 卷第 1 号刊登的大谷祯之介的《关于〈积累和扩大再生产〉(《资本论》第 2 卷第 21 章)的手稿》一文。

入,不论[新企业]是在同一个资本家[手中](向追加的新企业投入),还是在另一些人(家庭成员等等)手中。在这里,货币资本的分裂是指:它完全脱离开来,[以便]作为新的[货币]资本投入一个新的[独立的]企业。"

恩格斯把这两段话压缩成如下一段:"已经执行职能的资本(剩余产品就是由于它执行职能而产生)的总额越大,转化为潜在货币资本的剩余产品的量也就越大。但是,当每年再生产的潜在货币资本的量绝对增大时,这种资本的分裂也就会更容易。因此,这种资本可以更迅速地被投入一个特殊的企业,不论这个企业是在同一个资本家手中,还是在另一些人(例如参加遗产分配的家庭成员,等等)手中。在这里,货币资本的分裂是指:完全离开原有的资本,以使作为新的货币资本投入一个新的独立的企业。"①

恩格斯还对第Ⅷ稿作了很重要的补充,这可以举出以下两例。

例一,在《Ⅲ. 用公式来说明积累》一节中,马克思提出了如下两个公式:

公式(a) Ⅰ. $4000c + 1000v + 1000m = 6000$

Ⅱ. $1500c + 376v + 376m = 2252$,合计 $= 8252$

公式(b) Ⅰ. $4000c + 875v + 875m = 5750$

Ⅱ. $1750c + 376v + 376m = 2502$,合计 $= 8252$

恩格斯在解释公式(b)时增加了如下一段话:"在(b)的场合,$(875v + 875m)$ Ⅰ $= 1750$ Ⅰ $(v + m)$ 和 1750 Ⅱc 交换时,没有余额,而在(a)的场合,$1000v + 1000m = 2000$ Ⅰ $(v + m)$ 和 1500 Ⅱc 交换时,

---

① 《马克思恩格斯全集》第1版第24卷第562页。

却留下一个余额 500 I m，供第 I 部类进行积累。"①

例二，马克思在手稿中谈到从流通中取出货币以形成潜在的追加货币资本时，提出"只可能通过两种途径"。不过他只讲了第一种途径，即："或者是，第 II 部类的一部分资本家欺骗另一部分资本家，用这种方法夺取他们手中的货币。"为此，恩格斯补充了第二种途径："或者是，必要生活资料所代表的 II m 的一部分，直接在第 II 部类转化为新的可变资本。这又是怎样发生的，我们将在本章的结尾（第 VI 节）加以研究。"② 此外，恩格斯还对第一种途径补充了如下一句话："不过第 II 部类中受骗的那一部分资本家会生活得差一些，如此而已。"③

最后，正如恩格斯所说的，第Ⅷ稿的"结尾部分的论述完全是片断的"，而这个"结尾部分"就是指《资本论》第 2 卷第 21 章《Ⅲ. 用公式说明积累》一节，特别是指这一节的《Ⅰ. 第一例》。马克思在这一节中，不但"逻辑的联系常常中断"，而且大量出现笔误和计算错误，若不是恩格斯订正和改写，人们是很难读懂的。至于恩格斯是怎样修改、补充和删节的，限于篇幅，我们就不在本文中介绍了。

在研究第Ⅷ稿中的扩大再生产时，有一个问题值得我们注意。这就是：为什么马克思在以前的研究中总是把生产生活资料的部类当作 A 部类或第 I 部类，把生产生产资料的部类当作 B 部类或第 II 部类，而不同于后来在《资本论》第 2 卷中论述的次序？

有人认为这也许可以这样来说明：资本主义的发展史表明，资本主义的发展始于生产生活资料的部门，生产生产资料的部门最初是应生产

---

① 《马克思恩格斯全集》第 1 版第 24 卷第 572 页。
② 《马克思恩格斯全集》第 1 版第 24 卷第 576 页。
③ 《马克思恩格斯全集》第 1 版第 24 卷第 575 页。

生活资料部门的要求而发展的。同样,生产的发展始于简单再生产,之后才有扩大再生产。马克思一再强调简单再生产是扩大再生产的基础。因此,对资本主义生产的考察是按照历史的顺序进行的,即首先研究简单再生产,进而才研究扩大再生产。这样,把第Ⅰ部类规定为生产生活资料的部类,把第Ⅱ部类规定为生产生产资料部类,这是很自然的。而随着生产的日益发展,生产资料的作用日益扩大,也就有必要把二者倒置过来。马克思从早期到晚期对两个部类的考察,可以认为既是历史的方法,也是逻辑的方法。

  以上只就马克思的《资本论》第2卷第Ⅷ稿作了点滴介绍,读者要想了解这个第Ⅷ稿的上述部分,可翻阅日本国法政大学经济学会出版的《经济志林》杂志1981年第49卷第1号。

恩格斯编辑《资本论》工作研究

恩格斯对《资本论》的贡献*

刘 英

马克思的伟大著作《资本论》是马克思主义经济学的重大成果。但在马克思在世时,《资本论》只出版了第一卷,恩格斯后来在马克思手稿的基础上,加工整理并出版了第二卷和第三卷,所以恩格斯在《资本论》全书问世以及马克思主义经济学体系形成等方面,都做出了卓越的贡献。

一、恩格斯对《资本论》第一卷的贡献

虽然《资本论》第一卷是在马克思生前出版的,但由于恩格斯是马克思的亲密战友,所以他也曾长期直接参与第一卷中有关理论形成和篇章结构制定等工作,在许多方面都做出了自己独到的贡献。在第一卷形成的进度方面,恩格斯曾多次催促马克思将完成的手稿先付诸出版,再继续完成后面的任务。马克思原来打算把《资本论》3卷都写完再付印。但恩格斯一再催促马克思,希望他先把写好的第一卷手稿寄给出版商,然后再继续写第二卷和第三卷。① 正是在恩格斯的敦促下才使《资

---

* 本文选自《马克思恩格斯列宁斯大林研究》2005年第4辑。本文为纪念恩格斯逝世110周年而作。

① 《马克思恩格斯全集》第1版第31卷第179页。

本论》第一卷得以在马克思生前问世。

在马克思写作《资本论》第一卷手稿的这个时期,他经常向恩格斯索要重要的资料并咨询现实问题,对此恩格斯都提供了及时帮助并做出了详细的解答。

在参考资料方面,马克思不仅经常参考恩格斯本人的著作,还向恩格斯索要其他著者的著作。例如,马克思在《资本论》中曾多次引用恩格斯所著《英国工人阶级状况》一书中的材料来说明工人阶级的状况和不幸遭遇,而且他还曾多次劝恩格斯出版《英国工人阶级状况》的第2版。① 马克思写作《资本论》中一直坚持使用最新最全面的资料来支持他的论证,恩格斯曾多次向马克思提供了最新出版的书籍。例如,马克思曾要求恩格斯为他提供一本詹·爱·撒·罗杰斯的《农业史》②,还有一次是要求恩格斯提供约翰·瓦茨最新出版的《工会和罢工,机器和合作社》③,恩格斯都给予了积极的配合。

在实践方面,恩格斯也曾多次对马克思所提的问题做出了详细的解答。例如,马克思在《资本论》中独创性地提出了剩余价值和剩余价值率理论。马克思在誊清第一卷的付印稿时,要找一个实际工厂的例子使剩余价值理论更有说服力。恩格斯当时是工厂的实际经营者,他向马克思提供了他所知道的一座纺纱厂的详细情况。④ 马克思在整理和润色《资本论》第一卷付印稿中论机器的部分时,出现了1867年初曼彻斯特工人的罢工事件。由于恩格斯是棉纺织业的实际经营者,又身处事件的

---

① 《马克思恩格斯全集》第2版第44卷第278页。
② 《马克思恩格斯全集》第1版第31卷第271页。
③ 《马克思恩格斯全集》第1版第31卷第178页。
④ 《马克思恩格斯全集》第1版第31卷第162页。

发生地，所以他将当时的实际情况向马克思做了介绍。① 在马克思看第一卷清样的时期，他还同时研究了《资本论》以后各册的问题并不断向恩格斯请教工厂经营中的实际问题。②

虽然恩格斯对马克思《资本论》手稿进行了充分的肯定，但同时他也对他认为存在的不足之处提出了修改意见。这种修改体现在结构和内容两个方面。

现行《资本论》第一卷版本框架结构的形成中包含恩格斯的思想。恩格斯看完了大部分清样后，曾经对第一卷的篇章结构提出了自己意见和看法，他认为第四章篇幅较长但细分度不够，划分过于笼统。恩格斯关于改进篇章结构的这个意见对第一卷结构的形成产生了一定的影响。③

此外，在第一卷的具体内容上恩格斯也曾多次提出自己的意见供马克思修改时参考，并在自己编辑以后的版本时不断进行补充和完善。例如，恩格斯和马克思从1867年5月份起，共同校读《资本论》第一卷的清样。恩格斯在此过程中不断提出自己的意见。他认为《商品和货币》一章中关于"价值形式"分析的写法对一般读者来说是很难掌握的，建议马克思就像写教科书那样多分些章节并加上一些小标题。④ 马克思接受了建议，写了另一个更通俗的论述，作为《附录》放在第一卷的末尾。在论工厂手工师傅转变为资本家的地方，马克思应用了量变转变为质变的规律。恩格斯在编辑第3版时，补加了说明使论述更加准

---

① 《马克思恩格斯全集》第1版第31卷第276页。
② 《马克思恩格斯全集》第1版第31卷第331—332、334—338页。
③ 《马克思恩格斯全集》第1版第31卷第329—330页。
④ 《马克思恩格斯全集》第1版第31卷第307—308页。

确。① 恩格斯在读了马克思论述剩余价值的产生这部分清样后，觉得马克思没有同时说明企业主如何赢利问题，担心这样会遭到庸俗经济学家和工厂主的反驳，建议马克思进行修改避免这一问题的出现。② 恩格斯读到论述资本积累的部分时，对马克思补充进去的论述爱尔兰状况的那一部分提出了建议，他认为马克思这一部分写得太匆忙，对材料加工太少，读第一遍常常完全不能理解。③ 马克思也接受了恩格斯的这个意见，在1873年出第2版时进行了修改和增补。

在《资本论》第一卷出版后，恩格斯还做了很多宣传及后续工作。为了打破第一卷出版后资产阶级经济学家不予理会的沉默局面，恩格斯曾经以资产阶级的观点撰文对《资本论》进行"抨击"，并把他的"军事计谋"告诉给自己的朋友库格曼等人，请他们把这些书评通过各种关系投到资产阶级报刊刊登，以引起人们对该书的关注。④ 在此期间，据说恩格斯总共写了十几篇书评。而且，为了帮助人们更好地掌握《资本论》中的理论，恩格斯曾在1868年为第一卷写了一个提纲，这是学习《资本论》理论的重要参考文献。⑤

此外，恩格斯还就《资本论》第一卷以后的版本和其他文字的版本做了许多后续工作。马克思没有来得及亲自修订出版《资本论》第一卷第3版，就在1883年辞世了。恩格斯严格按照马克思留下的有关资料，亲自负责修改和整理，就在马克思逝世的当年即1883年11月出版了《资本论》第一卷的第3版。恩格斯还亲自负责主持了《资本论》

---

① 《马克思恩格斯全集》第2版第44卷第357—358页。
② 《马克思恩格斯全集》第1版第31卷第316页。
③ 《马克思恩格斯全集》第1版第31卷第340页。
④ 《马克思恩格斯全集》第1版第31卷第564页。
⑤ 《马克思恩格斯全集》第2版第21卷第371—423页。

第一卷英文版的翻译和出版工作。当时客观形势的发展需要出一个《资本论》第一卷的德文标准版本,这件事由恩格斯在1890年实现了,这就是经恩格斯最后编定的德文第4版。

二、恩格斯对《资本论》第二卷的贡献

《资本论》第二卷是关于资本流通过程的学说。马克思在生前只出版了《资本论》第一卷,加工和出版《资本论》手稿以后各卷的繁重工作,落到了马克思的伟大朋友和战友恩格斯的肩上。

恩格斯在整理马克思第二卷的手稿时遇到了辨认潦草字迹和整理多个版本的困难,这是因为马克思当初撰写这些手稿时并没有准备把自己的手稿直接付印,而是打算还要对这些手稿进行进一步的加工。① 所以在恩格斯整理马克思的手稿时,他遇到的首要困难是要辨认马克思潦草的笔迹。恩格斯在1884年6月采取了坚决措施,打算把《资本论》后面这些卷次抄成誊清稿,这样可以整理出一个适于付印的稿子来。② 恩格斯编辑《资本论》第二卷时面临的第二个困难是马克思留下的手稿有好多个,很难筛选。③ 在整理了马克思的手稿档案后,恩格斯终于弄清楚马克思在不同的时期写了两份《资本论》第二卷的完整稿子和六份个别片段(章、节)的基本修改稿,另外还有一系列较短的草稿和意见。马克思写的第二卷的手稿可以分成两大组:第一组包括1865—1870年期间写的四个手稿,其中有两个完整的全卷稿子;第二组包括1877—1881年期间写的四个手稿(不同章的稿子)。恩格斯决定从所有

---

① 《马克思恩格斯全集》第2版第45卷第3页。
② 《马克思恩格斯全集》第2版第36卷第164—165页。
③ 《马克思恩格斯〈资本论〉书信集》,第415页。

的手稿中选择最后的稿子来编辑《资本论》第二卷。

恩格斯编辑《资本论》第二卷的具体工作主要涉及以下三个方面：

首先，恩格斯确定了第二卷的整体结构框架。《资本论》第二卷全卷的正文由下列手稿组成：两个前期的手稿，全部最后的四个手稿和一个马克思1878年写的补充注释。第二卷整体由七个不同的稿子组成。

马克思的第二卷计划有两个，一个在1865或1867年的手稿中，一个在1870年的手稿中。这两个计划的共同之点是：全卷分成三章（不是"篇"）；章节的划分基本上是相似的（I.资本流通[即资本循环]。II.资本周转。III.流通和再生产）；各章内部的各项相似，特别是第一章和第二章尤其如此。但1870年手稿在两个方面与1865—1867年手稿存明显不同之处：它制定得详细得多，章的标题已与第一个计划不同，章内个别项的标题也有所不同。

按照马克思的提示（对第II手稿的提示），恩格斯采用1870年手稿中的计划作为第二卷篇章结构的基础。但是在编正文的过程中，恩格斯对第二卷的内部结构做了很大调整。恩格斯不是把全卷分成三章，而是分成三大篇。然后他又详细地把各个章，特别是第一篇和第三篇的各个章划分为小节和小项。恩格斯在很多地方改变了马克思手稿中的篇、章、项的标题。可以说，目前《资本论》第二卷现有的结构层次在相当大程度上是恩格斯制定的。

其次，恩格斯调整并修改了第二卷中的具体内容。第一篇包括关于资本循环形式的详细且繁杂的分析。这一篇的正文是由恩格斯从马克思的六个手稿（恩格斯编号为II、IV、V、VI、VII、VIII）和一个马克思的注释编成的。第二篇的编辑方法是把不同的手稿创造性地结合在一起。在分析资本周转时，恩格斯主要利用的是1870年的手稿。第三篇（社会再生产）由两个手稿组成（第II和第VIII稿），这两个手稿中间相隔十一年，并且是从两个彼此根本不同的方面来考察社会再生产：在

1870年的手稿中，社会再生产开始时是单独叙述的，只是简略地联系到货币流通；而在1881年的手稿中则专门论述了货币流通问题，并且两大部类倒了过来，即把生产资料生产作为第I部类，同时还补充了许多新内容。

例如，涉及社会生产两个部类的定义和说明的第三篇第二十章第二节的开头。在马克思的手稿中提出，如果不划分社会生产的两大部类，不严格划分生产资料的生产和消费品的生产，就不能科学地解决社会再生产问题及其规律问题。恩格斯在进行编辑加工时把这个地方单独划成一节，并加上标题。恩格斯对第一段进行了一系列的改动和补充（4个变动）。第二段和第三段谈的是第一部类和第二部类的定义。恩格斯在加工时按照马克思第VIII稿的叙述逻辑顺序，把两个定义的位置调换了一下，这样使叙述变得更明确、更突出了。

恩格斯编定的正文与马克思最初的手稿已有很大差异。恩格斯把马克思解释性叙述都删掉了，使正文变得更加简练而严密。但在恩格斯编辑的正文中仍然保留了马克思文稿的两个基本意思：两个生产部类是不同部门的总和，以及相应地划分为社会总资本的两大部类。

第三，恩格斯对内容编辑加工的具体工作包括：改变句中词的次序；把大块的本文分段，缩短复杂的长句；调整许多句子和段落的位置，以使叙述更合逻辑，缩减手稿文本，删掉重复地方和离开正题的地方；辨认各种缩写字和符号；检验了马克思的数例；把大量的英语表达和混合型的词句（主要是英德文混合词）等等改成德语句子；核对了引文出处；把英语和法语的引文以及马克思的英语译本译成了德语；统一了名词术语；改正了手稿草稿中不可避免的相当多的笔误和语法上缺陷；把马克思的许多原理的意思弄得更确切；为使马克思的论述完整和严密以及他的意思得到说明，在某些地方加进了整句的话和整段的话；对正文加了脚注；对全卷加了必要的索引；准备并撰写了序言。

恩格斯最终交付出版的定稿大约相当于马克思本人撰写的第二卷手稿总篇幅的三分之一，而且恩格斯对他选出来的文稿至少进行五次整理（口授时；口授后的检查；付印前；看清样；准备第二版），所以说恩格斯对《资本论》第二卷所做的编辑加工工作是非常严谨认真的。

三、恩格斯对《资本论》第三卷的贡献

《资本论》第三卷考察了资本主义生产的过程。与第二卷相同，第三卷也是由恩格斯在马克思经济学手稿的基础上进行编辑加工继而交付出版的。

恩格斯在对第三卷进行加工时同样也遇到了存在多个稿本和马克思笔记潦草的困难。在稿本处理上，恩格斯将马克思于1865年写的《资本论》第三卷唯一的全卷手稿作为编辑加工的基础①，恩格斯将这份手稿称为"手稿I"。恩格斯还发现了有关第三卷第一章开头部分的几个稿本和这卷中某些问题的简短笔记，恩格斯把这部分稿本称为"手稿II"。此外，恩格斯将第二个有关《资本论》第三卷第一章开头部分已加工的稿本称为"手稿III"。这两份手稿作为编辑第三卷的参考资料使用。在整理马克思的手稿时，恩格斯仍然采用抄写手稿的办法来解决在工作中碰到的马克思笔迹潦草的困难。这项任务于1885年基本完成。②第三卷的整理到出版经历了10年时间，这对老年恩格斯是极大的挑战！

恩格斯在编辑《资本论》第三卷过程中所做的工作主要包括以下几方面：

首先，恩格斯力争全面收集马克思为《资本论》第三卷撰写的所

---

① 《马克思恩格斯〈资本论〉书信集》，第412页。
② 《马克思恩格斯〈资本论〉书信集》，第462页。

有资料。例如，为了使材料充分可靠，恩格斯找到了马克思在更晚些时候写作第三卷的材料。恩格斯搜集的材料包括方方面面的内容，其中有马克思用数学计算剩余价值率和利润率之间比例的一整本稿本，还有关于土地关系和关于美国农业状况的札记，而且他还发现了马克思选自俄国有关书籍的大量材料和摘录，其中一部分是有关地租问题的。在加工过程中，恩格斯还找到了马克思有关货币资本、信用、作为信用工具的纸币、贸易史和货币市场的许多笔记。

其次，恩格斯确定了第三卷的篇章结构，并调整了某些问题的研究次序。在马克思的手稿中篇章结构划分极为粗略，有些章给出了标题并大致划分了段落，而有些篇例如第三篇他却只给出了一个标题《利润率趋向下降的规律》而没有再进一步细分。恩格斯在编辑时，将第三篇分为《规律本身》（第十三章）、《起反作用的各种原因》（第十四章）和《规律的内部矛盾的展开》（第十五章）三部分。恩格斯在对马克思1865年手稿的正文加工时在很大程度上改变了内容结构。恩格斯以马克思的分章为基础，把全卷分为七篇五十二章，又把其中很多章分为若干节。从马克思手稿内容上看，恩格斯的这种篇章结构的划分是符合马克思原意的。

恩格斯还遵循马克思的提示，在必要的地方调整正文的位置。例如，第三篇中有关利润率下降在单个商品中的反映的那部分内容，在马克思的手稿中位于有关利润率趋向下降的规律的内部矛盾展开的一般性讨论之后，恩格斯按照马克思的提示将这部分调整到了论述价值规律本身的正文末尾。

第三，恩格斯对马克思第三卷手稿中的内容进行了必要的编辑处理。在加工过程中，恩格斯尽量把真正的编辑工作压缩在最必要的范围内，如果意思已经表达明白就尽可能保存初稿的内容，个别重复论述同一问题的地方给予保留，如果出现马克思打算将来进行加工意图的提示则尽量保持原样。

恩格斯具体的编辑工作涉及以下几方面：修改文字，例如在第三篇大约就有40处，此外还有不少，这些修改有助于明确表达马克思的思路并提高正文的表现力；删除重复和离题的论述以压缩正文，恩格斯删除了马克思为某些事实情况加的较详细的说明文字；修改、替换和删除某些计算实例，恩格斯力求订正计算错误、简化例题或完全替换某些不恰当的数学例题；调整术语，但恩格斯极少修改马克思使用的范畴和概念；修改表格，例如恩格斯修改了反映资本有机构成各不相同的五个生产部门的表格和级差地租的表格；把引用著作的数目搞得更加明确，用德文词来替换大量英文和法文语句，辨认马克思为自己作的各种缩写和暗号，补充简短的论述，汇编属于一个主题的材料，对许多句子、段落、小节和整章作了重新编排；恩格斯还为第三卷撰写了序言、后记和增补。

第四，恩格斯曾坚决地与资产阶级庸俗经济学家进行论战，以驳斥他们关于价值规律和平均利润形成规律之间存在矛盾的错误观点。

庸俗经济学家在《资本论》第三卷出版以前就提出来了"反驳"马克思主义的论据，即断言马克思的理论是不完善的，因为在他们看来价值规律和平均利润形成规律之间存在不可调和的矛盾。

恩格斯早在他本人所撰写的第二卷序言中就谈到，即将出版的第三卷将解决上述矛盾。而且恩格斯还提出，在1861—1863年马克思手稿的第XVIII笔记本里，已经包括了将在第三卷第二篇中论述平均利润率形成的详细计划。这个计划反映出马克思在1865年手稿里已经涉及平均利润和生产价格理论的问题。恩格斯在编辑第三卷时，几乎毫无变动地保留了马克思的叙述。这些证据可以充分证明马克思在第一卷出版前就创立了平均利润和生产价格理论。

在《资本论》第三卷问世后，恩格斯仍然致力于与资产阶级的

"批评家"们就所谓的"第一卷和第三卷之间存在矛盾"的谬论进行论战,他在自己生命的最后几周还坚持撰写了题为《〈资本论〉第三卷增补》的经济著作,这部著作包括两个部分:《价值规律和利润率》和《交易所》。① 其中《价值规律和利润率》分析了价值范畴的历史沿革,他指出,这里谈的不是某种纯粹逻辑的过程,也不是"虚构",而是实际的历史过程及其在思维中的反映,是逻辑上深入研究经济现实的内部联系。这篇文章明确指出,随着简单商品生产转化为资本主义生产,价值便转化为生产价格。恩格斯的这些论述有力地驳斥了资产阶级经济学家的错误观点,维护了马克思主义经济学的科学性和完整性。

四、关于恩格斯在编辑《资本论》中的作用的争论

关于恩格斯对马克思《资本论》所做的编辑工作,特别是对第三卷所做的调整和修改,长期以来国外理论界存在各种不同的意见,争论从未中断过。1992年国际马克思恩格斯基金会编辑出版了马克思为第三卷所写的手稿即《马克思恩格斯全集》历史考证版第2部分第4卷第2分册,对恩格斯工作的讨论又多起来。争论的一方认为,恩格斯编辑出版的《资本论》第三卷是一部系统的、完全成熟的著作,而另一方则认为这只是一个内容庞杂的未完成的作品,他没有遵循马克思的原则和方法。我们认为,恩格斯为出版三卷《资本论》所做的工作功不可没。

对恩格斯的工作持否定态度的学者以德国的卡尔-埃里希·福尔格拉夫和尤尔根·荣尼克尔为代表。在这两位学者1994年撰写的论文中将恩格斯在整理马克思手稿时的处理方法归纳为7种,即改动原文的编

---

① 《马克思恩格斯〈资本论〉书信集》,第588页。

排、提高部分原文的价值、扩充原文、略去原文、使文字简洁、使文字顺畅和订正。① 他们首先指出恩格斯对《资本论》第三卷结构的改动不合理，他们认为恩格斯更明细的分篇法同马克思本人的三稿片断性质显然不相吻合，他选择的分篇法肯定会影响对原文的理解。② 他们还指出，恩格斯在编辑上出现错误的原因是因为他未能领会马克思的某些意图，还有一部分是因为他没有把握住马克思辩证的思维方法和叙述方法。③ 恩格斯对原文作了重大改动，但他并没有遵守让马克思的"科学发现完完全全按照他自己的叙述传给后世"的承诺。④ 他们对恩格斯为《资本论》第三卷的出版所做的工作评价是"一方面这是非同小可的历史功绩，另一方面从各个角度看，这又是前后矛盾的版本"⑤。

这两位德国学者于 1995 年再次发表文章对恩格斯的编辑工作提出质疑，并着重强调马克思和恩格斯之间确实存在思想分歧。他们在这篇文章中首先对恩格斯的工作提出质疑，"恩格斯曾试图填补马克思手稿的空白吗？他在字里行间做了手脚吗？如果回答是肯定的，那么，他这里是公正地贯彻马克思的意图还是追求他自己的目标？"⑥ 他们在将马克思手稿与现行版《资本论》进行对比后认为，"恩格斯并不了解《资

---

① 卡尔-埃里希·福尔格拉夫和尤尔根·荣尼克尔：《马克思说的是自己的话吗？——关于恩格斯编辑出版的〈资本论〉第 3 卷的基本手稿》，见《马克思恩格斯列宁斯大林研究》，1997 年第 1 辑。
② 《马克思恩格斯列宁斯大林研究》，1997 年第 1 辑。
③ 《马克思恩格斯列宁斯大林研究》，1998 年第 3 辑。
④ 《马克思恩格斯列宁斯大林研究》，1998 年第 3 辑。
⑤ 《马克思恩格斯列宁斯大林研究》，1998 年第 3 辑。
⑥ 尤尔根·荣尼克尔和卡尔-埃里希·福尔格拉夫：《恩格斯编辑马克思 1864—1865 年〈资本论〉第 3 册手稿的基础材料》，见《马克思恩格斯列宁斯大林研究》，1998 年第 3 辑。

本论》其他各卷的制定情况"①。他们确信恩格斯的改动没有遵循马克思的本意,"这样在正常的文字联系中插上一手,就出现了一系列的基本问题,例如马克思和恩格斯不同的思维方式和科学认识的问题"②。

德国的另一位学者迪特哈德·贝伦斯也曾撰文指出恩格斯编辑工作中存在的问题。他认为,商品价值向生产价格转化的原理,因恩格斯的改动使人产生误解,还应以 MEGA 版中马克思的手稿为基础,实际上也是否定恩格斯的编辑工作。"恩格斯在第二卷《序言》③和第三卷《增补》中就价值理论和转形问题所作的说明也是导致错误理解的原因,而且在以后的理解过程中以讹传讹。"④"关于马克思的理论体系的辩论应以《马克思恩格斯全集》历史考证版第 2 部分第 4 卷第 2 分册的文本为基础进行。"⑤

日本学者大谷祯之介在肯定恩格斯对《资本论》所做的贡献的同时,也同意两位德国学者对恩格斯所做工作的批评,认为其编辑工作确实存在某些缺点和不足。他的意见是将 MEGA 和恩格斯的版本并列使用。他指出,虽然恩格斯在编辑和出版第二卷和第三卷方面"存在某些缺陷和不足,但其功绩是不朽的"⑥。他首先充分肯定了恩格斯版本的意义,"恩格斯出版这两卷书的不朽功绩,不会因为书中存在的缺点和

---

① 《马克思恩格斯列宁斯大林研究》,1998 年第 4 辑。
② 《马克思恩格斯列宁斯大林研究》,1998 年第 4 辑。
③ 《马克思恩格斯全集》第 2 版第 45 卷第 21—25 页。
④ 迪特哈德·贝伦斯:《评〈马克思恩格斯全集〉历史考证版第 2 部分第 4 卷第 2 分册》,见《马克思恩格斯列宁斯大林研究》,1999 年第 1 辑。
⑤ 《马克思恩格斯列宁斯大林研究》,1999 年第 1 辑。
⑥ 大谷祯之介:《〈马克思恩格斯全集〉历史考证版第 2 部分第 4 卷第 2 分册——评〈资本论〉第 3 卷第 1 稿的发表》,见《马克思恩格斯列宁斯大林研究》,1999 年第 4 辑。

不足而黯然失色。……我们首先应当特别强调指出这个版本的重要性；该版本从对本质的分析到对本质的各种表现形式的分析所作的阐述，使得马克思对'资本的一般分析'有个了结"①。他提出恩格斯编辑《资本论》第二卷和第三卷存在的缺陷其实在马克思的手稿中就程度不同地存在了，恩格斯所做的整理工作都是必需和适当的。但在肯定恩格斯功绩的同时，他也指出了恩格斯工作的不足之处。"恩格斯版的第三卷给人一种假象，似乎所有这三卷是从第一卷到第三卷顺序写成的一部完成了的著作"，"他作的增删改动——虽然性质各异——其中既不恰当也不准确的地方为数不少"，"致使篇章结构的划分令人费解"，"恩格斯的版本在很大程度上应该说是他利用马克思的稿本编写而成的一部自己的著作"。② 他最终的意见是"应把恩格斯版看成是根据马克思的第三卷手稿而形成的恩格斯的独立著作"，"历史考证版和恩格斯版……应该平等相待地加以利用"。③

充分肯定恩格斯对《资本论》的编辑工作的一方，以前苏联学者维·维戈茨基为代表，他的观点与德国学者卡尔-埃里希·福尔格拉夫和尤尔根·荣尼克尔完全相反。他认为应充分肯定恩格斯的贡献和历史地位。他在反驳上述两位德国学者的文章中指出，福尔格拉夫和荣尼克尔的文章中对待恩格斯1894年版本和将它同马克思1864—1865年手稿进行比较的方式是非历史的。他强调应充分尊重恩格斯的版本，"这里重要的是，从《马克思恩格斯全集》历史考证版的编辑方针看，马克

---

① 大谷祯之介：《关于〈资本论〉第3卷马克思的原稿出版的几点思考》，见《马克思恩格斯列宁斯大林研究》，1997年第4辑。
② 《马克思恩格斯列宁斯大林研究》，1997年第4辑。
③ 《马克思恩格斯列宁斯大林研究》，1999年第1辑。

思和恩格斯是'平等的'"①，并且提出，"确实存在这一种由恩格斯以这种方式而不是以另外一种方式提供并加上标题的版本，并且这个版本将按照恩格斯提供和加上标题的原样载入《马克思恩格斯全集》历史考证版"②。

德国学者沃尔夫冈·扬也曾撰文批评德国两位学者对恩格斯版本全盘否定的观点，他认为马克思的手稿和恩格斯第三卷的版本都是研究的依据。他在文章中提出，卡尔－埃里希·福尔格拉夫和尤尔根·荣尼克尔提出的"恩格斯编辑的版本究竟是否"可以"称之为《资本论》第三卷"的问题，"有点令人意外，因为迄今为止，恩格斯编辑的版本普遍被看做是可靠的版本。一百多年来，它证实自己是这样一个可靠的版本。这个问题的提出至少是非历史的"③。他对恩格斯的地位给予了充分肯定，"马克思是这部手稿的作者，而恩格斯则是手稿的同样天才的、有创造性的编辑出版者。他作为编辑出版者也是一位独立的马克思主义经典著作家，没有恩格斯，就不会有作为正式著作的《资本论》第三卷"④。他认为第三卷恩格斯的版本和马克思的手稿都是不可放弃的资料来源。

本文认为，对于恩格斯关于《资本论》所做工作功过的评价应该全面且符合实际。首先应该充分肯定恩格斯对《资本论》编辑出版所

---

① 维·维戈茨基：《评卡尔－埃里希·福尔格拉夫和尤尔根·荣尼克尔的文章〈马克思说的是自己的话吗？〉》，见《马克思恩格斯列宁斯大林研究》，2000年第3辑。

② 《马克思恩格斯列宁斯大林研究》，2000年第3辑。

③ 沃尔夫冈·扬：《对〈资本论〉第3卷1894年恩格斯版本和马克思的原始手稿文字进行比较的意义》，见《马克思恩格斯列宁斯大林研究》，1998年第2辑。

④ 《马克思恩格斯列宁斯大林研究》，1998年第2辑。

做出的卓越贡献。正是由于恩格斯非凡的编辑整理工作，才保证了马克思撰写的《资本论》第二卷和第三卷得以顺利出版并在后世广为流传。如果恩格斯没有编辑出版这两卷书，那么，马克思主义经济学就不会像现在这样得到众多经济学家的重视和认同。而且正是因为恩格斯是马克思的亲密战友和朋友这一特殊身份，保证了恩格斯能够充分领会马克思手稿的精神实质，在编辑加工过程中在最大程度上保存了马克思的原意。在编辑加工过程中，恩格斯还加强了马克思对资本主义制度及其思想家的批判，这种改动使恩格斯作为杰出经济理论家的身份脱颖而出。马克思本人甚至还曾经邀恩格斯就他擅长的科学技术新发展的问题写些东西，放在《资本论》中作为附录，以便恩格斯将直接以《资本论》合著者的身份出现。① 可以说，恩格斯整理和发表马克思《资本论》和第三卷是恩格斯对马克思政治经济学宝库的卓越贡献。

当然，随着《马克思恩格斯全集》历史版第2部分第4卷第2分册的出版，使人们有条件将马克思的手稿同现行的《资本论》版本进行比较，找出二者之间的差异。目前许多国外学者在这方面已经做了大量的对比和研究工作，并以此为基础提出了某些新的观点，这些结论是值得研究的。但即使我们发现了恩格斯的某些改动不恰当，也应当采取客观的态度加以分析鉴别，而不应该全盘否定恩格斯版《资本论》的历史意义。德国学者艾克·科普夫提出，在评价恩格斯的理论贡献时，应尊重科学史的规律，"我们可以把恩格斯在1894年达到的认识高度与我们在编辑过程中不断得到的更新的认识合理地、理性地统一起来，这在科学史上本来就是很正常的事情"②。

---

① 《马克思恩格斯全集》第1版第31卷第236页。
② 艾克·科普夫：《理解和改变社会现实的重要理论基础——当前关于卡·马克思〈资本论〉第3卷的辩论》，见《马克思恩格斯列宁斯大林研究》，1998年第4辑。

总之，我们认为对恩格斯工作的评价应该客观且实事求是。恩格斯对《资本论》的出版和传播做出了巨大贡献这一事实是不能否认的。列宁曾指出：恩格斯是《资本论》的共同作者。我们应该将恩格斯和马克思一起视为无产阶级政治经济学的奠基人。

恩格斯和《资本论》第 1 卷[*]

张钟朴

恩格斯对于马克思的伟大著作《资本论》,无论在理论制定、编辑出版、传播以及捍卫和发展其原理等方面,都作出了不可磨灭的贡献。众所周知的是,为了使马克思能在极端困难的贫病交加的条件下完成《资本论》的写作,恩格斯不惜自我牺牲,甘愿长期从事令人厌烦的商业活动,以便从经济上接济马克思完成他的伟大著作,从而谱写了人类最美好友谊的篇章。马克思生前只出版了《资本论》的第 1 卷,未能完成和出版第 2、3 卷,只留下了大量的手稿。正是恩格斯继承马克思的遗愿,继续完成了《资本论》第 2、3 卷的编辑出版工作,为人类留下了完整的《资本论》这一理论的宝库。这也是人们所熟知的事实。但是,人们往往不太清楚的是,恩格斯长期以来不仅直接参与了《资本论》第 1 卷中许多理论原理和篇章结构的讨论和制定,在许多方面恩格斯都作出了自己的贡献。在纪念恩格斯逝世 100 周年的时候,考察一下恩格斯对《资本论》第 1 卷所作的这些贡献,也是很有意义的。

马克思大约是从 1863 年下半年至 1865 年底期间,在写完《资本论》的两个手稿(1857—1858 年手稿,1861—1863 年手稿)的基础上,分别写出了《资本论》1、2、3 卷的分卷手稿的。从 1866 年初开始,他着手誊清和润色第 1 卷的付印稿。1867 年 4 月份,马克思亲自携

---

[*] 本文选自《马克思恩格斯研究》1995 年总第 22 期。

带《资本论》第 1 卷的最后完成的书稿,从伦敦送到德国汉堡出版商迈斯纳的手中,并顺便在他的朋友路·库格曼家中住了几天。《资本论》第 1 卷从 4 月 29 日起开始印刷,到了 5 月 5 日,马克思在自己的生日时,收到第一批校样。马克思一方面自己看校样,同时也把校样分批寄给恩格斯,请恩格斯对自己的书稿提出改进意见。直到 1867 年 9 月第 1 卷正式出版为止,在这整个过程中,马克思和恩格斯之间就各种问题交换意见的书信是很多的。恩格斯提出的很多意见和提供的宝贵资料,绝大部分都被吸收到《资本论》中了。直到今天,只要我们仔细研读,就可以找到这方面的痕迹。

  首先,按马克思原来的打算,他是想先把《资本论》三卷都写完,然后再付印。但恩格斯一再催促马克思,希望他先把写好的第 1 卷手稿寄给出版商,然后再继续写第 2 卷和第 3 卷。恩格斯担心出版工作一拖再拖,最后会导致马克思毕生的心血不能和读者见面。恩格斯的担心不是没有道理的,马克思抱有严格的科学态度,把自己的书一改再改,不断增添新材料。再说,马克思身体不好,多病。再加上大量的工人运动的实际工作,都要花费大量时间,在这个期间,马克思和恩格斯的通信中,有许多讨论书如何出版的内容。马克思在 1865 年 7 月 31 日致恩格斯的信中报告自己的写作情况时说,至于我的工作,我愿意把全部真情告诉你。再写三章就可以结束理论部分(前三册)。然后还得写第四册,即历史文献部分,最后这一册大半是以历史的形式重述一遍前三册的理论。"但是我不能下决心在一个完整的东西还没有摆在我面前时,就送出任何一部分。不论我的著作有什么缺点,它们却有一个长处,即它们是一个艺术的整体;但是要达到这一点,只有用我的方法,在它们没有**完整地**摆在我面前时,不拿去付印。"① 恩格斯显然不同意马克思

---

① 《马克思恩格斯全集》第 1 版第 31 卷第 135 页。

的这个打算，所以马克思在 1865 年 8 月 5 日致恩格斯的信中，对自己的主张进一步作了说明："你还是没有懂我的意思。整个问题在于，是把一部分手稿誊写清楚寄给出版商，还是先把整个著作完成？由于许多原因，我宁愿选择后者。就**工作本身**而言，这样做一点也没有浪费时间，但是，出版工作当然是耽搁了一下；另一方面，如果开始付印，现在就不能有任何间断……再加上规定我要以 60 个印张为最大限度，因此我绝对有必要把整个东西放在面前，以便知道，要压缩和删节多少才能在给我指定的数量范围内均衡地和匀称地阐述各个部分。不管怎样，你可以相信，我将尽一切努力，以便**尽可能快地完成**，因为这件事像梦魇一样压着我。"① 在 1865 年 10 月 20 日至 11 月初，马克思在曼彻斯特恩格斯那里住了十几天，想必在这个期间两人进一步商谈了有关《资本论》的许多问题，包括恩格斯主张分册付印的问题。1866 年 2 月，马克思得病了，不得不时常中断誊清第 1 卷的工作。恩格斯在 1866 年 2 月 10 日的信中一方面劝马克思注意养病，另一方面又一次提出分卷出版的建议："60 个印张足有厚厚的两大卷。你能不能这样安排一下：至少将第 1 卷先送去付印，第 2 卷再晚几个月？这样，出版者和读者都会感到满意，并且实际上一点也不会损失时间。"② 恩格斯在信中还提到，根据当时的形势发展，大陆上很可能发生军事冲突，"当事变惊动我们的时候，你即使写完了你的书的最后几章，然而却未能把第 1 卷付印，那又有什么用处呢？"③ 在恩格斯的一再劝说下，马克思最后终于同意了先付印第 1 卷。他在 1866 年 2 月 13 日回信给恩格斯说："我正好于 1 月 1 日开始誊写和**润色**，工作进行得非常迅速，因为经过这么长的产痛

---

① 《马克思恩格斯全集》第 1 版第 31 卷第 137—138 页。
② 《马克思恩格斯全集》第 1 版第 31 卷第 179 页。
③ 《马克思恩格斯全集》第 1 版第 31 卷第 180 页。

以后，我自然乐于舔净这孩子。但是痛又出现了，以致直到现在未能再向前进……在其他方面，我完全同意你的意见，一当第1卷完成，就立即寄给迈斯纳。"①

就在分卷写作《资本论》三卷手稿的这个时期，马克思随时都在和恩格斯讨论理论问题，向恩格斯索要重要的资料。我们在这里只谈涉及《资本论》第1卷内容的几件事。马克思在《资本论》中独创性地提出了剩余价值和剩余价值率的理论。马克思以前的经济学家们都把剩余价值和利润混为一谈，因此，他们那里没有剩余价值率的概念，只有利润率的概念。利润率是剩余价值同全部资本之比，这就大大缩减了资本家对工人的真正剥削程度。唯有马克思创造出的剩余价值率的公式，才能真正表明对工人剥削的实际程度，因为它是剩余价值同可变资本之比，它可以表明在每一个活的工作日中，几个劳动小时是有酬的，几个劳动小时是无酬的。马克思在誊清第1卷的付印稿时，要为自己的理论找一个实际工厂的例子，以便使剩余价值率的理论更有说服力。恩格斯当时是工厂的实际经营者，马克思在1865年11月20日写信给恩格斯说："不要忘记从诺耳斯那里替我弄到必要的资料（并且**越快越好**）：走锭精纺机的男纺纱工或环锭精纺机的女纺纱工的**平均周工资**；一个人平均**每周纺纱多少**，需要**多少中等的**（或任何等的）**棉花**（包括纺纱过程中的损耗）；此外，自然还要棉花的任何一种（和工资相适应的）**价格**以及**纱的价格**。我在得到这些详细情况以前，就无法着手抄写第2章。"② 恩格斯不久就向马克思提供了他所知道的一座纺纱厂的详细情况。马克思把这个实际例子引用在第1卷第1版的第3章《绝对剩余价值的生产》中，后来从第2版起，又把更精确的资料引用在第3篇第7

---

① 《马克思恩格斯全集》第1版第31卷第181页。
② 《马克思恩格斯全集》第1版第31卷162页。

章《剩余价值率》中。这个纺纱厂拥有 1000 个纱锭，每个纱锭每周生产 1 磅棉纱，产品共卖 510 磅，减去各项不变资本，剩余价值为 80 镑，工资每周 52 镑，计算的结果是：剩余价值率为：$\frac{80}{52}$ = 153 $\frac{11}{13}$%，也就是说，在工人 10 小时的工作日中，必要劳动是 3 $\frac{31}{33}$ 小时，剩余劳动是 6 $\frac{2}{33}$ 小时。① 由于这是一个实实在在的工厂的例子，所以引用在《资本论》中是非常有说服力的。

马克思在《资本论》中谈到工人阶级的状况和不幸的遭遇时，曾多次引用恩格斯《英国工人阶级状况》一书中的生动材料。仅仅在第 1 卷中，马克思就在正文和脚注中直接或间接地总共引用了 11 处之多。② 马克思在润色第 1 卷的付印稿时，曾多次劝恩格斯出版《英国工人阶级状况》的第 2 版，并告诉恩格斯说，他在《资本论》中引用了该书的材料。因为《英国工人阶级状况》一书是 1845 年出版的，所以马克思还提议在出第 2 版时可以补充该书第 1 版出版以后 20 年即到 1865 年为止的新材料。马克思说，这些材料可以从官方的出版物《工厂视察员的报告书》、《童工调查委员会的报告书》和《卫生视察员的报告书》中摘引。这些都是官方材料，是可信的。马克思自己在《资本论》中就摘引了这方面的大量材料。马克思甚至请恩格斯就 20 年来科学技术上的新发展写些东西，放在《资本论》第 1 卷中作为附录，以便恩格斯以《资本论》的直接合著的身份出现在书中。马克思在整理《工作日》这一节时，在 1866 年 2 月 10 日写信给恩格斯说："我对《工作日》一

---

① 参看《马克思恩格斯全集》第 1 版第 25 卷第 245—246 页。
② 参看《马克思恩格斯全集》第 1 版第 25 卷第 268、273、283、298、438、463—465、487、665、717 页。

节作了历史的扩展，这超出了我原来的计划。我现在'加进去'的是对你的书到1865年止的（简略的）补充（我在注释中指出了这一点），同时也充分说明了你对将来的估计和实际情况之间存在的差异。因此，我的书一经出版，你的书就必须出第2版，而且也是容易做到的。"① 马克思这里所说的他在《工作日》中引用了恩格斯《英国工人阶级状况》中的材料，并加进了自己的补充的事，包含在《资本论》第1卷第8章第2节中，马克思在这一节的脚注（48）中指出，英国大工业生产到1845年为止的那段时期的详细情况，请读者参看恩格斯的《英国工人阶级状况》一书，而1845年以后的情况发展，说明了"恩格斯对资本主义生产方式的精神了解得多么深刻"，"他对工人阶级状况的详细入微的描写是多么令人惊叹"。② 在1866年7月7日致恩格斯的信中，马克思又写道，他接到一个朋友从美因茨的来信，"工人对你的《**状况**》一书的需求日益增加，就是只从党的利益出发，你也务必要出第2版"。同时，马克思告诉恩格斯说，他听说又发明了一种新式的枪，这将引起军队和社会组织的相应变化，然后马克思写道："我们的关于**生产资料决定劳动组织**的理论，在哪里能比在杀人工业中得到更为光辉的证实呢？你的确值得费一些力气来写点这方面的东西（我缺乏这方面的知识），我可以把你写的东西署上你的名字放在我的书中作为附录。请你考虑一下。如果这样做的话，那就应当放在专门探讨这个题目的第1卷里。你可以了解，如果你能在我的主要著作……中直接以合著者的身份出现，而不只是被引证者，这会使我多么高兴！"③ 马克思的这个提议后来虽然未能实现，但恩格斯对《资本论》做出的贡献确实是别人

---

① 《马克思恩格斯全集》第1版第31卷第177页。
② 《马克思恩格斯全集》第1版第23卷第268页。
③ 《马克思恩格斯全集》第1版第31卷第236页。

无法相比的。

马克思在写作《资本论》时,抱有高度的科学态度和极强的责任心,只要他的书还没有出版,他就要不断地改进。在这期间,只要出版了涉及他的理论的新书或新资料,他一定要设法亲自见到并加以研究,把有用的东西加到自己的书中去。即使阅读后发现不了什么新东西,马克思自己也算放心了。这方面也有一些生动的例子。在1866年底,马克思发现新出版了一部英国研究国民经济史的学者、牛津大学教授詹·罗杰斯写的《从召开牛津议会(1259年)到大陆战争爆发(1793年)时期英国的农业史和价格史》,其中包括了关于农业状况和价格史的近550年的资料。这使马克思很感兴趣,他很想弄到这本书,可是图书馆里没有,自己又没有钱买,于是他在1866年12月17日写信给恩格斯说:"既然你能向某个书商赊账,而我现在又不可能花一个**法寻**去买书,所以你如果能给我尽快弄一本詹·爱·撒·罗杰斯的《**农业史**》,那我就太感激了。我必须把这本书读一遍,我并且专门为此在一章中留出了空位。"① 马克思把罗杰斯书中的资料,引用在论述资本积累的那一章中,用来说明英国农业工人的状况不断恶化,即包含在现在的《资本论》第1卷第23章《资本主义积累的一般规律》中的《不列颠的农业无产阶级》这一节中。在那里马克思引用罗杰斯的话说,英国的农业工人在14世纪末"生活得很富裕并且能积累财富"②,现在的农业工人和那时相比扮演着非常可怜的角色。再往后不多几页,马克思又写道:"罗杰斯教授却得出这样的结论:今天的英格兰农业工人,不要说同他们14世纪下半叶和15世纪的先人相比,就是同他们1770年到1780年时期的先人相比,他们的状况也是极端恶化了,'他们又成了农奴',

---

① 参看《马克思恩格斯全集》第1版第31卷第271页。
② 《马克思恩格斯全集》第1版第23卷第738页。

而且是食宿都很坏的农奴。"① 马克思并在有关的脚注中对罗杰斯的著作给予了应有的评价,说它是"**辛勤劳动的成果**","这是我们手头所有的关于那个时期的第一部**真实可靠的价格史**"。② 在论述所谓《原始积累》的第 24 章中,马克思再一次引用了罗杰斯书中的资料,证明宗教改革破坏了教会土地所有权以后,使教会土地上的农民更加贫困了,接着在脚注中写道:"罗杰斯先生当时虽然是新教正统派的故乡牛津大学的政治经济学教授,却在他所著的《英国的农业史和价格史》一书的序言中强调宗教改革使人民群众贫困化。"③

马克思在写到论述机器的第 4 章(即现在的第 4 篇《相对剩余价值的生产》)时,从"工厂视察员的报告书"中得知约翰·瓦茨最近出版了一本《工会和罢工,机器和合作社》的小册子。约·瓦茨是英国的政治家,曾经是空想社会主义者,欧文的追随者,后来沦为资本主义的辩护士。这部小册子的标题颇能吸引马克思,因此他两次在信中要恩格斯给他弄到一本。马克思在 1866 年 2 月 10 日致恩格斯的信中说:"我从最近的一份《工厂视察员的报告书》中得知,约翰·瓦茨发表了一本《论机器》的小册子。请用我的名义要他寄一本给我。"④ 在同月 13 日的下一封信中,马克思又写道:"不要忘记写信给瓦茨,因为我现在已经写到关于机器的一章了。"⑤ 马克思读了通过恩格斯弄到的瓦茨的小册子以后,大概颇感失望,所以未见他在论机器的部分引用这部小册子,相反,在论述"计件工资"的时候却引用了两处。瓦茨狂热地吹

---

① 参看《马克思恩格斯全集》第 1 版第 23 卷第 743—744 页。
② 参看《马克思恩格斯全集》第 1 版第 23 卷第 738 页注 138。
③ 《马克思恩格斯全集》第 1 版第 23 卷第 790 页注 198。
④ 《马克思恩格斯全集》第 1 版第 31 卷第 178 页。
⑤ 参看《马克思恩格斯全集》第 1 版第 31 卷第 181 页。

捧计件工资制,把它说得天花乱坠,说什么"计件劳动制度标志着工人史上的一个时代",说什么计件工人虽然靠资本家才能劳动,但"实际上是自己的雇主",等等。马克思指出,"我引用这本小册子,是因为它是一切早已陈腐的辩护滥调的真正臭水坑"。① 为了说明计件工资制能刺激工人的干劲,但也会引起工人之间的竞争,马克思又一次引用瓦茨的话,他写道,"甚至辩护士瓦茨也说:'如果在一项工作中所有被雇用的人都成为合同的参加者,每个人都量力而为,而不是一个人只顾自己的利益……那么这会是计件工资制的一个重大改进。'"② 马克思在这里巧妙地利用瓦茨的辩护理论说明了计件工资制引起工人的竞争。

由于美国南北战争的影响,美国棉花供应不足,造成了英国棉纺织业的棉荒。工厂主们采用其他地方的质量较差的棉花来代替,并且竞相改进纺织机器,结果很快又造成了商品充斥世界市场的局面。工厂主们为转嫁困难,减轻工人的工资,工人则提出缩短劳动时间。结果在1867年初酿成了曼彻斯特工人的罢工事件。这时马克思正在整理和润色他的《资本论》第1卷复印稿中论述机器的部分,他对这次机器和工人之间的斗争事件当然很关心,而且这正是他论述机器对工人阶级的影响的生动事例。恩格斯是棉纺织业的实际经营者,又身处事件发生地曼彻斯特,所以马克思就这件事在信中询问恩格斯。他在1867年1月19日致恩格斯的信中问道:"关于曼彻斯特的罢工问题,或者至少是同纺织工人的冲突问题,希望你把事态的发展精确地告诉我,因为我还可以在书中采用它。"③ 恩格斯在1月29日的回信中把实际情况告诉给马克思说:"关于工人和工厂主的情况是这样的:印度、中国和近东等地

---

① 《马克思恩格斯全集》第1版第23卷第603页注45。
② 参看《马克思恩格斯全集》第1版第23卷第606页注5。
③ 《马克思恩格斯全集》第1版第31卷第276页。

方商品充斥；因此6个月来细布几乎无人问津……工厂主们还把此地没有人愿意买的商品**运到**印度、中国这些地方去**委托销售**，这样一来，商品更加过剩了。结果，这种做法对他们也没有用了，终于他们向自己的工人提出要降低工资百分之五。对此工人们提出了反建议：每周只工作4天。老板们拒绝。不满……可见，工人们在理论上是正确的，而且在实践上也做得对。"① 马克思把这个事例引用在《资本论》第1卷第13章《机器和大工业》第五节《工人和机器之间的斗争》中，在该节的脚注（207）中，马克思把这件事加上时代背景，写道："棉业危机时期机器的迅速改良，使英国工厂主能在美国南北战争结束后立即又使商品充斥世界市场。到1866年下半年，布匹几乎就卖不出去了。于是，商品开始运往中国和印度委托销售，这自然使商品充斥更加严重。1867年初，工厂主采取了他们惯用的摆脱困境的手段，把工资降低5%。工人起来反抗，并且宣称，唯一的出路是缩短劳动时间，每周工作4天（这在理论上是完全正确的）。经过较长时期的抗拒以后，自命的工业首领们不得不决定照这样办。"②

从1867年5月份起，恩格斯随同马克思一道校读《资本论》第1卷的清样。在这个过程中，恩格斯不断提出自己的意见。恩格斯看了第一批清样，其中包含有《商品和货币》章中关于"价值形式"的分析，这一部分完全是用辩证逻辑通过抽象思维方式写出来的，一般人很不好理解。恩格斯本人对于这种分析方法是熟悉的，但他觉得，这样写法对一般读者来说是很难掌握的。所以他为马克思出了许多改进的主意。恩格斯1867年6月16日致信给马克思说："第二个印张特别带有一些受痈困扰的痕迹，但是现在已经无法修改了，同时我认为，你不必在这上

---

① 参看《马克思恩格斯全集》第1版第31卷第277—278页。
② 《马克思恩格斯全集》第1版第23卷第475页。

面再作任何补充，因为庸人确实不习惯于这种抽象思维，而且一定不会为价值形式去伤脑筋。至多可以把这里用辩证法获得的东西，从历史上稍微详细地加以证实，就是说，用历史来对这些东西进行检验，虽然这方面最必要的东西都已经说过了……你一定能就这个问题写出很好的补充论述，从而用历史方法向庸人证明货币形式的必然性并表明货币形成的过程。你造成了一个很大的缺陷，没有多分一些小节和多加一些小标题，使这种抽象阐述的思路明显地表现出来。这一部分你应当用黑格尔的《全书》那样的方式来处理，分成简短的章节，用特有的标题来突出每一个辩证的转变，并且尽可能把所有的附带的说明和例证用特殊的字体印出来。这样，看起来就可能有点像教科书，但是对广大读者来说要容易理解得多。读者，甚至有学识的读者，现在都已经不习惯这种思维方法，因而必须尽量减少他们阅读的困难。"① 与此同时，马克思的朋友库格曼读了清样以后，也觉得价值形式的论述不好理解，也建议马克思改得更通俗些。

在朋友们的建议下，马克思决定另写一个更通俗的论述，作为《附录》放在第 1 卷的末尾②，以便不懂辩证法的读者可以理解。这就是《资本论》第 1 卷所以包含着关于价值形式的两种论述的原因。马克思在 6 月 22 日写信回答恩格斯说："至于说到**价值形式**的阐述，那么我是既接受了你的建议，又没有接受你的建议，因为我想在这方面也采取辩证的态度。这就是说；第一，我写了一篇**附录**，把**这个问题**尽可能简单地和尽可能教科书式地加以叙述；第二，根据你的建议，把每一个阐述上的段落都变成**章节**等等，**加上特有的小标题**。我要在序言中告诉那些

---

① 《马克思恩格斯全集》第 1 版第 31 卷第 307—308 页。
② 《资本论》第 1 卷德文第 1 版，经济科学出版社 1987 年版，第 752—778 页。

'不懂辩证法的'读者,要他们跳过 x—y 页而去读附录。这里指的不仅是庸人,而且也是有求知欲的青年人等等。此外,这部分对全书来说是太有决定意义了。经济学家先生们一向都忽视了这样一件极其简单的事实:**20 码麻布＝1 件上衣**这一形式,只是 20 **码麻布＝2 英镑**这一形式的未经发展的基础,所以,最简单的商品形式……就包含着**货币形式的全部秘密**,因此也就包含着萌芽状态中的**劳动产品的一切资产阶级形式**的全部秘密。"① 马克思在这封回信中所说的"既接受了你的建议",是指他写了一个教科书式的论述,并加了众多特有的小标题(节和小节总共加了 41 个小标题)。马克思所说的"又没有接受你的意见",是指他在这个《附录》中没有像恩格斯建议的那样,用历史的例证来说明辩证的逻辑过程。后来,直到 1872 年出版《资本论》第 1 卷德文第 2 版时,马克思才把第 1 版中关于价值形式的这两种论述方式,合并到一起,并彻底加以改写,形成了关于价值形式的第三种论述方式,这就是我们目前在《资本论》中所读到的那种论述方式。在这次改写中,马克思显然又一次考虑了恩格斯的建议,在理论论述中进一步加进了历史事实作为价值形式发展阶段的类比。在谈到简单价值形式时,马克思加进了这样的话:"很明显,这种形式实际上只是最初交换阶段,也就是在劳动产品通过偶然的、间或的交换而转化为商品的阶段才出现。"在谈到扩大的价值形式时,马克思又加进了如下的话:"扩大的价值形式,事实上是在某种劳动产品例如牲畜不再是偶然地而已经是经常地同其他不同的商品交换的时候,才出现的。"② 这些历史例证的插入,无疑方便了读者对理论的理解,但论述的辩证法不再像第 1 版中那样强烈了,而且使一些人产生了某种误解,以为价值形式所分析的是前资本主义的

---

① 《马克思恩格斯全集》第 1 版第 31 卷第 311 页。
② 《马克思恩格斯全集》第 1 版第 23 卷第 81 页。

商品生产，而不是资本主义商品的内在矛盾的展开和表现。由此引起了学术界多年的争论。

如果把马克思关于价值形式的三种论述方式加以对比研究，可以看出每一次修改都有改进，也越来越容易读懂。第1版正文中的论述的特点，是严格地从商品内在矛盾的发展来论述价值形式的发展，没有加进任何历史说明，完全用抽象力来把握每一种形式，关键的地方还使用了黑格尔辩证法的术语。在这种抽象的分析中，"简单的相对价值形式"实际上是从无数多种多样的商品交换关系中抽出来的一种最简单的关系，即一种商品对另一种商品的关系。"扩大的相对价值形式"，则是由许多简单的相对价值形式组成的，是一种商品对整整一系列商品的关系。而把这种扩大的相对价值形式倒转过来，就成了其他一切商品对一种商品的关系，后者即一般等价物。特别值得注意的是，在这里，马克思没有把它称为"一般的相对价值形式"，而是称为"第三种，即相反的或倒转过来的第二种相对价值形式"。[①] 我们可以看到，单是这样的标题就已经很难懂了。在这第一种论述中，第4节分析的内容也不是像我们现在在《资本论》的通行版本中读到的"货币价值形式"，而分析的只是"一般价值形式"在实践中遇到的一般等价物不统一的矛盾。因此这一节的标题只是"第四种形式"。[②] 这一节的内容只是说明，从理论上讲，每一种商品都可以充当一般等价物，这样就遇到了二律背反。每一种商品都可以成为一般等价物，又都可以具有一般相对价值表现，但每一种商品不可能同时既是前者又是后者，一般等价形式和一般相对价值形式是互相排斥的。因此，这一节的分析最后得出一个结论："一般等价形式始终只适用于一种商品而与其他一切商品相对立，但是

[①] 《资本论》第1卷德文第1版，经济科学出版社1987年版，第33页。

[②] 参看《资本论》第1卷德文第1版，经济科学出版社1987年版，第41页。

它适用于任何一种商品而与其他一切商品相对立。"① 第4节的分析到此为止，它只为货币的产生建立了理论前提，但没有分析货币形式本身。对价值形式进行的严格的辩证分析，只能分析到这里，不能直接得出货币来，因为货币是在交换过程中才出现的。马克思自己说过："只有社会的活动才能使一种特定的商品成为一般等价物。因此，其他一切商品的社会的行为使一种特定的商品分离出来，通过这种商品来全面表现它们的价值。"② 这里第4种形式的分析固然是严格地遵守了辩证法，但一般读者也是很难理解的。除此之外，马克思虽然多次强调指出，"价值"是一般抽象人类劳动的凝结物，但他在价值形式的分析中又说价值是"**观念的物**"③。这就使资产阶级经济学家们可以抓住把柄，攻击说什么"价值"是马克思的"杜撰"，是马克思头脑的产物，不是客观存在的东西。总之，第1版正文中关于价值形式的第一种分析，虽然严格地遵守了辩证法，但却很难懂，而且也存在着"漏洞"。连马克思自己在第1版的《序言》中也说："对**价值实体和价值量的分析**，我已经尽可能地做到通俗易懂。对**价值形式**的分析则不一样。它是很难理解的。因为辩证法……强烈得多。因此，我劝不完全习惯于辩证思维的读者，跳过第……**页止的这一部分**去读附在书后的附录：《**价值形式**》。在那里将力求像科学说明所允许的那样简单地甚至讲义式地叙述问题。"④

《附录》中的价值形式的论述，完全像是一篇讲义，它已不再坚持

---

① 参看《资本论》第1卷德文第1版，经济科学出版社1987年版，第42页。
② 《马克思恩格斯全集》第1版第23卷第104页。
③ 《资本论》第1卷德文第1版，经济科学出版社1987年版，第25页。
④ 参看《资本论》第1卷德文第1版，经济科学出版社1987年版，第1—2页。

严格的辩证逻辑，而是尽量往通俗方面讲；加入的众多小标题实际上像是内容提要一样，使人一看就感到条理分明。在这里，第 4 节已经直接分析"货币形式"了，从而使人们明白，价值形式的分析是为了说明货币的起源和本质的。不但如此，早在分析第 1 节"简单的价值形式"时，在论述到个别等价形式的特点以后，就已经直接和货币形式相对比了，这就使人很容易弄懂等价形式的实质就是货币的实质。此外，在等价形式的特点中还分析了商品拜物教。这些内容显然都是为了通俗易懂。至于第 2 版以后的价值形式的论述（即第三种论述方式）是大家都熟悉的。它是取以上两种论述的长处综合而成，它的主要标题的框架是来自《附录》中的框架，但论述却尽量符合辩证逻辑。但它同时注意到了通俗易懂。例如（1）一开始就讲清楚，"我们要做资产阶级经济学从来没有打算做的事情：指明这种货币形式的起源，就是说，探讨商品价值关系中包含的价值表现，怎样从最简单的最不显眼的样子一直发展到炫目的货币形式。这样，货币的谜就会随着消失"[①]。（2）第 4 节又直接分析了"货币形式"。（3）如上所述，进一步加进了历史的事实作为价值形式某一发展阶段的类比，在这方面，比《附录》又进了一步。另外，为防止别人产生误解，强调价值是客观存在，所以把第 1 版中写的价值是"观念的物"这种说法取消了。以上就是价值形式的三种论述的改进情况，这不但体现了马克思的心血，也体现了恩格斯的贡献。

恩格斯在看清样中对其他各章的论述赞扬不已。他在信中说："关于货币转化为资本的一章和剩余价值的产生的一章，就叙述和内容来说，是迄今为止最光辉的两章……对于这种简单的取得结果的方法非常

[①] 《马克思恩格斯全集》第 1 版第 23 卷第 61 页。

惊异。"① "关于积累的一章非常出色。"② "剥夺的历史过程的叙述也很出色", "关于剥夺者被剥夺的概括是非常光辉的"。③ 马克思非常重视恩格斯的肯定,他高兴地回信说:"你到现在为止所表示的满意对我来说比世界上其他人可能作出的任何评价都更为重要。"④

就在看清样的过程中,马克思和恩格斯仍在继续讨论重要的理论问题。在论述工厂手工业师傅转变为资本家的地方,马克思应用了量变转变为质变的规律。他认为这一规律在自然科学中也是有效的。马克思在1867年6月22日告诉恩格斯说:"你从我描述手工业师傅变成——由于单纯的**量变**——资本家的第3章的结尾部分可以看出,我在那里,**在正文中**引证了黑格尔所发现的**单纯量变转为质变的规律**,并把它看做在历史上和自然科学上都是同样有效的规律。"⑤ 马克思的这个论述包含在《资本论》现行版的第9章的末尾。马克思还在相应的脚注中注明,在现代化学中,分子学说正是以这个规律作为基础的。后来恩格斯在编辑第3版时,在这个脚注的后面补加了说明,使这个注精确化了。恩格斯告诉读者,马克思这里所说的现代化学中的量变转变为质变的规律,是指碳氢化合物的"同系列",在这个系列中,碳、氢、氧三种元素组成的分子式,每次单纯量的增加都形成一个不同质的物体。⑥

恩格斯读了马克思论述剩余价值的产生的这部分清样后,觉得马克思没有同时说明企业主如何赢利问题,担心这样会遭到庸俗经济学家和

---

① 《马克思恩格斯全集》第1版第31卷第314页。
② 参考《马克思恩格斯全集》第1版第31卷第333页。
③ 参考《马克思恩格斯全集》第1版第31卷第340页。
④ 参考《马克思恩格斯全集》第1版第31卷第310页。
⑤ 参看《马克思恩格斯全集》第1版第31卷第312页。
⑥ 《马克思恩格斯全集》第1版第23卷第342—343页。

工厂主的反驳。他写信给马克思说:"我对你没有注意这一点还是感到惊奇,因为**肯定**会对你马上作出这种反驳,最好是预先把它排除。"①马克思在回信中说明,这个问题实际上在论述生产价格理论时才能解决。因为解决这个问题的前提条件是,(1)阐明劳动力价值转化为工资(这个问题在第 1 卷第 5 章中已解决),(2)阐明剩余价值转化为利润,利润转化为平均利润等问题。而这个问题涉及资本的周转等流通过程,所以只能到第 3 册才能彻底解决。马克思说,到那时将指出庸人和庸俗经济学家看**问题的方法**是怎样产生的。那就是,"反映在他们头脑里的始终只是各种关系的直接的**表现形式**,而不是它们的**内在联系**。情况如果真像后面说的这样,那么还要**科学**做什么呢?"马克思接着说,在《工作日》那一节将会表明,资本家们反对缩短工作日,说明他们对利润的来源和实质了解得是很透彻的。西尼耳主张的"最后一小时"的例子,证明"资产者确信他们的全部利润和利息是从**最后的无酬劳动小时**中得来的"。②

就是在看第 1 卷清样的时期,马克思同时还研究了《资本论》以后各册的问题,他不断向恩格斯请教工厂经营中的实际问题。在 1867 年 8 月 24 日的信中,马克思向恩格斯请教固定资本在工厂的实际经营中到底是如何更新的。如果说机器大体上是 10 年左右时间可以用实物形式得到补偿,那么在这 10 年过程中折旧基金是如何加以利用的呢?能不能用来充当积累基金呢?恩格斯在 8 月 27 日的回信中,详细地用表格说明了在工厂的实际经营中折旧基金是如何计算和如何利用的。③ 因为这个问题不只涉及第 1 卷,而是还涉及其他卷,所以这里就不详谈了。

---

① 《马克思恩格斯全集》第 1 版第 31 卷第 316 页。
② 参看《马克思恩格斯全集》第 1 版第 31 卷第 317—318 页。
③ 参看《马克思恩格斯全集》第 1 版第 31 卷第 331—332、334—335 页。

当恩格斯看完了大部分清样以后，他一方面对书的理论结构赞扬不已，另一方面对书的外部形式即篇章结构却提出了意见。1867年8月23日，恩格斯写信给马克思说："到现在为止我已仔细读完了将近36个印张。我祝贺你，只是由于你把错综复杂的经济问题放在应有的地位和正确的联系之中，因此完满地使这些问题变得简单和相当清楚。我还祝贺你，实际上出色地叙述了劳动和资本的关系，这个问题在这里第一次得到充分而又互相联系的叙述。看到了你掌握了工艺术语，我也感到很满意，这样做对你来说一定有许多困难……但是你怎么会把书的**外部**结构弄成现在这个样子！第4章大约占了200页，才只分四个部分，这四部分的标题是用普通字样加空排印的，很难找到。……在这里题目分得更细一些，主要部分更强调一些是绝对合适的。"① 恩格斯关于改进篇章结构的这个意见是十分中肯的。《资本论》第1卷这么大的篇幅，在第1版中只划分为6章，每章下面又很少分节，使人读起来有漫长而疲倦之感。就拿恩格斯在信中所说的占了200页的第4章来说吧，这一章是《相对剩余价值的生产》，即现在我们见到的《资本论》的第4篇。这一部分除第1节讲"相对剩余价值的概念"以外，其余3节分别论述的是"协作"、"分工和工场手工业"、"机器和大工业"。单是论机器的这后一部分，篇幅就足够庞大的了，何况竟包含了相对剩余价值生产的三个历史阶段！后来这一部分在《资本论》现行版本中进一步分成了4章，即第10—13章，其中第12章《分工和工场手工业》又下设了5节，而第13章《机器和大工业》下设了10节之多。单是这一个例子就足以说明，《资本论》第1卷的篇章结构是有待于认真改进的。马克思后来认真听取了恩格斯的意见，在1873年出第1卷第2版时，把全书改成了7篇25章，也就是我们今天在通用版本中所看到的那样。

---

① 《马克思恩格斯全集》第1版第31卷第329—330页。

后来，马克思在1872—1875年亲自修改和出版法文版时，又进一步把篇章划小，把全书改成了8篇33章。这样，全书的篇章就分明了，也好读得多了。

恩格斯读到论述资本积累的部分时，对马克思补充进去的论述爱尔兰状况的那一部分提出了建议。这也不是偶然的。当时，由于革命形势的需要，马克思和恩格斯都开始注意农民问题，因为这涉及工人革命中的同盟军问题。当时的爱尔兰是农业地区，英国资本主义大工业的急速发展，造成了农村地区的两极分化，大批失去土地的中小农民和农业工人，成了工人阶级天然的同盟军。所以马克思在论述资本积累过程时，专门补充考察了爱尔兰的状况。恩格斯对此也很注意，他在1867年9月1日致马克思的信中写道："关于爱尔兰那一部分的补充写得太匆忙，对材料加工太少。读第一遍常常完全不能理解。"① 马克思认真接受了恩格斯的意见，他在1873年出第2版时，对这部分作了修改，并增加了脚注。后来在1872—1875年亲自修改和出版《资本论》法文版时，又对这一部分作了更详尽的增补，增加了许多篇幅并增写了脚注，同时马克思明确指出法文版中增补的这些内容，要增加到《资本论》以后的第3版中去。现在我们读到的关于爱尔兰状况的论述②，就是在恩格斯建议下由马克思多次增补以后形成的。

恩格斯和马克思之间在看《资本论》第1卷清样的过程中，互相就重要理论问题和修改意见交换看法的情况，大体如上述。显然，除马克思之外，恩格斯是最关心《资本论》的人。在1867年8月16日深夜，马克思看完了最后一张清样。他高兴得立即给恩格斯写信说："这本书的**最后一个印张**（第49印张）刚刚校完……这样，**这一卷就完成**

---

① 《马克思恩格斯全集》第1版第31卷第340页。
② 《马克思恩格斯全集》第1版第23卷第764—780页。

了。其所以能够如此，我只有感谢你！没有你为我作的牺牲，我是决不可能完成这三卷书的巨大工作的。我满怀感激的心情拥抱你！"① 马克思这几句发自肺腑的话，充满了对自己最亲密友人的激情！

*　　*　　*

《资本论》第1卷在1867年9月出版以后，遭到了资产阶级及其学术界的沉默的抵制。他们闭口不言，好像世界上根本就没有这本书存在一样，企图用这种办法来扼杀这本书。在这种情况下，恩格斯首先站出来想尽各种办法冲破这种沉默。恩格斯向马克思建议，由他匿名从资产阶级的观点对书进行"抨击"，以便引诱资产阶级报刊把这些文章登出来，达到宣传的目的。马克思回答说："你**从资产阶级观点**对书进行抨击的计划是**最好的作战方法**。"② 恩格斯于是马上行动起来。他一方面写书评，一方面把他的"军事计谋"告诉给自己的朋友库格曼等人，请他们把这些书评通过各种关系投到资产阶级的报刊上去。恩格斯说，他写的书评适合于任何资产阶级报刊刊登，主要问题不在于写什么和如何写，而在于造成一种声势，使人们觉得到处都在谈论这本书。恩格斯说，要设法尽可能地在一切报纸上发表文章，不管这些报纸是政治性的，还是其他性质的，只要它们肯发表就行。既要有长篇的书评，也要有短小的简评，主要的是这类文章要多，要经常出现。只有这样，才能最后迫使那些经济学界的"大人物"们不得不发表自己的看法，才能打破沉默。③ 恩格斯还说，在实行这种谋略的时候，"要像鸽子一样驯良，像蛇一样灵巧"④。从1867年10月至1868年5月期间，据说恩格

---

① 《马克思恩格斯全集》第1版第31卷第328—329页。
② 《马克思恩格斯全集》第1版第31卷第352页。
③ 参看《马克思恩格斯全集》第1版第31卷第564页。
④ 《马克思恩格斯全集》第1版第31卷第569页。

斯总共写了十几篇书评,但目前我们见到的一共是9篇。① 其中有两篇未能刊登出来,真正刊登出来的是7篇。其中除1篇是登在李卜克内西主编的工人报刊《民主周报》上以外,其余6篇都是通过朋友们的关系发表在德国资产阶级自由派的报刊上的。这些书评写得很有意思,每一篇都考虑到了发表书评的报刊的立场和需要,而采用不同的口吻说话。有时,马克思也帮助出主意,恩格斯甚至把马克思在信中提示的反驳马克思自己的原话也写在书评中。② 例如,在刊登在斯图加特的《观察家报》上的书评中,恩格斯在写完对书的肯定方面以后写道:"谈到作者的倾向、主观结论和他怎样设想和表述现代社会发展过程的最后结果,事情就完全不同了。它们与我们称为本书的正面部分没有共同之处,可以指出,他的这些主观的幻想,是被他自己的客观的叙述所驳斥掉了。"③ 相反,发表在工人报刊《民主周报》上的书评则截然不同,这篇书评的第一句话就是,"自地球上有资本家和工人以来,没有一本书像我们面前这本书那样,对于工人具有如此重要的意义"④。恩格斯不但写了这么多的书评,而且他还在1868年为《资本论》第1卷写了一个《提纲》。⑤ 写这个《提纲》的目的可能是为了便于查找理论内容。但这个《提纲》写到机器大工业就中断了。恩格斯的这个《提纲》是帮助人们掌握《资本论》理论的重要参考文献。马克思和恩格斯还发动周围的人和朋友们写文章和评论。在这方面最有名的就是工人理论家

---

① 参看《马克思恩格斯全集》第1版第16卷第232—271、326—350页。

② 参看《马克思恩格斯全集》第1版第31卷第410—411页;第16卷第254—256页。

③ 《马克思恩格斯全集》第1版第16卷第255页。

④ 《马克思恩格斯全集》第1版第16卷第263页。

⑤ 参看《马克思恩格斯全集》第1版第16卷第273—325页。

狄慈根写的书评，他的书评被刊登在1868年的《民主周报》上。另外，施韦泽也在《社会民主党人报》上连续发表了长篇的介绍文章。除此之外，马克思和恩格斯还设法把《资本论》第1卷的《序言》或《序言》的摘要发表在好几种报刊上。再有，就是利用各种机会进行宣传。《资本论》出版后不久，拉萨尔分子立即对它进行剽窃和歪曲，他们在1867年11月24日的全德工人联合大会上发言，逐句引用新出版的《资本论》，却不注明书名。马克思抓住机会，写了《剽窃者》一文，刊登在当年12月12日《未来报》上，把他们抄袭的话和《资本论》进行对照。这一方面揭露了拉萨尔派，另一方面也宣传了《资本论》。根据大体上的统计，到1868年底《资本论》出版后一年间，各种报刊发表的涉及《资本论》的各种文章总共约有20篇左右。①

在这样的背景下，"经济学家"们开始讲话了。欧根·杜林当时还是个讲师，他是第一批对《资本论》发表意见的人之一。他写的书评刊登在1868年初出版的《现代知识补充材料》杂志第3卷第3期上。杜林的文章说什么，只有等到第3卷出版以后，才能对第1卷作出应有的评价。还说什么劳动时间决定价值并非无可争议等等。不过，他总算几乎完全接受了《原始积累》这一章。马克思和恩格斯猜想，杜林所以要想书评，大概是因为《资本论》中抨击了罗雪尔，而杜林是恼恨罗雪尔的。马克思说，虽然杜林"恶意地企图把李嘉图的局限性强加到我身上。但是，我们不在乎这些。我应当感谢这个人，因为他毕竟是谈论我的书的第一个专家"②。马克思致恩格斯的信中，除了评论杜林外，同时说明了自己这部书的与众不同之处："杜林这个家伙并没有觉察到

---

① 参看《〈资本论〉研究资料和动态》，江苏人民出版社1983年版第4期，第194—214页。

② 《马克思恩格斯全集》第1版第32卷第526页。

这部书中的三个崭新的因素：（1）过去的**一切**经济学**一开始**就把表现为地租、利润、利息等固定形式的剩余价值特殊部分当作已知的东西来加以研究，与此相反，我首先研究剩余价值的一般形式……（2）经济学家们毫无例外地都忽略了这样一个简单的事实：既然商品有二重性——使用价值和交换价值，那么，体现在商品中的劳动也必然具有二重性……（3）工资第一次被描写为隐藏在它后面的一种关系的不合理的表现形式……"[①]1868年7月，资产阶级经济学家孚赫也终于出来说话了，在他主办的《国民经济和文化史季刊》上发表匿名文章，攻击马克思是剽窃者，说什么马克思用社会必要劳动时间来确定价值是从巴师夏那里抄来的，还声称"驳倒价值理论是反马克思的人的唯一的任务"，因为要承认这个定理，那就必然要承认马克思所做出的差不多全部结论，等等。马克思写道："这些先生们终于把自己的怒气发泄出来了。"[②] 总之，在恩格斯和朋友们的努力下，资产阶级用沉默来扼杀《资本论》的企图开始破产了。

* * *

《资本论》第1卷的出版受到了工人阶级的热烈欢迎。《资本论》被称为工人阶级的"圣经"，第一国际在1868年9月的布鲁塞尔代表大会上专门通过决议，建议各国工人研读《资本论》，协助把它译成各国文字广为传播。1871年秋天，《资本论》第1卷全部售完。如上所述，马克思经过认真修改，在1873年出了第2版。与此同时，以德文第2版为基础，由鲁瓦译成法文，经过马克思亲自校订和修改，在1872—1875年期间以分册形式出版了法文版《资本论》。法文版《资本论》不但在篇章结构上进一步划小了（改成8篇33章），而且马克思在理论

[①]《马克思恩格斯全集》第1版第32卷第11—12页。
[②]《马克思恩格斯全集》第1版第32卷第537页。

上、资料上以及注释上都作了重要的修改和增补。在修订法文版的过程中，马克思已经想到，在以后出《资本论》第3版时，应当把原文的大部分改写一下，把某些论点表述得更加明确一些，把新的论点增加进去，并且把第1版出版以来的新的历史材料和统计资料补充进去。但是，由于马克思急于完成第2卷的工作，由于国际工人运动的实际事务以及身体状况不佳，使得马克思原来的设想没有能实现。马克思没有来得及亲自修订出版《资本论》第1卷第3版，就在1883年辞世了。出版第3版的任务落在了恩格斯的身上。

恩格斯严格按照马克思留下的有关资料，亲自负责修改和整理，就在马克思逝世的当年即1883年11月出版了《资本论》第1卷的第3版。马克思生前留下了一些手稿，指明了将来出第3版时要进行哪些最必要的修改。马克思留下的三个手稿是：《〈资本论〉第1卷德文第2版修改意见表》，《〈资本论〉第1卷美国版编辑说明草稿》和《〈资本论〉第1卷美国版编辑说明》①。这三个手稿大体上产生于1877年的下半年。1877年9月5日左尔格写信给马克思，说他在美国找到了一个译者，打算把《资本论》第1卷译成英文，在美国出版。马克思在收到左尔格的信以后，紧张地投入了对德文第2版进行最必要修改和对照法文版的工作。马克思先把需要采用的法文版中的段落做上记号，再在德文第2版的自用本上做出标记，表明哪些地方应参阅法文版。还有一部分修改直接写在了第2版的自用本中。然后，马克思把这些地方集中起来，编成了第一份手稿，即《〈资本论〉第1卷德文第2版修改意见表》。马克思在校阅完这个表之后，开始为左尔格誊抄《美国版编辑说明》，但这项工作进行到两页半就中断了，大概马克思对于说明的形式不满意，怕别人看不清。这份未完成的手稿就是第二份手稿《〈资本

---

① 参看《马克思恩格斯研究》，1993年第12期，第1—91页。

论〉第1卷美国版编辑说明草稿》。然后马克思从头开始誊抄了一份完整的手稿，这就是第三份手稿《〈资本论〉第1卷美国版编辑说明》。在1877年10月19日，马克思把后者连同一本法文版《资本论》一并寄给了左尔格。后来出美国版的计划没能实现，《编辑说明》也就暂时留在了左尔格手中。由上所述可以知道，实际上从基本内容来看，《修改意见表》和《编辑说明》中列举的改动绝大部分是一致的。前者中有而后者中没有的，有12条，后者中有而前者中没有的，有6条（因为后者中有的是只适用于英文版的意见）。《修改意见表》中列举的修改分布如下：第1篇——2条；第2篇——1条，第3篇——10条，第4篇——12条；第5篇——12条；第6篇——2条；第7篇——83条。可见绝大部分改动属于第7篇。在这总共122条中，需要直接采用法文版的共68条，占总数的55%左右，其余的是属于德文本身需要改动的地方，与法文版无关。

恩格斯在编辑出版第3版时，除了参照马克思的《修改意见表》以外，还参照了马克思作了记号的法文版和德文第2版自用本。他是严格按照马克思的《修改意见表》上的各条修改的，但也有少数地方没有完全照办。恩格斯在《第3版序言》中说，"凡是我不能确定作者自己是否会修改的地方，我一个字也没有改。"① 第3版中的修订，择其要者有：第1章关于从商品交换价值引出商品价值的论述，修改得更加严密了；在机器大工业部分，增加了新材料，进一步完善了对资产阶级"补偿理论"的批判，扩大了关于"生产劳动"的定义，增加了批判约·斯·穆勒辩护理论的内容；大大充实了《工资的国民差异》这一章；第七篇《资本的积累过程》中的修改和补充最多，其中从法文版移过来的一些理论增补颇为重要，例如，对资本有机构成作出了全面科

---

① 《马克思恩格斯全集》第1版第23卷第31页。

学的定义,用"积聚"和"集中"这样不同的术语明确区分了资本积累的两种方式;对现代工业周期的变化和相对过剩人口的各种存在形式作了补充和修改;进一步增加了关于爱尔兰农村状况的材料;原始积累部分增加了银行、国债、税收制度所起的聚敛财富的巨大作用等内容。① 恩格斯还在第3版中增加了一些很重要的注释。除上面所说的用化学的例子说明量变到质变的规律外,他还根据美国人类学家摩尔根等人研究的新成果,说明人类社会不是像原来人们认识的那样,从家庭发展到氏族,而是从氏族发展到家庭。②

恩格斯还亲自负责主持了《资本论》第1卷英文版的翻译和出版工作。早在看《资本论》第1版清样的过程中,恩格斯就已在考虑出英文版的事情,并留意物色合适的译者。恩格斯当时发现,他和马克思共同的朋友赛米尔·穆尔适于充当英文译者的工作。穆尔是律师,他的德文有一定的水平,后来还专门进修了德文,他对《资本论》的理论理解力很强,使恩格斯很满意。1883年马克思逝世后不久,英文版的翻译工作就开始了。恩格斯选定穆尔和艾威林两人各自分头翻译,然后由恩格斯负责全卷的编辑和校订工作。英文版的内容是根据德文第3版翻译的,而篇章结构却采用了法文版的结构,即分成8篇33章。《资本论》德文版中的许多引文原来都是英国作者的著作,在出英文版时,需要重新恢复成英文原著中的文句。马克思的小女儿担任了这项细致的工作。在恩格斯的直接领导和参与下,英文版《资本论》终于在1886年底正式出版了。在这期间,左尔格听说恩格斯在负责出版英文版,于是

---

① 分别参看《马克思恩格斯全集》第1版第23卷第40、475—477、480—481、482—484、556—557、563—566、613—615、672—673、685—690、701—705、772—777、822—825页。

② 《马克思恩格斯全集》第1版第23卷第559—560页注1a。

在1886年2月15日把存在他手中的《美国版编辑说明》寄给了恩格斯，供恩格斯参考。这样，马克思留下的有关手稿，就都集中在恩格斯的手中了。

客观形势的发展，要求出一个《资本论》第1卷的德文标准版本，这件事由恩格斯在1890年实现了。这就是经恩格斯最后编定的德文第4版。恩格斯在《第四版序言》中说，第4版要求他把"正文和注释最后确定下来"。恩格斯在编定第4版时做了三方面的工作：第一，"根据再一次对照法文版和根据马克思亲手写的笔记，我又把法文版的一些地方补充到德文原文中去"。第二，"我还补加了一些说明性的注释，特别是在那些由于历史情况的改变看来需要加注的地方"。① 第三，由于在出英文版时把绝大部分英文引文都和原著进行了核对，所以在出第4版时，恩格斯重新参考了这个恢复了原文的版本，改正了一些细小的笔误和不确切之处。关于第一方面的工作，较重大的修改和增补有5处。这就是：在关于商品和货币流通的第3章，把商品形态变化的论述补充得更全面了；在关于机器和大工业的第13章，补充了在1867年以后的时期内，英国工厂法进一步扩大适用范围的情况；在关于规模扩大的再生产的第22章，把所有权规律如何转化为资本主义占有规律的论述，补充得更充分了；在关于资本主义积累的一般规律的第23章，对资本集中的作用作了更加充分的论述，在论述到资本积累对工人阶级状况的影响时，对最早论述过这个问题的约翰·巴顿，给予了应有的评价。② 关于第二方面的工作，在恩格斯补加的注释中，有两处颇为重要。在论述到资本集中导致垄断时，恩格斯加了一个关于英美两国出现

---

① 《马克思恩格斯全集》第1版第23卷第38—39页。

② 参看《马克思恩格斯全集》第1版第23卷第136、540—542、640—644、657—659、692—693页。

"托拉斯"的注释。① 恩格斯在论机器和大工业的部分，增补了一个较长的脚注，对英国工厂法作了简明扼要的评述。②

总之，恩格斯亲自编定的《资本论》德文第 4 版从 1890 年出版以来，直到今天 100 多年当中一直成为全世界的劳动者和进步人类通用的标准版本。

---

① 《马克思恩格斯全集》第 1 版第 23 卷第 688 页。
② 《马克思恩格斯全集》第 1 版第 23 卷第 550 页。

恩格斯是《前进报》发表的一篇关于《资本论》第 3 卷的报道的作者吗？*

〔德〕佩尔·柯斯林

随着《马克思恩格斯全集》历史考证版第 1 部分第 32 卷的编辑工作的继续开展,一个有关作者的问题已到非解决不可的时候了,而目前对这一问题的回答不能令人满意。由于缺乏原始资料,从狭义上讲,使用编辑手段几乎无法解决这个问题,所以我把目前的进展情况介绍给对此感兴趣的读者,以供参考。

第 1 部分第 32 卷中有一篇短文至今没有引起足够的关注。这篇短文发表在 1894 年 1 月 12 日《前进报》(柏林)第 9 期,是一则有关《资本论》第 3 卷将于 1894 年 9 月出版的预告。① 将该文收入本卷正文部分,首先考虑到,原来将该文作者认定为恩格斯是经过考证的,下面我从另一个角度,再次就考证情况作一番介绍。当时认定恩格斯是作者,有一系列鉴定材料作佐证,因而没有人提出任何异议,甚至连《资本论》第 3 卷(《马克思恩格斯全集》历史考证版第 2 部分第 10 卷)的编辑在阅读校样时也毫无保留地表示接受。但是,编辑该卷准备材料(《马克思恩格斯全集》历史考证版第 2 部分第 15 卷)的编辑们却提出了与此相反的看法:"《前进报》上短文的笔调和内容都说明恩格斯不

---

* 本文选自《马克思恩格斯列宁斯大林研究》1998 年第 4 辑。

① 《马克思恩格斯全集》第 1 版第 22 卷第 511 页。

是该文的作者；……两则广告①在内容上大相径庭。《前进报》的短文的作者显然只是很粗略地了解第3卷的内容，对这卷的实际情况毫无所知。最可疑的是最后一句话，它说这里已把政治经济学批判概括无遗了。而在《新时代》上恩格斯并没有这样说，只是说前两卷中得不到解决的全部问题，在这里'都得到了解决'。"②

持这种观点的作者对《资本论》第3卷内容的理解及其对该卷编者恩格斯的思考使我们有充分的理由对该文的作者问题再次进行仔细考证。下面谈谈前面所说的不能令人满意的回答的基本情况。③

这篇匿名发表的预告《资本论》第3卷即将出版的消息同恩格斯发表在《新时代》④上的有关短文在内容和时间上显然有着紧密的联系。把该文作为存疑收入本卷，一方面考虑到，这样做虽不能明确证明恩格斯的作者身份，但也不排除恩格斯是该文作者的可能性；另一方面考虑到，既然没有任何证据可以证明将该文收入附录部分是正确的，那么，附录部分还是尚待收录那些可以证明是在恩格斯的直接参与下产生的材料。具体情况如下：

《前进报》发表的那篇短文极有可能是参照1894年1月9日（或8日）《新时代》的短文写成的。前者的篇幅明显小于后者，但二者在内

---

① 《关于〈资本论〉第3卷的内容》，参看《马克思恩格斯全集》第1版第22卷第512—513页。

② 摘自卡尔-埃里希·福尔格拉夫友好地提供给我的一份笔记。

③ 为了简单明了起见，我只从该文的成文过程的草稿中选取了一段同作者问题有关的材料。

④ 《关于〈资本论〉第3卷的内容》，参看《马克思恩格斯全集》第1版第22卷第512—513页。

容上基本一致。两篇短文中有一处几乎一模一样①,这是产生以上观点的另一个推论证明。最后,该文在《前进报》上的发表日期:1894年1月12日——即《新时代》上那篇短文寄出②三天之后——也支持这一观点。

因此,我们如果认为上述文章的作者使用了恩格斯为《新时代》写的短文这种说法是成立的,那么,我们就不能与此同时也很有把握地认定,谁在这篇短文的基础上,或在了解了这篇短文后撰写了上述文章。

在进行上述考证的时候,恩格斯的名字已经先入为主了。这里还有进一步考虑的余地。

首先我们可以很肯定地讲,在这个时候除恩格斯外不可能有人会刊登《资本论》第3卷即将出版的预告(即使有这种可能,也没人敢这么做)。

即使恩格斯认为应当在《前进报》上刊登一则相应的"广告",我们也很难想象,他会在经常抱怨时间不够用的同时,再撰写一篇同《新时代》上的短评一样的用于同一目的的短文。

恩格斯把《新时代》上的评论称为"短评";③考茨基1892年2月7日写给恩格斯的信④中也称之为短评。相反,恩格斯在1894年3月21

---

① 《马克思恩格斯全集》第1版第22卷第511页第8行及第512页第10行。
② 《马克思恩格斯全集》第1版第39卷第190页。
③ 《马克思恩格斯全集》第1版第39卷第190页。
④ 贝内迪克特·考茨基编:《恩格斯和考茨基通信集》,维也纳1955年版,第400页。

日写给弗·阿·左尔格的信中曾提到一篇"小广告"①，只是没有说明是哪家报纸刊登的；倍倍尔在1894年1月15日写给恩格斯的信中提到《前进报》上的短文时也使用了这一名称②。

恩格斯在《新时代》刊登的短评中已提到《前进报》上的"广告"③。如果我们首先认为，这篇短评与恩格斯1894年1月9日寄给考茨基的基本是同一篇，那么，（考虑到上面所说的考证）这时候只有恩格斯知道《前进报》上即将刊登"广告"。只要考虑到恩格斯只是补充提及《前进报》上的广告，那么就可以这样假设：如果该广告出自陌生人之手，那么，恩格斯可能就不会同意；而如果他不同意这则广告的内容，那么，他就不会提到它。

恩格斯对这则广告没有留下任何批判性意见，尽管前面说过的他1894年3月21日给左尔格的信及具有一定参考价值的《恩格斯和考茨基通信集》都给人留下了批判的印象。④

最后，还可以援引以下一点来证明恩格斯的作者身份：《前进报》上的广告曾提到"剩余价值理论"⑤将作为《资本论》第4卷出版。这一点在《新时代》上的短评中是没有的，因而这不是简单照搬，需要了解一定的内情。（《资本论》第2卷序言的相关段落暂且不谈⑥。）

然而这里提到的可证明恩格斯的作者身份的间接证据同一个简单

---

① 《马克思恩格斯全集》第1版第39卷第217页（原译有误，这里有所改动。——译者注）。
② 《恩格斯和倍倍尔通信集》，人民出版社1985年版，第881页。
③ 《马克思恩格斯全集》第1版第22卷第512页。
④ 《马克思恩格斯全集》第1版第22卷第588页。
⑤ 《马克思恩格斯全集》第1版第22卷第511页第4—6行。
⑥ 《马克思恩格斯全集》第1版第24卷第4页。

的事实相矛盾：这篇出自恩格斯之手的文章不知道为什么要匿名发表。

即使我们鉴于确定作者的实际情况死死盯住内容和风格问题不放，我们也很难阐明这则小"广告"的行文的特色，如果我们从这个观点包括上述的保留意见出发，将这篇短文同恩格斯刊登在《新时代》上的短评进行比较，那么，这种比较产生的区别是没有说服力的，因为《前进报》和《新时代》具有不同的性质和读者群：《前进报》上的广告没有严格按照第3卷的目录编写①，而为此编写的说明文字同《新时代》上的短评中强调的内容相仿是可以想象的。《前进报》上的文章完全没有考虑第3卷的第7篇，这一点倒是令人感到意外，更何况这一篇对《前进报》读者来说也许更感兴趣。还有一些用语，比如有关第2卷最终出版日期的极为含糊的、带有评价或总结性的提示②以及热情的结束语③都使人有理由不能毫无保留地认定恩格斯就是该文作者，而这样的分析也并不排除他是该文作者的可能性。

除恩格斯外，当时居住在伦敦的爱德华·伯恩施坦也许是最有可能把《新时代》上的短评改写成《前进报》上的广告的人。恩格斯显然一直让他了解自己关于第3卷的工作进展情况④，而他是《前进报》的固定通讯员。

反对伯恩施坦是该文作者的人认为，即使从一个角度看，将恩格斯

---

① 《马克思恩格斯全集》第1版第25卷目录。
② 《马克思恩格斯全集》第1版第22卷第511页第1—2行，以及第512页第1—2行。
③ 《马克思恩格斯全集》第1版第22卷，参看上引两篇文章的结尾部分。
④ 《马克思恩格斯全集》第1版第39卷第302、190页。还可参看具有一定参考价值的《伯恩施坦和考茨基通信集》。

所说的进展的困难和麻烦考虑在内,也不能令人信服地说明,伯恩施坦是该文作者。

此外,就算伯恩施坦是该文作者,而且可以假定恩格斯为他提供了很大帮助。但反对者认为,如果真是这样,恩格斯就不会容忍将该文改写成另一种样子,而这正是上述考虑将恩格斯认定为该文作者的理由。

我们即使将这篇"广告"同伯恩施坦在该广告登出以前发表的有关《资本论》第3卷的书评①进行比较,也未能发现任何可资证明伯恩施坦有可能像前面所说的那样,把《新时代》上的短评改写成《前进报》上那则广告的证据。

如果我们撇开恩格斯不说,我们还可以认为,是考茨基把恩格斯的短评改写后寄给了《前进报》,这样,不必等到那一期《新时代》出版(1894年10月15—20日这一周),就可公布这条消息,而且还可让更多的读者看到这条消息。恩格斯当时可能因时间紧而没有过问这篇出自考茨基之手的文章,所以,前面援引《前进报》的广告和《新时代》的短评在内容和风格上的差异作为怀疑恩格斯不是该文作者的理由也就情有可原了。然而,如果不考虑考茨基通常的工作方式就以为他在没有得到恩格斯明确允许的情况下改编了那篇短文,那么,上述假设同下面的想法是矛盾的:考茨基要是对恩格斯的"原稿"再忠实一些就好了。

因此,说考茨基事先把恩格斯的短评寄给《前进报》编辑部,供它作"广告"用,就更不可能了。另外,考茨基很可能知道恩格斯当

---

① 《〈资本论〉第3卷》,载《新时代》(斯图加特),1894—1895年第1年卷第13期,第333—362页。

时为防止李卜克内西插手此事而提出的保留权利①,所以,说他擅自作主,是毫无根据的。

这样,也就排除了恩格斯本人向李卜克内西提供他为《新时代》撰写的短评,供他随意用于《前进报》的可能性。

总之,可以肯定地说,对恩格斯作者身份表示怀疑,至少目前还没有令人信服的证据,当然,这个作者问题终究会得到澄清。

(原载德国《马克思恩格斯研究论丛》杂志,1994年新辑)

(王勺煎 译)

---

① 前面已经提到的有关《资本论》第4卷的短评(《马克思恩格斯全集》第1版第22卷第588页)和恩格斯1894年11月22日随这个短评寄给考茨基的信(《马克思恩格斯全集》第1版第39卷第306—307页)。

恩格斯编辑整理《资本论》第二卷所做的工作*

〔苏〕Ю. Т. 哈里托诺夫

在马克思的经济理论当中，马克思关于资本流通过程的学说，特别是关于整个社会资本简单再生产和扩大再生产的理论，占有重要地位。马克思为《资本论》写的这种再生产理论涉及资本周转问题，整个资本的再生产和流通问题。这些问题的复杂性和马克思特有的科学良心，促使他越来越进行新的研究，为从理论上证实他所提出的原理而寻求具体的材料。由于马克思力求尽量详细地研究和叙述社会资本流通和再生产的问题，由于重病打断了马克思的工作，结果马克思在生前只出版了《资本论》第一卷，以后各卷没有能够出版。加工和出版《资本论》手稿的繁重工作，落到了马克思的伟大朋友和战友恩格斯的肩上。

大约在马克思逝世后半年，恩格斯在1883年9月18日致考茨基的信中，对于《资本论》第二卷的手稿内容第一次作了说明："第二册会使庸俗的社会主义者大失所望。这一册的内容，几乎只是对资本家阶级内部发生的过程作了极其科学、非常精确的研究，没有任何东西可供编造空泛的字眼和响亮的词句。"① 几乎过了一年（1884年6月21日）恩格斯写道："《资本论》第二册比第一册更伤脑筋，至少开头部分是如

---

* 本文选自《马列著作编译资料》1981年第16辑。原标题为《马克思经济学研究史》。

① 《马克思恩格斯全集》第1版第36卷第63页。

此。但是，这是异常出色的研究著作，人们从中将会第一次懂得什么是货币，什么是资本，以及其他许多东西。"①

在恩格斯整理《资本论》第二卷时期写的一些信件中，有许多表明恩格斯对待马克思的态度和与公布马克思手稿有关的著名内容。例如，恩格斯1884年1月28日给伦敦社会主义报纸《正义报》的编者菲兹吉拉德写了信，当时恩格斯还没有从重病中完全恢复健康，他在信中写道："近半年来，我因病无法好好工作，现在体力稍有恢复，使我能执行我最紧迫的任务——把我的亡友马克思的遗稿准备好以便付印。我有责任为此献出自己的全部时间。"②

在另一封致革命的老战士贝克尔的信中，恩格斯写道：整理手稿"需要花费不少的劳动，因为像马克思这样的人，他的每一个字都贵似金玉。但是，我喜欢这种劳动，因为我又和我的老朋友在一起了"③。恩格斯1885年3月8日致马克思的女儿劳拉·拉法格的信中也说："尼姆和杜西以及彭普斯星期六将到海格特去。我不能去，因为有时还不能自由走动，刚刚还受到一个小小的警告，要我必须保持安静。不管怎样，我要把整理摩尔的书（《资本论》。——本文作者注）的工作坚持下去。这部书将成为他的纪念碑，这是他自己树立起来的，比别人能为他树立的任何纪念碑都更加宏伟。到星期六就是两年了！然而，说实在的，在整理这部书时，我感到好像他还活着跟我在一起似的。"恩格斯还补充说："第二册的进展顺利，已修改了十三个印张。"④

在整理《资本论》的过程中，恩格斯遵循无产阶级革命运动发展

---

① 《马克思恩格斯〈资本论〉书信集》，第437页。
② 《马克思恩格斯全集》第1版第36卷第92页。
③ 《马克思恩格斯〈资本论〉书信集》，第414页。
④ 《马克思恩格斯〈资本论〉书信集》，第457页。

的根本利益。《资本论》通过对资本主义经济基础的科学分析和资本主义发生和发展的客观规律的认识，武装着无产阶级及其政党，论证了资本主义的必然灭亡。在整理完《资本论》第二卷和着手整理第三卷时，恩格斯在致自己的忠诚战友倍倍尔的信中形容这些卷的内容和意义时说："只是由于这一点，我们的理论才具有不可摧毁的基础……"① 同时，恩格斯是在对自己的亡友尽责任，因为马克思逝世前曾嘱托恩格斯从他的手稿中"做出点什么"来。

由于深刻地了解任务的重要性和对马克思的热爱，恩格斯克服了与完成《资本论》有关的一切困难。恩格斯在六十三岁的高龄进行这一工作，又长期被迫躺在病床上；一个人承担着无产阶级运动的领袖的许多职责，他在自己生命的最后十二年中把十一年的最好时光用在整理《资本论》上，认为这项工作是他在这些年所作的全部工作中对马克思主义的理论和实践来说绝对必需和最为重要的工作。

在我国的报刊上，在不同的时期发表过许多论述《资本论》第二卷和第三卷整理和发表经过的著作。但是，这些研究者们依据的史料是不完全的。人们利用过恩格斯致马克思和其他人的书信，人们还利用了恩格斯给《资本论》第二卷和第三卷写的序言，以及恩格斯写的第二卷的一些正文。但是，除了这些史料以外，分析马克思的手稿并把它们同恩格斯编辑出版的最后正文加以对比，有着特别重要的意义。研究这些手稿使我们有可能更全面地了解恩格斯整理马克思手稿的过程，并用新的事实材料来证实列宁的意见的正确性，列宁曾指出：恩格斯是《资本论》的共同作者。

恩格斯第一次见到《资本论》第二卷的手稿是在1883年3月15日。总的说来，整理第二卷全卷的工作，直到它出版，总共占用了恩格

---

① 《马克思恩格斯〈资本论〉书信集》，第458页。

斯两年多的时间；恩格斯从出版商迈斯纳手里得到该卷的第一批样书是在1885年7月上半个月。① 在这两年多期间，恩格斯还完成了一系列其他的迫切工作。他整理了马克思大量的手稿档案和私人藏书，进行了广泛的通信，完成了《家庭、私有制和国家的起源》的写作，准备了《资本论》第一卷的第三版，领导了把第一卷译成英语的工作，审订了《哲学的贫困》德文版译文并写了序言，审订了《反杜林论》的新版本和其他一些不同著作的不同译文。恩格斯自己说，这个时期他的工作忙得要命。1883年10月恩格斯病倒了。1883年末的这段时期，恩格斯是躺在床上审稿的。1884年初，恩格斯不顾医生的禁令，每天要在写字台旁工作2—3小时，结果，病又严重起来。这时恩格斯请了一个秘书（埃森加尔滕）来抄马克思的手稿，恩格斯躺在沙发上向他口授手稿，每天从早晨10点钟一直工作到下午5点钟，而到晚上则再次对口授稿进行加工。

毫无疑问，各种各样的其他工作和疾病占去了恩格斯的时间，影响了他准备《资本论》第二卷的工作。所有这些情况都不应忘记，而首先必须注意的是，恩格斯在整理马克思第二卷的手稿时，在科学顺序方面遇到了怎样的困难。

普遍的意见认为，在恩格斯整理马克思的手稿时遇到的主要困难或者说主要困难之一，是马克思的字迹。马克思的笔迹确实难于辨认。恩格斯不止一次地提到过这一点。例如，在1883年8月30日致倍倍尔的信中，恩格斯写道："而且那种字迹只有我才能认得出来，但也很费劲。"② 但是，恩格斯无疑比所有别的人都更好地知道马克思笔迹的特点。把恩格斯的通信分析一下就可以看出，恩格斯所以多次指出辨认马

---

① 参看《马克思恩格斯全集》第1版第36卷第337—344页。
② 《马克思恩格斯〈资本论〉书信集》，第418页。

克思手稿的困难，与其说是由于马克思的手稿难于辨认，不如说是由于深刻担心《资本论》第二卷和第三卷手稿的命运，鉴于年龄、疾病和面临的巨大工作量，这种担心更加加重了。因此，1884年6月，恩格斯采取了坚决措施，要把《资本论》的后边这些卷抄成誊清稿，并搞出一个适于付印的稿子来。1884年6月20日恩格斯在致贝克尔的信中写道："如果我没有完成这些工作就去世的话，那就没有其他人能够辨认这些手稿，这些手稿连马克思本人也往往在事后认不出来。"① 只有当第二卷和第三卷的手稿都由埃森加尔滕转抄成誊清稿时，恩格斯才会放心。

马克思其他手稿后来的命运，表明恩格斯的担心是有道理的。恩格斯没有来得及整理付排《资本论》第四卷——《剩余价值理论》。马克思的手稿落到了考茨基手里。考茨基声称《剩余》的手稿缺乏严整的计划，比较"混乱"，对这一手稿进行了任意的加工，歪曲了马克思革命理论的重要原理。

恩格斯指出，他准备《资本论》第二卷时面临的实际困难，首先是马克思留下的手稿有好多个。关于这种情况，恩格斯在第二卷的序言中和书信中都写过。例如，1883年5月22日致劳拉·拉法格的信中，恩格斯已经知道有一份完整的稿子，还有三份甚至四份修改稿，但他不知道，还有第二份完整的稿子和两份甚至三份基本的修改稿，恩格斯惊叹道，"要从中搞出一份定稿来，那可是一件吃力的事情！"②

在马克思生前，恩格斯参与制定《资本论》的一切细节。马克思不断地同自己的朋友商量，在决定许多理论问题时高度评价和考虑恩格斯的意见。但是，在马克思生前，恩格斯并不知道马克思为《资本论》

---

① 《马克思恩格斯全集》第1版第36卷第165页。
② 《马克思恩格斯〈资本论〉书信集》，第415页。

第二卷和第三卷究竟写了怎样的稿子。恩格斯在向倍倍尔说明这种情况的原因时写道:"你问,怎么会连我也不知道该书完成的程度?很简单,要是我知道的话,就会使他日夜不得安生,直到此书写成并印出来为止。"①

经过整理马克思的手稿档案,恩格斯终于弄清楚,马克思在不同的时期写了两份《资本论》第二卷的完整的稿子和六份个别片断(章、节)的基本修改稿,另外还有一系列较短的草稿和意见不算在内。恩格斯弄清楚的是,第二卷的第一稿马克思在1865年或1867年就已写成了(与写作《资本论》第一卷和第三卷同时),然后,在《资本论》第一卷出版以后,修改了第一篇,把打算引用的引文收集到一起,并在1870年又一次重新写了《资本论》整个第二卷(第Ⅱ至第Ⅳ手稿)。但是从这以后,间断了很长的时间,这主要是由于马克思生病造成的。只是到了1877年,马克思才能够重新着手第二卷的工作。从1877年到1881年期间,马克思写了第二卷开头的三个稿子(第Ⅴ至第Ⅶ手稿)和最后一个稿子即重新改写的再生产理论(第Ⅷ手稿)。可见,马克思写的第二卷的手稿可以分成两大组:第一组包括1865—1870年期间写的四个手稿,其中有两个完整的全卷稿子;第二组包括1877—1881年期间写的四个手稿(不同章的稿子)。

鉴于两组手稿之间有多年的中断,恩格斯决定从所有的手稿中选择最后的稿子。恩格斯在第二卷的序言中说明自己的工作时写道:"我尽可能把我的工作限制在单纯选择各种文稿方面。因此,我总是把最后的文稿作为根据,并参照了以前的文稿。"②把这些手稿同第二卷印出的正文加以比较就可以看出,恩格斯充分地利用了马克思的一些最后的手

---

① 《马克思恩格斯〈资本论〉书信集》,第418页。
② 《马克思恩格斯全集》第1版第24卷第9页。

稿，把这些手稿完全包括进自己的最后编定的正文中（当然，经过了校订）。情况就是这样，尽管马克思的最后一些手稿"已经够多地留下了他同折磨人的疾病进行顽强斗争的痕迹"①：在这些手稿中有大量的删减的东西，许多缩写的句子，英语的文句，明显的笔误等等。恩格斯把马克思的最后一些手稿用作最后文稿的基础时，所考虑的是下述情况：马克思在自己的晚年（从1870年起），研究了《资本论》第二卷和第三卷的大量补充资料（特别是俄国和美国的资料）②，马克思在自己的著作中总是利用最新的材料，并且不断根据新研究出来的具体材料发展原来得出的理论原理，并使之更加准确。因此，尽管在编辑工作中会发生巨大的困难，恩格斯还是选择了详细研究马克思的一切手稿和保留他的最后文稿这样一条困难的道路，这样做的目的，是为了保存和传播马克思天才的最后的科学成就。

恩格斯逐句地把最后一些手稿的正文同以前的文稿作了参照和比较，当然，他不能机械地把不同的手稿连接在一起。他在把最后一些手稿用作最后正文以后，还必须从以前的手稿中选择最后这些手稿中所缺少的东西，并且把这样得到的所有材料连接在一起，成为一个完整的、阐述合乎逻辑的最后著作。恩格斯努力以马克思的文风解决在这样做时所遇到的困难。全卷的正文由下列手稿组成：两个前期的手稿，全部最后的四个手稿和一个马克思1878年写的补充注释。也就是，整个说来由七个不同的稿子组成。这一卷的第一篇包括非常重要的关于资本周转形式的详细和复杂的分析。这一篇的正文看来是由恩格斯从马克思的六个手稿（恩格斯编号为第Ⅱ、Ⅳ、Ⅴ、Ⅵ、Ⅶ、Ⅷ稿）和一个马克思

---

① 《马克思恩格斯全集》第1版第24卷第8页。
② 例如，可参看马克思1879年4月10日致丹尼尔逊的信，以及1880年6月27日致多梅拉·纽文胡斯的信（均见《马克思恩格斯〈资本论〉书信集》）。

的注释编成的,而且编成以后,在论述上没有任何逻辑上的不连贯和中断,没有不必要的重复。

第三篇(社会再生产)由两个手稿组成(第Ⅱ和第Ⅷ稿),这两个手稿中间相隔十一年,并且是从两个彼此根本不同的方面来考察社会再生产:在1870年的手稿中,社会再生产开始时是单独地论述的,同货币流通没有联系,后来,只是大体上同货币联系在一起;在1881年的手稿中,则专门论述了这后一个方面,并且出现了许多新内容。恩格斯有机地创造性地把这两个手稿连接在一起,尽可能作到了马克思自己也会作的那个样子。通过恩格斯进行的艰苦的紧张的劳动,对社会再生产过程及其规律做出了完善的全面的分析,把马克思不同手稿的材料按照必要的顺序进行了安排,同时保留了马克思想说和已经说的全部内容。至少,第二卷的第二篇使用的方法是把不同的手稿创造性地结合在一起。在这里,在分析资本周转时,恩格斯主要利用的是1870年的手稿,在总共十一章中,这个手稿构成了九章半的正文。但这一篇的前两章(第七、八章)大部分是由第Ⅳ手稿组成的,其中第八章的正文是由两个手稿(第Ⅳ、Ⅱ稿)组成的。

可见,只是由于恩格斯的巨大的创造性的劳动,《资本论》第二卷才成为完整的著作。从上述这一切可以看出,恩格斯所说的他的工作只限于"单纯选择"现有的文稿,这只不过表明他特有的谦虚。使人感到很大兴趣的是恩格斯制定第二卷计划和内部结构的工作,这些方面直到今天我国还没有文献说明过。马克思的第二卷计划有两个,一个在1865或1867年的手稿中,一个在1870年的手稿中。这两个计划的共同之点是:第一,全卷分成三章(不是"篇");第二,划分这些章的基本思想是相似的(Ⅰ.资本流通。Ⅱ.资本周转。Ⅲ.流通和再生产);第三,各章内部的各项相似,特别是第一章和第二章如此。同时,1870年手稿在两个方面大大不同于1865—1867年手稿:它制定得详细得多,章的标题已经不同于第一个计划，章内的个别项标题也不同了。

按照马克思的提示（对第Ⅱ手稿的提示），恩格斯采用1870年手稿中的计划作为第二卷计划的基础。但是在编正文的过程中，恩格斯对第二卷的内部结构做了大量的改变。恩格斯不是把全卷分成三章，而是分成三大篇。这样划分的理由大概是鉴于正文的篇幅以及后来的手稿（第Ⅴ和第Ⅶ手稿），在这些手稿中马克思开始称为卷，并指出"第一篇"。而在每一篇的内部，总的分成若干章，特别是在第二篇和第三篇中，实际上都是恩格斯划分的。恩格斯在这样做的时候是沿着马克思划分正文的道路，按照正文的内容划分的，他把马克思的各个大的项划分为章，或把正文的某些部分搞成独立的章。结果，原来马克思事先规定的是十一项，恩格斯把全册分成二十七章[①]。恩格斯又广泛地把各个章，特别是第一篇和第三篇的各个章，划分为小节和小项。在马克思1870年的手稿中，十一个基本项包含十七个小项；在恩格斯的最后正文中，二十七章划分成六十六小节和小项。在许多情况下，恩格斯改变了马克思手稿中的篇、章、项的标题。

这样，《资本论》第二卷现有的结构层次在相当大的程度上是恩格斯定的。恩格斯把第二卷的正文搞成完整的正文以后，把这个正文系统地加以划分，把马克思研究的各重要部分分成篇、章、节。

恩格斯编辑马克思文稿的工作量和性质，首先是由下面这种情况造成的：马克思并没有准备把自己的手稿直接付印，而是只为自己写的，原打算对这些手稿进一步加工。恩格斯指出，"材料的主要部分，虽然在实质上已经大体完成，但是在文字上没有经过推敲"[②]。有些部分只作了一些提示；事实材料只是搜集在一起，完全没有加工整理，有些章

---

① 原文如此。目前流行的《资本论》第2卷都是21章。——译者注
② 《马克思恩格斯全集》第1版第24卷第3页。

的结尾，由于急于要转入下一章，只写下几个不连贯的句子。恩格斯在他写的序言中指出，他的目标是使它"成为一部只是作者的而不是编者的著作"①。在保存马克思本文的这个任务范围内，恩格斯"只是把这些手稿尽可能逐字地抄录下来；在文体上，仅仅改动了马克思自己也会改动的地方，只是在绝对必要而且意思不会引起怀疑的地方，才加进几句解释性的话和承上启下的字句。意思上只要略有疑难的句子，我就宁愿原封不动地编入"②。接着恩格斯写道，他所改写和插入的文句，总共还不到十个印刷页，"而且只是形式上的改动"。

事实并不完全是这样。我们把涉及社会生产两个部类的定义和说明的第三篇第二十章第二节的开头拿来作为例子看看。马克思最初证明说，如果不划分社会生产的两大部类——不严格划分生产资料的生产和消费品的生产——，就不能科学地解决社会再生产问题及其规律问题。列宁也不止一次地指出过这种划分的巨大意义。

把恩格斯编好的正文同马克思的两个手稿（第Ⅱ稿和第Ⅷ稿）加以比较，可以看出，把这个地方单独划成一节以及这一节的标题，都是出自恩格斯的手笔。在马克思 1870 年的手稿中没有这一节。马克思原先打算在这一手稿中单独地详细说明每一部类，但主要是在消费品生产部类方面这样作。在第Ⅷ手稿（1881 年）中，马克思根本没有专门停留在说明两个部类上。

大家知道，著名的这一节的第一段是这样写的："社会的总产品，从而社会的总生产，分成两大部类。"③ 在表述这一段时，恩格斯是以 1870 年手稿中的本文作基础的。但是，恩格斯加进了一系列的改变和

---

① 《马克思恩格斯全集》第 1 版第 24 卷第 3 页。
② 《马克思恩格斯全集》第 1 版第 24 卷第 3 页。
③ 《马克思恩格斯全集》第 1 版第 24 卷第 438 页。

补充。首先,恩格斯在"产品"这个词前面删掉了"年"这个词。这一改正的理由是很明显的。分成两个部类的不仅是年产品,而且也是社会生产的任何的日产品,同样也是周产品、月产品等等。指出年产品只是对于以后才是重要的,对于分析两个部类之间的年交换时才是重要的。此外,恩格斯删掉"年"这个词,是同他自己补充进来的内容有关的。在马克思写的"总产品"这些词之后,恩格斯加进了"从而社会的总生产"这些词。这些加进来的文字使得马克思的意思更确切了,在一定程度上发展了马克思的意思。在另外的一些地方,马克思也说社会总生产分成两个部类。但是在这里,在起点的场合,没有这样说,而这一点在使用定义时是有可能产生歧义的。此外,恩格斯还删掉了"两大部类"这些词的着重号。很明显,由于加上了这一节的标题,这个意思已经得到了强调。最后,恩格斯把马克思在这句话后面划的一个小横线改成为冒号":",而下面的一句话则另起一段。这就有助于读者更加注意社会产品和社会总生产的划分本身。

现在我们看看这一节的第二段和第三段,这里谈的是第一部类和第二部类的定义。① 在马克思1870年的手稿中,称为第一部类的,不是生产资料的生产,也不是生产资料本身,而是消费品的生产和消费品本身。与此相应,这个部类的定义占居第一位。在1881年的手稿中,马克思把生产资料的部类放在了第一位。显然,马克思由于补充研究再生产问题的结果,改变了原来的观点,并在叙述中把生产资料的部类放在了这样一种逻辑的地位,即它在再生产的实践和理论中实际上所占的那

---

① 现在这两段的正文是:"Ⅰ.**生产资料**:具有必须进入或至少能够进入生产消费的形式的商品。

Ⅱ.**消费资料**:具有进入资本家阶级和工人阶级的个人消费的形式的商品。"(《马克思恩格斯全集》第1版第24卷第438、439页)

种地位，也就是放在了第一位。恩格斯在研究和比较马克思的手稿时，不仅发现了这两个手稿的不同，而且从这种不同中作出了结论。恩格斯从第Ⅱ手稿中采取了每一部类定义的本文，改变了马克思原来的叙述的逻辑顺序，把两个定义的位置调换了一下，给每一个定义编了新的次序，这就是从1885年起为世人所知的次序，并且也是今天各种小册子、文章和教科书中使用的次序。恩格斯把这两个部类中的每一个部类的定义都单独写成一段，并用句号把这两个定义分开，删掉了逗号和连接词"和"。于是，叙述变得更明确了，更突出了。在消费品的定义中，马克思原来写的是"资本家和工人阶级"，恩格斯改成了"资本家阶级和工人阶级"。这样就更加确切地表明了阶级之间的界限。最后，在马克思的手稿中关于消费的定义不是使用"消费"的科学术语，而是使用了德国日常的说法"Konsum"。恩格斯把这个日常用语换成了更确切的科学术语"消费"（"Konsumtion"）。

大家都知道，这一节的第四段在出版的正文中是这样写的："这两个部类中，每一部类拥有的所有不同生产部门，总合起来都形成一个单一的大的生产部门：一个是生产资料的生产部门，另一个是消费资料的生产部门。两个生产部门各自使用的全部资本，都形成社会资本的一个特殊的大部类。"①

在马克思的手稿中相应的地方是这样的：（a）"直接提供消费资料——如食品、衣服等等——的各生产部门的总合，从社会的角度来看，形成**一个单一的生产部门**，形成**一类**（虽然也是由极不相同的大小种类构成的），形成**消费资料生产部门**。投入这个生产部门的资本，从社会的角度来看，形成**社会资本的一个单一的大部类**，社会资本的一部

---

① 《马克思恩格斯全集》第1版第24卷第439页。

分使用在消费资料的生产中。"① (b) "不变资本Ⅱ（第Ⅱ部类。——本文作者注）由投在生产资料的不同生产部门的各**组资本**的量构成，例如，x 资本投入铁的生产，x 资本投入煤的生产等等。这些社会**组资本**中的每一组又由独立发挥职能的个人资本的或多或少的量构成。这种情况对于这一部分以及实际上也对Ⅰ（部类。——本文作者注）都应当指出来。

第一，社会资本，例如 = 1500（可以用百万等等来表示）分成不同组的资本；也就是说，1500 社会资本分成各个特殊部分，其中每一部分投入一个特殊生产部门。投入**每一特殊社会生产部门**的那部分社会资本价值，从实物形式看，一部分由每一特殊生产部门的生产资料构成，一部分由使用这些生产资料所必须的并且相应熟练的劳动力构成，这些劳动力由于分工，由必须花费在这一特殊生产领域的特殊的局部劳动所决定，而按不同的方式改变了。投入每一特殊生产部门的那部分社会资本又由投入这一部分中的独立发挥职能的各个个人资本的总合构成。这一点对Ⅰ和Ⅱ都是对的，因此，应当在这一部分即资本分为它的两大社会部类的部分开头就提出来。"②

看来，马克思的最后这句话，也使恩格斯有根据不是对每一部类加以说明，而是在一节中对两个部类作总的说明。

把上述这些文稿加以比较就可以看出，恩格斯编定的正文与马克思最初的手稿非常不同，从形式上看，所有这四段都出自恩格斯的手笔。恩格斯编的正文简练而严密。恩格斯把马克思叙述的许多地方，主要是解释性的地方都删掉了。同时，他在自己编好的正文中保留了马克思文稿的两个基本意思：两个生产部类是不同部门的总和，以及相应地划分为社会总资本的两个部类。

---

① 苏共中央马列主义研究院档案。
② 苏共中央马列主义研究院档案。

这样，在仅占三分之一印刷页的短短的一部分正文中，我们就看到恩格斯所做的十处不同性质的修改。所有这些修改（包括标点符号）使马克思原来的文稿得到了改进，使叙述更确切、更严密和符合逻辑。在某些场合，恩格斯做的修改具有原则的意义。不能把这些地方仅仅看成文字的修改。恩格斯是按照马克思的理论进行这种修改的，从而表现为杰出的经济理论家，和马克思一道成为无产阶级政治经济学的奠基人。

在第二卷的许多地方，我们都可以读到经过恩格斯描述和整理好的马克思的意思。仅就第二卷的两篇来说，把马克思的手稿本文同恩格斯编定的正文对比一下就表明，恩格斯进行了大量的改正。其数量几乎在每一印刷页上都以十来计算。如果再把恩格斯加进去的并附有他的名字的缩写字的那些较长的插论计算在内，那么可以肯定地说，《资本论》第二卷目前的正文按理是属于马克思和恩格斯两个人的手笔。

恩格斯对第二卷进行了仔细的编辑工作。他改变了句子中词的次序，标点符号，把大块的本文分了段，把长的复杂的句子改短了，把许多句子和段落换了地方，以便使叙述更合逻辑，缩减了手稿的本文，删掉了重复的地方和离开正题的地方等等；① 辨认了各种各样的缩写字和符号；检验了马克思的数例；把大量的英语表达和混合型的词句（主要是英德文混合词）等等改成德语句子；核对了引文的出处；把英语和法语的引文以及马克思的英语本文统统译成了德语；统一了名词术语；改正了手稿草稿中不可避免的相当多的笔误和语法上的缺陷；把马克思的许多原理的意思弄得更加确切，为使马克思的论述完整和严密以及使他的意思得到说明，在某些地方加进了整句的话和整段的话，对正文加了

---

① 现在的《资本论》第二卷大约等于马克思为这一卷写的手稿总篇幅的三分之一。

脚注；把全卷加了必要的索引；准备了和写了序言。这是真正巨大的工作。同时，恩格斯非常珍视马克思的每一个字，非常小心地对待马克思本文的任何一处修改，哪怕是最不重要的修改也罢。只有当修改确实会改善正文而不改变马克思所说的意思时，他才进行修改。

恩格斯在整理《资本论》第二卷时，把理论工作看作阶级斗争的组成部分，看作为了无产阶级的利益而斗争的组成部分。1884年2月14日，他写信给拉甫罗夫说："马克思从来不把现行法律放在眼里，他总是公开表示自己的意见，如果根据1878年法令，第二卷没有充足的理由被没收和禁止，那才是怪事。但是应该冒险，我当然决不会示弱。"① 把马克思的手稿同恩格斯编定的正文比较一下就可以看出，恩格斯不但没有削弱马克思对资本主义制度及其思想家的批判，而且在许多地方更加加强了这种批判。我们举一个例子。在再生产的那一篇中，马克思批判了亚·斯密，指出斯密比起魁奈来在社会再生产理论方面后退了一步。马克思在指出产生著名的"斯密教条"②的原因之一时写道："**在这里**，局限性**在于**，斯密没有像魁奈**已经**看到的那样，看到不变资本价值以更新的形式再现出来，因而看不到再生产过程的一个重要因素，他只是为他的流动资本和固定资本的区别多提出了一个例证，**而且是一个错误的例证**。"③

在上面这段话中，我们加了着重号的地方都出自恩格斯的手笔。斯密没有像魁奈已经看到的那样看到。斯密坚持自己的错误，并且多提出了一个例证，恩格斯补充说，而且是一个错误的例证。这样，恩格斯就把马克思说的斯密局限性的话修改得更为明确易懂了，加强了马克思对斯密的批判。这类的例子可以举出不少。每一个这类的例子都证明恩格斯对马克思

---

① 《马克思恩格斯全集》第1版第36卷第109页。
② 正文中的这种说法出自恩格斯的手笔。
③ 《马克思恩格斯全集》第1版第24卷第401页。

经济理论每一原理和每一表述所持的巨大原则性和党性的态度。

从上述这一切可以得出一系列结论，对于准备《资本论》第二卷新版，即收入《马克思恩格斯全集》第二版的新版，具有实际意义。

前面已经指出，恩格斯选出来发表的大约相当于马克思写的第二卷手稿总篇幅的三分之一，并且对他选出来的文稿至少进行了**五次整理**（口授时，口授后的检查，付印前，看清样，准备第二版）。经恩格斯挑选整理而出版的这种正文，完全有理由可以视为**作者本人**的正文，并且显然应当成为以后各原文版和各种译文版的基础。这就是说，在把《资本论》第二卷译成各种文字时，应当以恩格斯1893年为本卷第二版准备的正文为依据。

恩格斯在整理《资本论》第二卷时，在短时期内进行了大量和复杂的工作，工作条件又很差，当我们仔细考察恩格斯的工作时，当然，可以发现恩格斯准备的正文还留有一些性质不同的明显的不确切之处。此外，马克思有一部分论述曾经引起过恩格斯的怀疑，但恩格斯没有进行修改就按原样编入了（也没有指明这些地方）。为了找出这些地方和找出各种不确切之处，重要的是要仔细比较马克思的手稿和恩格斯的正文。此外，作这种比较对于翻译工作也有巨大的意义，因为两种文稿的存在使我们有可能更正确地了解恩格斯的最后的稿子。

虽然恩格斯编辑出版了《资本论》第二卷，但马克思有关《资本论》第二卷的各个手稿仍然是独立的科学财富。公布这些手稿，使人们有可能从头至尾考察马克思关于资本流通和再生产理论的发展，看到马克思和恩格斯准备和出版《资本论》第二卷的巨大劳动。正因为如此，把这些手稿付印出版就具有巨大的科学意义。

（原载苏联《历史问题》杂志，1956年第2期）

（张钟朴 摘译）

恩格斯编辑整理《资本论》第三卷所做的工作*

〔苏〕伊·格·卡兹明纳

《资本论》是马克思的主要著作,在资本论中,研究了资本主义生产方式产生和发展的规律,科学地证明了资本主义灭亡的必然性。《资本论》第一卷揭示了直接的资本主义生产的本性(本质)。实际上直接生产过程要以流通过程作补充,流通过程是《资本论》第二卷的研究对象。马克思在《资本论》第三卷中考察了资本主义生产的总过程。他揭露了从整个资本的运动过程中产生的具体形式,这些形式怎样在资本主义社会的表面表现出来,其中也指出了在利润、利息和地租形式上的剩余价值分配的机制。

马克思对作为特殊经济形态的资本主义的研究在《资本论》第一卷中开始,在第三卷中完成。

《资本论》是马克思整个一生的事业。从1843年开始的一切政治经济学的研究都和马克思的《资本论》的工作有关系。马克思早在1857—1858年写的"目的不是为了付印,而是为了自己弄清问题"① 的专题学术著作中,就考察了《资本论》的一切主要问题。

---

* 本文选自《马列著作编译资料》1981年第17辑。
① 《马克思恩格斯全集》德文版第13卷第7页。

在1857—1858年的专题学术著作①中研究了《资本论》第三卷的剩余价值转化为利润，商业资本和借贷资本的问题。诚然，其中只是顺便研究这些问题，主要的是为了更好地阐明工业资本的实质。马克思在这里还只是为第三卷拟订了最一般形式的计划。

从1861年8月至1863年6月这一时期，马克思准备了大量手稿，最初打算把它作为1859年在柏林出版的《政治经济学批判》第一分册的续篇。

由二十三个笔记本（总的页码从1到1472）组成的1861—1863年的手稿中，总量近二百印张（所谓笔记本的"大辑"）考察或者涉及《资本论》整个四卷的问题。不过，整个《资本论》的内部结构在这里还没有明确地确定下来。

在笔记本XVI和XVII以及笔记本XV和XVIII的一部分篇幅中，专门研究《资本论》第三卷的问题。马克思在第XVI个笔记本的开头部分研究了剩余价值转化为利润和剩余价值率转化为利润率（第973—979页，第1—5点），随后马克思详细地分析了生产费用和商品价值范畴，也分析了利润转化为平均利润（第979—999页，第6点）。在这个笔记本的末尾马克思研究了全篇最重要的问题"利润率随着资本主义生产的进步而下降的普遍规律"（第999—1021页，第7点），在接着的第XVII个笔记本（第1022—1028页）的开头部分结束了这一问题。马克思的这一研究是他对《资本论》第三卷的基本问题深入研究的重要阶段，是写1865年手稿中的《资本论》第三卷前三篇的基础。

在第XVII个笔记本以及第XV和XVIII个笔记本的一部分篇幅里，马克思研究了作为独立发挥职能的脱离工业资本的资本形式的商业资

---

① 1939年苏共中央马克思列宁主义研究院以《政治经济学批判大纲》的名称用原文发表。

本，也研究了作为工业工人创造的剩余价值的一部分的商业利润。后来，这一材料在写《资本论》第三卷第四篇的时候，在很大的程度上被用在1865年的手稿里。

为了历史地批判地研究资产阶级经济学家的理论，马克思创立了他自己的级差地租和绝对地租理论（笔记本X至XIII），并且还创立了危机理论。

由此可见，在这一手稿里也相当详细地研究了与《资本论》第一卷和第三卷内容有关的问题。这一点可以用马克思在研究一般形式的剩余价值的同时还分析了特殊形式的剩余价值的形成过程来说明。正因为这样，在起初的方案里《资本论》第三卷的写作早于第二卷。不过，马克思在最终叙述的时候，从生产到流通和分配，也就是说，在第一册里他研究一般形式的剩余价值的形成过程，在第二册里研究资本的流通过程，只是在第三册里研究剩余价值的特殊形式：利润、利息、地租的形成过程。

就在这一手稿里，有马克思在1863年1月制定的第三卷详细计划的草稿。这一草稿在1861—1863年手稿的第XVIII个笔记本上，在关于舍尔比利埃和李嘉图、琼斯那些篇章的正文里，标题为《〈资本论〉第三部分或第三篇的计划》。当时马克思把这一篇叫做《资本和利润》并把这一篇分为如下各章：

"（1）剩余价值转化为利润。不同于剩余价值率的利润率。

（2）利润转化为平均利润。一般利润率的形成。价值转化为生产价格。

（3）亚·斯密和李嘉图关于利润和生产价格的理论。

（4）地租。（价值和生产价格的区别的例解。）

（5）所谓李嘉图地租规律的历史。

（6）利润率下降的规律。亚·斯密、李嘉图、凯里。

(7) 利润理论。(问题：是不是还应该把西斯蒙第和马尔萨斯包括在《剩余价值理论》里？)

(8) 利润分成为产业利润和利息。商业资本。货币资本。

(9) 收入及其源泉。这里也包括生产过程和分配过程之间的关系问题。

(10) 资本主义生产总过程中货币的回流运动。

(11) 庸俗政治经济学。

(12) 结论。资本和雇佣劳动。"①

由此可见，在这个计划中，除了后来构成《资本论》第三卷内容的那些问题外，还研究了构成《剩余价值理论》（《资本论》第四卷）内容的各个问题。根据这一计划，马克思打算写作关于利润理论专门历史的一章，关于所谓李嘉图地租规律的历史的一章，即按照他研究的各理论部分分配历史批判材料。马克思在进一步工作的过程中得出结论，必须把《资本论》的结构分为四部分。关于这一点马克思在1866年10月13日告诉库格曼，他写道："全部著作分为以下几部分：**第一册，资本的生产过程。第二册，资本的流通过程。第三册，总过程的各种形式。第四册，理论史。**"② 由此可见，这部著作的历史批判部分要独立成为专门的册和卷。

至于在《〈资本论〉第三部分或第三篇的计划》里对《资本论》第三册（卷）的问题的研究，马克思打算在分析利润率趋向下降的规律、商业利润和借贷利息之前，即在分析《资本论》第三卷最后方案的第三、四和五篇以前分析地租。后来，马克思放弃了研究地租问题的原先次序的计划，因为开始必须分析剩余价值在工业资本家、商业资本家和

---

① 马克思：《剩余价值理论》，人民出版社1972年版第1册，第447页。
② 《马克思恩格斯〈资本论〉书信集》，人民出版社1976年版，第204页。

货币资本家阶级范围内的分配过程,然后转到分析超额利润转化为地租,转到剩余价值在资本家和土地所有者之间的分配。在其他方面,马克思在1865年写好第三册的手稿中,大致遵循了他原先的计划。

从1863年8月到1865年底,马克思写了一批新的手稿,这批手稿是第一个详细地拟定的《资本论》三卷的原稿。在开始写这些手稿的时候,马克思认为很快就可以把它写完并准备付印。例如,马克思在1864年10月4日在致克林格斯的信中写道:"整个这一年我都在闹病(受到痈和疖子的折磨)。要不是这样,我的政治经济学著作《资本论》就已经出版了。现在我希望再过几个月就完成它,最后在理论方面给资产阶级一个使它永远翻不了身的打击。"① 但是,由于建立第一国际,又由于马克思生病,《资本论》的工作在很大程度上拖延下来了。

马克思写《资本论》第三卷的手稿从1865年1月写到1866年1月1日。写作这一手稿的日期可以根据以下的材料来确定:

第一,在这一手稿的很多地方马克思引用了《资本论》第一卷的手稿(如在第37、44、454、549、571页上)和第二卷的手稿(如在第1页上马克思引用了第二册第四章)。可见第三卷的手稿马克思是在一、二卷手稿以后完成的。

第二,马克思在第三卷手稿的第133页上,对1861—1864年期间的著作给了简要的评论;在第134页上引用了1864年4月30日的报告;在第404页上,马克思写有:"现在"往下写的是——"1865年10月12日";在第424页上他引用了福塞特教授1865年10月12日的讲话;在425—416页上引用了布莱特1865年12月14日的讲话。所有这一切都证实了正是在1865年马克思在完成了第一卷和第二卷手稿的工作以后才完成第三卷的手稿。

---

① 《马克思恩格斯〈资本论〉书信集》,人民出版社1976年版,第189页。

1866年2月13日马克思告诉恩格斯：

"关于这'本可诅咒的'书，它的情况是：12月底已经完成。单是讨论地租的倒数第二章，按现在的结构看，就几乎构成一本书。我白天去博物馆，夜间写作。德国的新农业化学，特别是李比希和申拜因，对这件事情比所有经济学家加起来还更重要；另一方面，自我上次对这点进行研究以后，法国人已提供了大量的材料，——这一切都必须下功夫仔细研究。"① 马克思在结束了所有三卷《资本论》的手稿的工作以后，为了付排《资本论》第一卷，而着手进行最后的加工。《资本论》第一卷于1867年9月发行。

马克思生前只看到《资本论》第一卷问世。独特的科学的极端认真，对所写的东西总是不满意，促使马克思为已弄清的论点寻找越来越新的证明。马克思把很多时间和力量用于革命的组织活动。与此同时，重病又在不断发展，破坏了他的健康和工作能力，马克思不能亲自完成和出版其余的三卷《资本论》。马克思临终时把自己的经济学手稿嘱托给恩格斯，请他根据这些手稿"做出点什么"来。

恩格斯有出版《资本论》所有其余未发表的各卷的心意，但是，在他生前只出版了第二卷和第三卷。死亡阻碍了恩格斯出版属于《资本论》历史批判部分的第四卷——《剩余价值理论》。②

马克思逝世后不久，恩格斯在1883年4月2日致拉甫罗夫的信中写道："我找到了《资本的流通》和第三册中《总过程的各种形式》的手稿，约一千页对开纸。"③

---

① 《马克思恩格斯〈资本论〉书信集》，人民出版社1976年版，第200页。
② 恩格斯在1895年4月10日致斯·鲍威尔的信中说出了他出版《剩余价值理论》的意图（同上书，第586页）。
③ 《马克思恩格斯〈资本论〉书信集》，人民出版社1976年版，第412页。

恩格斯找到的1865年写的《资本论》第三卷的手稿,把它作为出版现在形式的《资本论》第三卷的基础。

在《资本论》第三卷的手稿上,恩格斯亲手写上"手稿Ⅰ"。除了主要手稿,恩格斯还发现《资本论》第三卷第一章开头部分的几个稿本和有关这一卷的一些问题的简短的笔记。

马克思给《资本论》第三卷第一章的第一个稿本所加标题是:

《第一章。剩余价值转化为利润和剩余价值率转化为利润率》。(在恩格斯出版的书里,这部分相当于《资本论》第三卷第一篇。——作者注)成本价格和利润。(《资本论》第三卷第一篇的第一章。——作者注)恩格斯给这一稿本标上《手稿Ⅱ》。也许这就是在主要手稿的基础上制订出《资本论》第三卷第一章开头部分的第一次尝试。第一章似乎是在1867年或者甚至是在更晚一些时候写完的,因为马克思在这一手稿的正文里引用了已出版的《资本论》第一卷。恩格斯在《资本论》第三卷第一章开头部分的第二个稿本上标明《手稿Ⅲ》;这是已加工的第一个稿本。在这一手稿的正文里也引用了已经出版的《资本论》第一卷。显然它是在稍晚一些时候写成的,不过不会迟于1871年。

为了编辑《资本论》第三卷第一章,恩格斯利用了这两个稿本。

第Ⅲ和第Ⅳ稿本——马克思本想对第三卷第一章的开头部分进行加工。在它们上面有恩格斯写的:"未用"。这些稿本大概是1867年9月至1871年11月这一时期写成的。

除了这些手稿,恩格斯还发现另一些有关马克思在更晚些时候写作《资本论》第三卷的材料。他找到了一整本用数学计算剩余价值率和利润率之间比例的稿本。此外,除了关于土地关系和关于美国农业状况的札记①，恩格斯还发现了来自有关俄国的书籍的大量材料和摘录，其中一部分是有关地租问题的，因为按照马克思的想法，在研究地租的时候，俄国必然会起首要作用。因此，马克思在七十年代有几年专门研究原文的俄国统计调查、材料汇编、专题学术著作和关于俄国改革社会经济的发展的调查，并同时作了注释、摘录和评论。

例如，在七十至八十年代他仔细地研究了丹尼尔逊从俄国寄来的《征税委员会报告》，哈克斯特豪森的《论俄国的土地关系》，瓦西里契柯夫的《俄国和欧洲其他国家的土地占有制和农业》，涅鲁切夫的《俄国的土地占有制和农业》等书。他从恩格尔哈特《农业的化学基础》一书，从契切林的著作《俄国似的不求甚解的态度和公社土地所有制》里和从关于农业的其他著作里做了详细的摘录和笔记。

恩格斯在大量的材料和写摘录的笔记本中还找到了马克思于1876年2月中旬写成的简短的单独研究：《级差地租和地租只是投入土地的资本的利息》。恩格斯把它包括到《资本论》第三卷四十四章：《最坏耕地也有级差地租》里去。

恩格斯还找到了有关货币资本、信贷、作为信贷工具的纸币、贸易史、货币市场的许多笔记。马克思在六十至八十年代研究了大量关于信贷和银行流通问题的著作，主要是意大利的、德国的、俄国的和美国的作者的著作。例如，他从约·莱·福斯特、弗·恩·费勒和卡·古·奥德曼等的著作，从英国的杂志《金融市场评论》和《经济学家》作了大量的摘录。在俄国经济学家的著作中，他对帕特拉夫斯基《1700—1762年俄国金融市场》和考夫曼《银行业的理论和实践》（1873年版第1卷）、《信贷，银行和货币流通》（1877年版第2卷）等书做了详细

---

① 马克思在1869年11月根据美国庸俗经济学家凯里的著作《社会科学诸原则》研究他的地租理论。

的摘要记录，并且在看完了克·克尼斯《货币·货币基本学说论》一书后作了注。直到逝世以前，马克思都继续从事《资本论》第三卷里的问题的研究。

恩格斯刚把第二卷手稿的最后部分寄给出版者，就立即着手辨认《资本论》第三卷的主要手稿。他在1885年2月22日致施留特尔的信中告诉说："《资本论》第二册手稿的最后部分明天寄出，后天我就开始搞第三册。"① 从这个时候开始差不多直到他的生命的最后，都在进行《资本论》第三卷手稿的准备和出版工作。

恩格斯在1885年2月末刚刚着手誊写手稿以后，早在3月8日致劳拉·拉法格的信里对《资本论》第三卷手稿写作的经过和内容作了如下的评论："我钻研得越深，就越觉得《资本论》第三册伟大，一共有五百二十五页，可是我现在只整理了二百三十页（约有七十页手稿，完全略去未看，因为这大致是用后来的手稿代替的）。一个人有了这么巨大的发现，实行了这么完全和彻底的科学革命，竟会把它们在自己身边搁置二十年之久，这几乎是不可想象的。因为我现在整理的手稿，也许是在第一卷以前写的，也许是和第一卷同时写的；手稿的重要部分，已经包含在1860—1862年的旧稿里了②。问题在于：首先，内容复杂的第二册（这是他最后写的，也是他在1870年后唯一动过的一册）使他腾不出手来；此外，他当然总得按照顺序出版他的三册书；其次，他为地租理论所收集的俄国和美国的材料也需要加工并加到旧稿里去，这样，稿子的篇幅就几乎会增加一倍。"③

---

① 《马克思恩格斯全集》第1版第36卷第284页。
② 恩格斯指的是1861—1863年的手稿。
③ 《马克思恩格斯〈资本论〉书信集》，人民出版社1976年版，第456—457页。

在1885年4月4日致倍倍尔的信中,恩格斯通知说他继续在做第三册的准备工作,恩格斯写道:"它是卓越的,出色的。这对整个旧经济学确实是一场闻所未闻的变革。只是由于这一点,我们的理论才具有不可摧毁的基础,我们才能在各条战线上胜利地发动起来。"①

恩格斯在其他的书信里也不止一次地强调第三册很重要,它的问世会产生毁灭性打击的影响。在对第三册的理论内容评价非常高的同时,并且考虑到这样的情况:第一册出版以后已经过去了很多时间,在资产阶级和小资产阶级的著作里掀起一股旨在"推翻"和"揭露"《资本论》第一卷的基本原理和结论的批判恶浪,恩格斯为《资本论》第三卷尽可能快些出版而竭尽全力,同时,他认为准确地恢复马克思的原文有特别的意义。②

在开始整理《资本论》第三卷手稿的时候,恩格斯认为,除了某些非常重要的篇,准备这一卷的出版只有技术方面的困难。马克思在世的时候,恩格斯不知道马克思为《资本论》第三卷所写的东西。在详细熟悉手稿的过程中发现,在叙述的时候它有很多问题,它的各个部分由于材料加工的程度而彼此大不相同。例如,几乎在开始研究每一个问题的时候,材料都是经过相当仔细整理的,但是后来为了在前面的一些章里所考察的问题或者是在研究过程中产生的问题而掺进了许多离题的论述和补充。在说明手稿的状况时,恩格斯写道,它在一定程度上只是断断续续写下的、仍未完成的初稿,"在许多地方,笔迹和叙述非常清

---

① 《马克思恩格斯〈资本论〉书信集》,人民出版社1976年版,第458页。
② 在关于出版《资本论》第二、三卷给拉甫罗夫的信中,恩格斯写道:"对我最重要的是尽快出书。其次,特别重要的是,我所出的应当是马克思的真正著作。"(《马克思恩格斯〈资本论〉书信集》,人民出版社1976年版,第425—426页)

楚地显露出，作者由于工作过度而得的病发作了，并且逐渐加重，这种情况起先使他独自进行工作越来越困难，最后竟时常使他的工作完全无法进行"①。因此，恩格斯需要克服不少困难。

恩格斯在整理手稿时碰到的第一个困难是马克思的潦草的笔迹。恩格斯知道，他是还活着的人中唯一能够很快辨认出马克思的字迹以及他常用的单词和整个句子的缩写的人。因此恩格斯决定抄写手稿，并且尽可能抄得快些，以便在任何情况下别人都能阅读。从1885年2月底开始，恩格斯着手辨认手稿。1885年6月22日他在致倍倍尔的信中说，手稿基本上已经口授和誊写清楚了。再过五六个星期，这第一个阶段的工作大体上就可以结束。② 不过恩格斯在口授的时候力求马上校订某些论点，这自然会延缓手稿的抄写。1885年11月恩格斯结束了誊清原稿的初步工作。抄写原稿并不纯粹是技术工作。正确地辨认马克思的手稿不仅要求会认潦草的字迹和常用的缩写，而且在很多情况下还要求根据思维的一般进程正确地理解和说明某些地方和理论观点的具体内容。这是一种紧张的创造性工作，要在短时间里完成它，只有马克思的最亲密的朋友和战友才有可能。

但是，辨认手稿只是工作的一部分。还必须完成最困难和最复杂的那部分工作——原稿的编辑工作。在手稿准备付印的时候恩格斯面临的任务，第一是尽可能更准确地按原文整理，也就是说，尽可能用马克思自己的话来表达他研究的新成果；第二，因为第三卷是马克思分析和批判资本主义制度的光辉的完成，恩格斯认为自己出版的《资本论》应当十分清楚而明显地表达出马克思论证的整个脉络。恩格斯极为谨慎地对待马克思遗留下来的手稿，这就使得他的任务特别困难。他给贝克尔

---

① 马克思：《资本论》，人民出版社1974年版第3卷，第7页。
② 《马克思恩格斯〈资本论〉书信集》，人民出版社1976年版，第462页。

的信中写道:"这需要花费不少的劳动,因为像马克思这样的人,他的每一个字都贵似金玉。"①

在编辑工作过程中,恩格斯在《资本论》第三卷的计划和内部结构上进行了大量的工作。

恩格斯在对1865年手稿的正文加工的时候大大地改变了书的内部结构。马克思的手稿由没有划分篇和节的七个章组成,这就使阅读和研究拥有近七十个印张的这本书的材料极端困难。恩格斯以马克思的分章为基础,把全卷分为七篇。

在苏共中央马克思列宁主义研究院的中央档案馆里有恩格斯在1865年手稿的基础上所作的《资本论》第三卷七个篇的轮廓最初笔记。这个轮廓是这样的:

"1. 一般利润率。

2. 平均利润率。

3. 利润率趋向下降。

4. 商品资本和货币资本转化为商品经营资本和货币经营资本。

5. 利润分为利息和企业主收入。生息资本。信用。

6. 超额利润转化为地租。

7. 各种收入:利润,地租,工资。"

恩格斯这样确定了这一卷主要各篇的划分以后,接着把每一篇划分为若干章。恩格斯在分章的时候是从正文本身的内容出发的。有些时候为了确定一章的内容和名称,恩格斯利用了马克思自己划分和加标题的大的研究项目。但是主要部分和绝大部分分章和各章的命名都是恩格斯做的。从手稿正文的内容出发,恩格斯把全卷分为五十二章,而其中有很多章又分为若干节。

---

① 《马克思恩格斯〈资本论〉书信集》,人民出版社1976年版,第414页。

例如，恩格斯命名为《规律的内部矛盾的展开》的第十五章，被他按主题分为各节，同时章的材料也做了重新安排。恩格斯把第十五章的手稿的正文的一部分移到一般论述利润率趋向下降的规律，论述规律本身的第十三章中去。这一章作为整个这一篇的开始。在恩格斯标题为《概论》的第十五章第一节里对在上两章的研究加以总结，并对资本主义生产方式的矛盾进行最扼要的评述。在第Ⅱ和第Ⅲ节里恩格斯把利润率趋向下降的规律的矛盾具体地区分开来，并把它们表述为《生产扩大和价值增殖之间的冲突》以及《人口过剩时的资本过剩》。在往后的这一章的第Ⅳ节（《补充说明》）里，恩格斯把已经在前几节作了发挥的基本论点的补充材料加以分类。恩格斯把马克思的各种片断笔记按逻辑连贯性加以编排后，把它们组成这一节的正文。

于是，恩格斯把分析资本主义生产方式的矛盾的各阶段区别开来以后，使叙述本身具有严密的连贯性，因此，对利润率趋向下降规律的矛盾问题的研究就变得更明确、清楚和突出。

马克思有大量关于1847和1857年危机的议会报告的摘录，这些摘录，反映了当时的企业家和经济学家对货币和资本的观点；恩格斯从中挑选最重要的，并把它们组织成不长的但却非常重要的名为《信用在资本主义生产中的作用》的第二十七章。这一章在理论方面非常重要。在这一章中也有马克思对信用制度的两重性所作的深刻的阐述，他指出，一方面信用促进了资本主义生产方式的发展，是资本集中和积累的强有力的因素；另一方面是公共簿记和在社会范围内分配生产资料的形式，信用构成了新的生产方式产生和发展的一种条件。就在这里马克思也着重指出了资本主义社会股份资本的双重作用。股份公司是资本主义生产方式高度发展的结果，同时也是"资本再转化为生产者的财产所必需的过渡点，不过这种财产不再是各个互相分离的生产者的私有财产，而是联合起来的生产者的财产，即直接的社会财产"①。

恩格斯也编辑了这卷的第二十章并加标题为《关于商人资本的历史考察》。这一章的正文恩格斯是从马克思关于商人资本的历史以及在其他章里发挥的某些论点收集而成的。这一章具有很大的科学意义。在这一章里商人资本作为存在于资本主义生产方式以前的独立的资本形式加以研究。正是在商人那里，商品和货币第一次表现为资本，正是在流通过程中资本第一次表现为资本，马克思在阐述了上面这一重要论点的同时，在这里还说明了在资本主义前的各种形态中的商人资本和在资本主义制度下已经成了具有特殊职能的那种商人资本之间的区别。各种生产方式的区别决定了在不同时代发挥职能的各种类型的商人资本的区别。

恩格斯不仅把马克思的大部分手稿的正文按题目作了划分和加上标题，并且也在很大程度上改变了马克思原有的章和项（恩格斯的措词是篇和章）的标题的措词。

其次，重要的是要注意下面这一点。为了使马克思的手稿成为"有条理的和尽可能是完整的著作"，恩格斯不得不大大改变研究问题的次序，因为马克思本人把最后安排材料的工作搁到较晚的时候。恩格斯对《资本论》第三卷第一篇的工作首先属于这种情况。

在马克思的手稿上第一章的名称是《剩余价值转化为利润》。恩格斯利用了这一章开头部分的草稿和1865年主要的手稿，把这一章列为第一篇，并给它加上如下标题：《剩余价值转化为利润和剩余价值率转化为利润率》。这个标题更准确地符合这一卷第一篇的内容。此外，马克思的手稿是以数学方法计算剩余价值率和利润率之间的比例开始的。不过非常明显，首先必须阐明剩余价值怎样转化为利润，而剩余价值率怎样转化为利润率的，也就是说，揭露表现在资本主义社会表面上的各

---

① 马克思：《资本论》，人民出版社1974年版第3卷，第494页。

种形式中的价值的实质。而在资本主义社会的表面上，商品的价值表现为成本价格加平均利润。恩格斯从分散在手稿各部分的马克思的某些笔记和论点编成第一章，把它命名为《成本价格和利润》。而由于这些笔记和论点没有按照应有的联系进行加工，为了完整，论述的严整性和阐明马克思的思想，恩格斯加进了自己的语句和整个整个的段落。恩格斯这方面工作的意义特别大，因为在马克思的手稿里重要的论点常常只是一些断断续续的论述或者只是草稿。

恩格斯接着分出了第二章的正文并加了标题。现在形式的第三章也是恩格斯编的。对于这一章，正如我已经指出的，在基础手稿的开头部分有马克思未完成的数学计算，以及内容为计算剩余价值率和利润率比例等式的单独的一个笔记本。为了在这些计算的基础上得出精确的经济结论，这些数学计算需要专门的数学家事先进行加工。应恩格斯的请求，他的朋友赛米尔·穆尔顺利地完成了这项工作，恩格斯在第三章的叙述里利用了取得的成果。

至于第四章——《周转对利润率的影响》——在马克思的手稿里只有一个记载："我们暂时把这一因素（资本周转。——作者注）搁在一边，因为它对利润率的影响在以后的各章中用一章来专门研究。"也许马克思有意以后写这一章，不过没有来得及写。为此，恩格斯在第三卷的序言中写道："第四章只有一个标题。但是，因为这一章研究的问题即周转对利润率的影响极为重要，所以由我亲自执笔写成。"[①] 恩格斯准确地遵照马克思的理论指出，资本周转的速度对剩余价值的生产，因而也就是对利润的生产有直接的影响。就在这一章里，在注意到资本周转的影响的同时，恩格斯具体地说明了马克思在第三卷第三章提出的利润率的公式。

---

① 马克思：《资本论》，人民出版社1974年版第3卷，第8页。

恩格斯本人就说明了他在准备该书第一章付印时的贡献的重大意义和性质。在1888年11月24日致劳拉·拉法格的信中他写道："一直忙于搞第三卷很重要的一章，我不得不完全加以重写，摩尔遗留下来的资料都是草稿，因为这是运用数学的一章，所以要多加注意。"在1888年12月15日致左尔格的信中恩格斯承认："第三卷花的力气比我想象的要多，有一章我必须全部重写（指第一章。——作者注），而另一章只有一个标题，我只得自己写。"

恩格斯从1888年10月初开始直接进行第三卷第一章正文的工作，1889年1月完成了它的编辑工作。在1889年1月11日致康拉德·米特的信中恩格斯写道："关于第三卷第一篇（共七章）已可付印。"① 由此可见，第三卷第一篇的准备工作占了恩格斯三个多月的时间。

但是，恩格斯的最大困难产生在第五篇正文的工作中，因为那里讨论的是全卷最复杂的问题。恩格斯在他的第三卷的序言中说明了这些困难产生的原因。"正当马克思写这一篇时，上面提到的重病又一次发作了。因此，这一篇不但没有现成的草稿，甚至没有可以提供轮廓，以便加以充实的纲要，只不过是开了一个头，不少地方只是一堆未经整理的笔记、评述和摘录的资料。"②

这一篇恩格斯作了三次修改，使它在一定程度上成为作者所想要写的东西。首先，恩格斯尽量避免最终得到的是一种大大超出马克思本人的正文范围的东西。因此，在这一篇最后加工的时候，恩格斯表现出最大的谨慎，基本上限于把材料整顿好。在这篇的前几章，恩格斯在仔细地研究了实际材料以后，把一个问题和另一个问题分开，并把它们按彼此间的内部联系的连贯性进行安排。从三十章开始，恩格斯不仅需要整

---

① 《马克思恩格斯全集》第1版第37卷第127页。
② 马克思：《资本论》，人民出版社1974年版第3卷，第8—9页。

理实际材料，而且连叙述本身也需要整理，因为这些叙述常被离题的插话、探讨其他问题所打断，尔后又完全在其他地方加以发挥或者顺便加以发挥。恩格斯对《资本论》第三卷其他的篇也做了同样细致的工作。因此，现行的《资本论》第三卷的内部结构在很大程度上是恩格斯安排的。

在准备马克思的手稿付印的过程中，恩格斯对《资本论》第三卷全部正文也进行了大量精心的编辑工作。这一工作的量和性质首先是由这一点决定的：马克思不是准备把手稿直接付印，而是为自己写的，往往是脑子里怎么想就怎么写。恩格斯特别注意保持术语的统一。在编辑手稿的时候，他把所有的马克思学说发展早期所特有的过时的术语都删去了，用较晚时期的术语来代替它们。例如，在马克思的手稿里常常碰到的术语"劳动能力"，恩格斯用更准确的术语"劳动力"来代替，"工艺基础"的概念用"技术基础"来代替，因为这里所指的正是资本有机构成的技术基础等等。

恩格斯费了很大的功夫去使数字材料和表格更精确和改正差错。同时有许多表格他作了补充，而有时还得重新编制。例如在研究平均利润率和生产价格形成问题的时候，马克思引用的反映资本有机构成各不相同的五个生产部门的表格具有重大的意义。① 马克思在编制表格的时候用了两种方案。在第一个方案里假定不变资本的价值完全转移到成品里去，在第二个方案里，进入成品价值的只是不变资本的不同份额。在表格的第二个方案里应当反映已经消费的那部分不变资本的一栏也许被马克思偶然遗漏了。但是缺了这一栏，成本价格和生产价格是怎样形成的就变得不清楚了。恩格斯把这一项列入表格，这样就使平均利润率和生产价格的形成过程变得十分清楚。

---

① 马克思：《资本论》，人民出版社 1974 年版第 3 卷，第 174—176 页。

级差地租的表格耗费了恩格斯大量的劳动。他把手稿里的计算搞得更加准确并且很多表格是由他亲手编制的。研究在生产价格上涨的情况下级差地租Ⅱ形成的第三种情况的第四十三章有一半是恩格斯写的。所有的计算以及从研究级差地租Ⅱ形成的这种情况所得出的结论都是恩格斯作的。仅在这一章里恩格斯就插进了反映形成级差地租Ⅱ的一切情况的二十一个表格。

在编辑马克思手稿正文的过程中，恩格斯把引用著作的书目搞得更加明确，把许多英、法文引文都译成德文，用德文词来替换大量的外文语句（主要是英文和法文），辨认出马克思为他自己作的各种缩写和暗号，补充那些开了个头的或只是提及的论述，通过消灭重复和离题的论述的办法大大压缩手稿的正文，把属于一个论题的材料汇集在一起，重新加以改编。为了使叙述联系更加紧密，恩格斯对许多句子、段落、小节和整章作了重新编排。

恩格斯对正文作了大量修改。他给第三卷写了序言、后记和增补。他不仅挪动了材料并且还把它按篇分类。恩格斯在准备马克思手稿付印的时候还研究了相应的经济著作，研究了马克思的手稿写成后在资本主义经济中有了发展的一系列新现象，并把这些研究反映在正文里。在《资本论》第三卷里恩格斯总共作了六十多个注、插入的话和编者注。恩格斯的增补按性质是不相同的：有一些是解释正文的，另一些是使叙述更严整，而第三种则是对马克思主义政治经济学作了非常重要的补充和发展。我们谈到的还只是这类补充的一部分。

恩格斯在《信用在资本主义生产中的作用》这一章里，插入的话具有很大的意义，这些插话指出了他称为股份公司的二次方和三次方的资本主义制度下工业生产的新形式。恩格斯认为卡特尔和托拉斯就是这种形式。在它们的形成中他看到了自由竞争明显的"可耻破产"，看到了资本主义进一步的瓦解。这一观点在列宁的帝国主义论中得到了进一步的发展。在研究货币资本和现实资本的第三十章的第 8 注里，恩格斯说明了资本主义周期变化的要素，并预言由于资本主义经济中的新现象，特别是由于卡特尔和托拉斯的形成使危机尖锐和加深了。

马克思谈到在资本主义制度下"一切企图对原料生产进行共同的、果断的和有预见的控制——这种控制整个说来是和资本主义生产的规律根本不相容的，因而始终只是一种善良的愿望，或者只是在面临巨大危险和走投无路时例外采取的一种共同步骤——的想法，都要让位给供求将会互相调节的信仰"①。恩格斯给马克思的这一论点所加的编者注也非常重要。恩格斯作为十九世纪末卡特尔和托拉斯蓬勃发展的目睹者在给上述引文所加的注释里，在新的条件下发展了马克思的这一原理。他指出，卡特尔和托拉斯的形成是资本主义崩溃的开始，因为它们是生产力超过了资本主义商品交换规律的征兆；另一方面，恩格斯强调指出，无论是生产资料转到股份公司和托拉斯手里，无论是把它们转变为国家所有，都不能消灭生产的资本主义性质，虽然生产需要调节，"但是负有这个使命的，肯定不是资本家阶级"。这一观点在资本主义的辩护士们用国家垄断资本主义来代替社会主义的今天特别重要和迫切。

现代改良主义者追随资产阶级经济学家，在谈论现代资本主义经济的调节和计划性质的时候，强调为了有计划地领导经济，最重要的生产资料无须转变为公共的、人民的财产，为此目的，资本主义国家用财政政策的办法即通过税收、贷款和国家拨款，完全可以对经济发挥足够的作用。修正主义者们和他们一起现在也说，在现代的资本主义制度里已发生了"结构变化"，因此"旧资本主义的不公平现象"已被消灭，在主要资本主义国家里，现代资产阶级国家是"普遍幸福生活的国家"。资本主义现实本身是对这种观点的明显的驳斥。美国、英国和其他帝国

---

① 马克思：《资本论》，人民出版社 1974 年版第 3 卷，第 137 页。

主义国家战后经济的发展令人信服地证明，资本主义生产只是为大金融工业垄断的利益"调节的"。

恩格斯极为精心地、异常认真地并且怀着爱戴的心情整理《资本论》第三卷手稿的正文。在告诉贝克尔关于整理手稿所面临的巨大工作时，恩格斯写道："但是，我喜欢这种劳动，因为我又和我的老朋友在一起了。"① 同时这是既巨大又艰难的工作。为准备《资本论》第三卷的付印，恩格斯花了十年时间。他1885年开始这一工作，1894年，即他逝世前一年半才告完成。工作十分复杂而又繁重，出版和翻译马克思的其他著作以及他自己的著作等大量刻不容缓的事情，从事具有重要理论意义的著作〔《家庭、私有制和国家的起源》（1884年），《路德维希·费尔巴哈和德国古典哲学的终结》（1886年）以及其他的著作〕的写作，领导国际工人运动的繁忙工作，视力的减弱，所有这一切就构成了恩格斯《资本论》第三卷出版工作延迟的原因。

第三卷的出版使书刊上的论战活跃起来。资产阶级在当时用来对待《政治经济学批判》和《资本论》第一卷发行的沉默阴谋，九十年代已成了不适合和马克思主义斗争的方法。

资产阶级庸俗经济学家早在《资本论》第三卷出版以前就提出来作为"反驳"马克思主义的主要论据之一，就是断言，似乎马克思没有完成他的理论研究，因为在他们看来价值规律和不同资本的平均利润的形成规律之间的矛盾是无法解决的。例如恩格斯在《资本论》第三卷的序言中给与应有驳斥的资产阶级经济学家阿基尔·洛里亚宣称，马克思应允在《资本论》续卷中解决这个问题的诺言是"马克思在拿不出科学论据时使用的一种诡计"②。所以他洛里亚，不相信马克思总是

---

① 《马克思恩格斯〈资本论〉书信集》，人民出版社1976年版，第414页。
② 马克思：《资本论》，人民出版社1974年版第3卷，第22页。

想解决这个问题。像已经指出的那样，在《资本论》第一卷出版以前就已基本完成了第三卷的写作。此外，在1862—1863年写成的《剩余价值理论》中马克思基本上已建立了自己的与李嘉图利润理论相反的平均利润和生产价格理论。关于这一点马克思在1862年8月2日和9日致恩格斯的信里仔细地作了报道。①

在1861—1863年马克思手稿的第XVIII笔记本里，除整个未来的《资本论》第三卷的计划的初稿外，还有第二章即未来的《资本论》第三卷论述一般利润率形成的第二篇的非常详细的计划。② 这一计划和第三卷第二篇的计划简单对照表明，在这个预先的计划里正好详细地反映了马克思在1865年手稿里一贯地叙述平均利润和生产价格理论所依据的那些要点。除纯粹编辑工作上的更正外，恩格斯几乎无变动地保留了马克思的这一叙述。还应当指出，在手稿中这一篇是马克思自己做了最充分的准备的。所有这一切令人信服地证实了马克思在《资本论》第一卷出版前早就创立了平均利润和生产价格的理论。

恩格斯在《资本论》第二卷（1885年）的序言里谈到即将出版第三卷和在第三卷里解决了上述矛盾。此外，在这个序言里，恩格斯亲自明确地说明了这个问题，并向指责马克思实际不存在的剽窃洛贝尔图斯剩余价值学说的洛贝尔图斯的拥护者们提出，在《资本论》第三卷问世以前就先解决了在价值规律基础上平均利润的形成问题。而资产阶级经济学家却无力解决这个问题。

当《资本论》第三卷问世以后，这些马克思的"批评家"就开始谈论似乎《资本论》第一卷和第三卷之间有不可调和的矛盾。据他们

---

① 《马克思恩格斯〈资本论〉书信集》，人民出版社1976年版，第162—168页。

② 马克思：《剩余价值理论》，人民出版社1972年版第1册，第422—423页。

说，在第一卷中马克思断言商品是按价值出售的，而在第三卷中却指出，商品不是按价值而是按生产价格出售的。这些"批评家"声言，或者是马克思在第一卷和第三卷的工作期间改变了自己的理论，或者简直就不能自圆其说。在第三卷已出版后，围绕着虚构的《资本论》第一卷和第三卷之间的"矛盾"，在资产阶级著作中掀起的喧嚣迫使恩格斯重新拿起笔来。恩格斯在疾病的残酷折磨中，在自己生命的最后几周还写了题为《〈资本论〉第三卷增补》的经济著作。在1895年5月21日致考茨基的信中恩格斯写道："……同时，我打算给你一篇著作在《新时代》上刊登……《资本论》第三卷增补：Ⅰ.《价值规律和利润率》，答桑巴特和康·施米特的疑问。随后就是Ⅱ. 从1865年马克思著文论述交易所以后交易所作用的巨大变化。然后看需要和时间如何，再决定是否继续写下去。"①

在这两部分中，恩格斯只来得及写第一部分。第二部分只留下了恩格斯为自己写的计划提要。恩格斯的著作《价值规律和利润率》，他逝世后不久，发表在德国社会民主党的机关刊物《新时代》上。在这一著作中，恩格斯彻底地批判了威纳尔·桑巴特和康拉德·施米特的观点，因为他们声称，如果《资本论》第一卷和第三卷之间没有矛盾，那只是因为在马克思那里价值仿佛只是"逻辑的"事实，生产价格才是真实的事实，价值规律不过是科学的假设或者甚至是虚构，这种虚构只有"作为必须的理论出发点"才能证实自己是正确的，如此等等。

应当看到，资产阶级经济思想史家直到现在还在散布马克思的价值理论和他的生产价格理论"不相容"的陈词滥调。例如，美国的资产阶级经济学家海尔布隆纳尔1953年出版了一本名为《世界性的哲学家；伟大的经济思想家们的生活、时间和思想》的书。就是这本书以《伟

---

① 《马克思恩格斯〈资本论〉书信集》，人民出版社1976年版，第588页。

大的经济学》的书名1955年在伦敦出版。在这本书里海尔布隆纳尔声称，马克思在价值统治的地方建立了抽象的资本主义现实。但是他企图表明美元和美分的现实世界反映了他所创造的抽象世界，他的这种企图遭到破产。现实世界不是由价值构成，而是由实际的可以触摸得到的价格构成的。因此，从价值世界到价格世界的过渡中马克思陷入了可怕的算术计算的乱团。①

另一个资产阶级经济学家约翰·罗宾逊写道："从同样的剥削率到同样的利润率的运动不是资本主义发展的过程，而是从极简单的劳动价值理论到相对需求和相对花费之间的相互作用理论的经济分析的发展过程。"② 在另一个地方罗宾逊宣称："价值理论不符合实际，是直接的骗局。为什么马克思主义者不想摆脱这种骗局呢？因为劳动价值理论不再是理论而成了信条。"③

希列津格尔也认为价值是简单的抽象，完全是逻辑的抽象，但它是绝对不需要的抽象。

可以看出，现代的资产阶级经济学家和过去的资产阶级经济学家一样，把价值规律转化为生产价格规律的过程不是看作历史的合乎规律的过程，而是看作一种纯粹逻辑范畴的发展。他们完全是企图否定马克思主义的劳动价值理论和生产价格理论。

现代右翼社会党人追随资产阶级经济学家也企图诋毁马克思主义的平均利润和生产价格的学说。弗·泰梅尔在1950年出版的《马克思主义：学说—现实—批判》一书中谈到，马克思主义的似乎是抽象的体

---

① R. L. 海尔布隆纳尔：《世界性的哲学家：伟大的经济思想家们的生活、时间和思想》，纽约1953年版。
② 约·罗宾逊：《论马克思经济学》，伦敦1949年版，第17页。
③ 约·罗宾逊：《论马克思经济学》，伦敦1949年版，第149页。

系，每一步都和现实相冲突，资本主义这一现实推翻了这一体系。马克思的整个价值理论据他说是建立在哲学前提上的，它的内容是由目的决定的，而不是对客观的现存资本主义现实的分析决定的。另一个德国的社会民主主义者焦奈断言，价值和剩余价值理论倒不如说具有形式上的方法论意义。资产阶级经济学家和改良主义者，以及追随他们的修正主义者为什么要反对马克思的价值理论和剩余价值理论是十分清楚的。因为正是这一理论无可辩驳地证明：价值和剩余价值只是工人劳动创造的，而绝不是不变资本或土地创造的。

恩格斯的著作《价值规律和利润率》即使在今天也是迫切需要的。它对于理解马克思的整个经济理论具有重要意义，并且直到现在还是同来自桑巴特、施米特和其他人的直接继承者方面的对马克思主义的曲解进行斗争的锐利武器。恩格斯分析了价值范畴的长期历史发展并着重指出，这里谈的不是某种纯粹逻辑的过程，也不是"虚构"，而是实际的历史过程及其在思维中的反映，是逻辑上深入研究经济现实的内部联系。这篇文章的特殊意义在于，恩格斯指出了随着简单商品生产转化为资本主义生产，价值便转化为生产价格。

由苏共中央马克思列宁主义研究院在1932年《布尔什维克》杂志第23—24号上首次发表的名为《交易所》的恩格斯的著作，是他对《资本论》第三卷的最重要的补充。在准备出版《资本论》第三卷的过程中，恩格斯面临着在分析上一世纪九十年代中期资本主义实际情况的基础上对马克思在六十年代所写的东西进行补充的任务。因此，在准备好该卷付印以后，恩格斯就最重要的一些问题拟定了一个由七项组成的详细计划提要，这些问题是他要专门写文章加以发挥的。但是恩格斯没有能完成预定的工作。1895年8月5日他逝世了。

在上述的简要计划里，恩格斯指出了交易所的新作用，股份企业形式在工业、商业、银行业、农业中的迅速推广，食利者和投机"机构"

的增加。在计划的最后两项，恩格斯提出了资本输出和瓜分殖民地的问题。恩格斯用这篇两个半印张的不长的手稿，实际上是紧接着把我们引导到帝国主义理论的最重要的问题上去，这一理论列宁在他的《帝国主义是资本主义的最高阶段》的著作里加以发展了。

* * *

从整个上面的叙述可以得出如下的结论，不管恩格斯怎样过低地估计自己的作用，在序言里谈到马克思逝世后准备《资本论》第二卷和第三卷付印和出版所做的工作时过于谦逊，其实这一工作的意义怎样估计也不会过头的。只有马克思的最亲密的朋友和战友才能保证马克思的主要理论著作真正"按马克思的精神"完成。列宁写道："整理这两卷《资本论》是一件很费力的工作……恩格斯把《资本论》第二卷和第三卷出版，是替他的天才的朋友建立了一座庄严宏伟的纪念碑，在这座纪念碑上，他无意中也把自己的名字永远铭刻上去了。这两卷《资本论》确实是马克思和恩格斯两人的著作。"[①]

恩格斯整理和发表马克思《资本论》第三卷是恩格斯对马克思政治经济学宝库的卓越贡献。

（原载《马克思主义史料》，莫斯科1961年版，译文略有删节）

（孙开焕 译）

[①] 《列宁全集》第2卷人民出版社1959年版第10页。

恩格斯编辑《资本论》第二卷、第三卷的情况[*]

〔德〕罗尔夫·黑克尔

2011年6月10日,中央编译局马恩列斯著作编译部举办2011年第7期马列著作编译论坛,德国著名马恩著作编辑学家、MEGA编辑促进协会主席罗尔夫·黑克尔教授作了题为《恩格斯编辑出版〈资本论〉第二卷和第三卷的情况》的报告,这是黑克尔教授的系列讲座"《资本论》的产生、编辑及传播史"的第三讲。黑克尔教授在报告中主要从编辑语言学的角度阐述了恩格斯编辑出版马克思未完成的《资本论》第2卷和第3卷的艰难过程,介绍了MEGA相关卷次在重现恩格斯的编辑工作、反映恩格斯的编辑稿和马克思的手稿之间的差异等方面所做的尝试,总结了从恩格斯的编辑工作中得出的几点结论。报告内容如下。

一、作者与编者的相互关系

在马克思去世以后,作者(马克思)与编者(恩格斯)的关系以特殊的方式表现出来。马克思和恩格斯之间进行持久而紧密合作的前提条件确立了几十年之久。这里我想引用理查德·施佩尔的话,1999年,他在一个报告中阐述两位作者共同创作的著作的编辑结果时讲到以下三点:第一,两个人在哲学世界观、对现存社会状态的评价、关于这些状

---

[*] 本文选自《国外理论动态》2011年第11期。

态的产生和前景以及从中得出的任务和目标上高度一致。当然,他们之间在某些理论方面、在研究方法以及叙述方式上也存在细微的差别和不同。第二,恩格斯始终承认马克思是杰出的天才,只愿意在他身旁充当第二小提琴手。恩格斯说:"至于马克思所做到的,我却做不到。马克思比我们大家都站得高些,看得远些,观察得多些和快些。马克思是天才,我们至多是能手。"① 第三,幸运的是,两位伙伴的性情非常相似,因此结成了很深厚的私人友谊。因此,马克思1883年去世之后,恩格斯觉得不言而喻的是,他要利用生命最后12年中的大部分时间重新出版他和马克思共同撰写或马克思撰写的著作,并且整理完成马克思未完成的《资本论》第2卷和第3卷。尽管我们前面提到两人之间的协调一致,但是恩格斯并不确切地知道马克思所有三卷《资本论》的具体写作状况。当他在马克思的遗物中发现《资本论》第2卷和第3卷的手稿时,他非常高兴,以致松了一口气写道:"今天尼姆[海伦·德穆特]在摩尔的手稿里找到了一个大包,里面是《资本论》第二卷,即使不是全部,也是大部分,共有500多页对开纸。"② 在 MEGA² 中完整地、以历史考证的方式发表马克思恩格斯的遗著,特别是在第二部分"《资本论》及其准备材料"中发表那些以前没有发表过的手稿,使我们更好地理解了卡尔·考茨基在1926年就已经提出的问题。考茨基在他编辑的《资本论》第2卷普及版的前言中对这一问题作了如下概述:"现在有这样一种猜测,认为恩格斯并没有完全理解马克思的思路,并没有完全按照这种思路来整理和编辑马克思的手稿。……让我们设想一下,

---

① 恩格斯:《路德维希·费尔巴哈和德国古典哲学的终结》,载《马克思恩格斯文集》第4卷,人民出版社2009年版,第297页。
② 见恩格斯1883年3月25日给劳拉·拉法格的信,载《马克思恩格斯全集》第35卷,人民出版社1971年版,第463页。

如果我成功地再做了一遍恩格斯几乎用了十年才完成的艰苦工作,而我在这点或那点上得出了与恩格斯不同的结果。那么,怎么向读者保证,我的理解就恰好比恩格斯的理解更贴近马克思的思路呢?为了消除所有疑虑,就必须给批评者自己作出判断的机会,也就是说,必须按照原貌完整地发表马克思的手稿。"[1] 现在,MEGA² 第二部分马克思马上就要出齐了(就剩第4卷第3册),所有手稿将第一次完整地与读者见面,人们可以自己去仔细研究考茨基提出的问题,这是一件影响深远的事。

二、1885年恩格斯编辑的《资本论》第2卷

下面就以论述《资本的流通过程》的第2卷为例,说明恩格斯的编辑工作是怎样进行的。MEGA² 第二部分第12卷首次发表保存下来的恩格斯在1884年6月—1885年2月之间完成的编辑稿。第3卷没有这样的编辑稿,因此这个编辑稿是说明恩格斯的工作方法的范例。当然,恩格斯也留下了一些第3卷的编辑文稿,收入 MEGA² 第二部分第14卷,例如,第一篇的一个最初文稿(MEGA² 第二部分第14卷第172—183页)以及有关利润率和货币资本的几篇提要等。第2册的编辑稿是以马克思遗著中10个篇幅不等的手稿中的7个为基础编成的:第一稿产生于1865年上半年[2];马克思在写了另外两个不完整的草稿之后,从1868年12月初到1870年中又撰写了完整的第二稿。当他在1877年3月底重新着手研究第2册的问题时,先编制了以前几个笔记的索引,接着又在1877/1878年写了前两章的另外几个不完整的草稿。1880年底—

---

[1] 考茨基:《〈资本论〉普及版前言》,载《卡·马克思〈资本论。政治经济学批判〉第二卷第二册普及版》,柏林1926年版,第XI页。

[2] 参看 MEGA² 第二部分第4卷第1册。

1881年初他撰写了第三章的基础文稿。① 恩格斯在《资本论》第2卷第1版《序言》中就马克思这一大堆手稿的状况描述说:"材料的主要部分,虽然在实质上已经大体完成,但是在文字上没有经过推敲,使用的是马克思写摘要时惯用的语句:不讲究文体,有随便的、往往是粗鲁而诙谐的措辞和用语,夹杂英法两种文字的术语,常常出现整句甚至整页的英文。这是按照作者当时头脑中发挥的思想的原样写下来的。有些部分作了详细的论述,而另一些同样重要的部分只是作了一些提示。用作例解的事实材料搜集了,可是几乎没有分类,更谈不上加工整理了。在有些章的结尾,由于急于要转入下一章,往往只写下几个不连贯的句子,表示这里的阐述还不完全。最后,还有大家知道的、连作者自己有时也辨认不出的字体。"② 恩格斯考虑到,这些文稿必须进行编辑加工。已经出版的恩格斯的编辑稿向我们再现了第2卷出版前的选材、整理、编辑和修改等各个工作阶段的细节。这个编辑稿本身不是付排稿,付排稿没有保存下来。1885年出版的第2卷的刊印稿和编辑稿之间存在很大差异。因此,MEGA² 第二部分第13卷再次完整地发表了这个刊印稿,同时注明了刊印稿与编辑稿以及1893年出的第2版的差异。恩格斯认为,他的任务是从马克思遗留下来的手稿中整理出一份完整的、符合出版要求的文稿,或者用我们今天的话来说,就是要为尽可能多的读者出版一个阅读和研究的版本,没有考虑出版其他形式的版本,比如说学术考证版,何况也找不到这样的出版商。我们应该按照下列"准则"来看待恩格斯的编辑工作,他在《序言》中也作了同样的陈述:这部著作应该"既成为一部连贯的、尽可能完整的著作,又成为一部只是作

---

① 所有这些手稿都将在 MEGA² 第二部分第11卷首次发表。
② 恩格斯:《卡·马克思〈资本论〉第二卷序言》,载《马克思恩格斯文集》第6卷,人民出版社2009年版,第3页。

者的而不是编者的著作"。为此,他认为重要的是尽可能把自己的工作"限制在单纯选择各种文稿方面",标准是"把最后的文稿作为根据,并参照以前的文稿"。如果他在编辑工作中遇到了内容上的、而不仅仅是技术性的困难,那么照他的话说,他总是"完全根据作者的精神"去解决这些困难。当然,在工作中也存在一定的可以酌情决定的余地,既有可能根据"作者的精神",也有可能根据"编者的精神"作出解释。然而,完成这个任务实际上要比预想的复杂得多,困难得多。编辑时需要对原文进行大幅度的改动,比如,改变结构、修改和增补某些段落、统一术语等。不仅在恩格斯自己誊清的第一章的前半部分,而且在后来由他口授、由秘书誊清的部分都有改动。他的秘书是奥斯卡·艾森加尔滕,原是莱比锡的排字工人,因《反社会党人法》被驱逐出境,流亡伦敦。恩格斯不仅在口授的过程中自己作了修改,由于马克思的手稿大部分情况非常复杂,为了整理出一个哪怕还算过得去的基础文稿,恩格斯不得不每天晚上对口授的部分进行加工。这样的改动在整个编辑稿中随处可见。如上所述,在编辑过程中,恩格斯总是把最后写成的手稿作为根据,并参照以前的手稿。

三、成文过程说明索引

恩格斯的编辑工作在 MEGA^2 相关卷次中以三个索引的形式反映出来,这三个索引是除 MEGA^2 的文本考证性资料卷的一般组成部分(如异文索引、勘误索引等)追加编制的。编辑恩格斯的编辑稿的主要任务是,让人们了解恩格斯对马克思手稿所做的编辑工作。做到这一点,一方面是通过在"说明"、"成文史"和专门的注释中所作的介绍,另一方面主要是通过这三个索引。在"章节划分比对索引"中,恩格斯对原文所作的章节划分与马克思手稿中的章节划分放在一起比对。通过这种比对，可以看出恩格斯对各个章节的标题设置。我在上一讲中就指出，《资本论》的后两卷自然也应该沿用第1卷中详细划分章节的办法。然而问题在于，马克思自己在手稿中并没有作这样的章节划分。所以，篇和章的划分留待恩格斯去做。从"章节划分比对索引"中可以看出，第一章、第二章（篇）的章节划分在马克思的每个手稿中都不一样，章的标题也每次都有改动。因此就出现这样的状况：恩格斯所加的章节标题在许多地方与所论述的内容不一致。第3卷的一份目录草稿保存下来了（MEGA^{2}第二部分第14卷第313—317页）。从"出处索引"可以看出，恩格斯以马克思手稿中的哪一部分为基础，用于编辑稿的哪一部分。这个索引还表明，马克思原始手稿中原有的结构或叙述顺序曾多次被改变；恩格斯进行了压缩，有些篇、章和段落的文稿是由马克思的各个手稿综合而成。"差异索引"具体注明，恩格斯对某些段落的表述是如何修改的，也就是说，他修改了哪些句子或概念，补充或删除了哪些内容。反过来也一样，这个索引注明，编辑稿的哪些段落是直接采用了马克思的手稿。恩格斯在《资本论》第2卷第1版《序言》后面列了一个表，说明他在各篇中分别使用了马克思的哪个手稿。在编辑稿中他在有些地方还说明他是以哪个手稿为依据的。如上所述，他的编辑工作就是选材和整理，在此过程中会调整文稿的位置、插入段落等。这种工作方法在"出处索引"中再现出来，这个索引具体反映出恩格斯的编辑稿和他的编辑工作所依据的马克思的原始手稿之间的关系。如果不同的段落相互衔接，或者说，这些段落摘自各个不同的手稿，在这里一目了然。最后完成的编辑稿在许多地方突破了马克思所采用文稿的结构安排。这些对马克思主义经典著作编译与研究原来的思想表达方式的改动可以从许多地方都存在的双重或三重的编码上看出来。恩格斯实际采用的马克思手稿中的所有段落都在"出处索引"中注明。通过这种方式，反过来也可以确定恩格斯在他的编辑稿中没有采用的那些段落。就这点来说，"出处索引"同时也是 MEGA² 的使用者对恩格斯没有采用的文稿部分进行深入研究的出发点。恩格斯准备编辑稿过程中的一个重要的工作阶段很有特点：他在口授过程中或者在审阅誊清稿的过程中修改马克思的表述，替换或统一术语和概念，并进行翻译。这样的文字改动共有约 5000 处，都在"差异索引"中一一注明。关于《资本论》第 3 卷的编辑，在 MEGA² 卷次中实行了卡尔-埃里希·福尔格拉夫和尤尔根·容尼克尔对这些文字改动所作的以下分类方法：1. 改变原文的编排：a. 划分章节；b. 调整位置；c. 变脚注为正文；d. 用类似的说法替换概念术语。2. 扩展原文：a. 内容上的补充；b. 现实化处理。3. 删除一些段落。4. 处理重复的地方。5. 润色原文：a. 分段、合并段落或增加铺垫语；b. 取消着重号。6. 订正：a. 订正内容；b. 统一概念术语；c. 修辞改动；d. 核准计算数字；e. 复核、补充和翻译引文。① 第一、二、三类的文字改动可以查阅"出处索引"，第五、六类可以查阅文字"差异索引"。

四、从恩格斯的编辑工作中得出的结论

最后说几点结论。没有研究就不要对恩格斯的编辑改动妄加评论，MEGA² 第二部分第 12 卷 "说明" 为此强调的几个方面，也同样适用于恩格斯对第 3 卷的编辑，现在归纳如下：第一，恩格斯的编辑稿和马克思的原文之间存在差异，这是一个事实，我们不能简单地从中得出结论说，恩格斯对马克思的原文作了草率的甚至故意的改动。更确切地说，

---

① 参看卡尔-埃里希·福尔格拉夫和尤尔根·容尼克尔：《马克思说的是自己的话——关于恩格斯编辑的〈资本论〉第三卷的基本手稿》，载《马克思恩格斯列宁斯大林研究》，1997 年第 1 辑，第 60—61 页。

许多文字差异说明,改动只是为了消除原文中的缺陷。在这种情况下,恩格斯订正了马克思手稿中明显的错误,或者补充了简化的段落。第二,应该考虑到马克思的手稿并不是成品。恩格斯的编辑文稿和马克思的原文之间有据可查的差异证明,上面我们引述的恩格斯对马克思手稿的评价(摆在他面前的"材料的主要部分",虽然"在实质上已经大体完成",但是"在文字上没有经过推敲")只是在某种程度上符合事实。更确切地说,恩格斯作这么大量的改动,恰恰是因为在许多问题上,马克思在手稿中才开始尝试表述一些新的认识,并没有得出最后的结论。顺便说一句,恩格斯本人在第2卷第1版《序言》中的另一个地方曾暗示,并不是所有部分都已经在实质上大体完成,他写道:"只有第一篇和第三篇出现了实际的、不仅仅是技术性的困难;而这种困难也不小。"① 他具体指出,在编辑第一篇前半部分的时候特别困难,而编辑第三篇的最大困难在于,使马克思在第Ⅱ稿中的叙述与他在第Ⅷ稿中所做的改善和扩充一致起来。按照恩格斯的看法,马克思的第Ⅷ稿,也就是第三篇,"应当改写,以适应作者已经扩大的眼界"。因为恩格斯认为,马克思在写作第Ⅷ稿时已经认识到,"首要课题,是确定并且阐述那些对第Ⅱ稿来说是新获得的观点"。从这段引文的上下文,以及从第Ⅱ稿和第Ⅷ稿的一部分可以清楚地看出,马克思在第Ⅷ稿中所作的、被恩格斯称为"已经扩大的眼界"和"新获得的观点"的阐述,主要是指对固定资本的补偿和金生产的再生产等问题的补充,以及对积累和扩大再生产的叙述。如果我们考虑到,在马克思的手稿中对问题的叙述就已经有如此重大的变化,那么对恩格斯所作改动的评价就取决于我们怎样判断和评价马克思自己所作的阐述。恩格斯对《资本论》第2卷和第3卷所做的认真负责、紧张努力、耗费时日的编辑和出版工作,与

---

① 《马克思恩格斯文集》第6卷,人民出版社2009年版,第9页。

其他一些由作者的朋友和亲戚完成的遗著出版工作相比要出色得多,这一工作只能用真正的专业知识来衡量并作出不同的评价。在120多年的时间里,人们只知道有恩格斯编辑的版本,今天,历史考证版用原文发表了马克思的基础文稿。这项编辑学方面的重大成就为这个领域的学术研究提供了各种新的可能性。

(沈红文 译)

给恩格斯编辑出版《资本论》第 3 卷造成麻烦的两页马克思手稿

——《马克思恩格斯全集》历史考证版编辑工作探讨*

〔德〕卡尔-埃里希·福尔格拉夫

在下面的讨论中主要涉及马克思《资本论》第 3 册第 7 章《各种收入及其源泉》中两页原始手稿的形成、流传以及如何处理的问题。"编辑出版方面面临的迫切问题"是:《马克思恩格斯全集》历史考证版第 2 部分第 4 卷第 3 册的编辑拉里莎·米斯凯维奇建议,把马克思写于 1865 年、页码编为 470、471 的两页手稿在《马克思恩格斯全集》历史考证版中发表两次。第一次已经发表在已出版的收载马克思《资本论》第 3 册全卷手稿的第 2 部分第 4 卷第 2 册(第 840—845 页,影印件第 841—842 页),米斯凯维奇主张还应把这两页手稿再一次收入第 2 部分第 4 卷第 3 册。① 这么做的理由在于这两页手稿流传下来的情况比较特殊。这两页手稿过去(和现在)是放在马克思于 1867 年专为这一

---

* 本文选自《马克思恩格斯列宁斯大林研究》2000 年第 4 辑。

① 拉里莎·米斯凯维奇:《关于〈马克思恩格斯全集〉历史考证版第 2 部分第 4 卷第 3 册中马克思〈资本论〉第 3 册原始手稿的正文编排》,载卡尔-埃里希·福尔格拉夫、里沙德·施贝尔和罗尔夫·赫克(编):《〈资本论〉第 3 册恩格斯版本与马克思的原始手稿》,(《马克思恩格斯研究论丛》1995 年新辑)汉堡 1995 年版,第 49—54 页。

时期的第 3 册手稿制作的一个文稿夹里，而且马克思还在文稿夹上相应地写上了"属于第 3 册"的字样。这个文稿夹里的内容恰好是《马克思恩格斯全集》历史考证版第 2 部分第 4 卷第 3 册应收载的材料。

《马克思恩格斯全集》历史考证版原则上尽量避免两次发表。如要刊印两次，则一定需要有力的论据来说明其理由。就第 470 页和第 471 页而言，却没有这样的论据。更确切地说，给人的印象是，这两页手稿形成史上的事实真相尚未完全揭开，因此也就无法叙述清楚，——对此《马克思恩格斯全集》历史考证版第 2 部分第 4 卷第 2 册已经比较清楚地作了说明，但是即使在这一册中也还有几点尚含糊不清，有些地方也并不完全正确，而且按照我的意见，甚至是不恰当的。①

在我看来，第 470 和 471 这两页手稿的形成过程如下：

1. 马克思写作手稿过程中发生了什么事情？

1865 年，马克思撰写了《资本论》第 3 册的第 6 章（《地租》）。按以往习惯，马克思在写作之前就在空白的稿纸上编上页码。在写作第

---

① 《马克思恩格斯全集》历史考证版第 2 部分第 4 卷第 2 册第 917—918、929、1161（异文对照表 834.7）、1163（异文对照表 840.32）、1165（异文对照表 844.40—845.15）和 1354—1355 页。第 1—61 页上的异文对照表 834.7 完全错误。恩格斯并没有提到那里所注明的属于《地租》一篇的页码（就内容而言，根本不存在这么做的理由），而是提到了他没有留传下来的第 3 册的付印稿样。在这份稿样中，第 7 篇的疑难问题大约始于第 320 页。这可由他的第 3 册内容目录草稿来证明（参见荷兰阿姆斯特丹国际社会史研究所藏：《马克思恩格斯遗稿》，档案号 A66b 和 H103），该目录草稿将第一次刊登在《马克思恩格斯全集》历史考证版第 2 部分第 14 卷中。草稿中，第 47 章是从第 315 页开始的。而第 7 篇的第 1 章，即第 48 章的开头，恩格斯并未清楚地加以确定。

6章的手稿时,他的思想有时会偏离到他打算在第7章里才论述的那些问题上①。像通常一样,马克思不是把这些想法搁置一旁,而是当场就把它们记录下来,以免忘记。由于纸张短缺,他并不是每次都另拿一张稿纸来记录这些想法,而是写在他刚刚写上字的那张稿纸的空白地方。他把这些插论用方括号括起来,以便把它们与他正在写的内容区分开来。如果马克思当时是从这张稿纸的下部开始记录他的插论,而且也许还会把这张纸的背面写满,那他当然就不能简单地把这张纸撕开并归入第7章的材料中。所以,这张纸就会留在它原来所在的地方;而马克思则在第7章的材料中相应地注明应移动的段落在何处,例如:"(参见本册第445、446页)(位置应在这里。)"②

如果一段插论正好从一张新稿纸的开头写起,那么就很容易造成手稿移动位置的情况。在这种情况下,这张稿纸可以毫无困难地移到其他材料中去,或者更确切地说,放到被主观认定的上下文相关的地方去。这时,像括号或线条一类的标记也就没有用了。

我认为,在第470和第471这两页手稿上就发生了这种情况。1865年,马克思在撰写第6章时在第469页上恰好已写满了他有关小农业的想法,并且已把以下两页稿纸编上了470和471的页码。可是,这时他的思想却偏离主题而转到下一章即第7章有关三位一体的公式上去了。他就三位一体问题把第470页完全写满,并且在第471页上一直写到某

---

① 《马克思恩格斯全集》历史考证版第2部分第4卷第2册第917页。
② 《马克思恩格斯全集》历史考证版第2部分第4卷第2册第854页;并参见第720页第30行至第722页第2行马克思所指的那段放在方括号内的文字。

一论点①，然后他把这张纸放到了第 7 章的材料中。马克思接着又回到第 6 章的问题上，在另一张稿纸又编上 470 和 471 的页码②，并继续论述地租问题。后来，马克思在撰写第 7 章时重新回到关于三位一体的公式的思路，这时他才把第 471 页完全写满，该页最后写的是"2."表示应写第 2 点，并且加了一个冠词"Die"③，表示接着应是一个名词开头的句子。后来马克思在一张未编页码的稿纸上往下写，一开头写的是"级差地租是和土地的相对肥力结合在一起的……"④ 这就是上页冠词后面应写的那个句子。接着马克思继续流畅地论述了这一疑难问题。

---

① 马克思肯定没有把这一页写完，即没有写到"（2）D〔ie〕"处就忽然中断了。在《马克思恩格斯全集》历史考证版第 2 部分第 4 卷第 2 册第 1165 页上的异文对照表 844.40—845.15 中对思路中断和后来重新拾起的可能性作了说明，这只能依据原来的字体来考证。同样，只有在原件上才可验证影印件上可看出的异文，即马克思先是写到"〔…〕schaffen haben"处，后来从"Zweifens〔…〕"处（《马克思恩格斯全集》历史考证版第 2 部分第 4 卷第 2 册第 844 页第 23 行）继续往下写。这之间的那个句子，从空白处很少这一点可以看出，是后来补写上的（出处同上；参见第 842 页上的影印件）。

② 由于必须把编号和内容放在一起研究，因此《马克思恩格斯全集》历史考证版第 2 部分第 4 卷第 2 册第 841—842 页上影印件的副标题"原来的第 6 章第 470 页"和"原来的第 6 章第 471 页"会使人迷惑不解，是不对的。编码无非是要表明，这里正文的形成是与第 6 章有关联的，但从内容上看它一开始就是属于第 7 章的。

③ 《马克思恩格斯全集》历史考证版第 2 部分第 4 卷第 2 册第 845 页第 15 行。

④ 《马克思恩格斯全集》历史考证版第 2 部分第 4 卷第 2 册第 845 页第 16 行；参看中文第 1 版第 25 卷第 930 页第 3 行。

2. 恩格斯编辑过程中发生了什么事情?

马克思当时并没有给自己写的属于第 7 章的各个手稿片断编上页码。在我看来最初是没有编,因为马克思那时由于计划还未确定,并不清楚第 6 章到底会有多大的篇幅。可是,后来马克思决定对第 6 章①的论述作彻底调整,虽然他没有完成这些调整,但它们给已写完的第 7 章的材料编码造成了困难。

恩格斯在编辑第 6 章时试图遵循马克思最后的意图,无疑,他发现马克思没有为第 7 章编页码后,几乎没有感到意外。但是,他可能对唯一编了页码的第 470 和第 471 页感到有点奇怪,尤其是因为这两个页码竟然出现了两次。可以设想,当时恩格斯首先觉得这两页单单从外表上看像是一篇未完成的异文,于是,他为了弄清页码编写的实情,就把这两页从马克思可能已把它们编入的那个地方拿开了。恩格斯从编码上看出,这两页和前面提到的第 445 页上的其他段落一样,其形成是和第 6 章有关联的,而且他还写了一个脚注对此作了说明。② 恩格斯先是用铅笔只为这些材料的第 1 页编上了 528 这个页码。在后来的编辑过程中,恩格斯为了自己有个概略的了解,把所有现存的稿子的正面都编上了页码③(写的页码都是双号,所空出的单号表示该页背面的页码),用的是墨水;同时他

---

① 《马克思恩格斯全集》历史考证版第 2 部分第 4 卷第 2 册第 816—817 页。
② "以下三个片断,分散在第 6 章的手稿的不同地方。——弗·恩"(《马克思恩格斯全集》第 1 版第 25 卷第 919 页)。
③ 一开始编写的页码为 530、532(第 534 页漏编)、536(第 535 页漏编)、540、542、544、546、548、550 等等。《马克思恩格斯全集》历史考证版第 2 部分第 4 卷第 2 册在《形成和流传》中对恩格斯编写页码一事作了说明(第 929 页)。但是正文中却没有标明哪些页码是恩格斯编的。

的确忽略了一个事实,即他所编的第532页和其背面［即第533页］就是第471页的直接继续。

结果对马克思手稿第470和第471页,以及紧随其后的恩格斯所编的第532页及以下几页产生了认识错误并编排错了地方。

恩格斯之所以把第470和第471页置于第7篇的开头,肯定是由于这两页手稿对三位一体的公式的交叉论述,而马克思也正是打算用三位一体的公式作为第7章的开始。① 显而易见,恩格斯以为,马克思是在尝试以手稿第471页作一新的开端,因此恩格斯就把这两页手稿上的正文用罗马数字分成"Ⅰ"(第470页)和"Ⅱ"(第471页)这样两部分。这样一来,他必然会觉得第471页上的结尾处是中断了,对此他还作了这样的说明:"｛手稿至此中断｝。"② 在这之后,是恩格斯用罗马数字编号为"Ⅲ"的第6章第445页上的插论,插论之后才是恩格斯编的第528页(即前面所说材料的第1页)及以下几页的正文。这样编排,恩格斯必然会看到,第531和第532页正文衔接不顺畅,在第532页的前面缺点什么。于是他告诉读者:"｛这里,手稿缺了对开纸一页。｝"③

完全有可能的是,恩格斯在最后编辑定稿时,还偶然发现了第471和第532两页之间的关系。然而,他在编辑加工时保留了第471页上结尾处的"2."这个数字——这大概是为了表示,马克思至少还有一个方面要论述——,却把紧随其后的冠词"Die"删掉了。④ 如此一来,人们几乎就不再有可能从直观上把这个冠词同其有关的名词联系起来了,也就无从知道下面接着讲的该是什么了。

---

① 《马克思恩格斯全集》历史考证版第2部分第4卷第2册第834页。
② 《马克思恩格斯全集》第1版第25卷第923页。
③ 《马克思恩格斯全集》第1版第25卷第930页。
④ 《马克思恩格斯全集》德文1973年版第25卷第825页;参看第1版第25卷第923页第6行。

3. 流传方面的情况

20年代中期，莫斯科马列主义研究院为了编辑《马克思恩格斯全集》历史考证版而复制了第3册的材料，这时第470和第471页就是存放在"属于第3册"的文稿夹里的。由于要把文字放大，一页手稿不能只影印成一页，而必须影印成两页。因此，这两页手稿也就各自获得了两个影印件编号，手稿第470页的影印件被编为NO41a和NO41b，手稿第471页的影印件被编为NO42a和NO42b。这个文稿夹里其他材料的影印件编号为NO1—40和NO43—133。显然影印时出了一些差错：一些号码被编排了两次，因此不得不补加上一些星号或双写的字母如（aa）等；此外，在第470和第471页的编号上引人注目的是，前面两个编号（NO41a和NO42a）和后面两个编号并不是同一个人编的。甚至恩格斯编辑的第3册的一些手稿的编号也是同样的写法，也就是说，影印时它们也同样是存放在这个文稿夹里的。可能是恩格斯本人把它们同第470和第471页一起放入这个文稿夹里的。如果不是恩格斯，那么做这事的就有可能是翻阅并整理过恩格斯遗稿的伯恩施坦，也可能是在伯恩施坦处发现了恩格斯的手稿并对此作了报道的梁赞诺夫，或者可能是为《马克思恩格斯全集》历史考证版的出版而接触过这些手稿的尼古拉耶夫斯基。可以说，甚至是受托进行影印工作的摄影师也可能参加了对这些材料的整理。

在阿姆斯特丹国际社会史研究所编制的档案目录中，第470和第471页作为"属于第3册"的文稿夹里的一部分，其档案编号为A58d。当然，更为重要得多的是，这两页被编成了第531a页和第531b页，这样一来就产生了极大的影响。阿姆斯特丹国际社会史研究所的一位很内行的同事那时就已经看出，这两页与第7章的第532和第533页是有紧密关系的。根据笔体判断，这两页的编号极有可能是出自皮特·尼霍夫（Piet Nijhoff①）之手，他大约于1961年和1962年就已开始对《资本论》第3册的恩格斯版本和马克思的原始手稿进行过比较。齐格弗里特·巴讷也曾对《资本论》第2册做过同样的工作。

4. 出版方面的情况

赤间道夫（Michio Akama）在最近发表的一篇关于《资本论》第3卷第7篇的文章中写道，马克西米利安·吕贝尔和平田清明在恢复马克思的原始手稿的原貌方面曾采取具有划时代意义的步骤。② 毫无疑问，这是合乎实际情况的。③ 吕贝尔于1968年出版了马克思的第3册原始手稿④，当然，阿姆斯特丹进行的文字比较对他很有用处，而且与此有关的是，在这件事情上，尼霍夫恰好已经把第470和第471页编排到了应该编排的地方，并且相应地给它们编为第531a页和第531b页。是吕贝尔第一次把这两页放在马克思当初想要编排的那个地方出版的。⑤ 1970

---

① 也可能是齐格弗里特·巴讷，此外还有可能是维尔讷·布卢门贝格。
② 赤间道夫（Michio Akama）：《[〈资本论〉第3卷] 第7篇〈各种收入及其源泉〉述评》，载《评述〈马克思恩格斯全集〉历史考证版第2部分第4卷第2册第一次发表马克思〈资本论〉第3册草稿》（《马克思、恩格斯、马克思主义研究》），由日本马克思恩格斯研究工作小组出版，1996年11月第28—29期，第88、88—95页（日文）。
③ 平田清明《具体化和三位一体的公式，1—5》，载《思想》（东京），1972年3—7月（日文）；以及《政治经济学批判方法概论》，东京1982年版（日文）。
④ 《卡尔·马克思著作集。经济学第2卷》，由吕贝尔加注并出版，巴黎1968年版，载加利马尔出版社《学术丛书》。
⑤ 《卡尔·马克思著作集。经济学第2卷》，由吕贝尔加注并出版，巴黎1968年版，载加利马尔出版社《学术丛书》。

年在伍珀河谷召开的恩格斯研究会议上,巴讷在一次讨论中很遗憾地表示,流传下来的马克思的文稿和由恩格斯编辑发表的文字之间的比较工作当时尚未结束,而且还没有出版相应的校勘版本。巴讷赞扬了恩格斯的版本,但也提到了恩格斯偶尔犯下的一些差错,并援引第470和第471页作为例证。在这次讨论会的记录中记载着这样的话:"恩格斯记下了手稿中断的情况,却把他所缺少的那些片段编进上文中发表了。直到《资本论》最新版本出版,这一错误一直没有消除。"① 亚·伊·马雷什(莫斯科马列主义研究院马恩室主任)接着表明,文字比较工作最迟要与《马克思恩格斯全集》新的历史考证版的工作结合起来进行。② 然而,实际上并不是这样做的。因为即使是在《马克思恩格斯全集》德文版第25卷的下一版(狄茨出版社柏林1972年版)上,对吕贝尔的版本也没有予以考虑。那时,人们把吕贝尔看作是一个好斗的、反苏的并歪曲马克思思想的人,认为他只是企图把版本的错误归罪于恩格斯,并通过咬文嚼字制造恩格斯和马克思之间矛盾。无疑,当时人们也并不想使狄茨的德文版与《全集》的俄文版有什么不同。于是,重又采用了恩格斯1894年的解决办法。

结 论

《马克思恩格斯全集》历史考证版第2部分第4卷第2册中已正确

---

① 《弗里德里希·恩格斯1820—1970年专题报告讨论会资料汇编》,编辑:汉斯·佩尔格尔(《弗里德里·艾伯特基金会研究所丛书》第85卷),汉诺威1971年版,第60页。
② 《弗里德里希·恩格斯1820—1970年专题报告讨论会资料汇编》,编辑:汉斯·佩尔格尔(《弗里德里·艾伯特基金会研究所丛书》第85卷),汉诺威1971年版,第60页。

地把第 470、471 页和第 532、533 页作为连续的正文出版。当然，就像本文开头已指出的那样，在注释方面还有一些问题尚未解决。人们还是没有引用吕贝尔的意见。无可指责的是，《马克思恩格斯全集》历史考证版"旧的"编辑方针一般并未规定要援引次要的资料。相反，人们认为，是马克思本人把这里的两页手稿放入第 7 章的，因此后来这两页在档案中就被编成了第 531a 和第 531b 页。①

从已确定的事实中可以清楚地看出，在《马克思恩格斯全集》历史考证版第 2 部分第 4 卷第 3 册中再一次刊印手稿第 470 和第 471 页，从这两页的形成过程来看是完全没有理由的。这两页被放在"属于第 3 册"的文稿夹里流传下来纯粹是偶然的。至于恩格斯对《资本论》第 3 册第 7 篇的编辑处理，《马克思恩格斯全集》历史考证版第 2 部分第 14 卷②将在《正文的一般形成史》中作出必要的和有效的说明。在这方面，从吕贝尔到赤间的看法都是大有用处的。

（原载柏林《马克思恩格斯研究论丛》，1997 年新辑）
（章林 译）

---

① 《马克思恩格斯全集》历史考证版第 2 部分第 4 卷第 2 册中的注释主要是依据拉里莎·米斯凯维奇和维塔利·维戈茨基在《关于马克思在 1866 年和 1867 年撰写〈资本论〉第 2 册和第 3 册的情况》一文中的阐述，这篇文章载《马克思恩格斯年鉴》，柏林 1985 年版第 8 卷，第 198—212 页，特别是第 204—210 页。两位作者没有对第三者的研究成果加以探讨。

② 这一卷收载的将是卡·马克思和弗·恩格斯在 1871—1894 年期间写的属于《资本论》第 3 卷的手稿和编辑加工的材料。这一卷现在正在编辑中。

对一部未完成的著作的探讨

——论《资本论》第 3 卷第 5 章中一般运动规律、货币资本积累和信用制度三者之间的关系*

〔德〕约阿希姆·比朔夫等①

资本主义大都市的特征是信用部门的迅猛发展。如果说一个由私人资本组织起来的领域在最近十年里明显地提高了自己在国民收入分配中的份额,那么这个领域是指不动产、金融资产和保险业。尽管在财产证书的估价方面出现了若干大幅度的回落,尽管在不动产市场上出现了剧烈的波动,但还没有任何领域能像货币资本领域那样产生如此巨大的利润。另外一方面,不仅现实经济领域与金融经济领域之间比例失调的发展引起那些激进的观察家们的注意。面对数十亿堆积如山的沉重债务以及用极其不同的信贷要求进行的国际投机活动,一些人不禁怀疑,资本主义主要国家的工商业领域是否还能继续承受这种负担。从中期和长期来看,工业中投资意愿的缺乏——从上百万的失业大军中可看到这一事

---

* 本文选自《马克思恩格斯列宁斯大林研究》2000 年第 4 辑。

① 这篇文章是一个工作小组集体讨论的产物。该小组成员有约·比朔夫、弗·菲勒、哈·许宁、克·利贝尔、阿·奥托、亨·瓦斯穆斯、沃·沃尔夫泰希以及阿·齐爱尔。在我们的出版物即约·比朔夫和阿·奥托等人的《剥削、自我猜测和调节。〈资本论〉第 3 卷》汉堡 1993 年版一书中可以读到有关《资本论》第 3 卷原始手稿第 5 章以及手稿全文的详细说明。

实——与金融领域中以投机手段参与分红的行为（高风险的行为）是不能彼此相容的。①

与再生产领域相比较而言的货币资本积累的这种相对独立性是否表现出一种较新的发展趋势呢？或者说，我们面对的只是资本主义生产方式的一般运动规律的几种特殊表现形式？

谁要想在这种情况下指望经典作家的著作为自己指点迷津，那他会感到更加迷惑。马克思在他的《政治经济学批判》第三手稿中对"货币资本"和"信用制度"问题的论述在他本人笔下并未达到可以付印的程度。他的这部手稿仍然是一部未完成的作品，这部作品由他的第一任出版者弗·恩格斯经过语句挪动、段落划分、插入叙述而赋予了它某种程度的可读性。我们不需要《马克思恩格斯全集》历史考证版中新发表的马克思的原始手稿，就能指出编者对原文所作的明显干预。恩格斯本人也在序言中作了这方面的说明。而同时经他编辑的文本经过几十年的时间已为人们所接受，并且——在工人运动的范围内——还导致某些"进一步的发展"②。

《资本论》第3卷原始手稿的编辑工作提供了这样一个机会，即重新提出在资本主义社会形态一般运动规律范畴内物质资本积累与货币资本积累的关系。我们阅读手稿第一眼就可看到，原稿充其量只是粗略的提纲，并且只是在写作开始时为某些部分写下的。第5章之所以没有完

---

① 有关这一论题的文献资料不可能在此列出。相关评论书目有：埃·阿尔法特：《市场的未来》，明斯特1991版；罗·库尔茨：《现代化的崩溃》，美因河畔法兰克福1991年版；约·比朔夫：《金融资本的发展趋势》，载《社会主义》，1993年第2期。

② 对恩格斯编辑出版《资本论》第3卷的工作所提出的批评性意见完全是另一回事，此处不必提及。

成，正是由于马克思在写作过程中对提纲作了很大的修改。①

关于原始手稿的第一种论点认为：前四节论述了生息资本的一般运动形式，利息率的波动，总利润分割为利息和企业主收入以及生息资本拜物教的特性，这部分内容阐述得较为详细，被恩格斯稍加改动采用了。紧接其后的段落内容越出了计划，存在明显的问题，马克思本人为它加上了"（5）信用和虚拟资本"的标题。马克思在开头对自己的研究对象作了这样的说明："我们不打算分析信用制度和它为自己所创造的工具（信用货币等等）。我们在这里只着重指出为说明资本主义生产方式的特征所必要的少数几点。因此，在这里我们只研究商业信用。这种信用的发展和公共信用发展之间的联系，不属于我们考察的范围。"②按照所提的任务，马克思起初只概略叙述了再生产循环内部信用制度的两个重要环节——货币充当支付手段的职能以及货币资本职能的管理，略为提及了银行制度的发展以及由此产生的信用关系的变化，得出了明确的结论："对我们的目的来说，我们不需要更详细地考察各种特殊的信用工具和银行本身的各种特殊形式。"③

按照这种以压缩叙述为目的的论证思路，信用制度只是就其对生产方式的意义才被关注，这一思路被大段插入的摘录所打断④，又以一段

---

① 对这些再修改应联系以下情况来思考：随着对总过程形态的确定，价值理论、颠倒的形式、表象以及社会行为的总体结构在马克思面前以改变了的方式表现出来。这部马克思原始手稿可以帮助我们加深对作为前提存在的社会结构、主体意识和行为的中介联系的理解。

② 《马克思恩格斯全集》历史考证版第2部分第4卷第2册第469页；参看第1版第25卷第450页。

③ 《马克思恩格斯全集》历史考证版第2部分第4卷第2册第475页；参看第1版第25卷第454—455页。

④ 《马克思恩格斯全集》历史考证版第2部分第4卷第2册第476—500页。

概括性的论述重新开始:"到现在为止,我们关于信用制度所作的一般评述,可归结为以下几点:"① 对利润率平均化起中介作用,减少流通费用,加快再生产过程以及形成联合资本,以便确保生产规模的飞速扩大。随着股份资本的形成,资本分离为所有权和现实职能,在资本主义生产方式范围内发生了资本价值增殖的私人资本主义形式的扬弃。社会资本中潜在地包含着生产社会化的新的性质,马克思在工人的合作工厂中通过这些工厂内部资本和劳动之间的对立也看到了这种新的性质。本来,关于信用制度对再生产资本所起作用的概述可以到此结束了,但是,马克思决定在这里扩大研究范围:"以上,我们主要是和生产资本相联系来考察信用制度的发展(以及在这一制度中包含的资本所有权的潜在的扬弃)。我们将要和生息资本本身相联系来考察(考察信用对这种资本的影响和信用在这里所采取的形式);同时,我们还要提出一些专门属于经济学方面的意见。"②

第(5)节接下来的部分集中论述了信用制度形成的问题,特别是银行充当可支配的货币资本与它们的需求者之间的中介人的作用;论述了生息资本以虚拟资本形态获得的特殊形式问题,以及论述了与现实积累过程既有区别又有矛盾的货币资本相对于现实积累过程来说所具有的日益增长的重要性。是什么促使马克思转而研究生息资本本身的动力的呢?

有关对这个问题的回答的重要提示不必在紧接其后的研究中寻找。在前4节表面上十分单一的结构中,马克思已经谈到了这个问题。那么,都谈了些什么呢?

---

① 《马克思恩格斯全集》第1版第25卷第492页。
② 《马克思恩格斯全集》历史考证版第2部分第4卷第2册第504—505页;参看第1版第25卷第498页。

没有利息就没有"可借贷的资本"

拜物教在资本主义生产方式的基础上发展起来,这种拜物教就是:每一笔钱自在地是资本,可以发生价值增殖。货币自在地是资本这种想法——马克思明确强调了这一点——,并不适用于前资本主义生产方式,即便那时已有了发达的货币交换和高利贷资本。资本主义的价值增殖的环境必须达到一定的范围,这样,每一块可能的闲置货币才会被借出去生利。就这方面而言,剩余价值和资本关系外化为生息货币资本,对于通过银行的汇划制度和存款制度的中介而集中可借贷货币资本的有效制度来说,是现实的前提。马克思通过叙述生息资本的基本形式、运动形式以及由此形成的神秘化,对信用制度展开讨论,是有道理的。

信用制度本身是资本主义生产方式特有的产物,也是资本主义生产方式的受利润率控制的再生产方式的结果。"随着资本主义生产方式的发展,它的各种条件也发展了,或者说,它使生产过程借以进行的全部社会条件从属于它的特殊性质和它的内在规律。那种在不断的不平衡中不断实现的平均化,在下述条件下会进行得更快:1. 资本有更大的活动性,也就是说,更容易从一个部门转移到另一个部门;同时生产地点的活动性也包括在内……第一个条件的前提……信用制度的发展已经把大量分散的流动社会资本集中起来,而不再留在各个资本家手里。"[①] 无论是使一般利润率平均化的中介活动还是从商业信贷中产生并且本身有助于加速再生产过程的支付要求的普遍的现金化,都需要可供支配的资金,即货币,这种货币只有在作为货币资本能为它的所有者带来利息

---

① 《马克思恩格斯全集》历史考证版第 2 部分第 4 卷第 2 册第 270 页;参看第 1 版第 25 卷第 219 页。

时才被它的所有者投入使用。这种可供支配的资本首先应当来源于实际再生产过程的周转结构。

没有正常运转的信用制度，在社会上很多地方的人们就得进行货币贮藏（折旧基金，最小限度的追加货币贮藏，储备金和备用金，为了收入周转而进行的货币储备等），而且财富的发展明显日益困难。潜在的货币资本通过信用制度得以积聚并供给货币市场和资本市场。要摆脱下述观念：可借贷的货币资本主要是由私人食利者供给的；货币资本是不断地从再生产过程中"分泌出来"的。对借贷和货币信贷的需求主要也是源于再生产过程，这一点我们已经讲过。被动资本转变成能动资本主要是通过银行制度或其他资本市场，而这两者又成为资本的投资领域并会带来专门的特殊利益。

在这里首先应当肯定的是：包括银行制度在内的信用制度的历史形成是中介和加速资本主义再生产过程的基本条件。信用制度的形成不是一个自动的过程，而是社会资产的清算过程。马克思详细引述的关于英格兰银行的作用和皮尔银行法的一些章节清楚地说明了这一点。

信用制度是以生息资本的形式建立起来的；反过来说，如果没有信用制度，生息资本的存在也就微不足道。其中一方既不能直接融入另一方，又不能脱离另一方。对于两种相互作用的力量的这种结构的形成来说，重要的是，利息既不是延期消费的补偿，也不是使被动资本成功地转换成能动资本的费用。与生产过程中执行职能的资本不同的是，在利息中体现了所有权证书的价值增殖。

货币市场和资本市场上的竞争

由于同一笔货币额对于两个不同的人来说都表现为资本——但它事实上只有一次是作为资本执行职能——那么这笔作为资本的借贷出去的

货币的价值增殖，只有通过分割生产出来的利润量才可能存在。这样一来首先在资本贷出者和借入者之间形成一种矛盾，并出现一个问题，即货币市场和资本市场上的竞争，从而利润分割为利息和企业主收入，利息率是什么力量决定的呢。其次还出现了以下问题：这种竞争决不仅仅是同等力量的较量（企业主在其中扮演着债务人和债权人的双重角色），而且由于生息资本及其价值增殖的特性，货币资本本身成为信用制度发展的真正活跃的组成部分。这不仅是总利润在不同的阶级集团之间进行（再）分配的问题，而且还涉及生产方式本身的发展，因为第三，说利息对再生产过程具有一定的调节功能是不无道理的。

一般情况下，"可借贷资本"的价值增殖的大小——利息率——的规定无论如何会受到消极规定的限制。而在再生产资本的范围内，竞争会驱使资本在中期内提供能或多或少地实现利润率平均化的价格。借贷资本的竞争则相反。"在这里，竞争并不决定对规律的偏离，而是相反，除了由竞争决定的分割规律之外，没有别的分割规律。"[①] 而在作为"利息的有最后决定作用的最高界限"[②] 的平均利润率的范围内可以设想所有可能的分割关系。"那些决定有待分割的利润的量的事情，和那些决定利润在这两类资本家〔执行职能的资本和借贷资本。——作者〕之间的分割的事情，是极不相同的，并且往往按完全相反的方向发生作用。"[③]

---

① 《马克思恩格斯全集》历史考证版第2部分第4卷第2册第430页；参看第1版第25卷第399页。

② 《马克思恩格斯全集》历史考证版第2部分第4卷第2册第433页；参看第1版第25卷第403页。

③ 《马克思恩格斯全集》历史考证版第2部分第4卷第2册第433页；参看第1版第25卷第403页。

一方面，这种想法似乎很简单，在借贷资本市场上，再生产资本只是作为贷出者同贷款需求者、同自己相对立。但事实并非如此简单。我们所看到的表面现象是：在放贷者一方存在着私人食利者阶级，他们的趋势是"随着国家财富的增长而增加"①；另一方面，对借贷的需求不单是表现在再生产上，因为"有许多人借钱并不打算用在生产上"②。所以，决定着生息资本的价值增殖程度的不只是商业水平，而且资本市场和信用制度的具体的规定性也一起决定着生息资本的价值增殖程度。

　　在论述利息率和它的决定因素时，马克思指出，与此有关的问题决不能仅仅在阐述一般利润率时附带地论述。他在这里提出的一条理由是："信用制度发展了，（以银行家为媒介）产业家和商人对社会各阶级一切货币储蓄的支配能力也跟着不断增大，并且这些储蓄也不断集中起来，达到能够起货币资本作用的数量（见以后的说明）。③"信用制度在私人和公共财政中都拥有自己的分支部门，它的机构发展决定着可供支配的资本的相对数量并由此决定着利息率。

利息拜物教条件下的信用制度

　　除了认识到利息率与一般利润率相对而言能进行独立运动外，我们还看到，随着造成一般利润率的平均化运动的规则体系而产生的社会调

---

① 《马克思恩格斯全集》历史考证版第 2 部分第 4 卷第 2 册第 434 页；参看第 1 版第 25 卷第 405 页。

② 《马克思恩格斯全集》历史考证版第 2 部分第 4 卷第 2 册第 435 页；参看第 1 版第 25 卷第 406 页。

③ 《马克思恩格斯全集》历史考证版第 2 部分第 4 卷第 2 册第 435 页；参看第 1 版第 25 卷第 405 页。

控，一方面通过货币市场和资本市场以及高次方的利息率而得到实现，但另一方面在社会面前更不清楚了。平均化运动依赖于可供支配的货币资本，这种可供支配的货币资本作为已经投入的资本按照生产需求和消费需求的变化更迅速、更灵活地分配到相应的部门。一方面，以银行制度为中介的信用"造成了社会范围的公共簿记和生产资料的公共的分配的形式，但只是形式而已"[1]。

另一方面，马克思赋予合理的信用管理的完全现存的结构以局限性，因为从资本主义社会中自然而然地产生的这种资源中介的合理形式，由于生息资本的神秘化结构而不能有意识地被采用。固然，开业的资本家的日常行动的依据是明显表现出来的一般利息率，而不是一般利润率这个隐蔽的调节中心。对于资本家来说，一般利息率是"它们从事活动时计算上的前提和项目"[2]。但是，在生息资本的形式中，资本关系的外化已达到了极点。因为货币资本的价值增殖体现了资本所有权证书的价值增殖，利息也就不是剩余价值或利润分裂出来的组成部分，而是资本所有权的产物。可借贷的货币资本通过行使所有权证书的职能而带来利息收入，不管贷出的货币资本在实际上执行着什么样的经济职能。

由于这种拜物教，生息资本就会与所有货币贷款、支付过程以及信用关系联系在一起并因此而充分利用它对再生产过程的社会性质的中介作用为自己的目的服务。毫无疑问，生息资本在信用关系的发展中，在不断采用新的信用工具和将信用债权变现的过程中总是会充分利用自己

---

[1] 《马克思恩格斯全集》历史考证版第 2 部分第 4 卷第 2 册第 661 页；参看第 1 版第 25 卷第 686 页。

[2] 《马克思恩格斯全集》历史考证版第 2 部分第 4 卷第 2 册第 440 页；参看第 1 版第 25 卷第 412 页。

的这种中介作用,再生产过程因此得到加速,得到飞速的发展。同样毫无疑问的是:生息资本与职能资本的矛盾也会进一步加深;同样我们还得讨论一下这种可能性:利息对社会投资发展的——有限的——调节职能,会因为信用制度本身强有力的发展而处于重要地位。

货币资本的积累——一种复杂的生产关系

马克思是这样表达他原来的叙述意图的:"这一章研究的对象,和所有要在以后说明的有关信用的问题一样,不能在这里详细探讨。很明显,(1)贷出者和借入者之间的竞争以及货币市场上由此造成的短暂波动,都不属于我们的考察范围;(2)要说明利息率在产业周期中通过的循环,必须先说明产业周期,但这种说明同样不能在这里进行;(3)世界市场上利息或大或小的平均化也不能在这里说明。我们要在这里研究的,只是生息资本的形态和利息从利润中独立出来的过程。"① 马克思在分析利息率的决定性因素时就已经有这样的认识,即把对象限制在狭隘的范围内是不恰当的。"注意:从第(2)点可以看出,比较好的做法是,在研究利润如何进行分割的规律以前,先阐述一下量的分割怎么会变成质的分割。"② 必须在生息资本的神秘化结构以及由此而赋予生息资本的发展逻辑的基础上重新评价生息资本给实际财富生产带来的重负——即"利润分割的规律"。

---

① 《马克思恩格斯全集》历史考证版第 2 部分第 4 卷第 2 册第 431 页;参看第 1 版第 25 卷第 401 页。

② 《马克思恩格斯全集》历史考证版第 2 部分第 4 卷第 2 册第 433 页;参看第 1 版第 25 卷第 403 页注(62)。

马克思经过几十年的研究都没有改变这样的评价："在生息资本上……资本关系取得了最表面、最富有拜物教性质的形式。"① 不同的是，马克思不再满足于在对资本的一般研究范围内仅仅描述生息资本的一般形式——从利润中独立出来的形态。

根本原因在于资本关系社会化的新形式。"信用制度的发展和由此引起的信用制度的集中赋予借贷资本以一般的社会性质"②，这要取决于生产方式的历史发展程度，各种社会力量对比以及国家对再生产过程的反作用。所有执行职能的资本始终受到其生产部门的特殊限制，后者可能很难发生变化；而生息资本却充分利用了这种财富的普遍性质，这种财富与特殊的财富不同，它以一种特殊方式对象化为货币，成为资本主义劳动的特殊表现。生息资本总是处于这种形式下，并且善于利用这种形式为自己服务。

另外一个原因是，由于有了一定程度上比较发达的交往关系，货币市场不能再被认为是由不同地域决定的因素，而是必须以一种特殊形式存在，对社会再生产过程起普遍制约作用。"如果说产业资本只是在特殊部门之间的运动和竞争中表现为整个阶级共有的资本，那么，资本在这里有力地在资本的需求中表现为整个阶级共有的资本。"③ 但这种存在方式又不能脱离一定的、同样取决于发展程度的信用业的机构组织。

---

① 《马克思恩格斯全集》历史考证版第 2 部分第 4 卷第 2 册第 461 页；参看第 1 版第 25 卷第 440 页。

② 《马克思恩格斯全集》历史考证版第 2 部分第 4 卷第 2 册第 438 页；参看第 1 版第 25 卷第 410 页。

③ 《马克思恩格斯全集》历史考证版第 2 部分第 4 卷第 2 册第 440 页；参看第 1 版第 25 卷第 413 页。

"并且,随着大工业的发展,出现在市场上的货币资本,会越来越不由个别的资本家来代表,即越来越不由市场上现有资本的这个部分或那个部分的所有者来代表,而是集中和组织起来,它与实际生产完全不同,是受那些代表社会资本的银行家控制的。"① 资本的货币交易的汇总和清算以及由发放贷款来进行的积累运动如果没有特殊结构的银行制度——两级银行制度——是不可能的。"资本的这种社会性质只是在信用制度和银行制度有了发展时才表现出来并且实现的。"② 最后,股份公司的资本"与私人资本相反,直接获得社会资本的形式(直接联合起来的个人的资本)"③。是更多地通过商业银行还是通过有价证券交易所来为投资筹措资金,也主要依当时的历史条件而定。

再生产过程通过信贷取得的几种新的社会化形式,不应当排除在对资本关系的一般研究之外。"因此,信用制度加速了生产力的物质上的发展和世界市场的形成;使这二者作为新生产方式的物质基础发展到一定的程度,是资本主义生产方式的历史使命。"④ 鉴于发达的信用制度关系,在这里以不同的方式提出了生产方式的历史性转换问题。马克思显然认为应从已经形成的历史结构出发,而不对"信用制度和银行制度

---

① 《马克思恩格斯全集》历史考证版第2部分第4卷第2册第440页;参看第1版第25卷第413页。

② 《马克思恩格斯全集》历史考证版第2部分第4卷第2册第661页;参看第1版第25卷第686页。

③ 《马克思恩格斯全集》历史考证版第2部分第4卷第2册第502页。

④ 《马克思恩格斯全集》历史考证版第2部分第4卷第2册第505页;参看第1版第25卷第499页。

的奇迹般的力量的种种幻想赋予社会主义的意义"①。

整个资本主义的信用制度和银行制度是通过资本的拜物教形式组织起来的。对在一切可以想见的货币交易和信用关系中迅速发展起来的"生息资本本身"② 作进一步的研究是必不可少。一方面，是因为对从形式上看也是从社会上集中起来的资本进行特殊调节的方式提出了问题，并且还得对其中包藏的危机可能性进行考察；另一方面，由于政治上的干涉，利息的神秘化的力量会被抑制，信用制度会被用于有意识地重组生产方式。资本主义信用制度在其各个方面表现出来的这种二重性，构成了紧接着在第 5 节中进行的研究的基本观点。我们在这里不可能谈到经济形式规定的一种明显顺序，但同样不会忽视这样一点，即马克思集中探讨了一系列问题，其中一部分是通过对当时货币政策和银行政策的各种分析研究的看法表达出来的。

对于现实资本和货币资本积累之间矛盾的增长这个起点问题我们得出如下结论：货币资本的积累一方面表现了资本循环的扩大再生产，另一方面在货币资本的运动中融进了这样一些因素，它们一部分与实际积累相对立，一部分却完全独立。货币资本的加速膨胀以及或多或少的广泛独立性始终与再生产部门的价值增殖过程联系在一起。一方面，货币资本的较快发展导致的结果是：对未来财富的占有欲严重地妨碍了实际的价值创造过程和价值增殖过程。另一方面，货币资本的分化反映了社会力量对比的改变："首先从更长的时期的角度来考察，随着实际的财

---

① 《马克思恩格斯全集》历史考证版第 2 部分第 4 卷第 2 册第 662 页；参看第 1 版第 25 卷第 686—687 页。
② 《马克思恩格斯全集》历史考证版第 2 部分第 4 卷第 2 册第 505 页；参看第 1 版第 25 卷第 498 页。

富的增长,货币资本家阶级也增长起来,因为,实际财富的增长使依靠利息生存的食利者的人数增加了;第二,信用制度发展了,因此银行家的人数也增加了(还包括金融家,但在这里我们撇开公共信用不谈)。"① 因而,货币资本相对于再生产部门积累而言的较快增长,不再是较新的发展趋势。

金融资本的增加最终反映了社会信用制度和国际信用制度的发展程度。不过,在这种情况下公共信用仍然具有十分重大的意义。福特主义发展阶段以前,资产阶级国家主要为了筹措昂贵的军费而采用借入贷款,而今天,福利国家的危机经营管理或者说经济政策干预范围内不可避免的开支,必须通过公共信用来筹集,但由于面临着一大堆问题,单是靠交纳税费及社会保险已不可能再支付这笔开支。依靠信用制度的结构可以避免、平息并推迟金融危机。同时,原来普遍的萧条现象——贸易过剩、生产过剩、信用过剩——可以在工业周期中得到遏制。

这种发展的另一面是金融资本和现实资本之间的日益不平衡。公共部门的负债使现实积累的重负日趋呈现令人难以忍受的形式。如果说工商业部门采用长期贷款一般是为了改变财富生产的结构和扩大财富生产,并且就此而言,能够从现实积累中清偿债务,支付利息,那么公共信用就完全是另外一回事。它所吸纳的资金主要用于非再生产性支出;也不会推动额外的价值创造。公共债务的积累对于国家债权人来说是他们贷出的货币资本的积累。实际上整个贷款活动使他们在长期内对每年新生产的财富中一个越来越热门的部分拥有索取权。"在一切进行资本

---

① 《马克思恩格斯全集》历史考证版第 2 部分第 4 卷第 2 册第 589 页;参看第 1 版第 25 卷第 578 页。

主义生产的国家，巨额的所谓**生息资本**或**货币资本**都采取这种形式。**货币资本的积累**，大部分不外是对'生产的索取权'的积累，是这种索取权的**市场价格**（幻想资本价值）的积累。"①

信用制度的效率越来越为寄生结构所抵消。在社会财富的共同分配中金融资本起了令人不安的作用，因为，由于国家对经济的重大影响，公共信用的变革和保障对于社会再生产过程的相对稳定起着至关重要的作用。

马克思认为，可以暂时不去考虑公共信用。在这个限制性的前提之下，从发展趋势看，生息资本表现出威胁制度的趋向。马克思本人进一步的论述又显示出，信用制度的发展不能没有国家的干预。在研究资本的一般运动规律时，对生息资本的进一步考察和论述又提出了一些问题，要论述这些问题，就必须对有关生息资本的那一篇的现有草稿进行彻底修订。②

1. 资本主义的信用制度导致特有的货币制度的建立：银行券流通，两级银行制度，"在信用制度和信用货币发达的国家，还有两种情况，

---

① 《马克思恩格斯全集》历史考证版第2部分第4卷第2册第524页；参看第1版第25卷第531—532页。

② 在《资本论》第1卷第2版以及它的法译本中，马克思在许多地方进行了修改，这些修改标志着，信用制度以及与其不可分割的公共信用在关于资本主义生产方式的总过程的叙述中占有重要的地位。在1867年版本中没有下述这句话："国债，即国家的让渡，不论是在专制国家，立宪国家，还是共和国家，总是给资本主义时代打下了自己的烙印。"（《马克思恩格斯全集》第1版第23卷第823页）这句话从思想上包含了资本主义生产方式这种关系的更为广泛的发展、货币资本的积累以及信用关系的发展。[见卡尔-埃里希·福尔格拉夫：《马克思在逃避"资本"吗？》，载《马克思恩格斯研究论丛》（汉堡），1994年新辑]

(1) 国家准备金集中在一家大银行手中；(2) 这个准备金尽可能减少到最低限度的现象"①。另外，银行制度特有的历史性的和（或）国家性的形成，国家监督以及最低储备量规则等也是十分重要的。信用危机可能出现的矛盾激化存在于这些关系之中。因此，提出了这样的问题：以银行为中介的货币制度能否缓解从信用制度到货币制度的危险转变？生息资本以怎样的方式，在什么范围内利用危机为自己聚敛财富？

2. 货币资本在再生产资本循环中的职能独立出来形成一种独特的资本经营，社会从中获取好处。无论是购买职能、支付职能的行使，还是社会积累基金的管理，银行制度都把它作为自己的特殊的货币业务和信用业务来进行。而对于社会的影响是通过以下情形产生的：在绝大多数的业务中，货币形式纯粹是在观念上存在着或只是作为计算数据存在着（存款制度、借贷制度、社会贮藏货币的减少）。对于银行业说，信贷行为表现为生息资本的形式。在对国家发放贷款时这种行为就更加强烈：债务的积累表现为资本的积累。所有定期货币支付的折算以及这些债权的变现都是以虚拟资本的形态进行的。因此，在信用制度内部日益形成具有投机性和寄生性的上层建筑。而劳动作为财富的源泉所具有的意义变得越来越无足轻重。

3. 货币资本的比例化："国家证券也像股票及其他一切有价证券一样，是借贷资本即用于生息的资本的**投资领域**。它们是资本出借的形式（用于投资）。但它们不是投在它们上面的**货币资本**……我们要在这里

---

① 《马克思恩格斯全集》历史考证版第2部分第4卷第2册第514页；参看第1版第25卷第514页。

研究的问题，就是这种借贷资本的积累。"① 尤其值得注意的是：借贷资本不是现实积累的表现，而是作为循环中的过剩资本反映实际财富的消灭，并且作为"借助纯粹的银行业务的扩大和通货的节约"②，而实现的社会所有铸币准备金和收入流通的集中，表现了更为迅速的货币资本的积累。这种借贷资本只有部分被放回到再生产过程中；只要借贷资本是被非生产地消耗或只是作为定期利息的所有权证书，那么它一方面会加重财富生产的负担（"借贷资本同时靠牺牲再生产的资本家阶级而进行积累"③），并阻碍生产过程所必须的变革，另一方面作为虚拟资本被推入冒险的轨道，承担贬值的风险。

因为整个信用事业和货币制度都与此有关，所以存在着对现实积累起反作用的危险。"那种以所谓国家银行为中心，并且有大贷款人和高利贷者围绕在国家银行周围的信用制度，就是一个巨大的集中，并且它给予这个寄生者阶级一种神话般的、不仅周期地消灭一部分产业资本家，而且用一种非常危险的方法来干涉现实生产的权力——而这伙匪帮既不懂生产，又同生产没有关系。"④

在当前关于金融领域从现实资本相对地独立出来的讨论中所涉及的内容仅仅是基本矛盾重新尖锐化的表现形式。生息资本的发达形式从价

---

① 《马克思恩格斯全集》历史考证版第 2 部分第 4 卷第 2 册第 531 页；参看第 1 版第 25 卷第 542 页。

② 《马克思恩格斯全集》历史考证版第 2 部分第 4 卷第 2 册第 548 页；参看第 1 版第 25 卷第 561 页。

③ 《马克思恩格斯全集》历史考证版第 2 部分第 4 卷第 2 册第 557 页；参看第 1 版第 25 卷第 569 页。

④ 《马克思恩格斯全集》历史考证版第 2 部分第 4 卷第 2 册历史考证版第 577 页；参看第 1 版第 25 卷第 618 页。

值增殖过程和社会利润率中独立出来的过程决非不寻常。马克思猜想这些互为所属，互为补充的成分相互采取的独立性通常会被强行消灭。值得肯定的是，如果没有表面上互不相干的东西这种内在统一性就不会发生经济危机。但在资本主义社会中仍然聚集了很大的调控潜力，往往使得一些独立了的形式逐步平衡或者至少减缓内在统一性的强大作用力。同时仍然可以确定，90年代货币资本积累的较快膨胀已到了令人不安的程度。要改善这种发展势头不能仅仅依靠金融市场的调控，还得同时着手解决现实资本投资势头减弱的问题。主要资本主义国家的情况是：货币资本的积累已成为资本主义生产过程与价值增殖过程的巨大障碍。这种日积月累的改革需求并非是工薪人员方面的过度的分配需求的结果，而是货币资本家方面的财产索取权的积累带来的阻力日益增大的结果。

(原载《马克思恩格斯研究论丛》，1995年新辑)

(朱毅 译)

马克思说的是自己的话吗？（一）

——关于恩格斯编辑出版的《资本论》第3卷的基本手稿*

〔德〕卡尔－埃里希·福尔格拉夫、尤尔根·荣克尼克尔

编者按：关于马克思的《资本论》第3卷，长期来国外理论界对恩格斯所做的该卷编辑工作持有不同意见。近年来，随着马克思为该卷所写手稿的发表，讨论又多起来。我们认为，恩格斯为出版《资本论》第3卷所做的工作功不可没。这里发表国际马恩基金会刊物《MEGA研究》上就有关问题发表的一篇文章的一部分，谨供读者参考。

1. 问题的提出

100年前，恩格斯发表了马克思的一部长达55个印张的内容丰富的手稿，这就是《资本论》第3卷。自那时以来，围绕这卷书展开的争论从来没有中断过。争论有时显得平淡，但是始终没有止熄。争论的一方宣称这是一部有系统的完全成熟的著作，另一方则认为这是一个内容庞杂的未完成的作品。介乎这两极之间，不时还发生各种各样的论争，像波浪一样时起时伏。

---

* 本文选自《马克思恩格斯列宁斯大林研究》1996年第1辑。

1894年作为《资本论》第3卷公布的这批材料，属于马克思的最有争议的著作之列，而且这不仅仅是就经济学的观点来说的。特别是所谓的转形问题，直到最近还一再被提出来。①恩格斯在《资本论》第3卷的《序言》中曾指出："第3卷只有一个初稿，而且极不完全。"②爱德华·伯恩施坦则把该卷称作"马克思打算出版的著作的粗糙框架"③。维尔纳·桑巴特、柏姆-巴维克、杜冈-巴拉诺夫斯基以及其他许多人也都把这卷书称作未完成的雕像。④不过，有些较新的权威的编辑出版者却把该卷手稿称颂为马克思的理解力的终点和顶峰。例如有人说："这一研究把资本主义生产的总过程的一切本质要素第一次以系统的形式再现出来。"⑤甚至从政治视角出发，评价也是远非一致的。桑巴特当年曾指出，社会民主党的鼓动工作只能找到有限的材料来服务于自己的目的。⑥一部较新的评论著作中则有这样一段话："随着《资本论》第3卷的出版，马克思对于资本主义社会形态分析的理论部分或体系部

---

① 例如近年发表的有弗里茨·里尔迈达克：《以劳动为中介的商品生产（为价值规律恢复名誉）》，马尔堡1992年版。

② 《马克思恩格斯全集》第1版第25卷第4页。

③ 伯恩施坦：《〈资本论〉第3卷》，见《新时代》，1894—1895年第1卷，第334页。

④ 桑巴特：《马克思的经济学体系批判》，见《社会立法和统计档案》（各国社会状况研究季刊），1894年第7卷，第571页；柏姆-巴维克：《论马克思体系的终结》，见《社会科学著作》（卡尔·科尼斯诞辰75周年纪念特刊），柏林1896年版，第87页；杜冈·巴拉诺夫斯基：《英国的工业危机》，巴黎1913年版，第203页。

⑤ 曼弗雷德·米勒：《论马克思的1864—1865年〈资本论〉第3卷草稿》，见《马克思恩格斯研究论丛》，柏林1988年版第25辑，第6页。

⑥ 桑巴特：《马克思的经济学体系批判》，见《社会立法和统计档案》（各国社会状况研究季刊），1894年第7卷，第558页和以下各页。

分,即告完成。从此,对于资本主义发展所提出的一切重大问题,工人阶级都胸有答案。"①

争论越久,恩格斯的《序言》就变得越不重要。争论是由一部混血作品引起这一情况,已越来越被人们遗忘。另一方面,正如列宁所说,1894年的版本确实是两个人的著作。② 文字的主体自然是马克思写的,只有少数段落出自恩格斯之手,不过他认为这些地方马克思本人也会像现在这样写的。直到130年以后,到1993年的夏天,马克思的《资本论》第3卷的基本手稿终于问世。③ 现在,每一个读者都可以对马克思的1864—1865年的手稿和恩格斯1894年出版的版本亲自进行比较,至少就大部分文字进行比较,因为恩格斯对手稿的第1章进行了加工,而这份手稿在《马克思恩格斯全集》历史考证版第2部分第4卷第3分册中才首次发表。至于其他各章,读者会发现,它们是严格地以基本手稿为依据的。只是第4章的手稿在这里找不到,该章是恩格斯写的。最后,读者的脑中会浮现这样一个问题:马克思的1864—1865年手稿或恩格斯编辑的版本是否可以称之为《资本论》第3卷,或者说,如果以《资本论》第1卷为标准,这个第3卷是否应呈现为完全不同的样子。

关于作为《资本论》第2卷和第3卷编辑出版的这批材料的编纂情况,虽然恩格斯在相应的《序言》中已作了简要说明,但是,正如伊林·费彻尔所说的,至今人们还不知道"有多少东西应记在编者的账

---

① 艾克·科普夫:《1867年至1895—1897年间德国资产阶级思想家对马克思〈资本论〉的认识作用的反应》,波茨坦1974年版,第202、205页。
② 《列宁选集》第3版第1卷第95页。
③ 《马克思恩格斯全集》历史考证版第2部分第4卷第2分册。

上，而有多少东西属于马克思本人"①。早在80年前，查尔斯·吉德和查尔斯·李斯特就提出过类似的问题。②显然，人们没有兴趣去考察一下，恩格斯答应的尽量提供确切的马克思原文的要求，究竟在多大程度上无可挑剔地得到遵守。马克思主义源流史上的这一欠账是可以找到许多辩护理由的。理由之一就是，在恩格斯生前就已经形成的一些看法固定化起来，并成了教条而经久不变。

自乔治·卢卡奇和卡尔·科尔什以来，西欧的马克思研究者对马克思和恩格斯是一致的这一教条提出了疑问，并强调指出他们两人的哲学观点和方法论观点是不同的。各种分析最终导致这样的论点：科学社会主义并不是马克思的理论构想，而是恩格斯的。③但是，哲学上的分析缺少经济学上的分析作为补充。这种情况由于下述原因而更加令人惊异：恰好正是在这个期间，人们围绕《资本论》第1卷和第3卷普遍持有一种看法④，即认为只有弄清恩格斯所加上的东西究竟是什么，才能查明马克思的理论的矛盾⑤。

本世纪50年代，在东欧重新建立和组织了马克思恩格斯研究工作

---

① 伊林·费彻尔：《从现代的视角看马克思的个性》，见霍尔斯特·克劳斯雷克腾瓦尔德、卡尔·克利斯提安、伊林·费彻尔：《有关马克思的批评意见》，杜塞尔多夫1988年版，第101页。

② 查尔斯·吉德、查尔斯·李斯特：《国民经济学说史》，耶拿1913年版，第514页。

③ 阿列克斯·莫尔：《新社会运动》，美因河畔法兰克福和纽约1992年版，第25页。

④ 见汉斯·格奥尔格·巴克豪斯关于马克思和恩格斯在价值理论上的差异的研究。

⑤ 海因茨-迪特尔·吉特施泰因奈尔：《自然目的和看不见的手（历史哲学思想批判）》，美因河畔法兰克福、柏林和维也纳1980年版，第222页。

和他们著作的编辑出版工作,参加此项工作者限于种种前提条件,对恩格斯出版的《资本论》第2卷和第3卷的版本没有提出什么疑问,相反地,把这两个版本称颂为恩格斯科学创作活动的高峰,"富有创造性的最高成就"①。简单地认定原稿本是前后一致的,编辑工作是精确无误的。刚刚开始内容方面的分析②,但不久就停顿下来。不过,事实是无法回避的,于是迫于教条主义强制力量的压力,便进行可笑的歪曲,例如说什么"经过巨大的努力,恩格斯把这一个个的稿本变成了《资本论》的两卷书。他作为编者加进的东西是限制在极严格的范围内的,没有一处改动会损害马克思的原文的统一性"③。直到最近,人们还拒绝"仔细查阅一下恩格斯所出版的《资本论》第2卷和第3卷,看看有哪些句子可能不是出自马克思之手,而是恩格斯写的"④。但是,《马克思恩格斯全集》历史考证版的编辑出版工作毕竟有自己的逻辑,因此,尽管存在着种种惰性,在80年代中期还是着手编辑出版马克思的《资本论》第2卷和第3卷的原始手稿。

以《马克思恩格斯全集》历史考证版第2部分第4卷第2分册形式出版的《资本论》第3卷原始手稿编辑工作,不仅仅是为了适应辨析

---

① 《弗里德里希·恩格斯(生平事业)》,莫斯科1973年版,第426页。

② I. G. 卡兹明娜:《恩格斯为准备出版马克思〈资本论〉第3卷所做的工作》,见《马克思主义史料(恩格斯诞生140周年纪念文集)》,莫斯科1961年版,第376—404页。

③ L. A. 列昂节夫:《恩格斯和马克思主义经济学说》,柏林1970年版,第309页。

④ 卡尔-埃里希·福尔格拉夫:《再论〈马克思恩格斯全集〉历史考证版的注释工作》,见《马克思恩格斯研究论丛》,1993年新辑,第78页。

恩格斯所添加的东西这一迫切的需要①，而且首先是因为只有通过这批手稿才能弄清马克思的原初观点和他所处的抽象层次的水平，而正是由于后一背景，在1894年的面具之下出现的才是一位60年代的全然缺乏说服力的马克思。去掉恩格斯的有过失的"硬加进去的理论部分"，不再利用明显的堵窟窿的砖头②，抛开恩格斯依据"论证的总思路"对原文进行的编辑和改正，就可以看到，马克思在此期间正处于向许多方面进行探索和完全开放的研究过程中。同时可以看到，马克思的原始文字同恩格斯的1894年版本所造成的创作史上的种种脉络正好相反。比如近年来，围绕马克思的"崩溃理论"所展开的讨论就是一个特别明显的例证。由于得出的结果很新颖，所以颇引人注目。结果就是：人们对马克思和恩格斯之间的差异在这里第一次进行了非常详细的研究，这才发现，人们对比的不是独立著作的两位著者，而是同一本文的一位著者和一位编者。已发表的马克思手稿使人们有可能准确地判明，哪些地方恩格斯遵循了马克思的设想，哪些地方并没有遵循。

《马克思恩格斯全集》历史考证版第2部分第4卷第2分册引起人们广泛的兴趣。已出版一部专题论著③，并可望有另一些著作继之而来。已有通知将举行学术研讨会。各种细节的研究呈现在眼前，其中有

---

① 罗尔夫·赫克尔、尤尔根·荣克尼克尔：《关于〈资本论〉第3卷原稿的科学报告》，见《马克思恩格斯研究论丛》，1991年新辑，第202页。
② 吉特施泰因奈尔：《自然目的和看不见的手》，第222页。
③ 约阿希姆·比朔夫、阿列克尔·奥托：《剥削、自我神秘化和调整》，汉堡1993年版。

的涉及马克思和恩格斯之间的细微差别①,有的涉及对恩格斯的手稿的重新评价②,有的涉及对手稿进行复原工作的必要性问题。有些人,其中包括几位曾参加《马克思恩格斯全集》历史考证版第2部分第4卷第2分册编辑工作的编者,自1992年以来在"马克思恩格斯全集学术计划"的框架内着手编辑马克思为《资本论》第3卷所写的另外的手稿以及恩格斯所编辑的材料,同时尽量同1864—1865年的原文以及同1894年的版本进行比较。一项于1993年预告的③和随后进行的研究工作的成果可使我们了解这项研究的情况。

2. 同时代人的反应

《资本论》第3卷当年在各种经济学刊物上博得评论,被认为很有价值。一部分评论者,如柏姆-巴维克,没有拐弯抹角,而去专门讨论价值规律和平均利润率这一核心问题。④ 这类专门的研究无论在当时还是今天,都只是关心马克思的论点,而不问其形成过程和语言上的转达

---

① 尤尔根·荣克尼克尔:《评恩格斯对马克思〈资本论〉第3卷手稿所作的改动》,见《马克思恩格斯研究论丛》,1991年新辑,第130—138页;米夏埃尔·海因利希:《〈资本论〉第3卷原稿中信用理论的体系价值》,见《马克思恩格斯研究论丛》,1991年新辑,第139—143页。

② 卡尔-埃里希·福尔格拉夫:《一个只有〈马克思恩格斯全集〉历史考证版才能提出并给以回答的问题:以现有方式重新出版恩格斯有关〈交易所〉的提纲能站得住脚吗?》,见《马克思恩格斯研究论丛》,1993年新辑,第149—164页。

③ 《马克思恩格斯研究论丛》,1993年新辑,第164页。

④ 柏姆-巴维克:《论马克思体系的终结》,见《马克思恩格斯研究论丛》,1993年新辑,第164页;列昂·维尼阿尔斯基:《试评马克思的〈资本论〉第3卷》,1897年版,第425—465页。

情形。① 常常只是注意到恩格斯公开了马克思留下的手稿这一情况。另一部分评论者则显然信任恩格斯出版的版本,例如马克斯·贝尔指出,《资本论》第 3 卷所要做的"可能也正是它的著者头脑中想要做的"②。第三部分评论者对刊出的文字的可靠性提出怀疑,例如 L. B. 鲍丁认为恩格斯"让马克思说出的话是马克思可能决不想说的话,并且同马克思的实际想法大相径庭,这些想法只是在第 1 卷中保留了下来"③。同时,恩格斯在《序言》中所描述的复杂的手稿材料情况也不时地为人们所考虑。④ 最后,第四类评论者只是顺便地谈到《资本论》第 3 卷。这类评论者中包括了汉斯·冯·谢尔,此人不是把马克思算作政治经济学家,而是算作共产主义者,因而他在《政治经济学手册》中详细复述了马克思的资本积累规律,而只是在一条脚注中提到《资本论》的另外两卷。他说:"《资本论》第 2 卷和第 3 卷是由恩格斯出版的。第 3 卷,即'资本主义生产的总过程'包含了极为精细的研究,例如关于利息和企业家利润的研究,不过没有写完,而由编者只是勉强地作了增补。"⑤

对恩格斯的版本作出的首次批评,早在 1894 年出自桑巴特之手。⑥

---

① 阿尔弗雷德·欧弗尔曼:《虚拟资本是工资低下的原因》,维也纳 1896 年版,第 179 页。

② 马克斯·贝尔:《卡尔·马克思》,柏林 1992 年版,第 106 页。

③ L. B. 鲍丁:《马克思的理论体系》,斯图加特 1909 年版,第 139 页。

④ 威廉·勒克西斯:《马克思〈资本论〉的终卷》,见《经济学季刊》,波士顿 1689 年版,第 1 页。

⑤ 汉斯·冯·谢尔:《社会主义和共产主义》,见《政治经济学手册》,蒂宾根 1896 年第 4 版第 1 卷,第 132 页。

⑥ 桑巴特:《马克思的经济学体系批判》,见《政治经济学手册》,蒂宾根 1896 年第 4 版第 1 卷,第 555—559 页。恩格斯在《增补》中虽然谈到桑巴特对第 3 卷的评价,但是没有提到他对编辑工作的批评。

这一批评带有原则的性质，并相当于勒尔就《资本论》第2卷作出的较早的批评。① 有人认为，恩格斯的这个版本体现"一种虔诚，而不是实际事业"，并且"显然损害了整个著作的总的性质"。② 把整个世界说成是很不成熟的东西，这可能未必是马克思的意思。桑巴特的选择是："剥离出体系的基本特点并使之经过大致加工以完成的文本呈现在我们面前。在我看来，马克思的手稿中的全部插入性的文字，全部准备材料，都可以在《新时代》上详细地刊登出来。现在，全部材料都收罗在《资本论》中，有成熟的，也有半成熟的，有具有决定性意义的、至关重要的，也有次要的，有基本的东西，也有细节。"③ 恩格斯本应"砍去没完没了的重复"，放弃种种错误的计算。越出40年代和50年代的各种新闻报道材料，将不会造成什么损失。④ 鲁道夫·施托尔茨曼说得更坦率得多，他认为"对著作家作出批评是太容易了"，马克思本人以及恩格斯都曾很容易作出这种批评。可是恩格斯竟把第3卷这样一堆令人愤慨的、未经整理的、乱七八糟的东西发表出来。⑤ 就内容而言，各种反应都一致集中于上面提到的问题。爱德华·伯恩施坦、贝内德托·克罗克、乔治·索雷耳等人围绕马克思的理论本身是否还有重大意义这一问题挑起了争论。只是由于这一争论，人们对《资本论》第3

---

① 尤利乌斯·勒尔:《马克思的〈资本论〉第2卷：资本的流通过程》，见《国民经济、政治和文化史季刊》，柏林1886年版第91卷，第34页。

② 弗兰茨·奥本海默:《德国社会主义理论现状》，见《当代经济理论》，维也纳1928年版第4卷，第310页。

③ 桑巴特:《马克思的经济学体系批判》，见《政治经济学手册》，蒂宾根1896年第4版第1卷，第557页。

④ 桑巴特:《马克思的经济学体系批判》，见《政治经济学手册》，蒂宾根1896年第4版第1卷，第558页。

⑤ 鲁道夫·施托尔茨曼:《国民经济的目标》，柏林1909年版，第555页。

卷的探讨才更加全面，但同时也更加苛刻。

恩格斯出版的《资本论》第 3 卷到 1992 年为止共有六个版本。一部通俗本未能出版。考茨基在准备编辑《资本论》大众版时曾比较仔细地探索过这样的版本。他在他为《资本论》第 2 卷写的《序言》中指出："现在各种各样的猜想都大声讲了出来。恩格斯并不总是能完全理解马克思的思路，手稿并不总是能按照这一思路进行编排。因此，我的许多友人表示愿望，希望我能依据马克思的手稿核对一下恩格斯出版的文本并加以改正。我未能满足这一要求，不妨设想一下，恩格斯花了十年工夫才完成的庞大的手稿的复制工作，我也能完成，同时在这一点上或那一点上得出同恩格斯迥然不同的结果。但是，读者从何得到保障，相信恰好我的理解比恩格斯的理解更接近马克思的思路呢？"① 可见，考茨基没有否认恩格斯的失误，不过他尽量回避为这场围绕马克思和恩格斯之间的理论差异而展开的争论火上浇油。同时，他对马克思的原稿作出冷静的评价，他说："为了解除各种疑虑，应当让批评者们有可能亲自作出判断。这就是说，应当把马克思的全部手稿依照原样刊印出来。这要付出巨大的精力，并且提供的将是一部根本没法读的书，也许只会有几十位马克思研究者对此感兴趣。为此要建立一个学术机构，配备以庞大的辅助手段，吸收众多的工作人员，这样才能完成这一无疑具有重大意义的任务。最近据有关消息称，由梁赞诺夫主持的莫斯科马克思恩格斯研究院编辑出版的《马克思恩格斯全集》将着手从事这一

---

① 卡尔·考茨基：《〈资本论〉大众版序言》，载马克思《资本论》第 2 卷（恩格斯编，卡尔·考茨基在贝内迪克特·考茨基协助下刊行的大众版），柏林 1962 年版，第 IX—XXI 页。

工作。"①

按照考茨基的设想,《资本论》的大众版"总的来说将是到目前为止的《资本论》的最可靠的版本"②。这一版本的第3卷问世于1929年③,这个版本在第一次世界大战前几乎还没来得及引起注意,而在战后又被置诸脑后。④

3. 恩格斯的版本依据:马克思的1864—1865年手稿片断

谁研究过马克思的《资本论》第3卷基本手稿,很快就会明白,马克思在谈到他写作整部著作的情景时曾使用了一个为他的研究者所能理解的说法,这就是:"手稿虽已完成……除我以外,任何人甚至连你在内都不能编纂出版。"⑤

《马克思恩格斯全集》历史考证版第2部分第4卷第2分册在说明原文形成的经过时使人们看到:马克思固然留下了给人以深刻印象的研究成果,但是他计划做的还有相当大量的工作。当然,这一说明对于工作成果是过于平铺直叙了,比如不恰当的中间标题"补充性研究"就

---

① 卡尔·考茨基:《〈资本论〉大众版序言》,载马克思《资本论》第2卷(恩格斯编,卡尔·考茨基在贝内迪克特·考茨基协助下刊行的大众版),柏林1962年版,第IX—XXI页。

② 卡尔·考茨基:《〈资本论〉大众版序言》。

③ 《资本论》第3卷(恩格斯编,贝内迪克特·考茨基在卡尔·考茨基协助下刊行的大众版),柏林1929年版。

④ 这一版本遭到不幸命运。莫斯科马列研究院于1932—1933年代之出版了自己的版本。有关这一情况见福尔格拉夫和荣克尼克尔将发表于《马克思恩格斯论丛》1996年新辑(正在编辑中)上的文章。

⑤ 《马克思恩格斯全集》第1版第31卷第181页。

表明了这一点。① 对于马克思来说，问题决不仅仅是要再抹一点灰泥，而是还要修一段基本墙体。② 手稿是《资本论》第3卷的唯一的总草稿。手稿起初是作为誊清本而写作的，其中含有正在进行总体构思的著者的许许多多自我思考过程的痕迹。虽然手稿包含了作为一些章的标题而写下的一些主要的标题，但是结构问题还远没有最终弄清。叙述是不完备的，对核心问题的探讨是不系统的。一些章开头部分经过精心加工，接下来多半是离题发挥，有些只是简短的提示，应编排在什么地方还不清楚，还说了其他一些东西，虽然这些东西根本不属于第3卷的范围。总之，一眼看来手稿还只是一种毛坯。如果我们再一次用思想大厦作为比喻，那么就完全有理由把马克思的《资本论》第3卷手稿称作马克思的最大的建筑工地。马克思决不会以现有的形式发表这部手稿，本来这已经无须加以特别指出。不过，看来他对手稿内容的重要价值深信不疑，所以他在临终前期望恩格斯能关心出版事宜。③

恩格斯本人对版本依据是怎样判断的呢？他在自己的《序言》中流露了有关他作为"编者经历的困难道路"的感想。一开头他就指出，在1885年他原曾以为，第3卷除某些章节外，只是技术上有些问题。

---

① 《马克思恩格斯全集》历史考证版第2部分第4卷第2分册第920页。

② 对《马克思恩格斯全集》历史考证版第2部分第4卷第2分册，包括其中的注解，将打算在另篇文章中作出评价。这里只指出：原文形成史的表述作为原文可靠性的一面镜子，竟包含了一系列矛盾。例如，第921页说：手稿的理论内容已经有了，可是在第923页却说：马克思对信用的一些基本问题继续进行紧张的研究。下述说法不能自圆其说："他转而研究有关信用的专门问题，对此进行深入的考察。"（第923页）下边这样的说法也是不真实的："工业家和商人特别在危机时期所要求的商业信贷和银行信贷对马克思来说现在已不大感兴趣，他更感兴趣的不如说是信贷资本，这种资本作为闲置资金的应急动用而出现。"（第923页）

③ 《马克思恩格斯全集》第1版第36卷第42页。

"当时没有想到，正是全书这些最重要的章节会给我造成这么多的困难。"① 他在当年写的一些书信表明，他越是深入到马克思所留下的材料中去，就越是感到问题棘手。

与马克思的"手稿虽已完成"这一说法相反，恩格斯在1894年披露了他对编辑工作的主要体会，他说："第3卷只有一个初稿，而且极不完全。每一篇的开端通常都相当细心地撰写过……但是越往下……越不完全，越是离开本题。"② 显然，正如他在马克思逝世后写给彼得·拉甫罗夫的信中所说的那样，事实上他对《资本论》另外两卷的完成情况是不了解的。③ 起初他估计有几个月的时间就够了，后来表明这完全估算错了。还在他埋头于辨认字迹工作期间，他在第2卷的《序言》中曾预告说，第3卷的付印准备工作进展迅速。④ 1885年他曾激动地宣布，第3卷将使头两卷黯然失色，该卷将是他所读过的东西中最为惊人之作，在这一卷中各种最困难的问题被说明得极容易理解。⑤ 他一再把第3卷遇到的问题大事化小，他一再表示原文的四分之三已准备就序。⑥ 因此，1887年在《新时代》上人们满怀希望地表示，马克思虽然在一系列的经济学问题上还没有表露看法，"例如在利率、地租和剩余价值之间的联系问题上仍有一层纱幕遮住了某种深藏的秘密"，但是"不久即将问世的第3卷"有望"为此提供更进一步的信息"。⑦ 可见，恩格

---

① 《马克思恩格斯全集》第1版第25卷第3页。
② 《马克思恩格斯全集》第1版第25卷第4页。
③ 《马克思恩格斯全集》第1版第36卷第3页。
④ 《马克思恩格斯全集》第1版第24卷第9页。
⑤ 《马克思恩格斯全集》第1版第24卷第299页。
⑥ 《马克思恩格斯全集》第1版第24卷第375页。
⑦ 《评施提伯林先生的〈论资本密集化对工资和劳动剥削的影响〉一文》，见《新时代》，1886—1887年卷，第127—133页。

斯面临由此形成的压力,并且由于他披露过事情进展和遇到阻力的种种情形,他自己对这一压力也负有一部分责任。诚然,他自己的说法是矛盾的;人们有这样的印象:他试图缩小困难。不管怎么说,"第3卷的内容和……命运仍然不清楚",1889年有位关心者曾这样说过。① 相反,考茨基却对第3卷的一再推迟问世表示理解。他在1887年秋在奥地利《工人历书》上表示,第3卷可望于1888年问世②,而在1890年庆祝恩格斯诞辰七十周年之际他却说:"当然,就《资本论》第3卷而言,恩格斯所做的实质上只限于编辑现有的手稿,但是,要把一部未完成的科学著作编辑成某种另外的东西,那么只要富有责任心,这可能将是一件最困难的和最耗时的工作",同时考茨基指出,恩格斯的真正难处在于,"到处只能以原作者特有的风格表达原作者的思路,决不可不知不觉中掺进自己的思路。人们固然可以同原作者有完全共同的观点,但是人人都有自己的个性"③。有些批评者怀疑,第3卷是否有朝一日能问世,另一些人显然感觉到,这部分材料使恩格斯遇到的编辑困难越来越大。勒尔在1892年就曾预言,"如果第3卷的内容应同前两卷相近,那么恩格斯对他的亡友的最好的奉献,莫过于不去付印这批手稿"④。与此相反,1892年底恩格斯在为《社会科学袖珍辞典》所写的《马克思,亨

---

① 马克西米利安·施莱辛格:《社会问题(一项国民经济研究)》,布雷劳斯1889年版,第160页。

② 卡尔·考茨基:《弗里德里希·恩格斯(生平·事业·著作)》,柏林1895年版,第30页。

③ 卡尔·考茨基:《弗里德里希·恩格斯。为庆祝恩格斯七十寿辰而作》,见《新时代》,1890—1891年卷,第235页。

④ 尤利乌斯·勒尔:《马克思价值规律基础上的平均利润率》,见《国民经济、政治和文化史季刊》,1892年版第114卷,第154页。

利希·卡尔》一文中宣布,第3卷将于1893年问世。① 由于这篇文章一再翻印,人们的期望更加殷切。例如,1894年在《社会主义手册》中"恩格斯"这一词条下先是指出,《资本论》第3卷于1885年就认为有望出版,但是至今仍未问世②;接着在若干页之后,在《资本论》这一词条之下又宣布,"第3卷正在排印之中"③。

(待续)

(原载柏林《MEGA研究》,1994年第2辑)

(夕昆译)

---

① 恩格斯:《马克思,亨利希·卡尔》,《马克思恩格斯全集》第1版第22卷第404页。

② 卡尔·施特格曼、C.胡果:《社会主义手册》,苏黎世1897年版,第175页。

③ 卡尔·施特格曼、C.胡果:《社会主义手册》,苏黎世1897年版,第410页。

马克思说的是自己的话吗？（二）

——关于恩格斯编辑出版的《资本论》第3卷的基本手稿*

〔德〕卡尔-埃里希·福尔格拉夫、尤尔根·荣克尼克尔

4. 恩格斯的1894年的版本

4.1 序言和跋

恩格斯在《资本论》第2卷《序言》中指出，待第3卷出版之际，连平均利润率的形成也将在价值规律的基础上得到探究，因而有关的批评将被排除。① 由于恩格斯的这一提示，早在《资本论》的这最后一卷问世之前，这卷书就成为人们的话题②，将成为一部"求解价格之谜的

---

* 本文选自《马克思恩格斯列宁斯大林研究》1997年第1辑。

原题注：本文第一部分载《马克思恩格斯列宁斯大林研究》1996年第1辑。——编者注

① 恩格斯：《〈资本论〉第2卷序言》，见《马克思恩格斯全集》第1版第24卷第25页。

② 威廉·勒克西斯：《马克思的资本理论》，见《国民经济和统计年鉴》，1885年新辑第11卷，第452—465页；康拉德·施米特：《马克思价值理论基础上的平均利润率》，斯图加特1889年版；阿基尔·洛里亚：《评康拉德·施米特〈马克思价值理论基础上的平均利润率〉一书》，见《国民经济和统计年鉴》，1890年新辑第20卷，第272—274页；阿·斯克沃尔措夫：《马克思学说中的利润率及其同创业利息和债息的关系》，见《总体国家科学杂志》，1893年第49期，第690—709页。

正式文献"①。在 1888 年，恩格斯已经明白，他在第 3 卷《序言》中应当评论一下这些文献。② 如同第 2 卷《序言》一样，恩格斯写的第 3 卷《序言》也分为两个部分：编辑说明和有关价值规律与利润率的争论情况的评述。③ 本来有充分的理由把这个引言写成另一个样子。在第 2 卷俄文版《序言》中，恩格斯承认，人们对马克思在经济学理论中的地位研究得很少，这是一个缺陷。④ 因此，现在也许更加有必要对此作出补救，何况现在摆在眼前的是《资本论》理论部分中的最后一卷。恩格斯在这里本来应对经济学理论作一总结，概括一下已有的成果，列举尚待解决的问题，即马克思明确指出留待以后解决的问题（竞争、信用、世界市场、国家等）。这样，就可能避免一些迷误、推测和错误的解释。以为恩格斯可能要在《资本论》第 4 卷中作出这种清算，这是不大可能的；他在《新时代》上有关第 3 卷的通报表明事情已经完结。他是第一位面临重组马克思理论的原文这一困难任务的人。他也许已经感到自己难于胜任这一工作，因为"这是一个作家能给自己提出的最艰巨的任务之一"⑤。他也许已经不想在纪念碑上刻上自己的名字。总之，某种清醒的认识发生了作用，因为恩格斯后来就《资本论》第 3 卷手稿再也没有说出像 1885 年所作出的那样兴奋的判断。

如果恩格斯能以更多的精力投入整理原文的工作，他一定会注意到

---

① 柏姆-巴维克：《论马克思体系的终结》，见《社会科学著作》，柏林 1896 年版，第 90 页。

② 《马克思恩格斯全集》第 1 版第 37 卷第 94 页。

③ 看来，恩格斯起初还计划像在为第 2 卷编制的选材一览表中那样，详细列举选材，说明某一原文选自哪一手稿哪一章。在他的准备材料中包含有相应的提示。

④ 《马克思恩格斯全集》第 1 版第 36 卷第 346 页。

⑤ 《马克思恩格斯全集》第 1 版第 39 卷第 468 页。

六册计划的种种问题。这样一来，他对于马克思关于第3卷的叙述应包括什么和不应包括什么的多次指示，对于马克思有关第4册至第6册，即所谓考察专门问题各册所要探讨的各种课题的许多说明，以及对于马克思关于叙述方法的许多自相矛盾的说法，就不得不表明自己的态度；可是他在这方面竟完全是无拘束地行事的，有关情况在他的版本中是看不出来的。

恩格斯在《序言》中表述了自己的编辑工作的原则。针对最初的一些反响，他在一篇没有写完、在他逝世后由伯恩施坦发表的补充研究①中，再次强调了这些原则。这些原则主要如下：提供尽量可靠的原文；编辑工作限于最必要的范围之内；原文初稿只要可以理解，就保持其特性，凡他认为有科学价值的独创性的论点，尽量用马克思的原话表达出来。归根结底，最重要的东西应是原稿，这就是理当注意的事情，而恩格斯也是这样看的。基于这一理由，恩格斯在手稿中也指出了有哪些论点以后应当展开，然而马克思后来却没有再谈到。只有在绝对不可避免的地方，他才加进自己的东西，并且每一这样的场合他都加以说明。不过，他认为不能把材料改编为某种系统性的叙述。②

一面我们就来检验一下，恩格斯在怎样的程度上准确地满足了自己提出的要求。

4.2 恩格斯的处理方法

在整理马克思的手稿时，恩格斯采取了以下各种手段：

---

① 《恩格斯的最后著作：〈资本论〉第3卷增补》，见《新时代》，1895—1896年第14年卷第1分册，第4—11、37—44页。

② 《马克思恩格斯全集》第1版第25卷第1003—1030页。

（1）改动原文的编排：

  （a）变动大小标题设置；

  （b）移动原文。

（2）提高部分原文的价值：

  （a）去掉插入文句的原有括号；

  （b）变注文为正文。

（3）扩充原文：

  （a）插入自己的文句；

  （b）作历史性的或现实性的补充说明。

（4）略去原文。

（5）使文字简洁。

（6）使文字顺畅：

  （a）分段或合并段落；

  （b）增添起过渡作用的虚词；

  （c）加进起限制作用的字句；

  （d）去掉着重号；

  （e）删除重复的字句。

（7）订正：

  （a）内容订正；

  （b）术语订正；

  （c）改变文体；

  （d）核正计算数字；

  （e）核实或翻译外语引文。

下面试举例说明上述各种手段。

在恩格斯从事编辑工作期间，形成了为数众多的修订稿，它们至今尚未发表，也没有人评论过。它们将发表于《马克思恩格斯全集》历史考证版第 2 部分第 15 卷中，这将大大有助于读者对恩格斯所遇到的困难的了解。当然，这一卷的出版并不妨碍读者围绕马克思手稿的理论性质做出自己的发掘工作并同恩格斯的 1894 年的版本进行比较。①

4.2.1 改动原文的编排

（a）变动大小标题设置：

在《反杜林论》中，恩格斯在谈到《资本论》的继续编辑工作时就明确指出了马克思所设计的分卷法。在 1885 年，他原本有机会介绍马克思的方案并把既有材料作为第 2 卷的草稿予以出版。但是他没有利用这次机会。此后，在 1894 年，他再也没有可能发表"《资本论》第 3 卷的手稿"。晚些时候考茨基编辑《剩余价值理论（选自卡尔·马克思遗留下来的〈政治经济学批判〉手稿）》则是较为得心应手的。

甚至总标题就颇成问题。马克思的提法是："总过程的各种形式"②。而恩格斯加的标题是："资本主义生产的总过程"③。两个标题中无论哪一个都同内容不符。马克思的标题完全是写作过程中的标题。他强调指出，写成的不仅是总体，而且还有总体的"各种形式"，其中包括竞争、世界市场和国家的作用。况且，第 3 卷草稿是作为《资本论》的总草稿的一个部分而写成的，因而其标题从原文前后关系来看每时每刻都是明白易懂的。即使马克思让第 3 卷的这个标题保持原状，在各卷同时出版的情况下也未必会引起误解。但是，第 3 卷材料的长期拖延发表，必然为这个标题带来某种后果。没有哪位出版者会接受"总过程的

---

① 关于恩格斯的修订稿，参见尤尔根·荣克尼克尔和卡尔-埃里希·福尔格拉夫：《作为〈资本论〉第 3 卷发表的马克思 1864—1865 年手稿的恩格斯编辑材料》，载《马克思恩格斯研究论丛》，1995 年新辑。
② 《马克思恩格斯全集》历史考证版第 2 部分第 4 卷第 2 分册第 7 页。
③ 《马克思恩格斯全集》第 1 版第 25 卷第 1 页。

各种形式"这个完全不知所云的标题。因此,恩格斯不得不选择一个能同以前出版的两卷保持联系的标题。

恩格斯所选择的"资本主义生产的总过程"这个标题,至今没有引起人们的疑问,但这并不是说,这个标题同已出版的文字的内容相符。鉴于马克思在第1卷中探讨的是生产,在第2卷中探讨的是流通,那么第3卷的标题岂不应称作"资本主义再生产的总过程"?有鉴于此,恩格斯在出版草稿时在没有明显根据的情况下离开了马克思的原稿,有时题为"生产",有时题为"再生产",这也许并不是无关紧要的。

恩格斯为了使发表的手稿具有可读性并能让人读懂,对原有的分篇法和标题设置也作了改动。从《马克思恩格斯全集》历史考证版第2部分第4卷第2分册中可以看出,马克思只把原文分为7章,并且各章只分为为数不多的节。在后来进行加工时,马克思不得不作出更细的章节划分。但是这并不意味着恩格斯的改动是合理的。由于他在第3卷《序言》中没有提及这个问题,所以在《马克思恩格斯全集》历史考证版第2部分第4卷第2分册出版以前,读者不掌握任何依据来判断手稿原有的分篇情况。恩格斯把7章改为7篇,把为数不多的节改为52章①,并对章又作了细分。尽管恩格斯的更明细的分篇法同手稿的片断性质显然不相吻合,但是在到目前为止的讨论中这个问题从未被提出过。然而,已选择的分篇法毕竟会影响对原义的理解。

自然,恩格斯曾在马克思本人那里寻找分篇的依据。例如,马克思在写作过程中起初只把地租章粗略地分为三点。在手稿接近尾声时,他草拟一个供加工时使用的分篇方案。恩格斯充分地依据了这个方案(见图表)。但是在有一点上他离开了这个方案。马克思在论述地租问题的导论中,一开头就指出,对土地所有权的各种历史形式的分析,不属于

---

① 这一分篇法迫使恩格斯在《资本论》第1卷第4版中不得不改变关于第3卷的说明。

第 3 卷的范围。① 但是这种考虑并不妨碍他离开本题而去多方面地考察自配第以来的种种地租概念。② 在进行这种论述的开头，马克思指出，有关的问题要在论述地租史的那一章中才能详细加以探讨。③ 他在这里指的想必是论述理论史的第 4 卷中的相应的一章（对李嘉图和洛贝尔图斯的地租理论的详细分析包含在 1861—1863 年手稿中）。因为前面提到的关于最终分篇的设想并没有包含历史追溯部分（见图表）。恩格斯从这份长达 28 页的手稿中编纂出了"资本主义地租的产生"这样一节，并编为第 47 章，置于第 6 篇之末。把这一处理办法同《资本论》第 1 卷第 24 章中的标题"资本主义租地农场主的产生"和"工业资本家的产生"作一比较，可以看出，在马克思的手稿中存在着尚待解决的材料分篇问题。科尔施在通读第 3 卷时，曾竭力把这个"附加进来的末章"解释为同马克思的思路并不矛盾。④

恩格斯在进行分篇时，并不总是能把握住马克思的意向。例如他把标题"（3）竞争导致一般利润率的平均化"改为"一般利润率通过竞争而平均化"。⑤ 看起来这是微不足道的，然而这一改动表明，他是从竞争的外部方面来理解竞争的。⑥ 第 5 章的第 4 节马克思原来标题如下："剩余价值和资本关系一般在生息资本形式上的外表化"⑦。恩格斯把这

---

① 《马克思恩格斯全集》历史考证版第 2 部分第 4 卷第 2 分册第 667 页。
② 《马克思恩格斯全集》历史考证版第 2 部分第 4 卷第 2 分册第 723—753 页。
③ 《马克思恩格斯全集》历史考证版第 2 部分第 4 卷第 2 分册第 724 页。
④ 卡尔·科尔施：《卡尔·马克思（应国际社会史研究所之约而作）》，法兰克福 1972 年版，第 10 页。
⑤ 《马克思恩格斯全集》历史考证版第 2 部分第 4 卷第 2 分册第 248 页；中文第 1 版第 25 卷第 193 页。
⑥ 比朔夫等：《剥削·自我神秘化·调节》，第 227 页。
⑦ 《马克思恩格斯全集》历史考证版第 2 部分第 4 卷第 2 分册第 461 页。

个标题简化为这样:"资本关系在生息资本形式上的外表化"①。

图 表

(A) 马克思手稿中关于地租部分原稿的自然分篇

第6章 超额利润转化为地租

(a) 导论

(b) 绝对地租

(c) 级差地租

(见《马克思恩格斯全集》历史考证版第2部分第4卷第2分册第667、690、753页;参见中文第1版第25卷第10页。)

(B) 马克思在同一手稿结尾部分对分篇的考虑

对地租进行考察的各个项目如下:

(a) (Ⅰ) 级差地租的概念。以水利作为例解。过渡到真正的农业地租。

(Ⅱ) 由各级土地的不同肥力产生的**级差地租Ⅰ**。

(Ⅲ) 由同一土地上的连续投资产生的**级差地租Ⅱ**。

(Ⅳ) 这个地租对利润率的影响。

(b) 绝对地租。

(c) 土地价格。

(d) 关于地租的结论。关于级差地租Ⅱ,要研究以下各种情况:

(α) 生产价格不变;

(β) 生产价格下降;

(γ) 生产价格上涨;

(和δ) 超额利润转化为地租。

(见《马克思恩格斯全集》历史考证版第2部分第4卷第2分册第816页和以下几页;参见中文第1版第25卷第818—819页。)

---

① 《马克思恩格斯全集》第1版第25卷第440页。

（续表）

> (C) **恩格斯 1894 年的分篇**
> 第 6 篇　超额利润转化为地租
> 　　第 37 章　导论
> 　　第 38 章　级差地租：概念
> 　　第 39 章　级差地租的第一形式（级差地租Ⅰ）
> 　　第 40 章　级差地租的第二形式（级差地租Ⅱ）。概论
> 　　第 41 章　级差地租Ⅱ——第一种情况：生产价格不变
> 　　第 42 章　级差地租Ⅱ——第二种情况：生产价格下降
> 　　第 43 章　级差地租Ⅱ——第三种情况：生产价格上涨。结论
> 　　第 44 章　最坏土地也有级差地租
> 　　第 45 章　绝对地租
> 　　第 46 章　建筑地段的地租。矿山地租。土地价格
> 　　第 47 章　资本主义地租的产生
> 　　　　Ⅰ　导论
> 　　　　Ⅱ　劳动地租
> 　　　　Ⅲ　产品地租
> 　　　　Ⅳ　货币地租
> 　　　　Ⅴ　分成制和农民的小块土地所有制
> 　　（见《马克思恩格斯全集》第 1 版第 25 卷第ⅴ页。）

(b) 移动原文：

某些原文的移动，恩格斯是以马克思的有关提示为依据[①]，而有些移动是恩格斯自行做出的，这里指的不仅是小段原文的移动，也包括大

---

① 《马克思恩格斯全集》历史考证版第 2 部分第 4 卷第 2 分册第 320 页；第 1 版第 25 卷第 251 页及以下几页。

段文字的移动。特别是后一情况表明,这样做不仅仅是为了使原文更加容易理解,而且牵涉到表述,以便使"全部论据都十分清楚而明确"①。恩格斯在《增补》中看来虽然只注意到有关的论战,但是他还是公开而谨慎地表示他关心的是"排除理解上的困难","把一些重要的、其意义在原文中没有充分强调的观点提到更重要的地位"。②

恩格斯对原文进行的编排常常掩盖了原稿的草稿性质。

例一:

上面提到的恩格斯的总思路变成了"西班牙的靴子"(意思是"桎梏",即束缚人的东西。——译者注);这一思路同他的其他编辑原则必然发生矛盾,模糊了许多手稿章节的研究性质。且以马克思手稿的第5章,即该章的片断部分为例说明此点。在这个部分中,恩格斯对原文所做的移动最多,影响最大。第1—4节被他改编为第5篇第21—24章。第5节"(5)信用。虚拟资本"在原稿中占80多页,马克思在写作此节时常常离开连贯的叙述作插入的论述或附带的说明,也常常插进一些摘录,然后再回到主题上来。这一节被改编成11章(第25—35章),并加了标题。在这个部分中,他做了大大小小一百多处的文字移动。这样一来,单纯从外表上来看,内容的重点就发生了变化,而仅仅有利于说明信用问题,虽然马克思本来只打算非常一般地接触一下这个问题。相反,生息资本和利息这个主要的问题看起来只成了序曲。③ 既然信贷资本已取得主导地位,恩格斯本应把信用问题也列入第5篇的标

---

① 《马克思恩格斯全集》第1版第37卷第236页。
② 《马克思恩格斯全集》第1版第25卷第1006页。
③ 海因利希:《论信用理论的体系意义》,第142页及以下几页。

题才合乎逻辑。① 马克思本人正如他在1868年致恩格斯的一些信中指出的，也曾对叙述问题做过反复的思考，并计划更加详细地探讨信用问题（同在手稿中表露的想法相反）②，这完全符合他多次表达的如下信念：信用是工业的巨大杠杆，因为工业首先不是通过自有资本的积累而发展起来的。正因为如此，他常常把资本积累和资本集中明确地区分开来。此外，马克思打算"用论信贷的一章去揭露现代的投机活动和商业道德"③。

1865年，马克思在第5节中的两个地方加进了篇幅不小的材料④，其中包括英国议会关于1848年和1857年危机的辩论材料，包括实业家、银行家、经济学家等等关于货币和资本及其在货币市场上的职能，关于黄金的流出、汇率和投机活动等等的材料，这些材料经过汇总和加写注释⑤，并冠以《混乱》的标题⑥。显然，他本来只会把这批材料的精髓纳入第3卷，并准备把理论上的批判考察留到理论史卷去进行。恩格斯在《序言》中曾详细描述了这批材料，并且比在任何其他地方都

---

① 吉雄三宅：《马克思的1861—1863年经济学手稿和该手稿编入〈马克思恩格斯全集〉历史考证版第2部分第3卷的问题》，见《马克思恩格斯研究论丛》1993年新辑，第18—197页。

② 《马克思恩格斯全集》第1版第32卷第75页。

③ 《马克思恩格斯全集》第1版第31卷第191页。

④ 《马克思恩格斯全集》第1版第31卷第151页。

⑤ 《马克思恩格斯全集》历史考证版第2部分第4卷第2分册第561—583、597—646页。

⑥ 按照他所援引的图克的说法，"货币或流通手段的价值这个用语，不加区别地既用来表示商品的交换价值，又用来表示资本的使用价值。由此产生的双重含义，是引起混乱的经常性根源"。参看《马克思恩格斯全集》第1版第25卷第397页。

更加细致地说明了他的处理方法。① 据称，他经过多次尝试之后，从《混乱》的第一部分编出一章，从整个两个部分以及议会报告和其他材料中编出第33—35章（其中加了许多起衔接作用的字句）。在其他章中，只要内容相关联，他也利用采自《混乱》的引文，例如在第25章结尾就是如此。② 在《序言》中，恩格斯虽然声明对新的编排负责，但没有说要对汇集的材料本身的性质负责。他说："我用这个方法终于成功地把作者所有的同这个问题多少有关的论述都收进本文了。删去的不过是摘录的一小部分，它们或者只是重复别处已经说过的事情，或者涉及在手稿中没有进一步阐述的地方。"③ 最后，他对结果是不满意的，他指出，他虽多次开头，但只好匆匆了事。④

例二：

论述利润率趋向下降规律的第3章，马克思没有加以更细的分篇。恩格斯将该章分为3章10节。他设想的东西超出合理范围而过于完善化和在结构上过于周密。这激起了读者的种种期望。例如，格罗斯曼在1929年写道："关于'资本主义生产由于自然过程的必然性将造成对自身的否定'这一思想，虽然是在《资本论》第1卷中表述的，不过马克思没有明确说明，这一'否定'趋势是怎样发生的，也就是没有说明，这将怎样必然导致资本主义的崩溃，没有说明使得整个体系招致经济毁灭的直接的原因究竟是什么。如果读一下《资本论》第3卷第3章'利润率趋向下降规律'（这一章同论述积累过程的章节联系特别密

---

① 《马克思恩格斯全集》第1版第25卷第8—12页。
② 《马克思恩格斯全集》第1版第25卷第465—467页。
③ 《马克思恩格斯全集》第1版第25卷第10页。
④ 《马克思恩格斯全集》第1版第25卷第10页。

切），读者首先会感到非常失望。导致积累的那同一些原因，同样也导致利润率的下降。可是，利润率的下降难道不是崩溃趋势的一个征兆吗？这个趋势是怎样贯彻下去的呢？从方法论上说这里恰好应当是论证这种崩溃趋势的地方。但是可惜没有这样做。虽然，在这里并不缺少起跑点……人们以为，决定性的答案就要得出。可是并没有这样的答案。于是，人们对马克思的崩溃学说便产生怀疑，同时可能认为，在《资本论》第1卷和第3卷的阐述之间存在着某种矛盾。"① 按照格罗斯曼的说法，修正主义论战中的伯恩施坦和考茨基之间关于崩溃理论的论争，就是"《资本论》第3卷论述中的一个灾难性的漏洞带来的后果"②。看来很明显，恩格斯由于这样处理第3卷的材料，就"以其材料"引发了这场争论。

例三：

恩格斯从马克思1876年的一本摘录笔记中摘出"级差地租和地租只是投入土地的资本的利息"③ 这一不长的段落，补编入第44章。④ 这样做的根据显然是从处理遗产的知识中取得的，因为马克思在70年代曾对地租进行"全新的专门研究"，并打算在重新写作这个至关重要的部分时对已得出的结果再行加工。⑤

---

① 亨里克·格罗斯曼：《资本主义制度的积累规律和崩溃规律》，莱比锡1929年版，第14页及以下几页。
② 亨里克·格罗斯曼：《资本主义制度的积累规律和崩溃规律》，莱比锡1929年版，第20页及以下几页。
③ 俄罗斯现代史文献收藏研究中心（莫斯科），1/1—294。
④ 《马克思恩格斯全集》第1版第25卷第840—841页。
⑤ 《马克思恩格斯全集》第1版第25卷第10—11页。

例四：

马克思写作第7章，是以"（1）三位一体的公式"为开端。① 他在第6章中并行地研究地租时就多次触及这个问题，因而在第7章一开头便说明，该章中的一些段落应纳入第7章。② 出于同一设想，他把编为第470—471页的两面书写的一张手稿插入第7章的第一个对开页中，但没有专门加以说明。恩格斯花了一番工夫去寻找连结的红线，特别是因为该章手稿的一些页并没有编页码。因此，他在《序言》中指出，"必须先把无限错综复杂的文句拆开，才能付印"③。他想把这整个原文归纳为三位一体公式，这是完全可以理解的。同时，由于对原文分析不够充分，不免造成较多失误。他把马克思在插入的一张手稿上所作的思考，当作独立片断，编为第Ⅰ、Ⅱ页，并置于第48章的开头。④ 接下来的第Ⅲ页的文字，是马克思自己指出应放在该处的。⑤ 然而，他忽略了，马克思在插入一个单张页之后又在第471页的空白处接着写下去，并且在尚未启用的第2个对开页的第1页上继续进行分析。⑥ 结果，他在第471页上错误地注明："手稿至此中断。"⑦ 同时，他在第2个对开页的开头处同样注错了："这里，手稿缺了对开纸一页。"⑧

---

① 《马克思恩格斯全集》历史考证版第2部分第4卷第2分册第834页。
② 《马克思恩格斯全集》历史考证版第2部分第4卷第2分册第834、720—722页。
③ 《马克思恩格斯全集》第1版第25卷第11页。
④ 《马克思恩格斯全集》第1版第25卷第919—924页。
⑤ 《马克思恩格斯全集》第1版第25卷第924页。
⑥ 《马克思恩格斯全集》第1版历史考证版第2部分第4卷第2分册第845页。
⑦ 《马克思恩格斯全集》第1版第25卷第923页。
⑧ 《马克思恩格斯全集》第1版第25卷第930页。

尽管如此，恩格斯还是提醒读者注意原文的编排问题，他指出了第7章的开头在马克思原稿中的情形[①]并且说明第7篇的开端取自三个片断[②]。

例五：

在移动原文的有些场合，恩格斯的动机是可以理解的，而在有的场合却未必如此。例如，马克思在第7章对讨论的问题补充了两个附注。[③]对于第3点的附注恩格斯处理为脚注[④]，而对于第4点的附注却被纳入正文之中[⑤]。如同编者在其他一些地方作出的决断一样，在这里也是处理得前后不一致，同时却没有加以说明。

4.2.2 提高部分原文的价值

（a）去掉插入段落的原有括号：

马克思的手稿中包含有众多的插入段落，它们有的是为了进行更细的分析而插入的中介环节和相关论题，有的是对重要意义和前后关系的仔细说明，有的则用来确定叙述的层次。这些插入部分反映了熊彼特所指出的情况，他写道："关于整个体系中存在着矛盾这样的想法，对于马克思来说是不堪忍受的痛苦，为了克服这些矛盾，他忍受着岁月的折

---

① 《马克思恩格斯全集》第1版第25卷第924页。
② 《马克思恩格斯全集》第1版第25卷第919页。
③ 《马克思恩格斯全集》历史考证版第2部分第4卷第2分册第900页及以下几页。
④ 《马克思恩格斯全集》第1版第25卷第965页。
⑤ 《马克思恩格斯全集》第1版第25卷第997页。

磨并用上百页的文稿折磨着读者。"① 这些插入的文字马克思多半用圆括号或方括号括起来,而恩格斯对有些文字的作用即使不是认识有误,也是有所忽视。他在《序言》中指出:"越往下,文稿就越是带有草稿性质,越不完全,越是离开本题谈论那些在研究过程中出现的、其最终位置尚待以后安排的**枝节问题**。"② 恩格斯去掉了有些插入段落的括号,并编入连贯的正文之中,而且多半编入它们原来所在的地方。通过这种方式,原本热气腾腾的"思想厨房"——而且马克思一再架起新的锅子——就演化为正文的最终的上下文关系,结果看起来比原来更加支离破碎。因此,恩格斯对原文的改动影响颇大,既变动了各个段落的轻重层次、作用和重点,又影响了它们的表达力量。例如,马克思在一个地方指出,一切危机的最终根源是群众的贫困③,他把这段话放入方括号中,以限定其相对的意义,而恩格斯对此作了补充并将括号脱掉④。这样一来,这个论断就成了某种论点的依据,而这类论点硬要从马克思著作中提取消费不足概念。被马克思放入括号中的文字常常涉及他所找到的可用来形象说明有关论点的明显事实。由于去掉括号,恩格斯就在一些批评者中加强了这样的印象:马克思在第3卷的材料中已转来叙述"按资本主义方式建立起来的经济生活的经验形态"⑤。

---

① 约瑟夫·熊彼特:《桑巴特的第3卷》,载《德意志帝国立法、行政和国民经济施莫勒年鉴》,1927年第3辑,第1—21页,并见卡尔·考茨基:《出版者的序言》,载卡尔·马克思:《卡尔·马克思的政治经济学批判》,斯图加特1897年版,第Ⅴ—Ⅷ页。考茨基在《序言》中说:"马克思的思路只要不出漏洞,他就会不停地努力为他的论题得出新的立脚点。"
② 《马克思恩格斯全集》第1版第25卷第4—7页。黑体字是笔者加的。
③ 《马克思恩格斯全集》历史考证版第2部分第4卷第2分册第540页。
④ 《马克思恩格斯全集》第1版第25卷第548页。
⑤ 桑巴特:《卡尔·马克思的〈政治经济学批判〉》,同上出处,第559页。

例一：

在生息资本章，马克思在开头不久便指出："起点是 A 贷给 B 的货币。〔A 把货币贷给 B，可以有担保，也可以没有担保；前一种形式是古老的，不过在用商品或用像汇票等等的债券作担保而贷款的场合除外。这些特殊形式和我们这里无关。我们只是考察普通形式上的生息资本。〕"① 经过恩格斯的改编，这段话变成这样："起点是 A 贷给 B 的货币。A 把货币贷给 B，可以有担保，也可以没有担保；前一种形式是比较古老的，不过用商品或用像汇票、股票等等的债券作担保的货币除外。这些特殊形式和我们这里无关。在这里，我们只是考察普通形式上的生息资本。"② 这里发生了什么事情呢？首先，这段话马克思是放在括号内的，是作为附带的、尚待进一步思考的思想片断，其编排位置尚未确定；现在却变成了一段尚不完整的、还不应编排在此处的、使原有思路发生中断的文字。其次，放在括号内的这段尚且存疑的表述由于脱掉括号就发生了问题。1863 年，马克思可能把担保问题看作是古老的问题，而在 1893 年，由于金融市场的发展，恩格斯想必已拥有关于信用的知识，懂得不经过审查偿付能力几乎是不可能按信贷方式供给资金的，因而保证问题已成为借贷资本的实际要素。虽然，恩格斯通过把"古老的"改为"比较古老的"，削弱了原来的表述的色彩，但是他由于增补了"股票"作为例证，同时又增强了色彩。

例二：

马克思在一处的圆括号中注明："当要在两个人之间分割一个已定的总量，例如利润的时候，当然首先要看这个有待分割的总量有多大，

---

① 《马克思恩格斯全集》历史考证版第 2 部分第 4 卷第 2 分册第 413 页。
② 《马克思恩格斯全集》第 1 版第 25 卷第 380 页。

而这个总量，即利润的量，是由平均利润率决定的。"① 由于脱掉括号，恩格斯就把马克思的只不过是附带的思考变成了讨厌的老生常谈。朗格作为首批评论者之一，针对与此类似的一段话指出，马克思和恩格斯"有时在数量判断上也颇得要领，例如，他们曾这样说过：'利润率降低百分之五十，即降低一半。'"②

例三：

在另一处地方，马克思在括号内指出，一个资本家投入 A 项目的货币，不可能同时用来投入 B 项目。③ 在这个地方恩格斯也把括号删掉了。不过他没有把握断定马克思本人是否也会选用这段话，因为关于一个曾支配有货币的资本家可能不再支配有货币的说法，在理论究竟会带来怎样的进步？马克思在手稿的一开头便指出，在进行最后的编辑工作时，应集中精力使叙述合理化。"〔对于研究本身来说，自然有必要涉及一切这种细节，但这决不是为了读者〕。"④

上面提到的那句话对于马克思的思维模式的展开来说显然没有带来任何进步。但是问题（正因为如此，马克思才欲言又止，而恩格斯不幸把这一情况隐讳起来）恰恰在于：这种思维模式被证明是合宜的，它必然使主观选择行为从属于其客观的表达方式。在这里资本所有者面临了这样的经济抉择：他是把资本自行投入生产，还是把资本贷出去？他在什么时候自行使用资本？在什么地方和什么时候贷出资本？贷给什么人

---

① 《马克思恩格斯全集》历史考证版第 2 部分第 4 卷第 2 分册第 433 页。

② 恩斯特·朗格：《作为国民经济学理论家的卡尔·马克思》，见《国民经济和统计年鉴》，1897 年第 14 卷，第 540—578 页。马克思的原话是："利润率降低百分之五十，即从 1 降低为 1/2。" 见《马克思恩格斯全集》历史考证版第 2 部分第 4 卷第 2 分册第 297 页。

③ 《马克思恩格斯全集》历史考证版第 2 部分第 4 卷第 2 分册第 442 页。

④ 《马克思恩格斯全集》历史考证版第 2 部分第 4 卷第 2 分册第 83 页。

和按什么条件贷出？他怎样尽可能地来自行支配绝大部分资本？这就是说，借贷资本的最终投入是先行的种种利益估计的结果。再者，马克思曾多次强调指出，生息资本的使用价值就在于生产利润。从前面所说的却得出这样的结论：这里存在的不仅仅是某种使用价值，而且是使用价值的整个幅度。

例四：

马克思在一处地方为了备忘记下一段话："〔我们以后还要特别考察一种形式，按照这种形式，在贷出期内，利息按期流回，但资本不流回。〕"① 但是他后来对此点没有再进行考察。他只是在一个地方指出，每人都会为短期贷出的资本而取得此期间的利息。② 恩格斯去掉了括号，于是就把一种思考变成了一个肯定看法的明确表述。③ 他又觉得事情并不是那样有把握，便在以《关于以后和以前的提示》为标题的一份编辑手稿中注明："第446页；利息从资本流回。"④

(b) 变注文为正文

恩格斯常常把脚注纳入正文。有趣的是，他却让一些引语保留在这种脚注中，虽然这些引语同马克思自己在正文中援引的引语比较起来其重要性并不小些。

例一：

马克思在第5章第2节一开头，为自己的计划和抽象层次规定了范围，而且起初把这段话放在圆括号内，当然是为了方便自己的理解。他说："这一节研究的对象……不能在这里详细探讨。很明显，（1）贷出者和贷入者之间的竞争以及货币市场上由此造成的短暂运动，都不属于

---

① 《马克思恩格斯全集》历史考证版第2部分第4卷第2分册第423页。
② 《马克思恩格斯全集》历史考证版第2部分第4卷第2分册第442页。
③ 《马克思恩格斯全集》第1版第25卷第392页。
④ 国际社会史研究所编：《马克思恩格斯遗产》，第89辑。

我们考察的范围；（2）要说明利息率在产业周期中通过的循环，必须先说明产业周期本身，但这种说明同样不能在这里进行；（3）世界市场上利息率或大或小的、近似的平均化，也不能在这里说明。我们要在这里研究的，只是生息资本的独立形态和利息从利润中独立出来的过程。"① 恩格斯在此处把括号删掉，结果被他编为第5篇第22章开头②的这段话，便被赋予完全不同的意义，因而被处理得十分独断。马克思在草稿的一处注意到，利息率在危机时期最高，因为在危机时期举债是为了履行偿付义务。他在括号中指出："关于这一点，我们以后还要详细说明。"③ 他在一个脚注中又补充说，再者这是按极便宜的价格购买有价证券的绝好机会，而在正常时期人们让渡这种证券只会带来利润。恩格斯略去了括号中的这段话；他把这个脚注的前一部分移入正文，而把中间部分即引自罗伊的一段引文删掉，并把最后一部分即仍是引自罗伊的一段话保留下来，仍放在脚注中。④

例二：

在手稿中的一处，马克思以合作工厂为例说明资本家在生产管理方面已成为多余的。这段著名的论述原包含在一个脚注中。⑤ 恩格斯把这段话移入正文，从此以后，这段话在社会主义文献中便成为一个被引来引去的例子，用来证明资本家是多余的，证明现行制度内部存在着可供选择的生产形式。不过，这头狮子看起来是依照爪子而描画出来的；一些特殊情况被外推化，资本主义生产制度上的框架条件未被考虑在内。在与《资本论》手稿平行产生的《国际工人协会成立宣言》中，马克

---

① 《马克思恩格斯全集》历史考证版第2部分第4卷第2分册第431页。
② 《马克思恩格斯全集》第1版第25卷第401页。
③ 《马克思恩格斯全集》历史考证版第2部分第4卷第2分册第434页。
④ 《马克思恩格斯全集》第1版第25卷第405页。
⑤ 《马克思恩格斯全集》历史考证版第2部分第4卷第2分册第458(b)页。

思曾谈到这块颇成问题的宝石,他指出:实践证明合作工厂是无能为力的,"垄断势力按着几何级数增长"①。在《资本论》第1卷中,马克思曾提到,甚至身为合作工厂之父的欧文也不曾"对这些孤立的转化要素的作用抱有任何幻想"②。在第3卷的手稿中,在上述那个地方的若干页之后,而且是在正文中,他又联系信用问题谈到合作工厂的作用,他把这种工厂看作是有疤痕的、也就是在外部作为资本主义生产单位和所有权单位而发挥作用的过渡形式。③ 可见,恩格斯移动原文也许只是为了统一规格。不过他这样做却不符合马克思的意向,因为在马克思那里问题涉及的首先并不是合作工厂,在前一场合涉及的是示范性地说明管理职能的逻辑对数的特征,在后一场合涉及的是说明信用的逻辑对数的特征。撇开这一点不说,合作工厂的例子也是缺乏说服力的,因为它只是表明,资本家作为职能人员是多余的,然而在这里并不触及资本家作为所有者的作用。此外,恩格斯把马克思关于合作工厂的生产性的一些说明也作了移动,这也引起了读者的注意。④

例三:

在第5章第3节(利息和企业主收入)的末尾,马克思的叙述达到高潮:"随着工人方面的合作事业和资产阶级方面的股份企业的发展,

---

① 《马克思恩格斯全集》第1版第16卷第12页。

② 《马克思恩格斯全集》历史考证版第2部分第5卷第408页注释322。恩格斯于1890年出版第1卷第4版,因而是知道马克思的见解的。

③ 《马克思恩格斯全集》历史考证版第2部分第4卷第2分册第504页。

④ 《马克思恩格斯全集》第1版第25卷第437页。按照类似的论述(同上,第435页),"管理劳动""在大街上转一转"便唾手可得。然而,从这种论断中是否可直接得出例如像第二国际伦敦代表大会的决议中的那样的提法,恐怕是很难说的。按照该决议的说法,工人很快便可学会管理生产。但是,其含义无论如何是这样的。关于这次代表大会,参见汉斯·霍尔格:《马克思、恩格斯和第二国际的帝国主义理论》,汉堡1978年版,第130页等。

混淆企业主收入和管理工资的最后口实再也站不住脚了,利润在实践上也就表现为它在理论上无可辩驳的那种东西,即表现为单纯的剩余价值……因此,执行职能的资本家实际上是在剥削劳动,并且在他是用借入资本从事经营的时候,他的剥削的结果就分为利息和企业主收入,即利润超过利息的余额。"① 恩格斯模糊了叙述的要点,他把一则脚注移入正文,并增补了上述说明。这里涉及的是股份公司的监事会及其报酬,并且是以1845年的一份材料为依据的。② 这样一来,专心致志的思考消失在例证之中。诺尔特把这段论述说成是马克思关于与此有关的、但尚未展开的关系的值得注意的激愤表述。③

我们再强调一下,恩格斯的这些提高原文价值的段落并不是都作了相应标记的。他是否可以对原文的某些既有段落作一些方便的说明呢?他在第22章的末尾甚至提供了一个这样的例子。在这个地方他在草稿中包含在方括号内的三段关于利息的提示之前加写了一句引导的话:"(为以后整理而作的备注)。"④ 他在《序言》中说了另一段同样的话:"在这个手稿里面有许多提示,表示这些地方留待以后阐述,可是这些诺言并没有全都实现,这对一个初稿来说是不言而喻的。我让这些地方保持原样,因为它们可以表明作者打算将来进行加工的意图。"⑤ 对于马克思放入括号中的一些正文和脚注,如果也是这样处理,这就会清楚地表明手稿的性质。读者就会明白,在哪些地方他是和马克思打交道,而且主要是会弄明白,在哪些地方马克思是自己在说话。后面这一点所

---

① 《马克思恩格斯全集》历史考证版第2部分第4卷第2分册第460页。
② 《马克思恩格斯全集》第1版第25卷第438—439页。
③ 恩斯特·诺尔特:《马克思主义和工业革命》,斯图加特1983年版,第614页。
④ 《马克思恩格斯全集》第1版第25卷第414页。
⑤ 《马克思恩格斯全集》第1版第25卷第7—8页。

以重要，主要也是因为，恩格斯还提供了某种第三套异文，这就是他把在正文中放入括号内的重要的方法论提示，改为脚注。①

（待续）

（原载柏林《MEGA 研究》，1994 年第 2 辑）

（夕昆 译）

---

① 《马克思恩格斯全集》历史考证版第 2 部分第 4 卷第 2 分册第 433 页；第 1 版第 25 卷第 403 页。

马克思说的是自己的话吗?(三)

——关于恩格斯编辑出版《资本论》第3卷的基本手稿[*]

〔德〕卡尔-埃里希·福尔格拉夫、尤尔根·荣克尼克尔

4.2.3 扩充原文

恩格斯在原文中插进了大量文字,其中既有只言片语,也有整章的论述。特别是在第3卷中插进了更大量的文字,这也证实了恩格斯对该卷材料做的编辑加工工作。伯恩施坦曾说明这些增添的文字"决不仅仅带有次要性质",而且"常常是对原著的极有价值的充实"。[①] 这些插入的文字确实是激动人心的。对这些文字的分析表明,恩格斯是想通过为马克思的逻辑论述提供例证来增补最接近时代的历史直观材料,而且完全是从他后来说明的观点出发的,例如"根据1895年的事态对1865年

---

[*] 本文选自《马克思恩格斯列宁斯大林研究》1998年第2辑。
原题注:本文的第一部分和第二部分分别载《马克思恩格斯列宁斯大林研究》1996年第1辑和1997年第1辑。——编者注

[①] 伯恩施坦《〈资本论〉第3卷》,见《新时代》,1894—1895年第13年卷第1分册,第333—337页。恩格斯称伯恩施坦的文章为一团混乱的文章,见恩格斯1895年3月16日致维克多·阿德勒的信(《马克思恩格斯全集》第1版第39卷第413页)。

写成的原文作个别较为重要的补充"①。

恩格斯的校正或插入的文字有时导致对引述马克思著作的一种愚弄。例如，有一些引文在马克思的手稿中原是不存在的②，或者其文字不是现在这个样子③。其中有的引文早在1930年就被施特恩贝格提出来用以反驳格罗斯曼，后者曾对截至本世纪20年代为止围绕资本主义生产的运行机制展开的争论进行概括，并在马克思的著作中发现关于资本主义生产的客观性崩溃的理论。施特恩贝格所援引的次一级标题《Ⅲ．人口过剩时的资本过剩》，在马克思的手稿中原本也是不存在的。④ 对于今天可以从本文中得到助益的读者来说，施特恩贝格所进行的争论显得有些滑稽，因为他一再强调，格罗斯曼对马克思的引证是不准确的。甚至在较近期的一些著作中，人们引证的是恩格斯的话，但却以为是马

---

① 《恩格斯的最后著作》，见《新时代》，1895—1896年第14年卷第1分册，第6页。这一看法是莫斯科的编者出版《资本论》第3卷大众版时表述过的，目的是使之同列宁的帝国主义论联系起来。见《资本论》大众版第3卷的《编者前言》，苏黎世1933年版，第5—17页。

② 参看弗里茨·施特恩贝格：《是科学上的一次变革吗？评亨里克·格罗斯曼〈资本主义制度的积累规律和崩溃规律，兼对资本主义的一种实证分析〉》，柏林1930年版，第13页。（参见《马克思恩格斯全集》第1版第25卷第983页，并见《马克思恩格斯全集》历史考证版第2部分第4卷第2分册第887页及以下几页。）

③ 参看弗里茨·施特恩贝格：《是科学上的一次变革吗？评亨里克·格罗斯曼〈资本主义制度的积累规律和崩溃规律，兼对资本主义的一种实证分析〉》，柏林1930年版，第12页。（参见《马克思恩格斯全集》第1版第25卷第978—979页，并见《马克思恩格斯全集》历史考证版第2部分第4卷第2分册第884页。）

④ 参看弗里茨·施特恩贝格：《是科学上的一次变革吗？评亨里克·格罗斯曼〈资本主义制度的积累规律和崩溃规律，兼对资本主义的一种实证分析〉》，柏林1930年版，第24页。（参见《马克思恩格斯全集》第1版第25卷第279页，并见《马克思恩格斯全集》历史考证版第2部分第4卷第2分册第324页。）

克思的。

　　插入文字的某些形式方面的问题：有些地方标明了文字来源（约占十分之九），有些地方则没有注明。前一类插入的文字总计占《马克思恩格斯全集》历史考证版的 51 个页面，达原文全文的百分之六。如果把《序言》包括在内，共占 70 个页面，也就是说该卷文字有百分之七出自恩格斯之手。至于未标明文字来源的插入部分的数量——在《序言》中恩格斯指出了脚注的情况和插入文字的"形式的性质"方面的处理情况①——只有经过对文字进行综合的比较，才能做出最终的判断。

　　恩格斯插进来的文字包括以下各种情况：整章的文字（第 4 章）；一章中的大部分文字（第 43 章）；对马克思在草稿中没有触及的问题的论述（利润率和周转时间）；手稿中所提到的事实的后来的现实历史状况；例证材料（当时报纸上的财政状况报道），指出马克思论述的相对局限性；用来连接上下文的插入字句；指出文献材料和版本情况；校正原文出处和指出文献来源。

　　弄清恩格斯插入文字在各篇中的分布情况（第 1 篇占 8.5 页，第 2 篇占 2 页，第 3 篇占 2.1 页，第 4 篇占 0.5 页，第 5 篇占 23 页，第 6 篇占 15 页，第 7 篇占 6 行），可以判明恩格斯的编辑工作的强度以及原稿的成熟程度。无论如何，恩格斯在《序言》中的说法证明，他的大部分工作是集中在编辑第 1 篇、第 5 篇和第 6 篇。全部插入文字约有一半属于第 5 篇。我们看到，关于第 7 篇，恩格斯实际上几乎没有作什么补充。

　　(a) 插入自己的文字：

　　例一：

　　马克思有一次在区分流通手段和资本时，触及这样的问题：银行向

---

① 参看《马克思恩格斯全集》第 1 版第 25 卷第 7、10 页。

企业家的贷款是流通手段的贷款呢还是资本的贷款？当然，在这个地方他没有确切说明他自己对这个问题的考虑。① 恩格斯对这个问题作了新的表述，大大扩充了考察范围，举出假设的实例说明他认为何时应看作资本的贷款，何时应看作流通手段的贷款。同时，他指出这里的文字是他自己补写的。② 瓦伦丁·瓦格纳对于这一处的文字以及类似的段落曾说过这样的话："在《资本论》第3卷中，有些重要的段落马克思表述得并不那么明确，必须由编者恩格斯来作出解释和重新加以表述。"③

例二：

有一些插入的文字表明，在这些地方恩格斯在把握马克思的方法，猜测马克思的意图，贯彻马克思的逻辑思路方面遇到困难。例如，马克思曾指出："在论述资本主义生产方式的最简单的范畴时，在论述商品和货币时……"④ 恩格斯把这句变成这样："在论述资本主义生产方式甚至商品生产的最简单的范畴时，在论述商品和货币时……"⑤ 我们看到，在这里恩格斯把他对简单商品生产的理解写进马克思的原文之中。这样，人们就会误以为，马克思在这里似乎是想描述商品生产的历史发展过程。

在另一个地方，马克思曾指出，工业资本家可以让一个"总经理"

---

① 参看《马克思恩格斯全集》历史考证版第2部分第4卷第2分册第515—516页。

② 参看《马克思恩格斯全集》第1版第25卷第515—517页。

③ 瓦伦丁·弗里茨·瓦格纳：《信用理论史。一种典籍考证性论述》，维也纳1937年版，第455页。

④ 《马克思恩格斯全集》历史考证版第2部分第4卷第2分册第848页及以下几页。

⑤ 《马克思恩格斯全集》第1版第25卷第934页。

来完成剥削别人的劳动。① 恩格斯在这样的论述之后紧接着增补了一段话，但没有注明这段话是他自己加进的。这段话如下："每一次危机以后，我们都可以在英国工厂区看到许多以前的工厂主，他们现在作为经理，为了低微的工资，替那些往往就是他们自己的债权人的新工厂主，去管理他们自己从前所有的工厂。"② 在脚注中，恩格斯又举出了他自己所知道的一个例子，指出一家工人合作工厂接管了一家破产企业，任命以前的工厂主担任经理。

例三：

马克思在论述英国1844年的银行法时指出："事实是，1844年的银行法才第一次在1857年使苏格兰各银行发生了一次挤兑金的风潮。"接着又说："当时，没有把金的外部需求和内部需求加以区别。"③ 后面这一想法大概恩格斯认为显然不够完整，有些残缺不全。他对此作了如下补充："新的银行立法也没有把金向国外的流出和在国内的流出加以区别，虽然二者的作用显然是完全不同的。"④

（b）作历史性的或现实性的补充说明：

恩格斯感到，他没有权利对马克思手稿写作搁笔之后发生的社会变化进行全面的逻辑探讨，也就是说，他设想以独立的接续增补形式提供某种这样的探讨。⑤ 但是，他没有管束住自己的思想和手中的笔，并搭建了"历史的桥梁"，在这样的地方，他通常是以"自从写了上面这段

---

① 参看《马克思恩格斯全集》历史考证版第2部分第4卷第2分册第458页。
② 《马克思恩格斯全集》第1版第25卷第435—436页。
③ 《马克思恩格斯全集》历史考证版第2部分第4卷第2分册第581页。
④ 《马克思恩格斯全集》第1版第25卷第633页。
⑤ 参看《马克思恩格斯全集》第1版第25卷第1006页。

话以来（1865年）……"①这一类的字句为开端的。因为他是逐点这样做的，所以读者得不出这样的印象：这些东西只是资本分析的验证。不如说，这样的插入文字常常打乱上下文的联系，硬接在前面的文字的后边，甚至恩格斯由此常常把宏观经济运行方面的联系改写为微观经济运行方面的联系。例如，他所补写的第4章就有这样的问题，这一点屈内就曾提到过。②许多插入的文字看来遵循的是"提供例证的总方针"，从这个角度来看，还是可以辨别出某种系统性的。属于这种情况的，还有为某次没有明确指出时间、但按照规律可作出较有把握判断的资本主义崩溃现象所收集的事实材料。

考茨基在他的《资本论》大众版第1卷③中曾指出恩格斯是怎样处理类似问题的，看来他不仅看出了恩格斯的处理办法的有问题的方面，而且主要是在此后留下了多年的修正主义之争，而在这场争论中，通过现实历史过程验证理论恰好成了中心问题。他承认，原文的许多地方应予以继续发挥或加以补充。但是，"解释性的注释不够充分完整，只是在内容简短和易于把握的地方才有注释，这样一来就有一种危险，就是说它们会引起相反的效果。它们会给人造成一种错误的印象，即恰好在最应当重新加以表述的地方，却保持沉默"④。

---

① 《马克思恩格斯全集》第1版第25卷第137页。

② 参看卡尔·屈内：《经济学和马克思主义》，1974年版第2卷，第130页及以下几页。

③ 参看卡尔·考茨基：《〈资本论〉大众版序言》，载马克思《资本论》第2卷（恩格斯编，卡尔·考茨基在贝内迪克特·考茨基协助下刊行的大众版），柏林1962年版。

④ 卡尔·考茨基：《〈资本论〉大众版序言》，载马克思《资本论》第2卷（恩格斯编，卡尔·考茨基在贝内迪克特·考茨基协助下刊行的大众版），柏林1962年版，第XIII—XXXV、XXVII页。

例一：

不少插入的文字涉及卡特尔、托拉斯的现代形式等等。① 值得指出的是，恩格斯把这种形式看作生产的一种人为的组织形式，随时都可能重新解体。② 老考茨基和小考茨基的出版文献中有一条注解谈到恩格斯的上述评价。"恩格斯认为，卡特尔随危机而崩溃（见第3卷第97页）。"③ 当然，恩格斯的这种道义上的评价，同他所处的时代的趋势有关。④ 鉴于资本巨头的极有分量的经济实力，这种资本已否定了一切社会改革家和社会批评家们的共同见解。不过，恩格斯的立场中值得注意的一点是，他对先前的论述后来持相反的观点，而在先前的论述中，他依据马克思的积聚和集中论点把大企业看作必然的发展。⑤

例二：

恩格斯所作的一些现实性的补充说明，均属于考茨基所说的"内容简短和易于把握"之列。例如，有一条关于商人资本的历史的脚注就是如此。马克思在这个地方指出，当商人大批收购小手工业者的产品时，

---

① 参看《马克思恩格斯全集》第1版第25卷第137—138、494—495、554页。
② 参看《马克思恩格斯全集》第1版第25卷第137—138页。
③ 卡尔·考茨基和贝内迪克特·考茨基：《〈资本论〉大众版第2、3卷编辑说明》，见荷兰国际社会史研究所藏：《考茨基遗产》，档案第140号。
④ 弗里德里希·克莱因维希特尔也持有类似看法，他说："这种联合具有非常短命的性质，它只有尚能博得缔约者的欢心时，才能存在。"见弗里德里希·克莱因维希特尔：《卡特尔。对国民经济组织的一个贡献》，因斯布鲁克1883年版，第157页。
⑤ 按照埃米尔·哈马舍尔的说法，恩格斯没有发觉，"他在认同随生产力的变化而发生的变化时，背弃了自己的观点。他认为生产力的发展必然一再超出资本家的控制能力"。见埃米尔·哈马舍尔：《马克思主义的哲学经济体系》，莱比锡1909年版，第351页。

就把大部分剩余价值揣进自己腰包。① 1888 年有一份报告披露了血汗制度的情况，这样一来显然恩格斯就有了一份合适的例证材料，可用来说明这一制度从 1865 年以来"有了更大规模的发展"②。

4.2.4 略去原文

关于略去原文的情况，恩格斯在《序言》中说得并不清楚，而是有些旁敲侧击。每当他谈到付印稿并不是遗留下来的手稿的简单归总，而不如说像第 1 章那样是由各个手稿编纂而成时，他合乎逻辑地总是谈到删略原文的问题。这特别同马克思手稿的第 1 章和第 5 章有关。关于第 5 章，恩格斯曾谈到被称为"混乱"的一批材料，在这份材料中有大量的东西恩格斯后来并未采用。③

在第 1 章中，恩格斯未采用的材料有关于剩余价值率和利润率之间的关系的若干叙述和计算，有"不变资本使用上的节约"这一项目下的摘自《工厂视察员报告》的一些材料。关于这个"混乱"中恩格斯未予采用的材料，他在《序言》中指出："删去的不过是摘录的一小部分，它或者只是重复别处已经说过的事情，或者涉及在手稿中没有进一步阐述的地方。"

可见，恩格斯删略原文有两种情况：或者是因为他在手稿中找不到适当的接合点，以致有的材料无法利用，或者他认为所涉及的问题已使用了充分的材料。这种处理办法几乎不能令人满意。

除了删略大段的文字以外，也有小删小改的地方。这主要涉及以下各种情况：文字重复；马克思所特有的在阐述中随时离题发挥和顺便提

---

① 参看《马克思恩格斯全集》历史考证版第 2 部分第 4 卷第 2 分册第 409 页。
② 《马克思恩格斯全集》第 1 版第 25 卷第 375 页脚注。
③ 参看《马克思恩格斯全集》第 1 版第 25 卷第 9—10 页。

及的内容；方法论方面的提示；例证材料；计算实例和引证的文字。要想弄清所删略的文字的价值和恩格斯所作的改动的意义，就得联系上下文考察一下所删略的文字的作用。就许多删略而言，恩格斯的考虑是可以理解的，但有些场合却不大好理解，甚至完全不可理解。特别是许多有关方法论方面的提示被删节掉了，这令人有些困惑，况且恩格斯在《序言》中已作出保证，说明这类的提示将一律保持不动，因为"它们可以表明作者打算将来进行加工的意图"①。

例一：

马克思的"关于从本册第1章过渡到第2章的增补"②，既是为了便于自己的理解所作的概括，也是方法论方面的展望，却被恩格斯删掉了。而另一些增补则被恩格斯保留下来。

例二：

马克思曾从方法论上作出如下提示：关于习惯和立法传统对中位利息率的影响，将在论竞争的那篇中加以考察。③然而，恩格斯把这一提示删掉了。

例三：

有一篇文章④曾提到一段文字，在这段话中，马克思在说明不同生产部门中不等资本量下的不等利润率时，附带指出，这一点在比较国与国之间的利润率时特别重要，同时举了一个例子从头到尾计算一遍。在末尾他指出"这一插入的说明属于以后的一篇"，并把整句话放入四角

---

① 《马克思恩格斯全集》第1版第25卷第8页。
② 《马克思恩格斯全集》历史考证版第2部分第4卷第2分册第282页。
③ 《马克思恩格斯全集》历史考证版第2部分第4卷第2分册第282页及以下几页。
④ 伊林·费彻尔：《马克思主义。历史和文献》，慕尼黑、苏黎世1989年第5版，第390页。

括号内。① 恩格斯删掉了关于这段文字应归于何处的提示,同时也删去了括号。② 其次,"国与国之间的"利润率也被改成了无法理解的"国际的"利润率。③ 马克思在一个印刷页之后接着提出的应予注意的考虑④,恩格斯也没有顾及到。

例四:

马克思曾从《威斯敏斯特评论》中摘录一段话,作为例证对利息和企业主收入之间的关系作常规性考察,但是同随后的评述不一致。⑤ 恩格斯把这段引文删略了。显然,恩格斯起初有些犹疑不决,在他的编辑稿《各种问题》中,曾提及这段引文⑥。

例五:

马克思在考察资本的有机构成时,曾作了一个注释:"作为这方面的例证,可从《工厂视察员报告》中引述棉纺织业中的情况。"⑦ 在恩格斯的版本中根本没有提到这一情况。

4.2.5　使文字简洁

在马克思的研究性手稿中常常可以发现马克思有这样一种倾向,即当他遇到弄不清的事实情况时会从不同的方面来加以探索。这种倾向恰恰不会减轻手稿使用者的理解上的困难,并会给人造成一种文字冗长的印象。这种情况使得恩格斯总是重新整理一下思路,使之切题。这种做

---

① 《马克思恩格斯全集》历史考证版第 2 部分第 4 卷第 2 分册第 223、224 页。
② 参看《马克思恩格斯全集》第 1 版第 25 卷第 168 页及以下几页。
③ 这一改动在《马克思恩格斯全集》现行版本中被编者改正过来了。
④ 《马克思恩格斯全集》历史考证版第 2 部分第 4 卷第 2 分册第 224—225 页。
⑤ 参看《马克思恩格斯全集》历史考证版第 2 部分第 4 卷第 2 分册第 449 页。
⑥ 参看荷兰国际社会史研究所藏:《马克思恩格斯遗产》,第 86 册。
⑦ 《马克思恩格斯全集》历史考证版第 2 部分第 4 卷第 2 分册第 217 页。

法，受到那些不是对马克思的研究过程而是对结论感兴趣的同时代的评论家们的赞赏，而且他们还认为，恩格斯的这种做法还不够彻底。实际上，应当承认，恩格斯在这方面做得也是前后不一致的，也就是说，有些论述他改得简洁了，有些地方本来也可以这样做，可是他却没有这样处理。

例一：

马克思在思考利润率下降趋势问题时，通过一个计算实例，说明剩余价值量和利润率同原有量和原有比率相比，有可能按相反方向增减一半。马克思在最后指出："尽管可变资本同不变资本相比比率下降，并且剩余价值同预付总资本价值相比比率也下降，但是社会总资本所吸收的剩余价值的绝对量随同劳动人口一起增加一半。"① 这段话被恩格斯断然简略如下："剩余价值量增加了一半，而利润率则比以前下降了一半。"②

例二：

在马克思作出双重或多重界定的场合，恩格斯多半简化为一种说法。例如"利润量减去利息，或利润量超过利息而形成的余额"③ 这一表述，被简化成"超过利息的余额"④。又如，"社会资本的累进提高的有机构成，或资本的提高的平均有机构成"这一提法⑤，被简略为"社会资本的平均有机构成的不断提高"⑥。

---

① 《马克思恩格斯全集》历史考证版第 2 部分第 4 卷第 2 分册第 292 页。
② 《马克思恩格斯全集》第 1 版第 25 卷第 242 页。
③ 《马克思恩格斯全集》历史考证版第 2 部分第 4 卷第 2 分册第 444 页。
④ 《马克思恩格斯全集》第 1 版第 25 卷第 418 页。
⑤ 《马克思恩格斯全集》历史考证版第 2 部分第 4 卷第 2 分册第 286 页及以下几页。
⑥ 《马克思恩格斯全集》第 1 版第 25 卷第 236 页。

4.2.6 使文字顺畅

（a）分段或合并段落：

为了改进原文的可读性，恩格斯常常使思路更紧凑或加以分解，为此合并一些段落或重新形成段落。在这种场合，他并不总是能切合马克思的意图，倒是有时把逻辑上本来应连接在一起的东西分割开来，有时又把互不相关的思路的断片合并在一起。

例一：

有一处关于企业主收入的论述，长达一页半①，却被恩格斯划分为四段②。从方法论上说，值得注意的是，按照他的思路，他从中得出四个基本思想③，然后围绕这些基本思想进行分段。这可能有些过于机械了，因为马克思的思路显然被新划分的第一段给打断了。

例二：

在马克思考察利息率和利润率之间的关系的一个场合，恩格斯把"利息率对利润率的关系，同商品市场价格对商品价值的关系相类似"④这样一段精髓之论，放到了接下来的一段的开端处⑤，这就脱离了原来的思路。这遵循的又是他自己的思路，按照这种思路，两个段落被简化为这一段表述。⑥

---

① 参看《马克思恩格斯全集》历史考证版第 2 部分第 4 卷第 2 分册第 451—452 页。

② 参看《马克思恩格斯全集》第 1 版第 25 卷第 426 页及以下几页。

③ 参看荷兰国际社会史研究所藏：《马克思恩格斯遗产》，档案 H 字第 88 册。

④ 《马克思恩格斯全集》历史考证版第 2 部分第 4 卷第 437 页。

⑤ 《马克思恩格斯全集》第 1 版第 25 卷第 409 页。

⑥ 参看《马克思恩格斯全集》第 1 版第 25 卷第 426 页及以下几页。

例三：

在这个场合，恩格斯把三个根本不同的思路压缩在同一段落中①，其中包括一则方法论的提示和一句空洞的话，而这些马克思以后本来会删掉的②。

（b）增添起过渡作用的虚词：

恩格斯增添了一些使内容发生过渡性联系的词句，使得原文中不够和谐和结构松散地方有所改善。他自己加进的这种文句还有另一层作用，就是发挥某种桥梁作用，如这样的话："我们在上两章已经看到……"③ 特别是遇到那些由各种断片性材料组成的章中，恩格斯自然很难放弃使用这种起中介作用的词句。

例一：

马克思从讨论利息问题突然转到企业主收入问题上来。恩格斯为方便读者指出了论题的转换，他在这个地方说："现在，我们来更详细地考察企业主收入。"④

例二：

在第33章中，恩格斯从"混乱"中摘选出一些有关英格兰银行的引文，把它们编在一起，并用自己增添的如下一句话把这些材料联结起来："当然，英格兰银行作为一个受国家保护并赋有国家特权的公共机关，是不可能像私人营业那样肆无忌惮地利用自己的权力的。因此，哈伯德也在银行委员会（银行法，1857年）面前说……"⑤

---

① 参看《马克思恩格斯全集》第1版第25卷第403页。
② 参看《马克思恩格斯全集》历史考证版第2部分第4卷第2分册第433页。
③ 《马克思恩格斯全集》第1版第25卷第415页。
④ 《马克思恩格斯全集》第1版第25卷第429页。
⑤ 《马克思恩格斯全集》第1版第25卷第616页。

(c) 加进起限制作用的字句：

在马克思的手稿中，有一些提示涉及所论述的问题在他的经济学著作中的编排位置和论题界限。其中有些说法相互矛盾，这表明在第 3 册中以及在考察专门问题的第 4—6 册中，叙述的逻辑顺序还悬而未决。恩格斯显然对有关的考虑缺乏了解，在许多场合对马克思的说法增添了一些起限制作用的字句，以图使论点清楚明白，并且有时把质的问题归结为量的问题。这样一来，读者要理解马克思著作的一些意向和悬而未决的问题就变得更加困难。

例一：

马克思在第五点《信用。虚拟资本》一开头，说了一段内容并不一致、在方法论方面起限制作用的文句："我们不打算分析信用制度和它为自己所创造的工具，如信用货币等等。我们在这里只着重指出为说明资本主义生产方式的特征所必要的少数几点。因此，在这里，我们只研究商业信用。这种信用的发展和公共信用的发展之间的联系，不属于我们考察的范围。"[1] 与这段话指出的情况相反，恩格斯以为这里指的是详细叙述信用问题，所以将开头一句话改成这样："我们不打算详细分析信用制度……"[2] 这里通过"详细"这个定语，就使马克思的提法明确化了。这样一来，就把这段话背后所隐藏的关于应在何处系统考察信用论题这一叙述逻辑问题，变成了数量问题。

例二：

马克思在论述资本的游离和束缚问题时，一开头就指出，这里所研究的各种现象要得到充分阐述，要求有信用制度和竞争。接下来提示说："资本主义生产的这些比较具体的形式，只有第一，在理解了资本

---

[1] 《马克思恩格斯全集》历史考证版第 2 部分第 4 卷第 2 分册第 469 页。
[2] 《马克思恩格斯全集》第 1 版第 25 卷第 450 页。

的一般性质以后，才能得到阐明。"① 恩格斯显然认为这里同手稿中的叙述有矛盾，于是把"阐明"改成了"充分阐明"。② 但是，加了这两个字，这句话的意思就变得荒谬了。

（d）去掉着重号：

恩格斯通常不再保留马克思所使用的着重号。在这里经济上的原因可能起了作用，因为在出版第1卷第1版时迈斯纳建议，着重号不要采取把单词疏排的办法，那样会使成本大大提高。③ 如果就一部著作的成熟版本而言，删除着重号也许还是可以接受的，那么在编辑一部草稿时也这样做，却是令人遗憾的，因为在这里着重号有时有某种提示语源的意义，有时是作者为了方便自己对难点的理解而使用的重要的定向手段（也是视觉上的），有时则可能是先写下来供以后集中精力加以考虑和取舍的字句。可惜，恩格斯把这样一些文字的着重号也给删除了，这些地方在后来的争论中引起人们特别的注意，例如在推导利润率的场合就有这种情形。在这样的地方，恩格斯所删除的着重号，恰好是马克思想用来突出利润率发展的趋势和相对性的。

但是，甚至在这方面，恩格斯的做法也是前后不一致的。保留着重号的有以下几种情形：关键性字句（"一般利润率的逐渐下降"，"真正的限制"，"作为资本发挥职能"等）；表明因果联系的词（"可能"，"必然"，"结果"等）；对比性的词（"利润率和利润量"，"质和量"，"作为所有权的资本和执行职能的资本"等）；鉴定性规定（"资本主义生产的限制就是生产完全没有限制"，"作为非所有者"，"作为二者"，"企业主收入本身就是工资"等）；排序字词（"第一"，"第二"等）。

---

① 《马克思恩格斯全集》历史考证版第2部分第4卷第2分册第178页。
② 《马克思恩格斯全集》第1版第25卷第126页。
③ 参看奥托·迈斯纳1872年1月23日致卡尔·马克思的信。

在这里，几乎没有什么明确的标准。但是，有一点是清楚的：当马克思遇到困难问题标以着重号，用来在视觉上加强所思考的联系时，恩格斯还是能保留提示性字句的着重号的。他所保留下来的许多着重号，旨在收到宣传上的和政治上的效果，或有助于阅读。不过，即使在这方面，他也放过了许多机会。在富有宣传价值和实际价值的第 23 章（"利息和企业主收入"）中，——正因为如此，他把这一章提前发表在《新时代》上——他几乎把所有的着重号都删掉了。只有少数地方他才保留了着重号。①

例：

马克思的原文是，"相反，在**资本价值量已定**时，**剩余价值量**不增加或减少，利润率也就不可能提高或降低"②。恩格斯的改动如下："相反，在资本价值量已定时，**剩余价值量**不增加或减少，**利润率**也就不可能提高或降低。"③ 我们发现，作者和编者强调的重点有所不同。

（e）删除重复的字句：

有人责备恩格斯把一些"没完没了的重复"保留下来。看来，他预计到会遭到这种责备，所以确实在《序言》中明确指出："个别重复的地方，我也没有划去，因为在那些地方，像马克思通常所做的那样，都是从不同的角度论述同一问题，或至少是用不同的说法阐明同一问题。"④ 另外一些重述，被划掉了。

---

① 参看《马克思恩格斯全集》历史考证版第 2 部分第 4 卷第 2 分册第 297 页；《马克思恩格斯全集》第 1 版第 25 卷第 247 页。
② 《马克思恩格斯全集》历史考证版第 2 部分第 4 卷第 2 分册第 305 页。
③ 《马克思恩格斯全集》第 1 版第 25 卷第 261 页。
④ 《马克思恩格斯全集》第 1 版第 25 卷第 7 页。

例一：

马克思曾举例说明不同的资本构成对剩余价值率和利润率的影响。① 在这个地方的稍后几行，他写下他所认为的一个"较好的例子"②。恩格斯认为，——他完全有理由这样做——看不出后一例子比前一例子有多大好的地方，所以把重复的例子删掉了。③

例二：

马克思曾指出："至于不断变动的市场利息率，那么，它和商品的市场价格一样，在每一瞬间都是作为固定的量出现的。"④ 过了几行，这段话几乎以同样的字句又重复一遍。⑤ 当然，这里的上下文已有所不同，于是删掉这段重复的话就成了问题。

例三：

恩格斯在处理重复的文字方面也不是前后一致的。例如，他对以下两段话的处理标准就是难以理解的，在这两段话中，原因成了结果，结果成了原因："如果商品都能够按照它们的市场价值出售，供求就是一致的。如果供求一致，它们就不再发生作用，正因为如此，商品就按照自己的市场价值出售。"⑥

（待续）

（原载柏林《MEGA研究》，1994年第2辑）

（夕昆译）

---

① 参看《马克思恩格斯全集》历史考证版第2部分第4卷第2分册第290页。
② 参看《马克思恩格斯全集》历史考证版第2部分第4卷第2分册第290页。
③ 参看《马克思恩格斯全集》第1版第25卷第241页。
④ 《马克思恩格斯全集》第1版第25卷第410页。
⑤ 参看《马克思恩格斯全集》历史考证版第2部分第4卷第2分册第439页。
⑥ 《马克思恩格斯全集》第1版第25卷第211页。

马克思说的是自己的话吗？（四）

——关于恩格斯编辑出版的《资本论》第3卷的基本手稿*

〔德〕卡尔－埃里希·福尔格拉夫、尤尔根·荣克尼克尔

4.2.7 订正

在马克思所写下的这类未完成的手稿中，那些初次记录下来的思想在内容、术语和文字表达方面尚不一致，这原是正常的事情。恩格斯不仅仅对明显的错误作出订正，而且还作了许多其他方面的改动，这在他的《序言》中统统称之为"文字上的修订"①。而这又是言行不一的。在长达9年的时断时续的编辑过程中出现这种情况不足为奇。

(a) 内容订正

例一：

马克思在论述生息资本时提出了 $G' = C + \dfrac{C}{i}$（式中 C = 资本，i = 利息率)②，恩格斯改为 $G' = C + Cz'$（式中 z' = 利息率)③，这是确切的。

---

* 本文选自《马克思恩格斯列宁斯大林研究》1998年第3辑。

原题注：前三部分分别载《马克思恩格斯列宁斯大林研究》1996年第1辑、1997年第1辑和1998年第2辑。——编者注

① 《马克思恩格斯全集》第1版第25卷第8页。
② 参看《马克思恩格斯全集》历史考证版第2部分第4卷第2分册第461页。
③ 参看《马克思恩格斯全集》第1版第25卷第440页。

例二：

马克思曾写道："一个 100 镑的价值额，在平均条件以及平均的智力水平和合乎目的的活动下当作资本支出，会提供一个 20% 的利润。"① 恩格斯把这段话改成这样："一台价值 100 镑的机器，在平均条件以及平均的智力水平和合乎目的的活动下当作资本使用，会提供 20 镑的利润。"② 可见，恩格斯把马克思所指的总资本（C），等同于不变资本（c），而忘记了其中包含的可变资本（v）。这样一来，这段话本身以及往下的原封不动保留下来的马克思的原文，就变得荒谬了。在 m1 假定为 100% 的情况下，恩格斯得出的利润仅为 16.6%。希法亭和其他一些人曾援引过这段话，却没有发现其中的错误。③

马克思对这处文字的变动并不是没有责任的。后来他又回到这个例子上来，并且说明："这 100 镑……因而生产 20 镑的利润……把这 100 镑作为资本支出，也就是说，把货币支付出去购买生产资料（如果是产业资本）或购买商品（如果是商业资本）。"④ 就此来看，恩格斯只是把前后统一起来罢了，当然是在消极的意义上。

例三：

马克思说："货币（商品）就其自身来说是资本（正像劳动能力就

---

① 《马克思恩格斯全集》历史考证版第 2 部分第 4 卷第 2 分册第 412 页。
② 《马克思恩格斯全集》第 1 版第 25 卷第 378 页。
③ 参看鲁道夫·希法亭：《金融资本。资本主义最新发展研究》，载《马克思研究。科学社会主义理论和政治研究杂志》，维也纳 1910 年版第 3 卷，第 1—477 页；并参看埃米尔·瓦尔特：《资本主义。马克思主义经济理论入门》，苏黎世 1930 年版，第 232 页。
④ 《马克思恩格斯全集》历史考证版第 2 部分第 4 卷第 2 分册第 413 页；《马克思恩格斯全集》第 1 版第 25 卷第 379 页。

其自身来说是劳动一样）。"① 恩格斯把这句话改成这样："货币或商品，就其自身来说，在可能性上是资本，正像劳动力在可能性上是资本一样。"② 我们也可以说，马克思在这里是为以后的"人力资本"的命题作了铺垫。

例四：

在推导利息时，马克思在方法论论题"信用的一个证明"项目下，记下了将来在叙述中可能要重点讨论的逻辑链条，并将其放入四角括号内。这个链条是：货币作为支付手段，第一，不仅使一个商品的购买和支付相互脱节，而且使支付可以在商品重新卖出以后才进行；第二，在信用的发展中，债权证书成了支付手段；第三，在再次的发展中，债权证书互相抵消。③ 恩格斯删去了马克思预先写下的文字的思路设想，在有关的文字之前写下了"（为以后整理而作的备注）"的注文，并把四角括号删掉，变"信用的一个证明"为"信用的一个特殊形式"。④ 在这里，马克思的思考是针对从范畴上来把握作为支付手段的货币和信用之间的发展联系的，而恩格斯的整个改动表明，他认为应当指出可从经验上把握的各种信用形式的尚待解决的体系化问题。⑤ 逻辑被实际的演化代替了。

---

① 《马克思恩格斯全集》历史考证版第2部分第4卷第2分册第429页。

② 《马克思恩格斯全集》第1版第25卷第398页。

③ 参看荷兰阿姆斯特丹国际社会史研究所藏：《马克思恩格斯遗产》，档案A字第80号，第300页。马克思在"一个证明"之上写有"形式"字样，在《马克思恩格斯全集》历史考证版第2部分第4卷第2分册中此处被误为"一个证明形式"（见第441页）。

④ 《马克思恩格斯全集》第1版第25卷第414页。

⑤ 参看海因利希：《信用理论的体系意义》，第141页。

例五：

马克思在论述生息资本这一生出剩余价值的价值时，举出了自詹姆斯·斯图亚特以来风靡一时的和引起许多争论的窖藏葡萄酒模型。原来，窖藏的葡萄酒由于发酵而价值上升。当然，他曾就此指出，葡萄酒的使用价值由此变得更好了。① 可是恩格斯在提要中解释说，葡萄酒的价值提高了②，同时却没有改动马克思的表述。

(b) 术语订正

马克思在亲自准备的《资本论》第1卷的新版本中，曾不断致力于提高范畴的纯净度。在写作第2卷和第3卷的材料时，他没有再执行这一不可缺少的工作步骤。因此，我们在有些章节不得不同混乱的概念使用情况打交道，而这种情况是不符合辩证叙述的要求的。恩格斯作为编者在这方面做得有点过火，花去了过多的时间去统一范畴用语。再说，怎样做才能符合马克思的意图呢？可是，恩格斯依然一再尝试统一用语工作，尽管并没有坚持到底。考茨基父子在编辑出版《资本论》第3卷时很快便发现，在这方面有大量工作等待他们去做。③

另一方面，在《资本论》第1卷的新版本中，术语方面也有一些改动，可是第3卷的手稿却依然保持原样。因此，关于这个第3卷，恩格斯面临了订正问题。而且，在许多场合他也确实使之有所"改进"。

恩格斯在一个地方对用语作了修订，结果对领会原文产生重要影响。马克思在论述利润率下降趋势时，曾写下这样的思考：由于集中过

---

① 参看《马克思恩格斯全集》历史考证版第2部分第4卷第2分册第463页。
② 参看《马克思恩格斯全集》历史考证版第2部分第4卷第2分册第463页。
③ 参看贝内迪克特·考茨基：《出版者序言》，载《资本论》第3卷（恩格斯编，贝内迪克特·考茨基在卡尔·考茨基协助下刊行的大众版），柏林1929年版，第VII—XII页。

程,如果没有相反的作用发生,资本主义生产将走向"崩溃"。① 马克思把这一思考写在四角括号内。如我们已经说过的,恩格斯把马克思的连续的叙述分成几个段落,并把四角括号去掉②,把这一思想写成"Ⅰ.概论"这一标题下的开头一节的结尾一句话,而且按照自己的想法③用"崩溃"替代了"达到该作出决定的时刻"④。由于这一改动,恩格斯不仅为第二国际中广为流行的等待崩溃的观点(如考茨基)⑤ 提供了养料(如倍倍尔的提法)⑥,并且有利于争论中认为马克思提出过崩溃理论的论点。

---

① 参看《马克思恩格斯全集》历史考证版第2部分第4卷第2分册第315页。

② 马克思的这一思考是从他的《1861—1863年手稿》中移过来的。参看《马克思恩格斯全集》历史考证版第2部分第3卷第4分册第1447页。在该手稿中,原文也是放在四角括号内,而且很清楚,为什么这段话要放在括号里。"如果没有在这里不能加以说明的——这属于资本竞争章——起削弱作用的趋势不断与向心力一起又起离心作用,这个过程很快就会使资本主义生产达到该作出决定的时刻。"(同上)在这里,马克思在方法论上的两难处境是一目了然的,就是说,竞争问题的讨论本来应在专门的一册中进行,但是,每当同平均量打交道,每当要证明某些趋势等等的时候,又一再要假定这种情况是既定的。可是,恩格斯的版本的处理方法,却使人看不到这一点。

③ 在马克思的《哲学的贫困》一书的《序言》中,恩格斯谈到"资本主义生产方式的必然的、我们眼见一天甚于一天的崩溃",作为他对"基本矛盾"(《反杜林论》)的一些思考的补充(参看《马克思恩格斯全集》第1版第21卷第209页)。

④ 参看《马克思恩格斯全集》第1版第25卷第275页。

⑤ 考茨基在评论爱尔福特纲领时,也和恩格斯一样,谈到了资本主义社会的不可避免的崩溃。参看卡尔·考茨基:《爱尔福特纲领基本部分释义(1892年)》,1974年柏林、巴特戈德斯贝格版,第102页及以下几页。

⑥ 参看奥古斯特·倍倍尔在哥达党代表大会上的讲话:《关于德国社会民主党代表大会的谈判记录(1896年10月11—16日在哥达进行)》,柏林1896年版,第130页。

例一：

马克思把全书分为3册，以便从剩余价值过渡到利润，并期望对这两个概念作出清晰的划分。显然，他漫不经心地把两者弄混了。例如，我们在分析生息资本的使用价值的场合立即看到三个规定：生产利润①、创造剩余价值和利润②，以及生产剩余价值③。诚然，实际上还有第四个规定，因为马克思曾指出，他在写利润时指的总是平均利润。④另外，马克思的术语前后并不一致，曾使用"总利润"、"利润"和"毛利润"等，其含义是一样的，并且在同一篇章内交替使用。⑤（在有些著作中，还可举出术语不一的其他一些例子，如成本价格和市场价值等术语即如此。⑥）

例二：

马克思在他的手稿第6章和结束章第7章中，不再像前面各章那样使用"劳动能力"这一概念，而只使用"劳动力"这一概念。恩格斯

---

① 参看《马克思恩格斯全集》历史考证版第2部分第4卷第2分册第412页；《马克思恩格斯全集》第1版第25卷第378页。

② 参看《马克思恩格斯全集》历史考证版第2部分第4卷第2分册第416页；《马克思恩格斯全集》第1版第25卷第383页。

③ 参看《马克思恩格斯全集》历史考证版第2部分第4卷第2分册第416页；《马克思恩格斯全集》第1版第25卷第383页。

④ 参看《马克思恩格斯全集》历史考证版第2部分第4卷第2分册第450页。

⑤ 《马克思恩格斯全集》历史考证版第2部分第4卷第2分册第443页。

⑥ 参看汉斯·瓦格纳：《"利润转化为平均利润"理论在〈资本论〉第3卷中的地位和内容。论马克思的唯物辩证法》，载《马克思恩格斯研究论丛》（柏林），第25辑，第51—86页；并参看约翰·科勒：《谈谈价值理论争论中对〈资本论〉第3卷第10章的理解问题》，载《弗莱堡研究学报》，莱比锡1986年版第182辑，第9页。

鉴于第 1 卷的情况，从头到尾一律把"劳动能力"机械地改为"劳动力"①，就像 1891 年处理《雇佣劳动与资本》的情况一样。这样一来，对于术语起源的颇有价值的观察就走样了。

例三：

最有意思的是，恩格斯由于收回经济决定论，在自己的有名的"晚年书信"中把马克思的"发挥职能的资本家"（funktionierender Kapitalist）和"企业利润"（unternehmungsgewinn）这样的被动性的、决定论的术语，修订为"执行职能的资本家"（fungierender Kapitalist）和"企业主收入"（unternehmergewinn）这样的主动性的术语。这样一来，就掩盖了马克思的 1860 年的人格化思想，而按照这一思想，追求自己的主观目的的资本家只不过是客观规律性的执行器官。"资本家只是人格化的资本，在生产方式内部，资本家只是作为资本的承担者发挥职能。"马克思在"三位一体的公式"这一部分的开头就是这样说的。②

（c）改变文体

恩格斯的这种参与方式的后果是很难说明的。文体的改动使许多原文的内容传导功能发生变化，但并未改变内容本身。不过，对某种辩证的叙述方式来说，这种改动可能意义重大，意味着某种曲解。恩格斯认为他所作的"文字上的修订"③几乎不值一提，但是对于原文总是有所润色。总之，可以认为，他的这种润色工作使原文具有某种历史意义。不过，读者可以立即发现，恩格斯总是寻找一些句法上的和语义学上的

---

① 情况表明，在恩格斯摘录的第 5 章的材料中，总是使用"劳动力"，而在马克思的手稿中原来使用的是"劳动能力"。见荷兰阿姆斯特丹国际社会史研究所藏：《马克思恩格斯遗产》，档案 H 字第 88 册。
② 参看《马克思恩格斯全集》历史考证版第 2 部分第 4 卷第 2 分册第 834 页。
③ 《马克思恩格斯全集》第 1 版第 25 卷第 8 页。

解决办法，这些方案不同于原文，使我们可以立即领会马克思的一些思路。凡对马克思的辩证思维进程的原型感兴趣的读者，必然会坚持以《马克思恩格斯全集》历史考证版第2部分第4卷第2分册的文字为依据，因为恩格斯原封不动照录下来的文句只属很少的部分。

(d) 核正计算数字

恩格斯根据他处理第2卷材料的经验，对于马克思尝试按照自然科学的时代精神用公式来概括和"验算"思想事物的做法表示怀疑。因此，恩格斯对大部分公式和计算重新进行核正，在必要时，便作出修正或用自己的计算代替原来的计算，如第42章便是如此，正如他所说的："以上Ⅳa至Ⅳd各表由于包含一个贯串全部的计算上的错误而必须重新计算。"①

对于马克思的长达132页的"用数学方式探讨剩余价值率和利润率"的手稿（写于1875年），恩格斯在整理时感到力不从心，遂请求他的友人赛米尔·穆尔从头到尾读了一遍。穆尔对各种计算和公式毫无尊重之意，他作了大量的订正，并加了一些不会使马克思感到高兴的注释，此外还向恩格斯提供了一个篇幅近6页的摘要②。恩格斯则如他在《序言》中指出的，"按照他的摘要，有时也利用主要的手稿，编成第3章"③。穆尔的参与在日后的争论中成为一个热点。格罗斯曼曾尝试从积累规律推导出资本主义必然自行崩溃的结论，他在这样做时指出："不过，穆尔并不是国民经济学家，这里讨论的问题虽然具有数学形式，却归根到底纯属经济学问题。因此，整部著作的这个部分的形成方式自

---

① 《马克思恩格斯全集》第1版第25卷第790页脚注。
② 赛米尔·穆尔：《剩余价值率和利润率。马克思手稿摘要》，荷兰阿姆斯特丹国际社会史研究所藏：《马克思恩格斯遗产》，档案Q字第14号。
③ 《马克思恩格斯全集》第1版第25卷第8页。

始就包含了这样的可能性：这里存在许多可引起误解和失误的地方，而且这种失误又很容易延续到论利润率下降趋势那一章。这种失误的可能性又几乎成为必然性，只要我们考虑一下，这里涉及的虽然只是一个词，但该词却会使整个叙述的内容不幸遭到歪曲，这就是：资本主义的不可避免的灭亡被归诸于利润率的相对下降，而不是被归诸于利润的量。在这里，恩格斯或穆尔显然是弄错了。"① 因为穆尔的材料将发表在《马克思恩格斯全集》历史考证版第 2 部分第 15 卷中，所以他对《资本论》所作出的贡献以及他对马克思的数学能力所作出的评价不久便可呈现在每个读者面前。

恩格斯在核验各种计算时前后也不一致。例如，有些著作指出了一个公式的计算错误，我们指的是朗格②和波凯维茨的著作。关于朗格所指责的计算错误，在《资本论》大众版中也提示过。③ 在这里，考茨基重新计算了一遍，并认为这是一项吃力不讨好的工作，因为有一部分计

---

① 格罗斯曼：《资本主义制度的积累规律和崩溃规律》，莱比锡1929年版，第195页。

② 参看朗格：《作为国民经济学理论家的卡尔·马克思》，第551页。

③ 参看《资本论》第 3 卷大众版第 1 册第 27 页。在考茨基遗留下来的编辑材料残篇中也谈到这种情况。有一小页纸上写道："第 27 页以下是否必要？第 28 页上说：只有当 $C = C_1$ 时，$\dfrac{P'}{P'_1} = \dfrac{V'}{V'_1}$ 才适用。这里需作进一步的说明。在第 3 篇，从第 28 页下半部分起，又来了同义反复，因为在剩余价值率相同时，可变资本的比例自然等于利润率的比例。因为 $P' = m' \dfrac{V}{C}$ 和 $P'_1 = m \dfrac{V_1}{C_1}$ 这些公式，来自于 $P'_1 = \dfrac{m}{v} \cdot \dfrac{V}{C}$ 或 $P'_1 = \dfrac{m_1}{V_1} \cdot \dfrac{V_1}{C_1}$ 也就是说，来自于 $P' = \dfrac{m}{C}$ 和 $P'_1 = \dfrac{m_1}{C_1}$，即来自于始发公式。整个公式无非说明，在剩余价值相同时，剩余价值同总资本之比等于可变资本同总资本之比。"参看前引书，注167。

算马克思完全是为了自己理解问题而进行的,所以最终可能不会再照录下来。① 谁手头有《马克思恩格斯全集》历史考证版第 2 部分第 4 卷第 2 分册,谁就可以发现,马克思有些值得注意的计算,被恩格斯删除了,因此读者就看不到了。

(e) 核实或翻译外文引文

恩格斯在马克思的女儿爱琳娜的帮助下②,补全了引文出处,但是由于时间的关系,并没有处处加以核对。例如,有一处引自《经济学家》杂志的材料,把有关年代弄错了(把 1859 年写成了 1851 年)。③ 有一段引自亚当·弥勒的话,原文是"des Menschen",被马克思写成"d. Menschen"④,而到了恩格斯那里竟成了"der Menschen"⑤。恩格斯不时会碰到错误的数据,例如,关于 1821 年 4 月 21 日的《矿山童工调查委员会委员的第 1 号报告》,他虽然在自己的证明材料中提到此事⑥,但是显然并没有弄清情况。

原文中的外文引文和大量的英文术语,恩格斯通常都翻译出来。一

---

① 考茨基:《大众版序言》,载马克思《资本论》第 3 卷大众版第 1 册,柏林 1929 年版,第 XII 页。

② 参看爱琳娜·马克思—艾威林的相关的多页手稿,收藏于荷兰阿姆斯特丹国际社会史研究所藏:《马克思恩格斯遗产》,档案 G 字第 2 号。

③ 参看《马克思恩格斯全集》历史考证版第 2 部分第 4 卷第 2 分册第 466 页;《马克思恩格斯全集》第 1 版第 25 卷第 447 页。

④ "des Menschen"中冠词"des"表示后面的名词为单数第二格即领受格;"d."为冠词 der 的缩写,就其本身而言,表现不出所属的格;"der Menschen"中的冠词 der 表示后面的名词为复数第二格。——译者注

⑤ 《马克思恩格斯全集》第 1 版第 25 卷第 447 页第 10 行。

⑥ 参看荷兰阿姆斯特丹国际社会史研究所藏:《马克思恩格斯遗产》,档案 H 字第 86 号。

个有趣的细节是,有一段被引用了两次的引文,译文并不一样。① 他有时显得有些学究气。例如,把一个公式中的缩写字符号 i (= interest) 译成 TZ (= zins)。这是多余的。有些引文没有翻译过来,在第 5 篇中这种情形特别多。②

5. 师承中的问题

我们在考察第 3 卷的师承经过时,总是一再会想到要拿第 2 卷的师承主线来作一比较。我们很清楚,关于马克思和恩格斯在思想和行动上的一致性问题,并不是列宁首先提到的。但正是他们两位自己在许多问题上感到一致性确实有所削弱。而后来人只不过把这种一致性的看法到处加以兜售罢了。同时代人总是谈论"**马克思和恩格斯两人的价值理论**"③,这是很容易理解的。恩格斯被认为是马克思理论的最恰当的解释者④,这几乎已经成了定论。但是,第 3 卷的出版打破了这种老一套的说法,让人们考虑马克思和恩格斯是不是有什么分歧。

关于 19 世纪最后 30 年的师承问题,多少不幸的是,《资本论》的出版史具有某种决定性的意义。在 60 年代初,马克思已取得了重要的科学认识,并具备了颇有价值的细节方面的认识。在手稿写成后过了

---

① 参看《马克思恩格斯全集》第 1 版第 25 卷第 469、551 页。
② 参看《马克思恩格斯全集》第 1 版第 25 卷第 406、415、551—552 页。
③ 参看弗兰茨·冯·屈弗施泰因:《理论和实践中的经济价值,附关于马克思恩格斯价值理论的一篇导言》,维也纳 1885 年版。
④ 参看卡尔·迪尔:《论马克思经济体系中价值和价格的关系》,载《哈雷国家经济研究室建立 25 周年为约翰内斯·康拉德出版的纪念刊》,耶拿 1898 年版,第 1—44 页。

20年和30年，第2卷和第3卷才先后分别出版，这样一来就同实际断了联系，而科学在某种程度上却继续前进。① 马克思在自己的分析中，设想存在着某种展开的自由竞争，在积累理论中，他同时又假定在经济结构方面发生了某种决定性的变革。当第3卷的手稿问世时，这种变革正方兴未艾。在60年代初，没有一个人会像马克思那样对大生产趋势有如此清晰的认识，没有一个人会像他那样不仅从竞争出发，而且从技术和工艺的发展情况出发对于这种趋势作出论证。在1894年，全世界都在谈论大生产，虽然已经过了几十年，可是关于股份公司的集中化的作用，依然没有人会像马克思在1864—1865年手稿中那样作了那么清楚明白的探讨。在马克思的同时代人中间，没有人能认识这样的问题：马克思曾对繁荣年代的成果进行过概括，并从《资本论》第1卷法文版②问世时起对资本积聚和资本集中作了明确的区分。作为繁荣年代的反映，有关企业主收入的著作大批问世。在上一世纪80年代，这个问题一再有人作出概括。马克思在第3卷手稿中得出了一个十分明确的项目：派生的剩余价值。可是，到了90年代，几乎还没有人注意到这一点。马克思本人在《资本论》第1卷已经提出价值规律和平均利润相协调的问题，并在第3卷手稿中十分用心地探讨了这个问题。当第3卷问世时，人们大为失望，因为恩格斯在反驳批评时允诺得过多了。

这里可以举几个例子。有一个人不久前提出这样一个看法：如果《资本论》以后的各卷不出版而保留下来，那也许可以为马克思的拥护

---

① 恩格斯在谈到一个我们这里并不感兴趣的问题时曾说明，在1865年，只有马克思取得了这种认识，而今天这几乎已经成了无可争辩的事实。参看《马克思恩格斯全集》第1版第25卷第198页。
② 《资本论》第1卷，巴黎1872—1875年版。

者们提供一些有竞争力的模式。① 分析一下第3卷的师承情况，这种看法就可得到证实。更加醒目的是，随着1894年第3卷的问世，马克思的60年代初的认识水平就以文献形式确定下来。原来的推想于是就变成了纯粹历史的东西，而且未加充实。对于社会实践的一些迫切问题没有作出回答。而且，无论从形式和内容上说，马克思的理论都是未完成的。现在已经很清楚，马克思的研究工作随第3卷而中断。因此，第3卷理应引起这样的争论：马克思的理论如今是否并且在多大程度上还具有重要意义；其次，马克思和恩格斯之间可能有怎样的分歧？伯恩施坦由于发表一系列论述社会主义问题的文章，于1896年激起了关于马克思主义是否存在缺口问题的争论。因此，马克思主义者中间围绕恩格斯编辑出版的《资本论》问题展开的争论，从一开始就带有意识形态的色彩。在修正主义之争中，以及在后来，有人认定马克思的体系并未完成，马克思的阐述尚存在缺陷，一些重要问题的论述既不系统又存在矛盾，这样，就令人怀疑，是否人们要扳倒马克思。格罗斯曼和施特恩贝格之间的争论就是一个例子。② 人们试图在马克思和恩格斯之间寻找分歧，对此提出反驳的有考茨基、鲍丁等人，在有的问题上还有卢卡奇，特别是德波林和鲁达斯。这样，恩格斯的版本便有了免疫力。

---

① 卡尔-埃里希·福尔格拉夫1991年1月7日致大村泉的一封信，载《黑克尔、科普夫和福尔格拉夫对大村泉的一篇文章的思考》（《马克思恩格斯研究论丛》[柏林]，1991年新辑，第115—117页）。

② 参看格罗斯曼：《资本主义制度的积累规律和崩溃规律》；施特恩贝格：《是科学上的一次变革吗?》。

6. 对恩格斯的版本的评价

直到今天，人们在援引恩格斯本人的论点时，还对它给予"值得注意的保留"[①]。那么，对于恩格斯出版的《资本论》第3卷的手稿，究竟应给予怎样的评价呢？他作为出版者出了问题吗？按照今天的标准，历史考证性版本是极好的版本，因为这种版本是不容许任何改动的，包括恩格斯的改动在内。我们看到，这里发生的不仅仅是细小的改动，而且恩格斯对原文作了重大改动，他没有遵守让马克思的"科学发现完完全全按照他自己的叙述传给后世"[②] 的承诺。

我们都注意到，有些研究者披露了马克思和恩格斯之间在方法上和对文字内容的理解上存在的一些差异，这肯定在《资本论》第3卷的编辑工作中也有所反映（这在第2卷上就已经有所表现）。而且，恩格斯所以犯了编辑上的一些错误（这在第1卷和第2卷中已有所流露），部分原因是因为他未能领会马克思的一些意向，部分原因也是因为他没有把握住马克思的辩证的思维方法和叙述方法。我们已经说过，这妨碍了恩格斯对马克思写作《资本论》的工作和探讨经济学理论所达到的水平这两方面作出某种比较分析，以致在《序言》和《增补》中竟扮演了作出回应的争论者的角色。如果能作出这种比较，一些确实重大的错误解释及其后果本来是可以避免的，例如，第1卷中的价值章就被当作简单商品生产而从历史上作出解释。[③] 然而，马克思在这里说明的实际上是简单流通的发展过程。另一个例子，就是《序言》中与此相关

---

① 比朔夫等：《剥削·自我神秘化·调节》，第12页。
② 《马克思恩格斯全集》第1版第25卷第1005页。
③ 参看《马克思恩格斯全集》第1版第25卷第1006页。

的一个设想,即认为在进一步的研究中,俄国的土地关系在第 3 卷第 6 篇中所起的作用,应相当于英国工业雇佣劳动在第 1 卷中所起的那种作用。① 这一设想尤其对俄国产生了影响。②

不过,恩格斯没有可能拿今天的专业尺度来衡量问题。一方面,当时的出版水平不能与今天同日而语,那时还不以忠实原文为己任。这从桑巴特的说法中就很容易理解,此人说过,也许整章都可以删掉,而不会造成任何损害。另一方面,同时也是极其重要的一个方面,就是恩格斯不想仅仅成为一名出版者,他想集出版者与遗产管理人身份于一身。这也正是恩格斯至今从未受到过批评的一项功绩。同样,考茨基后来在出版《剩余价值理论》时,也采用了这种方法,由于有了这一出版物,马克思的原稿才"不会全部毁掉"③,变得可加以利用,而且能够流入学术界。恩格斯为他所设想的读者圈出版了马克思手稿的具有可读性的版本。这个读者圈既包括有理论觉悟的工人,也包括热心于语文文献的科学家。天知道,如果不这样处理,马克思的相关手稿何日才能同读者见面?诚然,那样的话,考茨基就不得不为他的"大众版"选择另一种方案。桑巴特和其他一些人都曾高度评价恩格斯的贡献,前者说:

---

① 参看《马克思恩格斯全集》第 1 版第 25 卷第 11 页。伯恩施坦还从"考察资本主义生产的一切领域"的逻辑关系出发来研讨这一论题,他指出:马克思可能要把俄国当作农村存在的剥削的典型例子。参看伯恩施坦:《〈资本论〉第 3 卷》,第 335 页。

② 列宁认为地租篇是第 3 卷中最重要的一篇。1933 年大众版编者指出,该篇是"各篇中最重要的和具有独立价值的一篇",见《出版者序言》,第 8 页。

③ 恩格斯 1885 年 4 月 23 日给丹尼尔逊的信,见《马克思恩格斯全集》第 1 版第 36 卷第 299 页。

"恩格斯要完成的科学文献的出版工作，毕竟实现了。"①

撇开通常的例外情况不说（如勒尔、朗格的情况），在同时代人中没有人提出这样的问题：恩格斯是否是一位有资格的出版者？恩格斯至少被看作是一位内行，他将能够把马克思的意向以最好的方式付诸实现。也许，他的这一优势同时也是出版者恩格斯的最大的劣势。就这一点来说，伯恩施坦针对恩格斯的工作中特别有缺陷的部分所作出的评价，是值得思考的。伯恩施坦曾说过："恩格斯越是想补救，就越是有失去这一篇的特色的危险。而这本来是他小心翼翼地想防止的东西，也就是说，他想使此书在一切重要的地方都成为马克思的作品。"②

如果把对恩格斯的出版工作的评价总括一下，那就可以这样说：一方面这是非同小可的历史功绩，另一方面从各个角度来看，这又是前后矛盾的版本。这样，几乎就可以不必再提这样的问题：恩格斯是否把马克思的草稿变成了某种另外的东西，他是否要赋予这个草稿也许是完成的著作的外观。最初，有些批评在马克思的手稿的前后一致性方面引起人们种种推想。听到这些意见后，恩格斯本人坚持认为，他要以作者原文为可靠的基础来行事，杜绝任何明显的改写和可能出现的这种想法。他说："对于那些希望真正理解它的人来说，最重要的却正好是原著本身；对于这些人来说，我的改写顶多只有解说的价值，而且是对一部没有出版和没有机会得到的著作进行的解说。但是，在第一次争论时，就必然要查对原著；在第二次和第三次争论时，全部出版原著就是不可避

---

① 韦尔纳·桑巴特:《弗里德里希·恩格斯（1820—1895年）。社会主义发展史中的一页》，柏林1895年版，第33页。

② 伯恩施坦:《〈资本论〉第3卷》，第336页。

免的了。"① 我们的分析表明，事情并非如此。同扬的意见②相反，我们自然认为，恩格斯整理出来的东西并不表明，第3卷只是一部未完成的作品，手稿经过付印仍是一部草稿。马克思在叙述和思考过程中写出的许多离开本题的文句，即使恩格斯去掉了作为视觉手段的方括号，仍然可以辨认出来。即使在1894年的版本中，也可以看出，马克思对资本的总的生活过程已经作出某种设想和预加工，这是一个方面；另一方面，考虑到马克思的许多进一步的意向，他的这种设想和预加工又只是刚刚开始。恩格斯尽管多次反驳，却不想也不可能来掩饰这种情况。在这方面，为了对上述各种评论作出概括，《前进报》甚至谈到了某种第3卷的"片断"问题。③ 朗格断言："马克思的基本理论著作的完成，竟不得不委身于恩格斯一个人，而后者从马克思遗留下来的片断文献中与其说不得不编辑出可长久保存的东西，不如说只是可读的东西。实际上，对于马克思来说，这可以看作是一种不幸。"④

我们比这些书评家拥有的优势，在于我们可以根据《资本论》手稿发表的情况，为这部著作的形成状态描绘一幅毕竟较为可信的图像。这样，也可以逐渐免除恩格斯的"欠债"。但是，谁如果在这里还期望能同马克思共跳滑步舞，不由自主地把人所熟知的"马克思恩格斯的思想一致"当作前提，那么他在这种图像面前一定会大为惊愕。人们对这里的许多答案肯定是不会满意的。但是人们不能不看到，面对这些材

---

① 《马克思恩格斯全集》第1版第25卷第1005页。
② 参看沃尔夫冈·扬：《〈资本论〉是未完成的作品吗？论马克思六册计划结构的价值得失》，载《政治经济学批判。纪念〈资本论〉出版125周年》，汉堡1992年版，第127—138页。
③ 参看《〈资本论〉第3卷》，载《前进报》，1895年2月13日第37号。
④ 朗格：《作为国民经济学理论家的卡尔·马克思》，第553页。

料，他们除了像眼前这样的东西外，恐怕也不可能再得出什么别的东西。人们自己所补充的东西，即使从他们自身的、同马克思相比是全然不同的历史经验出发来加以解释，也恰巧仍是历史的东西。

7. 可供《马克思恩格斯全集》历史考证版参考的几点编辑结论

我们这里要谈的只以恩格斯编辑出版的《资本论》第3卷的材料为限。当然，还可以举出许多其他的例证来加以论证。如果进一步探索下去，有些地方的提法肯定还会有所变化，但是总的来说，论据会更加稳固。这种情况也使得《马克思恩格斯全集》历史考证版至今的出版计划可采纳某些补充考虑。恩格斯的1894年的版本以原样出版，这是必不可少的，即使仍然作为《马克思恩格斯全集》中的卷次出版。归根到底，加工整理工作的大部分成果只有排印出来，才成为有据可查的东西，尽管在材料的出版方面缺少任何编辑上的依据。当然，人们必须考虑这样的事实：恩格斯虽然进行了十分紧张的加工整理工作，但是实质上并没有拿出《资本论》的第3卷，而只是提供了一个第3卷草稿。我们建议这样来处理问题：首先，在恩格斯的标题扉页之前，再加一张扉页，其内容标明如下："卡尔·马克思1864—1876年经济学手稿。经弗里德里希·恩格斯整理并作为《资本论》第3卷出版（1894年）。"（关于第2卷的材料，我们也建议采取同样的解决办法。）从根本上说，《马克思恩格斯全集》历史考证版第2部分第4卷第2分册已经造成了这样的局面：如果马克思的第3卷基本手稿以"1863—1867年经济学手稿"的形式发表，那么，恩格斯的版本几乎难以作为《资本论》第3卷出版，除非可以当作"马克思恩格斯思想一致"这一陈旧教条的证明。有一个可能的论据，即认为《马克思恩格斯全集》历史考证版不能忽视这样一个事实：1894年的版本作为《资本论》第3卷已通行全世界。这样的论据通过采取增加一个前扉页的办法也许就可以排除,历史考证版本身的实践早就证明了这一点。1861—1863年手稿中由考茨基以及后来作为《马克思恩格斯全集》有关卷次出版的闻名全球的学说史部分《剩余价值理论》,在目前的历史考证版中不再单独作为《剩余价值理论》编辑出版,而是被编为该手稿的一个部分。其次,按照历史考证版原来的计划,作为第2部分第15卷和第16卷出版的材料,就其中同恩格斯有关的材料而言,乃是一种独一无二的出版方法(当然是生动的和充满矛盾的方法)的有机成果。由于材料十分丰富,从形式上说可能不得不分为两卷。但是,作为可考虑的方案,我们认为,这部分内容统一的材料是否可以像有的卷次那样,不以卷为单位进行划分,就是说不是划分为第2部分第15卷和第16卷,而是编为第2部分第15卷第1分册和第2分册。不过,无论如何,关于这部分材料的形成史的解说,作为一种例外情况,要放到第2部分第15卷中54集中进行。

最后,如果目前的强调编年因素的分卷法要做到尽可能符合人意,那么,至少在第2部分第15卷的标题中应考虑到内容的庞杂性质。直到目前为止,第2部分的编辑计划为这一部分所预定的统一标题"卡尔·马克思、弗里德里希·恩格斯:《资本论》第3卷经济学手稿(1867—1894年)",把所有的差异都掩盖起来了。我们建议使用这样的标题:"卡尔·马克思:《资本论》第3卷手稿(1867—1876年)/弗里德里希·恩格斯:《资本论》第3卷加工整理稿(1883—1894年)。"

(全文完)

(原载柏林《MEGA研究》,1994年第2辑)

(夕昆译)

评卡尔-埃里希·福尔格拉夫和尤尔根·容尼克尔的文章《马克思说的是自己的话吗？》[*]

〔俄〕维·维戈茨基

《马克思恩格斯全集》历史考证版第2部分将反映马克思和恩格斯的经济学著作直至恩格斯逝世时的产生和出版史。这里重要的是：从《马克思恩格斯全集》历史考证版的编辑方针看，马克思和恩格斯是"平等的"。正如编辑方针①提到的那样，《马克思恩格斯全集》历史考证版是"卡·马克思和弗·恩格斯的出版物、手稿和往来书信的完整的历史考证性版本"，它"发表马克思和恩格斯或者恩格斯本人撰写的和以手稿或付印稿形式留存下来的原文"。②

《马克思恩格斯全集》历史考证版第2部分的工作已进入最后阶段。目前，计划中的15卷已出了10卷（确切地说是25册里的17册）。

---

[*] 本文选自《马克思恩格斯列宁斯大林研究》2000年第3辑。
原题注：卡尔-埃里希·福尔格拉夫和尤尔根·容尼克尔：《马克思说的是自己的话吗？——关于恩格斯编辑出版的〈资本论〉第3卷的基本手稿》，载《MEGA研究》（柏林），1994年第2辑，第3—55页。（见《马克思恩格斯列宁斯大林研究》，1996年第1辑，第9—23页；1997年第1辑，第58—75页；1998年第2辑，第95—111页和第3辑，第37—55页）。——编者注

① 国际马克思恩格斯基金会编：《〈马克思恩格斯全集〉历史考证版编辑方针》，柏林1993年版。
② 国际马克思恩格斯基金会编：《〈马克思恩格斯全集〉历史考证版编辑方针》，柏林1993年版，第17页。

我们完全有可能在这个千年,也就是到2000年完成这部分的工作,如果做到这一点,马克思和恩格斯1857—1894年的经济学著作——从《资本论》四册的初稿到已经出版的第1—3卷——的一个完整而可靠的历史考证性版本将最终呈现于世。

在实现这个庞大计划的框架内,1992年《马克思恩格斯全集》历史考证版第2部分第4卷第2册的出版是一件特别重要的事情。这一卷包括马克思的《资本论》第3册初稿,即1864—1865年手稿。福尔格拉夫和容尼克尔的文章的内容,是对《资本论》第3卷恩格斯编辑的版本(1894年)同马克思的这部手稿进行考证性比较。

我想事先强调指出的是,我认为,福尔格拉夫和容尼克尔的文章对待恩格斯1894年版本和将它同马克思1864—1865年手稿进行比较的方式是非历史的。

尤其是他们对1894年版本批评的特点使我感到意外。它一开始就毫无根据地把1894年恩格斯的版本说成是"1894年作为《资本论》第3卷公布的这批材料"[①]。我认为,作者不了解历史事实和阐释历史事实之间的原则区别。1894年的恩格斯版本是一个历史事实。福尔格拉夫和容尼克尔却出于某种原因擅自对这一事实作出十分随意的解释。

两位作者在对马克思1864—1865年的文本同恩格斯1894年的文本进行比较时断定:"恩格斯只保留了很少马克思原来写的文句。"[②] 这里不禁要问,作这样的比较究竟有什么根据?恩格斯作为编者当时面临着与这两位作者想象的完全不同的任务,也就是,在反映理论研究过程的马克思初稿的基础上整理出一部由相应的理论叙述,即对经济材料的"现实运动"的叙述构成的文稿。此外,还应考虑到,在马克思的手稿

[①] 《马克思恩格斯列宁斯大林研究》,1996年第1辑,第9页。

[②] 《马克思恩格斯列宁斯大林研究》,1996年第1辑,第11页。

中，研究过程并没有结束，他手稿的草稿形式也证明了这一点。

作者从他们的比较中得出了完全不同的结论：他们提出这样的问题，"马克思的1864—1865年手稿或恩格斯编辑的版本究竟是否可以称之为《资本论》第3卷"①。这样一个结论在我看来是成问题的，因为它简直无视《资本论》第3卷的真实写作史。事实是，恩格斯于1894年发表了他编辑《资本论》第3卷的一个统一文本尝试的成果，这一文本的标题为《资本论。政治经济学批判。作者卡尔·马克思。第3卷，［……］第3册：资本主义生产的总过程。［……］弗里德里希·恩格斯编》。这两位作者建议编辑的标题这样写：《卡尔·马克思1864—1876年经济学手稿。经弗里德里希·恩格斯整理并作为〈资本论〉第3卷出版（1894年）》②，这个标题是对紧接其后的恩格斯本人选写的标题的一种否定。在这里问题被本末倒置了。

两位作者写道："手稿［1864—1865年］是第3册唯一的总草稿。手稿起初是作为誊清本而写作的，其中含有正在进行总体构思的著者的许许多多自我思考过程的痕迹。虽然手稿包含了作为一些章的标题而写下的一些主要的标题，但是结构问题还远没有最终弄清。叙述是不完备的，对核心问题的探讨是不系统的。一些章开头部分经过精心加工，接下来多半是离题发挥；有些只是简短的提示，应编排在什么地方还不清楚；还说了其他一些东西，虽然这些东西根本不属于第3册的范围。总之，一眼看来手稿还只是一种草稿。"③ 正像作者常常做的那样，在这段话里正确的与错误的事实混淆在一起了。虽然1864—1865年手稿的草稿特点得到了准确的描绘，但在多大程度上能从中得出结论说一部分

---

① 《马克思恩格斯列宁斯大林研究》，1996年第1辑，第11页。
② 《马克思恩格斯列宁斯大林研究》，1998年第3辑，第54页。
③ 《马克思恩格斯列宁斯大林研究》，1996年第1辑，第20页。

论述"不属于第3册呢"?！这两位作者从何得知这一点？他们不假思索地取代了恩格斯，取代了这位将马克思1864—1865年的草稿变成一个完整的文本，将研究过程变成叙述过程，并且从这个意义上讲实际完成了马克思的著作的人。为《马克思恩格斯全集》历史考证版第2部分第15卷写的正文写作经过中，也将分析恩格斯完成马克思的这部著作的情况。按照《马克思恩格斯全集》历史考证版的计划，第15卷将不仅仅是马克思和恩格斯著作的一部考证性版本，而且是它的历史考证性版本。

不管作者怎样看待《资本论》第3卷1894年恩格斯编辑的版本，也丝毫改变不了这样的事实，那就是：确实存在这样一个由恩格斯以这种方式而不是以另外一种方式提供并加上标题的版本，并且这个版本将按照恩格斯提供和加上标题的原样载入《马克思恩格斯全集》历史考证版。相反，两位作者有意或无意地企图接管恩格斯作为第3卷共同作者的地位，这种企图是经不起批评的。

两位作者在评判恩格斯1894年版本时是从下述的错误前提出发的：即恩格斯的版本同马克思1864—1865年草稿相一致是关键性的标准[1]。然而，实际上按这个标准批评恩格斯是没有道理的，而要求恩格斯的叙述方式必须与马克思的研究方式完全相吻合也是不公正的。作者在反对"马克思和恩格斯是一致的"这个教条的同时，又要求考察一下"恩格斯答应的尽量提供确切的马克思原文的要求，究竟在多大程度上无可挑剔地得到遵守"[2]。但他们又承认："已发表的马克思手稿……有可能准确地判明，哪些地方恩格斯遵循了马克思的设想，哪些地方并没有

---

[1] 《马克思恩格斯列宁斯大林研究》，1996年第1辑，第12页。
[2] 《马克思恩格斯列宁斯大林研究》，1996年第1辑，第12页。

遵循。"①

作者在对1864—1865年文本同1894年文本作比较时确认：正文的标题和分篇上存在着差别，正文的内容有增有减，括号有补有删，还有恩格斯所犯的其他"严重错误"——其中有一些是早已为人所熟知的。就连可能引起读者争议的种种毫无根据的"期望"，也被算到了恩格斯的账上。②

在清楚地意识到两者区别的情况下，这种对文本的系统比较只有作为对研究到叙述的必然转变的分析，也许才是合理的。由于我们不知道马克思自己当时是怎样决定的，因此，我们没有理由要求恩格斯作为编者必须回到马克思研究者的立场上来。在我看来，卡尔·考茨基对批评恩格斯的人的反击是恰当的："读者从何得到保障，相信恰好我的理解比恩格斯的理解更接近马克思的思路呢？"③

这种对恩格斯的批评从方法论上讲往往是成问题的，我认为，从这种批评中得出的一般结论应是：如果没有1864—1865年的草稿，1894年的版本就是不完全的；在介绍1894年版本的正文的写作史时，必须把这两个文本联系起来考察，同时要考虑到它们本身表现出的研究过程和叙述过程。

我认为，上述关于《资本论》第3卷的论据，也适用于说明《资本论》第2卷1885年恩格斯编辑的版本④与1868—1884年的相关初

---

① 《马克思恩格斯列宁斯大林研究》，1996年第1辑，第14页。
② 《马克思恩格斯列宁斯大林研究》，1997年第1辑，第62、64页；1998年第2辑，第95—110页；1997年第1辑，第71、73—74、68—69页。
③ 《马克思恩格斯列宁斯大林研究》，1996年第1辑，第18页。
④ 《马克思恩格斯全集》历史考证版第2部分第13卷。

稿①之间的关系。对手稿的初步研究表明，由恩格斯加工过的1883—1884年的手稿是马克思《资本论》第2册的各手稿和《资本论》第2卷1885年恩格斯版本之间的一个环节。1883—1884年手稿与第2卷的最后文本也不一致，而是有它独特的、非常复杂的产生史，因而在《资本论》创作史上有它独特的意义。鉴于这个理由，它将单独在一卷中发表。

我认为，《马克思恩格斯全集》历史考证版收入《资本论》第2卷恩格斯版本的这一卷的标题，应同恩格斯当时选定的标题完全相一致：即《资本论。政治经济学批判。作者卡尔·马克思。第2卷。第2册：资本的流通过程。弗里德里希·恩格斯编。》

（原载柏林《MEGA研究》，1995年第1辑）

（朱毅 译）

---

① 《马克思恩格斯全集》历史考证版第2部分第11、12卷。

对《资本论》第3卷1894年恩格斯版本和马克思的原始手稿文字进行比较的意义*

〔德〕沃尔夫冈·扬

在恩格斯编辑的马克思《资本论》第3卷出版一百周年之际,举办了许多学术活动并发表了许多论著。被恩格斯称作主要手稿的1864—1865年原始手稿在《马克思恩格斯全集》历史考证版第2部分第4卷第2册的适时发表,使这两个版本成为讨论的热点。《马克思恩格斯全集》历史考证版第2部分在今后几年里将保证我们看到留传下来的第3卷手稿的完整面貌,从而也就有可能完全地再现第3卷的流传史。

卡尔-埃里希·福尔格拉夫和尤尔根·容尼克尔将第3卷的1864—1865年原始手稿同恩格斯编辑的版本进行了系统的比较并提出这样的问题:"恩格斯编辑的版本究竟是否"可以"称之为《资本论》第3卷?"① 这个问题有点儿令人意外,因为迄今为止,恩格斯编辑的版本普遍被看作是可靠的版本。一百多年来,它证实自己是这样一个可靠的版本。这个问题的提出至少是非历史的。

---

* 本文选自《马克思恩格斯列宁斯大林研究》1998年第2辑。

原题注:评卡尔-埃里希·福尔格拉夫和尤尔根·容尼克尔的论文:《马克思说的是自己的话吗?——关于恩格斯编辑出版的〈资本论〉第3卷的基本手稿》,载《MEGA研究》(柏林),1994年第2辑,第3—55页。——编者注

① 《MEGA研究》(柏林),1994年第2辑,第4页。

福尔格拉夫和容尼克尔怀疑恩格斯版本的可靠性。他们声称，他们根据自己的研究结果可以确定，恩格斯的版本与马克思的原稿有相当大的出入。他们说，在迄今为止的记载中、大多数参加这场讨论的人都不加批评地硬说这两个文本是完全一致的。福尔格拉夫和容尼克尔批评马克思列宁主义的拥护者（特别是东部的）颂扬恩格斯的版本。① 然而，为了承认第3卷恩格斯的版本是被历史证明为合法的、作者授权编辑的、可靠的版本并为之辩护，人们不必附和"马克思恩格斯的思想一致"（尽管情况如此）这种简单的说法。上百年的流传史是不可能被简单地抹煞掉的。

马克思在给恩格斯的信中谈到1863—1865年的《资本论》全部三卷的第三部草稿时写道："手稿虽已完成，但它现在的篇幅十分庞大，除我以外，任何人甚至连你在内都不能编纂出版。"② 虽然马克思还在继续写第3卷，但主要手稿仍然保留上述那种状况。恩格斯不顾重重巨大的困难，仍承担了编辑出版第3卷的任务。他是当时能够搞出一个可靠版本的唯一人选。固然，谈论什么"思想一致"是毫无意义的，但马克思和恩格斯——以合二为一的效应——进行思考问题的方向原则上是相同的。恩格斯当时熟悉第3卷的写作经过。他曾同马克思讨论过第3卷的种种问题，时而还有争论。马克思及其继承人都十分清楚，只有恩格斯能编辑出版第3卷，并且只有他能够以马克思的名义授权出版。

年轻的工人运动也需要《资本论》第3卷。它主要靠第1卷指导了27年之久。在此期间，资本主义生产方式内部发生了深刻的结构变化。剩余价值的再分配过程、用剩余价值进行的种种投机活动同剥削本身一样，起着十分重要的作用。金融资本的力量和影响已占据着重要地位。

---

① 参看《MEGA研究》（柏林），1994年第2辑，第5页。
② 《马克思恩格斯全集》第1版第31卷第181页。

这一现实迫切要求人们了解总过程的各种形态，并且在认识资本主义剥削本质的同时，也逐步认识剩余价值在社会表面的各种表现形式。

恩格斯的任务并非像《马克思恩格斯全集》历史考证版的编辑人员那样，提供一个历史考证性的、逐字逐句忠实于原件的版本。他虽然努力按"马克思说的话"来编辑出版"马克思的著作"，但是严格说来，这是根本办不到的。无论是遗留下来的手稿还是他自己的编辑构想都不容许这么做。

在严肃的研究文章中，包括在东部的马克思恩格斯研究界，恩格斯对第3卷所起的重要的、独创的作用得到了充分的评价。谁也未曾提到过所谓"原始文稿和出版文本之间的一致关系"。列宁援引奥地利社会主义者阿德勒的话说："恩格斯出版《资本论》第2卷和第3卷，就是替他的天才朋友建立了一座庄严宏伟的纪念碑，无意中也把自己的名字不可磨灭地铭刻在上面了。"[①]

争论的问题不是马克思和恩格斯的"思想一致"，而是他们本人对第3卷所起的作用。马克思是这部手稿的作者，而恩格斯则是手稿的同样天才的、有创造性的编辑出版者。他作为编辑出版者也是一位独立的马克思主义经典著作家，没有恩格斯，就不会有作为正式著作的《资本论》第3卷。相反，福尔格拉夫和容尼克尔从恩格斯所做的编辑工作中看到的只是有出入之处，并且作出了主要是否定性的评价。

《马克思恩格斯全集》历史考证版必然要平等地出版马克思的原始手稿和恩格斯编辑的版本。按照《马克思恩格斯全集》历史考证版的编辑方针，再对恩格斯的版本进行修改恐怕是毫无意义的事情。

恩格斯本人对手稿的加工起了巨大的作用。他辨认马克思的难以看清楚的笔迹，选择排印字体。他对正文作了润色加工，补写了缺漏之

---

① 《列宁选集》第3版第1卷第95页。

处，简化了论述，加进了引导语和过渡段落，使文体规范化，接着马克思的论述补写了现实情况，在有些地方把思路一直继续到他编辑手稿的时期，等等。恩格斯努力使自己对手稿的加工保持在他认为马克思在最终编辑时会作出同样处理的范围之内。这一构想为他加工整理这部手稿文本提供了创造性的余地。凡是他本人的超出马克思原稿内容的叙述，他一般都用自己名字的起首字母做上标记。

福尔格拉夫和容尼克尔为了在《马克思恩格斯全集》历史考证版中表明他们对《资本论》第3卷恩格斯版本的可靠性的怀疑，他们建议在扉页前加一页，上面写明："卡尔·马克思：1864—1876 年经济学手稿。弗里德里希·恩格斯加工整理成《资本论》第 3 卷出版（1894年）。"① 然而，一方面，1864—1865 年的第 3 卷原始手稿是 1863—1865年经济学手稿，即《资本论》全部三卷的第三稿的组成部分，另一方面，1864—1876 年经济学手稿不仅仅涉及第 3 卷。而《马克思恩格斯全集》历史考证版的编辑方针规定，马克思和恩格斯的遗产中的所有文献都将平等地予以发表。②

这一点是无可怀疑的：第 3 卷 1894 年恩格斯版本作为作者授权的文本，马克思的全部草稿作为那一时期内容广泛的手稿（马克思的全部草稿都属于这部手稿）的组成部分，或者确切地说，作为独立的手稿，都必须完整地、忠实于原文地予以发表。这样做可为第 3 卷提供翔实的文献。对正文进行比较不是《马克思恩格斯全集》历史考证版的任务，而是马克思恩格斯研究应做的工作，或者说，诠释第 3 卷应做的工作。

---

① 《MEGA 研究》（柏林），1994 年第 2 辑，第 54 页及以下一页。
② 国际马克思恩格斯基金会编：《〈马克思恩格斯全集〉历史考证版编辑方针》，柏林 1993 年版，第 17 页。

福尔格拉夫和容尼克尔举出恩格斯版本的正文与马克思手稿的正文语句上不相一致的许多实例，作为他们贬低恩格斯版本的理由。然而，恩格斯对正文的改动是根据马克思原稿的特点而作的，改动的目的在于完全按马克思的意思编辑出一部有可读性的著作。撇开一些无关紧要的小改动不谈，在我看来，所提及的恩格斯的全部改动都与他的编辑构想一致。限于篇幅，我在这里仅列举几个被这两位作者说成是恩格斯在编辑加工中改变了原文的例子。

他们说，恩格斯在对这部手稿设置标题和进行分篇时，"并不总是能把握住马克思的意向"[1]，为数众多的章节划分同手稿的片断性质不相符[2]。但是，如果取消这个业已历史地证明为恰当的、实际上使第3卷具有可读性的分篇法有什么意义呢？明细的分篇使手稿容易为读者接受，关于马克思的经济学手稿中在分篇上所存在的缺陷，恩格斯曾同马克思取得了一致意见。例如，马克思曾请求恩格斯读一读1867年出的《资本论》第1卷第1版的校样，并指明在出第2版时应该修改的地方。恩格斯指出了它每一章以及段落过长的缺点。他建议划分为篇和章并设置标题。[3] 马克思对恩格斯的这一建议表示感谢，并且在第2版中照这一建议做了。恩格斯在编辑第3卷的过程中作了相应的处理。《资本论》三卷的分篇法也一致起来了。

按照福尔格拉夫和容尼克尔的说法，论述利润率趋向下降规律的第3篇三章的标题使人感到"超出合理的范围而过于完善化和在结构上过于周密"[4]。但是，这种批评是虚构的。早在1857—1858年经济学手稿

---

[1] 《MEGA 研究》（柏林），1994年第2辑，第19页。
[2] 参看《MEGA 研究》（柏林），1994年第2辑，第18页。
[3] 参看《马克思恩格斯全集》第1版第31卷第329—330页。
[4] 《MEGA 研究》（柏林），1994年第2辑，第21页。

和1861—1863年经济学手稿中，马克思就深入研究这个规律。这个第3篇中的论述可以说已经非常接近达到马克思的成熟的认识了。

马克思在自己的草稿中为许多文字片断加了四角括号。弄清楚这些括号对于未来加工整理正文的意义，是马克思恩格斯研究值得一做的工作。这些括号对于一部具有可读性的文本不如说起了干扰作用，而恩格斯去掉这些括号是有道理的。福尔格拉夫和容尼克尔却声称，去掉括号起了不利的作用。在他们所举的例子中，恩格斯去掉括号似乎就为"认为马克思那里存在消费不足概念的解释提供了依据"①。这个例子是建立在错误解释基础上的。马克思的原文是："［……一切真正的危机的最根本的原因，总不外乎一方面群众的贫困，另一方面资本主义生产方式力图发展生产力，好像社会的绝对的消费能力是生产力发展的界限］。"② 这段文字在恩格斯那里成了："一切真正的危机的最根本的原因，总不外乎群众的贫困和他们的有限的消费，资本主义生产却不顾这种情况而力图发展生产力，好像只有社会的绝对的消费能力才是生产力发展的界限。"③ 马克思在这里加括号很可能是因为他在此只对危机理论作一个简短的概括，打算在其他场合再回过头来论述危机理论。对福尔格拉夫和容尼克尔来说，问题也许不是消除括号，而是补充了"有限的消费"。与马克思在此之前的一句话相关联："工人的消费能力一方面受工资规律的限制，另一方面受以下事实的限制，就是他们只有在他们能够为资本家阶级带来利润的时候才能被雇用。"④ 在这两段有差异的文字中，危机的主要原因在于对无限扩大生产力的追求和生产关系内

---

① 《MEGA研究》（柏林），1994年第2辑，第24页。
② 《马克思恩格斯全集》历史考证版第2部分第4卷第2册第540页。
③ 《马克思恩格斯全集》第1版第25卷第548页。
④ 《马克思恩格斯全集》第1版第25卷第548页。

群众消费设置的界限,即过度生产之间的矛盾。这表现在超出市场界限的积累上,表现在比例失调和信用业的投机活动上。

恩格斯把以下一段经常被引用的话从脚注移入正文:"资本主义生产本身已经使那种完全同资本所有权分离的指挥劳动比比皆是。"① 同样,他把马克思列举的合作工厂的例子移入正文。福尔格拉夫和容尼克尔认为,这样做提高了那部分"把一些特殊情况作为注"并且"没有考虑资本主义生产的制度框架条件"②的原文的价值。但是,这段文字在这两个结果中都涉及一点,即不能把企业主的收入同监督工资相混淆。正文由于吸收了脚注而变得流畅了。在说明合作工厂的地方根本无须讨论资本主义生产的制度框架条件。

福尔格拉夫和容尼克尔认为,把马克思的思想链一直延续到恩格斯编辑该手稿时期的现实中,这种做法"不如说是起干扰作用的生硬拼凑,尤其是恩格斯在编辑整理过程中多次从宏观经济的职能联系转变到微观经济领域"③。这种评价值得商榷。恩格斯的做法与他对特殊的编辑使命的理解是一致的,按照这种理解,他能够在由马克思的《资本论》第3卷的基本特点所规定的界限内自由地处理材料。如果他放弃对这些正文进行扩充,就失去了今天人们可以称之为恩格斯的经典论述的证据。第27章中根据马克思的预测所插入的一段著名的文字,是从关于自由竞争的资本主义的论述到帝国主义理论的直接过渡:"自马克思写了上面这些话以来,大家知道,一些新的工业企业的形式发展起来了。"④

---

① 《马克思恩格斯全集》第1版第25卷第435页。
② 《MEGA研究》(柏林),1994年第2辑,第28页。
③ 《MEGA研究》(柏林),1994年第2辑,第33页。
④ 《马克思恩格斯全集》第1版第25卷第494页。

福尔格拉夫和容尼克尔声称,下面这句话的表述由于恩格斯加进了"全面的"一词而变得毫无意义了。① 这句话是:信用制度和竞争,"只有在理解了资本的一般性质以后,才能得到全面的说明"②。紧接着马克思指出,对信用制度和竞争的论述不在本书计划之内,而属于本书的一个可能的续篇的内容。在论述的过程中马克思明白了这样一点,即竞争和信用的某些一般基本形式属于《资本论》的核心结构的论述内容。但是,竞争和信用的一些特殊形式仍然不是第3卷论述的内容。恩格斯注意到了这个联系并恰当地补充了"全面的说明"的话。

马克思有这么一句话:"一个100磅的价值额,在平均条件以及平均的智力水平和合乎目的的活动下当作资本使用,会提供20%的利润。"③ 恩格斯将它改变为:"一台价值100镑的机器……"④ 福尔格拉夫和容尼克尔两人指出,恩格斯在这里只是因为马克思在稍后的几行中让100镑价值额用于购买生产资料而把上下文的说法一致起来。⑤ 但是,福尔格拉夫和容尼克尔认为,恩格斯把上下文的说法一致起来的做法,起了负面作用,使得整个叙述变得错误了。⑥ 他们说,恩格斯忽视了除购买机器之外还必须支出可变资本。然而,在马克思的上下文中并没有论及资本的有机构成。任何一笔作为执行职能的资本投入的货币额都提供平均利润。借入的资本因而成了平均利润的源泉,在这里,借入的资本转化成哪种执行职能的资本形式是无关紧要的。在这方面必须注

---

① 《MEGA研究》(柏林),1994年第2辑,第40页。
② 《马克思恩格斯全集》第1版第25卷第127页。
③ 《马克思恩格斯全集》历史考证版第2部分第4卷第2册第412页。
④ 《马克思恩格斯全集》第1版第25卷第378页。
⑤ 参看《马克思恩格斯全集》第1版第25卷第378页。
⑥ 参看《MEGA研究》(柏林),1994年第2辑,第43页。

意的是：借入的资本通常是对自有资本的一种补充。在具体情况下，往往可以用一台机器来代替借入的货币。恩格斯具体地说明：有目的地投入使用的是与价值相符的一定的使用价值，即机器，不是泛泛而谈的一个价值额。错误的不是恩格斯得出的机器提供20%的平均利润，而是福尔格拉夫和容尼克尔在把并未支出的可变资本包括进来之后得出的16.6%的平均利润。

马克思有一段说明："货币（商品）自在地是资本（正像劳动能力本身是劳动一样）。"① 恩格斯将此说明改变成："货币或商品，就其自身来说，在可能性上是资本，正像劳动力在可能性上是资本一样。"② 福尔格拉夫和容尼克尔评论道，恩格斯在这里助长了"人道的资本"这个论点。③ 劳动力在被按照它的价值购买之后便实际地被并入资本主义生产过程并且生产资本，也就是说，劳动力由于劳动的抽象性再生产出可变资本，并且由于进行剩余劳动而生产出剩余价值。

据福尔格拉夫和容尼克尔说，当恩格斯用劳动力取代劳动能力时，他似乎没有对这个术语的产生史进行"有意义的了解"④。对于恩格斯来说，第3卷这个版本不是历史考证性版本，而是《资本论》理论部分的完结。他是根据术语的最新含义来统一术语的。

马克思和恩格斯是从不同的角度考察商品生产发展中逻辑和历史之间的关系的，这一点无可争辩。争议在于，这个关系是否也像福尔格拉夫和容尼克尔所断言的那样，对恩格斯编辑这部文稿产生了影响。在恩格斯编辑的文稿中，价值和生产价格之间存在着历史发展的区别。他在

---

① 《马克思恩格斯全集》历史考证版第2部分第4卷第2册第429页。
② 《马克思恩格斯全集》第1版第25卷第398页。
③ 参看《MEGA研究》（柏林），1994年第2辑，第43页。
④ 《MEGA研究》（柏林），1994年第2辑，第46页。

《序言》和《〈资本论〉第3卷增补》中阐释了生产价格，说它是从作为简单商品生产产物的商品的价值中产生的一种资本主义的形式。从论述的逻辑来看，马克思的论述中，第1卷第1篇的简单流通和第3卷的生产价格之间并没有历史的区别。生产价格经过必要的中间环节在同一个历史轨道上同时由价值引申而来。商品和价值在简单流通中是资本主义生产的抽象前提，马克思在第1卷第1篇中还没有探讨它们的具体生产条件。阐述的进程必须从不成熟的结果出发，到商品这一资本主义生产方式的普遍结果。只有在劳动是雇佣劳动的地方，商品才会成为资产阶级财富的细胞形式，并且价值才会成为所有经济形式的实体。由于商品不是被简单地作为商品而是作为各个资本的产品来交换的，所以必须考虑价值增殖的种种条件。价值到生产价格的形态变化是结构起源分析中合乎逻辑的步骤。

不能夸大马克思和恩格斯对价值和生产价格的关系所作的历史分析的差别。他们在一些具体问题上是相吻合的。恩格斯毫不怀疑，只有在资本主义生产中，商品才成为生产的一般形式。相反，在第3卷中有大量这样的叙述，在其中马克思指出，商品和商品生产早于资本主义，并且是资本主义的历史前提："因此，……把商品价值看作不仅在理论上，而且在历史上先于生产价格，是完全恰当的。"①

福尔格拉夫和容尼克尔过分强调了马克思和恩格斯论述上的差别，因而他们在谈到恩格斯编辑的第3卷文本时得出了这样的结论："恩格斯在理解马克思的方法、贯彻马克思的意图，确切些说，在把已经形成的思想线索合乎逻辑地继续进行下去方面，有时碰到种种困难。"② 他们引用恩格斯的一段插入文字为例。马克思的原文是："在论述资本主

---

① 《马克思恩格斯全集》第1版第25卷第198页。
② 《MEGA研究》（柏林），1994年第2辑，第32页。

义生产方式的最简单范畴，即商品和货币时，我们已经指出了一种神秘性质，它把社会关系……本身变成物（货币）。"① 恩格斯在其中插入的文字是："……生产方式甚至商品生产的…… 在论述商品和……"② 福尔格拉夫和容尼克尔由此得出结论说，恩格斯悄悄地把他对简单商品生产发展的错误认识注入了这段文字。③ 可是，恩格斯在这里说的并非简单商品生产。整个这一部分文字没有涉及商品生产的发展，而是涉及商品拜物教。商品拜物教不仅仅在资本主义生产方式中占统治地位，而且在一般商品生产中占统治地位。恩格斯本来可以用第1卷第1篇中的论述作为他的插入文字的依据，在那里马克思写道："对于这个历史上一定的社会生产方式即商品生产的生产关系来说，这些范畴是有社会效力的、因而是客观的思维形式。"④

尽管我认为，把第3卷恩格斯版本的正文同马克思手稿的正文进行比较，对于事后评价恩格斯的某些论述并不是十分有意义的，但是，这些比较对于马克思恩格斯研究，尤其是对于说明《资本论》第3卷，可能是富有成效的。福尔格拉夫和容尼克尔批评了本文作者，本文作者曾在关于马克思内容广博的1857—1858年六册计划的研究情况的一篇报告中指出："恩格斯的加工掩盖了第3卷还是个Torso（未完成的雕像。——译者注）的事实。"⑤ 不过，从上下文看，很明显，这里既不

---

① 《马克思恩格斯全集》历史考证版第2部分第4卷第2册第848页及以下一页。
② 《马克思恩格斯全集》第1版第25卷第934页。
③ 《MEGA研究》（柏林），1994年第2辑，第32页。
④ 《马克思恩格斯全集》第1版第23卷第93页。
⑤ 沃尔夫冈·扬：《〈资本论〉是一座未完成的雕像吗？——再现马克思的六册计划意义何在？》，载《辩证法。哲学和科学的百科期刊》，1992年第3期，第127—138页以及第134页。

是指恩格斯对正文的改动，也不是断言马克思的研究手稿的特点失去了。在这里，Torso 可以说是在其原本意义上被使用的，是一种缺少四肢的雕像、一种未完成的艺术品的名称。作为编辑出版者，恩格斯以现有的几部手稿为出发点。如果想要从他那里索取不曾存在的四肢，那是荒谬的。虽然看起来他是了解这些手稿的片断特点的，但是，他根本没有想到还缺少什么肢体。他把第 3 卷看作是经济学主要著作理论部分的终结①，接在它后面的只应是作为第 4 卷的"剩余价值理论"。

一百年来，在马克思恩格斯研究中贯穿着这样一种看法，即马克思从未放弃过全面阐述"政治经济学批判"的想法。马克思认识到写作这样一部内容广博的著作超出了他的能力，并且决定，集中精力写作他认为最重要的部分，即《资本论》第 1 册。他期盼其他人将会以第 1 册为基础完成这部内容广博的著作。② 《政治经济学批判》这部著作从广义上讲应成为批判的经济学家们的集体作品。这部作品从未完成过，至今仍是一项尚待完成的任务。《马克思恩格斯全集》历史考证版为比较各种计划草稿、方法上的各种提示、结构上的思考以及与第 2—6 册有关的插入部分等等，提供了基础材料。为此，第 3 卷恩格斯的版本和马克思的手稿都是不可放弃的资料来源。正文的比较有利于作出特别有效的说明。马克思在许多插入部分中探讨了第 2—6 册的内容。一些结构上的提示在恩格斯看来，对于整部著作是次要的。然而，它们对于这部计划中内容广博的著作来说，可能具有重要意义。

马克思早在撰写 1864—1865 年手稿时期就已清楚地知道，他本人不可能实现这个经济学主要著作的庞大计划。但是他仍打算在结束第 3 卷之后自己写竞争篇和信用篇。③ 这一想法他未能付诸实现。因此，资

---

① 《马克思恩格斯全集》第 1 版第 25 卷第 3 页。
② 《马克思恩格斯全集》第 1 版第 30 卷第 636 页。
③ 《马克思恩格斯全集》第 1 版第 30 卷第 636 页。

本册本身仍是一个未完成的雕像。如果说马克思原本想把对一般利润率的具体的分析写进关于竞争的一篇中,那么他现在得出的结论是,剩余价值的那些具体形式属于资本的一般性质。由于竞争对于理解这些具体形式是必要的中间环节,所以,竞争一般也被包括在核心结构中。除此之外,马克思还以插叙的形式探讨了有关竞争的许多具体问题,按照叙述的逻辑,这些问题属于实际资本。这在恩格斯那里和在第3卷的许多读者中造成一种假象,似乎有关竞争的学说已经贯穿在第3卷中了。然而,资本的一般性质必然需要以实际资本来加以补充。资本只有在它的一般性质与必要的表现形式的统一上才能被全面地理解。竞争不可能认识经济规律。在人们能够剖析经济规律通过竞争得以实现的现象之前,必须先理解这些经济规律。如果说我们在论述资本的一般性质时所涉及的是社会总资本,或者说,一个单个的抽象的平均资本,那么,在竞争中我们所涉及的就是许多实际的、具体的单个资本。早在1857—1858年,马克思就打算从结构上双重地论述生息资本和信用。他指出,生息资本和信用的一般性质应当在第3卷中论述,而信用的具体问题则要在信用篇中单独论述。在1864—1865年原始手稿中,马克思忽视了这个分界线,而恩格斯不得不照原样处理。毫无疑问,马克思在最后加工时也会改变信用篇的结构。但是,对现存的手稿作任何修改都是无意义的。对文字进行比较的任务应当在于透彻地分析结构,以便能够再现论述实际资本的各篇的最终结构。确定这一最终结构仍是批判的经济学家们的任务。

(原载柏林《MEGA研究》,1996年第1辑)

(卢晓萍 译)

烽烟又起

——《资本论》第3卷马克思手稿的发表再度引发争论*

卢晓萍

恩格斯编辑的《资本论》第3卷出版至今已经一百多年了。由于它是在马克思去世以后十多年才问世的,因此从一开始,就引起了人们的质疑,即这部著作是否如实地反映了马克思本来的意图。后来,随着前苏联和前民主德国学者们的进一步分析研究,结论渐趋一致,基本上是肯定和赞扬的。1992年,国际马克思恩格斯基金会编辑出版了《马克思恩格斯全集》历史考证版第2部分第4卷第2册,使人们第一次完整地看到了《资本论》第3卷马克思的手稿,从而使学术界对《资本论》第3卷的争论再度成了热点。

一些研究者(如德国的尤尔根·容尼克尔、卡尔-埃里希·福尔格拉夫、日本的大谷祯之介等人)在将马克思1864—1865年的原始手稿同恩格斯编辑的版本进行了系统的比较后,提出了这样的问题:"恩格斯编辑的版本究竟是否可以称之为《资本论》第3卷?"① 需要指出的

---

* 本文选自《马克思恩格斯列宁斯大林研究》1998年第2辑。

① 参看卡尔-埃里希·福尔格拉夫和尤尔根·容尼克尔:《马克思说的是自己的话吗?——关于恩格斯编辑出版的〈资本论〉第3卷的基本手稿》,载国际马克思恩格斯基金会编:《〈马克思恩格斯全集〉历史考证版研究》(以下简称《MEGA研究》),1994年第2辑,第3—55页(中译文见《马克思恩格斯列宁斯大林研究》,1996年第1辑、1997年第1辑和1998年第1辑)。

是，尽管人们存有疑问，但是所有的批评者都承认，恩格斯或许是当时能够编辑出版马克思著作的唯一人选。正是由于他的非凡努力，马克思未完成的手稿才得以整理成一部系统的著作，从而充实了马克思经济学著作的理论部分，尽管存在许多缺点和不足，此举仍不失为恩格斯的不朽功绩。批评者们还肯定了恩格斯在辨认马克思的笔迹、对该卷的篇章结构的划分、更正马克思的计算错误、删除或替换某些例题以及文词修饰方面的功绩。

然而，由于马克思的手稿是断断续续写成的，正如恩格斯在他1894年出版的《资本论》第3卷的序言中所指出的，该卷的手稿只是一个极不完全的初稿，每一篇的开端通常都相当细心地撰写过，"但是越往下，文稿就越是带有草稿性质，越不完全，越是离开本题谈论那些在研究过程中出现的、其最终位置尚待以后安排的枝节问题……"① 因此，对于恩格斯来说，一方面，按照他的编辑原则应该保持手稿的草稿性质，而另一方面，又要搞出一个完整的、有可读性的文本。因此，考察一下他对手稿所作修改的范围和方式，就显得十分必要了。

容尼克尔等批评者发现，恩格斯对手稿的改动几乎涉及了每一页，其范围和多样性是可观的，除了上述他们肯定的几项工作外，恩格斯所做的工作还包括以下几个主要方面：概念和范畴的替换；对某些段落的修改和删减；文字位置挪动，文字上的修订以及补写漏缺之处等。他们指出，在很多情况下，这些改动有助于明确表达马克思的思路，提高正文的表现力，但是其中的一些改动至少是有待商榷的，它们与马克思的本意有出入。容尼克尔等人举出恩格斯的版本与马克思的手稿不相一致的许多实例。

例如，马克思认为："生产力绝对发展的趋势，……不断和资本在

---

① 《马克思恩格斯全集》第1版第25卷第4—7页。

其中运动的特有的生产关系发生冲突。"而恩格斯则用"生产条件"替代了"生产关系"。① 又如，恩格斯把马克思手稿中"全部工人人数都按照已经提高的剩余价值率被使用"一句中的"工人人数"，换成了"人口"。② 批评者认为，此处"一个基本的理论观点被淡化了，从而可能导致错误的见解"。

再如，马克思曾写道，一笔只推动较少的活劳动的资本，"在剥削程度不变时，也只推动较少的剩余劳动，因而只生产较少的作为物化了的剩余劳动的剩余价值"。恩格斯删掉了其中"作为物化了的剩余劳动的"这几个说明剩余价值的字。③ 在考察劳动的剥削程度的提高时，马克思写道："剩余价值率的提高……——即劳动的剥削程度的提高——是……的一个因素"，破折号中的说明恩格斯没有采用。④ 在考察作为对利润率下降起反作用的原因之一的不变资本各要素变得便宜时，马克思指出："这里还有起反作用的原因，某些植物和动物材料以及煤等等的价格上涨。"不知出于何种理由，恩格斯删掉了这段并非不重要的思想内容。⑤ 马克思从资本的集中和积聚中得出结论，例如生产转化为社会的生产，使"作为促进社会生产因而促进生产力发展的过程的执行

---

① 《马克思恩格斯全集》历史考证版第 2 部分第 4 卷第 2 册第 331 页；《马克思恩格斯全集》第 1 版第 25 卷第 287 页。

② 《马克思恩格斯全集》历史考证版第 2 部分第 4 卷第 2 册第 309 页；《马克思恩格斯全集》第 1 版第 25 卷第 261 页。

③ 《马克思恩格斯全集》第 1 版第 25 卷第 246 页。

④ 《马克思恩格斯全集》历史考证版第 2 部分第 4 卷第 2 册第 304 页；《马克思恩格斯全集》第 1 版第 25 卷第 260 页。

⑤ 《马克思恩格斯全集》历史考证版第 2 部分第 4 卷第 2 册第 305 页；《马克思恩格斯全集》第 1 版第 25 卷第 262 页。

人"的资本家过剩以及其他一些观点,恩格斯也没有采用①,等等。

此外,马克思在自己的手稿中为许多文字片段加了四角括号,例如:"[……一切真正的危机的最根本的原因,总不外乎一方面群众的贫困,另一方面资本主义生产方式力图发展生产力,好像社会的绝对的消费能力是生产力发展的界限]。"马克思在这里加括号,很可能是因为他在此只对危机理论作了一个简短的概括,打算在其他场合再回过头来论述危机理论。恩格斯把这段文字改成了:"一切真正的危机的最根本的原因,总不外乎群众的贫困和他们的有限的消费,资本主义生产却不顾这种情况而力图发展生产力,好像只有社会的绝对的消费能力才是生产力发展的界限。"② 恩格斯去掉马克思手稿中的括号,显然与他自己拟定的编辑工作所遵循的基本原则相悖,即对马克思手稿中表示相关文题留待以后阐述的提示,应保持原样,因为它们可以表明马克思打算将来进行加工的意图。批评者还指出,由于恩格斯加进了"有限的消费",似乎为"某些人认为的在马克思那里存在消费不足概念的解释提供了依据"。

马克思的一段话:"在论述资本主义生产方式的最简单范畴,即商品和货币时,我们已经提出了一种神秘性质,它把……社会关系……本身变成物(货币)。"恩格斯在这段话中插入了文字:"在论述资本主义生产方式甚至商品生产的最简单的范畴时,在论述商品和货币时

---

① 《马克思恩格斯全集》历史考证版第2部分第4卷第2册第316页;《马克思恩格斯全集》第1版第25卷第275页。
② 《马克思恩格斯全集》历史考证版第2部分第4卷第2册第540页;《马克思恩格斯全集》第1版第25卷第548页。

……"① 批评者指出，恩格斯悄悄地把他对简单商品生产发展的错误认识注入了这段文字。

马克思还有一段说明："货币（商品）自在地是资本（正像劳动能力本身是劳动一样）。"恩格斯改成："货币或商品，就其自身来说，在可能性上是资本，正像劳动力在可能性上是资本一样。"② 批评者指出，恩格斯在这里助长了"人道的资本"这个论点；当他用"劳动力"取代"劳动能力"时，似乎没有对这个术语的产生史进行"有意义的了解"。恩格斯的以上改动，在多大程度上符合他对马克思手稿的处理方式，即"尽可能限于整理现有的材料"。相信人们在看法上，不会简单认同的。

文字位置挪动是显而易见的。例如，恩格斯把一段脚注移入正文："资本主义生产本身已经使那种完全同资本所有权分离的指挥劳动比比皆是。"③ 同样，他把马克思列举的合作工厂的例子也移入正文，等等。批评者认为，这样做提高了那部分"把一些特殊情况作为注"，并且"没有考虑资本主义生产的制度框架条件"的原文的价值。

文字上的修改多得不胜枚举，有些已远远超出了润色加工的范围。例如，马克思有一句话："一个100镑的价值额，在平均条件以及平均的智力水平和合乎目的的活动下当作资本使用，会提供20%的利润。"

---

① 《马克思恩格斯全集》历史考证版第2部分第4卷第2册第848—849页；《马克思恩格斯全集》第1版第25卷第934页。

② 《马克思恩格斯全集》历史考证版第2部分第4卷第2册第429页；《马克思恩格斯全集》第1版第25卷第398页。

③ 《马克思恩格斯全集》历史考证版第2部分第4卷第2册第458页脚注(b)；《马克思恩格斯全集》第1版第25卷第435页。

恩格斯改为："一台价值 100 镑的机器……"① 批评者认为，恩格斯忽视了除购买机器之外还必须支出可变资本，从而使得整个叙述变得错误了。容尼克尔还进一步指出，恩格斯在谈到自己编辑工作的方式时所说的只作"文字上的修订"，从肯定的意义上可以解释为：意在谦虚，反之则可以说，如此描述他的工作特点，掩盖了他对手稿进行改动的真实范围和程度。②

众所周知，恩格斯补写了大量的缺漏之处，其中不乏现实的情况和举证。他说过，凡是他本人的超出马克思原稿内容的叙述，他一般都用自己的名字的起首字母做上标记。容尼克尔等人认为，把马克思的思想链一直延续到恩格斯编辑该手稿时期的现实中，这种做法"不如说是起干扰作用的生拼硬凑，尤其是恩格斯在编辑整理过程中多次从宏观经济的职能联系转变到微观经济领域"。很难说马克思本人是否会把这种材料收进最终文本中去。恩格斯的版本给人一种印象，似乎它与马克思的手稿没有根本的区别。其主要原因恰恰在于，他通篇，特别是第 5 章中，对内容进行了手术而未予标明。为此，容尼克尔等人建议，在《资本论》第 3 卷的扉页前应加一页，上面写明："卡尔·马克思：1864—1876 年经济学手稿。弗里德里希·恩格斯加工整理成《资本论》第 3 卷出版（1894 年）。"日本学者大谷祯之介说得更明确：由于恩格斯的增删改动中，既不恰当也不准确的地方为数不少，恩格斯的版本在很大

---

① 《马克思恩格斯全集》历史考证版第 2 部分第 4 卷第 2 册第 412 页；《马克思恩格斯全集》第 1 版第 25 卷第 378 页。
② 参看尤尔根·容尼克尔：《评恩格斯对〈资本论〉第 3 卷马克思的手稿所作的修改》，载《马克思恩格斯研究论丛》（柏林），1991 年新辑，第 130—138 页。

程度上应该说是他利用马克思的稿本编写而成的一部自己的著作。①

批评者们提出这些意见并不奇怪。马克思本人就已经清楚地预见到，整理他的经济学手稿是极端困难的。他曾在给恩格斯的信中断言："手稿虽已完成，但它现在的篇幅十分庞大，除我以外，任何人甚至连你在内都不能编纂出版。"② 恩格斯不顾重重困难，毅然承担起编辑出版马克思手稿的任务，其功劳首先值得钦敬。《马克思恩格斯全集》历史考证版第2部分第4卷第2册的出版，使人们有可能将马克思的原稿同恩格斯的付印文本进行比较，从而有可能以事实为基础，而不靠猜测或推断来对恩格斯的工作作出有科学依据的、全面和深刻的评价。批评者们为此进行了大量的对比和研究工作，并提出了许多全新的结论。这种努力，也是值得赞赏的。但我们认为，对恩格斯的功过的评价应当全面和符合实际。

持肯定意见的研究者（如前民主德国的沃尔夫冈·扬和前苏联的维·维戈茨基等人）在他们的文章中重复了对恩格斯版本的传统的、权威性的颂扬，就批评者们指出的许多恩格斯对马克思手稿的修改进行辩解。他们的观点主要是：认为批评者们过分强调了马克思和恩格斯在论述上的差别；认为恩格斯的任务并非提供一个历史考证性的、逐字逐句忠实于原件的版本，这也是根本办不到的；认为马克思是手稿的作者，而恩格斯则是手稿的同样天才的、有创造性的编辑出版者，同时也是一位独立的马克思主义经典作家，等等。不难看出，他们的文章往往更带

---

① 参看大谷祯之介：《关于〈资本论〉第3卷马克思的原稿出版的几点思考》，载《马克思恩格斯研究丛》（柏林），1996年新辑，第209—221页。
② 《马克思恩格斯全集》第1版第31卷第181页。

感情色彩。① 这里不再赘述他们反驳批评者的观点。我们在这里只是客观地着重介绍了批评者们的意见，并不代表我们赞成他们对恩格斯工作的评价。

《马克思恩格斯全集》历史考证版第 2 部分第 4 卷第 2 册的出版，揭开了一百多年来蒙在《资本论》第 3 卷手稿上的面纱，使人们得见真颜。毫无疑问，马克思的全部手稿都应该完整地、忠于原文地予以发表。这样做，为研究《资本论》第 3 卷提供了翔实的文献，为比较各种计划草稿、方法上的各种提示以及结构上的思考等提供了基础材料。因此，恩格斯的版本和马克思的手稿都是缺一不可的资料来源。将它们加以比较，对于马克思恩格斯研究，尤其是对于诠释《资本论》第 3 卷，都是很有意义的。当前，各方面的环境条件都更利于学术争论。人们已不满足于"马克思恩格斯的思想一致"（尽管实际情况如此）这种简单的说法。在马克思恩格斯研究领域，还有大量的工作可做。认真地比较透彻地分析马克思的手稿与恩格斯的版本，以便能够再现马克思论述的原貌，这是当前马克思恩格斯研究工作者的一项任务。

---

① 参看沃尔夫冈·扬：《对〈资本论〉第 3 卷 1894 年恩格斯版本和马克思的原始手稿文字进行比较的意义》，载《MEGA 研究》（柏林），1996 年第 1 辑，第 117—126 页（中译文见《马克思恩格斯列宁斯大林研究》，1998 年第 2 辑）。维·维戈茨基：《评卡尔－埃里希·福尔格拉夫和容尼克尔的文章〈马克思说的是自己的话吗？〉》，载《MEGA》（柏林），1995 年第 1 辑。

评恩格斯对《资本论》第 3 卷马克思的手稿所作的修改*

〔德〕尤尔根·容尼克尔

较长时间以来有待解决并且已经引出种种不同解释和推断的一个问题，可能会因《资本论》第 3 卷马克思的手稿在《马克思恩格斯全集》历史考证版第 2 部分第 4 卷第 2 册中首次发表而展开新的讨论。这个问题就是：《资本论》第 3 卷马克思的手稿和恩格斯的付印文本之间存在差异，或者不客气地说，恩格斯把马克思的手稿做成了什么。他是否使第 3 卷看上去是一部自成一体的著作了？他是否自行加工处理了马克思的手稿？他是否作了不允许的改动？只要我们回想一下马克思和恩格斯关于该手稿的不同说法，那么显然就会对这个难点问题尤为感兴趣。马克思在给恩格斯的一封信中这样写道："手稿虽已完成，但它现在的篇幅十分庞大，除我以外，任何人甚至连你在内都不能编纂出版。"①

恩格斯在他 1894 年出版的《资本论》第 3 卷的序言中指出，该卷的手稿只是一个极不完全的初稿，每一篇的开端通常都相当细心地撰写过，"但是越往下，文稿就越是带有草稿性质，越不完全，越是离开本题谈论那些在研究过程中出现的、其最终位置尚待以后安排的枝节问

---

* 本文选自《马克思恩格斯列宁斯大林研究》1998 年第 4 辑。
① 《马克思恩格斯全集》第 1 版第 31 卷第 181 页。

题，……"①

恩格斯在序言中对他的编辑工作的描述，无疑使人可以对他所作修改的范围和方式作出某些推断。但是，只有把马克思的手稿同恩格斯的付印文本作一次较为详细的比较，弄清真实情况，才能对恩格斯的工作作出有科学依据的审慎的评价，对于恩格斯，我们既不全盘批评，也不无限赞扬。

尽管原苏联的一些作者②已对恩格斯为出版《资本论》第3卷作出的成就进行了初步考察，但是他们对恩格斯的工作缺乏批判的眼光，因此，在这一方面无疑还有大量的研究工作可做。这就为研究马克思和恩格斯提供了一个广阔的阵地，而且，目前各个方面的环境条件较过去更为有利了。对于所有有兴趣致力于这项工作的人来说，《马克思恩格斯全集》历史考证版第2部分第4卷第2册是这项有待完成的研究工作的基础。此外，研究题材范围在今后几年中还将扩展，因为，除了马克思写于60和70年代的有关《资本论》第3卷的个别专题手稿将收入历史考证版第2部分第4卷第3册和第15卷以外，《资本论》第2卷马克思的全部手稿也将在历史考证版中发表。到那时，也就有可能以事实为基础，而不是靠猜测或推断来评价恩格斯在《资本论》第2卷和第3卷编辑出版工作中的成就，并且验证如下论点，即第3卷"是恩格斯经历很

---

① 《马克思恩格斯全集》第1版第25卷第4—7页。
② 参看 J. G. 卡兹明娜：《恩格斯编辑加工马克思〈资本论〉第3卷所做的工作》，载《马克思主义史》，莫斯科1961年版；A. I. 马雷什：《〈资本论〉第2卷和第3卷的编辑出版者恩格斯》，载《马克思主义文摘》（美因河畔法兰克福），1970年第4期。后者没有客观地，也就是批判地评述恩格斯的功绩。

长的过程才从不完整的材料中整理产生出来的"①。从现在起,人们可以把《资本论》第3卷马克思的原文和恩格斯的文稿作个比较。当然,对马克思初稿的成熟程度的许多评价是有局限性的,不过总体来说和过去相比可以作出更具分析批判性的判断。

下面试图概括地,而且是以比较第3章的手稿和付印文本中的《利润率趋向下降的规律》这段正文为基础,较详细地描述恩格斯所作的改动,并举例说明其特点。可以说,下面列举出的改动的特点并不能概括所有的改动。但是从某种方式来看,它们对整部手稿来说是具有典型意义的,尤其是恩格斯所说"除了文字上的修订,我几乎可以完全按照原来的手稿进行编辑"②的那几章。它所涉及的章或者说篇至少有:2.《利润转化为平均利润》、3.《利润率趋向下降的规律》和4.《商品资本和货币资本转化为商品经营资本和货币经营资本》。

要评价恩格斯在马克思的手稿中所作的改动,还需要把它们同恩格斯自己所拟定的编辑工作的要求进行对照。因此,应该列举出恩格斯让自己在编辑出版工作中遵循的基本原则。

1. 把真正的编辑工作限制在最必要的范围内。

2. 凡是意思明白的地方,尽可能保存初稿的性质。

3. 从不同角度论述同一问题的个别重复的地方,不予删掉。

4. 手稿中有许多表示相关问题留待以后阐述的提示,可是马克思后来并没有全部实现。这些地方应保持原样,因为它们可以表明马克思打算将来进行加工的意图。③

---

① 安·阿恩待:《卡尔·马克思。试论他的理论之间的联系》,波鸿1985年版,第211页。

② 《马克思恩格斯全集》第1版第25卷第8页。

③ 《马克思恩格斯全集》第1版第25卷第7—8页。

除了上面列举的几个要点外，我认为还应指出一个标准较高的、并非易行的要求，它在一定程度上是作为恩格斯编辑加工马克思手稿的主导思想起作用的。从"这最后一卷是一部如此出色而绝对不容置辩的学术著作"这一观点出发，恩格斯认为他"有责任在出版这一卷时，要使全部论据都十分清楚而明确。然而在手稿目前这样的情况下，要做到这一步并不是那么容易的，因为它只是初稿，是断断续续写的，而且还没有完成"①。

恩格斯编辑工作的基础是辨认手稿。这听起来可能有些平淡，但是鉴于马克思难以读懂的手迹，仅恩格斯辨认马克思手稿的工作就值得赞赏。检验的结果表明，字迹辨认的质量实际上是很好的。

对马克思手稿第3章和恩格斯的付印文本中的第3篇正文所作的比较表明，恩格斯对手稿正文的改动具有各种不同性质。可以列举出以下几组主要文字改动：

1. 确立外部结构，也就是说，设置章和节的标题。
2. 正文位置的变动。
3. 由恩格斯更为准确地表述的事实情况，包括某些被认为不是他作的文字修改。
4. 恩格斯删除了马克思为某些事实情况加的较详细的说明文字。
5. 计算实例的修改、替换和删除。
6. 概念和范畴的替换。
7. 修改或确切地说删除马克思有关结构计划的提示。
8. 对存在问题的或存在怀疑的文字作修改和删减。

---

① 恩格斯1889年7月4日给尼·弗·丹尼尔逊的信，见《马克思恩格斯全集》第1版第37卷第236页。他在给左尔格的信中写道："第三卷花的力气比我想象的要多。"同上，第117页。

9. 消灭有错误的文句。

10. 文字上的修订。

以上列举的恩格斯所作的几种修改清楚地表明,除了通常所理解的"文字上的修订"外,还包括更多的内容。恩格斯是在提及第 3 章时说到这种编辑工作的方式的。从肯定意义上可以说,恩格斯所说的只作"文字上的修订"是意在谦虚。反之则可以说,如此描述他的工作特点,掩盖了他对手稿进行改动的真实范围和程度。单纯从数量上说,我们就看到恩格斯作了大量的文字修改。实际上手稿每一页都有修改。

下面我们举几组文字修改的实例来加以说明,以便大家对改动的方式和方法有一个印象。由于所举的实例反映不出各类文字修改的范围,所以需要指出,对第 3、4 和 10 点所提及的修改列举最多。

关于恩格斯拟定外部结构,或更确切地说,划分该卷的篇章结构,需要作如下说明:马克思的手稿总的说来外部结构的划分极为有限。就此而言,所有手稿在这个加工方面的命运都是相同的。有几章除了章的标题外还有一定的段落划分,然而,例如第 3 章,它仅有一个标题《利润率趋向下降的规律》。只有《起反作用的各种原因》这一部分可以看出是以六个问题形成的一定的外部结构的划分,恩格斯在拟定标题时依据了这种划分。实际上这一整篇的章节划分和标题拟定均出自恩格斯之手。当然,恩格斯把外部结构划分为《规律本身》(第 13 章)、《起反作用的各种原因》(第 14 章)和《规律的内部矛盾的展开》(第 15 章),这从马克思手稿内容上看,是一目了然的,因此,恩格斯作的结构划分反映了本章的内部结构。因而可以推断,恩格斯完全依照了马克思的意图,并不是自行其是。

其他几章也有同样或类似的情况。如果考虑到《资本论》第 3 卷的内容、内部结构和章节结构划分之间的紧密关系,此外再考虑到章节结构划分对理解《资本论》的内容和方法也有很大意义,那么就会看出，确定章节结构划分比形式上分章、分段和加标题更为重要。它要求深入研究马克思政治经济学的内容和方法。恩格斯深深意识到章节结构划分对于理解马克思的著作的基础性意义。因为他在《资本论》第1卷第1版出版之前就批评了"书的外部结构"①，并建议马克思把章节结构划分得更细一些，主要篇章要更加突出一些。此外，恩格斯也了解人们对该版的章节结构划分的批评。由此可以得出，恩格斯是在意识到这些问题的情况下拟定第3卷的章节结构划分的，并且注意到了第1卷第1版的经验。《资本论》第3卷比较详细的外部结构划分证明了这一点。它基本上依照文稿中马克思的意图，提纲挈领地反映了该卷的主要内容，并且正如恩格斯所说的使"全部论据都十分清楚而明确"②。恩格斯将马克思划分为7章的正文结构改进为7篇52章的结构，各章本身还作了进一步的细分。出于付排需要而对《资本论》第3卷的篇章划分所作的加工，是恩格斯的独立成就。

正文位置变动问题当时对恩格斯来说，以及今天对说明原因来说，都不是一个简单的问题。一方面，按照恩格斯的编辑原则应该保持手稿的草稿性质，而另一方面，又要弄出一个比较完整和易读的手稿。在很多情况下，是在马克思给予提示的地方进行正文位置变动的，即使需要变动的文字的准确位置并不总是说得很明确。恩格斯有责任确定这些位置。第3篇也出现了这种情况。研究利润率的下降在单个商品中的反映的那部分正文，在马克思的手稿中位于有关利润率趋向下降的规律的内

---

① 《马克思恩格斯全集》第1版第31卷第329页。
② 《马克思恩格斯全集》第1版第37卷第236页。

部矛盾展开的一般性讨论之后，这段正文按照马克思的一个提示①，被调整到了论述规律本身的正文末尾。

另一种正文位置变动的情况是，恩格斯对马克思未作任何提示的段落进行了位置调整。这在第5篇尤为突出，用恩格斯的话说，第5篇只不过"开了一个头"，他决定"尽可能限于整理现有的材料，只作一些必不可少的补充"②。从恩格斯的信中可以看出，无论从手稿论述的问题还是从手稿的状况来看，这一篇给恩格斯带来了极大的困难。恩格斯在作了三次改写之后打住了，不过他还是对材料作了大量文字挪动和重新编排，并作了一些补充。《马克思恩格斯全集》历史考证版第2部分第4卷第2册的出版使我们有可能了解恩格斯为编写第5篇所做的工作。恩格斯的处理方式在多大程度上符合对他的下述评价，即他在编辑这一篇时"尽可能限于整理现有的材料"，这应当留给研究者去评判。我可以设想，在这个问题上，人们的意见将是不一致的。

第3点所说的文字修改除在第3篇大约有40处之外，还有不少。这些修改有助于明确表达马克思的思路、提高正文的表现力以及增强对论述的理解。用几个实例可以说明这些修改的特点。四角括号中的内容是恩格斯加的。

在阐述利息率和利润率的关系时有一段话："利息包含［全部］利润，甚至比利润更多，不像［在资本主义生产发达的国家］它［只］

---

① 马克思的提示是："因此，关于商品价格这一点，也应放在关于不过是同一件事的另一种表述形式的那个规律的阐述之后。"见《马克思恩格斯全集》历史考证版第2部分第4卷第2册第320页。被调整位置的那段正文，见《马克思恩格斯全集》第1版第25卷第251—257页。

② 《马克思恩格斯全集》第1版第25卷第9页。

代表所生产的剩余价值或利润的一部分。"①

在论述对利润率趋向下降起反作用的各种原因时,马克思着重指出,劳动的剥削程度,会由于工作日的延长和劳动的强化而提高,恩格斯在此补充写道:"这两点在第一卷论述绝对剩余价值和相对剩余价值的生产时已经详细说明过了。"②

第4点列举的修改普遍存在问题,它有这样两种情况:删除马克思的说明性文字是显而易见的,但有些地方的删除看来却是成问题的。读者可以根据实例自己作出判断。马克思这样写道,一笔只推动较少的活劳动的资本,"在剥削程度不变时,也只推动较少的剩余劳动,因而只生产较少的作为物化了的剩余劳动的剩余价值"③。恩格斯删掉了进一步解释剩余价值的那几个字。

在考察劳动的剥削程度的提高时,马克思写道:"剩余价值率的提高……——即劳动的剥削程度的提高——是……的一个因素。"④ 破折号中的说明恩格斯没有采用。在另一处,马克思指出,利润率下降,"不是因为劳动的生产效率降低了,而是因为劳动的生产效率提高了",他接着写道:"不是因为工人减少了,而是工人被剥削的更多了,无论是绝对的剩余时间延长还是相对的剩余时间延长。"⑤ 恩格斯删掉了这

---

① 《马克思恩格斯全集》历史考证版第2部分第4卷第2册第289页;参看《马克思恩格斯全集》第1版第25卷第240页。
② 《马克思恩格斯全集》第1版第25卷第258页。
③ 《马克思恩格斯全集》历史考证版第2部分第4卷第2册第295页;参看《马克思恩格斯全集》第1版第25卷第246页。
④ 《马克思恩格斯全集》历史考证版第2部分第4卷第2册第304页;参看《马克思恩格斯全集》第1版第25卷第260页。
⑤ 《马克思恩格斯全集》历史考证版第2部分第4卷第2册第309页;参看《马克思恩格斯全集》第1版第25卷第267页。

一段，并补加了另外的事实。

众所周知，马克思不擅长计算，对于马克思原来作出的计算错误以及间或选择的不恰当的数学例题，恩格斯力求订正计算错误、简化例题或完全替换某些例题。马克思本人在某些地方作了提示，表明他必须选择一个更好的例题。《马克思恩格斯全集》第1版第25卷第241页上的那个例题就是这种情况。某些计算题对证明事实情况没有说服力，恩格斯就将其删掉。在阐述级差地租 I 的第6篇中，这类改动远比第3篇中的多，因为那里列举的表格中有大量的计算错误。由此可以断言，恩格斯的改动实际上是合理的。

恩格斯极少修改马克思使用的范畴和概念。除了马克思本人在再次校改时明显无疑会作的那些合理修改以外，恩格斯作了在我看来很成问题的改动。例如，马克思断言："生产力绝对发展的趋势，……不断和资本在其中运动的特有的生产关系发生冲突。"① 而恩格斯则用"生产条件"替代了"生产关系"。此处一个基本的理论观点被淡化了。恩格斯把马克思"全部工人人数都按照已经提高的剩余价值率被使用"② 中的"工人人数"换成了"人口"，所以，必须实事求是地推论，恩格斯对文字的如此改动会导致错误的见解。

正如已经提到的，保留马克思手稿中关于应当在以后阐述的问题的提示，是恩格斯的编辑原则。但是，在此必须十分客观地着重指出，恩格斯并没有始终遵循这条事先的决定。马克思在阐述不同的产业部门中生产率的发展不相等时着重指出，关于自然条件对社会劳动的生产力发

---

① 《马克思恩格斯全集》历史考证版第2部分第4卷第2册第331页；参看《马克思恩格斯全集》第1版第25卷第287页。

② 《马克思恩格斯全集》历史考证版第2部分第4卷第2册第304页；参看《马克思恩格斯全集》第1版第25卷第261页。

展的影响的研究应在"考察地租"①时进行。恩格斯删去了这个提示。即使考虑到马克思在阐述绝对和相对剩余价值时着手探讨这个问题,恩格斯也应该保留这个提示,因为,它使人对马克思《资本论》的结构计划有一个印象。另一处在阐述生产过剩时有一个提示:"关于这个问题的更详细的阐述,应在考察资本的表面运动时进行,在那里将进一步阐述生息资本等等。"②而恩格斯用"以后还要详细地研究"③代替了上述提示,我认为,这样做就失去了马克思《资本论》的结构计划的一个要点,即资本主义生产的某些现象应该在不同的抽象阶段上加以考察。

把这部不完整的马克思的手稿加工成为一个可以付印并且具有可读性的文稿,这的确是一项极其艰巨的任务,恩格斯为此作出了值得肯定的努力,他在其中进行一些改动无疑是必要的,这些改动在很多情况下显然也是符合马克思的意图的。恩格斯的本意就是编辑出版一部可靠的马克思的书稿,但是尽管如此,他还是做了一些至少是有待商榷的改动,也就是说,这里提出了每一改动是否都符合马克思的本意的问题。有几个例子可以说明这一点。

在考察作为对利润率下降起反作用原因之一的不变资本各要素变得便宜时,马克思也指出了相反的趋势。"这里还有起反作用的原因,某些植物和动物材料以及煤等等的价格上涨。"④ 不知出于何种理由,恩

---

① 《马克思恩格斯全集》历史考证版第2部分第4卷第2册第333页;《马克思恩格斯全集》第1版第25卷第289页。
② 《马克思恩格斯全集》历史考证版第2部分第4卷第2册第325页。
③ 《马克思恩格斯全集》第1版第25卷第280页。
④ 《马克思恩格斯全集》历史考证版第2部分第4卷第2册第305页;参看《马克思恩格斯全集》第1版第25卷第262页。

格斯删掉了这段并非不重要的思想内容。在关于利润率趋向下降的规律的内部矛盾展开的那个部分的结尾处，马克思从资本的积聚和集中当中得出结论，例如生产转化为社会的生产、使"作为促进社会生产因而促进生产力发展的过程的执行人"① 的资本家过剩以及其他一些观点。这些恩格斯没有采用。他可能认为这段话是离开正题的插入说明，因为这段话上有马克思加的一个标题"资本的原始积累"，诸如此类的插入说明在马克思的手稿中并不少见。

马克思把股份资本的增加看作是利润率趋向下降的起反作用的趋势，他在考察股份资本时有所保留地写道："不过关于这一点，在迄今为止的阐述的基础上尚不能进行更深入的研究。"② 恩格斯用"暂时"一词作了替代，改成"不过关于这一点，我们暂时不能进行深入的研究"。③ 我认为，马克思的表述更好地表明，理解这个题目还需要一系列在这个论述阶段尚未得到阐述的中间环节。

对恩格斯编辑出版《资本论》第 3 卷的功绩进行评价，也要求我们不要忽视文字上的这种改动。

和 1863—1865 年手稿中《资本论》第 1 卷和第 2 卷的草稿一样，第 3 卷的草稿中也有一系列错误的文字，马克思在为付印而修订草稿时肯定已经消灭了一些。恩格斯清除了文稿中从笔误到歪曲原意表达的错误。恩格斯在这方面做了值得肯定的工作。它对《马克思恩格斯全集》历史考证版第 2 部分第 4 卷第 2 册的出版提供了有益的帮助，而且在很多情况下，编辑出版者在消除文稿中的错字时依照了恩格斯的处理方

---

① 《马克思恩格斯全集》历史考证版第 2 部分第 4 卷第 2 册第 316 页；参看《马克思恩格斯全集》第 1 版第 25 卷第 275 页。

② 《马克思恩格斯全集》历史考证版第 2 部分第 4 卷第 2 册第 309 页。

③ 《马克思恩格斯全集》第 1 版第 25 卷第 267 页。

法。该卷的校勘表中说明了编辑出版者是在何种情况下依照了恩格斯改正的文字。现在就可以说，这种情况经常出现。不过，恩格斯有时也忽视了马克思的错误，这是在所难免的。编辑出版者试图彻底消灭这些错误。迄今为止的实践已经表明，马克思的手稿在首次发表时总是存在很多问题，这些问题有时要到第二次发表时才被发现。

鉴于《资本论》第3卷所论述的材料的复杂程度，使这个文本具有良好的可读性并非无足轻重。倘若我们再考虑到这是第一部尚且不完整的草稿，某些思想在此是第一次以书面形式确定下来的，那就不会对恩格斯所作的一系列文字修改感到惊奇了，用恩格斯的话说就是"文字上还需要作大量的'最后加工'"①。此处所提及的修改，按照现在的理解是与恩格斯使用的"文字上的修改"这一概念相符的。其范围和多样性是可观的。这些修改包括从外语术语的翻译直至为增强思想内容的表现力而改变句子结构。文字修改在内容衔接上大多是流畅的。考虑到文字改动较多而且形式多样，这里不再一一列举。但是仍然可以断定，这类改动在多数情况下增强了文稿的可读性。

对恩格斯编辑出版《资本论》第3卷的功绩已有评价，这是事实。尽管如此，只有当除本文提到的马克思的文稿之外，马克思的《资本论》第3卷的所有其他手稿以及恩格斯为本卷付印而完成的全部准备手稿都发表之时，才会对恩格斯的功绩得出全面和深刻的评价。上面提及的那些马克思恩格斯的手稿材料将收入以后会出版的《马克思恩格斯全集》历史考证版第2部分第4卷第3册和第15卷。

（原载德国《马克思恩格斯研究论丛》杂志，1991年新辑）

---

① 恩格斯1893年2月12日给劳·拉法格的信，见《马克思恩格斯全集》第1版第39卷第32页。

作者马克思与编者恩格斯：
关于《资本论》第 3 卷的不同观点[*]

〔德〕雷金娜·罗特

"2000 年马克思主义"会议旨在通过回顾马克思和马克思主义者关于社会、经济和政治等方面的观点来探讨有关这几个主题的本质的新见解。在本文中，我想返回到马克思以及他毕生的思想发展历程。这样一项研究的绝佳起点就是收录了马克思的所有草稿、手稿、笔记和书信的马克思著作完整版——《马克思恩格斯全集》历史考证版（简称MEGA²），而不仅仅是这些资料的选集。从这些文献出发，我们可以考察马克思阐发其思想的那一过程，尤其是关于他的思想发展历程中主题、方法或者关注点的变化。在 MEGA² 中得到独特反映的马克思工作的另外一个重要方面就是他与弗里德里希·恩格斯的密切合作。这一合作始于 19 世纪 40 年代，不但贯穿了马克思的一生，而且还延续到他去世之后。

在本文中，我将强调这第二个方面，它是马克思和恩格斯共同进行的工作。我们需要考虑两种主流阐释：一种是更为人们所普遍持有的观

---

* 本文选自《马克思主义与现实》2012 年第 5 期。

原题注：本文得到 2012 年教育部人文社会科学研究青年基金项目"《马克思恩格斯全集》历史考证第 1 版（MEGA¹）与第 2 版（MEGA²）的比较研究"[项目编号：12YJC720060]的资助，原载美刊《反思马克思主义》2002 年第 4 期，经授权发表。译者：赵玉兰，中国人民大学马克思主义学院讲师、哲学博士。

点，它把马克思和恩格斯看作是单一的统一体，另外一种流派则强调二者之间的差异。① 但是，正如特瑞尔·卡弗近期指出的，这两种方法"仅仅是历史的产物"。我愿意接受卡弗的提议，通过考察马克思恩格斯共同工作的一个具体案例——《资本论》第3卷来重新评估马克思和恩格斯之间的"大量的、各种各样的对话"②。众所周知，这部著作是由恩格斯在马克思的手稿基础上编辑而成的。重新考察恩格斯对《资本论》第3卷所做的贡献，并不意味着"真正的"马克思被恩格斯所完善或者歪曲，因为在我看来，从来就不存在"正确的"马克思或"错误的"恩格斯。毋宁说，我提出一种方法，它关注于恩格斯对马克思的手稿所作的阐释。我认为，这样一种阐释值得予以严肃思考。

马克思与恩格斯之间的合作

卡尔·马克思与弗里德里希·恩格斯之间密切合作的最重要的事实可能就是，他们二人持有相似的基本观点。恩格斯在1885年10月谈到，早在1844年的巴黎，他们就在一切理论领域中显出意见的完全一致，他们的合作在时间上可以追溯到那个时候。③ 同样具有重要影响的

---

① S. H. Rigby, *Engels and the Formation of Marxism: History, Dialectics and Revolution*, Manchester: Manchester University Press, 1992, p. 3ff. ;也可参见 T. Carver, "'Marx-Engels' or 'Engels vs. Marx'", in *MEGA-Studien*, 1996(2), pp. 79 – 85; T. Carver, "The Engels-Marx-Question: Interpretation, Identity/ies, Partnership, Politics", in M. B. Steger and T. Carver (eds.), *Engels after Marx*, Manchester: Manchester University Press, 1999, pp. 17 – 36.

② T. Carver, "'Marx-Engels' or 'Engels vs. Marx'", in *MEGA-Studien*, 1996(2), p. 81.

③ 《马克思恩格斯全集》第1版第21卷第247页。

是，他们把自己看作是一个团队，他们二人都有意地、自愿地选择了这种相互受益的持续40余年的合作。这一合作主要发生在两个领域：政治活动和他们撰写的著作。

通过进一步考察马克思和恩格斯共同撰写的著作，我们可以在它们的构成中区分出合作的几个层次。①

讨论

他们通过写信和面谈的方式对他们所研究的理论问题和现实主题进行了深入的讨论。

共同编辑杂志

尽管马克思是《新莱茵报》的主编和领袖人物，但是如果没有恩格斯的支持，这份报纸就不能够出版或不断发展。这不仅与恩格斯致力于解决组织问题有关，而且更与他在经营一份报纸时处理日常任务的能力有关。②

共同的努力

到目前为止，MEGA² 的编者已经确定，有 12 部长篇专著、30 部短篇专著以及超过 60 篇的报刊文章是由马克思和恩格斯合作完成的。在一些情况下，他们共同写了几篇文章。这尤其适用于纲领、法令、决议

---

① 感谢理查德·施佩尔（Richard Sperl），如果没有他，下面列举的内容就不可能被概括出来。也可参见 R. Sperl,"Die Marx-Engels-Gesamtausgabe: Editorische Konsequenzen literarischer Zusammenarbeit zweier Autoren", in B. Plachta, *Literarische Zusammenarbeit*, Tübingen: Max Niemeyer, 2001, p.145ff。

② 我要感谢弗朗西斯·梅利斯（François Melis）就这一主题提供的详尽信息。

或为报纸杂志（例如《纽约每日论坛报》）撰写的文章，也适用于为《美国新百科全书》所写的稿件。还有一部篇幅较长的专著——《德意志意识形态》——也是这样诞生的。就这部专著的某些部分来说，马克思和恩格斯甚至得到了第三位作者莫泽斯·赫斯的支持。①

在其他情况下，他们之间分好主题，按照各自的观点进行阐述，许多文稿都在二者之间得到了频繁且深入的讨论。有时候，只是他们之中的一个人完成了最终稿。这方面最著名的例子是《神圣家族》。就《共产党宣言》来说，关于他们究竟如何合作的问题争议很大，因为我们所猜想的几个不同稿本几乎没有一页纸流传下来。然而，他们一起工作并且至少对几个草稿作了深入讨论的事实，还是得到了普遍的认可。②

校对将要发表的几篇文章

宣传文章和其他著作

马克思恩格斯之间编辑角色的互换

恩格斯通过出版他与马克思著作的新版或修订版——尤其在马克思去世之后——来传播他们思想的活动已经广为人知。然而，在一些情况下，马克思也参与编辑了恩格斯的著作。例如，马克思为法文版《社会

---

① R. Sperl, "Die Marx-Engels-Gesamtausgabe: Editorische Konsequenzenliterarischer Zusammenarbeit zweier Autoren", in B. Plachta, *Literarische Zusammenarbeit*, Tübingen: Max Niemeyer, 2001, pp. 145 – 146.

② T. Kuczynski, "Editionsbericht", in *Das Kommunistische Manifest. (Manifest der Kommunistischen Partei) von Karl Marx und Friedrich Engels. Von der Erstausgabe zur Leseausgabe*, (ed.) T. Kuczynski, Trier: *Karl-Marx-Haus*, 1995, p. 35ff.; R. Sperl, "Die Marx-Engels-Gesamtausgabe: Editorische Konsequenzen literarischer Zusammenarbeit zweier Autoren", in *Literarische Zusammenarbeit*, (ed.) B. Plachta, Tübingen: Max Niemeyer, 2001, p. 146.

主义从空想到科学的发展》①撰写了导言。另外还有几个出版以前的著作——例如《新莱茵报》中的文章——的计划。②

例子:《资本论》第1卷

恩格斯为马克思《资本论》第1卷的发表作出了非常重要的贡献。然而,这些贡献主要还是涉及组织、编辑以及某些"实际"问题,它们仅仅服务于详细说明马克思的观点与理论。

马克思和恩格斯就《资本论》第1卷所进行的通信是说明二者之间合作的最重要的资料,不过,我们仍需考虑两点保留意见。第一,马克思和恩格斯也有过几次私人会面,一年常常有三到四周时间。这里唯一的例外是1863年,这一年他们根本没有见面。③然而,关于这些发生过的讨论,几乎没有什么记载,我们只能对讨论的主题进行猜测。第二,我们只能以现存的书信为依据作出判断,因此,下文给出的大量表述只能作为有价值的表征,它们必须为其他证据所支撑。通过考察那些通信,我们发现,一方面恩格斯相当清楚马克思是否在工作着,并且当马克思想要谈论他的工作进展时,他通常会找恩格斯。马克思会表达他的希望或者谈论工作进展中遇到的障碍(马克思致恩格斯,1861年6月10日,1862年5月27日,1863年5月29日,1864年8月31日,

---

① 《马克思恩格斯全集》第1版第19卷第259—263页。

② J. Rojahn,"Editionen im Spannungsfeld von Politik und Wissenschaft(Marx/Engels)", in *Die Funktion von Editionen in Wissenschaftund Gesellschaft*,(ed.) H.- G. Roloff, Berlin: Weidler, 1998, pp. 139 – 140.

③ H. Draper, *The Marx-Engels-Chronicle: A Day-by-day Chronology of Marx and Engels' Life and Activity*, New York: Schocken Books, 1985.

1865年7月31日，1866年2月13日）。另外，诸如路德维希·库格曼等人有时也会得到马克思工作状况的信息（马克思致库格曼，1864年11月29日）。另一方面这些交流是有限的；只有一些书信记录了马克思和恩格斯就"书"中的重要主题所进行的理论讨论或争论。就我们所知，这样的书信在1863年只找到了一封（马克思致恩格斯，1863年7月6日），而在1864年和1865年，这样的书信似乎根本没有写过。在1867和1868年，能够找到的书信多了些，但也不是很多（1867年：恩格斯致马克思，6月26日；马克思致恩格斯，6月27日和8月24日。1868年：马克思致恩格斯，1月8日，4月22日和24日，10月10日；恩格斯致马克思，5月6日和6月24日）。

　　流传下来的几封书信很难为我们描绘有关被构建的理论的不断进展的思想交流。毋宁说，它们反映了马克思本人所取得的成就与成果。例如，当马克思忙于写作第2、3册的补充草稿时，他很少写任何涉及理论思考的书信。当马克思在1861—1863年写作包含后来我们所熟知的《剩余价值理论》部分的手稿时，情况亦是如此。此外，恩格斯本人也承认他在知识上的欠缺（参见下文引用的1883年和1885年的几封信）。另外，大量关于第1卷的通信致力于那些与"实际"信息相关的问题。马克思对工业企业的运作怀有疑问，或者，他寻找有关棉花贸易的现实发展的材料，对此，恩格斯能够提供内部的信息。马克思常常需要以这些信息作为实例，或者去"证明"他的某一观点。①

　　在马克思写完第1卷之后，这种情况在两方面发生了某种程度的改观：校对最终稿以及推广之后出版的第1卷。实际上，恩格斯承担了非

---

① 例如参见马克思1860年1月11日、1862年3月6日、1863年1月24日和28日以及1865年11月20日致恩格斯的信。马克思也让恩格斯帮他找一些书籍，例如马克思1866年12月17日致恩格斯的信。

常重要的校对《资本论》第1卷印刷稿的任务，他寻找印刷错误，提出文体上的建议。恩格斯所提出的批评主要涉及与内容相对的表现形式。正是恩格斯建议马克思，在关于价值以及相对剩余价值生产的章节中使用更多的小节来支撑整个结构（恩格斯致马克思，1867年6月16日和8月23日）。然而，他的很多建议直到第2版才得以实现。虽然马克思确实希望在第1版出版后尽快出版第2版，但这也表明，恩格斯的建议并不能影响马克思理论的实质。因此，恩格斯的贡献基本上还是编辑层面的。

他们通信的主要内容之一是关于这本书的出版与发行。马克思向恩格斯讲述了他与不同出版人进行协商的情况，并询问恩格斯的建议。在《资本论》第1卷最终出版后，大部分书信都关注于——用现代的说法——公共关系。他们的讨论涉及最好由谁来写评论，在哪里、如何发表这些评论。在1867年10月至1868年1月期间，二人之间密切的书信交往主要关注这一主题（马克思致恩格斯，1867年11月2日；恩格斯致马克思，1868年1月6日；马克思致恩格斯，1868年5月23日）。他们也就谁应该把这本书译成英文进行了书信交流（恩格斯致马克思，1867年6月24日；马克思致恩格斯，1867年6月27日）。

除此之外，恩格斯经常试着激励或者催促马克思写完他的著作（恩格斯致马克思，1860年1月31日，1863年5月20日，1865年2月5日）。例如，在1865年8月，恩格斯这样表达了自己的忧虑之情："你上一封信中的某些说法确实引起了我的怀疑，好象你又碰到了一个意外的转折点，可能使一切都拖延到不知哪一天去。"① 最后，正是恩格斯对马克思及其家庭提供了财力支持。如果没有他，正如马克思本人所坦

---

① 《马克思恩格斯全集》第1版第31卷第142页。

率承认的,他将永远不能写完他的整部手稿,更不要说出版第1卷了。①

作者与编者:以《资本论》第3卷为案例

当我们以马克思的文本为基础来研究他的思想时,我们总是不得不考虑到,这些著作或小册子的绝大部分并不是由马克思本人出版的。由他本人出版的为数不多的著作之一就是发表于1867年的《资本论》第1卷第1版。马克思在1872年准备了第2版,1872年至1875年准备了法文版。在19世纪80年代,他才开始进行第3版以及英文版的工作,但这不得不由恩格斯最终完成。恩格斯也完成了第1卷的第4版。因此,在考察马克思的全集的更广大部分时,我们必须涉及那些并非由他本人出版的版本。这首先适用于他的经济学工程的大量手稿和草稿。《资本论》第2、3册的草稿通常只能通过由恩格斯准备的、在1885年和1894年出版的《资本论》第2、3卷所获得。较早的一些手稿在20世纪编辑出版,例如所谓的《大纲》(1857—1858年)。这些手稿在1939—1941年首次出版,但是直到莫斯科的这一版本1953年在柏林再版的时候②,它们才更加广泛地传播开来。这也同样适用于《剩余价值理论》(1861—1863年)。包含这些理论的10本笔记与共同构成1861—1863手稿的另外13本笔记一起出版。这被视为马克思所计划的全部4

---

① 《马克思恩格斯全集》第1版第31卷第301页。
② 《马克思恩格斯全集》第2版第30、31卷。

册《资本论》的草稿。① 除此之外，还有通常来说不为人知的手稿，它们直到近期才在 MEGA² 中出版。例如，写于 1864—1865 年的第 2、3 册以及第 1 册的某些部分的草稿最近刚刚出版。② 所有写于 1867 年之后的《资本论》手稿正处于编辑过程中，它们未来将在 MEGA² 中出版。

我通过考察这些迄今为止尚未出版的手稿来展开对《资本论》第 3 卷的分析，从而了解作者马克思所探究的主题，他所预见的问题以及他在尝试应对这些问题时所采取的方法。这里所提供的阐释是这些手稿的一位现代编者的观点，它将与恩格斯的那些观点形成鲜明的对比。

作者的观点

有大量手稿同《资本论》相关。首先，第 2 册有几部手稿，它们写于 1864—1865 年、1867—1868 年以及 1877—1881 年，另外还有第 3

---

① 参见 Karl Marx, *Zur Kritik der politischen Ökonomie (Manuskript 1861 - 1863)*, 6 Teile, in *Karl Marx/Friedrich Engels: Gesamtausgabe (MEGA²). Zweite Abteilung: "Das Kapital" und Vorarbeiten*, Vol. 3.1 - 3.6, Berlinv: Dietz, 1976 - 1982, 也就是 MEGA² 第 II/3.1 - 3.6 卷。以 MEGA² 为基础，它们最近出版在英文版《马克思恩格斯全集》第 30—34 卷中。参见 Karl Marx, *Karl Marx: 1861 - 1863*, in *Karl Marx/Frederick Engels: Collected Works*, Vol. 30 - 34, Moscow and New York: Progress Publishers and International Publishers, 1988 - 1994。早期的译本是以卡尔·考茨基在 1905—1910 年间出版的选编版为基础的。

② Karl Marx, *Ökonomische Manuskripte 1863 - 1867*, Teil 1, in *Karl Marx/Friedrich Engels: Gesamtausgabe (MEGA²). Zweite Abteilung: "Das Kapital" und Vorarbeiten*, Vol. 4.1, Berlin: Dietz, 1988; Karl Marx, *Ökonomische Manuskripte 1863 - 1867*, Teil 2, in *Karl Marx/Friedrich Engels: Gesamtausgabe(MEGA²). ZweiteAbteilung: "Das Kapital" und Vorarbeiten*, Vol. 4.2, Berlin: Dietz, 1992.

册的手稿，它们可以追溯到1864—1865年和1867—1875年。① 就第3册来说，马克思花费了大量的时间与篇幅来讨论利润率，特别是利润率与剩余价值率之间的关系。除了第3册的主要草稿之外，其他的这些文献也构成了马克思遗留下来的这一册的主要文本。② 逾200页的内容是在超过10年的时间跨度内写成的。这些文本以不同的层次展现了马克思的工作。有各章开篇的不同版本，还有简短的提纲以及稍长的论述，不过没有直接提及是书中的哪一节或哪一章。在书中以及笔记本中甚至还有一些注释。不过，最重要的手稿如下所示：

1864—1865 手稿

第3册的唯一一部草稿写于1864—1865年，先于马克思《资本论》第1卷的收尾几笔。恩格斯把第3册的草稿称为"主要的手稿"或者"手稿I"。它已经在MEGA²第II/4.2卷中出版。

1867—1868 手稿

在出版了《资本论》第1卷后，马克思建立了一个他称为"属于第3册"的文件夹，另外还有一个"属于第2册"的文件夹。在

---

① 关于第2册的1864—1865手稿，参见Karl Marx, Ökonomische Manuskripte 1863-1867, Teil 1, in Karl Marx/Friedrich Engels: Gesamtausgabe (MEGA²), Zweite Abteilung: "Das Kapital" und Vorarbeiten, Vol. 4.1, Berlin: Dietz, 1988，也就是MEGA²。1867—1868手稿将在MEGA²第II/4.3卷出版，此后的手稿将在MEGA²第II/11卷出版。关于第3册的手稿，参见下面的列举。

② 在19世纪70年代，马克思根本没有写很多手稿。除了关于利润率的手稿之外，只有几个关于地租、利息和资本周转的短篇手稿［俄罗斯国家社会政治史档案馆（RGA），f.1, op.1, d.2940；阿姆斯特丹国际社会史研究所（IISH），Marx-Engels-Collection, B105, A72］。

1867—1868年，他把篇幅不等的各个手稿汇合起来，确定了作为问题将在第3册中进行探讨的主题，尤其是关于"利润率的规律"①。它们将在MEGA第II/4.3卷中出版。

1875年5月手稿

1875年5月，在完成《资本论》第1卷法文版之后，马克思开始用有关利润率的思考填写一本超过130多页的笔记。他并没有给它加标题，而是只写了日期："始于1875年5月20日"。后来，恩格斯给它贴上了标签"用数学方式研究的剩余价值率和利润率"②。它将在MEGA²中作为第II/14卷出版。

除了这些手稿外，很多手稿涉及了第3册中探讨的其他问题（货币史、货币形式、信用、银行、地产、俄国和美国的地租），还有大量与完全不同的主题（地质学、化学、物理学、历史）相关的摘录。③

在下面的论证中，我主要关注那些涉及利润率与剩余价值率之间关系的手稿，它们构成了现存的、在《资本论》第1卷出版后所写的第3册。在所有这些手稿中，马克思试图阐明利润与剩余价值或者说利润率与剩余价值率之间的关系。他的目的是指出决定利润率的那些因素，从而推演出支配利润率的运动的规律。

---

① IISH, *Marx-Engels-Collection*, A64, A73–76; RGA, f.1, op.1, d.2037.

② IISH, *Marx-Engels-Collection*, A77.

③ 所有这些对书籍、蓝书、统计、小册子等等的研究将在收录摘录、通知和注释的MEGA² 第4部分中出版。例如，关于化学的摘录出版于1999年[参见Karl Marx and Friedrich Engels, *Naturwissenschaftliche Exzerpte und Notizen Mitte 1877 bis Anfang 1883*, bearbeitet von Anneliese Griese, Friederun Fessen, Peter Jäckel und Gerd Pawelzig, in *Karl Marx/Friedrich Engels*: *Gesamtausgabe*(*MEGA²*), *Vierte Abteilung*: *Exzerpte*, *Notizen*, *Marginalien*, Vol.31, Berlin: Akademie Verlag, 1999]。

这些手稿所证明的结论之一是，在这些文稿中，没有一个对马克思的思想做出系统的、简洁的说明。马克思并没有确定，在他探讨问题的那些不同方式中，究竟哪一个是"正确的"；因此，对编者而言，并不存在一个"经授权的版本"。我们能够获得的只是片断。我想指出两个主要文本，即第 3 册草稿的前 70 页与 1875 年 5 月手稿的三个不同特征。

首先，马克思会不时地在方括号内给他的论证补充一些思考。这些思考的大部分是提醒某些思想仍然有待详细阐述，这既涉及著作的内容，也涉及著作的方法与结构。他常常只是写下一个想法，然后在别的时候更为详细地阐述这些思想。其他的引文表明，对于特定的问题，他还没有拿好主意。① 例如，在 1864—1865 年草稿中，他写道："在最终编辑这一历史的时候，只能使用那些理性的内容。对于研究本身来说，当然有必要进行细致深入的探讨，但是对于读者来说就不必了。"② 这些注释表明，这些手稿仅仅是粗糙的草稿。

其次，不论是在 1864 年还是在 1875 年，马克思都没能系统地讨论决定利润率的因素。他继续在思考一个或另一个因素的变化会相互产生什么样的影响，然而，这些思考都不能令他满意。甚至在阐述了他称之为"规律"的语句后，他也没有作出结论，而是再次从头来做。③ 起初，马克

---

① 例如，参见 C. – E. Vollgraf and J. Jungnickel, "'Marx in Marx' Worten'Zu Engels' Edition des Hauptmanuskripts zum dritten Buch des Kapital", in *MEGA-Studien*, 1994 (2), pp. 24 – 27。

② Karl Marx, *Ökonomische Manuskripte 1863 – 1867*, Teil 2, in *Karl Marx/Friedrich Engels: Gesamtausgabe (MEGA^2), Zweite Abteilung: "Das Kapital" und Vorarbeiten*, Vol. 4.2, p. 83.

③ Ibid., pp. 20 – 36.

思把他关于利润率的考虑概括为9点。尽管他把它们全都称为"规律",但是他又从中得出了5个"主要规律"①。接下来,他试图"不是从差异而是直接从剩余价值率和利润率中得出规律"②。类似的倾向也可以在1875年手稿中发现。③ 看来很清楚,马克思不仅需要用这些重复来为他本人阐明可能的解决策略,而且也需要用它们来阐明他所追求的目标。

主要的障碍在于,不同层次的研究混合了起来。首先,要分析三个可变量值:剩余价值、可变资本和不变资本。另外两个因素——剩余价值率和资本构成——正是源于不变资本。所有这些都可能对利润率产生影响,并且以不同的组合出现。只用带有不同数字的例子很难分析这种相互联系。另外,这些因素中的一些相互依赖,以至于如果不考虑某一因素的活动,就不能考察另一因素的变化。最后,仅仅在数学上考察这些变化是不够的;人们必须考虑它们的经济意义。

第三,对可变量值的不同阶段进行比较是马克思在他的分析中,尤其在1875年手稿中使用的主要方法之一。要想解释这种量值上的变化,他就需要不同的符号和公式。因此,他使用了各种各样的符号来表明量值的变化,从而把它与原初的量值区别开来。不过,马克思经常改变这种区分方法,因此,符号上的变化就表明,马克思并没有找到一种简洁的方式来描述他对问题的解决方案。④ 毋宁说,他仍然在寻找一种解决方案,并

---

① Karl Marx, *Ökonomische Manuskripte 1863 – 1867*, Teil 2, in *Karl Marx/Friedrich Engels: Gesamtausgabe* (MEGA^2), Zweite Abteilung: "*Das Kapital*" und Vorarbeiten, Vol. 4.2, p.25.

② Ibid., p.27.

③ IISH, *Marx-Engels-Collection*, A77, 2, 40, 112.

④ 有时,马克思会用下标或星号来表明量值的变化(IISH, *Marx-Engels-Collection*, A77, 1, 48)。在其他情况下,他会用德文字母代替拉丁字母(14, 60)或者更喜欢用大写字母而不是小写字母(1, 8)。

且尝试了不同的手段来寻找它。

因此,马克思并没有在身后留下"经授权的版本"。只有一些片断流传了下来。不幸的是,没有一个片断能够向我们系统地展现马克思的所思所想。

编者的观点

恩格斯是如何处理这些文献遗产的呢?要想理解他开始的基础,人们必须要问:恩格斯对《资本论》知之多少?我在本文的前面部分所描述的关系多多少少是建立在19世纪60年代初期的。此前的若干年里俩人的交流可能更多,尤其是在马克思决定出版他的《政治经济学批判》第一分册的时候。之所以如此,还特别是因为,在1860年以前,马克思和恩格斯的会面比之后的日子更为频繁,相处时间更长。① 但是我们对他们的讨论内容却几乎一无所知。不过,尽管他们起初是一起工作的,但在1867年之后,恩格斯得到的有关未完成的《资本论》第2、3册的进展情况不是比以前更多了,反而是更少了。除了马克思在1867年作出的要完成他的著作的某些承诺,通信中并没有任何关于马克思需要采取具体步骤来推进他的工作的讨论。那里留下的只是有关"实际"事务的问题。② 此外,需要说明的是,马克思在1865年已经完成了他的第3册

---

① H. Draper, *The Marx-Engels-Chronicle: A Day-by-day Chronology of Marx and Engels' Life and Activity*, New York: Schocken Books, 1985.

② 例如,参见马克思1867年8月24日致恩格斯的信;恩格斯1867年8月26日和27日致马克思的信。马克思1868年11月14日致恩格斯的第二封信;也可参见 C. - E. Vollgraf, "Kontroversen zum III. Buch des Kapital", *in MEGA-Studien*, 1996 (2), p. 100ff.; C. - E. Vollgraf, "Zur Edition der Materialienzum II. und III. Buch des Kapital in der MEGA", *in MEGA-Studien*, 2001, pp. 5 - 31。该文在柏林的编者国际会议上得到过阐发。

工作的主要部分。他本人也通过提醒恩格斯而告诉了后者这一成就："手稿虽已完成，但它现在的篇幅十分庞大，除我以外，任何人**甚至连你在内**都不能编纂出版。"① （**强调**为作者所加）

可以推测，在1870年9月恩格斯搬得离马克思更近之后，他们之间进行了更多的讨论，但是我们没有任何记载来证明情况确实如此。此外，我认为非常重要的是，在马克思去世后，恩格斯并不清楚未完成各卷的手稿是否依然存在。他这一时期的书信证明了他毫不知情的状态："他［马克思］总是瞒着我们不讲他的工作情况。"② 我们也不妨看看恩格斯在1883年8月20日写给奥古斯特·倍倍尔的信："你问，怎么会连我也不知道该书完成的程度？很简单，要是我知道的话，就会使他日夜不得安生，直到此书写成并印出来为止。这一点，马克思比谁都知道得更清楚。"③ 两年后，当恩格斯给奥斯卡尔·艾森加尔滕口授《资本论》第3册时，他感到好奇的是："一个人有了这么巨大的发现，实行了这么完全和彻底的科学革命，竟会把它们在自己身边搁置二十年之久，这几乎是不可想象的。"④ 恩格斯对马克思手稿的深入研究也表明，他对马克思《资本论》的进展程度了解得是多么的少。⑤

恩格斯花了多年工夫来研究马克思的手稿。在此期间，他挑选出各种不同的手稿，决定哪些部分他将保持原貌，哪些部分他想进行修改。

---

① 《马克思恩格斯全集》第1版第31卷第142、301、181页。
② 《马克思恩格斯全集》第1版第36卷第3页。
③ 《马克思恩格斯全集》第1版第36卷第57页。
④ 《马克思恩格斯全集》第1版第36卷第285页。
⑤ C. - E. Vollgraf, "Kontroversen zum III. Buch des Kapital", in *MEGA-Studien*, 1996(2), p. 102ff.; C. - E. Vollgraf, "Zur Editionder Materialien zum II. und III. Buch des Kapital in der MEGA", in *MEGA-Studien*, 2001, pp. 14 - 15.

在《资本论》第3卷序言中,恩格斯向读者介绍了有关第3册①编辑方法的背景情况。他指出了用来编辑前几章的最终版本的不同手稿来源。恩格斯承认,1864—1865年手稿没有太多可以供他使用。相反,在这一册的开篇,他所依赖的是两份篇幅较短的手稿以及赛米尔·穆尔为他准备的关于数学笔记的摘要。② 由此,恩格斯把这部分资料编排在了他的编辑文本的前44页中。③

要想了解恩格斯压缩马克思超过200页手稿的方式④,我们有必要考察一下第3章第28—44页。⑤ 这部分手稿反映了利润率与剩余价值率的关系,它可谓是马克思大部分未竟手稿的主题。恩格斯首先讨论了计算中要使用的量值,阐述了一些作为其分析基础的基本假定,同时,他也沿用了第一册中可以找到的术语和符号。做了初步的说明之后,恩格斯讨论了决定利润率的不同因素,从而确定各个因素的不同组合是如何造成不同结果的。他指出了两个基本因素,一个是剩余价值率,另一个是可变资本和预付总资本之比。

如果对恩格斯的编辑本和马克思的手稿进行一番比较,那么我们既可以发现一致的观点,又可以发现显著的差异。我们先从差异开始:恩格斯对影响利润率的各个因素进行了系统讨论。他关注两个主要因素,进而相应地讨论了潜在的结果。首先,他探讨了作为不变因素的剩余价

---

① 《马克思恩格斯全集》第2版第46卷第7—8页。

② IISH, *Marx-Engels-Collection*, Q14, H83.

③ 《马克思恩格斯全集》第2版第46卷第29—82页。

④ 那是主手稿[Karl Marx, Ökonomische Manuskripte 1863–1867, Teil 2, in Karl Marx/Friedrich Engels: Gesamtausgabe (MEGA²), Zweite Abteilung: "Das Kapital" und Vorarbeiten, Vol. 4.2, Berlin: Dietz, 1992.]的第1—70页以及关于利润率的几份手稿(IISH, *Marx-Engels-Collection*, A71, A76, A77, A78; RGA f.1, op.1, d.3601)。

⑤ 《马克思恩格斯全集》第2版第46卷第58—82页。

值率，然后探讨了可变资本与预付总资本之间的关系。这种系统化的影响也可以在这一章的最后一段中看到。尽管马克思给出了几个多少带有普遍性质的说明①，却是由恩格斯对这些依赖关系作出了清晰的概括。②

之后，恩格斯对概念、公式以及示例进行了规范化的统一，以便使不同的情况之间可以相互比较。恩格斯听从了赛米尔·穆尔，后者建议恩格斯坚持使用统一的符号，并在他所写的马克思1875年手稿摘要中提出了一些建议。③ 恩格斯也调整了他在示例中所使用的数值，马克思在那里是用不同的数字来举例的；恩格斯早在他对马克思手稿所做的笔记中就对它们进行了统一。他总是选择一套数值（80c、20v 和 20m）作为起点，并在印刷版中讲述了他的步骤。④ 此外，恩格斯写了导论性段落（例如第3章的开头），并给出了与其他段落的联系。⑤

另外，有一些论题在马克思那里只是被简单提及，却在恩格斯那里得到了更为详细的分析。例如，恩格斯确定了对不变资本、可变资本和剩余价值等产生影响的几个因素。虽然他并没有详细地探讨它们，但是当他把它们写在准备性的摘要⑥中之后，他仍然对它们作了一些阐述⑦。事实上，马克思在手稿中只是简略地提到了其中的几个因素。⑧ 在另外

---

① 例如，IISH，*Marx-Engels-Collection*，A77。
② 《马克思恩格斯全集》第2版第46卷第81—82页。
③ 《马克思恩格斯全集》第2版第46卷第69页。
④ 《马克思恩格斯全集》第2版第46卷第60—62页。
⑤ 《马克思恩格斯全集》第2版第46卷第62、65页。"因此，首先要在纯粹数学的范围内进行研究"这一划分也源于恩格斯。参见《马克思恩格斯全集》第2版第46卷第58页。
⑥ IISH，*Marx-Engels-Collection*，Q14，H83.
⑦ 《马克思恩格斯全集》第2版第46卷第59—60页。
⑧ 例如，IISH，*Marx-Engels-Collection*，A77，6 - 7。

一处，恩格斯给出了马克思对李嘉图所作的一个批判性注释，对它进行了解释，并提供了出处。① 导论性段落②也是以马克思的一个短语为基础的。③ 广为人知的是，恩格斯详细说明了有关资本周转的整个第四章，而马克思在那里只留下了一个标题。④

相反，在其他一些段落中，恩格斯保留了马克思的原始表述，不作任何修改。特别是，恩格斯采用了马克思在讨论作用于利润率的各种影响时所用的方法。他也对具体的情况和例子进行了比较，但没有对它们作出比马克思更具普遍性的概括。在个别章节的开头，只要有可能，恩格斯就会沿用马克思的表述。例如，这一点就适用于描述具体例子的标题。马克思写道："我们来考察由 v 引起的 C 的变化。"⑤ 恩格斯把它改述为："m' 不变，v 可变，C 因 v 的变化而变化。"⑥ 恩格斯还会从马克思那里借来其他一些术语，尤其是在马克思就所探讨的变化的经济意义而表达观点相当少的情况下。这主要适用于那些涉及变量⑦、普遍方面⑧和概括⑨的表述。一般来说，恩格斯只选择马克思著作中对他而言可以理解的方面，他觉得读者能够理解的方面。较为晦涩的概念就不包

---

① 《马克思恩格斯全集》第 2 版第 46 卷第 62—64 页。
② 《马克思恩格斯全集》第 2 版第 46 卷第 58 页。
③ 例如，IISH, *Marx-Engels-Collection*, A77, 108。
④ 《马克思恩格斯全集》第 2 版第 46 卷第 83—90 页。
⑤ Karl Marx, *Ökonomische Manuskripte 1863 – 1867*, Teil 2, in *Karl Marx/Friedrich Engels: Gesamtausgabe (MEGA²)*, Zweite Abteilung: "*Das Kapital*" und Vorarbeiten, Vol. 4.2, p. 84.
⑥ 《马克思恩格斯全集》第 2 版第 46 卷第 68 页。
⑦ 《马克思恩格斯全集》第 2 版第 46 卷第 62—64 页。
⑧ 《马克思恩格斯全集》第 2 版第 46 卷第 83、90 页。
⑨ 《马克思恩格斯全集》第 2 版第 46 卷第 81—82 页。

括在内了。这里所描述的主要是第3册第1部分的结构。福尔格拉夫（Vollgraf）与荣尼克尔（Jungnickel）① 已经对恩格斯在处理马克思手稿从而创造出第3卷的印刷版的过程中所使用的各种形式作了归类，如增补、删除、改善、重新表述以及对文本和术语的纠正，等等。

恩格斯是如何理解他所从事的编辑马克思手稿这一使命的呢？恩格斯并不是现代意义上的编者。他不是仅仅对准备一部完整卷册而感兴趣的人。毋宁说，在执行这项任务的过程中，他有着特殊的目的和兴趣。对或错的问题与这一讨论毫无关系，更不用说针对恩格斯工作的重要性的一切形式的批判了。不过，我们有必要来问问，他为什么用他所选择的那种方式，用我们试图理解他对其他问题（例如党派政治）的目的的相同方式来展现《资本论》第2、3册呢？

马克思去世不久，法国和德国报纸就报道说，恩格斯将完成《资本论》。事实上，恩格斯周围的人也希望他这么做（奥古斯特·倍倍尔致恩格斯，1883年3月17日；爱德华·伯恩施坦致恩格斯，1883年3月15日）。但恩格斯本人是在稍晚些时候，在发现手稿之后才肯定了这一打算。从那时起，恩格斯就让我们知道，马克思遗留下来的手稿并不具备完成的形式。然而，值得称道的是，正是恩格斯在内容和形式上做了重要的区分。1885年春，当他初次阅读了手稿之后，他就热情洋溢地谈到，第3册是"我所读过的著作中最惊人的著作"②，"完全和彻底的

---

① C. - E. Vollgraf and J. Jungnickel, "'Marx in Marx' Worten' Zu Engels' Edition des Hauptmanuskripts zum dritten Buch des Kapital", in *MEGA-Studien*, 1994 (2), pp. 3 - 55; J. Jungnickel and C. - E. Vollgraf, "Engels' Redaktionsunterlagen zu Marx' Manuskript von 1864 - 1865, das 1894 als Buch III des 'Kapitals' erschien", in *Beiträge zur Marx-Engels-Forschung. N. F.* (1995), pp. 27 - 48.

② 《马克思恩格斯全集》第1版第36卷第299页。

科学革命"①,"极其出色的研究成果……一定会使整个经济学发生彻底的变革"②。从形式上看,大部分这些评论都带有这部著作没有完成的抱怨。在第2卷序言中,恩格斯肯定了这一点,并承认马克思的遗产是由"多半带有片断性质"的"文稿"构成的,但他认为,所有这些片断将构成"一部连贯的,尽可能完整的著作"③。

当恩格斯准备出版第3册时,他对手稿分量的认识也经历了变化。1894年,恩格斯在第3卷序言中暗示道,马克思著作的未完成不仅包括语言与形式方面,而且也包括主题方面。恩格斯把这部著作的某些部分形容为"初稿"和"极不完全"的。他承认,"离开本题"谈论"枝节问题"使人很难跟得上论证的进程,于是他做出了某种推托性的描述:"越往下……句子也由于表达的思想是按照形成时的原样写下来的而越冗长,越复杂。"④ 1895年,恩格斯在写给威纳尔·桑巴特的信中谈到,马克思的著作仅仅是一部"初稿",它提出了许多值得讨论的问题,却没有给出答案。恩格斯说:"马克思的整个世界观不是教义,而是方法。它提供的不是现成的教条,而是进一步研究的出发点和供这种研究使用的方法。"恩格斯明确邀请桑巴特和其他人提供这样的"对《资本论》的宝贵补充",他们可以在其中阐发这些"马克思还没有阐发的"观点⑤。事实上,在1895年春写的《价值规律和利润率》一文

---

① 《马克思恩格斯全集》第1版第36卷第295页。
② 《马克思恩格斯全集》第1版第36卷第285页。
③ 《马克思恩格斯全集》第1版第36卷第288页。恩格斯边读手稿边把它们口授给奥斯卡尔·艾森加尔滕。恩格斯雇用艾森加尔滕为秘书,从而确保恩格斯之外的其他人也能够读马克思的手稿。对第2、3册的口授是在1884—1885年进行的。
④ 《马克思恩格斯全集》第2版第45卷第3页。
⑤ 《马克思恩格斯全集》第2版第46卷第4—7页。

中,恩格斯就把马克思的《资本论》第 3 卷仅仅描绘成"匆忙写成的,有的地方还留有缺口的初稿"①。

事实上,恩格斯非常清楚,任何没有"用马克思自己的话"来表述"马克思"②的文本都是一种解释,一种评论,它将不可避免地引发争论,从而要求回到马克思的"真正"文本。早在 1885 年,他就向读者说明了他的两个目标:用马克思自己的话来展现马克思,呈献一部可以看得懂的著作。然而,恩格斯太有雄心了。他并不仅仅想"在文体上"改动"马克思自己也会改动的地方"。他也设法"完全根据作者的精神"来解决文本中的所有歧义。③ 此后,在一封私人信件中,他更加明确地表达了自己的目的:"由于这最后一卷是一部如此出色而绝对不容置辩的学术著作,我认为我有责任在出版这一卷时,要使全部论据都十分清楚而明确。"④ 恩格斯在最后一部手稿中所作的详细阐述证明,他介入到了手稿之中,以便解释晦涩的段落,强调重要的方面,增加补充性的证据。⑤ 在第 3 卷序言中,恩格斯并没有明确讲述阐释的问题。因此,他并不觉得,他在《资本论》第 3 卷开篇插入的修改会同他的

---

① 《马克思恩格斯全集》第 1 版第 39 卷第 406 页。

② 这一手稿只是在恩格斯去世后以《弗里德里希·恩格斯最后的工作:〈资本论〉第 3 册的补充和增补》为题发表在《新时代》(1895—1896 年)中。它在《资本论》第 3 卷的几个版本中被重印。

③ 《马克思恩格斯全集》第 2 版第 46 卷第 81—82 页。

④ C. - E. Vollgraf and J. Jungnickel, "'Marx in Marx' Worten' Zu Engels' Edition des Hauptmanuskripts zum dritten Buch des Kapital", in *MEGA-Studien*, 1994(2), pp. 3 - 55; J. Jungnickel and C. - E. Vollgraf, "Engels' Redaktionsunterlagen zu Marx' Manuskript von 1864 - 1865, das 1894 als Buch III des 'Kapitals' erschien", in *Beiträge zur Marx-Engels-Forschung. N. F.* (1995), pp. 27 - 48.

⑤ 《马克思恩格斯全集》第 1 版第 36 卷第 299 页。

两个目标构成冲突。由此,我们或许可以得出结论,恩格斯并没有意识到他的编辑方式正是一种阐释。① 这一观点为恩格斯在马克思去世不久所作的一个表述所加强,他在其中声称,他本人将成为工人运动的理论领袖。恩格斯指出,在政治领域,他并不是不可或缺的人物,但是在理论工作方面,他"还没有看到有谁能够代替我与马克思"②。

结　论

对马克思第3册手稿以及恩格斯在《资本论》第3卷中对这些手稿的编辑的研究不仅回答了一些问题,而且也提出了一些新问题。确实,恩格斯把自己视为提供恰当解释的合法人,他的信念得到了社会民主党领导人的支持。我们应该提出的问题并不在于他是否成功地展现了马克思思想的恰当图景,或者他是否正确地理解了马克思。这个问题并不涉及恩格斯是否歪曲了马克思。事实上,在准备出版马克思手稿的过程中,恩格斯并没有任意妄为,因为有大量的证据可以支持他的决定。毋宁说,我们的任务是去探询这些决定是否是唯一可能的决定,是否并不存在理解马克思的其他方式。因此,我们有必要分析恩格斯留给我们的阐释。这种分析的基础只能由展现马克思恩格斯的真正文本的 MEGA^2 来提供。此外,我们必须认真考察恩格斯的资料来源以及他本人的经济学观点和意识的发展过程。他如何详细阐发他本人的经济学思想?他对马克思的研究究竟了解多少?如果我们对这些问题有了一定程度的了解,那么我们就能够再次询问,马克思与恩

---

① 事实上,我们并不清楚恩格斯是否确实没有意识到这些冲突,或者说默默接受了这些冲突的必然性。

② 《马克思恩格斯全集》第1版第36卷第288页。

格斯的一致之处在哪里,差异之处在哪里?就马克思而言,我们发现,某些难题的答案一直在与他躲闪周旋,他不断努力地寻找一种语言来充分地表达他的思想。相应地,手稿的编辑出版并不有助于终止诸如卡尔·马克思想什么或者想说什么的争论;毋宁说,它只是更新了这一争论。

图书在版编目(CIP)数据

《1863—1865年经济学手稿》及1867年后经济学手稿研究
恩格斯编辑《资本论》工作研究 / 郑锦主编.
—北京:中央编译出版社,2013.12
(马克思主义研究资料 / 杨金海主编;7)
ISBN 978 - 7 - 5117 - 1998 - 0

Ⅰ. ①1…
Ⅱ. ①郑…
Ⅲ. ①政治经济学 - 文集　②《资本论》- 马克思著作研究
Ⅳ. ①F0 - 53　②A811.23
中国版本图书馆 CIP 数据核字(2013)第 309190 号

《1863—1865年经济学手稿》及1867年后经济学手稿研究·恩格斯编辑《资本论》工作研究

出 版 人：刘明清
出版统筹：薛晓源
责任编辑：侯天保
责任印制：尹　珺
装帧设计：田晗工作室
排版制作：北京宏章文化发展中心
出版发行：中央编译出版社
地　　址：北京西城区车公庄大街乙5号鸿儒大厦B座(100044)
电　　话：(010) 52612345(总编室)　　(010) 52612335(编辑室)
　　　　　(010) 52612316(发行部)　　(010) 52612315(网络销售)
　　　　　(010) 52612346(馆配部)　　(010) 66509618(读者服务部)
传　　真：(010) 66515838
经　　销：全国新华书店
印　　刷：北京尚唐印刷包装有限公司
开　　本：787毫米×1092毫米　1/16
字　　数：548千字
印　　张：43.75
版　　次：2013年12月第1版第1次印刷
定　　价：270.00元

网　　址：www.cctphome.com　　邮　　箱：cctp@cctphome.com
新浪微博：@中央编译出版社　　微　　信：中央编译出版社(ID: cctphome)

本社常年法律顾问：北京市吴栾赵阎律师事务所律师　闫军　梁勤
凡有印装质量问题，本社负责调换。电话：010 - 66509618